NOBILIAIRE

ET

ARMORIAL DE BRETAGNE.

Nantes, imprimerie de VINCENT FOREST et ÉMILE GRIMAUD, place du Commerce, 1.

NOBILIAIRE
ET
ARMORIAL DE BRETAGNE

PAR

P. POTIER DE COURCY.

DEUXIÈME ÉDITION
REVUE, CORRIGÉE ET CONSIDÉRABLEMENT AUGMENTÉE.

TOME DEUXIÈME.

Et majores vestros et posteros cogitate.
TACITE.

NANTES,	PARIS,
VINCENT FOREST et ÉMILE GRIMAUD,	AUGUSTE AUBRY, LIBRAIRE,
IMP.-ÉDIT., PLACE DU COMMERCE, 1.	RUE DAUPHINE, 16.

M.D.CCCLXII.
1862

NOBILIAIRE

ET

ARMORIAL DE BRETAGNE.

K

KAËRBOUT ou KERBOUT (DE), sʳ dudit lieu et de Couësquélen, par. de Ménéac, — de la Ville-Guénéal, par. de Guilliers, — de la Vallée, par. de Loudéac, — de la Ville-au-Voyer, par. de la Chapelle-sous-Ploërmel.

Réf. et montres de 1427 à 1513, par. de Ménéac et Guilliers, év. de Saint-Malo, Loudéac et Plourhan, év. de Saint-Brieuc.

De gueules à trois fermaux d'argent.

Jean, vivant en 1427, père de Pierre, marié à N. Boudart, dame de Couësquélen; Sylvestre, père 1º de Caro, sʳ de Kerbout, vivant en 1513; 2º de Thomas, sʳ de la Ville-Guénéal, marié à Jeanne de Chateautro, dont Yves, sʳ de la Ville-au-Voyer.

Une branche cadette, établie dans le Maine dès le XVᵉ siècle, et maintenue à l'intendance de Tours en 1698, remonte à Jean, de la suite du duc dans son voyage à Rouen en 1419, marié à Guillemette l'Epervier, dame de Gémasse. Cette branche, alliée de nos jours en Bretagne aux Barberé, Poulpiquet-du-Halgouët et du Plessix-d'Argentré, a produit : Yves, abbé de Tiron au diocèse de Chartres en 1426; Lancelot, baron de Gémasse en 1648, et sʳ de Verrières, de Couléon et de la Cruche, chevalier de l'ordre et gentilhomme de la chambre du Roi en 1608; une fille à Saint-Cyr en 1730.

TOME II.

Karuel (orig. de Normandie, y maint. en 1666), s^r de Mérey, — de la Panninière.

D'argent à trois merlettes de sable, à la bordure de gueules.

<small>Un maréchal de camp en 1734.</small>

Keradreux ou **Caradreux** (de), s^r dudit lieu, — de Crosco, par. de Lignol, — des Aulnays, par. de la Nouée, — du Breil-Hay, par. de Saint-Gilles, — de Saint-Malo, par. de Ploërmel, — de Neuvillette, au Maine, — de la Fontaine, par. de Mohon, — de la Villemoysan.

Anc. ext., réf. 1669, cinq gén.; réf. et montres de 1440 à 1513, par. de la Nouée, Ploërmel et Romillé, év. de Saint-Malo, et Saint-Gilles, év. de Rennes.

D'argent à trois léopards d'azur.

<small>Guillaume, docteur ès lois en 1378; Jean fils Guillaume, de la ligue des seigneurs contre les Penthièvre en 1420, épouse Olive de Bodégat, dont Jean, marié à Marie de Montauban, conseiller du duc et maître-d'hôtel d'Alain de Rohan, qui lui donna la garde naturelle de ses enfants, Jean et Catherine de Rohan. Il laissa trois fils : 1º René, attaché à la maison de Jean II, vicomte de Rohan, et amant de Catherine de Rohan, sa sœur, massacré par les gens du vicomte en 1479; 2º Alain, homme d'armes dans une montre de 1473; 3º Jean, père de Bertrand, s^r de Neuvillette, époux en 1510 de Gillette Hay, dame du Breil.

La branche aînée fondue en 1655 dans Lantivy.</small>

Keraër (de), s^r dudit lieu, par. de Locmaria-Keraër, — du Plessix, par. de Crac'h, — vicomte de Kerambourg, par. de Landaul.

De gueules à la croix d'hermines, ancrée et gringolée d'or. Devise : *Pour loyaulté maintenir.*

<small>Normand, mentionné dans un compte rendu au duc Jean Le Roux en 1267; Jeanne, abbesse de Saint-Sulpice de Rennes, † 1240.

Fondu au XIVe siècle dans Malestroit, d'où la seigneurie de Keraër, érigée en baronnie en 1553, a appartenu successivement aux Montalais et Riaud, et depuis 1727 aux Robien.</small>

Keraëret (de), s^r dudit lieu et de Knechbourret, par. de Plougoulm.

Réf. et montres de 1448 à 1534, dite par., év. de Léon.

Burelé d'argent et de gueules à deux guivres affrontées d'azur en pal, entrelacées dans les burelles. Devise : *Pa elli.* (Quand tu pourras).

<small>Alain, chanoine de Léon, † 1414; Thomas, prévôt de l'hôtel de la duchesse Anne en 1489.

Fondu dans Saint-Gouëznou, puis de Plœuc, Goulaine et du Han.</small>

Keraëret, *voyez* **Kernaëret** et **Kernazret** (de).

Kerahès (de), s^r dudit lieu, par. de Saint-Tromeur de Carhaix.

Échiqueté au franc canton d'hermines (sceau 1306).

<small>Daniel fils Olivier, témoin d'un accord entre Hervé de Léon et Pierre de Kergorlay en 1306.</small>

Kerahuis, *voyez* **Keravis** (de).

Keralain (de), s^r dudit lieu, par. de Plumelin.

Réf. et montres de 1448 à 1536, par. de Plumelin, év. de Vannes.

De gueules au lion d'or, armé et lampassé d'argent.

Keralbaud (de), s^r dudit lieu, par. de Plœren, — de Kerdélan.

Anc. ext. chev., réf. 1669, neuf gén.; réf. et montres de 1426 à 1536, par. de Plœren, év. de Vannes.

D'azur à trois croix pattées (*aliàs*: ancrées) d'or. Devise : *Spes trina salutis*.
Guillaume, vivant en 1426, épouse Henriette de Moguéro; un lieutenant des maréchaux de France à Auray en 1781.

KERALDANET (DE), s^r dudit lieu et du Rascol, par. de Lannilis, — de Garzian, par. de Plouvien, — du Roualze, par. de Dirinon.

Réf. et montres de 1443 à 1534, par. de Lannilis, év. de Léon.

De gueules au chef endenché d'or de cinq pièces.
Fondu dans d'Acigné.
Les s^{rs} de Kervern et de Kerouzern, paroisse de Braspartz, déboutés à la réformation de 1670.

KERALIO (DE), *voyez* ARTUR.

KERALIO (DE), *voyez* GUYNEMENT.

KERALIO (DE), s^r dudit lieu, par. de Plouguiel.

Réf. 1427, par. de Plouguiel, év. de Tréguier.

D'or au léopard de sable. Devise : *Virtus sibi sola sufficit*.
Guillaume, chevalier de Rhodes, tué à la prise de cette place en 1522.
La branche aînée fondue au xve siècle dans Scliczon.

KERALIOU (DE) (ramage du Faou), s^r dudit lieu, de Kerangouëz et de Kercorantin, par. d'Hanvec.

Réf. 1426, dite par., év. de Cornouailles.

D'argent à cinq hermines de sable, au chef endenché de même, *comme Kerdrein*.
Fondu dans Kervennec.

KERALY (DE), s^r dudit lieu, par. de Bubry, — du Fos, — de Talhouët, — de Saint-Sauveur, — comte du Chesnay, par. de Guipel, — s^r de Kervenic, — du Boishamon, — de la Ville-Alain, — de Kerabel.

Anc. ext. chev., réf. 1669, huit gén.; réf. et montres de 1448 à 1536, par. de Bubry, év. de Vannes.

D'azur à la fleur de lys d'or, accomp. de trois coquilles d'argent.
Guillaume, praticien exempt, vivant en 1422, marié à Jeanne de Saint-Nouay; deux conseillers au parlement en 1619 et 1686.

KERAMANAC'H (DE), s^r dudit lieu et de Trefflec'h, par. de Plounévez-du-Faou, — de la Forest, par. de Braspartz.

Réf. et montres de 1426 à 1536, dites par., év. de Cornouailles.

D'argent à trois jumelles de gueules, au canton d'or chargé d'un lion de sable. (*Mss. Gaignières.*)
Pierre, ratifie le traité de Guérande en 1381.

KERAMANAC'H (DE), s^r dudit lieu, par. de Laneufret, év. de Léon.

D'or au cormoran de sable. (G. le B.). Devise : *Littora prædatur*.

Moderne du Poulpry.

KERAMBARTZ (DE), s^r dudit lieu, par. de Saint-Gilles.

Réf. de 1426 à 1448, par. de Saint-Gilles d'Hennebont, év. de Vannes.

Porte trois coquilles, au chef chargé d'un lion issant (sceau 1357).

<small>Yvonnet, donne quittance de ses gages et de ceux des gens d'armes de sa compagnie en 1357.</small>

KERAMBELLEC (DE), sʳ dudit lieu, par. de Pleumeur-Gautier.

Réf. et montres de 1481 à 1543, par. de Plouëc, év. de Tréguier.

De sable à la fleur de lys d'argent, accostée de deux épées de même.

<small>Olivier, de la paroisse de Plourivo, annobli avant 1448. Moderne Kerjagu.</small>

KERAMBORGNE (DE), sʳ dudit lieu, par. de Plouaret, — de la Touche-Milloche, par. de Saint-Jean-de-Béré, — de la Rivière et de Braies, par. de Soudan, — de Coëtbau.

Réf. de 1427 à 1478, dites par., év. de Tréguier et de Nantes.

De gueules à un heaume de profil d'or, accomp. de trois coquilles d'argent.

<small>Conan, abbé de Bégar en 1428; Pierre, chevalier de Saint-Jean de Jérusalem, commandeur de la Feuillée et du Palacret en 1463; Conan, abbé du Relec en 1479.</small>

<small>La seigneurie de Keramborgne a été possédée depuis par les Perrien.</small>

KERAMINOU (DE), sʳ dudit lieu, par. de Taulé, — de Kernus, — de Tromelin, par. du Minihy de Léon.

Réf. et montres de 1426 à 1503, dites par. et par. de Plougaznou, év. de Léon et Tréguier.

D'argent à la fasce d'azur, surmontée d'une merlette de même; *voyez* CAZIN, COSQUERGUEN, GEFFROY, KERGOZ, KERHALLIC et LE LEVIER.

KERAMOROC'H (DE), sʳ dudit lieu, par. de Plounévez-Moëdec, év. de Tréguier.

Fascé d'or et de gueules, *comme du Chastel de Bruillac*, à la bordure engreslée de gueules. (G. le B.)

KERAMPUIL (DE), *voyez* SAISY.

KERANDRAON (DE), *voyez* ROCHE ou ROCHE-HÉRON (DE LA).

KERANDRAON (DE), *voyez* CABON.

KERANMOAL (DE), sʳ du Carpont, ress. de Saint-Renan, év. de Léon.

D'argent à trois bars de gueules en fasces l'un sur l'autre (arm. 1696).

<small>Yves, notaire royal à Brest en 1696.</small>

KERANÉVEL (DE), *voyez* HAYEUX (DES).

KERANFLEC'H (DE), sʳ dudit lieu, par. de Milizac, — de Rosnéven et de la Garenne, par. de Pestivien, — de Launay, par. de Plusquellec, — de Treuzvern, par. de Plougonver, — de Rosquelven, par. de Glomel.

Maint. à l'intend. en 1702, anc. ext., arrêt du parl. de 1778, douze gén.; réf. et montres de 1427 à 1562, par. de Milizac et Plourin, év. de Léon, et Pestivien, év. de Cornouailles.

D'argent au croissant surmonté d'une rose et accomp. de trois coquilles, le tout de gueules. Devise : *Potiùs mori quàm fœdari.*

<small>Mérien, vivant en 1420, épouse Jeanne Hélou, dont Prigent, sʳ de Rosnéven, marié à Jeanne du Vieux-Chastel; un sous-lieutenant aux gardes françaises en 1770, puis chef de division des armées catholiques et royales; un volontaire pontifical en 1860.</small>

<small>La branche aînée fondue en 1551 dans Le Ny.</small>

KERANFLEC'H (DE), *voyez* GILART.
KERANEC'H, *voyez* KERNEC'H (DE).
KERANGOUË (DE), *voyez* MALESCOT.
KERANGUÈS (DE), *voyez* RÉAU.
KERANGAL ou QUERANGAL (DE), sr de la Hautière, — de Kerascoët et de Moustoirlan, év. de Saint-Brieuc.

D'argent à l'aigle de sable, perché sur une branche d'olivier de sinople, fruitée de gueules.

Hervé, archer en brigandine, dans une montre de 1489; un alloué de Saint-Brieuc en 1748, député agrégé de cette ville aux États de 1758; un lieutenant de vaisseaux, chevalier de Saint-Louis en 1781, † capitaine de vaisseaux.

KERANGLAS (DE), sr dudit lieu, par. de Ploubezre.

Réf. et montres de 1445 à 1513, par. de Ploulec'h et Ploumiliau, év. de Tréguier.

D'argent à trois fasces d'azur.

KERANGOMAR (DE), sr dudit lieu, par. de Taulé.

De pourpre au dextrochère ganté d'argent, tenant un épervier de même, grilleté d'or (G. le B.), *voyez* HONORÉ (L').

Fondu dans Kerouzéré.

KERANGRÉON (DE), sr dudit lieu, év. de Tréguier.

D'or à deux fasces nouées de gueules, accomp. de huit merlettes de même, 3. 2. 2. et 1 (G. le B.), *comme Matignon, Gamepin et Yacenou.*

KERANGUEN (DE), sr dudit lieu et de Kerincuff, par. de Plouénan, — de Kerdélan, — de Belair, — de Trogurun, près Lesneven, — de Kervasdoué, — du Cosquer, — de Kerlosquet, par. du Minihy de Léon, — de Penanec'h, par. de Plougaznou, — de Trédillac, par. de Botsorhel, — de Kerbrat, — de Penfeunteun, — du Fransic, par. de Taulé, — de Kervoazou, par. de Plougonven.

Anc. ext., réf. 1669, huit gén.; réf. et montres de 1427 à 1534, par. de Plouénan, év. de Léon.

D'argent à trois tourteaux de gueules, *comme Kerguiniou et Peillac.* Devise : *Laca evez.* (Prends garde.)

Hervé, vivant en 1443, épouse Margilie de l'Estang.

KERANGUEN (DE), sr dudit lieu, par. de Pleumeur-Gautier.

Réf. et montres de 1427 à 1481, dite par., év. de Tréguier.

D'or au lion morné de gueules.

Guillaume, abbé de Carnoët en 1421; mais nous ne savons à quelle famille Keranguen il appartenait.

KERANMEAR (DE), sr dudit lieu, par. de Kerlouan.

Réf. de 1426 à 1445, dite par., év. de Léon.

D'argent au croissant de gueules, surmonté de trois fleurs de lys de même.

Fondu en 1557 dans Parcevaux.

KERANNOU ou KERRANNOU (DE) (ramage de Rannou), sʳ dudit lieu et de Gorréquer, par. de Plabennec, — de Kersaliou, — de Kervasdoué, — de Kermazé, — de Gouëlet-an-Coat, — de Keranstreat, par. de Plougonvelin.

Anc. ext., réf. 1668, sept gén.; réf. et montres de 1426 à 1503, par. de Plougonvelin, év. de Léon.

Losangé d'argent et de sable, *qui est Rannou*, à la bande de gueules chargée de trois trèfles d'argent.

Guillaume, vivant en 1503, épouse Jeanne de Keroulas.

KERANRAIZ (DE), sʳ dudit lieu, par. de Plouaret, — de la Rigaudière, — de Coatcanton, par. de Melguen, — de Kervastar, par. d'Elliant, — de Coëtrédan, — de Runfao, par. de Ploubezre.

Réf. et montres de 1427 à 1481, par. de Plouaret, év. de Tréguier et Melguen, év. de Cornouailles.

Vairé d'argent et de gueules. Devise : *Raiz pé bar*. (Ras ou comble.)

Un seigneur de ce nom croisé en 1248; Alain, marié à Tiphaine de Pestivien, entendu dans l'enquête pour la canonisation de saint Yves en 1330; Olivier et Alain son neveu, au nombre des écuyers du combat des Trente en 1350. Éven, marié en 1369 à Tiphaine Le Vayer, dame de la Rigaudière, ratifie le traité de Guérande en 1381.

La branche aînée fondue en 1432 dans Montauban, d'où la seigneurie de Keranraiz a appartenu successivement aux Rohan-Guéméné, Boiséon et Hay de Bonteville.

KERANRAIZ (DE), sʳ de la Fosse, par. de Plourin, — de Coëtnempren, par. de Trefflaouënan, — de Lescoat, par. de Lanarvilly.

Réf. et montres de 1427 à 1538, par. de Plourin, Plouvien, Kernilis et Trefflaouënan, év. de Léon.

La branche de Coëtnempren fondue dans Coëtélez.

KERANTOUR (DE), sʳ dudit lieu, par. de Ploujean, év. de Tréguier.

D'or à une fleur de lys d'azur, accomp. de trois coquilles de gueules (G. le B.), *voyez* KEROUGANT.

Fondu dans Goësbriand vers 1250.

KERAOT (DE), sʳ dudit lieu, év. de Léon.

Écartelé aux 1 et 4 : de sable, au dextrochère d'argent, tenant un épervier de même; aux 2 et 3 : d'argent au greslier d'azur, lié en sautoir de gueules. (G. le B.)

KERASCOUËT (DE), sʳ dudit lieu, par. de Plouguin, — de Kerlaouénan, par. de Plobalaznec.

Réf. et montres de 1536 à 1562, par. de Plobalaznec et Trefflagat, év. de Cornouailles.

De gueules à deux billettes d'argent en chef, et une gourde d'or en pointe. (G. le B.)

Alain, de la paroisse d'Hanvec, entendu dans l'enquête pour la canonisation de Charles de Blois en 1371.

La branche aînée fondue dans Kerlec'h, d'où la seigneurie de Kerascouët a appartenu successivement aux Parcevaux, Olivier du Vieux-Châtel, Raison et la Boëssière.

KERASQUER (DE), sr de Quilimadec et de Coëttrez, par. de Ploudaniel.
Réf. et montres de 1443 à 1534, dite par., év. de Léon.
D'argent à deux haches d'armes de gueules en pal, *voyez* MAHÉ et LE VAYER.
Fondu en 1595 dans Penancoët puis Barbier.

KERATRY (DE), sr dudit lieu, par. de Ploaré, — de Mesanlez, par. d'Ergué-Gabéric, — de Kerbiquet.
Ext., réf. 1670, six gén.; montre de 1562, par. de Beuzec-Conq, év. de Cornouailles.
D'azur au greslier d'argent surmonté d'une lance (*aliàs* : d'un pal) de même, *comme Landanet*. Devise : *Gens de bien passent partout*.
François, vivant en 1535, épouse Françoise de Kerandraon; un pair de France de nos jours, fils d'un président de la noblesse par élection, aux États de 1774.
La branche aînée fondue dans Kernicher.

KERAUDREN (DE), sr dudit lieu et de Kerguyomar, par. de Plougonven, — de Keradam.
Réf. et montres de 1441 à 1543, dite par., év. de Tréguier.
La branche aînée fondue dans le Du.

KERAUDREN (DE), sr dudit lieu, par. de Pluneret, — de la Villegicquel, par. de Remungol.
Réf. 1448, dites par., év. de Vannes.
D'azur à la croix d'or, cantonnée de quatre étoiles de même; *aliàs* : d'azur à la coquille d'or, accomp. de trois étoiles de même (arm. de l'Ars.)
Un seigneur de cette maison commandait la noblesse de Vannes à la prise de Redon en 1487.

KERAUDY (DE), sr dudit lieu, par. de Guipavas, — de Lohennec, — de Kerhervé, par. de Dirinon.
Réf. et montres de 1448 à 1534, par. de Guipavas et Plounéventer, év. de Léon.
D'argent (*aliàs* : d'or) à deux fasces de sable.
Jean, sénéchal de Landerneau en 1505.

KERAUTEM (DE), sr dudit lieu, par. de Carnoët, — du Cours, — du Poullinec, — de Kerguern.
Anc. ext., réf. 1669, huit gén.; réf. et montres de 1447 à 1562, par. de Carnoët, év. de Cornouailles.
De gueules à trois fasces d'argent; *aliàs* : surmontées d'un lambel (sceau 1421).
Henry, donne quittance de ses gages et de ceux de 19 écuyers de sa chambre en 1421; Guillaume vivant en 1447, épouse Anne de la Forest; un volontaire pontifical en 1860.
La branche aînée fondue dans Kermerc'hou.

KERAUTEM (DE), *voyez* KERMERC'HOU (DE).

KERAUTRET (DE), sr dudit lieu, par. de Plougoulm, év. de Léon.
Porte deux chevrons cantonnés de trois quintefeuilles (sceau 1357).
Hue, chevalier, donne quittance de ses gages et de ceux de 27 écuyers de sa compagnie en 1357.
Fondu dans Nuz, puis Traonélorn, d'où la seigneurie de Kerautret a appartenu successivement aux Penhoët, Crec'hquérault, Kerhoënt et Penfeunteuniou.

KERAUTRET (DE), *voyez* DÉAUGUER (LE).

KERAVÉON (DE), par. d'Erdeven, év. de Vannes, baronnie en 1636 en faveur du s' de Talhouët, *voyez* TALHOUËT.

KERAVIS ou KERAHUIS (DE), s' dudit lieu, de Kerollivier, de Kernéguez et de Kerballer, par. de Bocquého.
  Ext., réf. 1669, six gén.; réf. et montres de 1481 à 1535, par. de Bocquého, év. de Tréguier.
  D'argent à la bande d'azur, chargée de trois coquilles d'argent.
  Richard, vivant en 1481, épouse Adeline Henry.
  La branche aînée fondue vers 1500 dans Forestier.

KERAVIS (DE).
  Écartelé au 1 : une croix tréflée; au 4 : *de Quélennec*, qui est d'hermines au chef chargé de trois fleurs de lys; au 2 : six annelets; au 3 : fretté; sur le tout, un lion (sceau 1450, *Blancs-Manteaux*); *aliàs* : une croix cantonnée au premier canton de six billettes (arm. de l'Ars.)
  Philippe, écuyer de la compagnie d'Olivier de Clisson, dans une montre de 1376; Yvon, capitaine de Chatel-Audren en 1450.

KERAZGAN (DE), s' dudit lieu, par. de Kermaria-Sular, év. de Tréguier.
  D'argent à la fasce de gueules, chargée d'un vautour d'or. (G. le B.)

KERASMANT (DE), év. de Tréguier.
  De sable à trois besants d'argent. (G. le B.)

KERBAIN (DE).
  Gironné d'argent et de sable de huit pièces (G. le B.), *comme Le Roux*.

KERBALANEC (DE), *voyez* BOTLORÉ.

KERBERVET (DE), s' dudit lieu et de Kerropertz, par. de Grandchamps, — de Locmaria, par. de Plœmel, — de Lanigou, par. de Plumergat.
  Réf. et montres de 1426 à 1536, dites par., év. de Vannes.
  De gueules à trois macles d'or, *comme Bignan*; *aliàs* : de gueules à six besants d'or (arm. de l'Ars.)
  Yves, abbé de Villeneuve en 1540. Fondu dans Trévégat.

KERBESCAT (DE), s' dudit lieu, par. de Ploumoguer.
  Réf. et montres de 1426 à 1481, par. de Ploumoguer, év. de Léon.
  D'or au lion morné de sable, *comme Léon*, chargé d'une cotice de gueules, *comme Kerret*.

KERBESCONT (DE), s' du Bois, év. de Vannes.
  De sable à trois roses d'argent.
  Un fermier des devoirs à Hennebont en 1696.

KERBIC (DE), s' du Boisyvon (en breton COËTÉOZEN), par. de Landouzan, év. de Léon.
  François signe la capitulation des Ligueurs de Léon en 1594; Françoise, fille du précédent, épouse en 1602, Claude de Kerouartz, chevalier de l'ordre du Roi.

KERBIHAN (DE), sr de Glizargant, par. de Pluzunet, — du Pouilladou, par. de Prat, — de Runanfaven.

Ext., réf. 1669, sept gén. ; réf. et montres de 1481 à 1543, par. de Pluzunet, év. de Tréguier.

D'argent à trois bandes d'azur, au franc canton de même chargé d'une quintefeuille d'argent, *voyez* LA HAYE.

Guillaume, vivant en 1481, épouse Catherine Martin; Jacques, abbé de Coëtmalouen en 1502.

KERBIQUET (DE), sr de Lesmelchen, par. de Plounéour-Trez, — de Kerbrat, par. de Goulven.

Réf. et montres de 1426 à 1534, dites par., év. de Léon.

D'argent à une quintefeuille de sable, *comme Coëtquelven.*

KERBIQUET (DE), *voyez* KERGUÉLEN (DE).

KERBIRIOU (DE), sr dudit lieu, par. de la Forest, près Landerneau.

De sable à trois molettes d'argent. (G. le B.)

Fondu dans Le Maucazre.

KERBLOIS (DE), év. de Vannes.

D'argent à trois hures de sanglier arrachées de sable (Arm. 1696).

Un syndic d'Hennebont en 1696.

KERBOUDEL (DE), sr de la Courpéan, de la Grée et de la Morivière, par. d'Erbray, — du Port-de-Roche, par. de Fougeray, — de la Lande, par. de Moisdon, — de la Motte-au-Chancelier, — du Bodouët et de la Jou, par. de Fay.

Ext., réf. 1668, 0 gén., ress. de Nantes.

D'azur à deux épées d'argent garnies d'or, passées en sautoir, les pointes en bas.

René épouse, en 1546, Jeanne de la Grée, dame de la Cour-Péan et du Port-de-Roche, dont : Jacques, prévôt des maréchaux et capitaine de Châteaubriant, pour le duc de Mercœur, en 1591, marié en 1579 à Louise des Ridellières; un conseiller au parlement en 1607; un maître des comptes en 1624; un chevalier de l'ordre en 1644, et un page du Roi en 1734.

KERBOU ou KERBON (DE), sr de Tréboul, par. de Plobalaznec, év. de Cornouailles.

Déb., réf. 1670.

KERBOULARD (DE), sr dudit lieu, par. de Saint-Nolf, — du Plessis-Brisegault.

Anc. ext. chev., réf. 1670, sept gén., réf. et montres de 1426 à 1536, par. de Saint-Nolf, év. de Vannes.

De gueules à l'aigle d'argent, armée et becquée d'or.

Jean, maître d'hôtel de Richard de Bretagne en 1419, épouse Jeanne Pigeault.

KERBOURIC (DE), sr dudit lieu, par. de Servel, — de Crec'hlec'h, par. de Langoat, — du Goazven, par. de Brélévénez, — de la Rivière, par. de Tréduder, — de Traonantrez, par. de Plouguiel, — de Kerlast, par. de Quimper-Guézennec, — du Cosquer, par. de Louannec, — de Pontgauthier, — de Kerloaz, par. de Ploulec'h, — de Penanec'h, par. de Guimaëc, — de la Boissière.

Anc. ext., réf. 1669, huit gén.; réf. et montres de 1427 à 1535, par. de Servel et Louannec, év. de Tréguier.

D'argent au sautoir de gueules, accomp. de quatre quintefeuilles de même, *comme Coëtquis, Coëtlestrémeur, Le Grand, Plessix et Ploësquellec.*

Rolland, sénéchal de Léon, porte un lion sur un sceau de 1307; François, vivant en 1427, épouse Jeanne de Kerléau; François, chevalier de Rhodes, commandeur de Moulins en Bourbonnais, † 1518; François, chevalier de Malte en 1577.

KERBOURIOU (DE), év. de Tréguier.

De sinople au lion morné d'argent (G. le B.), *comme Paignon.*

KERBOUT, *voyez* KAËRBOUT (DE).

KERBOUTIER (DE), s^r dudit lieu, par. de Noyal-Pontivy, — du Guernic, par. de Plescop, — de Boternac'h.

Réf. et montres de 1448 à 1536, par. de Plescop, Saint-Patern et Quistinic, év. de Vannes.

D'argent au pin de sinople fruité d'or, le fût chargé d'un sanglier de sable, *voyez* BÉNERVEN, LE GRAND, KERFARÉGUIN, KERPAËN et MORIN.

Jean, maître des comptes en 1477.

KERBRAT (DE), s^r dudit lieu, par. de Plabennec.

Réf. de 1426 à 1444, par. de Plabennec, év. de Léon.

De gueules à trois quintefeuilles d'or.

Fondu dans Coëtelez.

KERBRÉDER (DE), s^r dudit lieu, par. de Plouvien, év. de Léon.

Écartelé aux 1 et 4 : d'azur à une main gantée d'argent, tenant un épervier de même, *qui est la Roche*; aux 2 et 3 : d'argent à six tourteaux de sable, accomp. d'un croissant de même en abyme. (G. le B.)

KERBRIEC (DE), s^r dudit lieu, par. de Plourin, — de Keranstreat et de Kerorven, par. de Ploumoguer.

Réf. et montres de 1427 à 1503, par. de Plourin, év. de Léon.

D'or à trois fasces d'azur (arm. de l'Ars.).

KERBUSSO (DE), s^r dudit lieu, par. de Plémet, — du Verger, par. de Caulnes.

Ext., réf. 1669, sept gén., ress. de Dinan; réf. et montres de 1469 à 1535, par. de Plémet, év. de Saint-Brieuc.

D'azur à trois croissants d'or.

Le nom ancien de cette famille est Thomas; Louis Thomas, s^r de Kerbusso, vivant en 1469, père de Louis, marié à Isabeau Guéhenneuc, veuve en 1513.

KERBUZIC, s^r dudit lieu, par. de Locquémeau, — de Keranglaz, — de Kerlaouënan, par. de Ploulec'h.

Réf. et montres de 1463 à 1543, par. de Ploumilliau et Locquémeau, év. de Tréguier.

De sable fretté d'or, *comme Quenquizou*, un annelet de même en chef. *Voyez* GAREC, PERROT, PLOUEZOC'H et QUENQUIZOU.

Fondu dans Coëtanscours.

KERCABIN, s^r dudit lieu, par. de Plouëc, — de Kerlan, par. de Plounérin, — de Kermarquer, par. de Pleubihan, — de Keriavilly, par. de Plouaret, — de Kerbersault, par. de Pléhédel, — du Traon, — de la Villeneuffve, — de Locsény.

Ext., réf. 1669, cinq gén.; réf. et montres de 1481 à 1543, par. de Plounérin, év. de Tréguier.

De gueules à trois croix pattées d'argent.

Henry, vivant en 1481, épouse Jeanne du Dresnay; deux conseillers au parlement depuis 1570.

La seigneurie de Kercabin a été possédée depuis par les Laurent, Lanloup, Lannion et Stapleton.

KERCABUS (DE), s^r dudit lieu et du Bois-Nozay, par. de Saint-Lyphard, — de Kerfélice, par. d'Herbignac, — de Sourzac et de Mérionnec, par. de Mesquer, — de la Haye, par. de Pontchâteau, — du Henleix, par. d'Escoublac.

Anc. ext., réf. 1668, six gén.; réf. de 1428 à 1453, par. d'Herbignac, év. de Nantes.

D'argent fretté de sable, une croix alésée de gueules en abyme.

Guillaume, vivant en 1480, épouse Perrine Jollan.

La branche aînée fondue dans Kerpoisson.

KERCADORET (DE), s^r dudit lieu, év. de Léon.

Déb., réf. 1669.

D'azur à trois cyprès d'or, accomp. en chef d'un croissant et d'une fleur de lys d'argent. (G. le B.)

KERCARADEC (DE), *voyez* BOUÇZO.

KERC'HOËNT ou QUERC'HOËNT, *voyez* KERHOËNT (DE).

KERC'HAC (DE), de gueules à trois poissons d'or posés en pairle, la tête au centre de l'écu (arm. de l'Ars.).

KERDALAËZ (DE), s^r dudit lieu et de Kerjagu, par. de Plourin.

Réf. et montres de 1426 à 1534, dite par. év. de Léon.

D'or à deux fasces d'azur.

KERDANET (DE), *voyez* MIORCEC.

KERDANIEL (DE), *voyez* MÉTAYER (LE).

KERDANIEL (DE), s^r dudit lieu, par. de Gurunhuel, — de Keréné, — de Kerbérec, — de Kerias, par. de Bourgbriac, — de Kerampalier, par. de Louargat.

Anc. ext., réf. 1669, six gén.; réf. et montres de 1427 à 1543, par. de Gurunhuel, év. de Tréguier.

D'argent à deux vautours de sable, adossés du corps et affrontés par leurs têtes, dévorant un cœur de gueules.

Yves, vivant en 1481, épouse Catherine de Kerambellec.

KERDÉGASSE (DE), sʳ dudit lieu, par. de Beuzec-Cap-Caval, — de Keroulas et de Kersaliou, par. de Plomeur.

Réf. et montres de 1426 à 1536, dites par., év. de Cornouailles.

De sable billeté d'argent; *aliàs* : d'or à la croix ondée de gueules.

KERDÉRIEN (DE), sʳ dudit lieu, par. de Trédarzec, — du Modest, par. de Brélévénez, — de Kerozern, — de Kergadiou, — de Kersalaun, — de Kerroudault, — de Keramblouc'h, par. de Trézeny.

Déb., réf. 1670; réf. de 1535 à 1543, par. de Brélévénez, Trézeny et Langoat, év. de Tréguier.

D'azur au griffon d'or, *qui est Kerdérien*, écartelé *d'Hélory* (G. le B.); *aliàs* : d'or au lion d'azur chargé de croisilles d'or sans nombre.

KERDOUAR (DE), sʳ dudit lieu, par. de Plabennec, év. de Léon.

D'argent à trois tourteaux de gueules, *comme Keranguen, Kerguiniou et Peillac*, accomp. de six merlettes de même rangées en orle.

Moderne : Bellingant.

KERDRÉAN (DE), sʳ dudit lieu, — du Bois, par. de Cléguérec, év. de Vannes.

De gueules à trois croissants d'argent, brisé en chef d'un écu en bannière d'azur chargé de quatre macles d'or.

Moderne : Aradon.

KERDREFFEC (DE), sʳ dudit lieu et du Ster, par. de Cléden-Poher.

Réf. et montres de 1426 à 1562 dite par., év. de Cornouailles.

D'argent à trois fasces de gueules; *aliàs* : écartelé d'or et d'azur (arm. de l'Ars.).

Jean, abbé de Saint-Maurice de Carnoët en 1479; autre Jean, abbé du même monastère en 1529, † 1541.

Fondu dans Le Vayer de Kerandantec.

KERDREIN (DE), sʳ dudit lieu, de Kerbériou et de Trébéron, par. de Crozon.

Réf. et montres de 1426 à 1562, par. de Crozon, év. de Cornouailles.

D'hermines au chef endenché de sable, *comme Keraliou*.

KERDREIZ (DE), év. de Vannes.

D'argent à deux fasces de gueules (sceau 1306).

Geoffroy, châtelain de Sussinio en 1306.

KERDREL (DE), *voyez* AUDREN.

KERDU (DE), *voyez* COËTAUDON (DE).

KERDUEL (DE), sʳ dudit lieu, par. de Pleumeur Bodou, — de Keranforest, — de Kerjean, par. de Louannec.

Réf. 1427, par. de Louannec, év. de Tréguier.

De gueules à six annelets d'argent, au chef cousu d'azur (*aliàs* : d'or) chargé de trois quintefeuilles d'argent (*aliàs* : de gueules).

Fondu dans Hingant en 1477.

KERÉBARS ou QUERÉBARS (DE), *voyez* PRIGENT.

KERÉDERN (DE), *voyez* DENIS.

KERÉDY (DE), s^r dudit lieu et de la Villeneuve, par. d'Yvignac.
Réf. et montres de 1428 à 1513, dite par., év. de Saint-Malo.
De gueules à quatre fusées d'argent, accomp. de huit besants de même (arm. de l'Ars.)
Robin, croisé en 1248; Robin ratifie le traité de Guérande à Dinan en 1381.

KERÉMAR (DE), s^r de la Garenne, par. de Bodéo, — de Kerstainguy, par. d'Allineuc, — du Boischâteau, — de Vaugaillard, — de la Villeméno, par. de Trédaniel, — de Kerdavy, — de Kerphilippes, — de Kerlagadec.
Ext., réf. 1670, six gén.; réf. et montres de 1543 à 1569, par. de Bodéo et Allineuc, év. de Cornouailles et Saint-Brieuc.
D'argent à trois chouettes de sable, membrées et becquées de gueules.
Pierre, vivant en 1481, épouse Catherine Bouëssel.

KERÉNEC (DE), s^r dudit lieu.
Réf. et montres de 1427 à 1481, par. de Plounévez-Lochrist, év. de Léon.
D'azur au lion morné d'argent.

KERÉNEC (DE), s^r dudit lieu, par. du Minihy, év. de Léon.
D'azur au lion vairé d'argent et de gueules (G. le B.). Devise : *Dieu m'aime.*
Fondu dans Kerscao, puis en 1686 Kersaint-Gilly.

KERENGARZ (DE), s^r dudit lieu, par. de Lannilis, — de Belair, par. de Ploudiry, — de Roudouziel, — de Crec'hoariou, — de Penandreff, par. de Plourin, — de Penalan.
Anc. ext., réf. 1669, sept gén., réf. et montres de 1426 à 1534, par. de Lannilis et Plourin, év. de Léon.
D'azur au croissant d'argent. Devise : *Tout en croissant.*
Jean, reçut en 1364 de Jean de Montfort, des lettres d'abolition pour avoir suivi le parti de Charles de Blois; Pierre, vivant en 1400 épouse Louise dame de Penandreff, dont : Even, marié à Jeanne de Kerérault.
La branche aînée fondue dans Penhoadic puis du Louët; la branche de Penandreff fondue dans Kersauzon.

KERENNOU ou KERGUENNOU (DE), s^r dudit lieu et de Kergroaz, par. de Plougaznou.
Réf. et montres de 1463 à 1543, par. de Plougaznou, év. de Tréguier.
Porte une fasce vivrée (*aliàs* : bretessée) (sceau 1372).

KERÉNOR (DE), s^r du Helloc'h et du Botgouëz, par. de Bourgbriac, — du Cosquer, — de Saint-Norgant, par. de Bothoa, — de Kerret.
Anc. ext., réf. 1669, six gén., réf. et montres de 1481 à 1543, par. de Bourgbriac, év. de Tréguier.
Écartelé aux 1 et 4 : d'argent (*aliàs* : d'or) au paon rouant de sable ; aux 2 et 3 : d'argent à trois coquilles de gueules, un croissant de même en abyme, *comme Jégou.*
Jean, écuyer dans une montre de 1420; Bertrand vivant en 1481, épouse Catheline Collet.

KERÉON (DE), *voyez* DALL (LE).

KERÉRAULT (DE), sr dudit lieu, par. de Plougastel-Daoulas, — de Kergoff, près Lesneven, — du Mesguen, — de la Grée, — de Penlan, — du Bois-Sauveur, par. de Lanmeur, — de Trémédern et de Kergomar, par. de Guimaëc.

Anc. ext. réf., 1669, 8 gén., ress. de Morlaix; réf. et montres de 1448 à 1562, par. de Plougastel-Daoulas, év. de Cornouailles.

D'azur fretté d'argent, une fleur de lys de même sur l'azur en chef. Devise : *Mervel da véva*. (Mourir pour vivre.)

<small>Maurice, vivant en 1436, père de Jean, marié à Catherine du Rible.
Une dame de Saint-Cyr en 1703, † 1756.
La branche de Trémédern fondue en 1655 dans Bégasson, puis Grignard; la branche du Bois-Sauveur fondue dans Le Marant.</small>

KERÉREL ou KERREL (DE), sr dudit lieu, par. de Crédin, — de Kergarz, — de Coëtbras, — de Saint-Malo, — de Kerlouis.

Ext., réf. 1669, 8 gén., réf. et montres de 1481 à 1536, par. de Crédin, év. de Vannes.

De gueules à la croix d'argent, cantonnée de quatre cygnes de même, becqués et membrés de sable.

<small>Le nom ancien de cette famille est GICQUEL; Guillaume Gicquel fils Olivier, vivant en 1481, épouse Marie Madio; Nicolas, marié à Jeanne du Houlle, prit lettres en 1550 pour changer son nom en celui de Kerérel; *voyez* GICQUEL.</small>

KERESCANT (DE), sr dudit lieu, par. de Pleudaniel.

Déb., réf. 1671, ress. de Lannion.

Ecartelé d'argent et de sable, *comme Kernec'hriou*.

<small>Un notaire-passe en 1503.</small>

KERESPERTZ (DE), sr dudit lieu, par. Trédarzec, — de Trostang, — de Goazirec, — de la Haye, — de Tromelin, — de Pratanscours, — du Portzou, par. de Plounez, — de Pontglo, par. de Pleumeur-Gaultier.

Anc. ext., réf 1669, 8 gén., réf. et montres de 1427 à 1543, dites par., év. de Tréguier et Saint-Brieuc.

D'or à six roses de gueules; *aliàs* : accomp. d'un croissant de même en abyme.

<small>Guillaume, abbé de Saint-Maurice de Carnoët en 1407; Jean, blessé au siège de Chateauceaux en 1420; Olivier son fils, marié à Marie de Troguindy; Alain, chef d'une autre branche, auteur des srs de Trostang, épouse vers 1427 Marguerite Prigent; un volontaire au combat de Saint-Cast, en 1758.</small>

KEREVER (DE), *voyez* GUILLOTOU.

KERFAVEN (DE), sr dudit lieu, par. de Plounéventer, év. de Léon.

D'argent à la fasce de gueules (G. le B.). Moderne : Brézal.

KERFARÉGUIN ou KERVÉRÉGUIN (DE), sr dudit lieu, par. de Loctudy.

Réf. et montres de 1481 à 1562, par. de Loctudy, év. de Cornouailles.

D'argent au chêne de sinople englanté d'or, le fût chargé d'un sanglier de sable en furie, allumé et défendu d'argent; *voyez* BENERVEN, LE GRAND, GUÉGUEN, KERBOUTIER, KERPAËN et MORIN.

Fondu en 1660 dans Penfeunteuniou.

KERFLOUX (DE) (ramage de Trémillec), s^r de Kerazan, par. de Loctudy, — de Penamprat.

Réf. et montres de 1426 à 1562, par. de Loctudy, év. de Cornouailles.

De gueules à trois croissants d'argent, au lambel de même.

KERFORS (DE), s^r dudit lieu, par. d'Ergué-Gaberic, — de Kerderff, par. de Gouëzec.

Réf. et montres de 1481 à 1562, par. d'Ergué, Saint-Mathieu de Quimper et Gouëzec, év. de Cornouailles.

D'argent au greslier d'azur, enguisché et lié de même.

Moderne : la Marche.

KERFRAVAL (DE), s^r dudit lieu, par. de Ploujean, év. de Tréguier.

D'azur à la croix d'argent, chargée au centre d'une billette de gueules, et cantonnée de quatre molettes d'argent, *comme Larchiver*.

Moderne : Gillouart, puis Le Borgne et Ségaller.

KERGADALAN (DE), s^r dudit lieu, par. de Saint-Ségal, — du Drévers, par. de Pleyben.

Maint. à l'intend. en 1699, six gén.; réf. et montres de 1481 à 1562, par. de Saint-Ségal, Pleyben et Quimerc'h, év. de Cornouailles.

D'argent au greslier de sable; *aliàs* : surmonté d'un oiseau d'or, au chef d'azur. (G. G.)

KERGARADAN (DE), s^r dudit lieu et de Trévouëzel, par. de Pleubihan, — de Kerprigent.

Ext., réf. 1668, six gén.; réf. 1535, par. de Pleubihan, év. de Tréguier.

D'argent au pin de sinople fruité d'or, le fût chargé d'un cerf au naturel.

Jean, vivant en 1481, épouse Jeanne de Kerroignant.

La branche aînée fondue dans Kermel.

KERGADÉAU (DE) (ramage de Trogoff), s^r dudit lieu, év. de Tréguier.

D'argent à trois fasces de gueules, au bâton d'azur brochant à dextre, et un lambel à trois pendants de gueules en chef. (G. le B.)

KERGADIOU (DE), s^r dudit lieu et de Trégarn, par. de Plourin, — de Kermeur, — de Tromobihan, par. de Guipronvel, — du Dellec, — de Saint-Rouél, — de Chateaumen, par. de Taulé, — de Kernéguez, par. de Saint-Mathieu de Morlaix, — de Coëtcongar, par. de Ploujean.

Anc. ext. chev., réf. 1669, neuf gén.; réf. et montres de 1427 à 1534, par. de Plourin, év. de Léon.

Fascé ondé d'argent et d'azur, au franc-canton d'hermines (sceau 1404).

André, épouse en 1365, Amice, dame de Trégarn, dont : Hamon, marié à Jeanne du Chastel; André, prisonnier des Anglais en 1427; un secrétaire du duc François II en 1478.

Fondu dans du Bois de la Maisonfort.

KERGADIOU (DE), s^r dudit lieu, par. de Bourgbriac.
Réf. 1463, par. de Pleubihan, év. de Tréguier.
D'argent à deux fasces de gueules, *comme Traonfez.*
La branche aînée fondue dans Cléauroux, puis Bégaignon.

KERGALLIC, *voyez* KERHALLIC (DE).

KERGARADEC (DE), *voyez* JUMEAU (LE).

KERGARIOU (DE), s^r dudit lieu, par. de Ploujean, — de Kervolongar, par. de Garlan, — de Goazian et de Kervéguen, par. de Plouigneau, — de Keramprévost, par. de Plourin, — de Kerhaël, par. de Locquirec, — de Portzamparc et du Cosquer, par. de Plounévez-Moëdec, — de Pluscoat, par. de Botlézan, — de Penanprat, — de Keréven, — de Pontglo, par. de Pleumeur-Gauthier, — des Fossés, — de Kermadéza et de Trobriand, par. de Plougaznou, — de la Ville-Pépin, — du Domaine, — des Planches, — du Châtel, — de Launay, — de Kervérault, — de Kergrist et de Coëtillio, par. de Ploubezre, — de Kerpol, par. de Plouaret, — de Rosconnet, — de Locmaria, — de Coatlez, — de la Grandville (en breton, Guermeur), par. de Bringolo.

Anc. ext. chev., réf. 1669, neuf gén.; réf. et montres de 1427 à 1543, par. de Ploujean, év. de Tréguier.

D'argent fretté de gueules, au canton de pourpre chargé d'une tour d'argent maçonnée de sable, *voyez* HAMON. Devise : *Là où ailleurs, Kergariou.*

Guillaume, croisé en 1248; Rolland, épouse vers 1340, Marie du Ponthou, dont Even, marié vers 1386 à Catherine Gourmelon, de la maison de Kerjan en Plouézoc'h; Alexandre, gouverneur de Morlaix en 1586; un page du Roi en 1738; un conseiller au parlement en 1756.

La branche aînée fondue au XVIe siècle dans la Forest, d'où la seigneurie de Kergariou a appartenu successivement aux du Parc-Lesversault, Caradeuc et la Fruglaye.

La branche de Coëtillio a fait ses preuves pour les honneurs de la cour en 1789 et a produit trois frères capitaines de vaisseaux, l'un tué dans un combat naval en 1780, les deux autres, chefs de division des armées navales en 1786, fusillés à Quibéron en 1795.

La branche du Cosquer a produit un maréchal de camp en 1791, décapité en 1794.

La branche de la Grandville a produit un comte de l'Empire, pair de France en 1827 et la terre de la Grandville a été constituée en majorat au titre de baron par lettres de 1829.

KERGAZAN (DE), s^r de Kergadégan, — de Kerpleust, év. de Tréguier. (G. le B.)

KERGEFFROY (DE), *voyez* GUILLAUME.

KERGLAN (DE), s^r dudit lieu, par. de Plougonver, év. de Tréguier.
D'or à dix annelets de gueules. (G. le B.)

KERGLEZREC (DE), s^r dudit lieu, par. de Trébeurden, év. de Tréguier.
De gueules à la croix d'argent, fleuronnée d'or, cantonnée de quatre annelets d'argent (G. le B.), *voyez* KERHAMON.
Moderne : Cresolles.

KERGNEC'H, *voyez* KERGREC'H (DE).

KERGOAT ou KERGOËT (DE), s^r dudit lieu, par. du Tréhou, év. de Léon.
D'or au cyprès d'azur. (G. le B.)
Yvon, de la paroisse de Lesneven, franchi de fouages, suivant mandement de 1441.

KERGOËT (DE), sr dudit lieu, — de Coëtridiou, — de Kerizit, par. de Daoulas.
Réf. et montres de 1426 à 1536, dite par., év. de Cornouailles.
De gueules à six besants d'argent.
La branche de Kerizit fondue dans Taillart. Moderne : Le Forestier.

KERGOËT (DE), sr dudit lieu et de Guernjahan, par. de Guiclan.
Réf. et montres de 1427 à 1534, dite par., év. de Léon.
Fondu dans Le Scaff. Moderne : Oriot.

KERGOËT (DE), sr dudit lieu, de Kerguz et du Vieux-Chastel, par. de Saint-Hernin, — du Guilly, par. de Lothey, — de Tronjoly, de Mengueffret, de Kermartret et de la Motte, par. de Gourin.
Anc. ext. chev., réf. 1669, six gén. ; réf. et montres de 1446 à 1562, dites par. et par. de Pleyben, év. de Cornouailles.

D'argent à cinq fusées rangées et accolées de gueules, accomp. en chef de quatre roses de même, *voyez* KERVÉNOZAËL. Devise : *En christen mad, mé bev en Doué.* (En bon chrétien, je vis en Dieu.)

Henri, fils Henri, fait un accord avec le vicomte de Rohan en 1296; Yves, médecin ordinaire des ducs Jean IV et Jean V, puis évêque de Tréguier en 1401; Guillaume, vivant en 1481, épouse Plézou de Coëtquévéran; Henri et Vincent, abbés de Langonet de 1477 à 1514; deux pages du Roi en 1690 et 1706.

La branche aînée fondue dans Quélennec, d'où la seigneurie de Kergoët a passé successivement aux Lesmais, Perrien, Le Moyne de Trévigny, Saint-Simon et Courcy en Normandie, Kergus et Roquefeuil.

Le sr de Kerriou, paroisse de Saint-Ségal, débouté à la réformation de 1669.

KERGOËT (DE), sr dudit lieu, par. de Cloharz-Foueznant, — de Keroulain, par. de Pleuven.
Réf. et montres de 1426 à 1481, dites par., év. de Cornouailles.
Émanché d'argent et d'azur (arm. de l'Ars.)
Fondu dans Lanros puis en 1580 Penfeunteniou, en faveur desquels la seigneurie de Kergoët a été érigée en baronnie sous le nom de Cheffontaines, en 1680.

KERGOËT (DE) (ramage du Faou), sr dudit lieu, — de Kerestat, par. du Minihy, — de Tronjoly, par. de Cléder, — de Kerangouëz, — de Penancoët, près Saint-Renan.
Anc. ext., réf. 1669, dix gén.; réf. et montres de 1426 à 1534, par. de Cléder et du Minihy, év. de Léon.

D'azur au léopard d'or, *qui est du Faou*, chargé sur l'épaule d'un croissant de gueules. Devise : *Si Dieu plaist.*

Jean, témoin dans un accord entre le vicomte de Rohan et Hervé de Léon en 1288; Guyomarc'h, épouse vers 1360, Marie de Kergoniou, de la paroisse de Ploudaniel.

La branche de Tronjoly fondue vers 1730 dans Parcevaux.

KERGOËT (DE), sr de Kerhuidonez, év. de Tréguier.
D'or au pin de sinople, fruité d'or. (G. le B.)
On trouve Rolland, croisé en 1248; mais nous ne savons à laquelle des familles de Kergoët il appartenait.

KERGOFF (DE), sr dudit lieu et de Pratalan, par. de Plouider.
  Anc. ext., réf. 1670, sept gén. ; réf. et montres de 1448 à 1534, par. de Plouider, év. de Léon.
  D'argent à la fasce de gueules, accomp. de six macles d'azur, 3. 3, celles-ci rangées 2 et 1.
  Christophe, fils Bernard, vivant en 1503, épouse Anne Le Vayer.
  Cette famille portait anciennement le nom de Dérian, *voyez* DÉRIAN.

KERGOMAR (DE), sr de Beauvais.
  Déb., réf. 1669.

KERGONGAR (DE), sr dudit lieu, par. de Plounévez-Lochrist, év. de Léon.
  D'azur à trois cloches d'or. (G. le B.)
  Fondu dans Coëtquelfen.

KERGORLAY (DE) (ramage de Poher), baron dudit lieu, par. de Motreff, — sr de Fniaudour, par. de Quimper-Guézennec, — du Cleuzdon, par. de Plougonver, — de Keriavilly, par. de Plouaret, — baron de Pestivien et sr de Bulat, par. de Pestivien, — sr de Lossulien, par. de Guipavas, — de Rimaison, par. de Bieuzy, — de Guengat, par. de ce nom, — de Kerangouëz, par. du Minihy, — du Plessix, par. de Plougar, — du Botcozel, par. de Haut-Corlay, — de Kersalaun, par. de Plouvien, — de Tromenec, par. de Landéda, — de Trouzilit, par. de Plouguin, — de Coëtvoult, par. de Saint-Thégonnec.
  Anc. ext. chev., réf. 1671, onze gén.; réf. et montres de 1481 à 1562, par. de Plougonver et Plouaret, év. de Tréguier et Haut-Corlay, év. de Cornouailles.
  Vairé d'or et de gueules (sceau 1312). Devise : *Ayde-toi Kergorlay et Dieu t'aidera.*
  Jean, croisé en 1096; Pierre, croisé en 1249 et 1270; Geoffroi son frère, croisé en 1249; Pierre, tué à la bataille de Mons-en-Puelle en 1304; Jean, tué à la bataille d'Auray en 1364, marié à Marie de Léon, dont deux filles, Jeanne et Aliénor.
  Jean, auteur de la branche qui existe encore, épousa vers 1395, Alix Bilsic, dame du Cleuzdon et de Keriavilly dont : Jean, marié en 1414 à Isabeau de Tournemine, fait prisonnier au siége de Pontorson en 1427.
  Alain-Marie, sr de Kersalaun et de Trouzilit, capitaine aux gardes françaises, blessé à la bataille de Fontenoy en 1745, lieutenant-général, † 1787, laissa deux fils, pairs de France, sous la Restauration, dont les enfants sont seuls représentants de cette illustre maison, alliée à celles de Penthièvre, Rohan, Avaugour, Rieux, Léon, Montfort, Beaumanoir, etc.
  Trois membres admis aux honneurs de la cour en 1785 et 1787.
  La branche aînée tomba en quenouille à la fin du XIVe siècle en la personne de Jeanne, dame de Kergorlay, mariée en 1383 à Raoul de Montfort, et d'Aliénor sa sœur, qui rentra en possession de la baronnie de Kergorlay qu'elle transmit par mariage à la maison de Beaumanoir, et cette seigneurie a été possédée depuis par les Coëtquen, Bellouan, Avaugour-Saint-Laurent et de Plœuc.
  La branche du Cleuzdon fondue dans du Cleuz du Gage.

KERGOUAL (DE), sr dudit lieu, de Kernaour et de Gorréploué, par. de Plouescat, — de Bréhonic et de Lanzéon, par. de Plounévez-Lochrist.
  Réf. et montres de 1448 à 1534, par. de Plouescat et Guissény, év. de Léon.

D'azur à une fasce d'or, accomp. en chef d'un dextrochère soutenant un épervier, le tout d'argent.

<small>Jean, premier doyen du Follgoat en 1423.</small>

KERGOULOUARN (DE), sʳ dudit lieu, de Kerlavan et du Rosmeur, par. de Plouvorn.

Réf. et montres de 1448 à 1503, dite par., év. de Léon.

D'argent à trois fusées de gueules.

<small>La branche aînée fondue dans Simon, puis Le Rouge.
Moderne : Alain de la Marre, puis Berthou et la Bourdonnaye-Montluc.</small>

KERGOUNIOU (DE), sʳ dudit lieu, près Lesneven, év. de Léon.

Fascé d'or et de sable de six pièces, brisé en chef d'un croissant de même. (G. le B.)

<small>Fondu dans Gouzillon, puis Touronce.</small>

KERGOURNADEC'H (DE), sʳ dudit lieu et de Kersaudy, par. de Cléder, — de Lesmean et de Kermouchou, par. de Plounévez-Lochrist, — de Kermoal, par. de Ploujean, — de Saint-Antoine, par. de Plouézoc'h, — de Kermorvan, de Kerastang et de Trégoadalen, par. de Plougaznou.

Réf. et montres de 1426 à 1543, par. de Cléder, Plounévez-Lochrist et Plougaznou, év. de Léon et Tréguier.

Échiqueté d'or et de gueules (sceau 1288). Devise : *En diex est,* et : *Chevalerie de Kergournadec'h.*

<small>Salomon fils Nuz, caution de Sylvestre de Coëtmeur dans un accord avec Hervé de Léon en 1260; Alain, marié à Plaisance de Poher, devait un chevalier à l'ost du duc en 1294: Guyomarc'h, époux de Marguerite du Chastel, leva aide et taille sur ses vassaux pour la garde de Lesneven, par commandement de Charles de Blois en 1357; Guyon, gentilhomme de la chambre du duc, vivant en 1426, épouse Isabeau de Coëtquénan, dont Alliette, dame de Kergournadec'h, mariée en 1473 à Maurice de Coëtquelfen, qui prit les nom et armes de Kergournadec'h.
Cette seigneurie a été possédée depuis par les Kerhoënt, Rosmadec, Le Sénéchal, Pinsonneau, Bidé de la Grandville, Hautefort et Maillé.
Suivant une tradition rapportée par Albert Le Grand, cette famille aurait pour auteur un jeune guerrier de Cléder, nommé *Nuz,* qui combattit au VIᵉ siècle un dragon qui désolait le Léon, et à qui Guitur, comte du pays, donna en récompense la terre qui, en mémoire de son exploit, fut appelée *Ker-gour-na-dec'h* (la maison de l'homme qui ne fuit pas).</small>

KERGOS (DE), sʳ dudit lieu, par. de Clohars-Foueznant.

Montre de 1481, dite par. et par. de Pleuven, év. de Cornouailles.

D'argent à la fasce d'azur, surmontée d'une merlette de même. Devise : *Aime qui t'aime,* ou *M qui T'M.*

<small>Fondu dans Guyomar'ch, puis par acquêt Hernothon, et par alliance Kernafflen.
Les familles Cazin, Cosquerguen, Geffroy, Keraminou, Kerhallic et Le Levier, portent les mêmes armes, soit pleines, soit brisées.</small>

KERGOS (DE), *voyez* KERNAFFLEN (DE).

KERGOZOU (DE), sʳ dudit lieu, par. de Quimper-Guézennec, — de Trostang, — de Lanozou, — de Kersalic.

Anc. ext., réf. 1669, huit gén.; réf. et montres de 1427 à 1543, par. de Quimper-Guézennec, év. de Tréguier.

De gueules à la croix pleine d'argent, chargée d'une cotice de même.

Pierre, vivant en 1447, épouse Constance Le Lez, dont : Yvon, vivant en 1493, marié à Marguerite l'Epervier.

KERGRAC'H (DE), s^r de la Vieuville, ress. de Saint-Renan.

D'azur à trois têtes de léopard d'or (arm. 1696).

Un notaire royal à Recouvrance en 1730.

KERGRAVAN (DE), év. de Tréguier.

De sable à la fasce d'argent, accomp. de trois croisettes de même. (G. le B.)

KERGREC'H, voyez KERNEC'H (DE).

KERGRÉ (DE), voyez NORMANT (LE).

KERGRÉ (DE).

De gueules au besant d'argent croisé d'azur, accomp. de huit losanges d'argent en orle, chargées chacune d'un sautoir de gueules (arm. 1696)..

Un procureur fiscal de Guingamp en 1696.

KERGRÉGUEN (DE), s^r dudit lieu, par. de Plounéventer, év. de Léon.

De sinople à trois coquilles d'or (G. le B.), comme *Prathir*.

KERGRIST (DE), s^r dudit lieu, de Kervern et du Vieux-Chastel, par. de Ploubezre, — de Kerdual, par. de Ploumiliau, — de Kermoal, de Keravel et de Kerlescant, par. de Plouëc, — de Kerthomas, — de Kerambellec, par. de Plouaret, — de Kergadiou, du Plessix et de Goazanarhant, par. de Plestin, — de Kerampuil et de Treuscoat, par. de Pleyberchrist, — de Ponthaer, — du Chemin-Neuf, — de Kerriou, — de Kervégan, — de Tréziguidy, par. de Pleyben.

Anc. ext., réf. 1669, sept gén.; réf. et montres de 1427 à 1543, par. de Ploubezre et Ploumiliau, év. de Tréguier, et Pleyberchrist, év. de Léon.

D'or à quatre tourteaux de sable, 3. 1, au croissant de même en abyme, comme *Prigent*.

Jean, juge des régaires de Léon en 1395; Alain, archer de la garde du duc en 1453; Jean, vivant en 1463, épouse Marie Salliou, de la maison de Lesmais; Goulven, auditeur des comptes en 1558; deux sénéchaux de Morlaix au XVIe siècle.

La branche aînée fondue dans Kergariou, puis Barbier.

KERGROADEZ (DE), baron dudit lieu, par. de Plourin, — baron de Kerlec'h et s^r de Kerver, par. de Ploudalmézeau, — du Bois, — de Tromanoir, par. de Plouénan, — de Chateaumen, par. de Taulé, — de Keromnès, par. de Carantec, — de Kerangomar, — du Guerbihan, — de Kervastard, par. de Bothoa.

Anc. ext. chev., réf. 1670, onze gén.; réf. et montres de 1427 à 1534, par. de Plourin, év. de Léon.

Fascé de six pièces d'argent et de sable. Devise : *En bonne heure*.

Robert, époux de Bénone Carn, † 1315; Hamon, marié vers 1360 à Jeanne du Chastel; Robert, chevalier dans une montre de 1378; Robert, prisonnier des Anglais devant le Mont-Saint-Michel en 1427, marié en 1413 à Isabelle du Quélennec; Amice, abbesse de la Joie en 1474; François, chevalier de l'ordre, suivit le parti du Roi pendant les guerres de la Ligue, et épousa 1° Claude, dame de Kerlec'h, 2° Gillette de Quélen.

Fondu en 1734 dans Kerouartz, d'où la seigneurie de Kergroadez a passé aux d'Houchin, puis aux Roquelaure.

KERGROAS (DE), s^r dudit lieu, — de Treuzvern, par. de Plougonver, — de Penvern, près Morlaix, — de Keroual, par. de Pleyberchrist, — du Beuzidou, — de Kervézec, par. de Garlan, — de Kermarquer, — de Kermorvan.

Anc. ext., réf. 1670, neuf gén.; réf. et montres de 1481 à 1543, par. de Plougonver, év. de Tréguier.

D'azur à la croix tréflée d'argent.

Guillaume, vivant en 1427, épouse Aliette de Keramelin; deux gouverneurs du château du Taureau en 1624 et 1627.

KERGROAS (DE), s^r dudit lieu, par. de Trédarzec, év. de Tréguier.

D'argent à la croix pattée de gueules, cantonnée de quatre macles de même (G. le B.), *comme Richemont*.

KERGU (DE), s^r dudit lieu, par. de Mégrit, — de Travers, par. d'Erquy, — des Loges, par. de Saint-Ygneuc, — de Belleville, — du Prédéro, — du Boisgerbault, par. de Ruca, — de Vaujoyeux, — du Gué.

Anc. ext. chev., réf. 1668, neuf gén.; réf. et montres de 1469 à 1535, par. de Mégrit, év. de Saint-Malo, Erquy, Hénansal et Saint-Ygneuc, év. de Saint-Brieuc.

D'argent à l'épervier essorant de sable, armé, becqué, longé et grilleté d'or.

Olivier, épouse vers 1378 Thomine de Québriac, dont: Tristan, marié à Jeanne Ferré; un capitaine garde-côtes au combat de Saint-Cast en 1758; deux chevaliers de Malte en 1779 et 1781; une abbesse de Kerlot en 1787.

KERGUÉGUEN ou KERVÉGUEN (DE), *voyez* KERVÉGUEN.

KERGUÉHÉNEUC (DE), s^r dudit lieu, par. de Bignan, év. de Vannes.

D'argent coupé de gueules, au lion de l'un en l'autre. (G. le B.)

Fondu dans Korméno.

KERGUÉLEN (DE), s^r dudit lieu et de Trémarec, par. de Saint-Thoix, — de Kermatéano, par. de Plougastel-Saint-Germain, — de Kerroc'h, par. de Landrévarzec, — de Penanjun, par. de Briec, — de Kerbiquet, — de Kersaint, — du Guermeur, — de Kergoat, par. de Melguen, — de Kerlaouénan, — de Kerfily, — du Carpont, — de Kernalec.

Anc. ext., réf. 1669, neuf gén., et maint. à l'intend. en 1702; réf. et montres de 1426 à 1562, par. de Saint-Thoix, Plougastel et Landrévarzec, év. de Cornouailles.

D'argent à trois fasces de gueules, surmontées de quatre mouchetures de sable, *voyez* DRÉMIET. Devise : *Vert en tout temps.*

Hervé, croisé en 1248, mais nous ne savons à quelle famille Kerguélen il appartenait.

Guillaume, vivant en 1413, épouse Isabeau du Quistinic; un chevalier de Saint-Lazare en 1724; un contre-amiral connu par ses voyages de découvertes en 1772; un page du Roi en 1715, et deux pages de Madame et de la comtesse d'Artois en 1782.

KERGUÉLEN (DE), s^r du Mendy, par. de Plabennec.

Ext., réf. 1671, ress. de Saint-Renan.

Écartelé aux 1 et 4 : d'or au houx arraché de sinople, *qui est Kerguélen*; aux 2 et 3 : échiqueté d'argent et de gueules, *qui est du Mendy*.

Noël, vivant en 1503, épouse Marie du Poulpry.

KERGUÉLEN (DE), *voyez* KERGUVELEN (DE).

KERGUÉLÉNEN (DE), s^r dudit lieu, du Penquer, de Penanec'h, de Kerollain et de Kerstrat, par. de Pouldergat.

Réf. et montres de 1536 à 1562, dite par., év. de Cornouailles.

Parti au 1 : un lion chargé d'une macle; au 2 : un sautoir accomp. en chef d'une molette (sceau 1381); *aliàs* : un chevron accomp. en chef de deux hermines (sceau 1489).

Yvon, accompagne le duc au voyage d'Amiens en 1425; Jean, homme d'armes de la retenue du sire de Lescun en 1465 et écuyer de Charles le Téméraire, épousa l'héritière de la maison de Liques en Boulonnais, passa au service de France en 1477 à la mort du duc de Bourgogne, et fut nommé par Louis XI capitaine de Corbeil; en 1489, il commandait à Arras une compagnie d'ordonnance du Roi Charles VIII, dont il était chambellan, et mourut à Corbeil où il fut enterré.

KERGUEN (DE), *voyez* KERVEN (DE).

KERGUENNEC (DE), *voyez* KERVENNEC (DE).

KERGUENNOU (DE), *voyez* KERENNOU (DE).

KERGUERN (DE), *voyez* KERVERN (DE).

KERGUERN ou KERVERN (DE), s^r de Penfrat, par. de Trégourez, — de Keriolet.

Maint. à l'intend. en 1704, ress. de Quimper.

D'argent à l'aulne de sinople.

KERGUERN (DE), s^r dudit lieu, par. de Dirinon, év. de Cornouailles.

D'azur à trois annelets d'argent. (G. le B.)

Fondu au xve siècle dans Lanvilliau, puis Tréanna.

KERGUERN ou KERGUER-MENDU (DE) (ramage de Clécunan), s^r dudit lieu, par. de Dirinon, — de Kernizi, par. de Plougastel-Daoulas, — de Lanvaon.

Anc. ext., réf. 1670, huit gén.; réf. et montres de 1426 à 1562, par. de Dirinon et Plougastel-Daoulas, év. de Cornouailles.

De sable à trois aigrettes huppées d'argent, *comme Clécunan; aliàs* : brisé d'une étoile de même en chef, *pour la branche de Kernizi*. Devise : *Utinàm*.

Mathieu, s^r de Kerguern, vivant en 1426, épouse Constance de Kergoët; Jean, s^r de Kernizi, vivant en 1426, épouse Alice Buzic, dont Hervé, marié à Isabelle de Kerret de la maison du Fresque; Louis, abbé de Landévenec, † 1534.

KERGUERN (DE), sʳ dudit lieu, par. de Guipavas, év. de Léon.

D'argent fretté d'azur. (G. le B.)

<small>Fondu vers 1300 dans Cornouailles.</small>

KERGUÉZANGOR (DE), sʳ dudit lieu, par. de Naizin, — de Kerjézéquel, par. de Moustoir-Remungol, — de Launay et de Keriel, par. de Mur, — de la Villeaudren, par. de Cadélac, — de la Ville-Normand.

Réf. et montres de 1426 à 1536, dites par., év. de Vannes, Cornouailles et Saint-Brieuc.

De gueules à la croix pattée et alésée d'argent; *aliàs* : d'or à deux fasces de gueules (arm. de l'Ars.)

<small>Thomas, dans l'armée du vicomte de Rohan au siége de Guingamp en 1488.
La branche aînée fondue dans du Pou.
La branche de la Villeaudren fondue dans la Villéon.</small>

KERGUÉZAY (DE), sʳ dudit lieu, de Guermorvan et de Belleisle, par. de Louargat, — de Traondoun, — de Kergomar et de Kernéguez, par. de Loguivy, — de Coëtizac et de la Coudraye, par. de Brélévénez.

Anc. ext. chev., réf. 1669, dix gén.; réf. et montres de 1427 à 1543, par. de Louargat, Loguivy-Lannion et Brélévénez, év. de Tréguier.

D'hermines à la fasce de gueules, chargée de trois molettes d'or.

<small>Jean, vivant en 1368, épouse Mahotte de Traondoun, dont : Yvon, marié à Prigente Mérou, dame de Kergomar; Claude, chevalier de Saint-Michel, maréchal de camp et gouverneur de Guingamp en 1587.
Fondu dans Goësbriand.</small>

KERGUÉZEC (DE), sʳ dudit lieu, par. de Trédarzec, — du Carpont, par. de Lauannec, — de Kericuff, par. de Ploëzal, — de Jussé, — de Baye, — de Coëtbruc, — de Trégoëzel, — de Troguindy, par. de Tonquédec.

Anc. ext., réf. 1668, dix gén.; réf. et montres de 1427 à 1543, par. de Trédarzec, Penvénan et Tonquédec, év. de Tréguier.

Écartelé aux 1 et 4 : d'argent au chêne arraché de sinople; aux 2 et 3 : d'azur plein.

<small>Raoul, épouse vers 1402, Catherine de Pontglo; Geoffroi, prête serment au duc entre les nobles de Tréguier et Goëllo en 1437 et épouse Jeanne de Kerdérien; Guillaume, gentilhomme de la chambre du roi François Iᵉʳ, en 1530; deux conseillers au parlement depuis 1618; un président de la noblesse par élection aux Etats de 1762; un volontaire au combat de Saint-Cast en 1758 et un page du Roi en 1786.</small>

KERGUIEN (DE), sʳ dudit lieu, par. de Perros-Guirec, év. de Tréguier.

Réf. et montres de 1427 à 1481, dite par., év. de Tréguier.

D'azur à une pomme de pin d'or, accomp. de trois quintefeuilles de même.

Moderne : Le Borgne de Goazven.

<small>Le sʳ de Kerbernez, débouté à la réformation de 1670, ressort de Lannion.</small>

KERGUIFFINEC (DE), *voyez* BASTARD (LE).

KERGUINIOU (DE), sr dudit lieu, par. de Ploubezre, — de Lescorre, par. de Lanmeur.
Réf. et montres de 1427 à 1543, par. de Ploubezre, év. de Tréguier.
D'argent au lion de gueules, armé, lampassé et couronné d'or.

KERGUINIOU (DE), sr de Keruranguen, par. de Ploulec'h.
Réf. et montres de 1481 à 1543, dite par., év. de Tréguier.
D'argent à trois tourteaux de gueules, *comme Keranguen et Peillac.*
Raoul, cordelier de Guingamp, chargé par la comtesse de Penthièvre de poursuivre la canonisation de Charles de Blois en 1371.

KERGUIRIS (DE), sr dudit lieu, par. de Lanvaudan, — de Locunolé, de Locoziern, de Coëtrivoas et de Kernours, par. de Kervignac.
Réf. et montres de 1426 à 1536, dites par., év. de Vannes.
D'argent à six annelets de gueules. (G. le B.)

KERGUIRIS (DE), sr du Beyzit.
Déb., réf. 1668, ress. d'Auray.
D'argent à trois cerises de gueules (arm. 1696).

KERGUIZEC (DE), sr dudit lieu, par. de Surzur, — de Brignac, par. de Sérent, — de Kerfus, par. de Saint-André-des-Eaux.
Réf. et montres de 1448 à 1536, par. de Surzur, év. de Vannes.
Écartelé aux 1 et 4 : vairé d'or et d'azur, *comme Bois-de-la-Salle et Rochefort*, aux 2 et 3 : de gueules plein.
Pierre, traité comme rebelle par la duchesse Anne et décapité en 1489.
Fondu dans Sénéchal.

KERGUIZIAU (DE), sr dudit lieu, par. de Boharz, — de Tronjolly et de Quijac, par. de Lambézellec, — de Penfeld, par. de Guiler, — de Kervasdoué et de Kerscao, par. de Plouzané, — de Tréléon, par. de Milizac, — de Keranliou, — de Kerbiriou, par. de Crozon, — de Keravel et de Kerestat, par. du Minihy de Léon.
Anc. ext. chev., réf. 1669, neuf gén.; réf. et montres de 1427 à 1534, par. de Boharz, Lambézellec, Guiler, Plouarzel et Plouzané, év. de Léon.
D'azur à trois têtes d'aigle (*aliàs* : d'épervier), arrachées d'or. Devise : *Spes in Deo.*
Henry, écuyer dans une montre de du Guesclin, reçue au siége de Brest en 1373; Jean, vivant en 1427, épouse Adelice Le Normand; Alain, sr de Kervasdoué, épouse vers 1480 Méance de Quilbignon; Jean, abbé de Daoulas, † 1581; Jean, chevalier de Saint-Michel, marié en 1627 à Françoise de Kergroadez.
La branche aînée fondue vers 1530 dans du Louët.

KERGUIZIEN (DE), sr dudit lieu, par. de Ploudalmézeau.
Réf. et montres de 1426 à 1503, dite par., év. de Léon.
D'or à trois roses de gueules, *comme Maucazre.*

KERGUZ (DE), sr dudit lieu, par. de Taulé, — de Troffagan, par. de Lanhouarneau, — de Gouzillon, par. de Saint-Vougay, — de Keramprovost, par. de Plouénan, — de Coëtvoult, par. de Plouigneau, — de Mezambez et des Iles, par. de Guimaëc, —

de Belair et des Salles, par. du Minihy, — de Kergoët, par. de Saint-Hernin, — de Kerlouët, par. de Plévin, — du Boisgarin, par. de Spézet.

Anc. ext. chev., réf. 1669, huit gén.; réf. et montres de 1426 à 1534, par. de Taulé, Lanhouarneau, Saint-Vougay et le Minihy, év. de Léon.

D'argent au greslier d'azur, enguiché et lié de gueules. Devise : *Voluntas Dei.*

Bertrand, sʳ de Troffagan, vivant en 1426, épouse Jeanne de Quélen; Olivier, vivant en 1444, auteur de la branche de Mezambez, épouse Anne du Quélennec.

Un gouverneur du château du Taureau en 1569; un gouverneur du Minihy de Léon en 1700; un conseiller au parlement en 1777.

Fondu dans Roquefeuil.

KERGUZ (DE), sʳ dudit lieu, par. de Trégourez, — de Kerstang, par. de Gourin.

Anc. ext., réf. 1669, huit gén.; réf. et montres de 1426 à 1562, dites par., év. de Cornouailles.

D'azur à la croix pattée d'argent.

Yvon, vivant en 1447, épouse Catherine de Tréanna ; Pierre, maître des requêtes ordinaire du Roi et abbé de Quimperlé en 1500, † 1520; un conseiller au parlement en 1683.

KERGUZ, *voyez* KERGU (DE).

KERGUVELEN (DE) (ramage de Kerroignant), sʳ dudit lieu, — du Tromeur, par. de Plouvorn, — de Kernoaz, — de Gorrequer, — de Kergaradec et de Penhoat, par. de Plounévez-Lochrist, — de Kergonan, — de Kerestat, par. du Minihy.

Anc. ext., réf. 1669, sept gén.; réf. et montres de 1426 à 1534, par. de Plouvorn et Plounévez, év. de Léon.

D'azur à la main dextre d'argent en pal, *qui est Kerroignant*, accomp. de trois étoiles de même.

Hervé, vivant en 1443, épouse Jeanne de Keranraiz.
La branche de Kergaradec fondue en 1621 dans le Jumeau.
La branche de Penhoat fondue en 1752 dans le Borgne de la Tour.

KERHALEC (DE), en français SAULDRAYE et SORAYE (DE LA), *voyez* ces mots.

KERHALLIC (DE), *voyez* GONIDEC (LE).

KERHALLIC ou KERGALLIC (DE), sʳ dudit lieu, par. de Carantec, — de Kernantec.

Anc. ext., réf. 1669, quatre gén.; réf. et montres de 1426 à 1534, par. de Carantec, Taulé et le Minihy, év. de Léon.

D'argent à la fasce d'azur, surmontée d'une merlette de même, *voyez* CAZIN, COSQUERGUEN, GEFFROY, KERAMINOU, KERGOS *et* LE LEVIER.

Hervé, vivant en 1534, épouse Béatrix Laurens. Fondu dans Le Gonidec.

KERHALZ (DE), sʳ dudit lieu, par. de Plabennec.

Réf. et montres de 1444 à 1481, dite par., év. de Léon.

D'or au huchet de sable, lié de même.

Jean, anobli par mandement vérifié en la chambre, en 1438.

TOME II.

KERHAMON (DE), sr dudit lieu, par. de Servel, év. de Tréguier.
De gueules au sautoir d'argent, accomp. de quatre annelets de même (G. le B.), *comme Kerglezrec*.
Fondu dans Cruguiel.

KERHARO (DE), sr dudit lieu, par. de Beuzec-Cap-Sizun, — de Guilguiffin, par. de Landudec, — de Trévennan, par. de Cléden-Cap-Sizun.
Montre de 1480, par. de Beuzec, év. de Cornouailles.
De gueules au massacre (*aliàs* : rencontre) de cerf d'or. (G. le B.)
Fondu dans Tivarlen, puis, en 1598, de Plœuc.

KERHOAS (DE), sr dudit lieu, par. de Guiclan, — de Coëtgoulouarn et du Quélennec, par. de Saint-Thégonnec.
Ext., réf. 1670, cinq gén.; ress. de Lesneven.
D'azur à trois étoiles d'or.
Jean, partagé en 1545, épouse Catherine de Lanlouët.

KERHIR (DE), *voyez* CILLART.

KERHOËNT (DE), sr dudit lieu, par. du Minihy, — de Trohéon, par. de Sibéril, — de Botquénal, par. de Loperhet, — de Kergournadec'h, par. de Cléder, — de Coëtenfao et de Locmaria, par. de Séglien, — de Botigneau, par. de Cloharz, — de Tréanna, par. d'Elliant, — de Brunault, par. de Trébrivan, — de l'Estang, — de Crec'quérault, par. de Plouvorn, — de Kerautret, par. de Plougoulm, — de Landeboc'her, par. de Plouzévédé, — du Mescouin, par. de Plougourvest, — de Morizur, par. de Plouider, — de Kerandraon, par. de Plouguerneau, — de Penhoët, par. de Saint-Thégonnec, — du Mescouez, par. de Plougaznou, — de Rozarvilin, — de Keroullé, par. de Ploudiry, — de Leurandenven, — du Lorieuc, par. de Crossac, — marquis de Montoir en 1743, — vicomte de Donges.
Anc. ext. chev., ref. 1669, neuf gén.; réf. et montres de 1426 à 1534, par. du Minihy, Plougoulm et Sibéril, év. de Léon.
Pour armes antiques : losangé d'argent ou de sable, *comme Auffroy*. Devise : *Sur mon honneur*. Moderne : Écartelé de *Kergournadec'h* et de *Kerriec-Coëtenfao*, sur le tout : de *Kerhoënt*.

Jean et Hervé, hommes d'armes dans la montre de Jean de Penhoët en 1420, pour le recouvrement de la personne du duc; Pierre, épouse, vers 1426, Havoise de Kerouzéré, dont Pierre, marié en 1462 à Louise Huon, dame de Herlan et du Squiriou, père et mère : 1o d'Alain, marié à Louise du Botquénal; 2o de Jean, auteur des seigneurs de Herlan, rapportés ci-dessous.
Alain fils Alain qui précède, épouse, en 1530, Jeanne, dame de Coëtquelven et de Kergournadec'h; Olivier, leur fils, chevalier de l'ordre, épouse, en 1559, Marie de Plœuc, dame de Coëtenfao, dont : 1o François, sr de Kergournadec'h, chevalier de l'ordre, marié à Jeanne, dame de Botigneau ; 2o Charles, sr de Coëtenfao, auteur de la branche de ce nom et de celle des marquis de Montoir.
Un sénéchal de Léon en 1457; un chevalier de Malte en 1688; quatre pages du Roi de 1690 à 1734; deux brigadiers de cavalerie en 1710 et 1748; un évêque d'Avranches, † 1719; un lieutenant-général en 1710, † 1721 ; un gouverneur du Minihy et de Morlaix, † 1741.
La branche aînée fondue en 1452 dans Névet, puis du Louët et Barbier; la branche de Kergournadec'h fondue en 1616 dans Rosmadec; la branche de Coëtenfao fondue dans Le Vicomte.

KERHOËNT ou QUERHOËNT (DE) (ramage du précédent), s^r de Herlan, par. de Saint-Thégonnec, — du Squiriou, par. de Braspartz, — de Kerjean, — de Boisruault, par. de Caro, — de Beauchesne.

Anc. ext. réf. 1669, neuf gén.; réf. 1513, par. de Caro, év. de Saint-Malo.

Losangé d'argent et de sable. Devise : *Dieu soit loué.*

Jean, fils juveigneur de Pierre et de Louise Huon, épouse Gillette Le Prestre, dame du Boiruault; un maréchal de camp en 1791.

La branche de Herlan fondue dans la Forest, puis du Parc.

KERHORRE (DE), *voyez* MICHEL.

KERHUÉ (DE), *voyez* CRAMEZEL.

KERIBERT (DE), baron dudit lieu, par. de Ploudalmézeau.

Réf. et montres de 1481 à 1503, dite par., év. de Léon.

D'argent au lion de sable. (G. le B.)

Fondu dans Rannou, puis Sansay.

KERIDEC (DE), *voyez* THOMÉ.

KERIDIERN (DE), s^r dudit lieu, par. de Cléden, — de Kerdoutoux.

Anc. ext., réf. 1670, sept gén. ; réf. et montres de 1444 à 1562, par. de Cléden-Cap-Sizun, év. de Cornouailles.

D'or à trois roses de gueules.

Hervé, écuyer à l'ost du duc en 1294; René, fils de Jean, épouse, en 1536, Perronnelle Autret.

KERIGAN (DE), *voyez* GARNIER.

KERIGNY (DE), s^r de Kervrac'h, par. de Guengat.

Réf. et montres de 1426 à 1481, dite par., év. de Cornouailles.

D'azur au lion d'or.

Fondu dans Tivarlen.

KERIGONAN (DE), *voyez* MEUR (LE).

KERIGOU (DE), s^r dudit lieu, par. de Plougoulm.

Réf. 1448, par. de Plougoulm et Plouénan, par. de Léon.

Losangé d'argent et de sable (G. le B.), *voyez* AUFFROY. Moderne : Le Ny.

KERILLIS (DE), *voyez* CILLART.

KERILLY (DE), s^r de Kermorvan, par. de Guimaëc, év. de Tréguier. (G. le B.)

KERILLY (DE), s^r dudit lieu, par. de Plouguerneau.

Réf. et montres de 1426 à 1503, dite par., év. de Léon.

KERIMEL (DE), s^r dudit lieu, par. de Kermaria-Sular, — de Launay, par. de Brélévénez, — de Coëtgouréden, par. de Pestivien, — de Coëtfrec, par. de Ploubezre, — de Coëtinizan, par. de Pluzunet, — de Kerouzéré, par. de Sibéril.

Réf. et montres de 1427 à 1543, par. de Kermaria, Goudelin, Pluzunet et Guingamp, év. de Tréguier.

D'argent à trois fasces de sable (sceau 1374).

Geoffroi, maréchal de Bretagne en 1370, accompagna du Guesclin dans la plupart de ses guerres ; Thomas, tué à la bataille de Nicopolis, en 1396.

La branche aînée fondue dans Penhoët, puis la Touche-Limousinière; moderne : Cosquer-Rosambo.

La branche de Coëtinizan et de Kérouzéré fondue dans Boiséon.

KERIMEL (DE), s^r de Garsambic, par. de Pléguien, — de Kervéno, — de Kerudoret, — de la Villeneuve, par. de Plouha.

Maint. par arrêt du parl. de 1769 ; réf et montres de 1469 à 1569, par. de Pléguien et Plouha, év. de Saint-Brieuc.

D'argent à trois fasces de sable, au lion de même brochant.

Sylvestre, se présente par Alain, son fils, à la montre de 1469, paroisse de Plouha.
Cette famille paraît issue en ramage de la précédente.

KERIMEC'H (DE), s^r dudit lieu, par. de Bannalec, — de la Noë-Seiche, — de la Roche-Rousse, par. de Quessoy, — du Quillio, — de la Morandais, par. de Trémuzon, — de la Haute-Garde.

Réf. et montres de 1426 à 1535, par. de Bannalec, év. de Cornouailles, et Quessoy, év. de Saint-Brieuc.

D'hermines au croissant de gueules, *qui est Kerimerc'h; aliàs* : surmonté d'un écu d'or chargé de trois tourteaux de gueules, *qui est Hautbois*.

Alix, dame de Kerimerc'h, vivant en 1350, épouse Jean du Hautbois, dont René qui prit les nom et armes de Kerimerc'h et épousa Jeanne de la Feillée; Charles, † 1485, marié à Marguerite, dame de la Roche-Rousse; Thibaut, époux de Jeanne de Couvran, fondateur en 1503 des Cordeliers de Saint-Brieuc.

La branche aînée fondue en 1520 dans Tinténiac, puis du Breil de Rays.

KERINAN (DE), par. de Langadias, év. de Saint-Malo.

Seigneurie possédée primitivement par les Cadier, érigée en vicomté en 1598 en faveur des Trémigon, et possédée postérieurement par les familles d'Espinay, du Breil de Pont-Briant et de Bruc.

KERINCUFF (DE), s^r dudit lieu, par. de Plouénan, — de Keredan, par. de Saint-Thégonnec.

Réf. 1448, par. de Saint-Thégonnec, év. de Léon.

D'argent à deux fasces de gueules, accomp. en chef de deux roses de même.

Moderne : Crec'hquérault.

KERINIZAN (DE) (ramage de Pont-l'Abbé), s^r dudit lieu, par. de Loctudy.

Réf. de 1426 à 1442, dite par., év. de Cornouailles.

D'or au lion de gueules, armé et lampassé d'azur, *qui est Pont-l'Abbé*, à la bordure engreslée de même (arm. de l'Ars.)

KERINIZAN (DE), s^r dudit lieu, par. de Plounéventer, — du Bréhonic, par. de Plounévez.

Réf. et montres de 1426 à 1481, par. de Plounévez-Lochrist, év. de Léon.

De gueules à cinq trèfles d'or en sautoir.

La branche ainée fondue dans Rolland.

KERIOLET (DE), *voyez* GOUVELLO (DE).

Kerisac (de), *voyez* Hingant.

Kerivalant (de), *voyez* Deist (le).

Kerizec (de), *voyez* Quirisec (de).

Kerizit (de), sʳ dudit lieu, par. de Daoulas, év. de Cornouailles.

D'azur à une fasce d'or, surmontée d'une étoile de même. (G. le B.)

Fondu dans Kergoat, et depuis Taillart, Lanrivinen, la Sauldraye et Forestier.

Kerjagu (de), sʳ dudit lieu, par. d'Yffiniac, — de Kerambellec, par. de Pleumeur-Gauthier, — du Parc et de Kergouzien, par. de Pleudaniel, — de la Ville-Quinio, par. de Plourhan.

Réf. et montres de 1535 à 1543, dites par., év. de Tréguier et Saint-Brieuc.

Coupé d'azur et d'argent au lion de l'un en l'autre.

Kerjagu (de), sʳ de Kervanon et de Gouazouillac, par. de Plouigneau.

Réf. et montres de 1427 à 1543, dite par., év. de Tréguier.

De sable au cygne d'argent.

Kerjan (de), *voyez* Pastour.

Kerjar (de), sʳ dudit lieu, par. de Plourin.

Réf. et montres de 1446 à 1534, dite par. et par. de Lanildut, év. de Léon.

D'or à l'arbre de sinople. Devise : *Red eo mervel.* (Il faut mourir).

Moderne : Carné.

Kerjean (de), sʳ dudit lieu, par. de Plestin, év. de Tréguier.

De sable fretté d'or, au franc canton de gueules, chargé d'une croix d'argent. (G. le B.)

Fondu dans Richard.

Kerjean (de), sʳ dudit lieu, par. de Treffbabu, — de Kervennec, — de Kerlaouénan, par. de Plouarzel, — de Pratarscao, — de Trémen.

Anc. ext., réf. 1669, sept gén.; réf. et montres de 1443 à 1534, par. de Plouarzel, év. de Léon.

D'argent à la tour couverte de sable, *comme du Val.*

Hervé fils Alain, vivant en 1481, épouse Louise Maniou.

La branche aînée fondue dans Mol.

Kerjean (de), par. de Saint-Vougay, év. de Léon, marquisat en 1618, en faveur du sieur Barbier, *voyez* Barbier.

Cette seigneurie, possédée au xvᵉ siècle par les Olivier et au xvıᵉ par les Barbier, a passé depuis par alliance aux Coëtanscours, Kersauzon, Brilhac, Forsanz et Coëtgouréden.

Kerjeffroy ou Kergeffroy (de), sʳ dudit lieu, par. de Plufur, év. de Tréguier.

D'argent à dix trèfles d'azur, 4. 3. 2. et 1. (G. le B.)

Fondu dans Saliou, puis Guillaume.

Kerjézéquel (de), sʳ dudit lieu, par. de Berné, — de Kerénec, par. d'Arzano, — de Laintreff, par. de Scaër.

Réf. et montres de 1426 à 1536, dites par., év. de Vannes et Cornouailles.

La branche aînée fondue en 1418 dans la Sauldraye.

KERJOSSE (DE), sʳ dudit lieu, par. de Plumelin.

Réf. et montres de 1448 à 1513, dite par., év. de Vannes.

D'or à dix coquilles d'azur, *comme Ermal.*

KERJOSSE (DE), sʳ de Kernec'h, par. d'Arzano, év. de Vannes.

Déb., réf. 1670, ress. d'Hennebont.

D'azur au chevron d'or, accomp. de trois billettes de même.

KERJULIEN (DE), *voyez* COSMAO.

KERJURELAY (DE).

D'argent à une fasce de gueules, brisée en chef d'un croissant d'azur. (G. le B.)

KERLAN (DE), sʳ dudit lieu, par. de Sibéril.

Réf. et montres de 1426 à 1481, par. de Sibéril et Cléder, év. de Léon.

Porte un houx, accosté de deux étoiles (sceau 1418).

Jean, doyen du Follgoat en 1466.
La branche aînée fondue dans Lambezre.

KERLAOUÉNAN (DE), sʳ dudit lieu, év. de Cornouailles.

De gueules à la bande fuselée d'or. (G. le B.)

Alain, chevalier du parti du comte de Montfort en 1341, eut de Marguerite de Plœuc : Constance, mariée à Jean de Poulmic.

KERLAVAN (DE), sʳ dudit lieu, par. du Minihy, év. de Léon.

Fascé d'or et de gueules de six pièces, au chevron d'argent brochant. (G. le B.)

KERLAZRET (DE), sʳ du Cosquer, par. de Combrit.

Réf. et montres de 1481 à 1562, dite par., év. de Cornouailles.

D'azur à l'aigle éployée d'or.

Fondu en 1625 dans Euzénou.

KERLÉAN (DE), sʳ dudit lieu et de Kervérien, par. de Plourin, — de Lanvénec, par. de Lanrivoaré, — de Kerhuon, par. de Guipavas, — de Coëtmanac'h, — de Kermeur, — de Kerhuel, — de Kerimen, — de Kerassel et du Timen, par. de Taulé, — de Poulguinan, — de Keravel.

Anc. ext., réf. 1668, six gén. ; montres de 1503 à 1534, par. de Plourin et Brélès, év. de Léon.

Fascé ondé de six pièces d'or et d'azur.

Cette famille portait anciennement le nom de Bohic, *voyez* BOHIC.
Sébastien, fils Hamon Bohic, sʳ de Kerléan, vivant en 1534, épouse Marguerite de Kernéau.
La branche aînée fondue dans Rodellec; la branche de Kerassel fondue dans Parcevaux.

KERLÉAU (DE), sʳ dudit lieu et de Meshuel, par. de Pleubihan, — du Pontmen, — de Guernanchanay, par. de Plouaret, — de Goazanarhant, par. de Plourivo, — de Kerbiquet, par. de Plounez.

Anc. ext. chev., réf. 1670, onze gén.; réf. et montres de 1423 à 1543, dites par., év. de Tréguier et Saint-Brieuc.

D'azur au cerf d'or (sceau 1452), *comme Floc'h et du Val.*

Guillaume épouse, en 1380, Méance Garic, dont : Pierre, marié à Thomine de Coëtmohan, père et mère de : 1º Olivier, sr de Kerléau, époux de Catherine Raison, prête serment au duc entre les nobles de Goëllo en 1437; 2º Pierre, marié à Marguerite du Bois-Dourduff auteurs des srs de Goazanarhant; 3º Vincent, abbé de Bégar en 1443, abbé de Prières en 1467, chancelier de Bretagne, puis évêque de Léon en 1472, † 1476.

Cette famille a encore produit : Philippe, chevalier de Malte, commandeur de la Guerche en 1523, grand-prieur de France en 1540; Pierre, abbé du Relec et de Bégar, † 1526.

KERLEC'H (DE), baron dudit lieu en 1576 et sr de Roservo, par. de Ploudalmézeau, — de Kerbérec, par. de Plouguin, — du Plessix, — de Langalla, par. de Plouarzel, — baron de Tréziguidy, par. de Pleyben, — sr du Rusquec, par. de Loqueffret, — de Quistinic, — de Kergadiou et de Ledinec, par. de Plougaznou, — de Kersimon, — de Pénanec'h, — du Gueun, par. de Plourin-Tréguier.

Anc. ext. chev., réf. 1669, neuf gén.; réf. et montres de 1426 à 1534, par. de Ploudalmézeau, év. de Léon.

Pour armes antiques : D'azur à dix sonnettes d'argent, 4. 3. 2. 1. Moderne : *du Chastel.* Devise : *Mar car Doué.* (S'il plait à Dieu).

Eon, sire de Kerlec'h, vivant en 1250, père de Plézou, mariée, vers 1270, à Prigent, baron de Coëtivy, dont, entre autres enfants : Sybille, dame de Kerlec'h, mariée à Bernard, juveigneur de la maison du Chastel. Leurs descendants adoptèrent les nom et armes de Kerlec'h jusqu'à l'extinction de la branche aînée du Chastel en 1575, qu'ils reprirent les nom et armes du Chastel, en y ajoutant le surnom de Kerlec'h.

Hervé, fils Bernard, épouse, vers 1400, Jeanne de Keroneuf; Guillaume, abbé de Saint-Mathieu en 1430; une fille à Saint-Cyr en 1693.

La branche aînée fondue vers 1600 dans Kergroadez d'où la baronnie de Kerlec'h a appartenu successivement aux Lopriac, Kerhoënt, Lauzun et Lannion.

La branche du Rusquec fondue dans Kergoët; la branche de Langalla fondue dans Le Nobletz.

KERLÉGUER (DE), sr dudit lieu, par. de Ploudalmézeau, év. de Léon.

D'argent à trois croix alésées de gueules, et une quintefeuille de sable en abyme. (G. le B.)

Moderne : Mescam.

KERLÉGUER (DE) sr de Kerfragan, ress. de Morlaix.

D'or à trois quintefeuilles d'azur (arm. 1696).

KERLÉREC (DE), *voyez* BILLOUART.

KERLÉRO (DE), sr de Penméné, par. de Lesbin-Pontscorff, — de Rosbo.

Déb., réf. 1669, ress. d'Hennebont.

Un lieutenant de vaisseaux, chevalier de Saint-Louis en 1786.

KERLEUGUY (DU), sr dudit lieu, de Trémeidic, de Landaoudec et de Poulpatré, par. de Crozon, — de Kerioul, — de la Villeblanche, — des Sables, — de Kerrousseau.

Anc. ext., réf. 1669, sept gén.; réf. et montres de 1426 à 1562, par. de Crozon, év. de Cornouailles.

D'argent à l'aigle de sable.

<small>Alain, vivant en 1426, épouse Perronnelle de Pentrez.
Fondu dans le Jar du Clesmeur.</small>

KERLEYNOU (DE) s^r dudit lieu, par. de Ploumagoër.

Réf. et montres de 1447 à 1481, dite par. et par. de Plésidy, év. de Tréguier.

De sable à trois éperviers d'argent campanés d'or, à la bordure de gueules (G. le B.)

Moderne : Le Brun.

KERLEZROUX (DE), s^r de Landiguiac'h, par. de Plounévez-Lochrist.

Réf. et montres de 1426 à 1534, dite par., év. de Léon.

Porte un gantelet de fauconnier, tenant un faucon.

<small>Prigent et Guillaume, doyens du Follgoat de 1535 à 1544. Fondu dans Jarnage.</small>

KERLIVER (DE), s^r dudit lieu, de Bodalec, de Quilliafel et de Portznédellec, par. d'Hanvec.

Réf. et montres de 1426 à 1562, dite par., év. de Cornouailles.

D'azur au sautoir engreslé d'or, accomp. de quatre lionceaux de même. Devise : *Meilleur que beau.*

KERLIVIO (DE), *voyez* EUDO.

KERLIVIOU (DE), s^r dudit lieu, par. de Bourgbriac, — de Chrec'henan, — de la Garenne.

Anc. ext., réf. 1669, six gén., réf. et montres de 1427 à 1543, dite par., év. de Tréguier.

D'argent à trois salières de gueules; *aliàs* : d'argent à trois gerbes liées de gueules. (G. le B.)

<small>Hervé, vivant en 1463, épouse Anne de Coëtgoureden.</small>

KERLIVIOU (DE), s^r de Kerhuis.

Maint. à l'intend. en 1702.

D'argent à l'aigle éployée de sable, becquée et membrée de gueules.

<small>Quoique de différentes armes, les deux familles Kerliviou ont la même origine, et celle-ci a pour auteur, Arthur, fils puîné de Rolland, s^r de Crec'henan, maintenu en 1669, et de Marguerite Le Bugallé.</small>

KERLIVIRY (DE), s^r dudit lieu, par. de Cléder, — de Kerouara, par. de Plouescat, — de la Flèche, par. de Plouider.

Réf. et montres de 1446 à 1534, dites par., év. de Léon.

Écartelé aux 1 et 4 : d'or au lion d'azur, *qui est Kermavan*, brisé en l'épaule d'une tour portée sur une roue d'argent, *qui est Lesquélen*; aux 2 et 3 : d'azur à la fasce d'hermines, accomp. de trois feuilles de laurier d'or, *qui est Kerliviry*. Devise : *Ioul Doué.* (La volonté de Dieu).

<small>Didier, vivant en 1534, père d'Hervé, marié à Jeanne de Coëtrédrez, l'un des signataires de la capitulation des Ligueurs de Léon en 1594. De ce mariage, deux filles : 1° Marie, dame de Kerliviry, épouse de Jacques de Tromelin; 2° Ambroise, épouse d'Yvon de Coëtnempren, s^r de Crec'hengar.

De la maison de Tromelin, la seigneurie de Kerliviry a passé, par alliance, aux Boiséon, Poulpiquet et Budes de Guébriant.</small>

KERLOAGUEN (DE), sʳ dudit lieu, de Disqueou, de Rosampoul et du Garspern, par. de Plougonven, — de Kervézec et du Run, par. de Plourin, — de Bonabry, — de Pérennou, — de la Salle, — de la Bouëxière, par. de Pluguffan, — de Crec'heuzen, par. de Saint-Mathieu de Quimper.

Anc. ext. chev., réf. 1669, neuf gén.; réf. et montres de 1427 à 1543, par. de Plougonven et Ploumiliau, év. de Tréguier, et Lanmeur, év. de Dol.

D'argent à l'aigle éployée de sable, membrée et becquée de gueules. Devise : *Sans effroy.*

Maurice, président aux comptes, marié, en 1400, à Marguerite Estienne, dont : 1º Maurice, époux de Louise Bréhet, dame de Rosampoul ; 2º Jean, maître des comptes en 1445.

Guillaume, prévôt des maréchaux de l'hôtel du duc en 1480, refusa au trésorier Landais de faire périr le chancelier Chauvin, dont il avait la garde.

La branche aînée fondue dans Goudelin, puis Cozic.

La branche de Rosampoul fondue dans Carné ; moderne : du Parc.

KERLOSCANT (DE), sʳ dudit lieu, par. de Caouënnec.

Réf. et montres de 1427 à 1481, par. de Caouënnec, év. de Tréguier.

De gueules à trois besants d'argent.

Moderne : Lezormel.

KERLOSQUET (DE).

De sable à la croix engreslée d'argent (G. le B.), *comme du Bouchet, Dréor, Guillo et Randrécar.*

KERLOUAN (DE), sʳ dudit lieu, par. de ce nom, — de Kerrom, par. du Minihy.

Réf. et montres de 1426 à 1481, dites par., év. de Léon.

D'argent à la colombe d'azur, *qui est Kerlouan ;* écartelé d'argent à deux chevrons d'azur, *qui est Kerrom.*

Un capitaine ligueur au siège de Kerouzéré en 1590, tué la même année à l'attaque de Plestin.

KERLOUËT ou KERANLOUËT (DE), sʳ dudit lieu, par. de Plévin, év. de Cornouailles.

D'argent au greslier de sable, accomp. de trois merlettes de même (sceau 1369), *comme Canaber, Le Fruglais et Saliou ; aliàs :* fretté de six pièces (sceau 1374). Devise : *Araog, araog !* (En avant, en avant!)

Hervé, croisé en 1248 ; Jean, capitaine de la Roche-Pozay en Poitou, accompagna du Guesclin en Espagne en 1367, et vainquit Jean Chandos, connétable d'Aquitaine, dans une rencontre où ce dernier fut tué en 1370.

Fondu dans Canaber.

KERLOZREC (DE), sʳ dudit lieu, par. de Ploudalmézeau, — de Garlan, par. de Milizac, — de Chef-du-Bois, par. de Saint-Thomas de Landerneau, — de Kernezne, par. de Quilbignon, — de Kernavalot, — du Runlan.

Réf. et montres de 1426 à 1534, par. de Ploudalmézeau, Ploudiry et Quilbignon, év. de Léon.

Palé de six pièces d'or et d'azur.

Hervé, croisé en 1248. Fondu dans Kersulguen.

TOME II.

KERMABO (DE), s' de Trézellec, par. de Cléguérec.
  Anc. ext., réf. 1669, 0 gén., réf. et montres de 1426 à 1536, par. de Cléguérec, év. de Vannes.
  De gueules à neuf billettes d'argent, 3. 3. 3.

KERMABON (DE), s' dudit lieu, de Kerprigent, de Kericuff et de Kerguélen, par. de Plougaznou, — de Kerouazle, — de Coëtmenguy, par. de Ploujean, — du Porzou, — de Lambezre, — de Roudoumeur, par. de Plounévez du Faou.
  Anc. ext. chev., réf. 1669, dix gén., réf. et montres de 1427 à 1543, par. de Plougaznou, év. de Tréguier.
  Écartelé aux 1 et 4 : d'or à trois fasces d'azur, *aliàs* : chargées de huit étoiles d'or, 3. 3. 2, *qui est Kermabon;* aux 2 et 3 : fretté d'or et de sable, *qui est Quenquizou de Kerprigent.*
  Guillaume et Marguerite de Quélen, sa compagne, décédés en 1388, père et mère de Jean, marié à Amice de Tréléver.
  Fondu en 1716 dans Mol.

KERMABON (DE), év. de Cornouailles.
  D'or à la croix de sable. (G. le B.)
  Moderne : Rospiec.

KERMADEC (DE), *voyez* HUON.

KERMADEC (DE), *voyez* HENRY.

KERMADEC (DE), s' du Moustoir, par. de Mendon, — de Poulguinan.
  Ext., réf. 1669, huit gén.; réf. et montres de 1448 à 1481, par. de Mendon et Plouharnel, év. de Vannes.
  D'azur à la coupe d'or, accomp. en chef d'un trèfle de même.
  Perrot fils Olivier, en plaid pour sa noblesse en 1448 avec les paroissiens de Mendon, dit qu'il a lettres d'anoblissement; Guillaume, vivant en 1481, épouse Marie de Keralain.

KERMADIO (DE), s' dudit lieu, par. de Kervignac, — de Lescoat, — de Kerriou, — de la Voltais, par. de Guer.
  Anc. ext., réf. 1671, huit gén.; réf. et montres de 1439 à 1536, par. de Kervignac, év. de Vannes.
  D'azur à dix billettes d'or, 4. 3. 2. et 1.
  Guyon, vivant en 1536, aïeul de Guillaume, marié à Anne Robelot, dame de la Voltais.
  La branche aînée fondue dans Beaujouan.

KERMAINGUY, *voyez* KERMENGUY (DE).

KERMAINGUY (DE), *voyez* CILLART.

KERMARC'HAR (DE), ress. de Morlaix.
  Losangé d'or et d'azur (arm. 1696).

KERMAREC (DE), s' dudit lieu, év. de Tréguier.
  De gueules à la fasce d'argent (G. le B.), *comme Charuel.*

KERMAREC (DE), sʳ dudit lieu, par. de Buhulien, — de Kermodez, par. de Pleumeur-Bodou, — de Traonvern, par. de Trébeurden, — de Lezoudec, — de Traurout, par. de Langoat, — de Prémorvan, — de Kerviziou, — des Tronchais, par. de Morieux, — de Bonne-Maison, par. de Chateaubourg.

Anc. ext., réf. 1669, huit gén.; réf. et montres de 1427 à 1543, par. de Pleumeur-Bodou et Trébeurden, év. de Tréguier.

De gueules à cinq annelets d'argent, 3. 2., au chef de même, chargé de trois roses de gueules.

Hervé, croisé en 1248; Guillaume, capitaine de Guingamp en 1387; Rolland, vivant en 1427, père de Jean, marié à Marie Hingant; deux conseillers au parlement depuis 1741.

KERMAREC (DE), sʳ dudit lieu, par. de Ploubezre, — de Kerbiquet, par. de Servel, év. de Tréguier.

De gueules à six besants d'or, au chef d'hermines. (G. le B.)

KERMARQUER (DE), sʳ dudit lieu et de Kerscao, par. de Lanmodez, — de la Marche, — de Crec'hbizien, — de Trogorre, par. de Loguivy-Plougras.

Anc. ext., réf. 1669, cinq gén.; réf. et montres de 1427 à 1543, par. de Lanmodez, év. de Dol, enclaves de Tréguier.

D'azur à la fasce d'or, chargée de trois molettes de sable.

Yves, tué à la bataille de Saint-Aubin-du-Cormier en 1488; Yves, vivant en 1503, épouse Catherine Le Merdy.

Moderne : Scliczon.

KERMARQUER (DE), sʳ dudit lieu, par. de Pleubihan.

Réf. 1463, dite par., év. de Tréguier.

De sable à trois épées d'argent en pal, les pointes en bas. (G. le B.)

Moderne : Kercabin.

KERMARTIN (DE), *voyez* HENRY.

KERMARTIN (DE), d'argent au lion de gueules, deux fasces de même brochant.

Guillaume, capitaine du châtel du Huelgoat en 1373.

KERMASSON (DE), sʳ de Bourgerel, év. de Vannes, — du Henleix, par. de Saint-Nazaire.

Déb., réf. 1668, ress. de Guérande.

D'azur à la fasce d'or, accomp. de trois molettes de même (arm. 1696).

Deux substituts du procureur général aux comptes depuis 1720.

KERMATHÉMAN (DE), sʳ de Kerballay, par. de Kervignac, — de la Villeneuve, par. de Plouay.

Réf. de 1426 à 1448, dites par., év. de Vannes.

De sinople à trois macles (*aliàs* : grelots) d'or, *comme Le Jeune.*

KERMAVAN, KERMAN ou CARMAN (DE), sʳ dudit lieu, par. de Kernilis, — de Coëtseizploué, par. de Plounévez-Lochrist, — de la Marche, par. de Trézilidé, — de Lesquélen, par. de Plabennec, — de Penanec'h, par. de Plouénan, — de Kerisnel, par. du Minihy, — des Granges, par. de Plouédern, — de la Forest, par. de Languidic, — de Campson, par. de Moustoirblanc, — de Trégarantec, par. de Mellionnec.

Réf. et montres de 1426 à 1534, par. de Kernilis, Plounévez, Plouénan et Trézilidé, év. de Léon, Moustoirblanc et Mellionnec, év. de Vannes.

D'or au lion d'azur (sceau 1273); *aliàs*: écartelé aux 1 et 4 : d'azur à la tour d'argent portée sur une roue de même, *qui est Lesquélen;* aux 2 et 3 : *de Carman*. Devise : *Doué araog* (Dieu avant), et : *Richesse de Carman*.

Alain, chevalier, † 1253; Alain, devait deux chevaliers à l'ost du duc en 1294; Béatrix sa fille épouse François de Lesquélen, et leurs descendants gardèrent les nom et armes de Kermavan; Jean, évêque de Léon, † 1514; François, dernier du nom, tué en duel en 1600.

La branche aînée s'est fondue au XVIᵉ siècle dans la maison de Ploësquellec, qui transmit par alliance la terre de Kermavan aux Maillé, en faveur desquels elle a été érigée en marquisat l'an 1612, *voyez* MAILLÉ. De cette famille Kermavan a passé par acquêt aux Crozat et par alliance aux Gontaud-Biron.

KERMEIDIC (DE), sʳ dudit lieu, — de Kerillas, par. de Plouguerneau, — du Boisberger.

Anc. ext., réf. 1669, cinq gén., réf. et montres de 1426 à 1534, par. de Plouguerneau et Plourin, év. de Léon.

Fascé de six pièces d'argent et d'azur, au chevron d'argent brochant; *aliàs*: d'argent à deux chevrons d'azur, accomp. en chef d'une jumelle de même. (G. le B.) Devise : *Tout vient de Dieu*.

Tanguy, vivant en 1503, épouse : 1º Béatrix de Kerjar, 2º Anne de Kerasquer.
Le sʳ du Plessix, ressort de Morlaix, débouté à la réformation de 1670.

KERMEL (DE), sʳ dudit lieu, de Pencrec'h et de Kergaradan, par. de Pleubihan, — de Kermézen, par. de Pommerit-Jaudy, — de Kerprigent, par. de Perros-Guirec, — de Kergoniou, — du Plessix, par. de Pluzunet.

Ext., réf. 1669, huit gén.; réf. et montres de 1481 à 1535, par. de Pleubihan et Pommerit-Jaudy, év. de Tréguier.

De gueules à la fasce d'argent, accomp. de deux léopards d'or. Devise : *Audacibus audax*.

Prigent fils Prigent, vivant en 1463, épouse Thomine du Tertre, dont Jean, marié à Isabelle, dame de Kergaradan; un chevalier de Saint-Lazare en 1721; deux pages du Roi en 1734 et 1775; un volontaire pontifical à Castelfidardo en 1860.

KERMELLEC (DE) (ramage de Penhoët), sʳ dudit lieu, par. de Guiclan, — de Kerilly et de Castellenec, par. de Taulé, — de Kerménaouët, — de Kerincuff et de Meshélou, par. de Plouénan, — de Keroulaouën, — de Penanroz, — de Lanverzien, — de Launay, — de Kergoët, — de Kermoguer.

Anc. ext., réf. 1669, sept gén.; réf. et montres de 1427 à 1534, par. de Taulé et Plouénan, év. de Léon.

D'or à la fasce de gueules, *qui est Penhoët*, accomp. de trois molettes de même (sceau 1363). Devise : *Bella minatur*.

Henri, archer dans une montre de 1356; Hervé, connétable de Brissac en Anjou, donne quittance de ses gages en 1363; Eon, procureur général du duc en 1395; Jean, prisonnier des Penthièvre en 1420, partagea à Chateauceaux la captivité de Jean V; Philippe, vivant en 1481, marié à Amice Rolland, dont : 1º François, époux de Catherine Sylvestre, auteurs de la branche de Kerilly; 2º Laurent, époux en 1506 de Françoise Thomas, auteurs de la branche de Keroulaouën.

Hervé, chef de la branche de Kerménaouët, vivant en 1481, avait épousé Isabeau de Kerlec'h; Jean, premier capitaine du château du Taureau en 1542.

Le sr de Kersaudy, paroisse du Minihy de Léon, débouté à la réformation de 1670.

KERMELLEC (DE) (ramage de Keranraiz), sr dudit lieu, par. de Plouaret, — de Kervennou, par. de Brélévénez, — de Keraret, — du Cribinec, par. de Plouédern.

Réf. et montres de 1448 à 1535, par. de Plouaret, év. de Tréguier, Plouédern et Plourin, év. de Léon.

Vairé d'argent et de gueules, *qui est Keranraiz*; à la bordure engreslée d'azur.

Alain, gouverneur du château du Taureau en 1611.

Les srs de Keranguiriec, paroisse de Laneufret, de Keroman et de Chef-du-Bois, demeurant à Landerneau, de Pratalec et de Keranguen, paroisse de Kervignac, déboutés à la réformation de 1671...

KERMEN (DE), *voyez* POULPIQUET (DE).

KERMEN (DE), sr dudit lieu, près Guingamp, év. de Tréguier.

Écartelé aux 1 et 4 : une molette; aux 2 et 3 : un croissant (sceau 1454).

Jean, receveur de Guingamp, prête serment au duc entre les nobles de Tréguier et Goëllo en 1437.

KERMENGUY (DE), sr dudit lieu, de Kersullien, de Kerabret et du Runiou, par. de Cléder, — de Kerazan, — de Saint-Laurent et de Landéboc'her, par. de Plouzévédé, — du Cosquérou, par. de Mespaul, — du Roslan, par. de Plougaznou, — de Kervéguen, par. de Guimaëc.

Anc. ext., réf. 1669, huit gén.; réf. et montres de 1426 à 1534, par. de Cléder, év. de Léon.

Pour armes antiques : d'argent à la fasce de gueules, accomp. de six macles d'azur; *aliàs* : au lambel à quatre pendants, en chef (sceaux de 1418 à 1428); moderne : losangé d'argent et de sable, à la fasce de gueules, chargée d'un croissant d'argent; *voyez* AUFFROY. Devise : *Tout pour le mieux*.

Yvon Dérian, sr de Kersullien, marié vers 1400 à Basile de Coëtaudon, dame de Kermenguy et de Kerabret, fit montre à Bourges en 1418 et laissa de son mariage : Yves, marié vers 1426 à Marguerite de Saint-Denis, dont Louis, époux de Plézou de Launay père et mère de Tanguy, vivant en 1500, qui retint le nom de Kermenguy; *voyez* DÉRIAN.

Jacques, chevalier de Saint-Michel en 1660, épouse Anne de Goësbriand, dame du Roslan. Un chevalier de Saint-Lazare en 1700; deux pages du Roi en 1708 et 1750 et un page de la Reine en 1755.

KERMENGUY (DE), sr dudit lieu, au comté nantais, — de la Patouillère et du Chesne-Cottereau, par. de Saint-Sébastien, — de la Bichetière, par. de Cornillé, — de la Motte et du Plessix, par. de Torcé.

D'or au houx arraché de sinople, sans feuilles. (G. le B.)

Geoffroi, conseiller de Jeanne de Penthièvre en 1348; Pierre, provincial des Carmes de Touraine, † 1471; François, alloué de Nantes, conseiller aux Grands-Jours en 1538 puis au parlement de Bretagne.

et président aux comptes en 1540 père 1º de François, président aux comptes en 1548 et conseiller au parlement en 1554 ; 2º de Guy, aussi conseiller au parlement en 1570. (Fondu dans Guéhéneuc de la Briançais.)

Kermenguy ou **Kermainguy** (de), sʳ dudit lieu, par. de Pleumeur-Gautier.

Réf. et montres de 1427 à 1481, dites par., év. de Tréguier.

Olivier, prête serment au duc entre les nobles de Tréguier et Goëllo en 1437.
Fondu dans Cillart.

Kerméno (de), sʳ dudit lieu, par. de Moréac, — du Garo, par. de Plœren, — de Lannouan, — du Boisnault, — de Kerguéhennec, par. de Bignan, — de Gouarlot, par. de Kernével, — de Quifistre et du Couëdic, par. de Saint-Molf, — des Houmeaux, par. de Mouzeil, — de Kerdour, par. de Batz, — de Marzen, par. d'Assérac, — de Trévaly, par. de Piriac, — de Lauvergnac et de Bréhet, par. de Guérande, — du Bodeuc, par. de Nivillac, — de la Hautière et de la Bigottière, par. de Chantenay.

Anc. ext. chev., réf. 1669, neuf gén. ; réf. et montres de 1427 à 1536, par. de Moréac, Plœren et Bignan, év. de Vannes, et Guérande, év. de Nantes.

De gueules à trois macles d'argent ; *aliàs* : écartelé : *du Garo*. Devise : *Qualitate et quantitate*.

Alain, du nombre des rebelles qui traitèrent avec le duc en 1342 ; Yvon, vivant en 1427, épouse Guillemette de Lantivy, dont : Guillaume, procureur général du duc en 1472, député vers le duc de Bourgogne, marié à Jeanne Le Brun, de la maison de Kermorvan ; Nicolas, fils des précédents, aussi procureur général, sénéchal de Vannes et de Broërec et l'un des ambassadeurs pour la ratification du traité de Senlis en 1475, épousa Françoise de Kerliver, dont : 1º Jean, gouverneur de Vannes, auteur des seigneurs du Garo ; 2º Olivier, alloué d'Auray, auteur des seigneurs du Boisnault transplantés dans le comté nantais ; Marie et Jeanne, abbesses de Saint-Georges de Rennes de 1536 à 1572 ; plusieurs conseillers au parlement depuis 1588 ; un lieutenant des gendarmes de la Reine en 1666.

La branche aînée fondue dans Guernisac.

Kerméno (de), *voyez* **Gouzillon** (de).

Kerméno (de), sʳ dudit lieu, par. de Plougonver, — du Lojou, par. de Bourgbriac, — baron de Pestivien, par. de ce nom.

Réf. et montres de 1427 à 1543, dites par. et par. de Ploumagoër, év. de Tréguier et Cornouailles.

D'argent à cinq macles d'azur.

On trouve un croisé de ce nom en 1248 ; mais nous ne savons à quelle famille Kerméno il appartenait.

La branche aînée fondue dans Tournemine puis Kergorlay ; moderne : Gouzillon.
La branche du Lojou fondue dans du Garspern ; moderne : Le Brun.

Kerméno ou **Kervéno** (de), *voyez* **Kervéno** (de).

Kerménou (de), sʳ dudit lieu, — de Coëtforn et de Kerduat, par. de Plouarzel, — de Kerroc'hic, — de Plivern, par. de Cléder, — de Kermalvezan, par. de Beuzit-Conogan, — du Mescouëz, — du Liscouët, — de la Salle.

Anc. ext. chev., réf. 1669, dix gén. ; réf. et montres de 1427 à 1534, par. de Plourin et Plouarzel, év. de Léon.

Fascé ondé d'or et d'azur de six pièces, *comme Talec.*
  André, vivant en 1380, marié à Marguerite Bohic, dont Hervé, époux d'Anne de Kergroadez.

KERMERC'HOU (DE), sr dudit lieu, par. de Garlan, — du Cosquer, par. de Plougaznou, — de Tréléver, par. de Guimaëc, — de Leurmen, par. de Ploumiliau, — de Crec'hoat, — de Kerautem, par. de Carnoët, — du Rosmeur, par. de Plounévez du Faou.

Anc. ext., réf. 1669, sept gén.; réf. et montres de 1427 à 1543, par. de Garlan, év. de Tréguier.

D'argent à la croix tréflée de sable, chargée de cinq étoiles d'or.

Olivier, accompagne le duc en France en 1418; Prigent, bouteiller du duc Pierre en 1453; Philippe, vivant en 1481, épouse Françoise Pinard; Pierre, sénéchal de Morlaix et gouverneur du château du Taureau en 1564; Vincent, sénéchal de Saint-Pol en 1623, épouse Guillemette du Botmeur. La branche aînée fondue dans Arel.

KERMÉRIEN, *voyez* KERVÉRIEN (DE).

KERMEUR, *voyez* GUERMEUR (DE).

KERMINIHY (DE), sr dudit lieu, par. d'Éliant, — de Kerninédel, par. de Tourc'h.

Réf. et montres de 1426 à 1536, dites par. et par. de Rosporden, év. de Cornouailles.

D'argent à trois molettes de gueules.

Fondu dans Pappe puis Kermorial.

KERMOAL (DE), *voyez* GAULTIER.

KERMODIERN (DE), sr dudit lieu, par. de Rosnoën.

Réf. et montres de 1426 à 1481, dite par., év. de Cornouailles.

De gueules au chevron d'hermines (*Blancs-Manteaux*).

KERMOGOAR (DE), sr dudit lieu et de Keranmoal, par. de Moëlan.

Réf. et montres de 1426 à 1562, par. de Moëlan et Riec, év. de Cornouailles.

D'or à trois molettes de gueules (arm. de l'Ars.)

Guillaume, tué au siège de Beuvron en 1426. Fondu en 1570 dans du Pou.

KERMORHOU (DE), sr dudit lieu.

D'or à trois sangliers de sable (arm. de l'Ars.)

KERMORIAL (DE), sr dudit lieu, par. de Baye, — de Kermorvan, par. de Cuzon, — de Poulfos, — de la Porte-Neuve, par. de Riec, — de Kervéno.

Anc. ext., réf. 1669, six gén.; réf. et montres de 1426 à 1562, par. de Baye, Saint-Colomban de Quimperlé et Querrien, év. de Cornouailles.

D'azur au greslier d'argent, accomp. de trois fleurs de lys de même. Devise : *Sot ouc'h sot.* (Sot contre sot.)

Thomas, vivant en 1481, père de Pierre, marié à Catherine Perrault; Jean, auteur de la branche de Kervéno, vivant en 1535, épouse Louise Louarnec; un lieutenant des maréchaux de France à Quimper en 1740.

KERMORVAN (DE), *voyez* BORGNE (LE).

KERMORVAN (DE), *voyez* BARAZER.

KERMORVAN (DE), sr dudit lieu, par. de Louannec, év. de Tréguier.
D'argent à la fasce d'azur, accomp. de trois oiseaux de même. (G. le B.)
Moderne : Loz.

KERMORVAN (DE), sr dudit lieu, par. de Trézény.
Réf. 1427, dite par., év. de Tréguier.
D'or à trois fasces d'azur, chargées de huit étoiles d'argent (G. le B.), *comme Kermabon.*
Henry, sergent de la paroisse de Trézény en 1395.
Fondu dans Kersalliou; moderne : Barazer.

KERMORVAN (DE), sr dudit lieu, par. de Trébabu, — de Keruzou, par. de Ploumoguer.
Anc. ext., réf. 1669, dix gén.; réf. et montres de 1443 à 1534, par. de Trébabu, év. de Léon.
D'argent à la croix ancrée et alésée d'azur. Devise : *Servir Dieu est régner.*
Yvon, vivant en 1400, épouse Azénor de Kergroadez, dont Hervé, marié à Marguerite de Kerscao; Françoise, abbesse de la Joye en 1595.
La branche aînée fondue dans Penfeunteniou, puis Ménez et Gouzillon.

KERMOYSAN (DE), sr dudit lieu, de Kerbourc'his, du Cosquer, de Goasmap, du Rumeur et de Kerprigent, par. de Pommerit-le-Vicomte, — de Kericuff, par. de Plougaznou, — de Leslec'h et de Kerjean, par. de Plestin, — du Plessix.
Anc. ext. chev., réf. 1669, dix gén.; réf. et montres de 1427 à 1543, par. de Pommerit-le-Vicomte et Saint-Gilles, év. de Tréguier.
De gueules à sept coquilles d'argent, 3. 3. 1 (sceau 1443); *aliàs* : chargées d'une bande (sceau 1357); *aliàs* : de gueules à deux fasces d'argent, accomp. de sept coquilles de même (sceau 1416).
Un seigneur de cette maison se croisa en 1248; Bernard, donne quittance de ses gages et de ceux des gens d'armes de sa compagnie, servant aux guerres de Normandie en 1357; Payen, ratifie le traité de Guérande en 1381; Guillaume, sénéchal de Cornouailles en 1382; Yvon, vivant en 1380, père 1º de Jean, marié vers 1409 à Amice de Kermeur, 2º de Tugdual, dit Le Bourgeois, chevalier, sous l'amiral de Coëtivy et le connétable de Richemont, qu'il accompagna dans toutes leurs guerres. Il défendit en 1420 le château de Montaiguillon en Brie, dont il était gouverneur, contre le duc de Bourgogne et le roi d'Angleterre; se distingua au siège de Saint-Denis en 1435 et entra le premier à l'assaut dans la place; battit les Anglais l'année suivante dans la plaine de Saint-Denis; monta le premier sur la brèche au siège de Montereau en 1437; contribua à la reddition de Meaux en 1439; fut capitaine de Saint-Germain-en-Laye en 1443; conduisait l'attaque au siège de Caen en 1459 et y fut tué dans la tranchée d'un coup de couleuvrine.
La branche aînée fondue au XVIe siècle dans Le Borgne de la Villebalain, puis du Perrier.
Cette famille portait jusqu'au XIVe siècle le nom de Bourc'his, en français, Bourgeois, *voyez* BOURGEOIS (LE).

KERNAËRET (DE) *voyez* CHAUVEAU.

KERNAËRET (DE), *voyez* KERAËRET et KERNAZRET (DE).

KERNAFFLEN (DE), sr de Kerlen, — de Glénan, par. de Fouesnant, — de Penarpont, — de Lescongar, — de Kergos, par. de Clohars.
Déb., réf. 1669, ress. de Quimper.

D'azur à la croix d'argent, chargée de cinq fleurs de lys de gueules, cantonnée aux 1 et 4 : d'un croissant, aux 2 et 3 : d'une étoile, le tout d'or (arm. 1696). Devise : *En bonne heure.*

<small>Yves, notaire-passe de la cour de Quimper en 1530; Alain, marié vers 1660 à N. d'Hernothon, dame de Kergos, sœur du baron de Pont-l'Abbé; Hervé, référendaire à la chancellerie en 1684, † en charge; un capitaine de dragons, ci-devant cavalier de la compagnie de Plœuc, dans la revue du ban et arrière-ban de Cornouailles, passée par le maréchal de Vauban en 1694; un docteur en Sorbonne, chanoine et syndic du chapitre de Cornouailles, † 1752.</small>

KERNAVANOIS, *voyez* KERNÉVÉNOY (DE).

KERNAZRET (DE), sr dudit lieu, par. de Locbrévalaire, év. de Léon.

D'argent à trois fasces de gueules; deux guivres d'azur affrontées et entrelacées dans les fasces (G. le B.); *aliàs:* accomp. de trois herses d'or, à la bordure componée d'argent et de gueules. (La Ch. des B.)

<small>La branche aînée fondue dans du Refuge.</small>

<small>Suivant La Ch. des B., une branche transplantée en Beauce, y maintenue par arrêts du conseil de 1671 et de la cour des aides de 1742, a pour auteur Yves, sr de Lardy et de Saint-Urain, capitaine des francs-archers et gouverneur de Vincennes en 1440, marié à Marguerite Bureau, fille de Gaspard grand maître de l'artillerie de France, † 1462.</small>

KERNÉAU (DE), en français CORNOUAILLES, *voyez* CORNOUAILLES (DE).

KERNAOUR (DE), *voyez* AUBRÉE.

KERNEC'H, KERGNEC'H, KERGREC'H, KERGUÉNEC'H ou KERANEC'H (DE), sr dudit lieu, de Kericuff, de Kergrist et de Langonnéry, par. de Plougrescant, — de Coatalio, par. de Kermaria-Sular, — du Pont, — de Keraëret, — du Verger, par. de Trédarzec, — du Bourné, par. de Lannébert, — de Kerbélanger, par. de Plouguiel.

Anc. ext., réf. 1669, sept gén.; réf. et montres de 1427 à 1543, par. de Plougrescant et Plouguiel, év. de Tréguier.

D'argent au pin de sinople, chargé d'une pie au naturel, *voyez* GUIOMAR.

<small>Jean, vivant en 1481, marié à Tiphaine Nicolas dont : 1° Olivier, auteur des srs de Kericuff; 2° Henry, auteur des srs du Bourné; un lieutenant des maréchaux de France à Guingamp en 1775.</small>

<small>La branche aînée fondue dans Halegoët; la branche de Kericuff dans Sparfer; la branche de Coatalio dans Trogoff.</small>

KERNÉGUEZ (DE), sr dudit lieu et du Stangier, par. de Plouguer-Carhaix, — de Lesnevez.

Réf. et montres de 1481 à 1562, par. de Plouguer, év. de Cornouailles.

D'argent à deux fasces de gueules, au chef de sable.

<small>Fondu vers 1577 dans Olymant.</small>

KERNEC'HRIOU (DE), sr dudit lieu, de Kerascouët et de Kerescant, par. de Pleudaniel, — de Guernaultier, par. de Penvénan, — de Lestrézec, — de Kermapelou, — de Barac'h, par. de Louannec.

Réf. et montres de 1427 à 1543, dites par., év. de Tréguier.

Écartelé d'argent et de sable; *aliàs:* au bâton de gueules brochant. (G. le B.)

<small>Henri, fait prisonnier par les Anglais dans les grèves du Mont-Saint-Michel en 1427; Alain, tué au combat de Pontrieux en 1489; François, abbé de Saint-Mathieu en 1580.</small>

<small>La branche aînée fondue en 1553 dans Cosquer; la branche de Guernaultier fondue en 1612 dans Rosmar.</small>

KERNEC'HQUIVILLY, *voyez* QUÉNEC'QUIVILLY (DE).
KERNEUR (DE), sr dudit lieu, — de Keralbaud.
    Déb., réf., 1668, ress. de Pontivy, év. de Vannes.
    D'argent à trois coquilles de sable (arm. 1696).
    Jérôme, fermier du duché de Rohan en 1660.

KERNÉVÉNOY, KERNAVANOIS ou CARNAVALET (DE), sr dudit lieu, par. de Quimper-Guézennec, — de Keruzon et de Kerguidoné, par. de Pludual, — de Kerilly, par. de Pléguien, — de Kerhardy et de Costang, par. de Plouha, — de Kerméno, par. de Goudelin, — de Kergarric, par. de Langoat, — de Camezen, par. de Pléhédel, — de l'Isle-Milon, par. de Saint-Donan, — de Kerneuff, — de la Garde-Jolly, — du Bois-David, par. de Bothoa.

    Anc. ext., réf. 1669, huit gén.; réf. et montres de 1427 à 1543, par. de Quimper-Guézennec, év. de Tréguier, et par. de Pludual, Plouha et Saint-Donan, év. de Saint-Brieuc.

    Vairé d'or et de gueules, au franc canton d'argent, chargé de cinq hermines de sable en sautoir (sceau 1372).

    Alain, prête serment au duc en 1372; Mérien, ratifie le traité de Guérande en 1381; Sylvestre, auteur de la branche de Kerhardy et du Bois-David, partage ses enfants en 1491 et épouse Isabeau Le Bourc'his; Pierre, abbé de Sainte-Croix de Guingamp en 1514; Claude, abbé de Bégars en 1566; Philippe, marié à Marie du Chastel, père et mère de François, chevalier de Saint-Michel, gouverneur du duc d'Anjou, depuis Henri III, † 1571 et enterré à Saint-Germain-l'Auxerrois, à Paris.

    La branche aîné fondue dans Fleuriot, puis Acigné et Carné.

KERNEZNE (DE), sr dudit lieu, par. de Quilbignon, — vicomte du Curru, par. de Milizac, — sr de Kergaraoc, par. de Plouvien, — de Languéouëz, par. de Tréouergat, — de Penanec'h, par. de Saint-Renan, — de Kervéguen, — de Keruzas, par. de Plouzané, — de Penanec'h, par. de Lannédern, — du Gartz, — marquis de la Roche-Helgomarc'h, par. de Saint-Thoix, — baron de Laz, par. de ce nom, — comte de Gournois, par. de Guiscriff, — vicomte de Trévalot, par. de Scaër, — , sr de Coatarmoal, par. de Plouzévédé, — de Kermoalec, par. de Saint-Thomas de Landerneau, — de Lesmeleuc, — de Penamprat, — de Coadou, — de Keraudy.

    Maint. à l'intend. en 1701 et par arrêt du parl. de 1775, anc. ext. chev., quatorze gén.; réf. et montres de 1443 à 1534, par. de Milizac, év. de Léon.

    D'or à trois coquilles de gueules, *comme Keroual et Pilguen; aliàs*: écartelé au 1: de *la Roche;* au 4: de *Keruzas;* au 2: de *Kergoët;* au 3: de *Jouan;* sur le tout, mi-parti de *Kernezne* et de *Coëtarmoal*.

    Gestin, fils Olivier, marié, vers 1360, à Marie Faramus, dame du Curru, dont: Jean, grand écuyer du duc de Bourgogne, † 1416; Jean épouse, vers 1526, Marie Jouan, dame de Penanec'h; Charles, vicomte du Curru, salade dans la garnison de Brest en 1595, épouse Anne de Coëtanezre, marquise de la Roche-Helgomarc'h. Un gentilhomme de la chambre, chevalier de l'ordre et gouverneur de Quimper en 1646.

    La branche aînée fondue, vers 1400, dans Kerlozrec; la branche de la Roche fondue dans Robien; la dernière branche fondue dans Keranflec'h.

KERNICHER (DE), s^r dudit lieu, par. de Landudec, — de Kerguéguen, par. de Guengat, — du Drévers, par. de Plougastel-Saint-Germain, — de Keratry, par. de Ploaré.

    Anc. ext., réf. 1669, quatre gén.; réf. et montres de 1426 à 1562, dites par., év. de Cornouailles.

    D'azur à trois mains dextres d'argent, un fer d'épieu de même en abyme; *voyez* GUENGAT et MÉNEZ.

    _{Guillaume, vivant en 1562, épouse N. Drouallen; la branche aînée fondue dans l'Honoré.}

KERNICOL (DE), s^r dudit lieu, par. de Theix.

    Réf. et montres de 1427 à 1481, par. de Theix et Surzur, év. de Vannes.

    De gueules à trois mains dextres appaumées d'argent.

KERNIER (DE), *voyez* CARDINAL (LE).

KERNINON (DE), *voyez* ROUX (LE).

KERNISAN (DE), *voyez* ANGER.

KERNOTER (DE), *voyez* COAT (LE).

KEROIGNANT, *voyez* KERROIGNANT (DE).

KERNUZ (DE) (ramage de Pont-l'Abbé), s^r dudit lieu, par. de Plobannalec, — de Bréholou et de Kergaradec, par. de Fouesnant.

    Montres de 1481, par. de Combrit et Pouldergat, év. de Cornouailles.

    D'or à deux chevrons de gueules, surmontés d'une jumelle de même. (G. le B.)

    _{Fondu dans de Plœuc, puis Riou et Esclabissac.}

KEROLAIN (DE), *voyez* BAHUNO.

KEROMNÈS (DE), *voyez* SALAUN.

KERONEUF ou KERONCUFF (DE), s^r dudit lieu, par. de Lambaul-Ploudalmézeau.

    Réf. et montres de 1426 à 1481, dite par., év. de Léon.

    Fascé de six pièces d'argent et de gueules, au chevron d'azur brochant (sceau 1395).

    _{Bernard, président de Bretagne de 1385 à 1404.}

KERORGUEN (DE), *voyez* BOUËTIEZ (DU).

KEROSEC, *voyez* KERROSEC (DE).

KEROSVEN, *voyez* KERROSVEN (DE).

KEROUAL (DE), par. de Cléder, év. de Léon.

    D'or à trois coquilles de gueules (G. le B.), *comme Kernezne et Pilguen*.

KEROUDAULT, *voyez* KERROUDAULT (DE).

KEROUALLAN (DE), s^r dudit lieu et de la Villeneuve, par. de Lignol, — de Kervennec.

    Ext., réf. 1669, sept gén.; réf. et montres de 1481 à 1536, par. de Lignol, év. de Vannes.

    D'azur à trois pommes de pin d'or.

    _{Cette famille, qui portait anciennement le nom de Dando, remonte à Philippe Dando, de la maison du sire de Guéméné, anobli en 1478 et marié à Marguerite Le Courhin, dont les enfants, Louis et Sébastien, prirent lettres en 1515, pour changer de nom. Une fille à Saint-Cyr en 1750.}

KER

Kerouallan (DE), sʳ dudit lieu, par. de Pleubihan.

Réf. et montres de 1463 à 1535, dite par., év. de Tréguier.

D'azur à dix étoiles d'argent, 4. 3. 2. 1.

<small>Fondu vers 1600 dans Rosmar.</small>

Kerouanton (DE), déb., réf. 1670, par. de Laz, év. de Cornouailles.

Kerouartz (DE), sʳ dudit lieu, de la Motte, de Kerengarz, de la Fosse, du Coum, de Leuranlémen, de Keranroux, de Bergoët et de Ploudiner, par. de Lannilis, — de Kermarho, — de l'Isle, — de Basseville, — de Lézérazien et de Lomenven, par. de Guiclan, — de Penhoët, par. de Saint-Thégonnec, — de Kerthomas, — de Penvern et de Lomélar, par. de Plounéventer, — de la Villeaubray, — de Lossulien, par. de Guipavas, — du Boisboixel, — de Kermellec, — de Coatéozen, par. de Landouzan, — de Kergroadez, par. de Plourin.

Anc. ext. chev., réf. 1669, dix gén.; réf. et montres de 1426 à 1534, par. de Lannilis et Landéda, év. de Léon.

D'argent à la roue de sable, accomp. de trois croisettes de même. Devise : *Tout en l'honneur de Dieu.*

<small>Macé, croisé en 1248; Hervé, au nombre des dix Bretons de l'armée de Sylvestre Budes qui combattirent et vainquirent dix Allemands à Rome en 1375, épouse en 1360 Jeanne Le Barbu, de la maison de Tromenec, dont Hervé, marié en 1380 à Marie de Saint-Gouëznou, de la maison du Breignou; Claude, chevalier de l'ordre du Roi, épouse en 1602 Françoise de Kerbic, dame de Coëtéozen; un capitaine des chevau-légers de Berry, mestre de camp d'un régiment de son nom en 1690, se distingua aux combats de Fleurus et de Leuze en 1690 et 1691, et eut un cheval tué sous lui à la bataille de la Marsaille en 1693; trois chevaliers et un commandeur de Malte depuis 1706; deux présidents aux enquêtes depuis 1744; un membre admis aux honneurs de la cour en 1784.</small>

Kerouazle ou **Kerrouazle** (DE), *voyez* **Penancoët** (DE).

Kerougant (DE).

D'argent à la fleur de lys d'azur, accomp. de trois coquilles de gueules (G. le B.), *voyez* **Kerantour**.

Keroulaouën (DE), sʳ dudit lieu, par. de Plougoulm, — de Kerazmont, par. de Sibéril.

Réf. et montres de 1426 à 1503, par. de Sibéril, év. de Léon.

Losangé d'argent et de sable, à la bande d'argent, chargée de trois hermines de sable.

<small>Yvon, en plaid o les paroissiens de Sibéril en 1443, s'est entremis d'ouvrer en pierres de taille; néanmoins il a toujours été exempt et sert à la guerre ès mandements du prince.</small>

Keroulas (DE), sʳ dudit lieu, par. de Brélez, — de Cohars et du Quélennec, par. de Ploumoguer, — de Gorescour, — de Kergoët, — de Kerouhant, — de Meshellou, — de Keralsy, — de Berdouaré, — du Cribinec, par. de Plouédern, — de Treffry, par. de Quéménéven, — du Bourg, — de Saint-Melen.

Anc. ext. chev., réf. 1669, neuf gén.; réf. et montres de 1426 à 1534, par. de Plourin et Brélez, év. de Léon.

Fascé de six pièces d'argent et d'azur, *comme Penancoët.*

Hervé, épouse en 1393 Catherine de Kergadiou, dont Jean, marié à Julienne du Chastel; un chevalier de Saint-Lazare en 1728; un conseiller au parlement en 1735; un archidiacre de Léon, abbé de Saint-Maurice de Carnoët en 1780; un chef de division des armées navales en 1786. La branche aînée fondue en 1565 dans du Chastel, par le mariage de Marie, dame de Keroulas, fille unique de François et de Catherine de Lanuzouarn, avec François du Chastel, marquis de Mezle, dont entre autres enfants Moricette, mariée à Morice, sr du Rusquec. (Famille éteinte.)

KEROULLAY ou KERRIVOALEN (DE), sr dudit lieu, év. de Léon.

De vair au chef de gueules, chargé d'un lion issant d'or, armé, lampassé et couronné d'azur. (G. le B.)

Hugues, conseiller du duc Jean IV et évêque de Tréguier en 1383.

KEROULLÉ (DE), sr de Bodillio, par. d'Irvillac.

Réf. 1536, dite par., év. de Cornouailles.

D'argent à trois pommes de pin de sinople.

KEROUMAN (DE), sr de Kerdoudet, par. de Quimper-Guézennec.

Réf. et montres de 1427 à 1481, dite par., év. de Tréguier.

KEROURFIL (DE), sr dudit lieu, par. de Saint-Martin-des-Champs, — du Cosquérou, par. de Guiclan, — de Kerjunval, — de Lezérec, par. de Plougoulm, — de Kerbiban, par. de Trefflaouénan.

Anc. ext. chev., réf. 1669, sept gén.; réf. et montres de 1443 à 1534, par. de Guiclan, Trefflaouénan et le Minihy, év. de Léon.

D'azur à la fasce d'argent, accomp. de six besants de même, trois en chef et trois en pointe, rangés 2. et 1.

Richard, vivant en 1481, épouse Aliette de Parcevaux.

KEROURGUY (DE), sr dudit lieu, par. de Prat, — du Cosquer, — du Poullou.

Réf. et montres de 1427 à 1543, par. de Prat et Lanlaurans, év. de Tréguier.

D'azur à deux chiens courants d'argent en chef, et un lévrier de même en pointe.

KEROURLAY (DE), év. de Cornouailles.

Losangé d'argent et de sable; *aliàs* : de sable fretté d'argent (arm. de l'Ars.)

KEROUZÉRÉ (DE), baron dudit lieu et sr de Kersauzon, par. de Sibéril, — de Kerménaouët et de Menfautet, par. de Cléder, — de Trogoff, par. de Plouescat, — de Kerandraon et de Keraliou, par. de Plouguerneau, — de Kerdrein, — de Kernavallo, — de Kerangomar, par. de Taulé, — de Trévéhy et de Tromanoir, par. de Plouénan.

Réf. et montres de 1426 à 1534, dites par., év. de Léon.

De pourpre au lion d'argent. Devise : *List, list.* (Laissez, laissez.)

Eon, président universel de Bretagne en 1390; Jean son fils, échanson du duc Jean V, contribua au siège de Chateauceaux à la délivrance de ce prince, prisonnier des Penthièvre en 1420, et épousa Constance Le Barbu, dame de Trévéhy; Yvon, conseiller et chambellan du duc François II en 1462.

La branche aînée fondue vers 1527 dans Kerimel de Coëtinizan, d'où la baronnie de Kerouzéré a passé par alliance aux Boiséon. Le château fut assiégé et pris par les ligueurs en 1590 et vendu aux du Poulpry en 1680. Il a appartenu successivement depuis aux Bréhant, des Clos, Larlan, Eon du Vieux-Chastel, Penfeunteuniou, Rosnivinen et du Beaudiez.

La branche de Kerandraon fondue au XVIIe siècle dans Kerhoënt.

KEROUZLAC (DE), sr dudit lieu, par. de Plouvorn.

Réf. et montres de 1448 à 1534, dite par., év. de Léon.

D'or au chevron d'azur, chargé vers le haut d'un massacre de cerf d'or, accomp. de trois trèfles de gueules, *voyez* CREC'HMORVAN.

Alain, anobli avant 1448.
Moderne: Le Bihan.

KEROUZY (DE), sr dudit lieu, de Lesguiel et de Kerdauzer, par. de Plouguiel, — de Kerhir, par. de Trédarzec, — de Kerhars.

Anc. ext. chev., réf. 1669, dix gén.; réf. et montres de 1427 à 1535, par. de Plouguiel, év. de Tréguier.

D'or au lion morné de sable. Devise : *Pour le mieux*.

Yvon, vivant en 1427, épouse Jeanne Arel; Jean, et Jeanne de Barac'h sa compagne, fondateurs en 1483 des cordeliers de Tréguier; Bizien, vice-amiral de Bretagne en 1486; François, chevalier de l'ordre, capitaine de Tréguier et député de la noblesse pour la réformation de la coutume en 1580.

KERPAËN (DE), sr dudit lieu, — de Lopéau et du Quenquis, par. de Plogonnec, — de Kerguistan, par. de Plomodiern, — de Lestréménez, par. d'Argol, — de Kersallo, par. de Cléguer.

Anc. ext., réf. 1669, dix gén.; réf. et montres de 1426 à 1562, par. de Plogonnec et Plomodiern, év. de Cornouailles.

D'argent au chêne arraché de sinople, au sanglier de sable, brochant sur le fût de l'arbre, *voyez* BERNERVEN, LE GRAND, GUÉGUEN, KERBOUTIER, KERFARÉGUIN et MORIN.

Bernard, fils de Jean et de Léonore, épouse vers 1415 Jeanne de Lanvilliau.

KERPÉRÉNEZ (DE), sr dudit lieu, par. de Landrévarzec, — du Bizit, par. de Pleyben, — du Boisgarin, par. de Spézet, — de Crec'hmadiec, par. de Plounévez-du-Faou.

Réf. et montres de 1481 à 1562, dites par., év. de Cornouailles.

D'azur à trois poires d'or (arm. de l'Ars.).

Cette famille portait anciennement le nom de Le Page, sous lequel elle a été anoblie en 1474, en la personne de Jean et Yvon, fils de Jean Le Page.

KERPÉRÉNEZ (DE), sr dudit lieu.

Montre de 1481, par. de Ploumoguer, év. de Léon.

De sable à la fasce vivrée d'argent, accomp. de six besants d'or, *comme Coëtengars et Troërin*.

KERPEZDRON (DE), sr dudit lieu et de Plestrivin, par. de Plœren, — de la Courbe.

Anc. ext., réf. 1670, neuf gén.; réf. et montres de 1426 à 1536, par. de Plœren, év. de Vannes.

D'argent à trois molettes de sable, un croissant d'azur en abyme.

<small>Alain, fils Alain, vivant en 1513, épouse Françoise Bertier.</small>

KERPOISSON (DE), s^r dudit lieu, de Kerfrézou, d'Ust, de Kerversault et de la Ville-au-Blays, par. de Saint-André-des-Eaux, — de Trévénégat, de Kerrobert, de Ranlieu et de Toufflet, par. de Guérande, — de Kerallan, par. d'Escoublac, — de Kerloza, par. de Saint-Molf, — de Langlermine, par. de Pontchâteau, — de Kercabus, par. de Saint-Lyphard.

Anc. ext., réf. 1668, cinq gén.; réf. de 1453, par. de Saint-André-des-Eaux, év. de Nantes.

D'or au lion de gueules, la queue passée entre les jambes et remontant.

<small>Guillaume, dans la ligue des seigneurs contre le duc en 1487, épouse Guyone Rogon ; un chevalier de Malte en 1653.</small>

<small>Fondu dans Rohan-Pouldu.</small>

KERPRIGENT (DE), s^r dudit lieu, par. de Servel, — de Kernuz, par. de Perros-Guirec, — de la Boëssière, par. de Garlan.

Anc. ext., réf. 1668, huit gén.; réf. et montres de 1427 à 1543, par. de Servel, év. de Tréguier.

D'azur au léopard lionné d'or, accomp. de trois quintefeuilles de même.

<small>Jean, vivant en 1427, épouse Marguerite du Réchou.</small>

KERPRIGENT (DE), s^r dudit lieu, par. de Plounérin, — de Pratcaric, par. de Plounévez-Moëdec.

Réf. et montres de 1427 à 1481, par. de Plounérin, év. de Tréguier.

D'azur à trois pigeons d'or.

<small>Fondu dans du Perrier, puis Quélen.</small>

KERPRIGENT (DE), s^r dudit lieu et de Goazannot, par. de Duault.

Réf. et montres de 1481 à 1562, dite par., év. de Cornouailles.

D'azur à six molettes d'argent, 3. 2. 1.

<small>Hervé, croisé en 1248; mais nous ne savons à laquelle des familles Kerprigent il appartenait.</small>

KERRAOUL (DE), *voyez* VITTU.

KERRAOUL (DE), s^r dudit lieu, par. de Paimpol, — de Kernarc'hant, par. de Plounez, — de Keriblan.

Réf. et montres de 1469 à 1543, dites par., év. de Saint-Brieuc.

De gueules au chef endenché d'argent; *aliàs :* d'argent au chef endenché d'azur.

<small>Fondu dans Kersaliou; moderne : Lestic, puis Vittu.</small>

KERRAOUL (DE) (ramage de Foucault), s^r dudit lieu et de Coëtdéroff, par. de Combrit, — de Lesmenguy et du Menguen, par. de Tréogat.

Réf. et montres de 1426 à 1562, dites par., év. de Cornouailles.

D'azur à six fleurs de lys d'argent, *qui est Foucault*, au lambel de même en chef.

<small>La branche aînée fondue en 1600 dans du Marc'hallac'h.</small>

KERREL, voyez KEREREL (DE).

KERRET (DE), s' dudit lieu, du Val et de Kerserc'ho, par. de Saint-Martin-des-Champs, — de Keravel et de Kerambartz, par. du Minihy, — de Quillien, par. de Pleyben, — de Penamprat, — de Kerlouët, — de Kerbalanec, — de Castelduff, — du Bourgneuf, — de Kergommatz, — de Tréguilien, — de Buors, par. de Plougaznou, — de Tromorvan et de Kerguiniou, par. de Ploubezre, — de Kervézenec, — de Kervern, par. de Ploumiliau, — de Penanvern, — de Kerdoret, — de Kerauffray, — de Kerbriant, — du Rumain, — du Carpont, — de Kerouazle, — de Crec'h-morvan, — de Coatlus, par. de Plounévez-Lochrist, — de Kerlosquet, — de Kergozou, — de Kerguennec, — de Kervallan, — de Penanguer, — de Kerlézérien, par. de Saint-Thomas de Landerneau, — du Fresque, par. de Plougastel-Daoulas.

Anc. ext. chev., réf. 1669, treize gén. ; réf. et montres de 1426 à 1534, par. de Saint-Martin, év. de Léon.

Écartelé aux 1 et 4 : d'or au lion morné de sable, à la cotice de gueules brochant, *qui est Kerret ;* aux 2 et 3 : d'argent à deux pigeons affrontés d'azur, s'entrebecquetant, membrés et becqués de gueules, *qui est du Val.* Devise : *Tével hag ober.* (Se taire et agir.)

Hervé, sire de Kerret, épousa vers 1290 Catherine de Léon, fille de Maurice, s' de Pensez et en prit les armes, brisées d'une cotice de gueules; Guillaume, fils de Maurice et petit-fils d'Hervé, épouse Havoise, dame du Val; Hervé, vivant en 1340 et Marie de Coëtelez sa compagne, père et mère d'Yvon, capitaine de Morlaix en 1366, marié à Marguerite Le Vicomte; Jean, épouse vers 1600 Jeanne de Cabournais, dame de Quillien ; Maurice, maire de Morlaix et gouverneur du château du Taureau en 1604; un page du Roi en 1710; un brigadier de cavalerie en 1759, ci-devant cornette des mousquetaires de la garde, † 1785.

KERRIEC (DE), s' dudit lieu, par. de Lantréguier, — de Coëtanfao, par. de Séglien, — de Kermarec, par. de Malguénac.

Réf. et montres de 1448 à 1543, par. de Lantréguier, év. de Tréguier, et Séglien, év. de Vannes.

D'azur à la fleur de lys d'or, cotoyée en pointe de deux macles de même. Devise : *Pa garo Doué.* (Quand il plaira à Dieu.)

Deux seigneurs de ce nom défendaient Hennebont assiégé par Charles de Blois en 1341 ; Charles, capitaine de Lesneven en 1372 et 1405.

La branche aînée fondue dans du Trévou.

La branche de Coëtanfao fondue dans Quélennec, puis de Plœuc, Kerhoënt et Le Vicomte.

KERRIOU (DE), (ramage de Quemper-Guézennec), s' dudit lieu, par. de Quemper-Guézennec.

Réf. de 1427, dite par., év. de Tréguier.

De gueules à la croix engreslée d'or (G. le B.), *comme Quemper.*

Alain, capitaine de Châteaulin-sur-Trieuc en 1407.

KERRIVOAL (DE).

De sable à trois bouteilles en forme d'estamal d'argent. (G. le B.)

KERRIVOAL (DE), sʳ du Cosquer, par. de la Roche-Derrien.
  Déb., réf. 1668, ress. de Lannion.
  D'argent à deux fasces de sable (arm. 1696).
  Jean, marié en 1696 à N. de Boisgeslin.

KERRIVOALEN (DE), *voyez* KERROULLAY (DE).

KERROIGNANT (DE) (ramage de Roignant), sʳ dudit lieu et de Traoulen, par. de Plouvorn, — de Mesgouëzel, par. de Plouénan, — de Coëtvoult, par. de Saint-Thégonnec, — de Kerlosquet, par. du Minihy.
  Réf. et montres de 1426 à 1534, dites par., év. de Léon.
  D'azur au gantelet d'argent mis en pal; *voyez* ROIGNANT et KERGUVELEN.
  La branche de Coëtvoult, fondue en 1578 dans Kergorlay.

KERROIGNANT (DE) (ramage de Roignant), sʳ dudit lieu et de Trézel, par. de Pleubihan, — de Keroter, — des Salles, — de Trohubert, par. du Merzer, — d'Estuer, par. de Bréhant-Loudéac.
  Anc. ext., réf. 1668, huit gén.; réf. et montres de 1463 à 1535, par. de Pleubihan, év. de Tréguier.
  D'azur au gantelet de fauconnier d'argent en pal, *comme les précédents*.
  Eon, vivant en 1481, marié à Alix Bellangier.
  Un membre admis aux honneurs de la cour en 1788.

KERROM (DE), sʳ dudit lieu, par. du Minihy.
  Réf. et montres de 1447 à 1534, par. du Minihy, Saint-Frégant, Quilbignon et Plourin, év. de Léon.
  D'argent à deux chevrons d'azur.
  La branche aînée fondue dans Kerlouan, d'où la terre de Kerrom a passé successivement aux Coëtménec'h, du Louët, Le Prestre de Châteaugiron, et, par acquêt, aux Michel de Kerhorre.

KERROSEC (DE), porte une fasce chargée de trois quintefeuilles (sceau 1422, *Blancs Manteaux*).

KERROSVEN (DU), sʳ dudit lieu, par. de Lannilis, — de Kergovel, — de Penvern.
  Anc. ext., réf 1669, six gén., réf. et montres de 1426 à 1534, par. de Lannilis, év. de Léon.
  D'or à la roue de gueules, *qui est la Fosse*, à la bordure de sable; *voyez* LA FOSSE, PEN et RODALVEZ.
  Hervé, vivant en 1481, épouse Marie de Lescarval.
  La branche aînée fondue dans du Bois, puis Lansulien et Le Forestier.

KERROSVEN (DE), *voyez* FORESTIER (LE).

KERROUAUD (DE), sʳ dudit lieu et de Tressay, par. de Questembert.
  Réf. et montres de 1448 à 1513, par. de Questembert et Missiriac, év. de Vannes.
  D'argent à la croix pattée d'azur.

KERROUDAULT (DE), sʳ dudit lieu, par. de Guipavas, — de Poulbroc'h, par. de Ploudiry, — de Mesmeur, — de Kerbasquiou, — de Keraudren, par. de Pestivien.

Ext., réf. 1669, huit gén.; réf. et montres de 1448 à 1534, par. de Guipavas et Ploudiry, év. de Léon.

D'argent au greslier de sable, accomp. de trois hures de sanglier arrachées de même; *aliàs* : écartelé d'or, au sautoir d'azur (G. le B.), *qui est Gestin*.

Cette famille portait anciennement le nom de Le Goff et remonte à Jean Le Goff, de la paroisse de Milizac, anobli en 1426, marié à Marie de Kernezne, dont Perrot, époux de Catherine Gestin, dame de Poulbroc'h.

KERROUZAULT (DE), sr de Keratry, par. de Bothoa.

Déb., réf. 1670, ress. de Saint-Brieuc.

KERROZ (DE), sr dudit lieu, par. de Ploudalmézeau.

Réf. et montres de 1448 à 1503, dite par., év. de Léon.

D'argent à la fasce d'azur, accomp. de trois coquilles de même. Devise : *Graz ha spéret*. (Grâce et esprit).

Yvon et Bernard, anoblis par lettres de 1441, et l'hôtel d'Avalblosth appartenant audit Bernard, franchi à durer en perpétuel.

KERSABIEC (DE), *voyez* SIOC'HAN.

KERSABIEC (DE), sr dudit lieu, par. de Plounévez-Lochrist, év. de Léon.

De sable au lion d'argent. (G. le B.)

Moderne : Blonsart, puis Launay-Coëtmerret et Sioc'han.

KERSAINT (DE), *voyez* COËTNEMPREN (DE).

KERSAINT (DE), *voyez* CHAT (LE).

KERSAINT-GILLY (DE) ou SAINT-GILLES (DE), sr dudit lieu, par. de Guiclan, — du Cosquérou, de Keruzoret, de Kerudot et de Mesprigent, par. de Plouvorn, — de Kersaliou, de Kerénec, du Prathir et de Keravel, par. de Minihy, — de Kerscao, par. de Ploujean, — de Traonjulien, par. de Plounévez-Lochrist, — de la Ville-Jégu, — de Messiliau, — de Kerdalaëz, par. de Guipavas, — de Kerivoaz, — de Kergadiou, — de Pontanézen.

Anc. ext. chev., réf. 1669, dix gén.; réf. et montres de 1426 à 1534, par. de Guiclan, Plouvorn et Le Minihy, év. de Léon.

De sable à six trèfles d'argent, 3. 2 et 1 ; *aliàs* : une croix échiquetée (sceau 1363.)

Guéguen, croisé en 1248; Hervé, fils Yvon, épouse vers 1348 Marie, dame du Cosquérou, dont Bernard, marié en 1388 à Louise de Penmarc'h; plusieurs chevaliers de Rhodes et de Malte; un sénéchal de Morlaix en 1580; un mestre de camp, † 1771, et un volontaire pontifical à Castelfidardo en 1860.

La branche aînée, fondue en 1581 dans Kersauzon; la branche de Keruzoret, fondue vers 1600 dans Le Borgne; la branche du Cosquérou, fondue en 1610 dans Goësbriand, puis Kermenguy; la branche de Kersaliou, fondue dans Simon de Kerénez.

KERSAL (DE), près Lesneven, év. de Léon.

D'argent à trois fasces jumelles de gueules, chargées chacune d'une moucheture d'hermines de sable (arm. de l'Ars.).

Guillaume, élu abbé de Boquen en 1522.

KERSALAUN (DE), sr dudit lieu, par. de Leuhan.
 Réf. et montres de 1426 à 1562, dite par., év. de Cornouailles.
 D'azur à deux épées d'argent passées en sautoir, les pointes en bas.
 La seigneurie de Kersalaun a été érigée en marquisat, l'an 1775, en faveur du sieur Euzénou, *voyez* EUZÉNOU.

KERSALIOU (DE), sr dudit lieu, par. de Pommerit-Jaudy, — du Réchou, par. de Botlézan, — de Keraudren, — du Plessix, par. de Lanvollon, — de Kerbiquet, — de la Grandville, — du Carpont, — de Chef-du-Bois, — de la Sauldraye, — de Kermorvan, par. de Trézény, — de Kerraoul, par. de Paimpol, — de Limouëlan, par. de Sévignac, — de Kerhouarn.
 Anc. ext. chev., réf. 1669, dix gén.; réf. et montres de 1427 à 1543, par. de Pommerit-Jaudy, Botlézan et Trézény, év. de Tréguier, Plounez, év. de Saint-Brieuc et Sévignac, év. de Saint-Malo.
 Fascé d'argent et de gueules de six pièces, au lion de sable armé, lampassé et couronné d'or, brochant sur le tout (sceau 1380). Devise : *Tout pour Dieu.*
 Geoffroi, croisé en 1248; Rolland, député pour rappeler le duc retiré en Angleterre en 1379; Louis, vivant en 1427, épouse Jeanne Guillot.
 La branche aînée fondue dans du Chastel, puis Boisgelin et Rogon.

KERSALOU (DE), sr dudit lieu, par. de Lanmodez, év. de Dol, enclaves de Tréguier.
 D'azur à trois tours crénelées d'or, jointes ensemble, celle du milieu plus haute, sommée d'un coq de sable. (G. le B.)
 Fondu dans Trogoff.

KERSAUDY (DE), sr dudit lieu, par. de Plouhinec.
 Réf. et montres de 1426 à 1562, dite par., év. de Cornouailles.
 D'azur au léopard d'argent.

KERSAUZIC (DE), *voyez* GUILLARD.

KERSAUZON ou KERSAUSON (DE) (orig. d'Angleterre), sr dudit lieu, de Kernabat, de Combout et de Kersaintgilly, par. de Guiclan, — de Lanivinon et de Penguern, par. de Saint-Thégonnec, — du Carpont, par. de Plouénan, — de Coëtmerret, par. de Lanhouarneau, — de Mespérénez, par. de Plouider, — de Kerhérec, — de Kerlézérien, par. de Saint-Thomas de Landerneau, — de Rosarnou, par. de Dinéault, — de Coëtbizien, — de Kernonen, par. de Plougoulm, — de Coëtbihan, — de Kerjaouën, — du Garspern, par. de Plougonven, — de Coëtléguer, — de Brézal, par. de Plounéventer, — de Guénan, par. du Minihy de Léon, — du Gouaz, — de Crec'hbiquet, — de Kerguéréon, — de Barac'h, — de Saint-Georges et du Mesguen, par. de Plouescat, — de Larmor, — du Pratmeur, — des Roches, — du Vieux-Châtel, — de la Ferrière, par. de Buléon, — de Goasmelquin, par. de Plouégat-Guérand, — du Vijac, par. de Guipavas, — de Kerjan, par. de Trébabu, — de Penhoat, par. de Saint-Frégan, — de Penaudreff, par. de Plourin, — du Gollen, par. de Plouvorn, — de Kervéguen, — de l'Isle.

KER

Anc. ext. chev., réf. 1669, neuf gén.; réf. et montres de 1427 à 1534, par. de Guiclan, Saint-Thégonnec, Plounéour-Ménez, Plouénan et Saint-Frégan, év. de Léon.

De gueules au fermail d'argent. Devise : *Pred eo, pred a vo.* (Il est temps, il sera temps).

Robert, croisé en 1248; Guillaume, évêque de Léon en 1306, reconstruisit une partie de sa cathédrale, où il fut inhumé en 1327; Tiphaine de Rosnyvinen, dame de Kersauzon, en 1340, aïeule de Juzette, seule et unique héritière de Kersauzon, mariée à Salomon Le Ny, chambellan du duc en 1380, veuf de Marguerite de Coëtélez, à condition que les enfants à naître de ce mariage prendraient les nom et armes de Kersauzon, dont : Hervé Le Ny, *dit le Jeune*, s^r de Kersauzon, marié 1° en 1418 à Amice de Pontplancoët, 2° à Alliette de Lanroz, veuve d'Alain de Penmarc'h. Du premier lit, Jean, s^r de Kersauzon, marié à Jeanne de Kerimel, qui a continué la branche aînée, fondue au XVIIIe siècle dans Tinténiac; et du deuxième lit : 1° Paul, marié à Sybille, dame de Saint-Georges, auteur des s^{rs} de la Ferrière; 2° Guillaume, auteur des s^{rs} de Penandreff.

Jean, prête serment au duc entre les nobles de Léon en 1437; Guillaume et Hamon, sénéchaux de Léon en 1479 et 1595; Yves, archer de la garde du duc en 1488; Jean, homme d'armes sous le maréchal de Rieux, dans une montre reçue à Saint-Quentin en Vermandois en 1505; Charles, s^r de Coëtléguer, signe la capitulation des Ligueurs de Léon en 1594; un chevalier de Malte en 1651; un conseiller au parlement en 1696, et un page du Roi en 1737.

KERSAUSON (DE), s^r de Kerven, par. de Ploneiz.

Réf. et montres de 1444 à 1536, dites par., év. de Cornouailles.

Béatrix, dame de Kerven, fille d'Henri et petite-fille de Germain, vivant en 1536, épouse Rolland du Marc'hallac'h.

KERSCAO ou KERSCAU (DE), s^r dudit lieu, par. de Plouzané, — du Vijac, par. de Guipavas, — de Penancoët, par. de Saint-Renan, — de Keryvinic, par. de Landévénec.

Réf. et montres de 1427 à 1481, par. de Plouzané, év. de Léon.

La branche aînée fondue dans Kerguizian; la branche de Penancoët fondue dans Kergoët.

KERSCAU (DE), s^r dudit lieu, par. de Ploujean, — de Kerbridou et de Saint-Antoine, par. de Plouézoc'h, — du Parc, par. de Lanmeur, — de Mesguéaut, par. de Plougaznou, — de Pontblanc, — de Kermanac'h, — de Penanguer, — de Kerénec et de Rosnévez, par. du Minihy de Léon, — de Kerven, par. de Carantec, — de Kerhoamet, — de Kermoreadec.

Anc. ext., réf. 1669, dix gén.; réf. et montres de 1445 à 1534, par. d'Henvic et du Minihy, év. de Léon.

D'argent à deux dauphins adossés d'azur.

Jean, vivant en 1427, épouse Marguerite Le Long.

La branche aînée fondue dans Kersaintgilly.

KERSCOUAC'H (DE), s^r dudit lieu, par. de Louannec.

Réf. 1427, dite par., év. de Tréguier.

D'argent au lion de sable.

Moderne : Loz.

KERSOSON (DE), s^r de Coatalec, — de Penamprat.

Déb., réf. 1670, ress. de Morlaix.

KERSTAINGUY (DE), *voyez* URVOY.

KERSTRAT (DE), *voyez* TRÉOURET (DE).

KERSULEC (DE), *voyez* KERVEN (DE).

KERSULGAR (DE), sʳ dudit lieu, — de Mezanlez, par. d'Ergué-Gabéric.

Anc. ext., réf. 1669, sept gén., réf. et montres de 1426 à 1562, par. d'Ergué-Gabéric, év. de Cornouailles.

D'azur à trois fleurs de lys d'argent rangées en fasce, accomp. en chef de deux quintefeuilles de même.

Alain, vivant en 1426, épouse Jeanne de Mezanlez.

KERSULGUEN (DE) (ramage de Pont l'Abbé), sʳ dudit lieu, — de Kerlozrec, par. de Ploudalmézeau, — du Billon, par. de Plougouvelin, — de la Boixière, de Kerduté et de Crec'hronvel, par. de Ploujean, — de Pratguen, — de Coëtromarc'h, par. de Plestin, — de Kergoff, — de Kerélez, — de Trédoulfen, — de Chef-du-Bois, par. de Saint-Thomas de Landerneau, — de la Villeneuve, — du Hellez, — de Coëtidual, par. de Taulé, — du Guern, par. de Sizun, — du Forestic, par. de Plouédern.

Anc. ext., réf. 1671, neuf gén., réf. et montres de 1444 à 1543, par. de Ploujean, év. de Tréguier, Plouénan, Plougoulm et Sizun, év. de Léon.

D'or au lion de gueules, *qui est Pont-l'Abbé*, au franc canton écartelé d'or et de gueules; *aliàs*: écartelé de *Kerlozrec* et de *Guérault*.

Prigent, vivant en 1402, épouse Tiphaine, dame de la Bouëxière; Pierre, marié à Marguerite du Poirier, écuyer de la Reine Anne, qu'il eut l'honneur de loger à son manoir de la Boixière, lors de son pèlerinage à Saint-Jean-du-Doigt en 1505; un page du Roi en 1700, élu président de la noblesse aux États de 1731.

La branche aînée fondue dans Lesguern; une autre branche fondue dans Penguern.

KERSY (DE), sʳ de la Juliennaye, par. de Saint-Étienne-de-Mont-Luc, — du Boiscorbeau, par. de Cheix, — de la Haye-Pallée, par. de Mouzillon, — des Navinaux, par. de Vallet, — de la Gohardière, par. de Gorges.

Réf. et montres de 1428 à 1480, par. de Saint-Étienne-de-Mont-Luc et Mouzillon, év. de Nantes, et Illifaut, év. de Dol.

Endenché en pal d'argent et de sable. (G. le B.)

Julien, premier maréchal de salle de l'hôtel du duc en 1488.
Fondu en 1516 dans Aiguillon.

KERTANGUY (DE), *voyez* SALAUN.

KERUAULT (DE), *voyez* GARNIER.

KERUZAS (DE), sʳ dudit lieu, par. de Plouzané, év. de Léon.

De gueules à cinq fleurs de lys d'argent, posées en sautoir.

Cette terre a été successivement possédée par les familles Le Run, Kernezne et Huchet.

KERUZEC (DE), sʳ dudit lieu, par. de Pleumeur-Bodou, — de Runanbezre, par. de Goudelin, — de Goastino, — de Keranpunçze, — de Chef-du-Bois, par. de Pommerit-Jaudit, — de Guelfic, — de Kerglezrec, par. de Trébeurden.

Anc. ext., réf. 1669, six gén.; réf. et montres de 1463 à 1543, par. de Pleumeur-Bodou et Trébeurden, év. de Tréguier.

De sable à dix billettes d'argent (*aliàs* : d'or), posées 4. 3. 2 et 1.

<small>Guillaume, s^r de Runanbezre, vivant en 1481, épouse Jeanne Le Meur.
La terre de Keruzec appartenait dès le xve siècle aux Coëtmen qui l'ont transmise aux d'Acigné.</small>

KERUZEL (DE), s^r dudit lieu, par. de Goudelin, év. de Tréguier.

D'or à trois trèfles de sinople (arm. de l'Ars.).

KERUZORET (DE), *voyez* BORGNE (LE).

KERVASDOUÉ (DE), év. de Léon.

D'hermines à deux fleurs de lys l'une sur l'autre d'azur. (La Ch. des B.)

KERVASDOUÉ (DE), *voyez* KERGUIZIAU (DE).

KERVASTARD ou KERAMBASTARD (DE), s^r dudit lieu, par. de Bothoa, év. de Cornouailles.

D'argent à trois chevrons de sable. (G. le B.)

<small>Graslan, fait hommage à Jeanne de Raiz, dame de Châteaulin-sur-Trieuc, en 1382.
Fondu dans Prévost, d'où la terre de Kervastard a appartenu successivement aux Kergroadez, Loz et Sarsfield.</small>

KERVAZIC (DE), *voyez* GUERVAZIC (DE).

KERVÉATOUX (DE), *voyez* LESGUERN (DE).

KERVÉATOUX (DE), s^r dudit lieu, par. de Plouarzel, — du Prédic, par. de Plougonvelin.

Ext., réf. 1669, six gén.; montre de 1534, par. de Plougonvelin, év. de Léon.

D'or à deux fasces ondées d'azur, accomp. en chef d'une étoile de même.

<small>Auffray, vivant en 1534, épouse : 1° Catherine de Coëtnempren, dame du Prédic; 2° Jeanne de Kerengarz.
La branche aînée fondue vers 1400 dans Touronce.</small>

KERVÉGAN (DE), *voyez* DANIEL.

KERVÉGAN (DE), *voyez* SUASSE.

KERVÉGUEN (DE), *voyez* COAT (LE).

KERVÉGUEN (DE), *voyez* GAULTIER.

KERVÉGUEN (DE), s^r dudit lieu, par. de Scaër.

Réf. et montres de 1426 à 1536, par. de Scaër et Lanriec, év. de Cornouailles.

De gueules au lion d'argent, l'écu semé de billettes de même; *aliàs* : de gueules à la bande fuselée d'or.

<small>Guillaume, fait hommage au vicomte de Rohan en 1396.
La branche aînée fondue dans du Juch, et successivement de Plœuc, Le Borgne et Euzénou.</small>

KERVÉLÉGAN (DE), *voyez* GOAZRE (LE).

KERVEN ou KERGUEN (DE), s^r dudit lieu et de Kerezrec, par. de Ploudaniel, — de Kersulec et de Lestourdu, par. de Plouider, — de Kerlec'h, — de Kergadiou, — de Cadouzan.

Anc. ext. chev., réf. 1668, neuf gén.; réf. et montres de 1426 à 1534, par. de Ploudaniel et Guisseny, év. de Léon.

D'azur au chevron surmonté d'une croix potencée et alésée en chef, et accomp. de trois coquilles, 2. 1, le tout d'argent; *aliàs* : d'azur à la croix au pied fiché, accomp. de trois coquilles, le tout d'argent. (G. le B.)

Alain, vivant en 1407, père de Geoffroi, sr de Kerven, marié à Jeanne de Kervégan; Hervé, frère juveigneur d'Alain, père de Jean, sr de Kersulec, marié en 1445 à Catherine Henry; Geoffroy, doyen du Follgoat en 1433.

Fondu dans Quélen.

KERVÉNEL (DE), sr dudit lieu et de Kervégant, par. de Pleubihan.

Réf. 1463, dite par., év. de Tréguier.

De gueules à la croix pattée et pommetée de douze pièces d'or (arm. de l'Ars.).

KERVÉNIOU (DE) (ramage du Pontblanc), sr dudit lieu et de la Ferté, par. de Plouigneau, év. de Tréguier.

D'or à quatorze billettes de sable, au bâton de gueules brochant.

Thomas, écuyer, dans une montre de 1371.

Fondu dans Toupin; moderne : Acigné, puis Richelieu.

KERVENNEC ou KERGUENNEC (DE), sr dudit lieu, par. de Plouvorn, — de Lesquiffiou et de la Roche-Héron, par. de Pleiber-Christ, — de Keraliou, par. d'Hanvec.

Réf. et montres de 1426 à 1534, par. de Pleiber-Christ et Hanvec, év. de Léon et Cornouailles.

La branche de Lesquiffiou fondue vers 1540 dans Le Borgne.

KERVÉNO ou KERMÉNO (DE), marquis dudit lieu en 1624, par. de Pluméliau, — sr de Baud, — de Kerroux, — de Léraudière, par. de Saint-Donatien.

Anc. ext. chev., réf. 1668, sept gén.; réf. et montres de 1448 à 1536, par. de Pluméliau, év. de Vannes.

D'azur à dix étoiles d'argent, 4. 3. 2 et 1.

Jean, sr de Kervéno, vivant en 1448, épouse Jeanne Rolland; Bonabes, sr de Kerroux, capitaine de l'arrière-ban de Vannes en 1448, père de Guillaume marié à Tiphaine Rouxeau; Charlotte, épouse en 1638 Louis de Bourbon, marquis de Malause.

La branche aînée fondue dans Rogier, d'où le marquisat de Kervéno a passé par acquêt aux Lambilly en 1734.

KERVÉNO (DE), sr de Kerriel, év. de Léon.

D'argent au chat de sable, à la bordure d'azur (arm. 1696).

Un échevin de Brest en 1696.

KERVÉNO ou KERGUÉNO (DE), sr de Quénécunan.

Réf. et montres de 1444 à 1562, par. de Merléac, év. de Cornouailles.

D'argent à la tête de maure de sable, bandée d'argent.

KERVÉNOAËL ou KERVÉNOZAËL (DE), *voyez* JOUAN.

KERVÉNOZAËL (DE), sr dudit lieu et de Tiquélen, par. de Guiscriff, — de Kerambriz, — du Cosquer, — de Penanguer.

Anc. ext., réf. 1669, huit gén., et maint. à l'intend. en 1704; réf. et montres de 1426 à 1562, par. de Guiscriff, év. de Cornouailles.

D'argent à cinq fusées rangées et accolées de gueules, surmontées de quatre molettes de même, *voyez* KERGOËT.

<small>Guillaume, vivant en 1426, épouse Aliénor Le Scaff.</small>

<small>La branche aînée fondue en 1588 dans Gouandour, puis du Vergier et Jouan.</small>

KERVER (DE), s^r de Kerbriant, par. de Saint-Ségal.

Réf. et montres de 1536 à 1562, par. de Saint-Ségal, év. de Cornouailles.

D'azur à la licorne d'argent.

<small>Jacques, échevin de Paris en 1567.</small>

KERVERDER (DE), s^r dudit lieu, par. de Ploumiliau, — de Kerambellec, par. de Guimaëc, — de Saint-Hugeon, par. de Brélévénez, — de Kerjan, par. de Louannec, — de Beauregard.

Ext., réf. 1669, six gén.; réf. et montres de 1481 à 1543, par. de Guimaëc, Louannec et Goudelin, év. de Tréguier.

De gueules au chevron d'argent, accomp. en pointe d'un rencontre de bœuf de même.

<small>Olivier, épouse en 1506., Catherine Le Gobien.</small>

KERVÉRIEN ou KERMÉRIEN (DE), s^r dudit lieu, par. de Plourin.

Réf. et montres de 1427 à 1503, par. de Plouzané et Plougouvelin, év. de Léon.

D'or à trois chevrons d'azur.

Moderne : Kerléan.

<small>Le s^r de Kergestin, paroisse de Saint-Thégonnec, débouté à la réformation de 1671.</small>

KERVÉRIEN (DE), s^r dudit lieu, par. de Saint-Caradec-Trégomel, — de Saint-Georges, par. de Nostang, — de Vaujouan et de Coessée, par. de Redon, — de Vaudeguyp, par. d'Allaire, — de Camson, par. de Rieux.

Déb., réf. 1670 et maint. par arrêt du parl. de Paris de 1676 (T. de S. Luc).

Réf. et montres de 1448 à 1481, par. de Saint-Caradec-Trégomel, év. de Vannes.

D'or à trois chevrons d'azur, au lambel de même.

<small>Cette famille paraît issue en juveigneurie de la précédente et a produit un avocat général au parlement en 1642.</small>

<small>La branche aînée fondue dans le Gal, puis Rouxel et Cosnoual.</small>

KERVERN ou KERGUERN (DE).

D'azur à six coquilles d'argent, 3. 2 et 1. (G. le B.)

KERVERS (DE), *voyez* HAMON.

KERVERSEAU (DE), *voyez* PÉRICHOU.

KERVÉZÉLOU (DE), s^r dudit lieu, par. de Tréhou, — de Penhoat, — de Kersauzon, — de Guermeur, par. de Ploudiry, év. de Léon.

Écartelé aux 1 et 4 : d'argent à trois merlettes de sable, *comme du Bot;* aux 2 et 3 : d'argent à trois fasces ondées d'azur, *comme Quiniou.* (G. le B.)

KERVÉZENNEC (DE), sr de Runanbleiz.
   Déb., réf. 1669.

KERVICHE (DE), sr de Larmor, év. de Vannes.
   Maint. par les commissaires en 1700.
   De vair au chef d'or (arm. 1696); *aliàs* : vairé de gueules et d'argent, à la bande d'or.
   Jean-Baptiste, avocat du Roi au présidial de Vannes, anobli en 1698.

KERVILIAU (DE), sr dudit lieu, par. de Plounéour-Trez.
   Anc. ext., réf. 1670, six gén.; réf. et montres de 1448 à 1534, par. de Plounéour-Trez, év. de Léon.
   Échiqueté d'argent et de gueules; *aliàs* : d'argent fretté de gueules.
   Goulven, vivant en 1534, épouse Catherine de Kerdanet.

KERVILIAU (DE), ress. de Morlaix.
   De sable à la croix pattée d'argent (arm. 1696).

KERVILY (DE), sr dudit lieu, par. de Pleiber-Christ, év. de Léon.
   D'argent à la croix échiquetée de gueules et d'argent. (G. le B.)
   Moderne : Crouëzé.

KERYVEN (DE), sr dudit lieu, év. de Léon.
   D'azur à la tête de léopard d'or. (G. le B.)

KERYVON (DE) ou KERÉOZEN (DE), sr dudit lieu et de Lemcuz, par. de Plounéventer, — du Cosquer, — de Kerivinec, — de Molesne.
   Ext., réf. 1669, neuf gén.; réf. et montres de 1443 à 1503, par. de Plounéventer, év. de Léon.
   Echiqueté d'or et de gueules, une étoile d'or en abyme, *voyez* LANNOSNOU.
   Jean, vivant en 1426, marié à Louise de Ploëlan, eut sa métairie de Lemcuz, franchie en 1432 et fut rabattu un tiers de feu à toujours mais, à la paroisse de Plounéventer.
   La branche aînée a porté dès le XVIe siècle la terre de Keryvon aux Parscau.

KNOLLES (orig. d'Angleterre), sr de Derval et de Rougé, par don de Jean de Montfort en 1363.
   Porte un chevron chargé de trois trèfles (sceau 1363); *aliàs* : d'or à la fasce de gueules, chargé de trois fleurs de lys d'or. (*Blancs-Manteaux.*)
   Robert, aventurier anglais, au service de Jean de Montfort, prisonnier au combat des Trente en 1351, fit prisonnier le comte d'Auxerre à la bataille d'Auray en 1364, fut nommé par le prince noir sénéchal de Guyenne en 1368, obligea du Guesclin à lever le siège de Brest et celui de Derval en 1373; fonda l'hospice des Anglais à Rome en 1380 et mourut en Angleterre en 1406.

L

Labat (orig. de l'Agenois), s^r de Riben, — de Plaineville.
  Déb., réf. 1668, ress. de Saint-Brieuc.
  D'azur au lion d'or (arm. 1696).
  Pierre, syndic de Saint-Brieuc en 1666; un grand-archidiacre de Saint-Brieuc en 1680.

Labbé ou Abbé (l'), s^r de la Commerière, par. de Ploubalay, — de Meurtel, par. de Saint-Potan, — de la Villeneuve, — de la Villemorin, par. de Plorec, — de la Trochardais, — de Lannoual, — de la Villeglé.
  Anc. ext., réf. 1668, six gén.; réf. et montres de 1428 à 1513, par. de Ploubalay, Corseul, Plorec et Trégon, év. de Saint-Malo, et Saint-Potan, év. de Saint-Brieuc.
  D'argent à quatre fusées rangées et accolées de gueules, comme du Buat; aliàs : une canette (sceau 1276).
  Jean, vivant en 1513, épouse Guillemette du Fournet.
  On trouve Geffroi, dit l'Abbé, croisé en 1248; Jean, dit *Petit-Jean*, chevalier de l'Hermine en 1454; Alain, auditeur des comptes en 1458; mais nous ne savons à quelle famille l'Abbé ils appartenaient.

Labbé, s^r du Clos, par. de Pleurtuit.
  Réf. de 1446 à 1513, dite par., év. de Saint-Malo.
  D'argent à la fasce de gueules, accomp. de trois macles d'azur.

Labbé, s^r de la Rochefordière, par. de Ligné, — de Saint-André, par. de Saint-Jean-de-Béré, — de la Verdière, par. de Couffé, — du Hino, — de Trétournel, — de Muzillac.
  Maint. par arrêt. du parl. de 1677; réf. de 1425 à 1478, dites par., év. de Nantes.
  De gueules au chevron d'argent, chargé de cinq tourteaux de sable, chacun surchargés de trois mouchetures de contre-hermines, accomp. de trois billettes d'or.
  Julien, auditeur des comptes en 1588.

Labbé, au comté de Penthièvre.
  Réf. de 1441 à 1460, par. de Plestan, év. de Saint-Brieuc.
  Porte trois crosses, 2. 1 (sceau 1454).

Labbé, s^r de l'Estang, près Moncontour.
  D'azur au pal d'or chargé d'une crosse de gueules, et accosté de six pommes de pin d'argent (arm. 1696).

LABBÉ, s^r de la Rivière, par. de Missiriac, — de Brancelleu et des Poiriers, par. de Malestroit.

Déb., réf. 1668, ress. de Ploërmel.

LACERON, s^r de la Rougerais, par. de Martigné-Ferchaud.

Déb., réf. 1669, ress. de Rennes.

LADVOCAT, *voyez* ADVOCAT (L').

LAËNNEC, s^r de Kerlouarnec, par. de Ploaré, év. de Cornouailles.

Coupé au 1 : d'argent au lion léopardé de gueules ; au 2 : de sable à trois fasces d'or.

<small>Vincent, notaire-passe à Concarneau en 1573, sixième aïeul du célèbre inventeur de *l'auscultation* † 1826.

Cette famille, alliée aux Urvoy de Saint-Bédan et de Gennes, a produit depuis 1700 plusieurs avocats du Roi au présidial de Quimper, sénéchaux, maires et députés de cette ville aux États.</small>

LAGADEC (LE), s^r de Mezedern, par. de Plougonven, — du Gollot, par. de Plounévez-Moëdec, — de Kerroué et du Scozou, par. de Loguivy-Plougras, — de Pradigou, par. de Lanmeur.

Anc. ext., réf. 1669, neuf gén.; réf. et montres de 1441 à 1543, par. de Plougonven, év. de Tréguier.

D'argent à trois trèfles d'azur.

<small>Guillaume, fit hommage au vicomte de Rohan en 1396; Éven, vivant en 1441, épouse Jeanne de Goazvennou; Louis, épouse vers 1700 Scholastique Billouart; Renée, fille unique des précédents, fut mariée à Antoine Billouart qui prit les nom et armes de Lagadec, par lettres de 1740, et leurs descendants se sont éteints de nos jours.</small>

LAGADEC (LE), s^r de Kernabat, — de Kervéguen, par. de Plomeur-Gautier, — de la Salle, par. de Lanmérin, — de Kericuff, par. de Ploëzal.

Réf. de 1513 à 1543, par. de Plomeur, Lanmérin et Ploëzal, év. de Tréguier.

D'hermines à la quintefeuille de gueules, *comme Le Bihan et Le Vayer*. Devise : *Plutôt mourir que pâlir.*

<small>La branche de Kericuff fondue dans Kerguézec.</small>

LAIGLE, s^r de Coëtcessiou, — de Runescop, — de Kerlavarec.

Déb., réf. 1669, ress. de Lesneven.

D'argent à l'aigle éployée de sable (arm. 1696).

<small>Hervé, bailli et lieutenant-général de la cour de Lesneven en 1669; un receveur des fouages de l'évêché de Léon en 1696.</small>

LAIGNEL, par. de Plévénon, év. de Saint-Brieuc.

Déb., réf. 1668.

LAILLÉ (DE), s^r de la Houssaye, par. de Guer.

Réf. et montres de 1479 à 1513, dite par., év. de Saint-Malo.

D'argent à trois pots ou orceaux de sable (sceau 1404).

LAIR, s^r de Lessongère et de la Botardière, par. de Saint-Herblain.

Déb., réf. 1669, ress. de Nantes.

D'azur au chevron d'or, accomp. en chef de deux étoiles d'argent et en pointe d'un croissant de même.

<small>Un gentilhomme servant chez le Roi et trois maîtres des comptes depuis 1676.</small>

LAIR, s^r de Lanrivain, ress. de Quimper.

De sable au chevron d'argent, accomp. de trois coquilles de même (arm. de l'Ars); *aliàs* : de sable au chevron d'argent, accomp. de trois pommes de pin de même, au chef d'argent, chargé de trois coquilles de sable (arm. 1696).

LAISNÉ, LESNÉ ou AISNÉ (L'), s^r de Keranguiriec, près Landerneau.

D'azur à trois cœurs d'or. (G. le B.)

LAISNÉ, s^r de Kerhamon, par. de Ploëzal, — de Kergarric.

Réf. et montres de 1481 à 1543, par. de Ploëzal, év. de Tréguier.

D'azur à trois demi-vols d'or en pal, 2. 1 (G. le B.); *aliàs* : au chef de gueules chargé de trois croissants d'or.

<small>Pierre, conseiller au châtelet, échevin de Paris en 1579.</small>

LAISNÉ, s^r de Kerjacob et de Coëthuon, par. de Pleubihan, — de l'Isle, — de Coëtcanton, — de Lesquernec, par. de Ploumagoër, — de Keryvon, — de Roscadou, — de Beauregard, — de Kergadiou, — de Poulfeunteun.

Anc. ext., réf. 1668, sept gén.; réf. et montres de 1463 à 1481, par. de Pleubihan, év. de Tréguier.

D'azur à trois molettes d'argent (*aliàs* : d'or), une fleur de lys d'or en abyme.

<small>Even, vivant en 1462, épouse : 1° Jeanne David, 2° Adelice de Lanloup.</small>

LAISNÉ, s^r de Ligadec, par. de Boquého, — de Pencrec'h, — de Kergoff, — de Bellefontaine.

Anc. ext., réf. 1668, huit gén.; réf. et montres de 1427 à 1535, par. de Boquého, év. de Tréguier.

D'argent au croissant de gueules, accomp. en chef de trois mouchetures de sable et en pointe d'une molette de gueules.

<small>Laurent, vivant en 1535, fils Marin et petit-fils Rolland, marié à Marie du Stang.</small>

LAISNÉ ou LESNÉ, s^r de Tartoul, par. de Janzé, — des Rabinières, demeurant par. de Plouguernével.

Déb., réf. 1671, ress. de Rennes.

D'azur au chevron d'argent, accomp. de trois étoiles d'or; *aliàs* : de deux étoiles d'or en chef et d'un croissant de même en pointe (arm. de l'Ars.).

<small>On trouve Olivier, docteur en médecine à Rennes, anobli en 1653.</small>

LAISTRE (DE) (orig. de Paris), s^r de la Haute-Forest, — de la Mélinière.

Déb. à l'intend. en 1701, ress. de Nantes.

Parti au 1 : d'argent à l'orle de huit merlettes de sable; au 2 : d'or à la bande endenchée de gueules.

<small>Antoine, conseiller au parlement de Paris en 1570, épouse Manon d'Orgeval.</small>

LALLOUETTE ou ALLOUETTE (L').

D'argent à la fasce de gueules, chargé de trois étoiles d'or, accomp. de trois allouettes de sable (sceau 1320).

LAMBALLE, év. de Saint-Brieuc, ville du duché de Penthièvre, et château assiégé en 1591 par le prince de Dombes et rasé en 1623.

D'hermines à la bordure de gueules, *qui est Penthièvre; aliàs* : écartelé de Brosse.

LAMBART, sr de la Ferrière, — de la Provostais, par. de Bains, — de Lanruault, — du Plessix-Rivault, — du Boisrappé, — de la Fonchais.

    Ext., réf. 1669, six gén., et maint. à l'intend. en 1699 ; réf. et montres de 1481 à 1536, par. de Bains, Redon et la Nouée, év. de Vannes et Saint-Malo.

    De gueules au griffon volant d'argent.

    Jean, vivant en 1513, épouse Guillemette Provost.

LAMBERT, sr du Val, ress. de Morlaix.

    D'azur au sautoir d'or, au lambel de gueules brochant (arm. 1696); *aliàs* : d'or au serpent de sinople, ondoyant en fasce (arm. 1696).

LAMBERT, sr de la Hauteville et de Lescoublière, par. de Trébédan, — de la Hamelinaye, par. d'Evran, — châtelain de la Rigourdaine en 1577, par. de Taden, — sr de la Havardière, par. d'Acigné, — de Boisjean, par. de Ploubalay, — de la Houssaye, par. de Saint-Maden, — de la Ruais, — de Grandchamps, — de la Bréhaudière, par. de Noyal-sur-Brutz, — de Lorgeril, — du Chesneblanc et du Tertre, par. de Rougé, — de Craon, par. de Comblessac, — du Tertre, par. de Pipriac, — de la Mabonnière, par. de Soulvache.

    Anc. ext. chev., réf. 1668, huit gén., réf. et montres de 1480 à 1513, par. de Trébédan, év. de Dol, et Evran, év. de Saint-Malo.

    D'argent au chevron (*aliàs* : brisé) de gueules.

    Jean, écuyer dans une montre de 1420 ; Guillaume, ratifie la capitulation de Dinan avec la maire et plus saine partie des bourgeois dudit lieu, en 1488 ; Jean, vivant en 1480, épouse Gillette Joussoum, dont Jean, vivant en 1513, marié à Marguerite Lenfant ; autre Jean, capitaine des francs-archers et élus de l'évêché de Rennes en 1555, épouse Jeanne de Rochefort ; quatre chevaliers de Saint-Michel depuis 1577, dont un lieutenant de cinquante hommes d'armes, gentilhomme de la chambre du roi Henri IV en 1602.

    Le sr de Champgérault, paroisse de Plouër, débouté à la réformation de 1668.

LAMBERT, sr de Costang, — de Trovern, par. de Trébeurden, év. de Tréguier.

    Déh., réf. 1671.

    Échiqueté d'argent et d'azur de six traits, le premier échiquier chargé d'une molette de sable. (G. le B.)

LAMBERT, sr de la Pommeraye et de Lezé, par. d'Auverné, — de la Ramée, par. de Vritz, — d'Ardennes, par. de Saint-Julien-de-Vouvantes.

    Réf. de 1440 à 1513, par. d'Auverné et Vritz, év. de Nantes.

    D'argent à trois rencontres de cerf de sable.

Jean, homme de science, notaire-passe de la cour de Vioreau et garde des papiers et sceaux d'icelle, exempt de fouages en 1440, anobli en 1447.

La branche de la Ramée fondue en 1517 dans Rousseau.

LAMBEZRE (DE), sʳ dudit lieu, par. de Plougar, — de Kerlan, par. de Sibéril.

Réf. et montres de 1426 à 1534, par. de Sibéril, év. de Léon.

D'argent à six macles d'azur, un écu de gueules en abyme.

Fondu dans Quélen ; moderne : le Dourguy.

LAMBILLY (DE), sʳ dudit lieu, de Créménan, de la Ville-des-Nachés, de la Rivière-Bréhaut et de Morgan, par. de Taupont, — de la Motte, par. de Loutéhel, — de la Soraye, par. de Campel, — de la Grande-Touche, par. de Néant, — du Plessis, par. de Trémorel, — du Quengo-Briend, par. de Bréhand-Loudéac, — baron de Kergrois, par. de Remungol, — vicomte du Broutay, par. de Guillac, — marquis de Kervéno et sʳ de Keraron, par. de Pluméliau, — du Ménéguen, par. de Melrand, — du Quélennec, par. de la Nouée, — du Bois-Héliot, par. de Ploërmel.

Anc. ext. chev., réf. 1668, dix gén. ; réf. et montres de 1426 à 1513, par. de Taupont, Loutéhel, Néant, Trémorel et Merdrignac, év. de Saint-Malo, et Saint-Launeuc, év. de Dol.

D'azur à six quintefeuilles d'argent, 3. 2 et 1.

Un seigneur de cette maison, croisé en 1248 ; Guillaume, épouse en 1369 Marguerite de la Motte, dame dudit lieu, dont : Jean, grand-chambellan et premier écuyer de la chambre et maison du duc Jean V en 1415, marié à Olive, dame de la Soraye ; Robert, capitaine des francs-archers, élus et arbalétriers de l'évêché de Vannes en 1487, épouse Hélène de Quélen ; Guillaume, président de la noblesse par élection aux Etats de 1687 ; un conseiller au parlement en 1707, gentilhomme de la chambre du roi d'Espagne en 1720 ; trois pages du Roi de 1695 à 1721 ; deux membres admis aux honneurs de la cour en 1780 et 1786 ; un volontaire pontifical en 1860.

LAMBOUR (DE), sʳ dudit lieu, — du Châtel, par. de Pleumeleuc.

Réf. et montres de 1427 à 1513, dite par., év. de Saint-Malo.

D'azur à trois étoiles d'or en pal.

LAMBRAY (DE), sʳ de Launay, par. de Plédéliac, — du Champferron, par. de Jugon.

Déb., réf. 1670, év. de Saint-Brieuc.

D'argent à six hermines de sable, 3. 2 et 1.

LAMOUR ou AMOUR (L'), sʳ de Lanjégu et du Closrozel, par. de Médréac, — de la Villegreslier, — de Caslou, par. de Montauban, — de la Bergais.

Anc. ext., réf. 1669, cinq gén. ; réf. et montres de 1448 à 1513, par. de Médréac, év. de Saint-Malo.

D'azur à trois lacs d'amour d'argent.

Jean, vivant en 1513, épouse Marguerite du Breil ; un volontaire au combat de Saint-Cast en 1758.

LAMOUREUX ou AMOUREUX (L'), sʳ de Botpleven, par. de Cléguérec.

Réf. et montres de 1426 à 1481, par. de Cléguérec, év. de Vannes.

D'argent à trois macles de sable.

LAMOUREUX, sr de la Marais, par. du Cellier, — de la Popelinière, — de la Javelière, — de Linières, — de la Hunaudais, par. de Saint-Colombin.

Maint. réf. 1669, 0 gén., et à l'intend. en 1702, six gén., ress. de Nantes.

Gironné d'argent et de gueules de dix pièces, *voyez* LA LOHERIE.

Jamet, sr de la Marais, épouse en 1435 Marie du Pé, dont : Pierre, qui rend aveu au seigneur de Clisson pour la terre de la Popelinière en 1485 et épouse Anne Cheminée ; un correcteur des comptes en 1660 et un maréchal de camp en 1734, † 1753.

Le sr des Roussières, paroisse de Machecoul, débouté à la réformation de 1668.

Le sr de la Merrière, débouté à l'intendance en 1703.

LAMPÉRIÈRE, *voyez* LEMPÉRIÈRE.

LAMPRAT (DE), sr dudit lieu, par. de Plounévézel.

Montres de 1481 à 1562, par. de Plounévézel et Penmarc'h, év. de Cornouailles.

D'azur à la croix florencée d'argent, cantonnée de trois fleurs de lys de même ; au chef d'argent chargé d'une étoile de gueules.

Un sénéchal de Carhaix en 1660.

LAMY, sr de Beaumont, — des Aulnays, par. de Goméné, — de la Bretesche, — de la Fosse.

Déb., réf. de 1670, ress. de Ploërmel et Nantes.

D'azur à une tête de lévrier d'argent, accomp. de trois étoiles d'or (arm. 1696).

Gilles, priseur noble en 1668 ; un secrétaire du Roi en 1782.

On trouve Jamet Lamy, sr de la Rabière et de Loretière, paroisse de Louisfert, noble et non contributif à la réformation de 1443, paroisse de Louisfert.

LAN (LE), en français LANDE (DE LA), sr de Guernanchanay, par. de Plouaret, — de Kerbrat, — de Penanvern et du Quenquizou, par. de Plougaznou.

Réf. et montres de 1427 à 1543, par. de Plouaret, Plounérin et Plougaznou, év. de Tréguier.

D'azur au lion couronné d'or, *voyez* LA LANDE DU RESTMEUR.

Alain, époux en 1565 d'Anne de Guingamp, père et mère de Marie, mariée en 1595 à François de Coëtlogon.

La branche de Guernanchanay paraît s'être fondue dans la Boulaye.

LANASCOL (DE), *voyez* QUEMPER (DE).

LANCELIN (DE), sr dudit lieu, par. de Ploumoguer.

Réf. et montres de 1446 à 1534, par. de Ploumoguer et Lambezre, év. de Léon.

D'argent à une quintefeuille de gueules, *comme* Rolland.

LANCEULE (DE LA), *voyez* COUAISNON (DE).

LANDAIS, sr de Saultogier, par. d'Availles, — du Feu et de la Richardais, par. de Montreuil-sous-Pérouse, — du Plessix-Raffray, par. de Domagné, — du Bois-Cornillé, par. d'Izé, — de la Motte-au-Chancelier, près Rennes, — de Briort et du Plessis, par. de Port-Saint-Père, — de la Bouvardière, par. de Rezé, — de la Papotière, par. de Doulon, — du Loroux, par. du Loroux-Bottereau.

Réf. de 1425 à 1513, par. d'Availles, Domagné et Montreuil-sous-Pérouse, év. de Rennes.

De gueules à trois badelaires d'argent en bandes, *qui est du Feu.*

Le métayer de Saultogier, aux enfants Perrot Landais, peut bien porter la charge d'un quart de feu, réformation de 1425, paroisse d'Availles; Pierre fils Perrot, couturier à Vitré, et lui-même marchand de draps de soie et de laine, garde-robbier du duc François II en 1458, anobli en 1460, devint le ministre et le favori de ce prince, qui le créa trésorier et receveur général de Bretagne. Il fut pendu par les seigneurs en 1485 et laissa de Jeanne de Moussy, fils de Jean, marchand drapier, une fille unique Françoise, mariée à Arthur l'Épervier, grand veneur de Bretagne, auquel elle porta les grands biens acquis par son père.

LANDAIS (orig. de Touraine), s^r de la Touche, — de Châteaubilly, par. de Ploufragan, év. de Saint-Brieuc.

Maint. aux aides de Paris en 1691, à l'intend. en 1712 et admis aux États de 1768.

Écartelé aux 1 et 4 : d'azur à la fasce échancrée d'or, accomp. en chef d'un croissant accosté de deux étoiles d'or, et en pointe d'une rose de même ; aux 2 et 3 : d'azur au lion d'or, au chef de même.

Un receveur des fouages de Saint-Brieuc en 1666; un lieutenant au régiment d'Orléans, tué à l'assaut et prise de Berg-ob-Zoom en 1747.

LANDAYS, s^r de la Reillerie, par. de Blain, — de la Cadinière.

D'argent au dauphin couronné de gueules (arm. 1696); *aliàs* : d'azur à cinq burelles d'argent (arm. 1696).

LANDAL, par. de la Boussac, év. de Dol.

Seigneurie possédée successivement par les maisons de Montsorel, Aubigné, Montauban, Rohan, Maure et de France, érigée en comté, en faveur de ces derniers, l'an 1716 et transmise, par alliance, aux du Breil en 1780.

LANDANET (DE), s^r dudit lieu, par. d'Elliant, — de Coëtlevarec, — de Keranmaolic, — de Kerven.

Ext., réf. 1669, six gén. ; réf. et montres de 1426 à 1536, par. d'Elliant, év. de Cornouailles.

D'azur au greslier d'argent, accomp. en chef d'un fer de lance de même, la pointe en haut, *comme Keratry.*

Jean, de la paroisse d'Elliant, anobli par Monsieur, et ont demandé les paroissiens lettres dérogatoires ; il en a obtenu de confirmation, a été en procès à la chambre et a gagné en 1426 ; Thébaud fils Henry, vivant en 1513, épouse Françoise de Kernicher.

LANDE (DE LA), s^r de la Cour, par. de Bouée, — de la Gaudinais, par. de Frossay, — de la Haye-Mahéas, par. de Saint-Étienne-de-Montluc, — de Bougon, par. de Couëron, — de la Bourdinière, par. de Malville, — de la Gaisne par. de Corsept, — de la Roche-Servière, dans les Marches, — de la Sénaigerie, par. de Bouaye, — de la Foresterye, par. d'Héric.

Réf. et montres de 1442 à 1544, par. de Savenay et Héric, év. de Nantes.

D'azur à une quintefeuille d'argent (sceau 1318).

Jean, croisé en 1248; mais nous ne savons à quelle famille la Lande il appartenait.

Guillaume, procureur général sous le duc François II en 1484.

La branche de la Haye-Mahéas, fondue dans Montauban; la branche de Bougon, fondue dans la Touche ; une autre branche par alliance avec une héritière de Machecoul, dame de Vieillevigne et de Crossac, a pris les nom et armes de Machecoul.

Lande (de la), s^r dudit lieu et de Trélan, par. de Missiriac.

Réf. et montres de 1481 à 1536, dite par., év. de Vannes.

De gueules à trois croissants d'argent (sceau 1374).

Lande (de la), s^r dudit lieu et de la Houssaye, par. de Gaël.

Réf. et montres de 1440 à 1513, dite par., év. de Saint-Malo.

Un cerf passant, accomp. de trois coquilles.

Lande (de la), s^r de la Bégraisière.

De sable au chevron d'or, chargé d'un autre chevron vivré d'azur, accomp. en chef de deux cygnes affrontés d'argent et en pointe de deux plumes d'or en sautoir (arm. 1696).

Un échevin de Nantes en 1690.

Lande (de la), s^r dudit lieu et de la Grézillonnaye, par. de Guichen, — de la Rouaudière, par. de Domalain, — châtelain de Guignen, par. de ce nom, — s^r du Plessix, — de la Driennaye, par. de Saint-Malo-de-Phily, — du Pontrouault, — de Séréac, par. de Bourg-Paule, — d'Arzal, — du Grand-Cleuz, — de la Rivière et du Pont-de-Gesvres, par. de Treillières, — de Lourmoie, par. de Nivillac.

Réf. et montres de 1427 à 1536, par. de Guignen et Saint-Malo-de-Phily, év. de Saint-Malo, Bourg-Paule, év. de Vannes, Treillières et Nivillac, év. de Nantes.

De gueules (*alias* : d'azur) à trois écussons d'argent, à la cotice brochant (sceau 1365).

Guillaume, regardé comme l'un des champions du combat des Trente en 1350, épouse Jeanne, dame de Guignen, dont : Tristan, gouverneur des villes et châteaux de Saint-Malo et Nantes, puis grand-maître de Bretagne, † 1431, marié : 1° à Marguerite de Bruc, dame de la Bouteveillaye ; 2° à Jeanne de Téhillac. Les enfants issus de ce second mariage prirent les nom et armes de Téhillac.

La branche aînée fondue dans d'Acigné; la branche de Guignen fondue dans Delbiest, puis Saint-Amadour.

Lande (de la), s^r du Lou, par. de ce nom, — de Trégomain, par. de la Chapelle, — de Launay-Thébault, — de la Trescherie, par. de Parigné.

Anc. ext. chev., réf. 1669, sept gén., réf. et montres de 1479 à 1513, par. de Montauban et la Chapelle-du-Lou, év. de Saint-Malo, le Lou-du-Lac, év. de Dol, et Parigné, év. de Rennes.

De gueules à la fasce contrebretessée d'argent.

Macé, gouverneur de la Gravelle en 1450, père d'Arthur, homme d'armes des ordonnances de la duchesse Anne en 1489, qui épousa Jeanne de Méel, dame du Lou; Jacques, page du Roi, chevalier de l'ordre et écuyer de Catherine de Médicis en 1580.

Famille éteinte en 1713 en la personne d'un conseiller au parlement, reçu en 1711.

TOME II.   9

Lande (de la), sr dudit lieu et du Breil, par. de Pacé, — de la Gralotaye, par. d'Ossé. Réf. de 1513, par. de Pacé, év. de Rennes.

D'argent à trois trescheurs ou essoniers de sable.

Pierre, secrétaire du duc en 1441. Fondu dans Coëtlogon.

Lande (de la), sr dudit lieu, — de la Sauldraye, — de Saint-Bihy et de Launay-Balin, par. de Plélo, — de Kerlohou, — de Créc'heren, par. de Plouvara.

D'argent au chef endenché de gueules, *comme Le Borgne.*

Geoffroi, amiral de Bretagne sous les ducs Arthur II et Jean III, épouse en 1320 Bonne d'Avaugour, dame d'Ambières, de la maison du Parc, au Maine; Olivier, fils des précédents, fut marié à Aliénor de la Jaille, fille du baron de Pordic, dont: Geoffroi, chambellan de Charles de Blois, employé dans des montres de 1351 à 1369, marié à Isabelle Le Nepvou, père et mère de Margilie de la Lande, fille unique héritière, épouse, en 1404, de Guillaume de Quélen, capitaine de Quimperlé et chambellan du duc.

Lande (de la), sr de la Lande-Basse et de la Ville-Éven, par. de Saint-Potan, — de Calan, par. de Pléboulle, — de Champgérault, par. de Saint-Cast, — de la Villerault et des Rosais, par. de Plérin, — de Châteaugoëllo, par. de Plélo, — de Beaurepaire, de Lourcière et de Kerjoly, par. de Plouha, — de la Villemarqué, par. d'Étables, — des Septfontaines, par. de Trémeloir, — de la Hignonaye, par. de Pordic, — de Tréléver par. de Guimaëc.

Anc. ext., réf. 1668, sept gén.; réf. et montres de 1423 à 1535 par. de Saint-Potan, Pléboulle et Saint-Cast, év. de Saint-Brieuc.

D'azur au léopard d'argent, armé et couronné d'or, accomp. de sept macles d'argent, 3. 2.

Alain, fils d'Alain mentionné dans la réformation de 1423, paroisse de Saint-Potan, père d'Olivier, sr de la Lande et de Calan, marié en 1431 à Jeanne La Vache. De ce mariage: 1º Hervé, sr de la Lande, marié à Marguerite Gouyon, dont les descendants se sont fondus en 1556 dans du Cleuz du Gage; 2º Guillaume, vivant en 1469, auteur de la branche de Calan, qui existe encore, marié à Marie du Val; 3º Pierre, gouverneur de la Bretesche en 1490, qui prit part à la conquête du Milanais en 1499, sous les ordres du seigneur de Guibé. La branche de Calan a produit : un page du Roi en 1720, puis capitaine de dragons, tué à la bataille de Guastalla en 1734; un président de la noblesse par élection aux États de 1738; deux chevaliers de Malte en 1727, dont l'un tué dans un combat en 1747, l'autre bailli et commandeur de Clisson et de Mauléon en 1766, † à Malte en 1787; un volontaire et un capitaine garde-côtes au combat de Saint-Cast en 1758.

Lande (de la), sr de l'Isle, par. de Trévérec, — de la Villejacques, — de Tropont, par. de Pédernec.

Anc. ext., réf. 1671, six gén.; réf. et montres de 1427 à 1543, par. de Trévérec, év. de Tréguier.

Coupé d'or et d'argent, le premier chargé d'un greslier de sable, le second de trois fasces de sinople, un rameau de même brochant.

Mérien, vivant en 1481, épouse Catherine de Botcaro.

Lande (de la), sr du Restmeur, par. de Pommerit, — de Lesgoff, par. de Saint-Gilles.

Réf. et montres de 1427 à 1543, par. de Pommerit-le-Vicomte et Saint-Gilles, év. de Tréguier.

Porte trois lions surmontés d'un lambel (sceau 1415); *aliàs* : d'or au lion de gueules couronné d'argent (G. le B.), *voyez* LE LAN.

LANDE (DE LA), s^r dudit lieu, par. de Ploumiliau, — de Kervéguen, par. de Plouzélembre.

Réf. 1463, par. de Plouzélembre, év. de Tréguier.

D'argent à trois cotices de gueules, au franc canton de même.

Jean, capitaine de Morlaix en 1443.

Fondu dans Le Rouge, puis Coëtlogon. Moderne : Quemper.

LANDE (DE LA), s^r de la Ville-Amaury, par. de Cesson.

Réf. de 1427 à 1513, dite par., év. de Rennes.

Un dextrochère vêtu d'un fanon, soutenant une fleur de lys (sceau 1381), *voyez* DU CHASTELLIER, DU GUEL, LA MARCHE et SAINT-BRIEUC.

Guillaume, ratifie le traité de Guérande en 1381. Fondu dans Louvel, puis Bourgneuf.

LANDE (DE LA) (orig. du duché de Gueldres), s^r des Fossés.

D'azur au lion d'or.

Cette famille naturalisée en 1592, portait anciennement le nom de Walden, et a produit : Jean, capitaine de la compagnie-colonelle de Rennes, puis conseiller au parlement en 1592, fils de Josse, retiré en France et employé dans les bandes noires levées par le duc de Gueldres, pour le service du roi François Ier, ès guerre contre les impériaux.

LANDEBOC'HER (DE), s^r dudit lieu, par. de Plouzévédé, év. de Léon.

D'or à trois chouettes de sable, becquées et membrées de gueules (G. le B.).

Moderne : Kerhoënt, puis Kermenguy.

LANDÉCOT (DE), *voyez* SAIGE (LE).

LANDELLE (DE LA), s^r dudit lieu, par. de Guer, — de la Gras, par. de Peillac, — de la Villeslouet, — de Roscanvec, par. de Saint-Nolf, — de Couësnongles, par. de Saint-Jacut, — des Maretz, — de la Tertrée, par. de la Nouée, — de Lohan, par. de Plaudren, — de la Villecolué, — du Pin, de la Roberdière et du Temple, par. de Saint-Mesme.

Anc. ext. chev., réf. 1669, onze gén.; réf. et montres de 1426 à 1536, par. de Guer, év. de Saint-Malo, Peillac et Plaudren, év. de Vannes.

D'argent à trois merlettes de sable.

Guillaume, chevalier de Saint-Jean de Jérusalem, fait un accord avec les moines de Saint-Aubin-des-Bois en 1187; Robert, croisé en 1248, épouse Perrine Havart, dont : Guillaume, marié à Margot de Porcaro, père et mère de Jean, marié en 1398 à Marie de Chateaudérech. De ce mariage : 1° Jean, secrétaire du duc et premier huissier de sa chambre en 1432, qui a continué la filiation; 2° Martin, chevalier du Porc-Épic; 3° Vincent, écuyer du duc, capitaine de Sussinio; 4° Guillaume, auditeur des comptes et abbé de Prières en 1439.

Deux filles admises à Saint-Cyr et deux dames de Saint-Cyr de 1737 à 1787; un page du Roi en 1778; un sous-lieutenant au régiment d'Anjou, qui fit ses preuves pour les honneurs de la cour en 1789; un officier supérieur prisonnier à Quibéron en 1795, fusillé sur la garenne de Vannes en même temps que Sombreuil et l'évêque de Dol.

LANDEMONT (DE), *voyez* PANTIN.

LANDERNEAU, ville capitale de la principauté de Léon, assiégée en 1374 et prise en 1592.

Écartelé de Léon et de Rohan (G. le B.); *aliàs* : d'azur au vaisseau équipé d'or, portant à ses trois mâts un pavillon aux armes de Rohan à sénestre, de Bretagne au grand mât et de Léon à dextre (arm. 1696).

LANDES (DES) (orig. de Blois), s^r de la Thébaudière.

D'argent à la croix alésée de sable. (G. le B.) Devise : *Dei gratia, sum id quod sum.*

Noël, prédicateur du Roi et évêque de Tréguier en 1635, † 1647.

LANDES (DES), s^r du Pradigou, par. de Chatelaudren, év. de Tréguier.

Déb., réf. 1671, ress. de Saint-Brieuc.

D'argent au chef denché de gueules, chargé d'un croissant d'or.

André, syndic et miseur de Tréguier en 1660.

LANDES (DES) (orig. d'Anjou), s^r des Roches.

Maint. par arrêts du parl. de 1757 et 1774, et admis aux États de 1768.

D'azur à trois chevrons d'or.

Maurille, conseiller au parlement en 1618, † 1648, épouse : 1° Marie du Plessis de Grenédan, 2° Marie Le Lou de Beaulieu.

LANDES (DES), d'azur à trois croissants d'or (arm. de l'Ars.)

LANDIFFERN (DE), s^r dudit lieu, par. de Ploudaniel, év. de Léon.

D'azur à trois gerbes d'or (G. le B.), *comme Marrecanbleiz.*

Moderne : Penmarc'h.

LANDIVY (DE) (orig. du Maine), s^r dudit lieu, par. de ce nom, près Louvigné-du-Désert.

Fascé d'or et de gueules de huit pièces (sceau 1380).

Philippe, témoin dans une donation de Raoul de Fougères à l'abbaye de Savigné en 1157, au nombre des défenseurs de Dol, assiégé par le roi d'Angleterre en 1173; trois chevaliers croisés en 1158; Guillaume, chevalier dans une montre de 1351; Jean, accompagna du Guesclin dans son expédition en Normandie en 1378.

Fondu dans Estouteville, puis Scépeaux.

LANDOUËR, s^r de Goazven, par. de Plouégat-Guérand.

Montre de 1481, dite par., év. de Tréguier.

LANEZART, s^r de la Fontenelle, par. de Trégueux.

Déb., réf. 1671, ress. de Saint-Brieuc.

De sable au croissant d'or, surmonté d'une molette de même.

Un alloué de Penthièvre en 1668.

LANDRY, s^r de la Bélaudière, ress. de Fougères.

D'argent à un fouteau ou hêtre arraché de sinople (arm. 1696).

Landujan (de), sr dudit lieu, par. de ce nom, — de Saint-Jouan, par. de ce nom, — de la Boëssière, par. de Quédillac.

Réf. et montres de 1427 à 1513, par. de Saint-Jouan de l'Isle et Quédillac, év. de Saint-Malo.

D'azur à quatre fusées d'argent.

La seigneurie de Landujan appartenait dès le xiiie siècle à la maison de Vitré, qui la transmit à la maison de Montfort.

La seigneurie de Saint-Jouan a passé successivement par alliance aux la Vallée, aux Rosmadec, en 1629, aux Le Ny et par acquêt aux Sioc'han.

Langalla (de), sr dudit lieu, par. de Plouarzel.

Réf. et montres de 1426 à 1534, dite par., év. de Léon.

Losangé d'argent et de sable, à la bande d'argent chargée de quatre merlettes de sable.

Fondu en 1596 dans Kerlec'h.

Langan (de), sr dudit lieu et de Saubois, par. de Langan, — des Portes, — baron puis marquis du Boisfévrier en 1674, et sr de Montbrault, par. de Fleurigné, — sr de Tréauden et de la Rivière, par. de Combourg, — de la Voue, de la Poissonnais et de Launay-Guéreau, au Maine, — d'Aulnay, — de l'Estang, — de Bougettin, — de Quinformel, par. de Romillé, — des Mottes, — de la Villernoul, — de Beauvais, — de la Trumière, — du Breil, — de la Chaussée, — de Bressain, — du Bois-du-Loup, — de Couëbicor.

Anc. ext. chev., réf. 1669, huit gén.; réf. et montres de 1428 à 1513, par. de Combourg, év. de Saint-Malo, et Fleurigné, év. de Rennes.

De sable au léopard d'argent, armé, lampassé et couronné de gueules.

Guillaume, époux de Tiphaine Boutier, confirme en 1066 un don de Thomas Boutier, père de sa femme, à l'église de Combourg; Simon, épouse en 1431 Isabeau Février, dame du Boisfévrier, dont Étienne, ambassadeur de Louis XI vers le duc François II, marié en 1475 à Julienne du Boschet.

Cette famille a encore produit : Tristan, panetier de la Reine Catherine de Médicis et lieutenant pour le Roi en Vendomois en 1566; Claude, frère du précédent, aussi panetier de la Reine et lieutenant-général pour le Roi en Angoumois en 1558; René, chambellan du duc d'Anjou en 1571; Pierre, gentilhomme de la chambre, chevalier de l'ordre du Roi et capitaine de cinquante hommes d'armes d'ordonnances en 1600; un conseiller au parlement en 1660; deux pages du Roi en 1687 et 1728, et un abbé de Lesperan au diocèse du Mans, vicaire-général de Quimper et aumônier de Madame en 1783.

La branche aînée a transmis dès le xve siècle la seigneurie de Langan aux Saint-Gilles, d'où elle est passée aux Boisbaudry, en faveur desquels elle a été érigée en chatellenie en 1674; elle a appartenu ensuite aux l'Escu de Beauvais.

Les Tréton de Vaujuas, au Maine, dont un lieutenant de vaisseau en 1786, mort dans l'expédition de la Pérouse, ont été autorisés par ordonnance de 1843 à joindre à leur nom celui de leur mère, dernière héritière du nom de Langan et sœur du marquis du Boisfévrier, tué à Quibéron en 1795.

Ils portent: d'or à la rose de gueules, cantonnée de quatre étoiles d'azur, écartelé *de Langan*.

Langeac (de) (orig. d'Auvergne), baron dudit lieu, — sr de Bonnebaut, — comte de Dalet, — marquis de Coligny.

D'or à trois pals de vair.

Jean, chanoine, comte de Brioude et de Lyon, aumônier du Roi, abbé de Saint-Gildas-des-Bois, évêque d'Avranches, puis de Limoges, † 1541.

LANGELIER (orig. de Paris).

Porte un enfant Jésus, tenant deux anges liés; *aliàs* : un chevron accomp. de trois coquilles (sceau 1579).

Nicolas, évêque de Saint-Brieuc en 1564, député aux États de Blois en 1588, † 1595.

LANGEVINAYE (DE).

Semé de billettes sans nombre et un franc canton (sceau 1381).

Robert ratifie le traité de Guérande en 1381.

LANGEVINIÈRE (DE), sr dudit lieu, par. de Saints, év. de Dol.

D'azur à trois mains dextres d'argent (sceau 1320).

Perrot ratifie le traité de Guérande en 1381.

LANGLAIS, LANGLOIS ou ANGLOIS (L'), sr du Prémorvan, par. de Saint-Potan, — du Pont-Brûlé, — du Plessis-Meen, — de la Galiotais, — des Tourelles.

Anc. ext., réf. 1668, six gén.; réf. et montres de 1423 à 1569, par. de Matignon, Pléhérel et Saint-Potan, év. de Saint-Brieuc.

D'argent à trois roses de gueules, *voyez* LANGLOIS.

Olivier, vivant en 1513, épouse Jeanne Guériff; François, abbé de Beaulieu en 1625, † à la Bastille en 1628; un volontaire au combat de Saint-Cast en 1758; une fille à Saint-Cyr en 1787.

LANGLE (DE), sr dudit lieu, par. du Moustoir-Radénac, — de Kerlévénez, par. de Lominé, — de Kermorvan, par. de Baud, — de Kerjosse, par. de Plumelin, — de la Boullais, — de Beaumanoir, par. d'Évran, — de Poulfanc, par. de Moustoir-Remungol, — de Coëtuhan, par. de Noyal-Pontivy, — du Plessis, par. de la Couyère, — de la Ville-Hellouin et de la Gesmeraye, par. de Médréac, — marquis de Brie, par. de ce nom.

Anc. ext. chev., réf. 1668, sept gén.; réf. et montres de 1427 à 1536, par. de Moustoir-Radénac, Lominé et Plumelin, év. de Vannes.

D'azur au sautoir d'or, accomp. de quatre billettes de même (sceau 1402).

Raoul se croisa en 1190; Olivier de la paroisse de Buléon, nommé dans un contrat d'échange entre Olivier de Rohan et Éon Bomorin en 1324; Jean, écuyer du duc en 1399 et capitaine de Pirmil en 1404; Louis, épouse : 1º vers 1500 Marie Lorveloux, 2º Louise Le Godec; deux conseillers et trois présidents à mortier de 1642 à 1740; trois pages du Roi de 1691 à 1769; une abbesse de la Joie en 1731; un abbé de Blanche-Couronne en 1729, évêque de Saint-Papoul en 1739, † 1774.

Un membre de cette famille a été créé marquis, avec érection en majorat de la terre du Plessis, par lettres de 1827.

LANGLE (DE), sr dudit lieu et de la Biliais, par. de Saint-Etienne-de-Montluc, — de Liburen, par. de Missillac, — de la Trionnais, — de la Beslaie, — de Venais, par. de Cordemais, — de Teillé, par. de Saint-Herblain, — de la Varenne, par. de Guémené-Penfao.

Anc. ext. chev., réf. 1669, sept gén.; réf. 1428, par. de Missillac, év. de Nantes.

D'argent à l'aigle de sable, membrée et becquée d'or, accomp. de trois tourteaux de sable, chargés chacun d'une molette d'or.

<small>L'hébergement de Liburen à la deguerpie Jean de Langle en 1428, père d'autre Jean, vivant en 1470, marié à Marie de Saint-Jean, de la paroisse de Cordemais, dont Jean, époux en 1510 de Françoise des Bouschaux, dame de la Biliais. Trois conseillers au parlement depuis 1555.</small>

Suivant quelques auteurs, cette famille portait anciennement le nom de Babouin, *voyez* BABOUIN.

LANGLE (DE), *voyez* FLEURIOT.

LANGLOIS, s^r du Breil-Aigu et de la Beurrière, par. de Saint-Pierre de Bouguenais, — des Ousches, par. de Saint-Sébastien, — de la Verrerie, — des Borderies, par. de Haute-Goulaine, — de la Gosnière, — de la Roussière, — de la Barre-Sauvage, par. de Château-Thébault, — de la Pervenchère, par. de Casson, — des Renardières.

Maint. réf. 1669, 0 gén., par les priviléges de la mairie, et maint. au conseil en 1672 et 1698.

D'argent à trois roses de gueules, bordées de sable et pointées de sinople, *voyez* LANGLAIS.

<small>Pierre, échevin de Nantes en 1596, père de Jacques, syndic de la ville de Nantes en 1666 ; deux maîtres des comptes depuis 1676 ; un président aux comptes en 1741 ; un volontaire pontifical en 1860.</small>

LANGOUËZNOU (DE), *voyez* SAINT-GOUËZNOU (DE).

LANGOURLA (DE) (ramage de Porhoët), châtelain dudit lieu et s^r de la Vigne, de la Villegilles, du Haubourg et de la Maisonblanche, par. de Langourla, — de la Houlière et du Bodeuc, par. de Saint-Brandan, — de la Houssaye, — du Petit-Bois, — de la Crosle, — de Coësplan, — de Kerménec, — de la Boixière, — de Lanouarn, — de Belorient, — de Maugrénieux, — de la Chesnelays.

Anc. ext. chev., réf. 1669, dix gén. ; réf. et montres de 1427 à 1535, par. de Langourla et Saint-Brandan, év. de Saint-Brieuc.

D'azur à trois bandes d'or, *comme Huldrière et Néret.*

<small>Baudrimon, priseur noble dans un échange de biens entre Alain, vicomte de Rohan, et Olivier de Rohan en 1346, épouse une fille de la maison du Chastelier de Branxien ; Tanguy, homme d'armes dans une montre de 1420 ; Jean, marié à Aliette de Saint-Nouan, veuve en 1432 ; François, homme d'armes de la garde de la Reine en 1498 ; un volontaire au combat de Saint-Cast en 1758.
La branche aînée fondue en 1602 dans l'Evesque. (Famille éteinte.)</small>

LANGUEMUR, s^r de la Costelays, par. de Saint-Ouen de la Rouërie.

Déb. réf. 1669, ress. de Rennes.

LANGUÉOUËZ (DE), s^r dudit lieu, par. de Tréouergat, — de Kerbiriou, par. de Crozon, — de Pratanroz, par. de Penharz, — de Lescoulouarn, par. de Plonéour, — de Kergaradec, par. de Fouëznant, — de Quinipily, par. de Baud, — de Lezarscoët, par. de Plounévez-Porzay, — de la Forest, par. de Plomodiern.

Réf. et montres de 1426 à 1536, par. de Plouguin, év. de Léon, Plonéour et Plomodiern, év. de Cornouailles et Baud, év. de Vannes.

Fascé ondé d'or et d'azur, au chef de gueules. Devise : *Vim patitur qui vincere discit.*

Hamon, de la paroisse de Tréouergat, entendu dans l'enquête pour la canonisation de Charles de Blois en 1371; Tristan, chevalier de Rhodes, commandeur du Saint-Esprit-d'Auray en 1510.

La branche de Quinipily fondue au xve siècle dans Lannion; une autre branche fondue au xvie siècle dans Malestroit puis Aradon.

LANGUET (orig. de Bourgogne), s^r de Gergy.

D'azur au triangle cléché et renversé d'or, chargé sur les angles de trois molettes de gueules. (La Ch. des B.)

Un abbé de Coëtmalouën en 1709, évêque de Soissons en 1715, archevêque de Sens en 1731, membre de l'Académie Française, † 1754.

LANIDY (DE), *voyez* CALLOËT.

LANIGOU (DE), *voyez* DRILLET.

LANNILIS (DE), s^r dudit lieu, par. de ce nom.

Réf. et montres de 1426 à 1503, dite par., év. de Léon.

D'azur à trois macles d'or.

LANJAMET (DE), s^r dudit lieu, par. de Saint-Melaine de Lamballe, — de la Fontaine-Méné, — de Miniac, par. de Miniac-sous-Bécherel, — de Tourdelin, — des Champs-Gérault, par. d'Evran.

Ext. réf. 1668, quatre gén.; réf. de 1535, par. de Saint-Melaine de Lamballe, év. de Saint-Brieuc.

D'argent à l'aigle impériale de sable; *alias* : chargée en cœur d'un écusson d'azur à une croix d'argent, *qui est Vaucouleurs.*

Robert, épouse en 1536 Gillette Langlois; plusieurs conseillers au parlement depuis 1641.

Cette famille prit lettres de noblesse en 1577 et fut ensuite reconnue noble d'ancienne extraction par arrêt du conseil de 1679, comme issue d'un cadet de la maison de Vaucouleurs. *Voyez* VAUCOULEURS.

LANJÉGU (DE), *voyez* LAMOUR.

LANJUINAIS, s^r des Planches, év. de Rennes.

Écartelé aux 1 et 4 : d'azur au lion d'or, tenant de sa patte dextre un frein d'argent, et de la sénestre une balance de même; au 2 : d'argent à la croix potencée de sinople; au 3 : d'argent à trois mains de carnation posées 2. 1. Devise : *Dieu et ses lois.*

Un avocat au parlement en 1742, père d'un député de la sénéchaussée de Rennes à l'assemblée nationale en 1790, comte de l'Empire et pair de France en 1814.

LANLAY (DE), *voyez* BAHEZRE (LE).

LANLOUËT (DE), s^r dudit lieu, par. de Pleyben, — de Trévarez, par. de Laz, — de Kerbournet.

Déb. à l'intend. en 1699; réf. et montres de 1536 à 1562, par. de Pleyben et Laz, év. de Cornouailles.

Un prêtre de cette famille, à la tête des paroisses des environs de Carhaix, attaqua les royaux qui s'étaient emparés de cette ville en 1590, abattit d'un coup de hache la main droite au capitaine du Liscoët, et fut tué dans cette rencontre.

LANLOUP (DE) (ramage de Coëtmen), s^r dudit lieu, par. de ce nom, — vicomte de Pléhédel, — s^r de Lanleff, par. de ce nom, — de Kercabin, par. de Plouëc, — des

Landes, — du Porzou, par. de Langoat, — de la Demiville, par. de Plélo, — de Kericuff, par. de Plougaznou, — de la Boëssière.

Anc. ext. chev., réf. 1670, douze gén.; réf. et montres de 1423 à 1535, par. de Lanloup, év. de Dol, et Plélo, év. de Saint-Brieuc.

D'azur à six annelets d'argent, 3. 2. 1.

Rolland et Guillaume son fils, font un accord avec les religieux de Beauport en 1266; Geslin, l'un des écuyers du combat des Trente en 1350; Rolland, et Mahaut de Botherel, sa compagne, morts avant 1423.

La dernière héritière de Lanloup épousa vers 1500, Geoffroy; le Picart, sr de la Demiville et leurs descendants ont pris les nom et armes de Lanloup et se sont fondus de nos jours dans Bellingant.

LANMEUR olim KERFEUNTEUN, barre royale, év. de Dol, enclaves de Tréguier.

D'argent à la fasce de gueules, accomp. de trois hermines de sable. (G. le B.)

Cette paroisse a donné son nom à une ancienne famille à laquelle appartenait Pierre, sr de la Boëssière, paroisse de Lanmeur, marié en 1280, à Renée, dame de Boiséon qui prit pour lui et ses descendants les nom et armes de Boiséon; on trouve encore Rolland de Lanmeur, écuyer, dans une montre de 1351.

LANNION, ville maritime avec titre de comté, siége ordinaire des juges royaux de Tréguier, et château assiégé par les Anglais en 1346.

D'azur à l'agneau couché d'argent, tenant de l'un de ses pieds de devant une croix de triomphe d'or, sur la croisée de laquelle il y a un guidon de gueules. Devise : *Laus Deo*.

LANNION (DE), sr de Portzglas, par. de Buhulien, — de Cruguil, par. de Brélévénez, — de Kerhamon, par. de Servel, — de Kerouc'hant, par. de Trégastel, — de Kercabin, par. de Plouëc, — de Quinipily, par. de Baud, — des Aubrays, par. de Sainte-Croix de Machecoul, — de Puypain, par. de Saint-Philbert, — de la Noëverte, par. de Lanloup, — de Lizandré, par. de Plouha, — de Quélen, par. de Duault, — baron du Vieux-Châtel, par. de Plounévez-Porzay, — sr d'Aradon, par. de ce nom, — de Camors, par. de ce nom, — du Bois-Geffroy, — de Montbarot et de la Martinière, par. de Saint-Aubin de Rennes, — baron de Malestroit, par. de ce nom.

Anc. ext. chev., réf. 1668, onze gén.; réf. et montres de 1427 à 1543, par. de Buhulien, Brélévénez, Servel et Trégastel, év. de Tréguier, Machecoul, év. de Nantes et Baud, év. de Vannes.

D'argent à trois merlettes de sable, au chef de gueules, chargé de trois quintefeuilles d'argent (sceau 1369). Devise : *Prementem pungo*.

Briant, vivant en 1352, épouse Adeline de Kergorlay, dont issut : Briant, gouverneur de Montfort-l'Amaury, qui suivit le parti de Jean de Montfort contre Charles de Blois, se distingua à la prise de Nantes et à la bataille d'Auray en 1364 et épousa Marguerite, dame de Cruguil, dont Jean, chambellan du duc, capitaine du Croisic et de Guérande, vivant en 1420, marié à Anne de Languéouëz, dame de Quinipily. De ce mariage issut : Rolland, vivant en 1455, marié à Guyone de Grézy, dame des Aubrays, père et mère 1º de Jean qui a continué la filiation, 2º et 3º d'Olivier et d'Yves, chevaliers du Porc-Épic et du Camail en 1480; deux gouverneurs de Vannes et Auray de 1624 à 1696; deux chevaliers de Malte de 1690 à 1702; trois lieutenants généraux des armées du Roi depuis 1702, dont le dernier, gouverneur de Minorque et du Port-Mahon, élu président de la noblesse aux États de 1772, ne laissa que deux filles mariées l'une au duc de la Rochefoucault-Liancourt, l'autre au vicomte de Pons.

Cette maison se disait issue en ramage de Juhaël d'Avaugour, puîné des comtes de Lannion en 1282, et avait pris le nom de cette ville.

LANNORGANT (DE), sr dudit lieu, par. de Plouvorn.

Réf. 1426, dite par., év. de Léon.

D'azur au lévrier rampant d'argent, colleté de gueules, *comme Thorel*.

Moderne : Barbier.

LANNOSNOU (DE), sr de Coëtivélec, par. de Plougourvest, év. de Léon.

Échiqueté d'or et de gueules, brisé d'une fasce en divise d'azur, chargée d'une étoile d'argent (G. le B.), *voyez* KERYVON.

LANNOSTER (DE), sr dudit lieu, par. de Plabennec, év. de Léon.

De gueules à deux haches d'armes adossées d'argent, au chef d'or. (G. le B.)

Fondu dans le Jar puis Gourio.

LANNUX, sr de Kermabon, — de la Chaume, — du Rascoët, év. de Tréguier.

Trois maires de Morlaix de 1753 à 1776.

LANNUZEL (DE), sr de Keryven, par. de Plougouvelin, — de Kernizien, ress. de Brest.

D'argent à la fasce de gueules, accomp. de trois fleurs de pensée au naturel (arm. 1696).

LANRIVINEN (DE), sr dudit lieu, — du Bois-Riou, par. de Saint-Vougay, — de Brigné, par. du Minihy de Léon, — de Kerizit et de Coëtevez, par. de Daoulas, — du Froutguen, par. de Plougourvest, — de la Palue, — de Kervégant.

Anc. ext., réf. 1669, six gén.; réf. et montres de 1444 à 1503, par. de Saint-Vougay, Plougourvest et Plougar, év. de Léon.

D'or au pin arraché de sinople, accomp. en pointe d'une abeille de gueules; écartelé de *Saint-Denis*. Devise : *Espoir me conforte*.

René, vivant en 1503, épouse Jeanne du Parc; Jean, tué à la bataille de Jarnac en 1569, épouse Jeanne de Kergoët, dame de Brigné; Pierre, gouverneur de Saint-Pol, † 1595, marié à Guillemette de Kergoët, avait combattu aux batailles d'Arques et d'Ivry et aux siéges de Paris et de Rouen de 1589 à 1591.

La branche de Brigné fondue dans la Sauldraye, puis Huon de Kermadec.

Le sr du Carpont, débouté à l'intendance en 1699.

LANROS (DE), sr dudit lieu, par. d'Ergué-Armel, — de Kergoat, par. de Clohars, — de Mineven, par. de Tréogat.

Réf. et montres de 1426 à 1562, par. d'Ergué et Clohars-Foueznant, év. de Cornouailles.

D'or à une molette de gueules.

Un seigneur de ce nom, tué à Saint-James de Beuvron en 1426. La branche aînée fondue dans Cornouailles; la branche de Mineven fondue dans Boisguéhenneuc.

Lansalut (de), *voyez* Gac (le).

Lansaniel (de).

D'or à l'émanche de trois pièces de gueules, cantonnée à dextre d'un croissant de même (sceau 1276), *voyez* Cleuz et Harsculphe.

Jean, scelle les lettres du duc portant changement de bail en rachat en 1276.

Lansullien (de), s^r dudit lieu, — des Salles, par. de Rosnoën, — de Kerenroc'h et de Penanrun, par. de Quimerc'h, — de Kerosven, par. de Lannilis.

Anc. ext., réf. 1670, six gén.; réf. et montres de 1426 à 1562, par. de Quimerc'h, év. de Cornouailles.

D'argent à trois fusées rangées et accolées de sable.

Olivier, vivant en 1500, épouse Jeanne Le Barbu.

Lantillac (de), s^r de Carcaradec, par. de Ploulec'h, év. de Tréguier.

D'argent à une fasce de sable frettée d'or, accomp. de trois roses de gueules. (G. le B.)

Jean, archidiacre de Plougastel et chanoine de Tréguier en 1461; la branche de Carcaradec fondue en 1443 dans Gualès puis Rogon.

Lantivy (de) (orig. d'Angleterre), s^r de Kernuzel, par. de Radénac, — de Saint-Urien, par. de Noyal-Pontivy, — de Crosco, par. de Lignol, — de Talhouët, par. de Stival, — de Kervéno, par. de Languidic, — de Keraudrenou, par. de Baud, — de la Haye, — de Kergo, — de Keradreuz, — de Ruillac, par. de Sainte-Avé, — de Pennanec'h, — de Limur, — de Kerlogoden, — de Kerlan, — de Kermainguy, — de la Guittonnière, — de Pergamon, — de Kerascouët, — des Aulnays, — de la Ferrière, par. de Buléon, — du Rest, par. de Noyal, — de Larouet, — de Randrécar, par. de Treffléan, — de Kermeur, — de Bernac, par. de Saint-Allouestre, — de la Villeneuve, — de Kerhervé, — du Ster, — vicomte de Trédion, par. d'Elven, — s^r du Breil, — de Kerven, — de Kerdoret, par. de Locohal-Auray, — de l'Isle-Tizon, — de la Lande, — de Champiré, de la Vieuville et de Bouchau, en Anjou.

Anc. ext. chev., réf. 1668, douze gén.; réf. et montres de 1448 à 1536, par. de Radénac, Noyal-Pontivy, Lignol, Stival, Languidic et Baud, év. de Vannes.

De gueules à l'épée d'argent en pal, la pointe en bas; *aliàs* : d'azur à huit billettes d'or, 3. 2. 2 et 1, au franc canton de gueules chargé d'une épée d'argent (G. le B.) Devise : *Qui désire n'a repos.*

Pierre, marié vers 1350 à Aliénor de Lanvaux, père de Raoul, qui fit hommage au vicomte de Rohan en 1396 et épousa 1° Alliette de Lannouan; 2° Aliénor de Kerfau; 3° Alix de Baud. Du premier lit, issurent : 1° Jean, auteur des s^{rs} de Talhouët et du Rest; 2° Olivier, qui ratifia le traité de Guérande en 1381. Du troisième lit issut : Yvon, auteur de la branche de Crosco. Un gouverneur de Pontivy en 1565; plusieurs conseillers au parlement depuis 1625; un page du Roi en 1738 et trois chevaliers de Malte depuis 1763. Un membre a fait ses preuves pour les honneurs de la cour en 1789.

La branche de Crosco fondue dans Rougé puis Lorraine-Elbœuf.

La branche de Talhouët fondue dans de Gras.

Lantréguier, *voyez* Tréguier.

Lanuzouarn (de), sr dudit lieu, de Pennanec'h et de Pontéon, par. de Plouénan.
  Réf. et montres de 1427 à 1534, dite par., év. de Léon.
  D'argent à l'écu en abyme d'azur, accomp. de six annelets de gueules en orle, *comme Jacobin et le Ny.* Devise : *Endurer pour durer.*
    Hervé, conseiller au parlement en 1555.
    La branche aînée fondue dans Rivoalen puis Penmarc'h; la branche de Pennanec'h fondue en 1419 dans Kermavan.

Lanvallay (de) (ramage de Dinan), sr dudit lieu, par. de ce nom, — de Tressaint, par. de ce nom, — de Clairefontaine, par. de Tréfumel, — de la Barbottaye, par. de Bonnemain.
  Réf. 1513, par. de Bonnemain, év. de Dol.
  D'azur à sept losanges d'argent (sceau 1370).
    Alain, se croisa en 1210 contre les Albigeois, en 1224 contre les Infidèles et fonda la même année les Dominicains de Dinan, dont il prit l'habit; Guillaume, se croisa en 1248. Un capitaine des châteaux de Dinan et de Landal, † 1474.
    La branche aînée fondue dans Coëtquen; la branche de Tressaint fondue dans Lorgeril puis Rohan.

Lanvaon (de), fascé d'argent et d'azur de six pièces (G. le B.), *comme Locrenan.*

Lanvaux (de) (ramage des comtes de Vannes), baron dudit lieu, par. de Grandchamp, — sr d'Hennebont, — de Beaulieu, par. de Bignan.
  Réf. et montres de 1427 à 1536, par. de Bignan et Languidic, év. de Vannes.
  D'argent à trois fasces de gueules.
    Alain, fondateur en 1138 de l'abbaye de Lanvaux; Olivier fit la guerre au duc Jean le Roux qui confisqua sa terre en 1238. Elle fut donnée viagèrement par le duc François II, à André de Laval, sr de Lohéac, maréchal de France, puis à Louis de Rohan-Guémené, en faveur duquel elle fut érigée de nouveau en baronnie l'an 1485.
    La branche de Beaulieu a produit Olivier, secrétaire de la Reine en 1502, maître des comptes en 1509.
    Une autre branche a pris en 1294 le nom de Trogoff; *voyez* Trogoff.

Lanvilliau (de), sr dudit lieu, par. de Plomodiern, — de Kervern, par. de Dirinon.
  Réf. et montres de 1426 à 1481, par. de Plomodiern, év. de Cornouailles.
  De sable au sautoir d'argent, accomp. de quatre fleurs de lys de même.
    Fondu en 1502 dans Tréanna.

Larchantel (de), *voyez* Gilart.

Larcher ou Archer (l'), sr de la Touche-Bourdin et de l'Abbaye, par. de Campénéac, — du Quilly et de la Vieilleville, par. de Loyat, — de Tréjogat, — du Bois-du-Loup, de la Touraille et de Lescoublière, par. d'Augan, — de Croisil, — de la Vallée.
  Anc. ext., réf. 1669, neuf gén.; réf. et montres de 1426 à 1513, par. de Campénéac et Loyat, év. de Saint-Malo.
  De gueules à trois flèches tombantes d'argent. Devise : *Le coup n'en faut.*
    Guillemot, archer dans une montre reçue à Melun en 1351; Jean et André, abbés de la Chaume, de 1391 à 1413; Pierre, fils Jean, marié à Perrine de Bellouan, † avant 1473.

LARCHIVER, sr de Kerhamon, par. de Trégonneau, — de Kerstang, par. de Goménec'h.

Ext., réf. 1669, six gén.; montres de 1481 à 1503, par. de Quimper-Guézennec, év. de Tréguier.

Losangé d'argent et de sable, une coupe couverte d'or en abyme, *comme Boutouiller et Omnès.*

Olivier, prête serment au duc entre les nobles de Tréguier en 1437 et épouse Amice de Kergoff dont : Olivier, marié à Marie Henry, † avant 1481, père et mère 1° d'Yves, auteur des srs de Kerhamon qui précèdent; 2° d'Alain, auteur des srs du Runou qui suivent, représentés à la montre générale de 1481 par Mérien Larchiver leur oncle.

LARCHIVER, sr du Runou, — de Kergoz, par. de Trégonneau, — de Kerbalanec, par. de Goménec'h.

Ext., réf. 1670, six gén.; montre de 1503, par. de Trégonneau, év. de Tréguier.

De gueules à la croix pleine d'argent, cantonnée de quatre molettes de même, *comme Kerfraval.*

Quoique de différentes armes, ces deux familles ont la même origine et celle-ci a pour auteur Alain, vivant en 1503, fils puîné d'Olivier et de Marie Henri.

LARCHIVER, par. de Plouézoc'h, év. de Tréguier.

D'argent à l'ancre de sable, au chef d'azur chargé d'un croissant d'or (G. le B.); *aliàs* : coupé d'or à deux fasces de gueules.

François, natif de Plouézoc'h, grand pénitencier des Bretons à Rome, puis évêque de Rennes en 1602, député aux États-généraux de 1614, † 1619.

LARD (LE), sr du Roz, par. de Merléac, — de Kerbardoul, par. de Saint-Caradec, — de Saint-Honoré, — de Kervézor.

Anc. ext. chev., réf. 1669, neuf gén.; réf. et montres de 1444 à 1562, par. de Merléac et le Quillio, év. de Cornouailles.

De gueules, semé de billettes d'argent sans nombre.

Perrot, fait hommage au vicomte de Rohan en 1396; Guillaume, vivant en 1444, épouse Olive Dolo, dame du Roz.

La branche du Roz fondue en 1678 dans Saisy.

LARDEUX (LE), sr du Breil, — des Perrelles, par. de Trébœuf, — de la Gastière, par. d'Ercé en Lamée, — de la Nourière, par. de la Couyère.

Maint. au conseil en 1672 et à l'intend. en 1702, ress. de Rennes.

De sinople au poignard d'argent en bande, accomp. de trois trèfles de même.

Jean, sr de la Touche, réformation de 1427, paroisse de la Mézière, dit avoir lettres d'exemption du duc et se sauver, pour ce qu'il s'est armé en affaires du duc, dempuis sa prinse en 1420; Mahé et Guillemette du Pont, sa femme, exempts de fouages, réformation de 1513, paroisse de Guipel, pour ce qu'à Pasques, les prédécesseurs de ladite du Pont donnaient le vin pour communier les paroissiens.

LARDIC (LE), sr de la Ganry, par. de la Chapelle-sur-Erdre, — de la Chaterie, par. de Vertou, év. de Nantes.

D'azur à deux fasces d'or, accomp. de six annelets de même, 3. 2 et 1.

Deux auditeurs des comptes depuis 1735.

LARGE (LE), év. de Rennes.

Bardoul fils Juhaël, croisé en 1149, fait une fondation à Saint-Sulpice de Rennes, en partant pour la Terre-Sainte.

LARGÈRE (DE LA), *voyez* HARDY.

LARGEZ (DU) (ramage de Gaël), s^r dudit lieu, de Guermorvan et de Guerdénolé, par. de Louargat, — du Parcoz, — de Portzancoz, — de Coëtbihan, — de Kerbalanec, — de Kermathéman, par. de Pédernec, — de Kerlan, — de l'Isle, — de Kerivot.

Anc. ext., réf. 1670, huit gén.; réf. et montres de 1427 à 1543, par. de Louargat, év. de Tréguier.

D'argent au lion de sinople armé de gueules, *comme Duault, Coëtinizan et Guynan;* aliàs : brisé d'un chef de gueules.

Philippe, vivant en 1427, épouse : 1º Plézou de Keranrais, 2º Anne de Coëtvoult; Jean, abbé de Daoulas, † 1533.

Cette famille se rattachait, par ses traditions, à Juhaël, vivant en 1210, fils de Raoul, sire de Montfort et de Gaël, et de Domette de Sillé.

LARGOUËT (DE), s^r dudit lieu.

D'or à deux fasces de gueules (G. le B.), *comme Carné, Forges, Mauvoisin et la Pierre.*

LARGOUËT, par. d'Elven, év. de Vannes, comté successivement possédé par les maisons de Malestroit, Rieux, Lorraine, — Elbœuf, Fouquet, Trémerreuc et Cornulier.

LARION (orig. de Touraine), s^r de la Roullerie.

Maint. à l'intend. en 1699.

LARLAN (DE), s^r dudit lieu, — de Kerbourc'his, par. de Noyal-Pontivy, — de Kercadio, — de la Nitré, — de Penhair, — du Cosquer, — de Mauguério, — de Rochefort, — de Languern.

Anc. ext. chev., réf. 1668, huit gén.; réf. et montres de 1427 à 1536, par. de Noyal-Pontivy, év. de Vannes.

D'argent à la croix de sable, chargée de neuf macles d'argent; alièas : d'argent à neuf macles de sable posées en croix.

Eonet rend hommage au vicomte de Rohan en 1396; Jean, vivant en 1427, épouse Jeanne de Kercadio; plusieurs conseillers au parlement depuis 1617, dont l'un des commissaires de la réformation de 1668; un président aux enquêtes en 1655; trois présidents à mortier depuis 1687.

LARLO (DE), s^r dudit lieu, par. de Saint-André-des-Eaux.

Réf. 1454, dite par., év. de Nantes.

Moderne : Deno.

LARMOR (DE), s^r de Trévesnou, par. de Langoat, — de Kerivalan, par. de Servel, — Keralsy, par. de Ploubezre, — de Kermaës, — de Kerouspy, par. de Cavan, — de Coëtrannou.

Réf. et montres de 1427 à 1543, par. de Langoat, Servel et Ploubezre, év. de Tréguier.

D'hermines à la fasce de gueules, accomp. de six macles de même.

Lascazes (de) (orig. d'Espagne, maint. en Languedoc en 1668), s^r de Belvèse, — de la Caussade, — de Roquefort, — de Beauvoir.

D'or à la bande d'azur, à la bordure de gueules.

<small>Suivant la Ch. des B., cette famille serait fixée en France depuis Charles, l'un des seigneurs de la suite de Blanche de Castille, mariée en 1223 au roi Louis VIII. Elle s'est alliée en Bretagne aux Budes, Kergariou et Quélen.</small>

Lasne ou Asne (le), s^r de Lasnerie, par. de Saint-Ouen, — du Tronsay et de la Bastardière, par. de Bazouges, — de Bures, — de l'Efficerie, — de Bourgues.

Maint. au conseil en 1698; réf. 1513, par. de Bazouges-du-Désert, év. de Rennes.

D'azur à l'aigle éployée d'argent, soutenue de trois troncs d'arbre d'or. (G. G.)

<small>Jean, lieutenant de Fougères, imposé aux francs fiefs en 1537; Olivier, médecin à Vannes, anobli pour ses services et les services militaires de son fils, en 1653.</small>

Lasnier ou Asnier (le) (orig. d'Anjou), s^r de l'Effretière, — de Baubigné, — de Sainte-Gemme, — des Estres, — de la Guerche, par. de la Chevrollière, év. de Nantes.

D'azur au sautoir fuselé d'or, cantonné de quatre lasniers (oiseaux de proie) de même.

<small>Guy et François, maires d'Angers en 1560 et 1622; deux conseillers au parlement de Bretagne en 1587 et 1603.</small>

Lasseur (le) (orig. de Normandie), s^r de Ranzay, par. de Saint-Donatien, év. de Nantes.

De gueules au chevron d'argent, accomp. de trois coqs d'or, ceux du chef affrontés.

<small>Un avocat général aux comptes en 1784.</small>

Latreux, s^r de la Fleuriais, par. de Grandchamp.

Déb., réf. 1668, ress. de Nantes.

Lattay (le), par. de Guenroc, év. de Saint-Malo.

<small>Seigneurie successivement possédée par les du Chastel, Bernier et Saint-Pern, et érigée en châtellenie en faveur de ces derniers l'an 1647.</small>

Lattre (de), s^r de Hercelaines.

D'or à l'aigle d'azur becquée et membrée de gueules (arm. 1696).

Laubépin (de), voyez Lieurre (le).

Laubrière (de), voyez Briant.

Laubrière (de), voyez Febvre (le).

Laudin, s^r de Maubusson, — de la Massonnais.

Déb. réf. 1668, ress. de Rennes.

D'argent à une tour écartelée d'azur et de gueules (arm. 1696).

Launay (de) ou Aulnaye (de l') (orig. de Paris), s^r dudit lieu, — de Saint-Germain.

<small>Jacques, conseiller au parlement de Rennes en 1570, président à mortier en 1598, épouse Marie Cornulier.</small>

Launay (de), s^r dudit lieu et de la Hoderie, par. de Mécé, — du Domaine, par. de Liffré, — de la Mazure, par. de Pacé, — de la Bodinière.

Anc ext., réf. 1669, sept gén.; réf. de 1439 à 1513, par. de Mécé, év. de Rennes.
D'argent à un fouteau ou aulne de sinople, arraché d'or.
_{Pierre, vivant en 1478, épouse Colinette Dollier.}

LAUNAY (DE), en breton GUERN (LE), s^r dudit lieu, — de Pentreff, par. de Plabennec, — de Langolien.
Ext., réf. 1669, six gén.; montre de 1534, par. de Landouzan, év. de Léon.
D'azur à trois coquilles d'argent; *aliàs* : d'or à un arbre d'azur (G. le B.), *comme du Bois*.
_{Nicolas, vivant en 1534, épouse Françoise Rucat.}

LAUNAY (DE), s^r de Coëtmerret, par. de Lanhouarneau, — de Castellenec, par. de Taulé, — du Parcoz, par. de Plougourvest, — de l'Estang, par. de Plougar, — de Kersabiec, par. de Plounévez-Lochrist, — de Kerguiduff, par. de Plougoulm, — de Keralsy, par. de Lanmeur.
Anc. ext. chev., réf. 1670, huit gén.; réf. et montres de 1426 à 1534, par. de Lanhouarneau et Plouzévédé, év. de Léon.
D'argent au lion d'azur, armé et lampassé de gueules, couronné d'or (sceau 1371) *comme du Bois et Dourduff*. Devise : *Soit, soit*.
<sub>Guillaume, vivant en 1426, épouse Marguerite de Lesquélen; Guillaume, confesseur du duc de Mercœur et abbé de Saint-Maurice de Carnoët en 1593; un page de la Reine en 1748.
La terre de Coëtmerret a appartenu depuis le XVIe siècle aux Kersauzon, puis aux Montbourcher.</sub>

LAUNAY (DE), s^r du Cosquer, par. de Corlay, — du Plessix, — de Kerven, — de la Salle, par. de Moëlan, — de Largouët, — du Ménez, — de Kerscao.
Ext., réf. 1669, sept gén.; réf. 1536, par. de Corlay, év. de Cornouailles.
D'argent à l'aigle éployée d'azur, membrée et becquée de gueules.
_{Mahé, vivant en 1476, épouse Françoise Daën.}

LAUNAY (DE), s^r du Tertre, par. de Soulvache, — de la Mataudais, par. de Rougé, — de Launay-Romelin, par. de Pipriac, — châtelain des Cours en 1659 et s^r de la Rivière, par. de Tréboeuf.
Anc. ext., réf. 1671, trois gén.; réf. 1428, par. de Rougé et Soulvache, év. de Nantes.
D'argent à l'olivier de sinople, chargé de fruits d'or.
_{Étienne, conseiller au parlement en 1620, épouse Jacquette Couriolle, dame de Launay, dont Pierre, conseiller au parlement en 1640, marié à Jeanne de Trémaudan.}

LAUNAY (DE) ou GUERN (LE), s^r dudit lieu, de Kervran, de Pencrec'h, de Trévoëzel et de Kervélar, par. de Pleubihan, — de Toureault, — de Kerson, par. de Servel.
Ext. réf. 1668, sept gén.; réf. et montres de 1481 à 1535, par. de Pleubihan, év. de Tréguier.
De gueules à la croix d'argent, cantonnée de dix coquilles de même, posées 2 et 1 dans chaque quartier du chef et 2 aux quartiers de la pointe.
<sub>Yves, vivant en 1481, épouse Jeanne, dame de Kervran; une fille reçue à Saint-Cyr en 1702.
La branche de Kerson fondue dans Le Gualès.</sub>

Launay (de), sr dudit lieu, par. de Trélévern, — de Mezanégan.
 Réf. et montres de 1481 à 1543, par. de Trélévern, év. de Tréguier.
 De gueules à la croix d'or, au bâton d'argent brochant à dextre sur le tout, *comme Daniel*.
 Cette famille, dont le nom primitif est Daniel, s'est fondue dans Guennec, puis Pastour.

Launay (de) (ramage du Plessix-Balisson), sr dudit lieu, de Pontcornou et de Landorel, par. de Ploubalay, — de la Roblinais, par. de Bourseul, — de la Cour, — de la Ville-Thomas, — du Bois-ès-Lucas, — de la Garenne, — de Quefféron, par. de Maroué, — du Perron, — de Largué, — de Kertanguy, — de la Barbottaye, — du Tertre, — de Comatz, — de Pestivien.
 Anc. ext., réf. 1669, sept gén.; réf. et montres de 1448 à 1513, par. de Ploubalay et Bourseul, év. de Saint-Malo.
 De gueules à deux léopards d'or, une étoile de même au second canton.
 Guillaume, fils Olivier, vivant en 1448, épouse Bertranne de Téxue; un chevalier de l'ordre, lieutenant des villes et château de Saint-Malo en 1570.
 La branche aînée fondue au xvie siècle dans Gouéon; la branche de la Roblinais fondue en 1590 dans Guiton.

Launay (de), sr du Valay, par. du Bignon, év. de Nantes.
 De gueules à six champignons d'argent les pieds en bas (sceau 1404).

Launay (de), sr de Brélévénez, év. de Tréguier.
 D'argent au croissant de gueules, accomp. de trois pommes de pin de même. (G. le B.)
 Fondu vers 1364 dans Kerimel, et la terre de Launay possédée ensuite par les Péan de la Roche-Jagu, Acigné, Névet et Franquetot de Coigny.

Launay (de), sr dudit lieu, par. de Pacé.
 Réf. de 1427 à 1513, dite par., év. de Rennes.
 D'argent à sept macles de gueules, *comme la Noë, Becmeur* et *Quélennec*.

Launay (de), sr de Guergelin, — de Pontzal, par. de Plougoumelen.
 Réf. 1536, par. de Plougoumelen, év. de Vannes.
 D'argent au chevron engreslé de sable (G. le B.); *aliàs* : de gueules au chevron d'argent, accomp. de trois besants d'or, écartelé *de Pontzal*.
 Fondu dans Talhouët.

Launay (de), sr de Ploësquellec, év. de Tréguier.
 Ecartelé d'or et d'azur, chargé d'un filet de gueules en bande; *aliàs* : d'un lambel à quatre pendants de gueules en chef (sceau 1381).
 Guillaume, combattit à la bataille d'Auray en 1364; Olivier, ratifia le traité de Guérande en 1381.

Launay (de) (orig. d'Anjou, maint. à l'intend. de Tours en 1667 et 1714), sr des Landes, — de la Bouchonnière, — de Longmortier, — d'Onglée, — de la Balluère, — de Chavigny, — de la Motthaye, par. de Brion, — de la Gautraye, — du Mesnil, — de Pontgirault.

D'or à un aulne arraché de sinople, accosté de deux aiglons affrontés de sable, membrés et becqués de gueules. Devise : *Pour Dieu et l'honneur.*

Jean, sr d'Onglée, chevalier de Saint-Michel sous les rois Charles IX et Henri III, père de Pierre, lieutenant du maréchal de Lavardin à la bataille d'Ivry en 1590, marié à Urbane de la Haye, dame des Granges, de Jarzé et du Fouilloux, petite-fille de Jeanne du Fouilloux, sœur du célèbre auteur de *la Vénerie.*

Cette famille s'est alliée en Bretagne aux Kerguiziau, Pastour, Huon de Kermadec et Halna.

LAUNAY (DE), sr dudit lieu, par. de Bréhand-Moncontour, — de Brangolo, par. de Plémy.

Réf. et montres de 1425 à 1513, par. de Plémy, év. de Saint-Brieuc.

De gueules à une fasce de vair.

La branche aînée fondue dans du Gouray.

LAUNAY (DE), sr de la Villearmoys, par. de Trans.

Réf. de 1427 à 1513, dite par., év. de Rennes.

D'argent à trois channes ou marmites de gueules (arm. de l'Ars.).

LAUNAY (DE), sr dudit lieu, par. de Neuillac, — de Kerostin, par. de Lominé, — de Botjosse, par. de Baud.

Maint. à l'intend. en 1699, ress. d'Hennebont et Ploërmel.

De sable au casque d'or (arm. 1696).

LAUNAY (DE), sr du Verger, par. de Trégrom.

Déb. réf. 1669, ress. de Lannion.

Jean-Baptiste, alloué et lieutenant de la juridiction de Tonquédec en 1669.

LAUNAY (DE), sr du Colombier, ress. de Dinan.

D'azur à la croix d'argent (arm. 1696).

LAURENCIE (DE LA) (orig. d'Angoumois, maint. à l'intend. de Limoges en 1666), sr dudit lieu, — de Charras, en Saintonge, — de Villeneuve-la-Comtesse.

D'azur à l'aigle à deux têtes au vol abaissé d'argent ; *aliàs* : d'argent à l'aigle éployée de sable.

Charles, gentilhomme de la chambre du Roi en 1633 ; un évêque de Nantes en 1784.

LAURENCIN (orig. du Lyonnais).

D'azur au chevron d'or, accomp. de trois étoiles de même (arm. 1696). Devise : *Lucet in tenebris.*

Germain, échevin de Nantes en 1688, secrétaire du Roi en 1707, père de Germain, secrétaire du Roi en 1718.

Une branche a fait enregistrer ses titres au conseil souverain de la Martinique en 1775.

LAURENS, sr de la Motte, — de Kerleuguy, év. de Tréguier.

D'or au sanglier de sable. (G. le B.)

Jacques, laissa de Jeanne de Kerloaguen : Françoise, mariée en 1625 à René de Penancoët, sr de Kerouazle, aïeul de la duchesse de Portzmouth.

LAURENS, sr de Launay, — du Branday et de la Grandehaye, par. de Brains, — de la Noë-de-Passay, du Mottay et du Plessix-Mabile, par. de la Chevrollière, — de la Croixsonnerie, — de la Galiotière, par. de Port-Saint-Père, — de la Haye, par. de Joué, — de la Marne, par. de ce nom, — de Belorient, — de la Hardais, — de

Léraudière, par. de Saint-Donatien, — de la Garnison, par. d'Orvault, — de la Meilleraye, par. des Touches, — de la Salmonnière, par. de Saint-Julien-de-Concelles, — de la Rousselière, par. du Bignon, — de Joreau.

Ext. réf. 1669, six gén.; montre de 1543, par. de Saint-Julien-de-Concelles, év. de Nantes.

D'argent au laurier (*aliàs* : au chêne) de sinople, arraché de sable.

<small>Olivier, s^r de Launay, médecin et secrétaire du duc François II et de la reine Anne, de 1488 à 1498, épouse Jeanne Romelin dont : 1º François, auteur des s^{rs} de Léraudière et de la Noë, qui ont produit un maire de Nantes en 1601 ; 2º Philippe, chambellan de la reine Anne, auteur des s^{rs} de la Croixsonnerie et de Joreau; 3º Olivier, auteur des s^{rs} de la Hardais et de Belorient ; 4º Guillaume, chanoine de Nantes, doyen de Châteaubriant et conseiller au parlement en 1554 ; 5º Françoise, mariée à Jean de Rohan, s^r de Trégalet.</small>

LAURENS ou LORANCE, s^r de Kerglas, par. de Quimper-Guézennec, — de Kercabin, par. de Plouëc.

Réf. et montres de 1481 à 1543, dites par., év. de Tréguier.

De sable au poignard d'argent en pal, la pointe en bas, accomp. de trois étoiles de même, au chef d'argent.

<small>La branche de Kerglas fondue en 1569 dans Cardinal ; la branche de Kercabin fondue dans Lanloup.

Les s^{rs} de Chef-du-Bosc et du Resto, paroisse de Pluduno, de Prémarec, de Penanguer et du Bignon déboutés à la réformation de 1669.</small>

LAURENS (DU) (orig. de Normandie), s^r de la Motte, — de la Barre, par. de Sourdeval, — de Saint-Denis, — de Montbrun.

Maint. au conseil en 1728.

D'or au chevron d'azur, accomp. en chef de deux aigles éployées de sable, et en pointe d'un lion de gueules ; *aliàs* : d'azur au sautoir d'or (arm. 1696).

<small>René, président de l'élection de Mortain en 1566 ; Jacques, sénéchal de Quimper en 1588, marié à Jeanne de Kerloaguen ; Antoine, garde-du-corps du Roi, anobli en 1654.</small>

LAURENTS (DES) (orig. du comtat Venaissin), marquis de Brantes en 1674.

D'or à deux palmes adossées de sinople.

<small>Un abbé de Coëtmalouën et de Saint-Jacut, évêque de Saint-Malo en 1767, † 1785.</small>

LAURISTON (DE), *voyez* LAW.

LAUVERGNAC (DE), s^r dudit lieu, par. de Guérande, év. de Nantes.

Réf. de 1426 à 1453, par. d'Herbignac, év. de Nantes.

D'argent à la fasce d'azur chargée de trois besants d'or, et accomp. de trois merlettes de sable, 2. 1.

<small>Fondu dans Le Pennec, puis Kerméno, et par acquêt la Haye de Silz.</small>

LAUZANNE (DE) (orig. de la Marche, y maint. en 1667), s^r de l'Estang et de Bazergues, par. de la Chaussade, — du Buy, — du Vauroussel, — de la Voltais, — de Kerauter, par. de Botoha, — de Kerjehan.

Anc. ext. chev., arrêts du parlement de 1669 et 1786, dix gén.; ress. de Saint-Brieuc et Morlaix.

D'azur au croissant d'argent, accomp. de deux étoiles d'or, une en chef et l'autre en pointe. Devise : *Candor exsuperat aurum.*

Jean, damoiseau, vivant en 1409, père de Pierre, déchargé du paiement des francs-fiefs en 1473 ; Sébastien, capitaine au régiment de Mazarin en 1653, se distingua aux siéges de Landrecies, de Condé et de Saint-Guislain et fut reçu écuyer de la grande écurie du Roi en 1663. Par son mariage avec Anne de Porcaro, il s'établit en Bretagne, et sa postérité s'est alliée aux Kerléau, Le Roux de Kerninon, Coëtlagat, Caradeuc, du Marc'hallac'h, du Bouëxic de Guichen, Hay des Nétumières, Kersaintgilly et Kergariou.

LAUZIÈRES (DE) (orig. du Languedoc), sr dudit lieu, — de Cardaillac, — marquis de Thémines.

Écartelé aux 1 et 4 : d'argent au buisson ou osier de sinople, *qui est Lauzières*; au 2 : de gueules à deux chèvres passantes l'une sur l'autre d'argent, *qui est Thémines*; au 3 : de gueules au lion d'argent, à l'orle de huit besants de même, *qui est Cardaillac*; au 4 : d'or à trois fasces de sable, au chef d'hermines, *qui est Clermont-Lodève.*

Pierre, maréchal de France en 1616, puis gouverneur de Bretagne, mort à Auray en 1627, avait épousé Marie de la Noue, fille du fameux capitaine dit *Bras de Fer.*

LAUZON (DE) (orig. du Poitou), sr d'Aubervilliers, — du Pin-Trimoullois, — baron de la Poupardière en 1652, — sr de Plibou, — de la Roulière, — de Laubuge, — des Deffands, — de Lirec.

D'azur à trois serpents d'argent se mordant la queue; *alias* : à la bordure de gueules, chargée de six besants d'or.

James, avocat au présidial de Poitiers en 1530, maire de cette ville en 1541, père de Joseph, conseiller au parlement de Bretagne en 1598, dont la postérité s'est fondue dans Barrin de la Gallissonnière.

La branche de la Roulière, maintenue à l'intendance de Poitiers en 1699, existe encore.

LAVAL (DE) (orig. du Maine), baron dudit lieu, — de Vitré, — de Chatillon en Vendelais, — de Châteaubriant, — de Montfort, — de Gaël, — de Lohéac, — de la Roche-Bernard, — de Kergorlay, par. de Motreff, — de Beaumanoir, par. d'Évran, — de Montafilant, par. de Corseul, — vicomte de la Bellière, par. de Pleudihen, — sr de Guicaznou, par. de Plougaznou, — de Bodister, par. de Plourin, — de Runfao, par. de Ploubezre, — de la Roche-Suhart, par. de Trémuzon, — de Bécherel, — de Tinténiac, — de Romillé, — de Derval, — baron de Retz, — sr de Machecoul, — de la Bénate, — de Bourgneuf, — d'Ingrande, — de Tiffauges en Poitou, — de Chantocé, marquis du Boisdauphin et de Sablé en Anjou.

Pour armes antiques : de gueules au léopard d'or (sceau 1281); moderne : d'or à la croix de gueules, cantonné de seize alérions d'azur, *qui est Montmorency*, la croix chargée de cinq coquilles d'argent.

Guy, baron de Laval, et Avoise de Craon, sa compagne, n'eurent qu'une fille, Emme, mariée en 1221 à Mathieu de Montmorency, connétable de France, veuf de Gertrude de Soissons. Du premier lit issut : Bouchard, qui a continué la filiation des Montmorency; du deuxième lit : Guy, qui succéda à sa mère dans la seigneurie de Laval, dont il prit le nom ainsi que ses descendants, et qui épousa

Philippe, dame de Vitré. Guy, croisé en 1270; Thibaud, tué à la bataille de Poitiers en 1356; Guy tué à la bataille de la Roche-Derrien en 1347, marié à Béatrix de Bretagne, dont autre Guy, marié : 1º en 1348 à Louise de Châteaubriant, 2º à Jeanne de Laval, dame de Chatillon en Vendelais. Du second mariage, issut : Anne, fille unique héritière, mariée en 1404 à Jean de Montfort, sr de Kergorlay, à condition que les enfants à naître de ce mariage porteraient les noms et armes de Laval. Ces enfants furent : 1º Guy, comte de Laval en 1429, marié : 1º à Isabelle de Bretagne, 2º en 1450, à Françoise de Dinan, dame de Châteaubriant, veuve de Gilles de Bretagne; 2º André, maréchal et amiral de France, † 1486; 3º Louis, grand maître des eaux et forêts de France, † 1489, oncle de Guy, grand maître de France, † 1500; 4º Jeanne, mariée en 1424 à Louis de Bourbon, comte de Vendôme, d'où sont descendus les rois de France de la maison de Bourbon.

Cette illustre maison a donné à l'Église : Guy, évêque de Cornouailles en 1324, puis évêque du Mans, † 1337; Pierre, évêque de Rennes, † 1357; Pierre, abbé de Saint-Meen, évêque de Saint-Brieuc et Saint-Malo, et archevêque de Reims, † 1493; François, bâtard de Laval, abbé de Paimpont et du Tronchet et évêque de Dol, † 1556; Henri, évêque de Léon, † 1651.

La branche aîné a transmis, par alliance, en 1518 le comté de Laval à la maison de Rieux, d'où il est passé aux Coligny et, en 1603, aux la Trémoille.

La branche de Châteaubriant a fini à Jean, gouverneur de Bretagne en 1531, qui, étant veuf sans enfants de Françoise de Foix, fit don en 1543 à Anne de Montmorency, connétable de France, des baronnies de Châteaubriant et de Derval, tombées, par alliance, dans la maison de Bourbon-Condé en 1632.

La branche de Retz avait pour auteur Foulques, époux de Jeanne Chabot, frère puîné de Guy, tué à la Roche-Derrien en 1347. Cette branche a produit : Gilles, maréchal de France en 1429, dit le maréchal de Retz, connu sous le nom de *Barbe-Bleue*, et célèbre par ses crimes, qui le firent condamner à être brûlé vif en 1440. Il avait épousé Catherine de Thouars, et ses sceaux portent les armes de Thouars, chargées d'un écu de Retz en abyme.

La branche du Boisdauphin a produit : Urbain, maréchal de France en 1595, et s'est éteinte en 1672.

LAVAL, sr de la Guichardière.

Déb. réf. 1668, ress. de Vitré.

LAVANANT, sr de Kerangourant, ress. de Brest.

D'azur à l'ancre d'or en pal, la stangue traversée par un agneau passant de même, accomp. de trois étoiles d'argent (arm. 1696).

LAVARDIN (DE), *voyez* BEAUMANOIR (DE).

LAVARDIN, sr de Keralmont.

Déb. réf. 1668, ress. de Vannes.

LAVAU, sr de la Piardière et de Chevasné, par. de Riaillé, — des Bretesches, par. de Saint-Cyr-en-Retz, — de la Clartière, — de la Roche-Giffard, par. de Saint-Sulpice-des-Landes, — de la Vincendière.

Plusieurs officiers et un président aux comptes depuis 1699.

LAVENTURE.

Écartelé aux 1 et 4 : losangé d'or et de gueules; aux 2 et 3 : d'argent à trois aiglons de gueules, becqués et membrés d'or. (G. le B.)

LAY (LE), sr de Keralain, par. de Plounez, — de Kerham et de Kergrescant, par. de Camlez, — de Kerdalaëz, par. de Plounévez-Moëdec, — de Kermabin et de Goazirec, par. de Plouaret, — de Kermadéza, par. de Plougaznou, — de Kerambellec, — de Kermarec, — de Guébriant, par. de Pluduno, — du Hirel, par. de Plédran, — de Kerthomas, — de Favennou, — de Keranguen.

Anc. ext., réf. 1670, sept gén. et maint. à l'intend. en 1706; réf. et montres de 1427 à 1543, par. de Plounez, év. de Saint-Brieuc, et Plougaznou, év. de Tréguier.

D'argent à la fasce d'azur, accomp. en chef de trois annelets de gueules, et en pointe d'une aigle éployée de sable, becquée et membrée de gueules.

Hervé et son porte-targe, dans une montre de 1356; Alain, ratifie le traité de Guérande en 1381; Charles, vivant en 1481, épouse Jeanne du Quélennec; un greffier en chef, garde-sacs au parlement de Bretagne en 1700; deux conseillers au parlement de Paris, de 1711 à 1728; deux lieutenants des maréchaux de France en Bretagne, de 1700 à 1743.

LAY (LE).

De gueules au lion d'or.

Guillaume, abbé de Daoulas, † 1502.

LAZ (DU), voyez JÉGOU.

LAW (orig. d'Écosse), sr de Lauriston, — de Clapernou.

D'hermines à la bande accomp. de deux coqs, le tout de gueules, à la bordure engreslée de même. Devise : *Nec obscura, nec ima.*

Cette famille, alliée en Bretagne aux Cornulier, descend d'un frère du célèbre financier de Louis XV, et a produit un maréchal de camp en 1780; un maréchal de France en 1823, pair de France et chevalier des ordres, † 1828, et un maréchal de camp en 1821, pair de France.

LÉAC (LE), d'argent à trois fasces ondées de gueules, accomp. de six quintefeuilles d'azur, 3. 2. et 1. (G. le B.)

LÉAU, sr de la Roche, par. d'Évran, — de la Touche, — de Crec'hmory, — de Kerbabu.

Déb., réf. 1669, ress. de Morlaix.

D'azur au chevron d'or, accomp. de trois molettes de même (arm. 1696).

Yves, sr de Kerbabu, gouverneur du château du Taureau en 1625.

LEC'H (DU), sr dudit lieu, par. de Saint-Houardon de Landerneau, — de la Bouëxière, par. du Tréhou, — de Guernbihan, par. de Dirinon, — du Rosier, par. de Plougastel-Daoulas.

Réf. et montres de 1426 à 1534, dites par., év. de Léon et Cornouailles.

D'or à trois trèfles de gueules.

La branche aînée fondue dans Botlavan. Moderne : Kerlec'h.

LÉDAN (LE), réf. et montres de 1440 à 1481, par. de Plouyé et Plounévézel, év. de Cornouailles.

Éon, anobli par le duc en 1426.

LÉE (orig. d'Irlande), confirmé par lettres de 1768, ress. d'Hennebont.

D'argent à la fasce de gueules, accomp. de trois croissants de même.

Un brigadier d'infanterie en 1768.

LÉE, sr du Drouillay, par. de Vertou, — de la Garoterie, par. de Saint-Herblain, ress. de Nantes.

D'argent au chevron de sable, accomp. de trois hures de sanglier de même (arm. 1696).

LEËT, sr de la Desnerie, par. de Saint-Donatien de Nantes.

Porte losangé (sceau 1421).

Jean, écuyer dans des montres de du Guesclin et d'Olivier de Clisson de 1371 à 1375; Marguerite Doubresse, veuve de Guillaume Leët, comme sujette de la baronnie de Retz, prête serment au duc en 1383; Olivier, écuyer d'écurie du régent de France et dauphin de Viennois en 1415.

Fondu en 1503 dans la Roche-Saint-André.

LEFFROY, sr des Touches, par. de Jugon.

Déb., réf. 1669.

LÉGER, *voyez* LIGER.

LEGGE (orig. d'Angleterre), sr de la Motte, par. de Montreuil sous Pérouse, — de la Baratière, par. de Vitré.

Ext., arrêt du parl. de 1740, sept gén., év. de Rennes.

Mi-parti d'azur et d'argent, au chevron de l'un en l'autre, accomp. de trois lions mantelés de même. Devise : *Mal se repose, qui n'a contentement.*

Guillaume, grand justicier de paix, eut un fils qui s'établit en Bretagne en 1608. Lors de la révocation de l'édit de Nantes, une branche de cette famille repassa en Angleterre, où elle a produit un ministre de la guerre au dernier siècle. La branche catholique restée en Bretagne s'est alliée dans cette province aux la Motte de Couësnanton, du Fresne de Virel, la Forest d'Armaillé, Trédern, du Dresnay et Kermel.

Un volontaire pontifical, l'un des défenseurs de Gaëte en 1860.

LEGIER, *voyez* LIGER.

LÉHEN, sr de la Bouëxière, par. de Landéhen.

Déb., réf. 1670, ress. de Saint-Brieuc.

LEHEN (DE), *voyez* BRIGNON.

LEISSÈGUES (orig. d'Auvergne), sr de Légerville, — de Trévascoët, — de Penanyeun, — de Kergadio, — de Rosaven.

Déb. à l'intend. en 1702, ress. de Quimperlé, et anobli en 1816.

D'or à trois fasces ondées de gueules (arm. 1696); *aliàs* : à l'épée d'argent garnie d'or, brochant en pal sur le tout, *pour la branche de Légerville.*

Un sous-lieutenant de vaisseau en 1787, vice-amiral et commandeur de Saint-Louis en 1816, † 1832.

LEIZOUR (LE), sr de Lanascol, par. de Plouzélembre, — de Pontreuzou, par. de Camlez.

Réf. et montres de 1481 à 1513, par. de Plouzélembre, év. de Tréguier.

De gueules à trois coquilles d'argent, au croissant de même en abyme.

Yves, de la paroisse de Plouzélembre, anobli avec Guillaume son fils par lettres du duc de 1439; Jeanne, fille du précédent, mineure en 1481, épouse Jean Quemper.

LÉMO (DE), sr dudit lieu, par. d'Augan, — de Kerandraon, par. de Carnoët, — du Helloc, par. de Bourgbriac, — de Baraton.

Anc. ext., réf. 1670, sept gén.; réf. de 1440 à 1513, par. d'Augan, év. de Saint-Malo.

De sable à trois mains dextres d'argent.

<small>Amice, dame de Lémo, épouse vers 1440 Jean Chauczon, dont Galhaud, échanson du duc Pierre en 1455, qui prit pour lui et ses descendants les nom et armes de Lémo et épousa Louise d'Avaugour.</small>

LEMPÉRIÈRE (orig. de Normandie, y maint. en 1666), s^r de Belle-Fontaine, — de Querqueville, — de la Grandière, — du Désert, — de la Garenne, — de Montigny. Maint. à l'intend. de Bretagne en 1699, sept gén.

De gueules à une aiguière à deux anses d'argent, d'où sortent trois roses de même, tigées et feuillées de sinople.

<small>Macé, de la ville d'Antrain, déchargé de la taille en 1497, épouse Renaude Sercop; un vicomte de Valognes en 1597; une fille à Saint-Cyr en 1693; un brigadier d'infanterie en 1694, † 1735, à l'âge de 95 ans.</small>

LENFANT-DIEU, s^r de Lestardière, par. de Saint-Similien, — de la Marchandrie, par. de Saint-Colombin, — de la Hamelinière.

Déb., réf. 1668, ress. de Nantes.

D'azur à un enfant Jésus les mains jointes d'argent, naissant d'un croissant d'or, surmonté d'un soleil de même et accosté de deux étoiles aussi d'or.

<small>Mathurin, payeur des gages des officiers des comptes en 1586; deux auditeurs des comptes en 1687 et 1698.</small>

LÉON, évêché et comté réuni au domaine ducal en 1276, et maison souveraine, ramage des anciens Rois de Bretagne.

D'or au lion morné de sable (sceau 1276).

<small>Morvan, comte de Léon, proclamé Roi des Bretons, tué par un officier de Louis le Débonnaire en 818; Guyomarc'h et Hervé père et fils, croisés en 1096; Hamon, évêque de Léon, † 1171; Hervé, dernier comte de Léon, dit le Prodigue, marié à Catherine de Laval, aliéna pièce à pièce ses domaines entre les mains du duc Jean le Roux, et mourut vers 1280, ne laissant qu'une fille unique, Anne, mariée à Prigent, vicomte de Coëtmen.</small>

LÉON (DE) (ramage des précédents), vicomte de Léon, — comte de Crozon, — s^r de Landerneau, — de Daoulas, — de la Roche-Morice, par. de Ploudiry, — de la Joyeuse-Garde, par. de la Forêt, — de la Palue, par. de Beuzit-Conogan, — du Rozier, par. de Plougastel-Daoulas, — de Coatmeal, par. de ce nom, — de Pensez, par. de Taulé, — de Penhoët et de Herlan, par. de Saint-Thégonnec, — de Quéménéven, par. de ce nom, — du Stang, par. de Pluguffan, — de Chateauneuf en Timeraie, au Perche, — de Noyon-sur-Andèle, — de Hacqueville en Normandie.

D'or au lion morné de sable, *qui est Léon*, à la bordure chargée de onze annelets en orle, *comme marque de juveigneurie* (sceau 1306).

<small>Hervé fils puiné de Guyomarc'h et de Nobilis, époux de Marguerite de Rohan, † 1208. La branche aînée a fini à Jeanne, fille unique héritière d'Hervé et de Marguerite d'Avaugour, mariée en 1363 à Jean, vicomte de Rohan, auquel elle porta la vicomté de Léon, érigée en principauté en 1572 en faveur d'Henri, vicomte de Rohan.

La branche de Hacqueville a produit Guillaume, chambellan de Charles VI en 1407; elle subsistait encore en 1455 et s'est éteinte depuis, comme toutes les autres branches du nom.</small>

Léon, sʳ du Chaucheix, par. de Trédaniel, — de la Haye, par. de Saint-Glen, — des Ourmeaux, près Moncontour.

Anc. ext., réf. 1669, six gén. ; réf. de 1445 à 1535, par. de Trédaniel, év. de Saint-Brieuc, Trégénestre et Saint-Glen, év. de Dol.

D'argent au lion de gueules, armé, lampassé et couronné d'or, *comme Bréfeillac, du Breil et Forestier.*

Jacques, prête serment au duc entre les nobles de Moncontour en 1437; Guillaume, qui se mêle d'être changeur, employé dans la réformation de 1513, épouse Marie Hamon.

Léon, sʳ de Kergarff, par. de Goudelin, — de Bourgerel, par. de Plougonver, — de Kerprigent.

Ext., réf. 1671, huit gén.; réf. de 1513 à 1543, par. de Plougonver, év. de Tréguier.

D'or au lion de sable, armé, lampassé et couronné de gueules, *comme Quengo.*

Jean, sʳ de Kergarff, épouse vers 1500 Catherine Huon, dame de Bourgerel.

Léon (de).

Porte une fasce accomp. de six billettes (sceau 1418).

Guillaume, écuyer de la compagnie de Jean d'Estuer, donne quittance de ses gages en 1418.

Léon, sʳ de Kermorvan, par. de Pluguffan, — de la Pallue, par. de Landerneau, — de Kerdéoder, — de Tréverret, par. de Kernilis, — de Kerdalaèz, par. de Guipavas, — de la Villeneuve, par. de Plouguerneau, — de Lescouëdic, par. de Plougastel-Daoulas, — de Boiséon, par. de Lanmeur, — du Moustérou, par. de Ploujean, — de Trépompé, par. de Saint-Martin.

Déb., réf. 1668, ress. de Lesneven; réf. et montres de 1426 à 1481, par. de Pluguffan, év. de Cornouailles.

D'or à la fasce vivrée de gueules (arm. 1696).

Jean, sʳ de Kermorvan, employé aux réformations de 1426 à 1444, paroisse de Pluguffan; Hervé, présent pour Jean son père, en équipage d'archer en brigandine, à la montre générale de 1481, épouse en 1505 Adelice Carn, dame de la Petite-Palue; un secrétaire du Roi en 1702 qui obtint ses lettres d'honneur en 1727; un lieutenant au régiment de Brie, blessé au combat de Saint-Cast en 1758; un sénéchal de Quimper en 1768, sénéchal de Rennes en 1774.

Léon, orig. de Chatelaudren, év. de Tréguier.

Un garde scel à la chancellerie en 1761; un directeur des monnaies de Bretagne en 1770.

Léonard, sʳ de la Rablaye, év. de Nantes.

D'azur au lion d'argent, armé et lampassé de gueules.

Un échevin de Nantes en 1647; un auditeur des comptes en 1671; un maître des comptes en 1723.

Lépine ou Lespine, *voyez* Espine (de l').

Lérain (de), *voyez* Morice.

Lerne, sʳ des Portes.

Déb., réf. 1671, ress. de Vannes.

Bandé d'argent et d'azur de six pièces (arm. 1696).

Jean, sénéchal de Pluvigner en 1671.

LESCAROUX (DE).
De sable à trois fasces d'or, au lion couronné d'argent, brochant (arm. de l'Ars.).
Alain, écuyer du duc, époux en 1467 de Jeanne Pantin, fille d'honneur de la duchesse Marguerite.

LESCARVAL (DE) (ramage du Chastel), sr dudit lieu, par. de Plouguin, — de Penanec'h, par. de Plouvien.
Réf. et montres de 1427 à 1534, par. de Plouguin et Ploudalmézeau, év. de Léon.
Fascé d'or et de gueules, *qui est du Chastel*, au franc canton d'argent, chargé de trois chevrons de gueules.

LESCAUDU, sr de Bourgneuf.
Déb., réf. 1668, ress. de Rennes.
D'argent au pin de sinople, le tronc chargé d'un lion passant de gueules (arm. 1696).

LESCOAT, LESCOËT ou LESCOUËT (DE), sr dudit lieu, par. de Lanarvily, — de Kergoff, par. de Kernouëz, — de Kergree'h, par. de Plabennec, — de Kerbabu, — du Guermeur.
Réf. et montres de 1426 à 1534, par. de Kernouëz, Plabennec et Guisseny, év. de Léon.
De sable à la fasce d'argent, chargée de trois quintefeuilles de sable. Devise : *Maguit mad.* (Nourrissez bien.)

Guillaume, capitaine de Lesneven pour Charles de Blois en 1357, père de Méance, mariée vers 1360 à Hervé du Chastel; Alain, abbé de Lanténac en 1506, † 1540. La branche aînée paraît s'être fondue dès le xve siècle dans Keranraiz, d'où la terre de Lescoat a passé successivement aux Barbier, Carné, du Louët, Pappe et Damesme.

LESCOËT (DE), sr dudit lieu, de la Moquelays, de Sainte-Bélienne et de Soulleville, par. de Maroué, — du Rosay, par. de Landéhen, — de la Ville-Marie, par. d'Andel, — vicomte du Boschet en 1608 et sr de la Chalouzais, par. de Bourg-des-Comptes, — sr de la Guérande, par. de Hénan-Bihan, — de la Ville-Geslin, — de Villepie, par. d'Izé, — châtelain de la Galmellière en 1627, — sr de Ménémeur, — du Pont-girouard, — du Poirier et de la Gabillaudière, par. de Sainte-Luce, — du Bois-Nouveau, par. de Saint-Julien-de-Concelles, — de Launay-Dionis, par. de Chantenay.
Anc. ext. chev., ref. 1669, onze gén.; réf. et montres de 1423 à 1535, par. de Maroué, Landéhen, Andel et Hénan-Bihan, év. de Saint-Brieuc et Izé, év. de Rennes.
De sable à l'épervier d'argent, armé, longé et grilleté d'or, accomp. de trois coquilles d'argent, *voyez* LESMELEUC.

Jouhan, épouse vers 1375, Françoise Madeuc, dont Denis, époux de Marie Le Vayer, père de Jean, marié en 1430, à Jeanne, dame de la Ville-Marie, dont Jean, maître de l'artillerie de Bretagne et connétable de Rennes en 1487.
Bertrand, chef d'une autre branche, marié vers 1420, à Guillemette Lépervier, dame du Poirier, bisaïeul d'Olivier, écuyer, sommelier et panetier de la reine Anne en 1510. Gilles, chevalier de Malte en 1539; Auffray, premier président aux comptes en 1596; plusieurs conseillers au parlement depuis 1586; un général des finances en 1617; une abbesse de Bonlieu, au diocèse de Lyon en 1640.

La branche aînée fondue au xv⁰ siècle dans Le Nepvou; la dernière branche éteinte en 1792.
On trouve Alain, croisé en 1248; mais nous ne savons à quelle famille Lescoët ou Liscouët il appartenait.

LESCOËT (DE), sʳ dudit lieu, par. de Riec, — de Kernault et de l'Isle, par. de Mellac.

Réf. et montres de 1426 à 1562, par. de Riec et Mellac, év. de Cornouailles.

D'argent au croissant de gueules, accomp. de trois coquilles de même.

La branche aînée fondue dans Coëtsquiriou; la branche de Kernault fondue dans du Bot de Pouliguen.

LESCOËT (DE), *voyez* BARBIER.

LESCOËT ou LESCOUËT (DE), *voyez* ROUXEL.

LESCOËT ou LISCOËT (DU) *voyez* LISCOËT (DU).

LESCONDAM (DE), sʳ dudit lieu, par. de Plouvorn, év. de Léon.

D'argent à un arbre de sinople (G. le B.), *comme Lesplouénan.*

LESCORRE (DE), sʳ dudit lieu, de Kerbouran et de Gliviry, par. de Lanmeur.

Réf. et montres de 1427 à 1543, dite par., év. de Dol, et par. de Plouagat-Guérand, év. de Tréguier.

D'argent à deux fasces de sable, frettées d'or.

Fondu dans Carion.

LESCORSE (DE) ou ECORSE (DE L'), sʳ dudit lieu et de la Pillotière, par. de Vieillevigne, — de Plusquepoix, par. de Sainte-Croix de Machecoul, — de la Bourdinière et de la Sévestière, en Poitou, — du Rocher et de la Hirtais, par. de Cambon.

Anc. ext., réf. 1669, cinq gén.; réf. de 1443 à 1455, par. de Sainte-Croix de Machecoul et Saint-Mesme, év. de Nantes.

Pour armes antiques : un pairle (sceau 1381); moderne : d'azur à l'épée d'argent en fasce, la pointe tournée à dextre, accomp. de trois fleurs de lys de même.

Jean, écuyer, vivant en 1319; Jamet, ratifie le traité de Guérande en 1381; Jean fils Vincent, vivant en 1550, épouse Jeanne Guiay.

La branche aînée fondue vers 1390 dans Le Maignan.

LESCOUBLE ou ESCOUBLE (L'), sʳ de Lescoublière, par. d'Augan, — de Kerescouble, par. de Plaudren, — de la Gourais, par. de Guer, — de Perennez, — de Larmo, — de Renoyal, — du Vieux-Château.

Anc. ext., réf. 1669, neuf gén.; réf. et montres de 1426 à 1556, par. d'Augan et Guer, év. de Saint-Malo, et Plaudren, év. de Vannes.

De sable à l'escouble (oiseau de proie) d'argent; *aliàs* : accomp. de trois besants de même.

Geoffroy, vivant en 1426, épouse Alliette Guellaut.

LESCOUËT (DE), *voyez* ROUXEL.

LESCRIVAIN, *voyez* ESCRIVAIN (L').

LESCU, *voyez* ESCU (L').

LESCUZ (DE), sr dudit lieu, par. de Ploumodiern.
Réf. et montres de 1426 à 1536, dite par., év. de Cornouailles.
De gueules à trois fers d'épieu d'argent (arm. de l'Ars.).
Moderne : Nobletz.

LÉSÉLEUC ou LEZÉREC, sr de Gouëletquer, de Quistillic, de Kerouara, de Kerpica, de Kertané et de Kerriou, par. de Plouescat.
Déb. réf. 1670, ress. de Lesneven ; réf. et montres de 1443 à 1536, par. de Plouescat et du Minihy, év. de Léon.
D'argent au chêne de sinople, le tronc chargé d'un lévrier courant de sable. (G. le B.)

Thomas, dans une montre de Jean de Penhoët, pour le recouvrement de la personne du duc en 1420; Philippe, sr de Gouëletquer, mentionné à la réformation de 1443, notaire-passe en 1478 ; Didier, procureur des bourgeois de Léon en 1520, père d'Yves, marié vers 1530 à Tiphaine Le Borgne.

LESGASQUÉNET (ramage de Mur).
D'argent à la croix engreslée de gueules, le canton sénestre chargé de cinq macles de même. (G. le B.)

LESGUEN ou LESVEN (DE), sr dudit lieu et de Kerbizien, par. de Plouguin, — de Lestrémeur et de Landégarou, par. de Ploudalmézeau, — de Rosvény, par. de Landéda, — du Merdy, par. de Ploudaniel, — du Tromeur, par. de Bohars, — de Traonosven, — de Lessonar, — du Croissant, — du Bourg, — de Keravelou, — de la Ville-Gouëznou, — du Carpont, — de Kerbrat, — de Kerandraon (ou Basseville), — de l'Isle, par. de Plouvien, — de Locmaria, par. de Plouzané.
Anc. ext., réf. 1669, neuf gén. ; réf. et montres de 1427 à 1534, par. de Plouguin, év. de Léon.
D'or au palmier d'azur; *aliàs* : losangé d'argent et de sable, *qui est Rannou*, au franc quartier de *Lesguen* (sceau 1395).

- Un seigneur de ce nom se croisa en 1248 ; Guyomarc'h fils Guillaume, épouse vers 1380 Olive Rannou, de la maison de Keribert, dont Guillaume, vivant en 1427, marié à Margilie de Coatarmoal ; Olivier, sr de Rosvény, salade dans la compagnie du seigneur de Sourdéac en 1595; Christophe, archidiacre et chanoine de Léon, protonotaire du Saint-Siège apostolique et chevalier du Saint-Sépulcre en 1625, l'un des fondateurs des Ursulines de Saint-Pol en 1630.

Marguerite, héritière de la branche aînée, épouse en 1540 Alain Le Ny, juveigneur de la maison de Coëtélez qui prit les armes de Lesguen, et cette terre a passé depuis par alliance aux du Tertre de Montalais, Collin de la Biochaye et Collas de la Motte.
La branche du Tromeur fondue en 1710 dans Huon de Kermadec.
La branche de l'Isle a fini à Guenolé, garde de la marine, fusillé à Quibéron en 1795. (Famille éteinte.)
D'Argentré et Albert le Grand, d'accord avec le cartulaire de Landévénec, écrit au IXe siècle, font descendre cette famille de Fragan, prince breton, et de Guen, père et mère de saint Guenolé, fondateur au Ve siècle de l'abbaye de Landévénec.

LESGUERN ou LESVERN (DE), sr dudit lieu et de Kerillis, par. de Saint-Frégan, — de Lescoat, — de Keramprat, — du Cleuzmeur, par. de Kerlouan, — de Kervéatoux, par. de Plouarzel, — de Rosarnou, par. de Dinéault, — de Kerbréden, par. de Plouvien, — de Chef-du-Bois, près Landerneau.

Anc. ext., réf. 1669, neuf gén.; réf. et montres de 1447 à 1534, par. de Saint-Frégan, év. de Léon.

Pour armes antiques : d'or au lion de gueules, à la bordure engreslée d'azur, *qui est Lesguern;* moderne : fascé de six pièces de vair et de gueules, *qui est Coëtménec'h.*

Prigent de Coëtménec'h vivant en 1411, laissa de l'héritière de Lesguern: Alain, vivant en 1447, marié à Anne du Rest, dont les descendants prirent le nom de Lesguern, mais en retenant les armes de Coëtménec'h. Jacques-Guy, épouse en 1688, Jeanne de Touronce, dame de Kervéatoux; Joseph-René, petit-fils des précédents, épouse en 1753, Marie-Jeanne de Kersulguen, dame de Chef-du-Bois; un conseiller au parlement en 1778.

La branche aînée tombée en quenouille, a porté au XVIe siècle la terre de Lesguern dans la famille Huon de Kerézelec.

Lesguyomar (de), sr de Coësbo et de Clémet, près Josselin.

Déb., réf. 1669, ress. de Ploërmel.

Leshernant (de), sr dudit lieu, par. de Plougrescant, év. de Tréguier.

D'azur à six macles d'argent. (G. le B.)

Leslay (du), sr de Keranguével, par. de Paule, — de Keranguen, — du Run, — de Chefboccage, — de Kergadou, — de Toulquélennec, par. de Lopérec.

Anc. ext., réf. 1669, neuf gén.; réf. et montres de 1426 à 1562, par. de Paule, év. de Cornouailles.

D'argent au lion d'azur, armé, lampassé et couronné de gueules.

Guillaume, épouse en 1432, Adelice de Coëtquévéran. (Famille éteinte de nos jours.)

Lesleinou (de), *voyez* Jéhan.

Leslem (de), sr dudit lieu, par. de Plounéventer, — de Keralias, par. de Kersaint-Plabennec, év. de Léon.

Losangé d'argent et de sable. (G. le B.)

Payen, croisé en 1248; Sybille, fille Prigent, épouse en 1300, Hervé du Chastel.
Moderne : l'Honoré puis du Han.

Lesmabon (de), sr dudit lieu, près Carhaix, év. de Cornouailles.

Pour armes antiques : d'argent à deux perroquets de sinople affrontés, soutenant une pomme de pin aussi de sinople; moderne : d'argent à trois haches d'armes de gueules en pal d'une hauteur. (G. le B.)

Cette terre appartenait en 1660 aux Le Bigot de Kerjégu.

Lesmais (de), vicomte dudit lieu, par. de Plestin, — sr de Pontmenou, par. de Plouégat-Guérand, — de Roscanou, par. de Gouëzec, — de Keranguyon, par. de Maël-Carhaix, — du Liorzou, par. de Plounévez-du-Faou, — de Kerozern.

Anc. ext. chev., arrêt du parl. de 1742; quatorze gén.; réf. et montres de 1426 à 1562, par. de Plestin, Plouégat, Gouëzec et Plounévez-du-Faou, év. de Tréguier et de Cornouailles.

D'argent à trois fasces d'azur, accomp. de dix hermines de sable, 4. 3. 2 et 1, *voyez* PENNOU.

Riou, âgé en 1410, d'environ soixante-deux ans, entendu dans l'enquête sur les droits du vicomte de Léon en Cornouailles; Yves, prête serment au duc entre les nobles de Tréguier en 1437.

La branche aînée fondue dès 1400 dans Saliou, d'où la vicomté de Lesmais a été possédée successivement par les Le Moine, la Bourdonnaye et Camus.

La dernière branche fondue à la fin du XVIIIe siècle dans Kerléan.

LESMELEUC (DE), s^r de la Salle, par. d'Andel, — de la Roche-au-Lion, par. de Saint-Melaine de Lamballe.

Réf. et montres de 1443 à 1535, par. de Plestin, Plouvara, Trémuzon, Andel et Saint-Melaine de Lamballe, év. de Saint-Brieuc.

De gueules à l'épervier d'or, accomp. de trois coquilles d'argent; *voyez* LESCOËT.

Deux chevaliers de Malte en 1581.

LESMÉNEZ (DE).

De gueules à la croix cantonnée de quatre têtes de lion, le tout d'or (sceau 1392).

Richard, ambassadeur du duc Jean IV en Angleterre, évêque de Dol en 1391, † 1405.

LESNÉ, *voyez* LAISNÉ.

LESNEN (DE), s^r dudit lieu, par. de Saint-Tual, év. de Dol.

Porte trois haches d'armes, au franc quartier chargé de douze rustres, 4. 4. 4 (sceau 1380).

Fondu dans Mauny, puis du Chastellier, et en 1522 du Chastel.

LESNEVEN, év. de Léon, ville et barre royale, siége ordinaire des juges royaux de Léon.

Mi-parti de France et de Bretagne (G. le B.); *aliàs* : d'or au lion de sable, *qui est Léon*, tenant de ses pattes de devant un guidon d'azur chargé d'une fleur de lys d'or (arm. 1696).

Le château de Lesneven, fondé au Xe siècle par Even, comte de Léon, fut assiégé en 1163 et 1374.

LESNEVEN (DE), s^r de Kerérel, par. de Louannec.

Réf. et montres de 1427 à 1481, par. de Cavan, év. de Tréguier.

D'argent à trois étoiles d'azur, au bâton de gueules brochant à dextre.

LESNÉRAC (DE), s^r dudit lieu et de Peillet, par. de Guérande, — de la Haye-Mareil, par. de la Chapelle-Launay.

Réf. 1426, par. de la Chapelle-Launay, év. de Nantes.

D'azur à la tête et demi-vol de griffon, coupée d'argent (sceau 1385).

Un chevalier de ce nom se croisa en 1248; Pierre, fut, suivant quelques mémoires, le chevalier qui tua de sa main, Charles de Blois, à la bataille d'Auray en 1364.

La seigneurie de Lesnérac, qui appartenait au XVIe siècle aux Dréseuc, a été transmise par les Pennec aux Sesmaisons en 1743.

LESPERVEZ (DE), s^r dudit lieu, par. de Plonéour, — du Prathir, — de Hoaribac, par. de Persquen.

Réf. 1448, par. de Persquen, év. de Vannes.

De sable à trois jumelles d'or.

Du mariage de Jean, vivant en 1380, et de Gueldrech de Tresséol, naquirent : 1º Jean, époux en 1413 de Marie de Quélen; 2º Charles, premier président aux comptes en 1444, maître général des monnaies, conseiller et chambellan des ducs Jean V et François Iᵉʳ, marié à Guillemette Painel; 3º Henri, abbé de Quimperlé, † 1434; 4º Alain, successivement évêque de Dol et de Quimper et archevêque de Césarée, † 1455, oncle de Jean, aussi évêque de Quimper, † 1472.

La branche aînée fondue dans Rosmadec, d'où la seigneurie de Lespervez a appartenu aux Névet, aux Buzic et aux Trémic.

LESPINAY, *voyez* ESPINAY (DE L').

LESPLOUÉNAN (DE), sʳ dudit lieu, par. de Plouénan, év. de Léon.

D'argent à un arbre de sinople (G. le B.), *comme Lescondam*.

Fondu dans Pontantoul, puis Le Rouge.

LESQUÉLEN (DE), sʳ dudit lieu, par. de Plabennec, év. de Léon.

D'azur à une tour d'argent, portée sur une roue de même.

Hervé, juveigneur de Léon, en épousant vers 1279 l'héritière de Lesquélen, prit les nom et armes de Lesquélen, et eut pour fils François, marié à Béatrix, dame de Kermavan, dont les descendants prirent les nom et armes de Kermavan, écartelées de Lesquélen.

Suivant une tradition rapportée par Albert le Grand, ces armes auraient été adoptées en mémoire du siége qu'un sire de Lesquélen aurait soutenu au VIIᵉ siècle contre les Saxons. Investi dans sa tour, sans avoir eu le temps d'en fermer la porte, il la barricada avec une roue de charrette et parvint à repousser l'ennemi.

LESQUÉLEN (DE), sʳ du Liorzou et de Kervinot, par. de Plounévez-Lochrist, — de Penfeunteniou, par. de Sibéril, — de Coëtguenec'h, par. de Berrien, — de Goazvennou, par. de Plounévézel, — de Coëtinec, — de Kerdannot.

Anc. ext., réf. 1669, huit gén.; réf. et montres de 1443 à 1534, par. de Plounévez, Sibéril et le Minihy, év. de Léon.

D'argent au lion coupé de sable et de gueules.

Alain, vivant en 1443, épouse Amice de Lambezre; Guy, doyen du Folgoat en 1472; Martin, gouverneur du château du Taureau en 1626.

La branche de Kervinot fondue au XVIᵉ siècle dans Audren.

La branche de Penfeunteniou fondue en 1616 dans les Le Rouge, qui ont retenu les armes de Lesquélen, écartelées de Penfeunteniou.

Le sʳ de Kervennec, débouté à la réformation de 1671.

LESQUEN (DE), sʳ dudit lieu et de la Villemeneuc, par. de Pluduno, — de la Villedanne, par. de Taden, — du Plessis-Casso, par. de Pontchâteau, — de la Garde, — des Fresches, — de Carméné, — de la Basse-Rue, — de la Cardonnière, — du Pont-à-l'Ane, — de la Fontaine, — du Mottay, — de la Sansonnais, — du Plessix-Tréheu, par. de Landébia, — de la Fouais et de Pontber, par. de Missillac.

Anc. ext. chev., réf. 1669, dix gén.; réf. et montres de 1441 à 1535, par. de Pluduno, év. de Saint-Brieuc et Taden, év. de Saint-Malo.

De sable à trois jars d'argent, becqués et membrés de gueules (sceau 1399).

Guillaume, épouse en 1364, Jeanne du Parc, dont Guillaume, vivant en 1400, marié à Jeanne de la Motte-Fouqué, père et mère de Jean, époux de Gervaise Tircoq; Guillaume, abbé de Beaulieu en 1374; Jacques, capitaine de deux cents hommes de pied en 1589; deux chevaliers de Malte en 1661; une fille à Saint-Cyr en 1715; un brigadier d'infanterie, commandeur de Saint-Louis et de Saint-Lazare, † 1732; une abbesse de Saint-Sulpice de Rennes, † 1730 et une abbesse de l'Abbaye-Blanche au diocèse d'Avranches en 1778.

Lesquen (de) (ramage des précédents), s' du Vaumorvan, par. de Corseul, — de l'Argentaye, par. de Saint-Lormel, — de la Ménardaye, par. de Créhen, — des Salles, — de Kerohant, — du Plessis-au-Provost, par. de Gaël, — de Beaulieu, par. de Bignan, — du Matz.

Anc. ext., réf. 1669, huit gén. ; réf. et montres de 1428 à 1535, par. de Corseul, év. de Saint-Malo, et Saint-Lormel, év. de Saint-Brieuc.

De gueules à l'épervier d'argent, la tête contournée, membrée et becquée d'or, accomp. en chef d'un croissant renversé entre deux molettes, et en pointe d'une autre molette, le tout d'or.

Pierre, s^r du Vaumorvan, vivant en 1428, épouse Thomine Chauvel; un page du Roi en 1728; un lieutenant des maréchaux de France en 1740; un capitaine garde-côtes au combat de Saint-Cast en 1758; un abbé de Langonnet en 1754; une fille à Saint-Cyr en 1784, et un évêque de Beauvais en 1823, transféré à Rennes en 1825, chevalier de Saint-Louis.

Lesquiffiou, (de), s^r dudit lieu, par. de Pleiber-Christ, év. de Léon.

D'argent à trois souches déracinées de sable. (G. le B.). Devise : *Quémer ar c'hoat, ha les ar c'hiffiou.* (Prends le bois et laisse les souches.)

Fondu dans Kervennec, puis Le Borgne et Barbier.

Lesrat (orig. d'Anjou), s^r des Briotières, de Lancran et de la Herpaudière, en Anjou, — des Perrières, — de Lombardière, — de Montrelais, par. de ce nom, — de la Sillardière, par. de Varades, — du Plessis-Guériff, par. de Monnières.

Ext. réf. 1669, cinq gén.; ress. de Nantes et Rennes.

D'argent à la tête de loup (*aliàs* : de rat) arrachée d'or, au chef d'argent.

Le nom ancien de cette famille est Le Rat; Paschal Le Rat, s^r de la Ratterie et de la Touche-Guibœuf, docteur en droit en l'université d'Angers et bailli de la juridiction de Villiers-Charlemagne en 1500, père de Guillaume, chevalier romain, général de l'armée du pape Paul III, puis conseiller au grand-conseil du roi François Ier et maire d'Angers en 1547, marié en 1543 à Michelle Boudet; un président à mortier au parlement de Bretagne en 1571 et plusieurs conseillers au parlement, dont l'un commissaire de la réformation de 1668.

Lessart, s^r de la Guichardaye, — de Kerdavy, ress. de Vannes.

D'argent à trois pal d'azur (arm. 1696).

Lessart (de), s^r dudit lieu et de Launay, par. de Vern, — de la Turays, par. de Goven, — de la Salle, — de Ménard, — de la Robinaye, par. de Chavaigne, — de l'Espine, par. de Bréal, — du Tertre, par. de Plestan, — de la Buissenays, par. de Cournon.

Déb., réf. 1671; réf. et montres de 1427 à 1513, par. de Vern, év. de Rennes, et Goven, év. de Saint-Malo.

D'argent à la bande de gueules, cotoyée de deux cotices crénelées de même.

Lessieu, s^r de la Vallée, par. d'Yvignac.

Déb., réf. 1668, ress. de Dinan.

Lessongère, par. de Saint-Herblain, év. de Nantes, vicomté en 1642 en faveur du s^r Barrin, *voyez* Barrin.

Lestang (de), *voyez* Estang (de l').

Lestel (orig. du Boulonnais), s' du Blart, des Briques, de la Latterie, et de la Boulle, en Boulonnais, — de Kerlévénez, par. de Botoha, év. de Cornouailles.

    Ext. réf. 1670, cinq gén.; ress. de Saint-Brieuc.

    D'argent à la fasce d'azur, accomp. de trois heaumes de sable.

Jacques, s' de la Boulle, arrière-petit-fils de Vast, célèbre capitaine ligueur sous Fontenelle, reçut lettres d'abolition en 1610 et épousa Louise de Rosmar.

Amaury, s' de Coatourneau, de Rostrenen, débouté à la réformation de 1670.

Lestévennec (de), s' dudit lieu, par. de Plouider.

    Réf. et montres de 1426 à 1503, dite par., év. de Léon.

    D'argent à une chouette de sable, becquée et membrée de gueules, *comme Le Gall*.

Le nom ancien de cette famille est Le Gall.

Lestic ou Estic (l'), s' de la Ville-Durand, — des Salles, par. de Ploubalanec, — de Cleuziat, — de Kerraoul, par. de Paimpol, — de la Belleissue.

    Ext. réf. 1668, six gén.; montre de 1569, par. de Ploubalanec, év. de Saint-Brieuc.

    D'argent au chevron de gueules, accomp. de trois tourteaux d'azur.

François, de la paroisse de Paimpol, anobli en 1548 par lettres vérifiées en 1561, aïeul de Jean, marié à Catherine de Kerimel.

Lestobec, s' de Lanrivoaz, — du Plessis, — de la Garenne.

    Déb., réf. 1669, ress. de Morlaix.

    D'azur à une main gantée d'or, mouvant à sénestre d'une nuée d'argent (arm. 1696).

Ce nom est employé à la réformation et aux montres de 1448 à 1536, paroisse de Ploërdut, évêché de Vannes.

Lestobec, s' du Tromeur, ress. de Brest.

    D'argent à l'aigle de sinople (arm. 1696).

Lestourbillon, *voyez* Estourbillon (l').

Lestourdu (de), s' dudit lieu, par. de Plouider.

    Réf. et montres de 1448 à 1481, dite par., év. de Léon.

    D'argent à la quintefeuille de gueules, accomp. de trois coquilles de même.

    Moderne : Kerven.

Le nom ancien de cette famille est Monfort.

Lesven, *voyez* Lesguen (de).

Lesvern, *voyez* Lesguern (de).

Lesvern (de), *voyez* Frotter (le).

Lesversault (de), s' dudit lieu, par. de Brélidy, — de Kerdanet.

    Réf. et montres de 1427 à 1481, dite par., év. de Tréguier.

    De gueules à la fasce fuselée d'argent, accomp. de six besants de même.

Fondu vers 1521 dans du Parc.

Lévesque, *voyez* Évesque (l').

Levier (le), sr de Kerroc'hiou, par. de Ploujean, — de Penarstang, de Keranfors et de Kerloassezre, par. de Plougonven, — de Meshir, — de Keramprévost, — de Coatglaz, — de Kervézec.

Déb. réf. 1669, ress. de Morlaix.

D'argent à la fasce d'azur surmontée d'une merlette de même, *comme Cazin, Cosquerguen, Geoffroy, Keraminou, Kergoz et Kerhallic*, et accomp. de trois trèfles de gueules. (G. le B.)

Jean, sénéchal de Morlaix en 1533; Jean, gouverneur du château du Taureau en 1574; Jean, conseiller au parlement en 1588, marié à Françoise de Talhouët de Boisorhant.

Levrault, déb. à l'intend. en 1702, ress. de Vitré.

De sinople à la barre d'argent, chargée d'un levraut courant et contourné de gueules (arm. 1696).

Levroux ou Levroust (le), sr du Boispassemalet, par. de Broons.

Anc. ext., réf. 1668, huit gén.; réf. et montres de 1428 à 1513, par. de Broons, év. de Saint-Malo.

De sable à la coquille d'argent, au chef de même chargé de trois molettes de gueules.

Jean, vivant en 1452, épouse Jeanne du Boys.

Levroux (le), sr de Troncé, par. de Sévignac, — de la Touche, du Prérond et de la Roche, par. de la Maloure, — de Bélestre, par. d'Hénansal.

Anc. ext., réf. 1669, neuf gén.; réf. et montres de 1423 à 1569, par. de Sévignac, év. de Saint-Malo, la Maloure et Hénansal, év. de Saint-Brieuc.

De sable à la fasce d'argent, chargée de trois coquilles de gueules, et accomp. en pointe d'une coquille d'argent.

Pierre, sr de Troncé, vivant en 1407, aïeul de Raoul, vivant en 1479, marié à Eustasie de Montmoron. Les deux familles Le Levroux ont une origine commune.

Lézard (du), sr dudit lieu, par. de Bourgbriac, év. de Tréguier.

Écartelé aux 1 et 4 : de gueules plein; aux 2 et 3 : de sable à la croix d'argent.

Fondu dans Bizien, *voyez* Bizien.

Lezardrieux (de), sr dudit lieu, par. de Pleumeur-Gautier, év. de Tréguier.

Fascé de six pièces, surmonté de trois molettes (sceau 1225); *aliàs* : d'argent au lion de gueules, armé et lampassé d'or. (G. le B.)

Alain, évêque de Tréguier en 1266.

La seigneurie de Lezardrieux a été possédée depuis le XVe siècle par les familles Tournemine, Pean et Acigné.

Lezec, sr du Roudour, par. de Servel, év. de Tréguier.

D'azur à deux chevrons entrelacés d'argent, accomp. en chef d'un croissant de gueules. (G. le B.)

On trouve Eon, de la paroisse de Pluvigner, évêché de Vannes, anobli en 1425; Jean et Guillaume, archers dans une montre de 1481.

Lézérec, *voyez* Léséleuc.

LEZÉRET (DE), d'argent à l'épée fichée de sable, accomp. en chef de deux étoiles de sable et en pointe d'un croissant de même (arm. de l'Ars.).

<small>Guillaume, accompagne le duc dans son voyage en France en 1418.</small>

LEZERGUÉ (DE), s^r dudit lieu, par. d'Ergué-Gabéric, év. de Cornouailles.

De gueules à la croix potencée d'argent, cantonnée de quatre croisettes de même (G. le B.), *comme Cabellic*.

<small>Cette terre a été successivement possédée par les familles Coëtanezre, Autret, du Plessis et la Marche.</small>

LEZIART, *voyez* LIZIART.

LÉZIART, s^r de la Léziardière, de la Morinière et de Plessis-des-Fossés, par. de Mécé, — de la Bouteraye, par. de Poilley, — de la Géraudaye, par. de Brutz, — de la Boëdrolière, par. de Chatillon en Vendelais, — de la Marchelais, — de Keriolet, — de la Villeorée, — de la Grangerie, — du Dezerseul, par. de Gosné, — du Fail, — du Vauhaudoin, — du Rocher, — du Chantier, — de la Roche, — de Lessart, — du Boulay, — du Boisdaniel, — du Matz, — du Tertre.

Anc. ext., réf. 1669, huit gén.; réf. et montres de 1427 à 1513, par. de Mécé, Poilley, Saint-Didier, Brutz et Chatillon en Vendelais, év. de Rennes.

D'argent à trois lézards de sable.

<small>Jean et Guillaume, écuyers employés à la défense de la Guerche en 1379; Robin, vivant en 1414, épouse Perrine de Cucé; Georges, lieutenant au gouvernement de Brest en 1592, gentilhomme de la chambre et chevalier de l'ordre du Roi en 1607; une fille reçue à Saint-Cyr en 1744.</small>

LEZILDRY (DE), s^r dudit lieu, par. de Plouguiel, — de Kergozou, par. de Plougrescant, — de Kergadiou, — de Coëtanfao, — du Billo, par. du Minihy-Tréguier.

Anc. ext. chev., réf. 1669, sept gén.; réf. et montres de 1427 à 1543, par. de Plouguiel et Plougrescant, év. de Tréguier.

D'azur au croissant d'argent, accomp. de trois besants de même (sceau 1418).

<small>Jacques, archer dans une montre de 1351; Olivier, reçoit une montre à Bourges en 1418; Olivier vivant en 1460, épouse Jeanne de Kerascouët.</small>

LEZIRIVY (DE), s^r dudit lieu, par. de Plouarzel, év. de Léon.

De gueules au chef d'hermines; *aliàs* : de gueules à trois chevrons d'hermines, au chef de même (arm. de l'Ars.).

<small>Alix, fille d'Hervé, épouse Guillaume, sire du Chastel, † 1370.</small>

LEZIVY (DE), s^r dudit lieu, par. de Saint-Divy, év. de Léon.

D'argent à trois chevrons de sable. (G. le B.)

Moderne : Mescam.

LEZIVY (DE), s^r dudit lieu, par. de Combrit, — de Kerlan, — baron du Faouët, par. de ce nom, év. de Cornouailles.

De sable à dix billettes d'argent.

<small>Henry, fait hommage au vicomte de Rohan en 1396. Fondu dans Bouteville.</small>

Lezongar (de), sr dudit lieu, par. de Plouhinec, — de Kerespern, par. de Cléden, — du Hilguy, par. de Plougastel, — de Prataoraz, par. de Penhars, — de Lestiala, par. de Beuzec.

Réf. et montres de 1426 à 1536, par. de Cléden-Cap-Sizun, Plougastel-Saint-Germain, Penhars et Beuzec-Cap-Caval, év. de Cornouailles.

D'azur à la croix d'or; *aliàs*: cantonnée à dextre d'une fleur de lys de même.

La branche aînée fondue dans Le Heuc; la branche du Hilguy fondue dans Quélennec, puis Visdelou.

Lezonnet (de), sr dudit lieu, par. de Loyat, — de la Roche, par. d'Augan, — du Marchix et du Boisservier, par. de Campénéac, — de la Villerouault, — du Boays, — de la Billiais, — de Callo.

Anc. ext., réf. 1669, huit gén.; réf. et montres de 1428 à 1513, par. de Loyat, Augan et Campénéac, év. de Saint-Malo.

De sable au chevron d'hermines, accomp. de trois coquilles d'argent (sceau 1332); *aliàs*: de sable à trois coquilles d'argent.

Jean, archevêque de Dol en 1199, † 1231; Jean, homme d'armes dans la montre du sire de Rieux pour le recouvrement de la personne du duc en 1420, épouse Marie de Catelan.

La branche aînée avait apporté dès le xve siècle la seigneurie de Lezonnet aux Coëtlogon, qui l'ont transmise par alliance aux Le Prestre, vers 1520. (Famille éteinte).

Lezormel (de), sr dudit lieu et de Kerranou, par. de Plestin, — de Keramezre, par. de Plouégat, — de Kerloscant, par. de Caouënnec, — de Keraudren, — de Kerangoff, — de Kergouriou, — de Penarstang, par. de Plougonven, — des Tourelles, par. de Lannédern, — de Trolong, — de Penarpont.

Anc. ext., réf. 1669, huit gén.; réf. et montres de 1427 à 1543, par. de Plestin et Plouégat-Guérand, év. de Tréguier.

Bandé de six pièces d'argent et d'azur. Devise: *Le content est riche.*

Guyomarc'h, vivant en 1427, épouse Catherine Le Neyre, dont Rolland, marié en 1440 à Annette de Portzpoden.

Famille éteinte dans Raison.

Lezot, sr de la Villegeffroi, — du Vaurosé, — de Pontméniac, — de Loizil, — des Portes, — de la Millaye.

Ext., réf. 1668, trois gén., et arrêts du parl. de 1749 et 1771, sept gén., ress. de Rennes.

D'argent au chevron de sable, accomp. de trois roses de gueules.

Gilles, contrôleur à la chancellerie en 1575, marié en 1561 à Jeanne de Bréhand, anobli en 1599; Roc'h, fils des précédents, secrétaire du Roi en 1589, puis gentilhomme de la chambre et chevalier de l'ordre du Roi en 1622, épouse Nouaille de la Corbinière.

Les srs d'Orson, paroisse de Taillis et de la Richardière, déboutés à la réformation de 1668.

Lharidon, sr de Penanroz, par. de Chateauneuf du Faou, — de Kerandraon, — de Keralain, — de Penguilly.

Déb., réf. 1670, ress. de Carhaix, et appelé à l'arrière-ban de Cornouailles en 1694.

D'azur au chevron d'or, accomp. en chef de trois étoiles d'argent, et en pointe d'un pin arraché d'or.

<small>Un capitaine ligueur tué par les royaux à l'attaque de Carhaix en 1590.
Cette famille a été anoblie en 1830 sous le titre de baron, avec érection en majorat de la terre du Grand-Moros.</small>

L'Hommeau (de), s^r de la Noë, — du Boisrenaud, par. de Riaillé.

Déb., réf. 1668, ress. de Nantes.

<small>Un maître des comptes en 1672.</small>

Lhostis, s^r de Kerdaniel, par. de Plésidy.

Réf. et montres de 1481 à 1543, dite par., év. de Tréguier.

<small>Pierre, de la paroisse de Plésidy, trêve de Senven-le-Hart, anobli en 1471.</small>

Liays, s^r de Cerny, — de Launay, év. de Rennes.

D'azur à l'épervier d'argent longé d'or, perché sur un tronc d'arbre arraché de même (arm. 1696).

<small>Jean, référendaire à la chancellerie en 1580; Jean, sénéchal de Fougères en 1612.</small>

Libault, s^r du Perray, — de la Templerie, par. de Pont-Saint-Martin, — de Beaulieu, — de la Barossière, par. d'Orvault, — du Bois-ès-Loup, par. de Couëron, — de Belabord et de la Belusterie, par. de Château-Thébault, — de la Haye, par. de Sainte-Luce, — de la Chevasnerie, par. de Saint-Géréon.

Maint. réf. 1669, 0 gén., par les priviléges de l'échevinage de Nantes.

D'argent à six fleurs de lys de gueules, 3. 2. 1., au chef de même, chargé de trois fers de piques d'argent, les pointes en haut. Devise : *Pro Deo, rege et patriâ*.

<small>Gratien, échevin de Nantes en 1655; Gratien, maire en 1671, épouse Jeanne Moreau; un maître des comptes en 1751; un secrétaire du Roi en 1753, maire en 1764.</small>

Libouron, s^r de Coéthéloury, par. de Cavan.

Réf. 1427, par. de Cavan et Pédernac, év. de Tréguier.

<small>Laurent, prête serment au duc entre les nobles de Tréguier en 1437.</small>

Lichezre (le), réf. et montres de 1481 à 1543, par. de Trédarzec et Pleumeur-Gautier, év. de Tréguier.

<small>Jean, de la paroisse de Trédarzec, anobli en 1472.</small>

Lidic, s^r de Coëtgral, par. de Ploujean, év. de Tréguier.

D'or à la fasce de gueules, chargée de trois trèfles d'argent et accomp. de trois merlettes de gueules. (G. le B.)

Liepvre ou Lièvre (le), s^r de Martigné, par. de Bazouges, — du Châtel, par. de Corseul, — de la Grande-Rivière et de la Chesnaye, par. de Marcillé-Raoul, — de Beauregard, — de la Baucheraye et du Bois-Morin, près Dinan.

Déb., réf. 1670, réf. 1513, par. de Bazouges-la-Pérouse, év. de Rennes.

D'azur à un lièvre d'argent en fasce, accomp. de trois têtes de chien de même.

<small>Raoulet, vivant en 1513, épouse Georgine Bouvier, dame de Martigné, et disent les paroissiens avoir toujours vu ledit lieu exempt; un sénéchal de Dinan en 1670; deux secrétaires du Roi depuis 1692.</small>

LIEPVRE (DU), sʳ de la Thébaudais, — du Bouais, par. de Pacé, — du Val.
   Guillaume, greffier aux requêtes du parlement en 1642; Jean-Guillaume, arrière-petit-fils du précédent, anobli en 1755 à l'occasion de l'érection à Rennes de la statue de Louis XV.

LIEPVRE, *voyez* LIÈVRE (LE).

LIEURRE ou LIEUR (LE), sʳ de Fossoy, de Laurière, du Tertre, de Léard et de l'Aubépin, au Maine.
   D'or à la croix denchée d'argent et de gueules, cantonnée de quatre têtes de léopard d'azur.
   Antoine, secrétaire de la chambre du Roi, vivant en 1600, père de Simon, receveur des tailles en l'élection de Roanne, marié en 1623 à Madeleine Sotty, veuve en 1651; un capitaine à l'hôtel royal des Invalides en 1743; un receveur des fermes du Roi à Paimbœuf en 1744; un juge civil et criminel de l'amirauté de Nantes en 1773, père d'un colonel et d'un intendant militaire, démissionnaires en 1830.
   Une famille de même nom et armes, maintenue en Champagne et en Soissonnais en 1668, avait pour auteur Jacques, sʳ de Mallemain, capitaine et maire de la ville de Rouen, anobli en 1364

LIEUZEL, sʳ de Villeneuve.
   D'or au chevron engreslé d'azur (arm. de l'Ars.).

LIÈVRE (LE) (orig. de Normandie, y maint. en 1666), sʳ de la Villeguérin, — de la Marquerais.
   De sable à la croix ancrée d'argent, accomp. de trois croissants de même.
   Eusèbe, conseiller au parlement de Bretagne en 1668, puis avocat-général, épouse Hélène Neveu, dont Jacques-Eusèbe, aussi avocat-général en 1697, marié à Renée-Sylvie l'Olivier de Lochrist, † sans postérité.

LIÈVRE (LE), sʳ de la Rousselière, — de Touchelieu, — de la Morinière, par. d'Essé, — du Sauzay, par. de Soudan, — de la Touche, par. de Sucé, év. de Nantes.
   De gueules au chevron d'or, accomp. en chef de deux étoiles d'argent et en pointe d'une tête de lièvre au naturel; *aliàs* : de gueules à la tête de lièvre d'or, accomp. de deux étoiles de même (arm. de l'Ars.).
   Jacques-René-Félix, sʳ du Sauzay, auditeur des comptes en 1748, obtint ses lettres d'honneur en 1779; Jean-Baptiste, sʳ de la Touche, fils du précédent, auditeur des comptes en 1784.
   Pierre, avocat et homme de pratique de la ville de Chateaugiron, et Guillaume, receveur de Chateaubriant à Piré, ne paient rien et s'exemptent à cause de leurs priviléges, aux réformations de 1440 et 1450, paroisse de Chateaugiron.
   On trouve Pierre, sʳ de la Duché, demeurant paroisse d'Essé, débouté à la réformation de 1669; mais nous ne savons s'il appartenait à la même famille.

LIGER ou LIGIER, sʳ de la Gaudinaye, par. de Romazy, — d'Ardaines, par. de Tremblay.
   Réf. de 1513, par. de Romazy, Tremblay et Antrain, év. de Rennes.
   De gueules à la croix engreslée d'or, accomp. aux 1ᵉʳ et 2ᵉ quartier d'une croisette d'argent (sceau 1418).

LIGER ou LÉGER, sʳ de la Chateigneraye, — de Lunières.
   Maint. par arrêt du parl. de 1780. (Protest. de 1788.)
   De gueules à la bande engreslée d'or, accomp. de deux croisettes d'argent.
   Un échevin de Nantes en 1682; deux auditeurs des comptes, père et fils, en 1692 et 1726.

Lignières (des), sr dudit lieu, par. de Saint-Hylaire-des-Landes, — du Chemin, par. de Montreuil-sous-Pérouze, — de Launay-Morel, par. de Roz-sur-Couaisnon, — du Tertre-Robert.

Réf. de 1448 à 1513, dites par., év. de Rennes.

<small>Guillaume, abbé de Saint-Aubin-des-Bois, conseiller aux Grands-Jours puis au parlement en 1554, † 1557.</small>

Limoëlan (de), *voyez* Picot.

Limoges, ville et vicomté, portée en 1275 dans la maison de Bretagne par le mariage de Marie, fille et héritière de Guy, vicomte de Limoges, avec Artur, comte de Richemont, et depuis duc de Bretagne.

Pour armes antiques : cotice d'or et de gueules de dix pièces ; moderne : de Bretagne à la bordure de gueules, *qui est Penthièvre*.

<small>La vicomté de Limoges, échue en partage aux Penthièvre puînés de Bretagne, passa successivement par mariage aux de Blois, d'Albret et Bourbon, et en 1607, Henri IV la réunit à la couronne.</small>

Limoges, sr de Villette.

D'argent à la croix engreslée de sable (arm. de l'Ars.).

<small>Jacques, archer dans une montre reçue à Dinan en 1489, sous la charge de Jean Bauchier, chevalier, roi d'Ivetot; Jacques, fils du précédent, officier de la maison du sire de Guéméné en 1540, avec deux chevaux à livrée, bouche à cour et pour état 100 livres de gages par an.</small>

Limoges (orig. de Chartres), sr de Primartz, par. de Bréval, — de la Barre, par. de Maure.

Ext., réf. 1669, six gén., ress. de Ploërmel.

D'azur au lion d'or, armé et lampassé de gueules.

<small>Pierre, vivant en 1493, épouse Étiennette Malinge.</small>

Limon, sr du Guermen et de la Belle-Issue, par. de Saint-Turiaff, trève du Fœil, — du Tertre, — de la Ville-Gicquel, — du Parcmeur, — de Champbignon, — du Timeur.

Déb., réf. 1668 et à l'intend. en 1698; réf. et montres de 1535 à 1569, par. de Saint-Turiaff de Quintin et Saint-Brandan, év. de Saint-Brieuc.

D'azur à la croix engreslée d'or (arm. 1696); *aliàs* : d'azur à la fasce d'or, chargée de cinq tourteaux d'azur, et accomp. de trois molettes d'or (arm. 1696).

<small>Plusieurs conseillers du Roi, syndics et maires de Saint-Brieuc et Guingamp depuis 1670.</small>

Limonier (le) (orig. de Normandie), sr de la Marche, — de la Lande, — du Cahier, — des Gastais, — de Verdun, — de la Houssaye, — de la Rouelle, — des Hayes, — du Collédo.

Anc. ext., réf. 1670, dix gén., ress. de Rennes et Fougères.

D'argent au lion de gueules, à la bande d'azur, chargée de trois croisettes d'or, brochant. Devise : *Fortes creantur fortibus*.

<small>Thébaut, fils Eon, gouverneur du château de Valaine en 1362, épouse Guyonne Pinel; Thomas, prisonnier à la bataille de Saint-Aubin-du-Cormier en 1488; deux conseillers au parlement en 1577 et 1581; un secrétaire du Roi en 1619.</small>

<small>Le sr des Aulnays, paroisse d'Ercé, près Gosné, débouté à la réformation de 1668.</small>

LIMOUZINIÈRE (DE LA), voyez TOUCHE (DE LA).

LIMUR (DE), sʳ dudit lieu et de la Jarrye, par. de Peillac.

Réf. et montres de 1427 à 1536, par. de Peillac et Rieux, év. de Vannes.

D'or à trois épées rangées de gueules, les pointes en bas.

Moderne : Gouret puis Chanu, voyez CHANU.

LINDREUC (DE), sʳ dudit lieu, par. de Noyal-Pontivy.

Réf. et montres de 1448 à 1481, par. de Noyal et de Rumengol, év. de Vannes.

D'argent à sept macles de gueules (G. le B.), comme *Becmeur, Launay, la Noë et Quélennec.*

Perrot, compris dans le testament de Jean, vicomte de Rohan en 1395; Eon, prête serment au duc entre les nobles de Rohan et Porhoët en 1437; Jeanne, épouse vers 1536, Louis d'Avangour, sʳ de Kergrois.

LINGIER (orig. du Poitou, y maint. en 1699), sʳ de Saint-Sulpice, de la Noë et de la Grolle, en Poitou, — de la Rondellière, par. de Saint-Étienne-de-Mer-Morte, év. de Nantes.

D'argent à la fasce fuselée de gueules, accomp. de huit mouchetures de sable, 4. 4 (arm. 1696).

Un conseiller au parlement en 1750.

LINIAC (DE), sʳ dudit lieu, — de Quélen, par. de Guégon, év. de Vannes.

Fascé de six pièces d'argent et de gueules. (G. le B.)

Olivier, † 1365, épouse Constance de Quélen, dame dudit lieu.

LINIERS (DE) (orig. du Poitou, y maint. en 1667), sʳ d'Airvault, — d'Amaillou, — de la Guyonnière, — de Soulièvre, — de la Grange, — de Saint-Pompain, — de la Bourbelerie, — de Château-Gaillard.

D'argent à la fasce de sable (G. le B.); *alias* : d'argent à la fasce de gueules, à la bordure de sable besantée d'or (arm. 1696).

Guy, sʳ de la Meilleraye, époux en 1340 de Mathurine Cherchemont, tué à la bataille de Poitiers en 1356; deux chevaliers de Malte en 1577.

Cette famille a donné à la marine plusieurs officiers distingués et s'est alliée en Bretagne aux Fontaine de Mervé.

LINNES (DE), sʳ de la Rabière et du Bourgmarin, par. de Saint-Brieuc des Iffs, — de Lestang, — de la Pommeraye.

Anc. ext., réf. 1669, neuf gén.; réf. et montres de 1428 à 1479, par. de Saint-Brieuc des Iffs, év. de Saint-Malo.

De gueules à trois channes ou marmites d'or, à la bande d'azur chargée de trois losanges d'argent, brochant.

Geoffroy fils Raoul, vivant en 1400, épouse Jeanne Le Prestre, dont Olivier, vivant en 1444, marié à Jeanne de Listré.

LINOU, sʳ de Saint-Jouan.

Déb., réf. de 1670, ress. de Lannion.

LIONNAIS (LE), s⁏ de la Rollandière, par. de Plumaudan, — de la Houssaye, par. de Quédillac, — du Val, par. de Plouër, — de Launay, par. de Médréac, — du Ponthais.

Réf. et montres de 1428 à 1513, dites par., év. de Saint-Malo.

D'argent à trois lions de sable.

<small>Mathurin et Jean, abbés de Saint-Melaine de 1448 à 1486; Guy, abbé de Beaulieu en 1477, évêque nommé de Rennes en 1501, † 1528.</small>

LIONNE (DE) (orig. du Dauphiné), marquis de Claveson en 1658.

De gueules à une colonne d'argent, au chef cousu d'argent chargé d'un lion léopardé d'or.

<small>Hugues, ministre et secrétaire d'État, père de Jules-Paul, abbé de Saint-Melaine de 1659 à 1670.</small>

LIORZOU (DU), s⁏ dudit lieu et de Tronjulien, par. de Plounévez-Lochrist, — de Kerbiquet, par. de Plougaznou.

Anc. ext., réf. 1670, six gén., réf. et montres de 1426 à 1543, par. de Plounévez et Kernilis, év. de Léon, et Plougaznou, év. de Tréguier.

D'argent à trois jumelles de sable, surmontées de deux roses de gueules, boutonnées d'or.

<small>Jean, vivant en 1481, épouse Guillemette de Kersauzon.
La branche aînée fondue dans Lesquélen.
La dernière branche éteinte dans Keranguen.</small>

LIRON, s⁏ de la Chesnaye, ress. de Dinan.

D'argent au chêne arraché de sinople, le tronc chargé d'un lion rampant de sable (arm. 1696).

LIROT, *voyez* LYROT.

LISAC, s⁏ de Poulquijeau et de Kergavarec, ress. de Brest.

D'azur à l'agneau passant d'or, accomp. de trois étoiles d'argent (arm. 1696).

LISCOËT (DU), *voyez* BAHUNO.

LISCOËT (DU), s⁏ dudit lieu, par. de Boquého, — de Kerispertz, — de Kerauffret et de Coëtmen, par. de Bourgbriac, — de Rosserff et du Bois-de-la-Roche, par. de Coadout, — de Kernabat, — de Kerroux, vicomte des Planches, au Maine, — s⁏ de Kervédo, — de Kerrom, — du Run, — de Kergolléau, — de Kergoët, — de Coëtnempren, par. de Trefflaouénan, — de Grillemont, en Touraine.

Anc. ext. chev., réf. 1671, neuf gén., et maint. à l'intend. en 1702; réf. et montres de 1427 à 1543, par. de Boquého, év. de Tréguier, et Coadout, év. de Dol.

D'argent au chef de gueules, chargé de sept billettes d'argent, 4 et 3.

<small>Eudes, marié à Gillette de Lourmoys, † avant 1263, rappelés dans une fondation faite en cette année à l'abbaye de Bonrepos, par Adelice, leur fille; Rolland, homme d'armes dans une montre de 1351; Jean, vivant en 1427, époux d'Aliette Madeuc, père de Roland, grand-veneur de France en 1457, capitaine de Loches en 1461, marié : 1° à Thomine Péan, 2° à Marguerite Le Borgne, dont : 1° Jean, marié à Marguerite de Bodégat, qui ont continué la filiation en Bretagne; 2° Bertrand, capitaine de Loches, après son père, en 1467, auteur des seigneurs de Grillemont, en Touraine.</small>

Charles, évêque de Cornouailles en 1583, † 1614; Yves, maréchal de camp en 1593, célèbre capitaine royaliste, eut la main droite coupée d'un coup de hache au sac de Carhaix en 1590 et fut tué à l'attaque du fort des Espagnols à Crozon en 1594; René, gouverneur de Chartres et capitaine des cent-suisses du duc d'Orléans en 1700.

La branche aînée fondue dans Bahuno, puis Visdelou.

Le s^r du Tertre, paroisse de Trégomeur, débouté à la réformation de 1671.

LISLE, *voyez* ISLE (DE L').

LISSINEUC (DE), *voyez* COURSON.

LISTRÉ (DE), s^r dudit lieu et de la Boëssière, par. de Combourg, — du Luot, — de Belestre, par. de Guitté.

 Réf. et montres de 1429 à 1513, par. de Combourg et Guitté, év. de Saint-Malo.

 D'argent à trois écussons de gueules, chargés chacun de trois fusées d'or, *comme Trémigon*.

LIVEC (LE), s^r de Kernault, — de Limelec, — de Kerbihan, — de Toulalan, — de Loquéran, par. de Plouhinec, — de Trébeoret, près Pont-l'Abbé.

 Déb., réf. 1668, ress. d'Auray. (Protest. de 1788.)

 D'azur à la fasce d'argent, chargée d'une étoile de gueules et accomp. de trois croissants d'or; *aliàs* : d'argent à trois macles de gueules. (arm. 1696).

Jean, procureur du Roi au présidial de Quimper, anobli en 1700; un secrétaire du Roi en 1710.

LIVINOT (DE), s^r dudit lieu, par. de Bannalec, év. de Cornouailles.

 De gueules à la fasce d'argent, accomp. de trois truites de même. (G. le B.)

Cette terre a passé successivement de la famille du Mur, aux Guengat, puis aux Kergorlay.

LIVRÉE (orig. de Normandie), s^r de Lessay, — de la Fontaine.

 Ext. réf. 1669, 0 gén., ress. de Fougères.

 De gueules à deux croisettes d'argent en chef et une fleur de lys d'or en pointe.

Cette famille, originaire de Carentan, a été anoblie en 1594, par lettres vérifiées en 1610.

LIZÉ, s^r de la Motte, par. d'Etrelles.

 Réf. et montres de 1441 à 1513, par. de Vieux-Vy-sur-Couaisnon, év. de Rennes.

 D'argent à trois fasces ondées de sable. (G. le B.)

Macé, praticien et tabellion, demeurant à Noyal-sur-Vilaines, en 1427; Michel, homme de bas état, tient franc en 1478 le moulin à papier de Vieux-Vy, élevé par Jean son père avant 1440, avec le peschage des écluses dudit moulin; un connétable de Rennes en 1577.

Fondu dans Jouneaux.

LIZIART (DE), s^r dudit lieu, — du Mesmeur, par. de Briec, — de Kergonau, par. d'Ergué-Gaberic.

 Réf. et montres de 1426 à 1562, dites par., év. de Cornouailles.

 Écartelé aux 1 et 4 : d'or à trois croissants de gueules, aux 2 et 3 : d'azur à la quintefeuille d'argent.

LOAISEL, *voyez* LOISEL.

LOBBE (DE LA), s^r de Bréhant.

 Déb., réf. 1669, ress. de Nantes.

LOBINEAU, év. de Rennes.

De gueules au chevron d'or, accomp. de trois molettes de même. Devise : *Stimulo dedit œmula virtus.*

Thomas, procureur au parlement en 1573; dom Guy-Alexis, célèbre bénédictin, auteur de l'*Histoire de Bretagne* publié en 1707, † 1727 à l'abbaye de Saint-Jacut.

LOC'HANT (DE), sr dudit lieu, par. d'Irvillac, — de Kerouriou, par. de Baden, — du Goüaziou.

Anc. ext., réf. 1668, six gén.; réf. et montres de 1426 à 1536, par. d'Irvillac, év. de Cornouailles.

D'azur à trois épis de froment d'or.

Alain, vivant en 1500, épouse Isabelle de Lohennec.
La branche aînée fondue en 1522 dans du Faou, puis du Bot.

LOCHET, sr du Liscoat, — des Noës.

Déb., réf. 1668, ress. de Saint-Brieuc.

De sable à trois poissons d'argent en pal (arm. 1696).

Un syndic de Saint-Brieuc en 1682.

LOC'HODAN (DE), sr dudit lieu, par. de Landéda, — de Lanédern, par. de Guissény.

Réf. et montres de 1426 à 1538, par. de Landéda, év. de Léon.

D'argent à trois coquilles de sable.

LOCHRIST (DE), sr dudit lieu, par. de Trébrivant, — du Quistillic, par. de Plougonven, — de Kergroas et du Quenquis, par. de Duault.

Réf. et montres de 1481 à 1562, par. de Duault, év. de Cornouailles.

De gueules au croissant de vair, accomp. en chef d'une quintefeuille et en pointe d'une étoile, le tout d'or (sceau 1306).

Un seigneur de ce nom au nombre des dix Bretons de l'armée de Sylvestre Budes, qui combattirent et vainquirent dix Allemands à Rome en 1377.
La branche aînée fondue dans l'Olivier.

LOCMARIA (DE), *voyez* PARC (DU).

LOCQUET, sr de Pelouze, — de Chateau-d'Acy, de Grandville et de la Hirlais, par. de Baguer-Morvan, — de la Chardonnière, — de Téhel, — marquis de Fougeray, par. de ce nom.

Déb., réf. 1668, ress. de Rennes.

D'azur à trois pals d'or, au chef d'azur chargé d'un pigeon au vol élevé d'or.

Charles, secrétaire du Roi, près le parlement de Navarre en 1695, général des finances en Bretagne en 1704, père de : 1º Étienne-Julien, sr de Grandville, lieutenant-général des armées du Roi en 1743, illustré par sa défense d'Ingolstadt, † 1752; 2º Thérèse-Gillette, mariée en 1716 au maréchal duc de Broglie; 3º Charles-Jean, marquis de Fougeray, époux de Jeanne du Couëdic.

Deux secrétaires du Roi à la chancellerie de Rennes en 1719 et 1747; un volontaire au combat de Saint-Cast en 1758.

LOCQUET, sr de l'Isle, ress. de Nantes.

D'argent à la croix pattée de gueules, cantonnée de quatre étoiles de même. (B. L.)

Mathurin, avocat à la cour, échevin de Nantes en 1681.

LOCRENAN (DE), sʳ dudit lieu, par. de Plestin, év. de Tréguier.
Fascé d'argent et d'azur de six pièces (G. le B.), *comme Lanvaon*.
Moderne : Hamon.

LOGAN (DE), sʳ dudit lieu, par. de Lababan.
Réf. et montres de 1426 à 1562, dite par., év. de Cornouailles.
D'argent à la quintefeuille de gueules (arm. de l'Ars.), *comme Le Baud*.

LOGEOIS, sʳ de Bintin, ress. de Rennes.
> Un garde-scel à la chancellerie en 1754, † en charge en 1767; un alloué et lieutenant au présidial de Rennes en 1767.

LOGER, sʳ du Tertre, ress. de Ploërmel.
D'argent au rencontre de cerf de gueules, surmonté de trois fleurs de lys de même.
> François, épouse en 1685, Françoise Le Mintier, sʳ de Léhélec.

LOGES (DES), sʳ dudit lieu, par. de la Mézière, — du Closdorière, par. de Vern, — de la Dauphinais, — de Kerriou.
Ext., réf. 1668, sept gén.; réf. 1513, par. de Vern, év. de Rennes.
D'azur au lion d'or.
> Pierre, vivant en 1471, père de Mathurin, vivant en 1513 et ce dernier, père d'Olivier, marié à Mathurine Mellet; Jean, conseiller aux Grands-Jours en 1538.
> La branche du Closdorière fondue au xviiᵉ siècle dans Pioger.

LOHAËR, sʳ du Porzou, par. de Pédernec, trève de Tréglamus, év. de Tréguier.
> Jean, conseiller du duc, chantre de Tréguier et archidiacre de Penthièvre, obtient en 1428 franchise de son hébergement du Porzou.
> Fondu dans Garabouët, puis Clévéder.

LOHAN (DE), sʳ dudit lieu et de Bodaly, par. de Plaudren, — de Ramponet, par. de Caro.
Réf. et montres de 1427 à 1536, par. de Plaudren, év. de Vannes.
D'azur à trois fasces d'argent, chargées chacune de trois merlettes de sable.
> La branche aîné fondue au xvᵉ siècle dans Tréal; la branche de Ramponet fondue en 1635 dans Hudelor.

LOHÉAC (DE), sʳ dudit lieu, par. de ce nom, év. de Saint-Malo.
De vair plein.
> Judicaël, accompagna Guillaume le-Bâtard à la conquête d'Angleterre en 1066; Riou, croisé en 1096.
> La branche aînée fondue en 1298 dans la Roche-Bernard, d'où la seigneurie de Lohéac est tombée en 1364 dans la maison de Montfort, qui prit en 1404 le nom de Laval. Une branche cadette s'est perpétuée jusqu'au xviiiᵉ siècle sous le nom d'Anger ou Angier, *voyez* ANGER.

LOHÉAC, sʳ de Trévoazec, par. de Rédéné, — du Guilly, par. de Moëlan.
Déb. à l'intend. en 1704; montre de 1481, par. de Berné, év. de Vannes.
D'argent à une macle de sable (arm. 1696).
> Un procureur du Roi au présidial de Quimper en 1590; un maître des comptes en 1575; un sénéchal de Concarneau en 1696.

LOHENNEC (DE), s^r dudit lieu, par. de Pleiber-Christ.

Réf. et montres de 1445 à 1503, dite par. et par. de Saint-Thégonnec, év. de Léon.

Fascé d'or et de sable, la première fasce surmontée d'un lion léopardé de sable.

Fondu dans Keraudy, puis Le Borgne et du Dresnay.

LOHENNEC (DE), s^r de Kerangomar, par. de Ploudiry, — de la Motte, par. de Plounévézel.

Déb., réf. 1670, ress. de Lesneven.

D'argent à trois chênes de sinople, brisés en chef d'un croissant de gueules.

LOHERIE (DE LA), s^r dudit lieu, par. de Petitmars, — du Boisrouaud, de Bougon, de Gaignart, de Limur et de Tharon, par. de Saint-Père-en-Retz, — de la Hémeraie, par. de Soudan, — de Richelieu, par. de Lalleu.

Réf. de 1436 à 1445, par. de Petitmars, év. de Nantes, et Lalleu, év. de Rennes.

Gironné d'argent et de gueules de huit pièces (G. le B.), *voyez* LAMOUREUX.

Guillaume, président de Bretagne en 1440; Alain, époux en 1455 de Guillemette Mesleart, père d'Anne, mariée : 1° à Jean de Trévécar ; 2° à Regnaud de Brignac ; 3° à Pierre de Plouër.

LOHOU, s^r de Kerharo, par. de Plougonver, — de Brunault, par. de Trébrivant, — de Kermarquer.

Déb. réf. 1670, ress. de Carhaix.

D'azur à trois coquilles d'argent. (G. le B.)

Un lieutenant de Carhaix en 1656.

Ce nom est employé dans les réformations et montres de 1469 à 1513, paroisse de Pléhédel, évêché de Saint-Brieuc.

LOISEAU, s^r de Villejoie, par. d'Escoublac, — du Meurier et du Grand-Coin, par. de Blain.

Déb. réf. 1668, ress. de Nantes.

LOISEL, LOAISEL ou LOUAISEL, s^r du Plessis-Bouchet, par. de Saint-Herblain, — de la Barillais, — de la Ricardais, par. de Couëron, — de Crossac, par. de ce nom, — de la Gautrais et du Bodiau, par. de Pontchâteau, — de la Morandais, par. de Cambon, — de Trégoat, — de la Quinière.

Déb., réf. 1668 ; réf. 1513, par. de Saint-Herblain, év. de Nantes.

Deux référendaires à la chancellerie en 1753 et 1765.

LOISEL, LOAISEL ou LOUAISEL, s^r de la Couldre et de la Morinière, par. d'Essé, — marquis de Brie en 1660, par. de Brie, — s^r de Chambière, de la Rivière et vicomte de la Motte en 1642, par. de Saint-Armel des Boschaux, — s^r de la Touraudais, — du Plessix, par. de Theil, — du Bois-Jouan, — de la Villedeneuf, par. de Corseul, — de la Busardière, par. de Saint-Domineuc, — de Saint-Benoit.

Anc. ext. chev., réf. 1668, huit gén. ; réf. et montres de 1434 à 1513, par. d'Essé, Brie, Saint-Armel et le Theil, év. de Rennes.

D'argent à trois merlettes de sable.

Cette maison, alliée à celles de Malestroit, Maure, Montauban et Chateaubriant, remonte à Robin, époux d'Étesse de la Lande, l'un des signataires de la noblesse de Rennes pour empêcher l'invasion étrangère en 1378, trisaïeul de Jean, président et juge universel de Bretagne en 1457, ambassadeur vers le Roi pour traiter de la paix à Chinon en 1465, marié à Jeanne Sévestre, fille du trésorier de Bretagne, dont : Guillaume, marié en 1496 à Mathurine de Guémadeuc, père 1º de Jacques, auteur des marquis de Brie, éteints au XVIIᵉ siècle, et qui ont produit deux présidents à mortier en 1596 et 1635; 2º d'Artur, auteur des srs de la Villedeneuf.

Pierre, sr de la Grabottière, avocat en parlement, débouté en 1668, fils de Jean, sr des Perrières, échevin de Rennes en 1638, est l'auteur des srs de Saint-Trimoël, paroisse de Maroué, et de Sœuvre, paroisse de Chantepie, alliés depuis 1668 aux Gauthier du Plessis-Raffray, Chaton des Vaux, Douart et Launay de Pontcornou.

LOLIVIER, *voyez* OLIVIER (L').

LOMBART, sr de Port-de-Roche, par. de Fougeray.

Réf. et montres de 1450 à 1544, par. de Fougeray, év. de Nantes.

D'azur au lion d'or, accosté de deux macles de même (sceau 1306); *aliàs*: de gueules à la bande d'or, accostée de deux coquilles d'argent.

LONG (LE), sr de la Morandais, par. de Guignen, — du Dréneuc, par. de Fégréac, — de la Coudrais, — de Ranlieu, par. de Guérande, — du Bé, par. de Pontchateau, — du Pouldu, par. d'Avessac.

Anc. ext., réf. 1669, six gén.; réf. et montres de 1423 à 1544, par. de Guignen, év. de Saint-Malo, et Fégréac, év. de Nantes.

D'or à la quintefeuille de sable (sceau 1273), *comme La Motte*.

Henri et Hamon, croisés en 1248; François, vivant en 1500, épouse Perrine Le Bouteiller; un conseiller au parlement en 1708; un maréchal de camp en 1780. (Famille éteinte).

LONG (LE), porte un lion (sceau 1381).

Guyon, ratifie le traité de Guérande à Nozay en 1381.

LONG (LE), sr de Keranroux, par. de Plufur, — de Kernéguez, par. de Goudelin, — de Mezanrun, — de Coëtriou, — de Launay, par. de Ploëzal.

Réf. et montres de 1427 à 1543, par. de Plufur et Ploëzal, év. de Tréguier.

D'argent à trois chevrons de sable, *comme Gérot et Neuville*.

Robert, capitaine de Chateaulin sur Trieuc en 1400.
La branche de Coëtriou fondue en 1618 dans Boisboissel; la branche de Keranroux fondue en 1625 dans du Chastel.

LONGAULNAY (DE), sr dudit lieu et de Lanjouan, par. de Longaulnay, — de Fresnes, de Damigny, de Boishérout, de Franqueville et baron de Dampierre en 1663, en Normandie.

D'azur au sautoir d'argent.

Hervé, témoin en 1218 d'une fondation au prieuré de Bécherel; Bertrand, vivant en 1320, épouse Alix de Plumaugat; Guyon ratifie le traité de Guérande en 1381; Alix, dame de Longaulnay, épouse vers 1460 François de Beaumont, sr dudit lieu, paroisse de Guitté.

Une branche cadette transplantée en Normandie, y maintenue en 1463, élection de Bayeux, a produit : Jean fils Hervé, chambellan de Louis XI en 1463; un capitaine de cinquante hommes d'armes, tué à la bataille d'Ivry en 1590; quatre gouverneurs de Carentan depuis 1588; un aide major général, tué à la bataille de Fontenoy en 1745, et un maréchal de camp en 1762, † 1776.

LONGNONNET, s^r du Baultier, par. de Bazouges-la-Pérouse, — de Montdidier.
Déb., réf. 1670, ress. de Rennes.

LONGLE, év. de Tréguier.
D'argent à trois coupes couvertes de gueules. (G. le B.)

LONGUEIL (DE) (orig. de Normandie, maint. en Champagne en 1698), s^r du Rocher, au Maine, — marquis de Maisons-sur-Seine.
D'azur à trois roses d'argent, au chef d'or chargé de trois roses de gueules.

Antoine, évêque de Léon en 1484, aumônier de la Reine Anne, négocia le mariage de cette princesse avec Louis XII, et mourut en 1500; Nicolas, conseiller au parlement de Bretagne en 1585.

LONGUESPÉE, s^r du Rochay, par. de Langast.
Réf. et montres de 1428 à 1513, par. de Langast et Pluduno, év. de Saint-Brieuc.
D'argent à deux épées de sable en sautoir, les pointes en haut. (*Blancs-Manteaux*).

Guillaume, scelle les lettres du duc, portant changement de bail en rachat en 1275; Guillaume, fait hommage au vicomte de Rohan en 1396 par les mains de Perrotte de Kerméné, sa mère; Gilles, greffier de Lamballe en 1536.

La branche du Rochay fondue vers 1430 dans du Quengo.

LONGUEJOUE (orig. de Paris), s^r d'Yverny.
De gueules à trois grappes de raisin d'or.

Mathieu, chancelier de France, puis évêque de Soissons en 1533, père de Thibault, conseiller aux Grands-Jours de Bretagne en 1535, marié à Madeleine Briçonnet.

LONGUEVAL (DE) (orig. de Picardie), baron dudit lieu, — s^r de Guémené, par. de ce nom, — de la Rochepériou, par. de Priziac.
Bandé de vair et de gueules de six pièces (sceau 1377).

Jean, vivant en 1350, épouse Jeanne de Beaumez, dame de Guémené; Louis, écuyer tranchant d'Anne de Bretagne en 1506.

La branche aînée fondue en 1531 dans Monchy, puis Herbouville.

LONQUER (LE), s^r de Lancivilien, par. de Penvénan.
Montre de 1481, par. de Plouguiel, év. de Tréguier.
De sable au greslier d'argent, lié en sautoir de même. (G. le B.)
Fondu dans Merdy.

LOPRIAC (DE), s^r dudit lieu et de Kermassonnet, par. de Kervignac, — de Poulvern, par. de Languidic, — de Québlen, par. de Lothéa, — de la Rigaudière, — de la Haute-Touche, — de Kernars, — baron de Coëtmadeuc en 1637, — s^r de Kergoff, — de Colober, — de Kermen, — vicomte de Donges, — s^r d'Assérac, par. de ce nom, — de Lorieuc, par. de Crossac, — de la Roche et du Mas, par. de Savenay.
Anc. ext. chev., réf. 1668, onze gén., réf. et montres de 1448 à 1536, par. de Kervignac et Languidic, év. de Vannes.

De sable au chef d'argent, chargé de trois coquilles de gueules, *voyez* DU BOIS-DU-LIERS.

Henri, écuyer dans une montre d'Olivier de Clisson en 1379, épouse Jeanne Le Pavillon, dame de Poulvern; Louis, maître des comptes en 1458; plusieurs conseillers au parlement depuis 1589; un abbé de la Chaume en 1671; un abbé de Notre-Dame du Bourg, évêché de Nantes, en 1718; un maréchal de camp en 1744, marié dans la maison de la Rochefoucauld de Roye, père d'un colonel au régiment de Soissonnais, tué au col d'Exiles en 1747.

Fondu en 1752 dans Kerhoënt.

LOQUET, *voyez* LOCQUET.

LORET, s^r de la Villedavy et de Penguilly, par. de Mauron, — de la Villegoyat, par. de Taupont, — de Kerivoalen, par. de Saint-Allouestre, — du Poulduc et de Kerhervé, par. de Saint-Jean-Brévelay, — de Lestrehan et de Kerlan, par. de Plœren, — de la Ragotière, par. de Vallet, — du Boisboyer.

Anc. ext., réf. 1669, six gén.; réf. et montres de 1426 à 1536, dites par., év. de Saint-Malo, Vannes et Nantes.

D'argent au sanglier rampant de sable.

Macé, ambassadeur du duc en Angleterre pour la restitution de la ville et château de Brest en 1396; Pierre, conseiller du duc et sénéchal de Broërec en 1418, épouse Jeanne de Neuville, dont : 1º Jean, sénéchal de Vannes de 1445 à 1464, marié à Marie de Penguilly; 2º Gilles, marié à Honorée Cresolles; 3º Alain, abbé de la Chaume en 1456.

LORFEUVRE, *voyez* ORFÈVRE (L').

LORGERIE (DE), *voyez* MÉTAËR (LE).

LORGERIL (DE), *voyez* LAMBERT.

LORGERIL (DE), s^r dudit lieu, par. de Plorec, — du Bodou et de Repentigné, par. de Trévérien, — de Tressaint, par. de ce nom, — de Boisjean, par. de Ploubalay, — de la Tourniole, par. de Pleudihen, — de la Vigne, par. de Plurien, — de l'Estourbillonnaye, par. d'Ercé, — de la Villegoures, par. de Tramain, — de Follideuc, par. de Saint-Ygneuc, — de la Houssaye, — de la Chesnaye, — de Trévascoët, — de Kerver, — de la Motte, par. de Plesder.

Anc. ext. chev., réf. 1668, sept gén.; réf. et montres de 1423 à 1535, par. de Plorec, Trévérien et Ploubalay, év. de Saint-Malo, Tressaint, év. de Dol, Tramain et Jugon, év. de Saint-Brieuc.

De gueules au chevron (*aliàs* : à la bande) d'hermines, accomp. de trois molettes d'or (sceau 1381), *voyez* BOISADAM, BOISBILLY, CHALONGE et CICÉ.

Alain, croisé en 1248; Henry, entendu dans l'enquête pour la canonisation de Charles de Blois en 1370; Simon, maître d'hôtel de Louis, dauphin de Viennois, fait chevalier par le connétable de Richemont au siége de Montereau en 1437, épouse Gillette de Lanvallay; dont : 1º Jean, s^r de Lorgeril, qui a continué la branche aînée; 2º Guillaume, vivant en 1479, marié 1º à Jeanne de Boisadam, 2º à Catherine de la Richelais.

Un page du Roi en 1721; un président de la noblesse par élection aux États de 1756; un aide de camp du général La Moricière à Castelfidardo en 1860.

La branche aînée, alliée aux Coëtquen, Espinay, Guémadeuc, Parthenay, etc., s'est fondue en 1502 dans Rohan-Landal, puis Maure et Rochechouart.

LORGES, par. d'Allineuc, év. de Saint-Brieuc.

La seigneurie de Quintin fut érigée en duché en 1691 en faveur de Guy-Aldonce de Durfort, maréchal de France, qui obtint la mutation du nom de Quintin en celui de Lorges en 1706. *Voyez* QUINTIN.

LORIDO, sʳ du Mesnil, par. de Ligné, — de la Gironnière.

Maint. réf. 1669, 0 gén., par les priviléges de la mairie de Nantes.

D'azur au lion d'or, la queue nouée, fourchée et passée en sautoir.

François, échevin de Nantes en 1643, maire en 1666.
Le sʳ de la Garenne, débouté à la réformation de 1668, ressort de Nantes.

LORIE (DE LA), voyez LOHERIE (DE LA).

LORIENT, voyez ORIENT (L').

LORIOT, sʳ de la Noë, du Fief-Rosti et de la Bretonnière, par. de Sautron, — de Bellebat, par. de Crossac, — de la Garnison, par. d'Orvault, — de la Bergerie, — de la Brossardière.

Ext., réf. 1669, quatre gén., ress. de Nantes, par les priviléges de la mairie.

D'azur à la fasce d'argent chargée de trois roses de gueules et accomp. de trois molettes (*aliàs* : étoiles) d'or; *voyez* ORIOT.

Michel, maire de Nantes en 1577, épouse Thomine du Chesne, dont Michel, maire de Nantes en 1607, marié à Marie Drouet.

LORRAINE (DE), marquis, puis duc de Lorraine, — comte de Vaudemont, — baron de Joinville, — duc de Mercœur, — marquis de Moy, — duc de Guise, de Chevreuse, de Mayenne et d'Aumale, — prince d'Elbeuf et de Lambesc, — comte d'Harcourt, de Lillebonne, de Brionne, d'Armagnac et de Marsan, — duc de Penthièvre et d'Étampes, — sire de Rieux et d'Elven, — baron d'Ancenis, — sʳ du Cambout, par. de Plumieux, — vicomte de Kerjean, par. de Glomel, — baron de Rostrenen, par. de ce nom, — sʳ de Crosco, par. de Lignol, — de Broons, par. de ce nom.

D'or à la bande de gueules, chargée de trois allérions d'argent, *qui est Lorraine*; *aliàs* : écartelé de gueules à trois fasces de vair, *qui est Mercœur*.

Cette illustre maison, qui a donné des empereurs à l'Allemagne, était divisée en un grand nombre de branches; celles établies en France avaient pour auteur commun :

Ferry de Lorraine, comte de Vaudemont, marié en 1450 à Yolande d'Anjou, fille du Roi René et d'Isabeau, duchesse de Lorraine.

Philippe-Emmanuel, duc de Mercœur, gouverneur de Bretagne pour Henri III en 1582, fit valoir à la mort de ce prince les droits de Marie de Luxembourg, duchesse de Penthièvre, sa femme, sur le duché de Bretagne; n'ayant pu réussir à rendre cette province indépendante, il fiança sa fille à César, duc de Vendôme, fils naturel d'Henri IV, en 1598, et partit pour combattre les Turcs en Hongrie, où il mourut en 1602.

René, marquis d'Elbeuf, † 1566, épouse Marie, dame de Rieux, baronne d'Ancenis, dont Charles, créé duc d'Elbeuf en 1581; Emmanuel-Marie, arrière-petit-fils du précédent, né en 1677, épouse Innocente-Catherine de Rougé du Plessis-Bellière, dont les descendants se sont éteints en 1820.

Jean, cardinal, évêque de Nantes et abbé de Blanche-Couronne en 1542, † 1550, à la fois possesseur de douze siéges épiscopaux; Charles, cardinal de Guise, archevêque de Reims, abbé de Prières en 1552, † 1574; quatre abbés de Coëtmalouën de 1593 à 1661.

LORT (orig. de Guyenne), sʳ de Serignan, — de Valras.

D'azur au lion d'or, adextré en chef d'une étoile d'argent.

Un abbé de Paimpont en 1722, puis évêque de Mâcon, † 1763.

TOME II.

Lorveloux, s' de Trévien, par. de Plougoumelen, — du Nédo, par. de Plaudren, — de Kerlaouënan, par. de Plescop.

Anc. ext., réf. 1669, neuf gén.; réf. et montres de 1426 à 1536, dites par., év. de Vannes.

D'argent à la bande de sable, chargée de trois croisettes d'or.

Sylvestre, vivant en 1427, épouse Olive de Couëssal.

Lory, s' de Grandbois, — de la Bernardière.

Déb., réf. 1669, ress. de Guérande.

D'hermines à la clef de sable en pal (arm. 1696).

Gabriel, trésorier et garde des chartres de Bretagne en 1696; François, ancien gentilhomme servant de Sa Majesté, secrétaire du Roi en 1738, sous-maire de Nantes en 1748.

Lostanvern (de), s' dudit lieu, par. de Botsorhel, — de Keroulas, par. de Trédrez, év. de Tréguier.

D'argent à la barre de sable, accostée de deux merlettes de même. (G. le B.)

Lotodé, s' de Cherville, par. de Moigné, — de la Vizeulle, par. de Saint-Grégoire, — de l'Espinay.

Réf. de 1427 à 1513, par. de Moigné et Saint-Grégoire, év. de Rennes.

Coupé au 1 : d'argent au lion morné de sable; au 2 : d'or au limier aussi de sable.

Fondu en 1629 dans du Boberil.

Lou ou Loup (le), s' du Rocher, par. de Plesguen, — de la Villémont, — de la Méverdière, — de la Renaudière, par. de Pleine-Fougères.

Maint. à l'intend. en 1698 et 1702; réf. et montres de 1480 à 1513, par. de Plesguen, év. de Dol.

De gueules au loup rampant d'or, lampassé de gueules.

Lou (le), s' du Breil, par. de la Haye-Fouassière, — de la Babinais, par. de Savenay, — de la Biliais, par. de Saint-Étienne-de-Montluc, — de la Renaudière et de la Civellière, par. de Saint-Donatien, — de la Roberdière, par. de Vertou, — de la Série, par. de Saint-Herblon, — de Boisbriand, — de la Motte-Glain, par. de la Chapelle-Glain, — de Beaulieu, par. de Port-Saint-Père, — de Chasseloir, de Grasmouton, de la Mercredière et de l'Aubrais, par. de Château-Thébaud, — de la Haye, par. de Sucé, — de la Muce, par. de Cordemais.

Ext., réf. 1668, quatre gén., ress. de Nantes, puis maint. à l'intend. en 1698 et admis à partager noblement par arrêt de 1660.

De gueules à deux fasces d'argent, chargées de cinq étoiles de sable, 3. 2.; *alias* : d'argent à deux fasces de gueules, chargées de cinq étoiles d'or. (G. le B.)

Michel, maître des comptes et maire de Nantes en 1572, marié : 1º à Françoise Rocaz, 2º à Bonne de Troyes, résista avec la communauté de ville aux ordres du duc de Montpensier lors de la Saint-Barthélemy, et sauva ainsi les calvinistes de Nantes; Yves, fils du précédent, maître des comptes en 1586, maire de Nantes en 1603, père de Michel, aussi maître des comptes en 1615; deux conseillers au parlement en 1607 et 1758; un prieur de Buzay en 1740; un maréchal de camp en 1814. et un volontaire pontifical en 1860.

Lou, sʳ du Mescouëz, ress. de Lesneven.

D'azur à une fasce d'argent, chargée d'un loup de sable (arm. 1696).

Lou (DU), voyez GRÉES (DES).

LOUAIL, sʳ du Gué-Richer, par. de Betton, — de la Sauldraye, par. de Saint-Grégoire.

Anc. ext., réf. 1670, six gén.; réf. de 1427 à 1513, par. de Betton, év. de Rennes.

Écartelé aux 1 et 4 : d'azur à trois channes ou marmites d'or, *qui est Tronchay;* aux 2 et 3 : d'argent à trois rencontres de louails ou taureaux de sable, *qui est Louail.*

Jean, vivant en 1500, épouse Jeanne Roscelin, dont Guillaume, marié en 1524 à Anne du Tronchay, dame de la Sauldraye; un connétable de Rennes en 1556; une fille à Saint-Cyr en 1715.

LOUAISEL, voyez LOISEL.

LOUARN (LE), sʳ de Talarmeur, par. de Quimper-Guézennec.

Réf. et montres de 1427 à 1481, dite par., év. de Tréguier.

Jouhan, anobli avant 1427.

LOUAYS, sʳ de Kerligonan, par. de Glomel.

Réf. et montres de 1481 à 1536, dite par., év. de Cornouailles.

De gueules à trois gantelets d'hermines en pal, *comme Cabournais et Mezle.*

LOUÉNAN (DE), sʳ dudit lieu, par. de Mendon, — de Kergonano, de la Villeneuve et de Toulvern, par. de Baden.

Anc. ext., réf. 1668, huit gén.; réf. et montres de 1426 à 1536, par. de Mendon et Baden, év. de Vannes.

D'azur à la fasce d'argent, accomp. de trois roitelets d'or.

Sylvestre, vivant en 1428, père d'Henri, marié à Jeanne Maicot.
La branche de Kergonano fondue dans Dondel en 1675.

LOUER (orig. du Poitou), sʳ de la Caffinière, par. de Frossay, év. de Nantes.

Gironné d'argent et de gueules de douze pièces (arm. 1696).

LOUERGAN (LE), montre de 1481, par. du Merzer, év. de Tréguier.

Olivier, de la paroisse du Merzer, anobli en 1469.

LOUET (DU), sʳ de Liorzinic, par. de Plougastel, — du Plessix et de Lesquivit, par. de Dirinon, — de Coëtjunval, par. de Ploudaniel, — de Keranhoat, par. de Loperhet, — de Kerhoënt et de Kerrom, par. du Minihy, — de Kerguiziau, par. de Bohars, — de Quijac, par. de Lambézellec, — de Penanvern, par. de Saint-Martin-des-Champs, — vicomte de Pirvit, par. de Plédran, — sʳ de Kerengarz, de Treffilis et de la Fosse, par. de Lannilis, — de la Villeneuve, par. de Plouézoc'h, — de Penanec'h, — du Rest et de Trévéhy, par. de Plouénan, — de Lesplougoulm, par. de Plougoulm, — de Penaot, par. de Mahalon.

Anc. ext. chev., réf. 1669, dix gén.; réf. et montres de 1426 à 1534, par. de Plougastel-Daoulas et Dirinon, év. de Cornouailles, et Ploudaniel, év. de Léon.

Pour armes antiques : d'or à trois têtes de loup de sable, arrachées de gueules; moderne : fascé de vair et de gueules, *qui est Coëtménec'h.*

Macé, conseiller du duc Jean IV en 1391; Pierre, sʳ de Liorzinic, marié à Marguerite de Launay, veuve en 1426, laissa de ce mariage : Alain, vivant en 1448, époux de Marie de la Palue, père de Jean, marié à Françoise de la Lande, dont : 1º Pierre, sʳ de Keranhoat, marié vers 1515 à Marguerite de Coëtménec'h, dame de Coëtjunval, dont il prit les armes; 2º Jean, auteur des sʳˢ de Lesquivit, marié à Isabeau Simon, de la maison de Kerbringal.

Plusieurs chevaliers de l'ordre du Roi depuis 1581; René, abbé de Daoulas en 1581, † 1598 ; René, évêque de Cornouailles en 1642, † 1666.

La branche de Keranhoat fondue dans du Harlay, puis Montmorency-Laval; la branche de Lesquivit fondue dans Kerguern.

Le sʳ de Trémaudez, débouté à la réformation de 1668, portait les premières armes.

LOUET (LE), ou en français GRIS (LE), sʳ de Kergoat, par. de Prat.

Réf. et montres de 1440 à 1543, dite par., év. de Tréguier.

LOUIS, sʳ de la Barre, év. de Rennes.

D'argent à la bande d'azur (arm. de l'Ars.).

LOUIS, montre de 1481, par. de Pleumeur-Bodou, év. de Tréguier.

Geffroi, évêque de Tréguier en 1179, confirme une fondation à Beauport en 1202.

LOUIS (orig. de Normandie), sʳ du Vivier, par. de Saint-Grégoire de Rennes, — du Margat, par. de l'Hermitage.

Maint. par arrêt des aides de Paris en 1690 et confirmé en 1699.

D'azur à la croix pleine d'argent, cantonnée de quatre aiglettes de même.

Un connétable de Rennes en 1674; un conseiller au présidial de Rennes en 1680.

LOUMENVEN (DE), sʳ dudit lieu, par. de Guiclan.

Réf. et montres de 1427 à 1481, dite par., év. de Léon.

D'azur à six besants d'argent, 3. 2. et 1.; *voyez* CREC'HGRIZIEN.

LOUMÉRAL ou LOCMÉLAR (DE) (ramage de Poulmic), sʳ dudit lieu, par. de Plounéventer.

Réf. et montres de 1426 à 1503, dite par., év. de Léon.

Échiqueté d'argent et de gueules de six tires, le premier échiquier chargé d'un annelet de sable.

Moderne : Kerouartz.

LOURME (DE), sʳ dudit lieu, par. de Pipriac, — du Meslouër, par. de Maure, — de la Tureoye, par. de Roz-sur-Couaisnon.

Réf. et montres de 1426 à 1513, dites par., év. de Saint-Malo et Dol.

D'argent à l'orme arraché de sinople, *comme Bodénan*.

Jean, Guillaume et Robin, jurent l'association pour empêcher l'invasion étrangère en 1379.

LOURME (DE), sʳ dudit lieu, par. de Sion, — de la Jallais, — de la Quirielle, par. de Mouais.

Déb., réf. 1668; réf. 1444, par. de Sion, év. de Nantes.

On trouve Philibert, abbé de Geneston en 1547.

LOURMEL (DE), *voyez* NORMAND (LE).

LOUTRAIGE, réf. 1427, par. de Cavan et Tonquédec, év. de Tréguier.

Gironné d'or et de gueules de huit pièces, le premier giron chargé d'une merlette de sable et le second d'un besant d'or.

<small>Plézou, de la paroisse de Tonquédec, déguerpie d'Olivier Le Frotter en 1427.</small>

LOUVART (orig. du Poitou), sr de Pontlevoy, — de Pontigny.

D'or à trois têtes de maure de sable, bandées d'argent ; *aliàs* : de sinople au greslier d'or, accomp. de trois molettes de même (arm. 1696). Devise : *Fortis fortiori cedit.*

<small>Cette famille, alliée en Bretagne aux Le Moine de Talhouët, Montlouis et Pellan, a produit depuis 1666 plusieurs officiers de la marine et de la maison militaire du Roi.</small>

LOUVEL, sr de la Costardière, — du Plessis et de l'Espinay, par. de Parthenay, — de la Rivière, par. de Gévezé, — des Aulnays, par. de Saint-Grégoire, — de la Touche, par. de Bréteil, — de la Vallée.

Anc. ext. chev., réf. 1669, douze gén. ; réf. et montres de 1427 à 1513, dites par., év. de Rennes et Saint-Malo.

D'azur à trois têtes de loup sans langue, arrachées d'or, la gueule béante de gueules (sceau 1420).

<small>Alain, témoin à la fondation de Beaulieu en 1170; Hamon, fait une fondation à Lehon en 1253 ; Guillaume, écuyer dans une montre de du Guesclin en 1370; Alain, vivant en 1380, père de Jean, marié à Jeanne Botherel; Macé, maître des comptes en 1400; Julien, conseiller au parlement en 1570; un abbé de Montmorel au diocèse d'Avranches de 1575 à 1595.</small>

LOUVEL, sr de la Chauvelière, — de la Maisonneuve.

Déb. à l'intend. en 1699.

D'argent à la feuille de scie en chevron brisé de sable, accomp. de trois têtes de loup de même (arm. de l'Ars.).

<small>Un greffier en chef criminel au parlement de Bretagne en 1770, autorisé en 1820 à s'appeler à l'avenir *Maisonneuve*.</small>

LOUVETEL (orig. de Normandie), sr de Saint-Thomas.

Déb., réf. 1670, ress. de Rennes.

D'argent à neuf croisettes pattées de sable.

LOUYAT, de sable à trois aiglons d'argent (arm. de l'Ars.).

LOYAT, év. de Saint-Malo, paroisse et vicomté successivement possédée par les maisons de Fontenay, Acigné, Coëtlogon et Huchet.

LOYAUX, par. de Fresnay, év. de Nantes, vicomté en 1490 en faveur de Gilles de Condest, *voyez* CONDEST.

LOYE ou OYE (DE L'), porte une oie ou jar (sceau 1381).

<small>Jean, ratifie le traité de Guérande, entre les nobles de Dinan en 1381.</small>

LOYNES (DE), *voyez* LUYNES (DE).

LOYON (DE), sr dudit lieu, par. de Plœren, — de Kerloyon, par. de Plouay, — de Belair, par. de Saint-Patern.

Réf. et montres de 1448 à 1536, dites par., év. de Vannes.

Écartelé aux 1 et 4 : d'argent au lion de gueules; aux 2 et 3 : de gueules au lion d'argent.

Jean, écuyer et enfant de la chambre du duc en 1445; Odet, premier écuyer tranchant de la reine Anne et capitaine de Vannes en 1513.

Loz, s^r de Coëtgourhant, de Kermorvan et de Kerscouac'h, par. de Louannec, — de Kergoanton, par. de Trélévern, — de Kernaléguen et de Kerillis, par. de Tréseznу, — de Lamgar, — de Beaulieu, — de Pouldouran, par. de Hengoat, — de Goazfroment, par. de Plouaret, — de Kerazgan, — de Kerurien, par. de Plouizy, — de Crec'hlec'h, — de Lézérec, par. de Lanmodez, — de Kermouster, par. de Langoat, — de Ruberzault, — de Quilhet, par. de Quessoy, — de Kervastard et de Beaucours, par. de Bothoa.

Anc. ext., réf. 1668, huit gén.; réf. et montres de 1427 à 1543, par. de Louannec, Trélévern et Trésezny, év. de Tréguier.

De gueules à trois éperviers d'argent, becqués, membrés et grilletés d'or (sceau 1395).

Guillaume, fait un échange de biens avec Guillaume de Saint-Hugeon en 1395; Yvon fils Huon, vivant en 1481, épouse Marguerite Cadé; Louis capitaine de cent pistoliers au régiment de Martigues, chargé de la garde du Portblanc en 1567; Jean, gouverneur de Guingamp en 1572; un conseiller au parlement en 1690; un avocat-général au parlement en 1779; une abbesse de Bouxières-aux-Dames au diocèse de Toul en 1760.

Un membre admis aux honneurs de la cour en 1788.

La branche de Pouldouran fondue dans Sarsfield.

La branche de Beaucours fondue dans Montholon-Sémonville.

Lozac'h, s^r de Chef-du-Bois, ress. de Morlaix.

Losangé d'or et de sable (arm. 1696).

Lubersac (de) (orig. du Limousin, y maint. en 1666), s^r dudit lieu, — du Verdier, — du Leris, — de Laumonnerie, — de la Foucaudie.

De gueules au loup d'or.

Un évêque de Tréguier en 1775, premier aumônier de madame Sophie, tante du Roi, transféré à Chartres en 1780, † 1822.

Lubin, s^r de Kergrain, ress. de Vannes.

D'or à trois macles de sable, une croisette pattée d'argent en abyme (arm. 1696).

Lubois (le), s^r de Marsilly.

Un secrétaire du Roi près la chancellerie de Bretagne en 1788.

Lucas, s^r de Kergoff, par. de Plougaznou.

Réf. et montres de 1463 à 1543, dite par., év. de Tréguier.

D'argent à la hure de sanglier de sable, accomp. de trois molettes de même, *voyez* Moreau.

Fondu dans de l'Isle, puis Kergariou.

Lucas, s^r de la Boëssière, par. de Ploubalay, — de Chaville, — de la Villeamiot, — de la Grignonais, par. de Bobital.

Déb., réf. 1669, ress. de Dinan.

D'argent à la bande de sinople (arm. de l'Ars.).

Ce nom est employé aux réformations et montres de 1423 à 1543, paroisses de Saint-Michel de Saint-Brieuc, Plaintel et Plouër ; on trouve encore Mathieu-Claude, sr de Montrocher, substitut du procureur général du Roi en 1775 ; mais nous ne savons s'il appartenait à cette famille.

Lucas, sr de Kersallo, du Cosquer, de Kerriec et de Kerléau, par. de Cléguer.

Réf. et montres de 1448 à 1536, dite par., év. de Vannes.

D'argent à la fleur de lys d'azur, accomp. de deux roses de gueules (arm. 1696).

Fondu dans Guimarho, puis Kerpaën.

Lucas (orig. du Poitou), sr de la Championnière, par. de Pont-Saint-Martin, év. de Nantes.

Jacques, conseiller au présidial de Poitiers, puis président à mortier au parlement de Bretagne en 1569 ; Pierre, maître des comptes en 1762.

Luce, sr de Roscerff, év. de Tréguier.

D'azur à trois coquilles d'argent, en pal l'une sur l'autre. (G. le B.)

Lucinière (de), voyez Cornulier.

Luco, sr de Kerlégouarc'h, — de Penboué.

Déb. réf. 1668, ress. de Vannes.

Guillaume, conseiller au présidial de Vannes en 1668.

Luette (orig. du Maine), sr de la Vallée et de Blandouët, au Maine, — de Palluel, — de la Tricherie, par. de Noyal-sur-Brutz, — de la Franchetière, de la Sauvagère et de Villeneuve, par. d'Erbray, — de la Salmonnaye, par. d'Auverné, — de la Trionnais, — de la Méhardière et de la Daviais, par. de Saint-Aubin-des-Châteaux, — de la Pilorgerie, par. de Challain, en Anjou.

De gueules à trois lions d'hermines, couronnés d'or (arm. 1696).

De Guyon, marié en 1555 à Catherine Ayrault, issurent : 1º Michel, dit *Piquemouche*, lieutenant du grand maître de l'artillerie, grand voyer de Bretagne, capitaine de Comper et de Sainte-Suzanne, chargé en 1600 de la direction des sièges de Charbonnières, de Montmélian et du fort Sainte-Catherine à Genève, qu'il prit sous les yeux du Roi et où il fut blessé ; chevalier de Saint-Michel en 1601, confirmé ou anobli en 1609 pour ses grands services et ses belles actions militaires, gentilhomme de la chambre la même année, † 1620 et auteur des srs de la Vallée, éteints ; 2º René, marié vers 1588 à Jeanne de Coësmes, auteur des srs de la Pilorgerie, confirmés par lettres de 1816, et qui ont produit un sénéchal de Châteaubriant en 1680 et un capitaine au régiment de Laval, blessé sur la brèche de Berg-Ob-Zoom en 1747, puis correcteur des comptes en 1780, père d'un maître des comptes en 1785. Cette famille s'est alliée aux Beaucé, Guiton, du Bouays et l'Espinay.

Luette, sr de la Haye-Chérel, par. de Moisdon, — de la Rouvraye, par. de Saint-Aubin-des-Châteaux, év. de Nantes.

D'azur à un luth d'or posé en bande, accomp. de deux mains d'argent (arm. 1696).

Jean, fils puîné de René et de Jeanne de Coësmes, qui précèdent, père de Gabriel, époux de Madeleine-Anne Bossu, dont : Anne-Thomas, lieutenant-général de la Table de Marbre à Rennes en 1696, veuf en 1695 de Marguerite Brillet. Fondu en 1720 dans le Bastard de Baulac.

Luhandre, sʳ de Kermeur, — de Pontargrolle, — de Kerdu.

Déb., réf. 1668, ress. de Quimperlé ; montre de 1481, par. de Bubry, év. de Vannes.

D'or à trois chevrons entrelacés de sable, accomp. de trois macles de gueules, 2. 1., et d'un croissant de même en chef (arm. 1696) ; *aliàs* : d'azur à dix losanges d'or, 4. 3. 2. et 1. (G. le B.)

Charles, fermier du domaine du Roi à Quimperlé en 1653 ; Charles, procureur du Roi à Lesneven en 1675.

Luily, d'azur au lion d'or, à l'orle de huit fleurs de lys de même (G. le B.), *comme Gaudin.*

Luker (orig. d'Irlande), sʳ d'Orbeck.

Confirmé par lettres de 1732 et admis aux États de 1764.

De sinople à trois chevaux passants d'argent, bridés d'or, 2. 1, un croissant d'or en chef. Devise : *In prælia promptus.*

Un colonel du régiment de Bourgogne en 1763, maréchal de camp en 1791.

Luxembourg (de), vicomte de Martigues, en Provence, — duc d'Étampes, — duc de Penthièvre en 1569, pair de France.

Écartelé aux 1 et 4 : d'argent au lion de gueules, armé et couronné d'or, la queue fourchée, nouée et passée en sautoir, *qui est Luxembourg* ; au 2 : de gueules à la croix d'argent, *qui est Savoie* ; au 3 : *de Bretagne.*

Cette illustre maison a donné quatre empereurs à l'Allemagne, trois rois à la Bohême, un à la Hongrie, deux connétables à la France et une duchesse à la Bretagne en la personne de Catherine, troisième femme d'Artur III en 1445. Elle a en outre produit : Sébastien, vicomte de Martigues, lieutenant-général pour le Roi au gouvernement de Bretagne, héritier par sa mère Françoise de Brosse, arrière-petite-fille de Nicole de Blois, des duchés de Penthièvre et d'Étampes, tué au siège de Saint-Jean-d'Angély en 1569, laissant pour fille unique Marie, mariée en 1579 à Philippe-Emmanuel de Lorraine, duc de Mercœur, gouverneur de Bretagne en 1582 ; Françoise, fille des précédents, porta toutes ces seigneuries en mariage, l'an 1609, à César, duc de Vendôme, fils naturel d'Henri IV.

Luxembourg (de), sʳ d'Iffer, par. d'Acigné, — de Villeneuve, — de la Marquerais, — de Bothurel, par. de Sérent.

Déb., réf. 1669, ress. de Vannes.

Jacques, sʳ de Richebourg, capitaine de Rennes, anobli en 1463 ; Jean, receveur des fouages de Rennes en 1568, marié à Raoulette Cado, père de Pierre et de Claude, conseillers au parlement en 1603 et 1615.

Luynes ou **Loynes** (de) (orig. de Sologne), sʳ d'Hauteroche, — d'Estrées, — des Vareux, — de la Bouffetière, par. de Ligné.

Maint. par arrêt de 1658. (Protest. de 1788).

Coupé au 1 : de gueules à la fasce gironnée d'or et d'azur de six pièces, accomp. de deux guivres d'argent ; au 2 : d'azur à sept besants d'or, 4. et 3.

Le premier maire d'Orléans sous Henri IV appartenait à cette famille, qui a en outre produit deux présidents au parlement de Metz depuis 1651 ; un trésorier de France en 1673 ; deux conseillers au parlement de Paris et cinq maîtres des comptes de Paris ; un audiencier près la chancellerie de Bretagne en 1739.

Luzeau, s^r de la Mulonnière, par. de la Chapelle-sur-Erdre, — de Bazilleul et de la Bertaudière, par. de Nort, — de la Grande-Noë, — de la Morinière, — de Chavagnes, par. de Sucé, — des Berneries.

Maint. par les commissaires en 1698 et à l'intend. en 1702.

D'azur à la fleur de lys d'argent, accomp. en chef de deux mouchetures de même.

Un échevin de Nantes en 1587; cinq auditeurs des comptes depuis 1639.

Les s^{rs} de la Baudrière et de la Touche, paroisse de Casson, déboutés à la réformation de 1668.

Luzec (le), s^r dudit lieu, par. de Saint-Thégonnec, év. de Léon.

D'argent au rameau ou palme de sinople posé en bande, accomp. de trois quintefeuilles de gueules, 2. 1. (G. le B.), *comme du Bois de Brénignan.*

Moderne : La Haye.

Luzoum, d'or à la fasce de gueules, chargée de trois étoiles d'argent (G. le B.); *voyez* Guernisac.

Lyais, s^r des Alleux, — de Cerny.

D'azur à l'épervier d'argent longé d'or, perché sur un écot de même (arm. 1696).

Jean, référendaire, puis conseiller au parlement en 1581.

Lyon (orig. de Champagne).

D'or semé de croisettes de sable, au lion de même brochant.

Antoine, conseiller aux Grands-Jours de Bretagne en 1540.

Lyrot (orig. d'Anjou), s^r de la Piltais et du Boisjoulain, en Anjou, — du Chastellier, — de la Rivière, — de la Patouillère et de la Gibrais, par. de Saint-Sébastien, — de Montigné, — de la Jarrie, — du Pesle, par. de Brains.

Maint. par arrêts du conseil de 1696 et du parl. de 1777; ext., dix gén.; montre de 1543, par. de Saint-Sébastien, év. de Nantes.

D'azur au lion d'argent.

Hervé, archer dans une montre reçue à Honfleur en 1416, prisonnier à la prise de cette ville, père de Jean, dont la maison sise au bourg d'Auverné fut anoblie et franchie en 1449; Hervé, alloué de Nantes, conseiller aux Grands-Jours en 1530, marié à Catherine Vivien; un procureur syndic de Nantes en 1623, et un conseiller au parlement en 1780.

Lys (de), s^r de la Grenouillère, par. d'Hénon, — du Tertre, — de la Rosais, — du Brouel, — de Beaucé, par. de Mélesse.

Ext., réf. 1671, sept gén.; réf. 1535, par. d'Hénon, év. de Saint-Brieuc.

De gueules à la fasce d'argent, chargée de quatre hermines de sable et surmontée de deux fleurs de lys d'argent. Devise : *Tellus recepit astris.*

Sylvestre, vivant en 1481, épouse Marie Madeuc; Jacques, grand prévôt des maréchaux en 1592; Gilles, garde scel à la chancellerie, épouse en 1610 Françoise, dame de Beaucé; trois conseillers au parlement depuis 1597 et un président aux enquêtes en 1724; deux sénéchaux de Rennes depuis 1633; un chevalier de Malte en 1664; une fille à Saint-Cyr en 1775.

M

MABILLE, sʳ des Granges, — du Rochereau.
    Jean, secrétaire du Roi en 1575; un sous-maire de Nantes en 1687; deux auditeurs des comptes depuis 1705.

MACÉ, sʳ de Prébusson et de Trébulan, par. de Guer, — de la Grationnaye, par. de Malensac.
    Réf. et montres de 1426 à 1536, dites par., év. de Saint-Malo et Vannes.
    Porte une croix pattée (sceau 1380).
    Jean, ratifie le traité de Guérande en 1380.

MACÉ, sʳ de la Fresnaye, par. de Réminiac, év. de Saint-Malo.
    Cette famille ne porte depuis 1500 que le nom de la Fresnaye, *voyez* FRESNAYE (DE LA).

MACÉ, sʳ de Janciou, par. de Saint-Hilaire-des-Chaléons, — de la Bourdinière et de la Templerie, par. de Château-Thébaud; appelé à l'arrière-ban de Nantes en 1543.
    Martin, homme de pratique et de bonne sçavance, exempt de fouages, réformation de 1429, paroisse de Prigné; Guillaume, sénéchal de Clisson en 1499, prévôt de Nantes en 1501, François, conseiller au parlement en 1589.

MACÉ, sʳ de la Guinaudière, par. de Joué, — de la Jailletière, — de la Roche, par. de Couffé, — de la Rigaudière, par. des Touches, — des Yonnières et de Montigné, par. de Saint-Mars-du-Désert, — de Beaucé et du Ponceau, par. de Ligné, — de la Pilardière, par. de Saint-Aubin d'Oudon.
    Ext., réf. 1669, trois gén., ress. de Nantes, *à patre et avo*.
    De gueules à trois rencontres de cerf d'or, au chef cousu d'azur, chargé d'une croix engreslée d'argent. Devise : *Inter aspera, mitis.*
    Mathurin, de la paroisse de Joué, archer à cheval dans le rôle de l'arrière-ban de Nantes en 1544; trois auditeurs des comptes depuis 1593; un maire de Nantes en 1662; deux conseillers au parlement depuis 1687.

MACÉ, sʳ de la Barbelais, par. de Savenay, — de Vaudoré, — de Puytesson, — de la Salle, — de Beauvoir, de la Cour-Thébaud, de Launay-Hazard et de Maupiron, par. d'Auverné.
    Maint. par arrêts des aides de 1696 et du parl. de 1782 et 1789, ress. de Nantes.
    D'azur à trois masses d'armes d'or, 2 en sautoir et 1 en pal, le gros bout en haut, les piquerons de gueules. (G. G.)
    Le manoir de la Barbelais, affranchi pour Thomas Macé, valet de chambre du duc en 1453; deux maîtres des comptes de 1690 à 1727.

Macé, sr de la Lande, — de la Morandais.
  Maint. à l'intend. en 1703, ress. de Nantes.
  D'azur à trois pommes de pin d'or et une molette d'argent en abyme.
  Quatre maîtres des comptes de 1682 à 1737.
  Le sr de la Porte, paroisse de Massérac, débouté à la réformation de 1668.

Macé, sr de la Villéon.
  Déb., réf. 1668, ress. de Saint-Malo.
  D'argent à trois roses de gueules.
  Étienne, lieutenant de la juridiction de Saint-Malo en 1668, secrétaire du Roi près la cour des aides de Clermont-Ferrand en 1707.
  On trouve des Macé, srs de la Villeneuve et des Rosais, employés aux réformations et montres de 1535 à 1543, paroisse de Plérin, évêché de Saint-Brieuc; mais nous ne savons s'ils appartenaient à la même famille.

Macé-le-Lièvre, sr de Richebourg, par. d'Aigrefeuille, — de la Gravelais, par. de Saint-Viaud.
  Confirmé par lettres patentes de 1752, ress. de Nantes.
  D'argent à trois rameaux de frêne de sinople.

Machecoul (de) (ramage de Retz), sr dudit lieu, par. de Sainte-Croix, — de la Bénaste, par. de ce nom, — du Coustumier, par. de Saint-Philbert, — de Bourgneuf en Retz, — de l'Ile de Bouin, — de Vieillevigne, — de Crossac, par. de ce nom, — de la Gaisne, par. de Corsept, — des Huguetières, par. de Pont-Saint-Martin, — de la Roche-Servière, dans les Marches, — de Saffré, par. de ce nom, — du Souché, par. de Saint-Aignan, — de Kergrois, par. de Remungol.
  D'argent à trois chevrons de gueules (sceau 1276).
  Raoul, sire de Machecoul et de la Bénaste, vivait en 1161; Béatrix, son arrière petite-fille, épouse d'Aimery de Thouars, portait un chabot en pal (sceau 1214). De la maison de Thouars, Machecoul a passé à Olivier de Bretagne, fils de Pierre de Dreux, lequel prit les nom et armes de Machecoul et transmit cette seigneurie à Gérard Chabot, baron de Retz, d'où la seigneurie de Machecoul réunie à celle de Retz a passé successivement aux Laval, Chauvigny, Tournemine, Annebaud, Gondy, Bonne de Lesdiguières, Cossé-Brissac, Neufville de Villeroy et Brie de Serrant. La branche de Vieillevigne qui a produit Raoul, évêque d'Angers en 1356, Jean, tué au siège de la Roche-Derrien en 1347 et Miles, tué au siège de Carthage en 1390, s'est fondue dans La Lande de Bougon, qui ont retenu les nom et armes de Machecoul et se sont fondus à leur tour dans la Chapelle de la Roche-Giffart en 1656.

Machefer, sr de la Macheferaye et du Vertbois, par. de Mordelles, — de l'Écluse, par. de Plestan.
  Réf. et montres de 1427 à 1535, par. de Mordelles et Cintré, év. de Rennes et Plestan, év. de Saint-Brieuc.
  De sable à trois fers de cheval d'argent.

Macnémara (orig. d'Irlande).
  Maint. à l'intend. en 1706, par arrêt du conseil de 1736 et élevé au titre de comte par lettres-patentes de 1782.

D'azur au lion d'argent, surmonté d'un croissant de même, accosté de deux fers de lance d'or. Devise : *Firmitas in cœlo.*

Un lieutenant-général des armées navales, grand croix de Saint-Louis, † 1756.

MACZON ou MASSON (LE), sr des Loges, par. de Brutz, — de la Feillée, par. de Goven, — de la Bouffardière, par. de Montgermont, — de la Lambardière, — de Beauvais, — de la Noue, — du Coudray, — du Rocher.

Ext., réf. 1670, six gén.; réf. 1513, dites par., év. de Rennes et Saint-Malo.

D'argent à trois feuilles de houx de sinople. Devise : *Fiat voluntas Dei.*

Pierre, vivant en 1479, père de Pierre, marié à Perrine Blanchet, dont Guillaume, avocat, époux en 1513 de Rollande de Lessart.

MACZON, *voyez* MASSON (LE).

MADAILLAN (orig. du Languedoc), sr de l'Esparre, en Médoc, — comte de Chauvigny, en Anjou, — sr de Montataire, en Picardie, — de Cahan, par. de Fougeray, — de Kerougard, par. de Piriac.

Anc. ext. chev., réf. 1670, sept gén., ress. de Nantes.

Écartelé aux 1 et 4 : tranché d'or et de gueules, *qui est Madaillan;* aux 2 et 3 : d'azur au lion d'or, armé, lampassé et couronné de même, *qui est l'Esparre.*

Arréanton, vivant en 1480, épouse Cécile de Puèche, dont : Guichard, marié à Jeanne de Marcouillé. Armand, sr de l'Esparre, marquis de Lassay, au Maine, chevalier des ordres du Roi et lieutenant-général au gouvernement de Bresse, épouse en 1696, Julie de Bourbon, fille légitimée d'Henri-Jules, prince de Condé et de Françoise de Montalais, dont postérité.

MADEC, sr de Pratanraz, par. de Penharz, év. de Cornouailles.

D'azur à l'épée flamboyante d'argent en fasce, la garde et la poignée d'or, accomp. en chef d'une étoile d'argent et en pointe d'un croissant d'or. Devise : *Nullis perterrita monstris.*

René, né à Locrenan, élève de la compagnie des Indes en 1748, puis Nabab, gouverneur du Mogol, enfin colonel d'infanterie et chevalier de Saint-Louis, anobli en 1780, pour services rendus à la France.

MADEUC, *voyez* GUÉMADEUC (DE).

MADELÉNEAU, sr de Bréron, de la Barbotière et du Champmartin, par. de Château-Thébaud, — de la Briancière, par. de Fresnay, — de la Templerie, — du Plessix, — de la Ménardière.

Ext., réf. 1671, trois gén., ress. de Nantes, *à patre et avo.*

D'argent à neuf glands de sinople, 3. 3. 3.

Laurent, échevin de Nantes en 1599, père de Pierre, marié en 1623 à Antoinette Thomasseau; trois auditeurs des comptes depuis 1606.

Le sr de la Maisonneuve, débouté à la réformation de 1668.

MADIC, sr du Dréneuc, par. de Guérande, — de Kerhuel, — des Maisons-Neuves, — de Chartres, — de Ranlieu, de Kerfus, du Pouldu et de la Ville-Aublays, par. de Saint-André-des-Eaux.

Anc. ext., réf. 1669, huit gén.; réf. 1445, par. de Guérande, év. de Nantes.

De gueules à trois lionceaux d'argent; *aliàs* : d'or au lion de gueules. (G. le B.)

Pierre, vivant en 1445, épouse Aliénor Arsal.

MADIEU, s^r de Keranmoal et de Moguermeur, par. de Pouldergat.

Déb., réf. 1670, ress. de Quimper.

MAFAY (LE), d'argent à dix losanges de sable (arm. de l'Ars.).

MAGDELÉNEAU, *voyez* MADELÉNEAU.

MAGNELAIS (DE) (orig. de Brie), s^r du Loroux, par. du Loroux-Bottereau, év. de Nantes.

De gueules à la bande d'or (sceau 1337).

Jean, dit Tristan, échanson du roi Jean, qu'il suivit lors de sa captivité en Angleterre en 1363; Catherine, petite-fille du précédent, mariée à Jean Sorel, père et mère de *la belle Agnès*, maîtresse de Charles VII; Jean, frère de Catherine, fut père d'Antoinette, maîtresse de Charles VII après la mort de sa cousine Agnès; elle épousa en 1450, André, baron de Villequier, † 1454, et devint maîtresse du duc François II, dont elle eut François, créé baron d'Avaugour en 1483.

La famille de Magnelais qui a gardé le nom de Tristan, existe encore en Orléanais.

MAGON (orig. d'Espagne), s^r de la Lande, — de la Fontaine-Roux, — de la Villebague, — de Trégueurye, — de la Belinaye, — de Coëtizac, — du Boscq, — marquis de la Gervaisais en 1768, — vicomte du Faou, — s^r de la Chipaudière, — de la Ville-poulet, — de la Vieuville, — de Saint-Hélier, — baron de Médine, — s^r du Clos-Doré, — de Terlaye, — de la Balue, — du Boisgarin, par. de Spézet, — du Plessis-Bertrand, par. de Saint-Coulomb, — de la Ville-Huchet, par. de Saint-Servan, — de la Ville-aux-Oiseaux, par. de Saint-Jouan-des-Guérets, — vicomte du Boschet, par. de Bourg-des-Comptes, — vicomte d'Appigné, par. du Rheu, — s^r de la Giquelais.

Maint. à l'intend. en 1701 et par arrêt du parl. de 1788, ress. de Saint-Malo.

D'azur au chevron d'or, accomp. en chef de deux étoiles de même, et en pointe d'un lion aussi d'or, couronné d'argent. Devise : *Tutus mago.*

Quatre secrétaires du Roi depuis 1674; Nicolas, s^r de la Chipaudière, connétable de Saint-Malo, anobli en 1693; deux lieutenants-généraux des armées du Roi en 1738 et 1753; un volontaire au combat de Saint-Cast en 1758; un contre-amiral, baron de l'Empire, tué à Trafalgar en 1805; un volontaire pontifical en 1860.

MAHAULT, s^r de Minuello, par. de Melguen, — de Kerangouarc'h.

Anc. ext., réf. 1671, six gén.; réf. et montres de 1426 à 1562, par. de Melguen, év. de Cornouailles.

D'argent au greslier de sable, lié et enguiché de gueules, accomp. de trois feuilles de houx de sinople, renversées.

Riou, vivant en 1481, père d'Alain, marié à Marie de Rospiec.

MAHÉ, év. de Rennes.

Porte trois chevrons (sceau 1399).

Jean, évêque de Dol, † 1279; Guillaume, évêque de Saint-Malo en 1348; Geoffroi et Perrot, écuyers de la retenue de Bonabes de Rougé en 1351; Bertrand, jure l'association de la noblesse de Rennes, contre l'invasion étrangère en 1379; Perrot et Jean, archers dans une montre de Pierre de la Marzelière en 1449.

Mahé, s^r de Crec'hmorvan, par. de Cléder, — de Trézéguer, par. de Plourin, — de Kermorvan, par. de Taulé, — de Kerouant, — de Pradenou, — de Keryven, — de Berdouaré, par. de Plounévez-Lochrist.

Anc. ext., réf. 1669, huit gén.; réf. et montres de 1426 à 1534, par. de Cléder, év. de Léon.

D'argent à deux haches adossées de gueules, *comme Le Vayer,* surmontées d'un croissant de même, *voyez* Kerasquer.

Yvon, fils Hervé, s^r de Crec'hmorvan, archer dans la montre de Jean de Penhoët, pour le recouvrement de la personne du duc en 1420, exempt de fouages, à la réformation de 1426, paroisse de Cléder; Guyon, fils du précédent, vivant en 1481, père 1° de Guyon, époux de Jeanne de Kerozic, auteur des s^{rs} de Trézéguer et de Kermorvan; 2° d'Olivier, époux de Françoise de Kerbiquet, auteur des s^{rs} de Berdouaré, qui existent encore.

Mahé, s^r du Cambout, par. de Plumieux.

Réf. et montres de 1423 à 1469, par. de Saint-Germain de Matignon et Pléhérel, év. de Saint-Brieuc.

Porte une tête de léopard, accomp. de trois merlettes (sceau 1423).

Pierre, fils Alain, secrétaire de la duchesse Anne, et l'un des gens des comptes en 1489.

Mahé ou Macé, s^r de la Garenne et du Quélennec, par. de Bodéo, — de la Touche, par. de Plouguénast, — de Kerjégu, — de Cosvern.

Déb., réf. 1668, ress. de Lannion; réf. et montres de 1536 à 1562, par. de Bodéo, év. de Cornouailles.

D'azur à trois roses d'or.

Jean, vivant s^r de Kerjégu, marié à Isabeau du Merdy, veuve en 1668.

Mahé, s^r du Plessix et de la Pétaudière, par. de Grandchamps, — de la Sultière, par. de Saint-Herblon.

Déb., réf. 1670, ress. de Nantes.

On trouve Paul, échevin de Nantes en 1572, sous-maire en 1574.

Mahé (orig. de Normandie, y maint. en 1666), s^r des Moulins, élection de Mortain.

Gironné d'argent et de gueules.

Mahé, s^r des Landes, — du Brossay, par. de Rochefort, — de Famineau, — de Patillet.

Déb., réf. 1669, ress. de Vannes.

Jean, sénéchal de Redon et Julien, procureur à Rochefort en 1669.

Les s^{rs} de la Bigottière, de la Ville-Bague et de la Bourdonnais, paroisse de Taden, dont un gouverneur général des îles de France et Bourbon, † 1754, paraissent issus de la même famille.

On trouve aussi Regnaud Mahé, de la paroisse de Saint-Jean de Montfort, fourrier du comte de Laval en 1461.

Maho, sr du Drouillais, ress. de Nantes.

Maint. à l'intend. en 1699.

Un échevin de Nantes en 1713.

Mahot, sr de la Ville-Josse, par. de Sougéal.

Déb., réf. 1668, ress. de Rennes.

Mahyeuc, par. de Plouvorn, év. de Léon.

D'argent à trois hermines de sable, au chef d'or, chargé de trois couronnes d'épines de sinople.

Hue, l'un des contribuants de la paroisse de Plouvorn, à la réformation de 1426 ; Yves, confesseur d'Anne de Bretagne et évêque de Rennes, † 1541 ; maître Olivier, épouse vers 1600, Jacquette de Loumenven dont : Catherine, mariée en 1632 à Guillaume Le Pontois, sr de Beauchesnay, procureur fiscal de Landiviziau.

Joseph, sr du Porzo, débouté à l'intendance en 1701.

Maignan (le), sr de l'Oiselinière, par. de Gorges, — de l'Écorse et du Marchais, par. de Vieillevigne, — de l'Espinay, par. de Saint-André-de-Treize-Voix, — du Coing-Garreau, par. de Saint-Étienne-de-Corcoué, — de Lescherie, par. de Bain, — de la Fossardaye, par. de Messac, — de la Mordelais, par. de Fay, — de Kerangat, par. de Saint-Jean-Brevelay, — de Kerbellec, par. de Réguiny, — du Mané, par. de Plougoumelen, — de Kermoalo, — du Bois-Vignaud, — de la Villeauroux, — de Kerlosquet, — de Francheville, — de Kerbascoing, — de Kerdaniel, — de la Patouillère, par. du Pellerin, — de la Rouaudière, par. de Saint-Père-en-Retz, — de la Touche-Barangier, de la Roche-Brochard et du Chastellier, en Anjou, — de Montchemin et de la Verrie, en Poitou.

Anc. ext., réf. 1668, huit gén.; réf. et montres de 1428 à 1543, par. de Saint-Brice-de-Clisson et Couëron, év. de Nantes, Bain et Messac, év. de Rennes, Languidic, Réguiny et Plougoumelen, év. de Vannes.

De gueules à la bande d'argent, chargée de trois coquilles de sable.

Jean, sr de l'Oiselinière, vivant en 1370, épouse l'héritière de l'Écorse ; Olivier, chanoine de Tours en 1388 ; Rolland, accompagne le duc en France en 1418 et épouse Jeanne, dame du Marchais, dont : Olivier, garde des sceaux de Bretagne en 1457 et Jean, bouteiller de la duchesse d'Amboise en 1451, ce dernier, père 1º de Jean, qui a continué la branche des srs de l'Écorse ; 2º de Pierre, auteur de la branche de Kerangat ; 3º de Jacques, auteur de la branche de la Verrie, maintenue à l'intendance de Tours en 1666 et par arrêt du conseil de 1785, dont un membre du conseil supérieur des armées vendéennes, tué à l'attaque de Granville en 1793.

Maignane (de la), voyez Sansay (de).

Maignane (de la), sr dudit lieu, par. d'Andouillé.

Réf. de 1478 à 1513, dite par., év. de Rennes.

D'argent à quatre fusées de sable, accolées en fasce (arm. de l'Ars.).

Fondu dans Montbourcher.

Maigné (de), sr de Quistinic, par. de Marzan, — de Loyon, par. de Plœren, — de la Jouardaye, par. des Fougeretz.

Réf. et montres de 1426 à 1536, dites par., év. de Vannes.

MAIGNÉ (orig. du Poitou), sr de la Cigogne.
De gueules à trois huchets d'argent, chargé chacun de quatre mouchetures de sable (arm. 1696), *comme Jennière*.

MAIGNEN (LE) (orig. de Normandie), sr des Traversières.
Ext., réf. 1671, sept gén., ress. de Rennes.
D'azur à la fasce d'or, accomp. de trois molettes d'argent.

Colin, anobli par la charte générale des francs fiefs en 1470, père de Richard, marié 1o à Marie Langlais, 2o à Judith de Verdun, veuve en 1512.
Le sr de la Chopinais, alloué de Fougères, débouté à la réformation de 1668.

MAIGRE (LE), sr de Kertanguy, — de Coëtmeur, — de Meslan, ress. de Morlaix.
D'azur à trois trèfles d'or, 2. 1., ce dernier soutenu d'une étoile de même (arm. 1696); *aliàs* : palé d'or et de gueules de six pièces (arm. 1696).

Plusieurs officiers de la milice bourgeoise de Morlaix depuis 1727.

MAILLARD, sr du Quilly et de la Chaussée, par. de Loyat.
Réf. et montres de 1426 à 1513, dite par., év. de Saint-Malo.
De gueules à cinq maillets d'argent en sautoir.

MAILLARD, sr de Belestre, par. du Clion, — du Bois-Saint-Lys, par. de Carquefou, — des Portes, par. de Doulon, — du Fresne, par. de Saint-Mars-du-Désert, — de Pontbérard, — de la Villerévault.
Ext., réf. 1670, huit gén.; montre de 1543, par. du Clion, év. de Nantes.
De gueules à trois maillets d'or.

Colin, sergent du chapitre de Nantes en 1455, demeurant paroisse de Sainte-Luce, non contributif à cause de son office; Guillaume, sr de Belestre, partage sa succession en 1467; Georges, son fils, épouse Marguerite Le Gentil.
Les srs de la Morandais, paroisse de Tinténiac, de même nom et armes, alliés aux Lamour, Fabrony, Le Chauff, Castel et Charette, ont produit un sous-lieutenant de vaisseau en 1786.

MAILLARD, sr de la Menguais, par. de Carquefou, — du Plessix, par. de Marsac, — de la Souchais, par. de Saint-Philbert, — de la Béhinière, du Fief-au-Duc et de la Gournerie, par. de Saint-Herblain.
Maint. par les commissaires en 1699 et à l'intend. en 1703, ress. de Nantes.
D'azur au sautoir alésé d'or, cantonné en chef et en flancs de trois maillets de même, et en pointe d'un lion d'argent lampassé de gueules. Devise : *Pour assembler le sautoir, il faut maillets et chevilles.*

Étienne, auditeur des comptes en 1573; Charles, échevin de Nantes en 1614; Charles, sr de la Souchais, et Jacques-Antoine, sr de la Gournerie, maîtres des comptes en 1718 et 1761.

MAILLÉ (DE) (orig. de Touraine), baron, puis duc de Maillé en 1784, — baron de la Tour-Landry, — sr de l'Islette, — de Coësmes, par. de ce nom, — du Plessix-Raffray, par. de Domagné, — marquis de Carman en 1612, par. de Kernilis, — comte de Seiz-Ploué (aujourd'hui Maillé) en 1626, par. de Plounévez-Lochrist, — baron de la Forest, par. de Languidic, — sr du Boisbouëssel, par. de Trégomeur,

— de la Guéritaude, — de Latan, — de la Roche-Bourdeuil, — de Crévant, — de Benehart, — de Ruillé, — marquis de Brézé, — duc de Fronsac et de Caumont, — sr de Laleu.

Réf. de 1427 à 1454, par. de Maumusson, év. de Nantes, Coësmes et Domagné, év. de Rennes.

D'or à trois fasces ondées et nébulées de gueules (sceau 1220). Devise : *Stetit unda fluens.*

Hilderin, nommé dans une donation à l'abbaye de Noirmoutiers en 1037, épouse Agnès de Vendôme ; Foulques, croisé en 1096 ; Jacquelin, chevalier du Temple en 1177; Hardouin, croisé en 1248.

Cette illustre maison, alliée en Bretagne aux Le Vayer, Rohan, Penhoët, Châteaubriant, du Puy-du-Fou, du Refuge, Rougé, Ploësquellec, Avaugour, de Plœuc et Bréhant, a produit : Simon, abbé de Beaulieu et de Beauport et archevêque de Tours, † 1597; Urbain, maréchal de France, gouverneur d'Anjou, puis vice-roi de Catalogne, † 1650, marié à Nicole du Plessis de Richelieu, sœur du cardinal, dont : 1º Armand, pair de France, grand maître de la navigation, tué en mer d'un coup de canon en 1646; 2º Claire-Clémence, femme de Louis de Bourbon, prince de Condé, *dit le grand Condé*, d'où descendaient les princes de ce nom; un lieutenant-général en 1784; un maréchal de camp en 1784; un évêque de Gap en 1778, transféré à Saint-Papoul en 1782 et à Rennes en 1802, † 1804; un maréchal de camp en 1814, pair de France, † 1837, et un volontaire pontifical en 1860.

La branche aînée a porté par mariage au commencement du XVIe siècle la baronnie de Maillé dans la maison de Laval, et elle fut acquise par les Albert de Luynes en 1619.

MAILLECHAT (DE), sr dudit lieu et et du Chesnay, par. de Guipel, — du Plessis-Turpin, par. de Feins.

Réf. de 1427 à 1513, dites par., év. de Rennes, et par. de Rimou, év. de Dol.

D'argent à la bande de gueules, chargée de trois channes d'or (sceau 1379), *comme Marcille.*

MAINE, comté des dépendances du duché d'Anjou, réuni à la couronne par le Roi Henri III en 1584.

D'azur semé de fleurs de lys d'or, au canton de pourpre chargé d'un lion d'argent, à la bordure de gueules.

MAINFENY, sr du Breil, par. de Mondevert, év. de Rennes.

De gueules au chevron d'argent, accomp. de trois étoiles de même (arm. de l'Ars.).

Jean, maître des comptes en 1413. Fondu dans Couaisnon.

MAINGARD, sr de la Tournerie, — de Belestre, — du Buat.

Déb., réf. 1670, év. de Saint-Malo.

D'or à une fasce de gueules, au chêne arraché de sinople fruité d'or, brochant.

Alain, l'un des conjurés malouins qui s'emparèrent du château en 1590, poursuivi comme ligueur en 1593; un juge criminel à Rennes, et un sénéchal de Chateauneuf en 1668.

MAINGUY, *voyez* MENGUY.

MAIRE (LE), sr du Plessis-Guériff, par. de Monnières, — de l'Isle-Chalain, — du Pémion, par. de Château-Thébaud.

Guillaume, sénéchal de Nantes en 1574, épouse Marguerite Blanchet.

Maire (le).

D'argent au chevron de gueules, accomp. de trois merlettes de sable (sceau 1401).

On trouve Simon, abbé de Marmoutiers, puis évêque de Dol, † 1360; mais nous ne savons s'il appartenait à cette famille.

Maire (le), sr de Nermont, par. de Saint-Cast, — de la Hunaudière.

Déb., réf. 1669, ress. de Saint-Brieuc.

De gueules à trois chevrons d'argent, accomp. de trois trèfles de même.

Maisonfort (de la), *voyez* Bois (du).

Maisonneuve (de la), *voyez* Louvel.

Maistre (le), sr de Boisverd, par. de Saint-Aubin-des-Châteaux, — de la Garoulais, par. de Soulvache, — de Créneuc, par. de Saint-Vincent-des-Landes, — de la Bénardière, — de Launay-Bazouin et de Cherhal, par. de Fougeray, — de la Haye, par. de Missillac, — de Lorme, par. de Sion, — du Plessis, par. de Jans, — de la Garrelaye, par. de Derval, — de la Thibaudière, par. de Touvois.

Anc. ext. chev., réf. 1668, sept gén.; réf. de 1443 à 1478, par. de Saint-Aubin-des-Châteaux et Soulvache, év. de Nantes.

D'azur au lion d'argent, accosté de deux épées de même en pal, garnies d'or, les pointes en haut (sceau 1289); *voyez* Chamballan.

Artur, chambellan du duc Jean II en 1289; Alain, marié à Jacqueline de Fercé, combattit vaillamment à la bataille d'Auray, et fut nommé capitaine de Jugon en 1364; Pierre, vivant en 1443, et Françoise Guéhenneuc, sa compagne, père et mère de 1º Jean, auteur des srs de la Garoulais, lequel suivit les Rois Charles VIII et Louis XII en Italie, et se trouva à la bataille de Fornoue en 1495 et au combat de Terre-Nove en 1502; 2º Armel, auteur des srs de Créneuc.

Jacques, conseiller au parlement en 1558; Guillaume, chevalier de l'ordre, capitaine des châteaux de Blain et de Vitré, qu'il défendit contre le duc de Mercœur en 1589; un page du Roi en 1712; un aumônier du Roi, chanoine, comte de Lyon, abbé de Chézy au diocèse de Soissons et évêque de Clermont en 1743, † 1776, et une abbesse de Saint-Sulpice de Rennes en 1778.

La branche aînée fondue en 1490 dans Marbré.

Maistre (le), réf. et montres de 1481 à 1513, par. de Saint-Michel-en-Grève et Trédrez, év. de Tréguier.

D'argent à deux fasces de gueules, accomp. de trois tourteaux de même, un greslier de sable lié en sautoir entre lesdites faces.

Maistre (le) (orig. de Paris), sr de Cincehour, — de Monthelon, près Montlhéry.

D'azur à trois soucis d'or, feuillés de même. Devise : *Fors l'honneur nul souci* ; et aussi : *Au maistre les soucis*.

Gilles, avocat général aux Grands-Jours de Bretagne en 1539, puis premier président au parlement de Paris, † 1562.

Une branche établie en Savoie au XVIIe siècle a produit le célèbre auteur des *Considérations sur la France*, ambassadeur de Sardaigne à la cour de Russie, † 1821.

Maistrenès, sr de Kerlmelven, par. de Plouisy.

Réf. 1427, dite par., év. de Tréguier.

MAÎTRE (LE), sr du Bois-Picard, par. de Boisgervilly, — de Glémarec, par. de Saint-Meen, — de Pontrio, par. d'Irodouer, — de Porman.

Déb., réf. 1668, ress. de Ploërmel.

D'azur au chevron d'or, accomp. de trois soucis de même, *voyez* MAISTRE (LE).

MALBEC OU MAUBEC, sr du Plessix, par. de Sarzeau, — de la Garenne, par. de Carentoir, — de la Gaudinais, par. de Guéméné-Penfao, — des Vaux et du Rocher, par. de Pierric.

Déb., réf. 1668; réf. et montres de 1481 à 1536, par. de Sarzeau, év. de Vannes.

D'or au perroquet de sinople (arm. 1696).

Pierre, officier de la maison du duc en 1417; Jean, secrétaire du duc en 1462.

MALBEC, sr de Lanrus, év. de Léon.

D'azur à la fasce d'or, chargée de deux têtes d'aigle de sable (arm. 1696).

Guillaume, ancien syndic de Saint-Pol de Léon en 1696.

MALEMAINS, sr de Sacé et de Marigny, en Normandie, — de Sens, par. de ce nom, — de Vieuxvy, par. de Vieuxvy-sur-Couaisnon.

D'or à trois mains dextres de gueules en pal (sceau 1360).

Jeanne, dame de Sens, épouse vers 1318 Robert du Guesclin, père du connétable.
La branche de Sacé fondue dans Chambray, puis Couvran, Romilley et Budes.
La branche de Marigny fondue dans Montauban, puis Rohan-Guéméné.

MALENOË (DE), sr dudit lieu, par. de Saint-Christophe-des-Bois, — du Chastellier, par. de Saint-Germain en Coglez, — de Bessé et de la Motte, par. de Montreuil-des-Landes.

Réf. de 1478 à 1513, dites par., év. de Rennes.

D'or, à trois aiglons d'azur, becqués et membrés de gueules.

Un maréchal de camp, chevalier de l'ordre, lieutenant aux gouvernements d'Hennebont et de Quimper en 1650.

MALESCOT, sr de Sénaille, par. de Saint-Aubin-du-Cormier, — de la Motte, par. de Bédée.

Bertrand, croisé en 1248; Gervais, dans une montre de 1370; Yves, abbé de Bonrepos en 1443; un chambellan du duc François II en 1462.

MALESCOT, sr de Carcouët, par. de Plestan, — de la Fontainefroide et de la Ville-Glorec, par. de Saint-Melaine de Lamballe.

Réf. de 1475 à 1535, dites par., év. de Saint-Brieuc.

Jamet, de la paroisse de Plestan, anobli en 1445.

MALESCOT, sr des Hayes, — de la Villeneuve, — de Monceaux, — d'Iffer, par. d'Acigné.

Maint. réf. 1670, 0 gén., ress. de Rennes, par les priviléges de la chancellerie.

D'hermines au rencontre de cerf de gueules.

Trois secrétaires du Roi depuis 1605.

Les srs de Kerangoué, paroisse de Lanmeur, portent les mêmes armes.

MALESTROIT (DE), baron dudit lieu en 1451, — sr de Châteaugiron, — de Combourg, — de Rougé, — de Derval, — d'Oudon, — baron de Keraër en 1553, par. de Locmariaker, — sr du Plessis, par. de Crac'h, — de Largouët, par. d'Elven, — de Kerambourg, par. de Landaul, — de Trémédern, par. de Guimaëc, — du Plessis-Eon, par. de Plufur, — de Beaucours, par. de Botoha, — de Roquédas, par. d'Aradon, — du Chastel, — de Mésanger, par. de ce nom, — de la Soraye, par. de Quinténic, — du Marchaix, — d'Uzel, par. de ce nom, — de Quifistre, par. de Saint-Molff, — de Pontcallec, par. de Berné.

Réf. et montres de 1426 à 1543, par. d'Oudon, év. de Nantes, Locmariaker, Crac'h, Elven, Landaul et Aradon, év. de Vannes, Guimaëc et Plufur, év. de Tréguier, Botoha, év. de Cornouailles, Quinténic et Uzel, év. de Saint-Brieuc.

De gueules à neuf besants d'or, 3. 3. 3 (sceau 1309); *aliàs* : chargé en abyme d'un léopard d'or (sceau 1303); *aliàs* : écartelé aux 1 et 4 : de vair à la bande de gueules, *qui est Châteaugiron*, aux 2 et 3 : de gueules à cinq besants d'or en sautoir. Devise : *Quæ numerat nummos, non malestricta domus.*

Juhaël, assiste aux funérailles d'Alain Fergent, dans l'église de Redon en 1119; Geoffroi, capitaine d'Auray et Jean son fils, décapités à Paris en 1344, pour avoir favorisé le parti de Jean de Monfort; Jean, premier président aux comptes, chancelier de Bretagne et évêque de Saint-Brieuc, puis de Nantes, † 1443, frère de Thibaud, évêque de Tréguier, puis de Cornouailles, † 1408; Guillaume, neveu des précédents, évêque de Nantes, archevêque de Thessalonique et abbé de Saint-Séver au diocèse de Coutances, † 1491.

La branche aînée fondue vers 1352 dans la maison de Châteaugiron, qui prit le nom de Malestroit, d'où la baronnie de Malestroit est passée successivement aux Raguenel, Rieux, Laval, Montejean, Acigné, Cossé-Brissac, Guénégaud, Lannion et Sérent.

La branche d'Oudon éteinte en 1550.
La branche de Keraër fondue vers 1600 dans Montalais.
La branche d'Uzel fondue dans Coëtquen, puis Durfort.
La branche de Pontcallec fondue dans Papin, puis Guer.

MALFILASTRE (orig. de Normandie, y maint. en 1463, 1599 et 1666), sr de Martinboscq, — de la Haulle, — de Marcilly.

Anc. ext., arrêt du parl. de 1784, neuf gén., ress. de Rennes.

D'argent à trois merlettes de sable.

Thomas, fait une fondation à l'hôpital de Caen en 1210; un conseiller au parlement de Bretagne en 1784.

MALHERBE, sr de la Bouëxière, près Vitré, — de la Rivière, — du Quistinic, év. de Cornouailles.

Déb., réf. 1668, ress. de Rennes.

D'hermines à six roses de gueules, 3. 2 et 1 (arm. 1696).

Des conseillers au présidial de Rennes depuis 1668 et un syndic de Quimper en 1696.

MALLERIE (DE LA), *voyez* BRIOT.

MALLET, réf. et montres de 1449 à 1481, par. de Ruca, év. de Saint-Brieuc.

D'hermines à trois fasces de gueules.

Robert, croisé en 1248.

MALLIER (orig. de Champagne), s^r de Chassonville, — du Houssay, près Chartres, — du Brossay, par. de Saint-Gravé.

Ext. arrêt du parl. de 1770, sept gén., ress. de Vannes.

D'argent à la fasce d'azur, accomp. de trois roses de gueules.

Sébastien, trésorier de France à Orléans en 1581 ; un conseiller d'État en 1617, puis intendant des finances et contrôleur général en 1638; deux évêques de Tarbes de 1648 à 1675; un évêque de Troyes, † 1678 ; un brigadier des armées de l'électeur de Cologne en 1704.

La branche du Brossay fondue dans la Boëssière, puis Audren.

MALON (orig. de Paris), s^r de Bercy, — de Conflans.

D'azur à trois merlettes d'or.

Deux conseillers au parlement de Rennes depuis 1566.

MALOR, s^r de Liniac, — de Beaulieu, par. de Mesquer, — de Marzein, par. de Saint-Nazaire, — de Monthonnac, par. de Saint-Molf.

Réf. 1426, par. de Saint-Nazaire et Guérande, év. de Nantes.

Ecartelé aux 1 et 4 : vairé d'or et d'azur; aux 2 et 3 de gueules plein (sceau 1381).

Jean, faisait partie de l'ambassade qui alla chercher Jeanne de Navarre, pour épouser le duc Jean IV en 1386.

Fondu vers 1500 dans Rohan-Trégalet.

MALOEUVRE, s^r de Beauchesne, par. de Rannée, — du Portail, par. de Liffré.

Déb., réf. 1668, év. de Rennes.

MALTERRE, s^r du Traon, de la Ville, des Vignes et de la Chapelle, par. de Saint-Meloir-des-Ondes, — du Coudray, par. de Saint-Jean-des-Guérets, — du Verger, — de Mézeray.

Anc. ext., réf. 1669, sept gén.; réf. et montres de 1479 à 1513, dites par., év. de Saint-Malo.

De gueules à trois chevrons d'argent, accomp. de trois macles de même ; *aliàs* : trois fers de moulin et un orle (sceau 1380).

Alain, servait en compagnie de Bertrand du Guesclin en 1226; Henry, député de Saint-Malo vers Jean IV, en 1384; Hamon, vivant en 1479, père de Pierre, vivant en 1513, marié à Jeanne de la Motte.

Fondu dans Ferron du Chesne.

MANCEL, s^r de la Ville-Caro, par. des Fougeretz, — de la Villeglé et de Peccadeuc, par. de Carentoir.

Réf. et montres de 1426 à 1513, dites par. et par. de Glénac, év. de Vannes.

D'azur à trois molettes d'argent, au chef cousu de sable, chargé de trois têtes de loup d'argent, arrachées de gueules.

MANCELIÈRE (DE LA), s^r dudit lieu, par. de Baguer-Pican, év. de Dol.

D'azur au croissant d'or, accomp. de trois étoiles d'argent. (G. le B.)

Fondu dans Chasné.

MANDARD, s^r de la Mandardière, par. de Pacé, — de la Bretesche, par. de Saint-Grégoire.

Réf. 1427, dites par. et par. de Saint-Etienne, év. de Rennes.
D'azur à six coquilles d'argent.
<small>Alain, maître des comptes en 1524.</small>

MANGIN, sr de la Digue, par. de Martigné-Ferchaud.
Déb., réf. 1669, év. de Rennes.
Fascé d'argent et de gueules, au lion d'argent brochant.

MANGOT (orig. du Poitou), sr de Villarceau, — d'Orgères.
D'azur à trois éperviers d'or, grilletés et longés de même.
<small>Claude, avocat et receveur de Loudun, anobli en 1555; Claude, garde des sceaux de France en 1616; Anne, fils du précédent, conseiller au parlement de Bretagne, puis de Paris, en 1623.</small>

MANIOU, sr de Kerlaouénan, par. de Plouarzel, — de Perros, — de Penc'harvan, par. de Plouguin.
Ext., réf. 1670, six gén.; réf. et montres de 1426 à 1534, par. de Plouarzel et Kerlouan, év. de Léon.
D'azur au lion couronné d'argent.
<small>Perrot, fils Yvon, de la paroisse de Plouarzel, anobli en 1445; Guillaume, vivant en 1481, épouse Catherine de Guernisac.</small>

MANOURY (orig. de Normandie), sr de Vassone, — de la Fontaine, — de Saint-Germain.
Ext., réf. 1669, cinq gén., par. de Domagné, év. de Rennes.
D'argent à trois mouchetures d'hermines de sable. Devise : *Regi fidelis*.
<small>Christophe et Louise de la Noë, sa compagne, aïeux de François, qui s'établit en Bretagne, où il épousa en 1565 Anne Le Bouteiller des Blérons; Mathurin, avocat général aux comptes en 1665.
Guillaume, sr de Perdeville, élection d'Argentan, anobli en 1593, est le chef d'une famille de même nom et armes, maintenue en Normandie en 1666.</small>

MANS (DU) (orig. du Maine), sr du Bourg-l'Evêque, — de Challais.
D'or à une fasce de gueules chargée de trois étoiles d'argent, et accomp. en pointe d'une merlette de sable.
<small>Un secrétaire du Roi en 1686.</small>

MANSIGNY (DE), *voyez* GRANDIN.

MAOUT (LE), par. du Faouet, év. de Cornouailles.
D'argent au chevron d'azur bordé d'or.
<small>Alain, évêque de Léon, puis de Cornouailles, † 1493.</small>

MARANT (LE), sr de Penanvern, par. de Plourin, — du Val-Pinart, par. de Saint-Mathieu de Morlaix, — de Kerbiriou, — du Goffelic, — de Kerdaniel, — de Coatsalver (Bois-Sauveur), par. de Lanmeur.
Ext. réf. 1671, sept gén.; réf. et montres de 1481 à 1543, par. de Plourin et Saint-Mathieu de Morlaix, év. de Tréguier.
D'azur à la tête d'aigle arrachée d'argent, accomp. de trois molettes de même; au franc canton parti de *Bretagne et de Rohan*. Devise : *Bonâ voluntate*.
<small>Pierre, vivant en 1481, épouse Jeanne de Tromelin; trois filles à Saint-Cyr, de 1699 à 1745; un baron de l'Empire, vice-amiral en 1836.</small>

MARBO (DE), porte un lion surmonté d'un lambel (sceau 1340).

MARBODIN (orig. de Normandie), s^r de la Roulais, — de Vauvert.

Maint. réf. 1669, 0 gén., ress. de Nantes.

D'or à la fasce échiquetée d'or et d'azur de deux tires, bordée de gueules ; à l'aigle de sable, issante de la fasce, chargée d'une fleur de lys d'or ; *aliàs* : d'argent à six merlettes de sable, 3. 2 et 1. (T. de Saint-Luc.)

Louis et Charles Bodin, de la Ville d'Avranches, anoblis en 1653, avec permission d'ajouter *mar* à leur nom, par distinction.

MARBOEUF (DE) (orig. du Poitou), s^r du Chesne, — baron de Blaison, — vicomte de Chemillers, — s^r de la Sansonnière, — de Laillé, — de Gailieu, — de Cariguel, par. de Plorec, — de Callac et de Cadoudal, par. de Plumelec.

Anc. ext. chev., réf. 1668, neuf gén. ; ress. de Rennes.

D'azur à deux épées d'argent garnies d'or et passées en sautoir, les pointes en bas.

Pierre, épouse en 1230 Jeanne Chabot; Thébault, varlet en 1385, épouse Agathe Rouault; six présidents à mortier et aux enquêtes de 1618 à 1724; cinq chevaliers de Malte, depuis 1644; un page du Roi en 1684; un abbé de Beauport en 1598; trois abbés de Langonnet de 1649 à 1754; un abbé de Saint-Jacques-de-Montfort en 1721; un abbé de Ribemont, au diocèse de Laon en 1741; un abbé de Saint-Jacut, évêque d'Autun en 1767, puis archevêque de Lyon en 1788; deux lieutenants-généraux des armées du Roi, depuis 1734 ; le second, lieutenant de Roi en Bretagne, puis gouverneur de Corse en 1780.

MARBRÉ (DE), s^r dudit lieu, par. de Saint-Jean de Coglez, — du Bas-Vézin, par. de Vézin, — de la Haye, par. de Mordelles, — du Fresne, — de Couëdron.

Anc. ext., réf. 1668, neuf gén., réf. de 1427 à 1513, dites par., év. de Rennes.

D'argent à l'aigle éployée de sable (sceau 1403).

Jamet, écuyer dans une montre de 1380; Pierre, vivant en 1403, épouse Hilaire de Lourme, père et mère d'Arthur, marié à Georgette du Pont, dont : Robert, marié en 1478 à Aliette de Montauban.

La branche aînée paraît fondue dans la Piguelays.

MARBRÉ (DE) (ramage des précédents), s^r de Mallarit et du Breil, par. de Plessé, — de Trénou et du Bois-Nozay, par. de Saint-Lyphard, — du Boisvert, par. de Saint-Aubin-des-Châteaux.

Anc. ext. réf. 1668, huit gén., appelé à l'arrière-ban de Nantes en 1544.

D'azur à la croix d'argent, chargée de cinq aiglettes de gueules.

Pierre, vivant en 1403, épouse Hylaire de Lourme, dont : Arthur qui a continué la branche aînée et Jean, marié à Perrine de Juzet, auteur des s^{rs} de Trénou, éteints au XVIIe siècle.

MARC, s^r de la Chénardais, — du Breil-Varennes, — du Vauluisant.

De sable à trois canetons d'argent.

François-Julien, avocat en parlement, référendaire à la chancellerie et commissaire des États en 1766.

MARCADÉ, s^r du Bot, par. de Nivillac, — d'Héréal, par. de Sixte, — de la Croix et des Landriays, par. de Maure, — de la Pagaudais, par. de Mernel, — du Val, — de la Mineraye, — du Gage, — de la Boulais, — de la Touche.

Anc. ext., réf. 1670, quatre gén. ; réf. et montres de 1454 à 1536, par. de Nivillac, év. de Nantes, Sixte et Carentoir, év. de Vannes, Maure et Mernel, év. de Saint-Malo.

D'argent à trois lionceaux mornés de gueules.

Perrot, fait hommage au vicomte de Rohan en 1396; Guillaume, vivant en 1536, épouse Hélène du Val.

Une famille de même nom et armes en Normandie, remonte à Robert, de la paroisse de Sainte-Mère-Eglise, près Valognes, anobli par lettres de 1543.

MARCÉ, en Anjou.

Seigneurie successivement possédée par les maisons du Chastellier, du Chastel et Gouyon et érigée en baronnie en 1592, en faveur de Jacques Gouyon, *voyez* GOUYON.

MARCEL, s^r de Maurepas.

Coupé au 1 : de gueules à la bande d'azur, *à enquerre*, chargée de trois fleurs de lys d'or ; au 2 : d'argent à la double croix de sable.

Guillaume, auditeur des comptes en 1587.

MARCHAIX (DU), s^r dudit lieu, — d'Uzel, par. de ce nom, év. de Saint-Brieuc.

Bertrand, épouse vers 1360 Margilie Budes, dame d'Uzel, dont Isabeau, mariée à Alain de la Soraye.

Fondu dans Malestroit.

MARC'HALLAC'H (DU), s^r dudit lieu et de Kerven, par. de Ploneiz, — de Lezarvor, — de Kerraoul, par. de Combrit, — de Kermorvan, — de Tréouron, par. de Lanvern, — de Kerfeuntenic, par. de Ploubannalec.

Anc. ext., réf. 1670, huit gén.; réf. et montres de 1481 à 1562, par. de Ploneiz et Tréméoc, év. de Cornouailles.

D'or à trois pots à eau ou orceaux de gueules. Devise : *Usque ad aras*.

Jean, croisé en 1248; Jean, vivant en 1481, épouse Constance de Kerouriec; Rolland, vivant en 1536, épouse Béatrix de Kersauzon, dame de Kerven; Alain, au nombre des défenseurs du château de Pont-l'Abbé, assiégé par les ligueurs en 1588.

La branche aînée fondue en 1626 dans Gouandour.

MARCHAND (LE), s^r de Crec'hlec'h, — du Ménec, par. de Loquirec.

Déb., réf. 1670, ress. de Lannion.

D'argent à trois têtes de corbeau arrachées de sable. (G. le B.)

MARCHAND (LE), s^r de la Rivière, par. de Maroué, — de Belestre et de la Lande, par. du Plessix-Balisson, — du Quélennec, par. de Maure, — de la Reboursière, par. de Trébry, — d'Epinay, — de Valincourt.

Déb., réf. 1669, ress. de Saint-Brieuc et Rennes.

D'azur au chevron d'argent, accomp. de trois molettes de même (arm. 1696).

Deux conseillers au présidial de Rennes depuis 1664.

MARCHAND (LE), s^r de la Vallerie et de la Guérivaye, par. de Sens.

Réf. de 1478 à 1513, par. de Sens, év. de Rennes.

Itier, auditeur des comptes en 1465; Jean, Pierre et Gilles, de la paroisse de Sens, se gouvernent roturièrement en 1478 et ont été autrefois anoblis et apportèrent à la paroisse de Sens, rabat d'un feu et demi.

MARCHANT (LE) (orig. de Champagne), s^r de l'Aulnay.

D'azur à deux épées d'argent en sautoir, garnies d'or, les pointes en haut, accomp. en chef d'un croissant d'or.

Etienne-Pierre, lieutenant au baillage de Saint-Dizier, épouse vers 1690 Marie-Marthe de Gainaut, dame de l'Aulnay, dont : Etienne-Philippe, fermier-général du duché de Montpensier et vicomte mayeur de la ville de Luxeul en 1738, aïeul d'un lieutenant au régiment de Touraine (infanterie), allié en 1789 aux Kerouallan, de la paroisse de Saint-Brandan.

MARCHE (DE LA), s^r dudit lieu, par. de Bédée, — de la Boëssière, par. de Carentoir.

Réf. 1427, par. de Bédée, év. de Saint-Malo.

D'azur au dextrochère vêtu d'un fanon d'argent, tenant une fleur de lys de même (sceau 1306), *voyez* DU CHASTELLIER, GUEL, LA LANDE et SAINT-BRIEUC: *aliàs* : écartelé aux 1 et 4 : une croix périe; aux 2 et 3 : une croix pattée (sceau 1352).

Ulric, témoin de la donation de l'église de Montreuil-sous-Pérouse à l'abbaye de Saint-Serge en 1060, donne en 1065, au prieuré de Sainte-Croix de Vitré, le droit de fournage qu'il possédait dans cette ville ; Guillaume, donne quittance aux exécuteurs testamentaires du duc Jean II en 1306; Guillaume, que l'on croit fils du précédent, l'un des chevaliers du combat des Trente en 1351, fut tué l'année suivante au combat de Mauron, laissant un fils Jean, qui ratifia le traité de Guérande en 1380, † sans postérité, et une fille Jeanne qui recueillit la succession de son frère et épousa Raymond, vicomte de Fronsac en Guyenne, d'où la seigneurie de la Marche a appartenu successivement aux Penhoët, Rohan, Botherel-du-Plessix et Visdelou.

MARCHE (DE LA), s^r dudit lieu, — de Montortou, par. de Roz-sur-Couësnon.

Réf. 1513, dite par. et par. de Saint-Georges de Grehaigne, év. de Dol.

D'azur à six besants d'or, au filet de gueules, brochant sur le tout. (G. le B.)

Renaud, au nombre des défenseurs de Dol, assiégé par le roi d'Angleterre en 1173; Guy, témoin d'une donation d'Henry de Fougères à l'abbaye de Savigné en 1142.

MARCHE (DE LA), en breton MARS (LE), s^r dudit lieu, par. de Braspartz, — de Bodriec, de Poulforn et de Quistinic, par. de Locqueffret, — des Tourelles, par. de Lannédern, — du Botmeur, par. de Berrien, — de Lezergué et de Kerfors, par. d'Ergué-Gabéric.

Anc. ext., réf. 1670, neuf gén. ; réf. et montres de 1426 à 1536, par. de Braspartz et Locqueffret, év. de Cornouailles.

De gueules au chef d'argent.

Anceau, vivant en 1380, père d'Henry, écuyer de la retenue de Tanguy du Chastel en 1422, marié à Perronnelle du Hilguy, dont : Anceau, qui accompagna le duc Pierre à la cour de Bourges en 1455, et épousa Constance du Botmeur; François-Louis, chevalier de Saint-Lazare, laissa de Marie-Anne du Botmeur, qu'il avait épousé en 1715 : 1° François-Louis, page du Roi en 1739, puis lieutenant des maréchaux de France; 2° Jean-François, lieutenant au régiment de la Reine (dragons), blessé à la bataille de Plaisance en 1746, puis abbé de Saint-Aubin-des-Bois en 1764 et évêque de Léon en 1772, † 1806.

La branche aînée fondue dans du Chastel-Mezle.

La branche des Tourelles fondue dans Lezormel.

MARC'HEC ou MAREC, en français CHEVALIER, s^r de Kerbaul, par. de Chatelaudren, — de Pellan, de Kerguily et de Kerouzien, par. de Plouagat, — de Kerouriou, — de

Keréven, — de Penquer, — de Kerénor, — de Kerouc'hant, — de Kerivoaz, — de Montbarrot et de la Martinière, par. de Saint-Aubin de Rennes, — de la Boullaye, par. de Pacé, — de Beaulac, par. de Goven, — du Plessix-Balisson, par. de ce nom.

Anc. ext. chev., réf. 1669, sept gén.; réf. et montres de 1434 à 1543, par. de Plouagat-Chatelaudren et Goudelin, év. de Tréguier, Saint-Aubin et Pacé, év. de Rennes.

D'argent au lion de gueules, armé, lampassé et couronné d'or, à la fasce de sable brochant, chargée de trois molettes d'argent. Devise : *In te, Domine, speravi, non confundar in œternum.*

Rolland, croisé en 1248; mais nous ne savons à quelle famille Marc'hec il appartenait. Celle-ci a produit : Geoffroi, évêque de Cornouailles † 1383; Guillaume, vivant en 1434, marié : 1º à Olive de Rosmar, 2º à Isabeau Taillart. Du premier lit : Nicolas, époux d'Isabeau Le Roux père et mère d'Alain, sénéchal de Rennes, conseiller aux Grands-Jours en 1498, signataire du traité de mariage d'Anne de Bretagne et de Louis XII en 1499, marié à Luce de Bourgneuf, auteurs des s^{rs} de la Martinière et de Montbarot, dont : un président aux comptes en 1524 et un gouverneur de Rennes en 1583. Du deuxième lit : Rolland, époux de N. Gallais, qui ont continué la filiation des branches de l'évêché de Tréguier.

La branche de Montbarot fondue dans la Chapelle de la Roche-Giffart. (Famille éteinte.)

MARC'HEC (LE), s^r de Launay, de Penalan, du Merdy et de Trobriand, par. de Plougaznou, — de Keridec, par. de Lanmeur, — de Lavalot, par. de Taulé.

Anc. ext., réf. 1669, huit gén.; réf. et montres de 1427 à 1543, par. de Plougaznou, év. de Tréguier.

D'azur à deux badelaires d'argent garnis d'or, passés en sautoir, les pointes en haut.

Guillaume, épouse en 1477 Anne de la Forest.
La branche de Penalan fondue dans Toulgoët, puis Le Gualès.
La branche de Lavalot fondue dans Penhoadic.

MARC'HEC (LE), s^r de Kerbasquien, par. de Trébrivan, — de Coëtlosquet.

Anc. ext., réf. 1669, sept gén.; réf. et montres de 1440 à 1481, par. de Plouyé, év. de Cornouailles.

D'argent à dix feuilles de lierre de sinople, 4. 3. 2 et 1, *voyez* BOTILLIO.

Guillaume, vivant en 1440, épouse Marie de Roc'hcaëzre.

MARC'HEC (LE), s^r de Kervoaziou et de Pontangler, par. de Plougaznou.

Réf. et montres de 1427 à 1543, dite par., év. de Tréguier.

D'argent au sautoir d'azur, chargé de cinq annelets d'argent, *comme Rio et Jouino.*

Prigent, chanoine de Tréguier en 1460. Fondu en 1519 dans la Forest.

MARC'HEC (ramage de Trémédern), s^r de Mezambez, par. de Guimaëc.

Réf. 1427, dite par., év. de Tréguier.

Bandé de six pièces d'or et de sable, *comme Trémédern.*

Moderne : Kerguz, puis Coëtlosquet.

MARC'HEC, s^r de Kerhouërmaign, év. de Tréguier.

D'argent à trois roses de gueules, boutonnées d'or. (G. le B.)

MARC'HEC, sʳ de Roudouhir, — de Guicquelleau, par. d'Elestrec, — de Penhoët, par. de Saint-Frégan, — de la Motte, — de Lanvengat, par. de Guissény.

Réf. et montres de 1446 à 1534, par. d'Elestrec et de Saint-Frégan, év. de Léon.

D'azur à trois quintefeuilles d'or.

Yvon, époux de Jeanne de Kerasquer, suivit le roi Charles VIII à la conquête de Naples en 1495 et laissa : Jean, homme d'armes dans la compagnie du sire de Rieux, marié à Marie de Kernezne, décapité en 1527, pour avoir tué traîtreusement Henry de Penmarc'h.

Fondu dans la Forest, puis du Parc-Lesversault; moderne : Lesguern.

MARCHECOURT.

De gueules à une épée d'argent en pal, la pointe en bas, aux gardes d'or, accomp. en chef de deux besants d'argent. (G. le B.)

MARCILLE, sʳ de la Motte, par. de Gévezé, — de Launel et d'Argentré, par. d'Argentré.

Anc. ext. chev., réf. 1668, neuf gén.; réf. de 1427 à 1513, par. de Gévezé et Argentré, év. de Rennes.

D'argent à la bande de gueules, chargée de trois channes d'or, *comme Maillechat*. Devise : *En bonne table.*

Yvon, croisé en 1248; Guillaume, épouse vers 1390 Orphaise d'Argentré, dame dudit lieu et de Launel; Jean, leur fils, capitaine de cent hommes d'armes des ordonnances du duc en 1420, épouse Perrotte Le Maçon, dont : Jean, chevalier de l'ordre de l'Épi, en 1441, marié à Marie de Romilley.

MARCK (DE LA) (orig. d'Allemagne), comte dudit lieu, duc de Clèves et de Nevers, — sʳ d'Aremberg, — duc de Bouillon, — prince de Sédan, — comte de Maulévrier, de Braine et de Lumain, — sʳ de Bienassis, par. d'Erquy, — du Hilguy, par. de Plougastel-Saint-Germain, — de Pratanroux, par. de Penharz.

D'or à la fasce échiquetée d'argent et de gueules de trois tires, au lion issant de gueules en chef.

Jean, chambellan du Roi en 1454, père de : 1º Robert, auteur des sʳˢ de Bouillon et de Sédan, qui ont produit deux maréchaux de France et se sont fondus dans la Tour-d'Auvergne; 2º Evrard, qui a continué les sʳˢ d'Aremberg, fondus dans de Ligne; 3º Guillaume, dit *le Sanglier des Ardennes*, décapité en 1485, auteur de la branche de Lumain, qui a produit en 1718 un lieutenant-général, marié dans la maison de Rohan-Chabot, père de : Louis-Engilbert, marié en 1727 à Marie-Anne-Hyacinthe Visdelou, dame de Bienassis, le Hilguy et Pratanroux. De ce mariage issut Louise-Marguerite, épouse en 1748 de Charles-Léopold de Ligne, prince d'Aremberg.

MARCONNAY (DE) (orig. du Poitou), sʳ dudit lieu, — de Coulombiers, — de Mornay, — de la Millière, — de Châteauneuf, — de Lugny, — de la Barbelinière, — de Frozes, — de la Mayré, — de Curzay, — de Beaulieu.

De gueules à trois pals de vair, au chef d'or, *comme Châtillon-sur-Marne*.

Estèle, écuyer dans une montre de 1380; Jean, chambellan du roi Charles VI en 1418; Pierre, premier maître d'hôtel des trois reines Catherine de Médicis, Elisabeth d'Autriche et Louise de Lorraine, laissa de son mariage contracté en 1566 avec Louise de Soubsmoulin : Melchior, abbé de Rillé en 1581, évêque de Saint-Brieuc en 1601, † 1618.

Une famille de même nom et armes, en Normandie, a été anoblie en 1595, élection de Bayeux.

MARDEAUX, sʳ de la Marre, — de la Bourgeaudière, par. de Servon, — du Bois, par. de Saint-Erblon, év. de Rennes.

Déb. réf. 1668, ress. de Vitré.

MAREC (LE), *voyez* MARC'HEC.

MARÉCHAL (LE), sʳ de Longueville.

D'argent au cheval gai et effaré de sable (sceau 1237).

Richard et Gervaise de Dinan, sa compagne, font une fondation à l'abbaye de Savigné en 1237.

MARÉCHAL (LE), sʳ de la Bretonnière, — de la Chapelle, par. de Guichen.

Ext. réf. 1669, sept gén. ; réf. et montres de 1430 à 1513, par. de Châteaugiron, év. de Rennes, Saint-Senoux et Guichen, év. de Saint-Malo.

D'argent à trois hures de sanglier arrachées de sable.

Alain, de la ville de Châteaugiron, anobli en 1445 et rabat à la paroisse un feu.
Jean, épouse vers 1479 Guillemette Mauvoysin ; Jean, petit-fils du précédent, exempt de fouages à la réformation de 1513, paroisse de Guichen, pour ce qu'il se dit de la lignée de la Monnoie.

MARÉCHAL (LE).

D'or à la bande de gueules, à l'orle de six coquilles de même. (G. le B.)

Une famille de même nom et armes existait en Bresse en 1750.

MARÉE (DE LA).

D'argent à cinq tourteaux de sable en sautoir, au chef d'hermines (G. le B.), *comme la Sécardais*.

MAREIL (DE), sʳ dudit lieu et de la Haye, par. de la Chapelle-Launay, — de Bedouan, par. de Donges, — du Brossay, par. de Nivillac, — de Larmor, par. de Saint-Dolay, — du Plessix, par. de Saint-Viaud, — de Teillé, par. de Saint-Herblain.

Réf. de 1426 à 1513, dites par., év. de Nantes.

Echiqueté d'hermines et de gueules (sceau 1435).

Bonaventure, gentilhomme de la chambre en 1548.
Les sʳˢ de Kerrun, de Trébéron, de Keramprovost, de Keraudren et de Hauteville, paroisse de Crozon, évêché de Cornouailles, de même nom et armes, déboutés à la réformation de 1671.

MAREIL (DE), *voyez* GUY.

MARESCHAL (orig. du Poitou, y maint. en 1667 et 1716), sʳ des Hardyas, — de la Touche, — de l'Imbretière, — baron de Poiroux et de Villiers-Charlemagne, — sʳ de Buchignon, — de la Bastarderaye, — de Fougeré.

D'azur au lion couronné d'or, armé et lampassé de gueules.

Nicolas, époux en 1504 de Renée de Mayré, exempt de tailles par sentence des élus des Sables en 1533 ; Baptiste, marié à Madeleine du Bouchet, sénéchal de la principauté de la Roche-sur-Yon, en 1581. (Fondu dans Sioc'han.)

MAREST (orig. du Maine), sʳ des Aulnays, — de la Ragotière.

D'azur au lion d'or, surmonté de trois étoiles de même.

Trois conseillers au parlement depuis 1681 ; deux secrétaires du Roi, garde scels à la chancellerie en Rennes en 1717 et 1719.

Maretz (des) (orig. de Paris), marquis de Maillebois, — baron de Châteauneuf-en-Thimerais.

D'azur au dextrochère d'argent, tenant trois lys de même.

De Jean, intendant de Soissons, et de Marie Colbert, sœur du ministre, naquirent : 1º Nicolas, ministre et secrétaire d'Etat, père de Jean-Baptiste, maréchal de France en 1741, et de Marie-Madeleine, mariée à Louis-Vincent, marquis de Goësbriand, lieutenant général en 1704; 2º Vincent-François, évêque de Saint-Malo en 1702, † 1739.

Margadel (de) (orig. des Trois-Evêchés).

D'azur à la croix d'argent, chargée de cinq larmes de gueules.

Pierre, avocat en parlement, échevin de Pont-à-Mousson, anobli en 1663.

Margaro (du), sr dudit lieu, par. de Sévignac, — de Langouëdre, par. de Plénée-Jugon, — du Boislérault, par. de Bobital, — de Pencrec'h, — de Coëtcouvran et de la Motte-Moysan, par. d'Yvignac, — de Rouillon et de la Coquillonnais, par. de Combourg.

Anc. ext., réf. 1669, sept gén., par. de Saint-Samson-Jouxte-Livet; réf. et montres de 1428 à 1535, dites par., év. de Saint-Malo, Saint-Brieuc et Dol.

D'azur à trois coquilles d'argent.

Guillaume, vivant en 1479, père d'Olivier et aïeul d'autre Olivier, vivant en 1513, marié à Thomasse de Tréal.

Margat (du), sr dudit lieu, par. de l'Hermitage, — de la Prévostaye et de la Touchette, par. de Gévezé.

Réf. de 1427 à 1513, par. de Gévezé, év. de Rennes.

D'argent au lion rampant de sable.

Noël, abbé de Saint-Melaine, † 1535.

Marguerie (orig. de Normandie, y maint. en 1463, 1598 et 1666), baron de Vassy, — sr du Teilhupin, — de Sainte-Honorine, — de Colleville, — de Sorteval, — de Montfort.

D'azur à trois marguerites de pré d'argent. Devise : *Cherche qui n'a.*

Jacques, conseiller au parlement en 1660, marié à Jeanne de Marbœuf, père d'Henry-Charles-Antoine, enseigne des gendarmes de Bretagne en 1727; un évêque de Saint-Flour en 1837, depuis transféré à Autun.

Marias (orig. de Guyenne), anobli en 1654.

D'azur à une fasce d'argent accomp. de trois étoiles de même.

Un secrétaire du Roi près la cour-des-aides de Bordeaux en 1758. Cette famille s'est alliée en Bretagne aux du Beaudiez.

Marie, sr de la Diablerie, par. de Bonnemain, — de la Higourdaye, par. d'Epiniac, — de Languénan.

Anc. ext. chev., réf. 1669, dix gén.; réf. et montres de 1427 à 1513, par. de Bonnemain, la Fresnais et Epiniac, év. de Dol.

D'argent à trois coquilles de sable; *aliàs* : deux channes et une molette (sceau 1410).

Le nom ancien de cette famille est Le Diable. Thomas Le Diable, vivant en 1420, père de Jean, marié en 1465 à Isabeau de la Motte.

Marié (le), s^r de la Barberie, — de la Garnizon, par. d'Orvault, — de la Thomassière, par. de Sautron.

Maint. réf. 1669, 0 gén., par les priviléges de la chambre des comptes.

D'azur à la levrette rampante d'argent, colletée d'or, accomp. de trois besants de même.

François, échevin de Nantes en 1601, sous-maire en 1603; Guillaume, époux de Perrine Amproux, père de René, maître des comptes en 1659.

Le s^r de la Lévraudière, paroisse de la Chapelle-Hullin, débouté à la réformation de 1670.

Marigny (de), *voyez* Bernard.

Marigny (de), *voyez* Gefflot.

Marigo, s^r de Kerguifflou, par. de Neuillac, — de Rangoët, par. de Stival, — du Spernouët, — de la Villeneuve, — de Guermen, par. de Kergrist.

Anc. ext., réf. 1669, neuf gén.; réf. et montres de 1426 à 1562, par. de Mur, Neuillac et Kergrist, év. de Cornouailles, et Stival, év. de Vannes.

Ecartelé aux 1 et 4 : de gueules au lion d'or; aux 2 et 3 : d'or à trois rencontres de cerf de gueules.

Eon, vivant en 1426, aïeul d'Yvon, vivant en 1481, marié à Catherine Le Bourgeois; Pierre, élu abbé de Lanvaux en 1549; François, chevalier de l'ordre en 1610.

Fondu au XVIIIe siècle dans Trédern et Gouzillon.

Marillac (de) (orig. d'Auvergne), s^r de Saint-Genest, — de Ferrières, — de Farainville, — d'Ollainville, — baron de Porsac, — comte de Beaumont-le-Roger.

D'argent maçonné de sable, au croissant de gueules en abyme, accomp. de six merlettes de sable.

Pierre, châtelain de Lastic en 1480; Charles, évêque de Vannes en 1550, transféré à l'archevêché de Vienne en 1557, † 1560; Bertrand, frère du précédent, évêque de Rennes, † 1573; Michel, garde des sceaux de France en 1624, mort prisonnier à Châteaudun en 1632; Octavien, son fils, dit le P. Michel, capucin, évêque nommé de Saint-Malo, † 1631; Louis, maréchal de France, décapité en 1632.

Marin (orig. du Languedoc), s^r de Beauvoisin, — de Montcan, par. de Pluvigner, — du Sallo, — de Kerlouay, — de Surlé, — du Chastelet, par. d'Héric, — d'Anglé.

Anc. ext. chev., réf. 1669, sept gén.; ress. d'Auray, et maint. à l'intend. en 1702.

D'azur à trois chevrons d'or, au chef d'argent, chargé de trois roses de gueules.

Jean, épouse Marthe Maliane, veuve en 1439; Jean, chevalier de l'ordre et gentilhomme de la chambre du Roi, s'établit en Bretagne, où il épousa en 1628 Françoise Le Gouvello, dame du Sallo; plusieurs conseillers au parlement depuis 1652; un page du Roi en 1712; un lieutenant général en 1758, † 1779.

Le s^r de la Houssaye, paroisse de Fougeray, débouté à la réformation de 1668 et à l'intendance en 1701.

Marion, sr de Kerdrein et de Penanguer, par. de Pluguffan, — de Kermatéano, par. de Plougastel-Saint-Germain, — de Kerhem.

Ext., réf. 1669, sept gén.; réf. et montres de 1448 à 1562, par. de Larré, év. de Vannes, Pluguffan et Plougastel-Saint-Germain, év. de Cornouailles.

D'argent à trois (*aliàs* : quatre), fleurs de lys de gueules; *aliàs* : d'azur à trois fleurs de lys d'argent. (G. G.)

<small>Guillot et Alain, exempts de fouages, par lettres du duc, à la réformation de 1448, paroisse de Larré; Michel, époux d'Auryane Perénez, père : 1º de Michel, fermier du devoir de billot en l'évêché de Cornouailles, en 1483; il équipa un navire et leva cent vingt hommes à ses frais pour secourir le duc, assiégé par les Français dans Nantes, fut tué dans une sortie en 1487 et laissa une fille unique Jeanne, marié à François le Saux, secrétaire du duc en 1490; 2º de François, sr de Penanguer, marié à Françoise de Kergoët, qui ont continué la filiation.</small>

Marion, sr la Bretonnière, — des Hayes, — du Val.

Maint. au conseil en 1721, ress. de Vitré.

Ecartelé aux 1 et 4 : d'argent à trois roses de gueules; au 2 : d'argent à deux clefs de sable passées en sautoir; au 3 : d'argent au coq de sable.

<small>Claude, de la ville de Vitré, anobli en 1704.</small>

Marion, sr du Fresne, ress. de Rennes.

D'argent au palmier de sinople, accosté de deux sautoirs pattés et alésés de gueules (arm. 1696).

Marion, sr de Penanrue, ress. de Brest.

De sable à un épi de seigle d'or, accomp. de trois nèfles de même, tigées de sinople (arm. 1696).

Marion, sr des Noyers, — de Beaulieu, par. de Saint-Sébastien, év. de Nantes.

D'azur au mur crénelé d'argent, maçonné de sable, mouvant de la pointe, sommé d'un coq d'or tenant une épée de sable en pal. Devise : *Nos murs, nos lois.*

<small>Un maréchal de camp du génie, anobli sous le titre de baron en 1820.

On trouve, Claude, sr de Procé, échevin de Nantes en 1669; mais nous ne savons s'il appartenait à la même famille.</small>

Marnières (de) (orig. du Poitou), sr de la Biffardière, — de la Hastais, — de la Lohière, par. de Loutéhel, — de Coëtbo et de Guer, par. de Guer, — du Boisglé, — de la Ville-aux-Oiseaux, — de la Chouannière, — de la Martinière et baron de Montbarot, par. de Saint-Aubin de Rennes, — de la Vallée, par. de Plumaudan.

Anc. ext. chev., réf. 1668, huit gén., ress. de Ploërmel.

D'azur au chevron d'or, accomp. en chef de deux roses et en pointe d'un lion, le tout d'or.

<small>Maurice, vivant en 1440, épouse Hélène le Camus, dont : Geoffroy, marié à Hélène Serreau, veuve en 1469; René et Madeleine Bienfait sa compagne, père et mère de Jean, conseiller au parlement en 1602, époux d'Hélène du Val; un lieutenant général des armées du Roi en 1748; un président à mortier en 1775; un volontaire pontifical en 1860.</small>

MAROT, sr des Alleux, vicomte de Taden en 1644 et comte de la Garaye en 1685, par. de Taden, — sr de la Fontaine, — de Villemen.

Ext. réf. 1671, quatre gén.; réf. 1513, par. de Plouër, év. de Saint-Malo.

D'azur à la main dextre d'argent, accomp. d'une étoile d'or au premier canton.

Tanguy, témoin de la fondation de Saint-Malo de Dinan en 1489, père de Guillaume, bourgeois de Dinan, garde de ses enfants et de Françoise Lotin sa femme, en 1513; Raoul, époux de Simone Le Fer, sénéchal et capitaine de Dinan, l'un des conjurés d'Amboise en 1560, anobli par lettres de 1598; plusieurs conseillers au parlement depuis 1623.

Fondu au xviiie siècle dans du Breil.

Le sr du Mottay, débouté à la réformation de 1668.

MARQUE (DE LA) (orig. du Béarn), sr de Doublet, — de la Palisse.

D'azur à une palme d'or en pal, accostée de trois monts de six coupeaux d'argent (La Ch. des B.); *aliàs* : d'argent à l'arbre terrassé de sinople, surmonté de deux étoiles de gueules.

Les srs du Bois, de même nom et armes, établis à Roscoff en 1668, se sont alliés aux Sioc'han et aux Chaton.

MARQUER, sr du Couëdic, par. de Nivillac, — de la Harardière, par. de Saint-Herblain, — du Plessis-Regnard, par. de la Chapelle-Basse-Mer, — de la Gailleule, par. de Saint-Laurent-des-Vignes.

Réf. de 1455 à 1513, par. de Nivillac et Saint-Herblain, év. de Nantes.

D'azur à la fasce d'or, accomp. de trois coquilles de même; *aliàs* : écartelé : *du Rocher de la Gailleule.*

Amaury, maréchal de salle du duc en 1467, écuyer de cuisine en 1488.

MARQUERAIS (DE LA) (orig. d'Anjou), sr de la Villegontier, — de l'Epinay, — de la Chaussée.

Ext. réf. 1671, neuf gén., ress. de Rennes.

De gueules à la fasce d'argent, accomp. en pointe d'un croissant de même.

Foulques fils Geoffroy, vivant en 1467, épouse Perronnelle Marboué; Pierre, avocat au présidial d'Angers, époux de Renée Colin, † 1592, père : 1o de David, conseiller au parlement de Bretagne en 1587; 2o de Joseph, maître des comptes en 1596.

MARQUÈS (orig. d'Espagne), sr de la Vairie, — du Marais, — de la Branchouère, par. de Saint-Herblain, — de la Chabocière, par. de Bouguenais.

Ext. réf. 1671, cinq gén., ress. de Nantes.

Coupé au 1 : d'azur au sautoir alésé d'or, accomp. en chef et en flancs de trois besants de même; au 2 : d'argent au léopard de gueules, à la bordure d'argent chargée de six annelets d'or.

De Michel et de Marguerite de Villadiégo, issurent : 1o Michel, conseiller au présidial de Vannes en 1571, aïeul de René, auditeur des comptes en 1627; 2o Jacques, échevin de Nantes en 1578, maire en 1585.

Le sr de la Contrie, débouté à la réformation de 1668.

MARQUIS, sr de Tréguillé, de Moucon et de la Villeauroux, par. d'Iffendic.

Déb., réf. 1670, réf. et montres de 1427 à 1513, dite par., év. de Saint-Malo.

D'argent au lion rampant de gueules, armé de sinople.

<small>Eustache fils Joachim, épouse vers 1550 Jacqueline de Mathan.
Les s^{rs} des Places, de même nom et armes, ont produit deux auditeurs des comptes en 1730 et 1769.</small>

MARRE (DE LA), s^r de Kersaliou, par. de Plusquellec, — de Keréraull, par. de Plougastel-Daoulas.

Déb., réf. 1670, et appelé à l'arrière-ban de Cornouailles en 1694.

De gueules au croissant d'argent, accomp. de trois coquilles de même. (G. le B.)

MARRECAMBLEIZ, év. de Léon.

D'azur à trois gerbes d'or (G. le B.), *comme Landiffern*.

MARSOLLE (LE), s^r de Chamfort, par. de Légé, — de Saint-Philbert, par. de Ligné.

Déb., réf. 1668, ress. de Nantes.

MARTEL, s^r de la Ville-Gallé, de la Ville-Josse et de la Mettrie, par. d'Hénanbihan.

Réf. et montres de 1423 à 1535, dite par. et par. d'Hénansal, év. de Saint-Brieuc.

Porte un fretté (sceau 1392).

<small>Jean, croisé en 1248; un chevalier de l'Hermine en 1466.</small>

MARTEL, s^r de Vaudray, — du Parc, — de la Malonnière et du Plessix-Glain, par. du Loroux-Bottereau, — de la Chesnardière et de la Clairais, par. de la Chapelle-Basse-Mer, — de la Vairie, par. de Saint-Mars-la-Jaille, — baron de Renac, par. de ce nom, — s^r de la Saulais, — de la Jaillerie, — de Ténuel, — du Pé, par. de Bouguenais.

Ext. réf. 1668, cinq gén., et maint. à l'intend. en 1701, ress. de Nantes.

D'or à trois marteaux de sable.

<small>Michel, épouse en 1513 Françoise du Chastellier; un capitaine du château de Pirmil en 1585; un chevalier de l'ordre en 1600; un lieutenant général des armées navales en 1656, conseiller d'Etat; un brigadier de cavalerie en 1748.</small>

MARTIGNÉ (DE), s^r dudit lieu, par. de Martigné-Ferchaud.

Réf. 1440, par. de Rougé, év. de Nantes.

D'argent à une quintefeuille de gueules.

<small>Yves, fait une fondation à l'abbaye de Marmoutiers en 1062; Robert, chancelier de Bretagne en 1398.

La branche aînée fondue dans la Guerche, d'où la seigneurie de Martigné est passée successivement aux Châteaubriant, Brienne comtes de Beaumont, Gaudin, du Perrier, Villeblanche, par acquêt Montmorency et par alliance Bourbon-Condé.</small>

MARTIN, s^r de Montlige, par. de Rannée, — de la Gérardière, par. de Visseiche, — de la Bigotière, — de Saint-Aignan, — du Boistaillé, par. d'Arbresec, — de la Bouvardière, — de l'Ermitage.

Ext. réf. 1668, cinq gén., et maint. à l'intend. en 1699; réf. 1513, par. de Rannée, Visseiche et Arbresec, év. de Rennes.

D'argent à trois quintefeuilles de sable.

Jean, vivant en 1513, épouse Perrine du Boispéan.

On trouve, Jean Martin, exempt et anobli par lettre de grâce du duc, à la réformation de 1450, paroisse de Fougeray; mais nous ignorons s'il appartenait à cette famille.

Martin, sr de Mouligné, par. de Domaigné, — de Gohorel.

D'argent fretté de gueules.

Jean, sénéchal de Saint-Aubin-du-Cormier en 1554, conseiller au parlement en 1581; Jean, son fils, conseiller au parlement en 1609.

Martin, sr de la Vairie, par. de Saint-Mars-le-Blanc, — de la Riardais, — des Renaudières, — de la Guéraudais, — de Bonabry, par. de Saint-Malo de Phily, — de la Parisière.

Déb., réf. 1668, ress. de Rennes.

D'or au chevron de gueules, chargé d'une molette d'argent, accomp. de trois pies au naturel (arm. de l'Ars.).

Martin, porte un sautoir (sceau 1337).

Raoulet, écuyer, dans une montre de 1337.

Martin, sr du Vergier, par. de Plouër, — des Murs, — de la Guerche, — des Champs-Gérault, par. d'Evran, — de Grohant, — de Montaudry.

Anc. ext., réf. 1669, sept gén.; réf. et montres de 1428 à 1513, par. de Taden, Trélivan et Plouër, év. de Saint-Malo.

D'azur semé de billettes d'argent, au franc quartier de gueules, chargé de trois rustres d'or.

Jean, vivant en 1440, père d'Olivier, jusarmier en brigandine, à une montre de 1479, marié à Olive Ginguéné.

La branche des Champs-Gérault, fondue dans Nicolas.

Martin, sr de la Grande-Rivière, par. de Paramé, — de la Lande, — de la Chapelle, par. de Saint-Meloir-des-Ondes.

Maint. à l'intend. en 1716; réf. et montres de 1478 à 1513, par. de Paramé et Saint-Meloir-des-Ondes, év. de Saint-Malo.

D'azur à la croix pattée d'or, cantonnée en chef d'une étoile et d'un croissant d'argent. Devise : *Stella in tempestate.*

Deux lieutenants des maréchaux de France au bailliage de Dinan, depuis 1696.

Martin, sr du Plessix, par. de Pluzunet.

Réf. et montres de 1427 à 1543, par. de Pluzunet et Mousterus, év. de Tréguier.

D'azur à trois étoiles d'argent.

Fondu dans Kermel.

Le sr du Cloistre, paroisse de Loguivy, débouté à la réformation de 1668.

Martin, sr des Hurlières, par. de Chatillon-en-Vendelais, — des Morandais, — de la Cour et de la Garenne, par. de Soudan.

Maint. réf. 1671, 0 gén., ress. de Rennes.

D'or à trois branches de chêne de sinople, englantées de même.

Gilles, anobli en 1638, conseiller au parlement en 1647.

Martin, sr de la Balluère, — des Brulais, — de la Jaretière.
Ext. réf. 1669, trois gén., ress. de Rennes.
D'argent à trois fasces ondées d'azur.

Raoul, avocat et alloué au présidial de Rennes en 1579, époux de Julienne Frogerais, anobli en 1595, conseiller au parlement en 1623; un maître des comptes en 1647.

Martin (orig. de Guyenne), sr de Belleassise.
D'azur au château d'argent, maçonné de sable.

Jacques, évêque de Vannes en 1599 et abbé de Paimpont, † 1624.

Martin, sr de Beaulieu, par. de Guérande.
Maint. réf. 1669, 0 gén., ress. de Guérande.
D'azur à trois besants d'or.

Guillaume, franc archer et élu de la paroisse de Cordemais en 1443; François, marié à Jacquette Chalumeau, maître d'hôtel ordinaire du Roi, sénéchal de Guérande, anobli en 1651.
Les srs de la Salle, de Saint-Dénac et de Kervrénel, paroisse de Saint-Molf, de la Saudrais, de Perméanec, de Cabéno et de Châteaulou, paroisse de Saint-André-des-Eaux, déboutés à la réformation de 1669, ressort de Guérande.

Martin, sr de la Vernade et du Verger, par. de Doulon, — du Perray, par. de Saint-Mars-du-Désert, — de Ranzay, par. de Saint-Donatien, — de la Thomassière, par. de Sautron, — du Haut-Chemin, — du Plessis-Rabatière, — du Plessis-Gillet et du Plessis-Jouan, par. de Couëron.
Déb., réf. 1668, ress. de Nantes.

Jean, sr de la Thomassière, échevin de Nantes en 1565; Guillaume, receveur-général de Bretagne en 1627, épouse Angélique Le Feuvre; plusieurs auditeurs et maîtres des comptes de 1621 à 1727.

Martin, sr de la Noë et de la Plesse, par. de Pont-Saint-Martin, év. de Nantes.
Ecartelé au 1 : d'argent au poisson de sable en fasce; au 2 : d'azur au huchet d'or; au 3 : d'azur à trois barres d'or; au 4 : d'argent au loup de sable (arm. 1696).

Un lieutenant de la louveterie au comté nantais en 1671; un lieutenant au siège royal des traites de Nantes en 1696; un correcteur des comptes en 1723, maître en 1726.

Martin, sr de Malros, par. de Plouagat, — de la Ville-Gobel, par. de Plérin.
Réf. et montres de 1441 à 1513, par. de Plouagat-Chatelaudren, év. de Tréguier, et Plérin, év. de Saint-Brieuc.
De gueules à une rose double d'argent.

Alain, auditeur des comptes en 1498.

Martineau (orig. d'Anjou), sr de Princé, — de la Bouteillerie, par. de Saint-Donatien, — du Dréseuc, par. de Guérande.
D'argent au chevron d'azur, accomp. de trois merlettes de sable; au chef de gueules, chargé d'une coquille d'argent accostée de deux étoiles d'or.

Deux maîtres des comptes en 1599 et 1678.

Martines (orig. de Paris), sr de la Hilquinière.
Deux conseillers au parlement depuis 1563.

Martinière (de la), sr dudit lieu, par. de Montgermont, — de la Pommeraye, par. de Brie, — de la Fleuriays, par. de Saint-Jean-sur-Vilaine, — de la Béguinaye, par. de Thourie.

Anc. ext., réf. 1671, sept gén.; réf. et montres de 1427 à 1513, par. de Saint-Jean-sur-Vilaine, Thourie et Lalleu, év. de Rennes.

D'azur à la bande d'argent, chargée d'un lion de gueules entre deux fleurs de lys de même (sceau 1415).

Guillaume, vivant en 1513, épouse Rollande, dame de la Béguinaye.

Martret, sr de Kermartret, par. de Saint-Yvy, — du Cleuzdon, par. de Gourin.

Réf. et montres de 1427 à 1481, par. de Gourin et Paule, év. de Cornouailles.

De gueules à trois trèfles d'or, accomp. en pointe d'un huchet de même.

Mary, sr de la Villemeen, — de Lourme, par. de Plouër, — de la Vallée, par. de Plénée-Jugon.

Déb., réf. 1669, ress. de Saint-Brieuc.

Pierre, capitaine pour le Roi en la paroisse de Plédran en 1668.

Marzein, sr du Vieux-Launay, par. de Ploujean, — de la Ville-Provost.

Déb., réf. 1669, montres de 1503 à 1534, par. du Minihy, év. de Léon.

D'argent à l'arbre de sinople, sommé d'un croissant de gueules. (G. le B.)

Tanguy, capitaine de corsaires à Roscoff, anobli en 1480.

Marzein, sr de Kermarzein.

Losangé d'hermines et de gueules. (G. le B.)

Marzelière (de la), marquis dudit lieu en 1618 et baron de Bain, par. de Bain, — baron de Bonnefontaine, par. d'Antrain, — vicomte du Fretay, en 1578, par. de Pancé, — sr du Plessix-Giffart, par. d'Irodouër, — de Brénéant, — du Gué, par. de Noyal, — de la Motte, par. de Gennes, — d'Olivet, — de Vaublein, — du Boishamon, par. de la Couyère, — de Montgardin, par. de Talensac, — de Brambeat, par. de Maure.

Réf. et montres de 1427 à 1513, par. de Bain, Pancé et la Couyère, év. de Rennes, Irodouer, Talensac et Maure, év. de Saint-Malo.

Ecartelé au 1 : de sable à trois fleurs de lys d'argent, *qui est la Marzelière* ; au 2 : d'or à une fasce d'hermines, accomp. de trois fleurs de lys d'azur, *qui est Porcon* ; au 3 : palé d'or et de gueules de six pièces, *qui est Saint-Brice* ; au 4 : d'argent à la croix engreslée de sable, *qui est du Gué.*

Pierre, marié à Annette du Boishamon, chambellan du duc en 1422 et capitaine de Hédé, père de Plézou, fille unique héritière, marié en 1471 à Olivier Giffart, dont les descendants ont pris les nom et armes de la Marzelière. Cette seigneurie a appartenu dans la suite aux Coëtquen, Durfort de Duras et la Bourdonnaye.

Marzelle (de la) (orig. de Bourgogne), sr de Beaumesnil, par. de Villamée, év. de Rennes.

Maint. par les commissaires en 1752. (G. G.)

D'azur à la fasce d'or, chargée de trois boucles de sable et surmontée d'un lévrier issant d'argent.

Mascarène (orig. du Languedoc), sʳ de Rivière, — de Lezoualc'h, par. de Plouhinec, — de la Coudraye, par. de Tréméoc, év. de Cornouailles.

Maint. à l'intend. en 1706 et admis aux Etats de 1761.

D'argent au lion de gueules, armé et lampassé d'or, accomp. de trois étoiles de sable rangées en chef.

Cette famille, alliée aux d'Andigné, Penfeunteniou et Rospiec, a pour auteur en Bretagne, Jean, originaire de Castres, fermier-général du duché de Rohan à Loudéac en 1685; un chef de division des armées navales en 1786.

Masle (du), sʳ dudit lieu, par. de Pipriac, — du Moulin-Hamon, par. de Maure, — de Lorière, — de Colleneuc, — du Boisbrassant, — de la Porte-Meslo, — de Trélan.

Anc. ext. chev., réf. 1669, dix gén.; réf. et montres de 1427 à 1513, par. de Pipriac et Maure, év. de Saint-Malo.

De gueules à trois cygnes d'argent, membrés et becqués d'or.

Guillaume, vivant en 1400, épouse Jeanne de la Boëssière, dont : Louis, marié en 1437 à Marie Boutier.

Masle (le), sʳ de la Bretonnière, — de Juigny, — de la Salletière, — du Boisnozay, par. de Saint-Lyphard.

Déb., réf. 1669, ress. de Nantes.

Deux auditeurs des comptes en 1586 et 1618, et un premier huissier à la même cour en 1652.

Massart (orig. du Montferrat), sʳ de la Raimbaudière, par. de Thourie, — vicomte de Fercé, par. de ce nom, — sʳ de la Houssaye.

Ext., arrêt du parl. de 1746, six gén., ress. de Rennes.

Coupé au 1 : d'argent à l'aigle éployée de sable, membrée, becquée et couronnée de gueules ; au 2 : de sable au dard d'argent la pointe en bas. (G. G.)

Fondu dans Léziart et Trédern.

Masson (le), voyez Maczon (le).

Masson (le).

D'or à une quintefeuille de gueules, accomp. de trois têtes de maure de sable, bandées d'argent.

Deux secrétaires du Roi en 1663 et 1687.

Masson, sʳ de Kervanon, par. de Plouigneau, év. de Tréguier.

D'argent au lion de sable, armé et lampassé de gueules. (G. le B.)

Massuel, sʳ des Chapelles, par. de Saint-Pierre de Plesguen, — de Mortrien, par. de Roz-Landrieux, — de la Bouteillerie, — du Bois-de-Bintin, par. de Talensac.

Anc. ext. chev., ref. 1669, six gén.; réf. et montres de 1478 à 1513, par. de Saint-Pierre de Plesguen et Roz-Landrieux, év. de Dol.

Gironné de six pièces de gueules et d'hermines; *voyez* BOUTIER et LA GARDE.

Jean, vivant en 1478, père de François, marié à Françoise de Langan; René, capitaine de Montmuran, lieutenant de cent hommes d'armes des ordonnances du Roi et chevalier de son ordre en 1650.

MATHAREL (orig. d'Auvergne, y maint. en 1668 et 1716), s^r du Chéry, — de Lasteyràs, — de la Marthe.

Coupé d'azur et de gueules, à trois losanges d'or rangées en fasce, surmontées d'une croix accomp. de trois étoiles, le tout d'or.

Antoine, conseiller au parlement de Bretagne, commissaire réformateur des domaines du Roi audit pays, en 1577.

MATHEFELON (DE) (ramage de Mayenne), baron dudit lieu en Anjou, — s^r de Duretal, — de Blaison, — des Rochers, par. de N.-D. de Vitré.

De gueules à six écussons d'or, 3. 2 et 1, *qui est Mayenne*, à la bordure besantée (sceau 1380); *aliàs:* trois croix potencées (sceau 1321).

Hubert de Champagne, fils puîné du comte de Champagne, épouse, en 1080, l'héritière de Mathefelon, et l'aîné des enfants issus de ce mariage prit les nom et armes de Mathefelon. Cette maison a produit quatre abbesses de Saint-Georges de Rennes, de 1153 à 1370 et un évêque d'Angers, † 1355. La branche aînée fondue dans Parthenay, d'où la baronnie de Mathefelon a passé successivement aux Châlons, Husson, la Jaille, du Matz, Scépeaux et d'Espinay.

La branche des Rochers fondue en 1435 dans Sévigné.

MATHÉZOU, s^r de Kerganan, par. de Landéda, — de Kerbuoc'h, par. de Plouvien, — de Kereval, — du Cosquer, — de Keruznou, par. de Ploudalmézeau.

Anc. ext., réf. 1669, sept gén.; réf. et montres de 1426 à 1534, par. de Landéda et Plouvien, év. de Léon.

D'argent à la bande de sable, chargée de trois étoiles d'argent.

Macé, compris dans le testament d'Hervé de Léon en 1363; Christophe, vivant en 1426, épouse Marie Sylvestre; Macé, auditeur des comptes en 1458; une fille à Saint-Cyr en 1753.

MATHIEU, s^r du Rozel.

D'argent à la croix ancrée de sable, chargée en cœur d'une étoile d'or.

François, conseiller au parlement en 1566.

MATIGNON (DE), s^r dudit lieu, par. de ce nom, év. de Saint-Brieuc.

D'or à deux fasces nouées de gueules, accomp. de neuf merlettes de même, 4. 2. 3, posées en orle entre les fasces (sceau 1219), *comme Gamepin, Kerangréon et Yacennou.* Devise: *Liesse à Matignon.*

Luce, dame de Matignon, fille de Denis, vivant en 1149, épousa Étienne Gouyon, s^r de la Roche, et fit plusieurs fondations à l'abbaye de Saint-Aubin-des-Bois de 1209 à 1219.

MATZ ou MAS (DU), s^r dudit lieu, par. du Theil, — du Bourg, par. de Marcillé-Robert, — de Montmartin, par. de Saint-Germain-du-Pinel, — de Terchant, — de la Rivière, de Launay et de Villeneuve, par. d'Abbaretz, — de Mathefelon et de Duretal, en Anjou, — marquis du Brossay, par. de Saint-Gravé, — s^r de la Vaisousière, — de Bouéré, — de la Thébaudière, — de la Jaroussaye, par. d'Arbresec, — du Plessis-

Glain, par. du Loroux-Bottereau, — de la Boulaye, — de Catenou, — de la Bouesselays.

Anc. ext. chev., réf. 1671, dix gén., et maint. à l'intend. en 1700; réf. et montres de 1427 à 1544, par. du Theil et Saint-Germain-du-Pinel, év. de Rennes, Saint-Gravé, év. de Vannes et Abbaretz, év. de Nantes.

D'argent, fretté de gueules de six pièces, au chef échiqueté d'or et de gueules.

<small>Radulphe, chevalier, l'un des exécuteurs testamentaires de Geoffroi de Chateaubriant en 1262; Thébaut, vivant en 1380, épouse la dame de Montmartin; Jean, petit-fils des précédents, père 1º de Gilles, auteur des srs du Brossay; 2º de Thébaut, marié à Bertranne du Val, auteur des srs de Villeneuve. Gilles, maître d'hôtel du duc en 1480; Jean, évêque de Dol, † 1557 et enterré à Angers; Jean, sr de Montmartin, maréchal de camp en 1591, gouverneur de Vitré, célèbre capitaine royaliste, auteur de mémoires sur la Ligue en Bretagne; deux députés des États royalistes de Rennes, vers Henri IV en 1595.
La branche de Villeneuve a produit un conseiller au parlement en 1776.</small>

MAUBEC, voyez MALBEC.

MAUBLANC, sr du Bois-Boucher, — de la Souchais, par. de Saint-Philbert-de-Grand-Lieu.

D'azur à trois roses d'or. (G. G.)

<small>Pierre, secrétaire du Roi près la chancellerie de Toulouse, anobli par lettres de 1770.</small>

MAUCAZRE (LE), sr du Hellez, — du Carpont, par. de Lambaul, — de Kerbalanec, par. de Guimiliau, — de Kervennec, — de Kerliver, — de Kervizien, par. de Ploudalmézeau, — du Mescoat.

Anc. ext., réf. 1669, six gén.; réf. et montres de 1426 à 1534, par. de Lambaul et Ploudalmézeau, év. de Léon.

D'or à trois roses de gueules; aliàs: d'or à trois tourteaux de gueules. (G. le B.)

<small>Yves, doyen du Folgoat en 1455; Goulven, épouse en 1518, Marguerite de la Boëssière.
Cette famille paraît avoir la même origine que les Kerguizien.
Le sr de Kerbiriou, paroisse de la Forest, débouté à la réformation de 1671.</small>

MAUCLERC (orig. du Poitou, y maint. en 1667), sr de la Muzanchère.

D'argent à la croix ancrée de gueules.

<small>Un évêque de Nantes en 1746, † 1774.</small>

MAUDET, sr de la Maudeterie, par. de Bais, — de la Tremblaye, par. d'Essé, — du Buart, — de la Noë, près Lohéac, — de la Fouchais-au-Baron, — de Saint-Jean, — de la Briaye et de la Gourinière, par. de Fercé, — de Tartifume, par. de Rougé, — du Teil, par. de Trans, — de Benichel et de Penhouët, par. d'Avessac, — de Tréguenné, par. de Guipry.

Anc. ext., réf. 1669, huit gén., et maint. à l'intend. en 1700; réf. et montres de 1427 à 1513, par. de Bais, Essé et Fercé, év. de Rennes.

Losangé d'or et de gueules.

<small>Guillaume archer dans une montre de 1356; Jean, sergent de la cour de Rennes en 1434; Hémery, vivant en 1480, épouse Robine du Bignon, dont: Jean, vivant en 1513, marié à Jeanne du Boispéan.
Deux maréchaux de camp en 1791 et 1829.</small>

MAUDUIT (orig. de Touraine), s^r du Plessix, — de Tuomelin, — de Crosco, — de Kervern, — de Kerléau, — de Kerlivio, — de Chef-du-Bois.

Maint. à l'intend. en 1715, ress. de Concarneau et Hennebont.

D'or au chevron d'azur, accomp. de trois étoiles (*aliàs* : molettes) de gueules (arm. 1696).

<small>Antoine, intéressé aux fermes de Bretagne, anobli en 1696; Antoine, secrétaire du Roi près la grande chancellerie en 1724, payeur des gages des officiers de la chancellerie de Bretagne en 1727; un volontaire pontifical à Castelfidardo en 1860.</small>

MAUFRAS (orig. de Normandie), s^r du Chatellier, par. de Poilley, év. de Rennes.

De gueules au trèfle de sinople, accomp. de trois molettes d'or.

<small>Un procureur fiscal de l'abbaye de Saint-Georges de Rennes en 1773.</small>

MAUFURIC, s^r de Lezuzan et de Keramborgne, par. de Dirinon.

Réf. et montres de 1426 à 1481, dite par., év. de Cornouailles.

D'azur au chevron d'argent, accomp. de trois huppes ou palles (oiseaux de mer) de même.

<small>Guy, abbé de Daoulas, † 1468. Moderne : Pappe-Vieux-Bourg.</small>

MAUFF (LE), s^r de Kerdudal, ress. de Brest.

<small>Un lieutenant des vaisseaux du Roi, en 1778.</small>

MAUGER (orig. de Normandie, y maint. en 1666), s^r de Calligny, élection de Bayeux, — du Pordo, par. d'Avessac, év. de Nantes.

Maint. par arrêt du conseil et lettres-patentes de 1779.

De gueules à six billettes d'argent, 3. 2. 1.

<small>Jean, de la paroisse de Saint-Jean des Essartiers, anobli en 1596.</small>

MAUGORET, près Quintin, év. de Saint-Brieuc.

D'argent à trois marsouins de sable. (G. le B.)

MAUGOUER (DU), s^r dudit lieu, par. de Plouha, — du Bois-de-la-Salle, par. de Pléguien.

Réf. et montres de 1441 à 1535, dites par., év. de Saint-Brieuc.

D'azur à dix coquilles d'argent, 4. 3. 2. 1.

MAUHUGEON, s^r de Taillepié, par. de Martigné-Ferchaud, — de Mainbrault et de l'Épine-Giffart, par. de Forges, — de la Jaunière, par. de Fercé, — de la Bourelière, par. de Saint-Herblon.

Réf. et montres de 1513 à 1544, par. de Martigné, Forges et Fercé, év. de Rennes et Saint-Herblon, év. de Nantes.

<small>Jean, archer dans une montre de 1356; Raoulet, notaire-passe de la cour de la Guerche en 1396; Jean, capitaine du trait et maître de l'artillerie en 1475; Pierre son frère, capitaine des francs-archers et élus de l'évêché de Rennes en 1475; Jacques, épouse avant 1513, Marie Brochereul, dame de la Jaunière; Marie, dame de la Jaunière, vicomtesse de Fercé, épouse en 1605, François d'Appelvoisin.</small>

MAULÉON (DE) (ramage de Thouars), s^r du Bournay, par. de Soudan, — de la Villeneuve, par. de la Chapelle-sous-Ploërmel.

Réf. et montres de 1426 à 1513, dites par., év. de Nantes et Saint-Malo.

De gueules au lion d'argent (sceau 1420).

Savary, croisé en 1211; Jean, trésorier de l'épargne, et receveur général des profits des monnaies de Moncontour en 1414; un secrétaire du duc en 1463.

MAUMILLON) DE).

Jacques, conseiller au parlement en 1569.

MAUNY (DE), *voyez* POULAIN.

MAUNY (DE), sʳ dudit lieu, par. de Landéhen, — de Lesnen, par. de Saint-Tual, — de Gournoiz, par. de Guiscriff, — d'Anneville et de Thorigny, en Normandie.

Réf. et montres de 1428 à 1479, par. de Trimer, év. de Saint-Malo, et Guiscriff, év. de Cornouailles.

D'argent au croissant de gueules (sceau 1306); *aliàs* : surmonté d'un lambel de même (sceau 1371).

Jernigon, sénéchal de Dinan, témoin de la ratification du testament de Jean Gruel en 1197; Gautier, témoin d'une fondation au prieuré de Bécherel en 1218; Gautier, capitaine d'Hennebont, compagnon d'armes de du Guesclin, † 1371; François, évêque de Saint-Brieuc en 1544, de Tréguier, en 1545 et archevêque de Bordeaux en 1553, † 1558.

La branche aînée fondue dans Bourdon puis Poulain; la branche de Lesnen fondue dans du Chastellier puis du Chastel; la branche de Thorigny fondue en 1421 dans Gouyon-Matignon.

MAUPERTUIS (DE), *voyez* MOREAU.

MAUPETIT, sʳ de la Ville-Maupetit, — de Mouëxigné, par. de Maroué, — de l'Hôpital, par. de Quinténic, — du Bignon, par. de Saint-Denoual, — de la Croix, par. de Saint-Jacut, — de la Touche-au-Moine, — de Montaigu.

Anc. ext., réf. 1670, huit gén.; réf. et montres de 1423 à 1535, dites par. et par. d'Hénan-Bihan et d'Hénansal, év. de Saint-Brieuc.

D'azur à la tour crénelée d'or, la porte de gueules.

Guillaume, sʳ de Mouëxigné, capitaine de Jugon en 1231; Olivier, vivant en 1423, épouse Jeanne de Saint-Guédas.

MAUPILLÉ, ress. de Fougères.

D'azur à une losange d'argent chargée d'un sautoir de gueules, et accomp. de trois croissants échiquetés d'argent et de sable (arm. 1696).

MAURE (DE), comte dudit lieu en 1553, par. de Maure, — vicomte de Fercé, par. de ce nom, — baron de Lohéac, par. de ce nom, — sʳ de Bonaban, par. de ce nom, — de Quéhillac, par. de Bouvron, — du Gué-au-Voyer et de la Sénéschalière, par. de Saint-Julien-de-Concelles, — de Landal, par. de la Boussac, — du Plessix-Anger, par. de Lieuron, — de la Rigaudière et du Loroux, par. d'Essé, — de Landamère, — de Sucé, — de Parigné, par. de ce nom, — de Saint-Étienne, par. de ce nom, — de Montrelais, par. de ce nom, — de Lorgeril, par. de Plorec, — de la Sourdinais, par. de Drefféac.

Réf. et montres de 1426 à 1513, par. de Maure et Lieuron, év. de Saint-Malo.

De gueules au croissant de vair (sceau 1298); *aliàs* : à la bordure chargée de onze besants en orle (sceau 1420).

TOME II. 20

Jean, vivant en 1298, épouse Aliette de Rochefort, dame de Quéhillac.

Fondu en 1600 dans Rochechouart, d'où le comté de Maure a passé par acquêt aux Rosnyvinen.

Mauron, par. de ce nom, év. de Saint-Malo, baronnie en 1635 et vicomté en 1658 en faveur d'Amaury de Bréhan, *voyez* **Bréhan**, possédé depuis par les Richelieu et les d'Andigné.

Mauroy (de) (orig. de Champagne).

D'azur au chevron d'or, accomp. de trois couronnes ducales de même.

Claude, docteur en Sorbonne et doyen du Folgoat en 1675.

Maussier (le) (orig. du Poitou), s^r de la Vergne, — de Préaubin.

Ext., réf. 1669, six gén., ress. de Quimper.

D'azur à trois mains sénestres d'argent.

Olivier, vivant en 1488, marié à Catherine Hazard; François, commandant des ville et château de Concarneau en 1636.

Mauvillain, s^r de la Bruslais, par. de Saint-Brice en Coglez, — de Beausoleil.

Déb., réf. 1668, ress. de Fougères.

Un maître des comptes en 1764.

Mauvinet.

Porte-vairé, chargé d'un bande (sceau 1353).

Morice, donne quittance de ses gages en 1353.

Mauvoisin, s^r de la Mauvoisinière, par. de Bédée, — des Verrières et du Pont, par. du Rheu, — de la Villèsbrunne, par. de la Fresnais.

Réf. et montres de 1427 à 1513, dites par., év. de Saint-Malo, Rennes et Dol.

D'or à deux fasces de gueules.

Goscelin fait une fondation à Saint-Aubin d'Angers en 1141; Guy, croisé en 1248, reçut plusieurs blessures à la Massoure, où il fut couvert de feu grégeois; Jean, alloué de Rennes et ambassadeur en France en 1386; Guillaume, maître des comptes en 1402; Amaury, dans un rôle d'arquebusiers à cheval de l'évêché de Saint-Malo, en 1569.

Cette famille a été maintenue en Normandie en 1668.

Mauvy, s^r de Carcé et de la Motte, par. de Brutz, — de la Douettée, par. de Laillé, — de la Feillée, par. de Goven, — de la Touchais, — du Portal, — de Tréel, — des Forgettes, — de la Morinière.

Anc. ext., réf. 1668, six gén.; réf. et montres de 1427 à 1513, par. de Brutz, Laillé et Goven, év. de Rennes et de Saint-Malo.

Papelonné de gueules et d'hermines, au franc canton de sable, chargé d'une demi-fleur de lys d'argent.

Guillaume, fils Jamet, vivant en 1448, père de : 1º Patry, conseiller du duc en 1480, marié à Jeanne du Cleuz, dame de Carcé; 2º François, s^r de la Feillée, vivant en 1479, marié à Roberte Josses, auteur de la branche de la Touchais.

May (de), s^r de Bensalou, par. de Plounéventer, — de Beauregard, — de Kerriou, — de Kerjénétal et de Ternant, par. de Plouvorn, — de Leinoudrein, — de Kermorvan·

Anc. ext., réf. 1669, huit gén.; réf. et montres de 1443 à 1503, par. de Plounéventer et Plouédern, év. de Léon.

D'argent à deux fasces d'azur, accomp. de six roses de gueules.

Édouard, marié à Jeanne de Kersulguen, veuve en 1440.

Une famille de même nom au pays de Combrailles en Limousin, y maintenue en 1715, paraît avoir la même origine et porte : d'azur à la fasce d'or, accompagnée de trois roses d'argent.

Une autre famille de ce nom, maintenue en Poitou en 1667, portait les armes précédentes, brisées d'un lambel d'argent en chef. A cette dernière, se rattachait le sr de la Perrière, paroisse de Vieillevigne, débouté à la réformation de 1669.

May (du), sr de Kervenno, par. de Pluméliau.

Déb., réf. 1668, ress. de Ploërmel.

Mayenne, baronnie, érigée en duché-pairie l'an 1573 en faveur de Charles de Lorraine-Guise, et berceau d'une maison alliée à celle de Dinan.

De gueules à six écussons d'or, 3. 2 et 1; *aliàs* : chargés chacun d'une molette de gueules (sceau 1197).

Juhaël, fils Geoffroi, marié vers 1196, à Gervaise, dame de Dinan, se croisa en 1199, † 1220.

Marguerite, fille des précédents, épouse Henry, baron d'Avaugour, dont Alain, qui vendit Dinan au duc Jean le Roux en 1275.

Mayer (le) (orig. d'Espagne), sr de la Villeneuve, — de Kerigonan, — de Kermenguy, — du Rest.

D'argent à deux chevrons dentelés de gueules (arm. 1696).

Thomas, maire de Brest en 1680, épouse Anne Le Barzic, dont : Marie-Thérèse, mariée à Yves Le Dall, sr de Keréon.

Mayneaud (orig. de Bourgogne), sr de la Tour, — de Pancemont.

Écartelé aux 1 et 4 : d'argent à trois molettes de sable; aux 2 et 3 : d'azur à la tour d'or.

Étienne, bailli d'épée du Charolais, † 1732; un évêque de Vannes, † 1807.

Mazarin (orig. d'Italie), duc de Rethel, de Nivernais, de Donzy et de Mayenne.

D'azur à une hache d'armes d'argent fichée dans un faisceau d'or lié d'argent, posé en pal, et une fasce de gueules chargée de trois étoiles d'or brochant.

Jules, cardinal et premier ministre sous la minorité de Louis XIV, † 1661, frère de Michel, cardinal et archevêque d'Aix et abbé de Bonrepos, † 1648 et de Hiéronime, mariée à Laurent Mancini, dont entre autres enfants : Hortense, mariée en 1661, à Armand-Charles de la Porte, duc de la Meilleraye, à la charge de porter les nom et armes de Mazarin.

Mazéas, sr de Lesmel, par. de Plouguerneau, — de Kerlouron, par. de Kernilis, — de Lanverzien, — de la Villeneuve, — du Cosquer, — du Merdy, par. de Ploudaniel.

Réf. et montres de 1426 à 1534, par. de Plouguerneau, Lannilis et Ploudaniel, év. de Léon.

D'or au chevron d'azur, accomp. de trois trèfles de même (G. le B.), *comme Goulhezre*.

Gilles, époux de Marguerite de Kerroignant, au nombre des gentilshommes de la compagnie de Penmarc'h, passés en revue par le maréchal de Chateaurenault en 1708.

La branche de Lesmel fondue en 1622 dans Denis puis Poulpiquet.

MAZELLE, s¹ de la Poterie, par. de Saint-Hélier.
>Réf. 1513, dite par., év. de Rennes.
>>Perrot, franchi en 1453, père de Guillaume, vivant en 1513, marié à Catherine Prunault.

MAZOYER (LE) (orig. du Berry), s¹ de la Villesorin, — de Chiraugirard, — de l'Abbaye, — de Vernon.
>Ext. réf. 1670, six gén., ress. de Nantes.
>D'argent à trois cœurs de gueules.
>>Jean, vivant en 1500, père d'autre Jean, époux de Perrine Bourdais, bisaïeux de Jean, qui s'établit en Bretagne à la suite de M. de Vendôme, fils naturel d'Henri IV, dont il était capitaine des gardes en 1620.

MAZURES (DES), év. de Saint-Brieuc.
>D'azur à une tour d'argent, surmontée de deux coquilles d'or et soutenue d'un serpent rampant de même (arm. 1696).

MAZURIÉ, s¹ de Penanec'h, — de Kerouallain.
>>Deux maires de Morlaix en 1759 et 1782.

MEAN (DE), s¹ dudit lieu, par. de Montoir, év. de Nantes.
>D'azur à la fleur de lys florencée d'argent (sceau 1237).

MÉANCE, s¹ de Courtemer.
>>Claude, président aux comptes en 1560; Jean-François, premier huissier aux comptes en 1732, anobli en 1754.

MEASTRIUS, s¹ du Pouldu et de Kervélégant, par. de Ploumoguer, — de Keronan, — de Kerbihan, — de la Ville-Ernault.
>Ext. réf. 1669, six gén.; montres de 1503 à 1534, par. de Ploumoguer, év. de Léon.
>D'or à trois quintefeuilles de gueules.
>>Robert, vivant en 1481, épouse Marie Lancelin.

MEAUX (DE) (orig. de Brie).
>D'argent à cinq couronnes d'épines de sable, 2. 2 et 1.
>>Un abbé de Prières de 1768 à 1787.

MÉDIC (DU), voyez CORMIER.

MÉE (LE), s¹ de Cornehouat, par. de Bignan, — de Kervéno, par. de Pluméliau.
>Déb., réf. 1668; réf. et montres de 1481 à 1536, par. de Bignan, év. de Vannes.
>D'argent au sautoir de gueules, accomp. de trois croisettes de même.
>>Berthelot, général des monnaies en 1475.

MÉE (LE), par. d'Iffiniac, év. de Saint-Brieuc.
>D'azur à la croix terrassée et alésée d'or, rayonnante de même, chargée au pied de deux ancres d'argent en sautoir. Devise : *Ecclesiæ securitas.*
>>Un évêque de Saint-Brieuc et de Tréguier en 1841, comte romain en 1845.

MÉEL (DE), s¹ dudit lieu, — du Domaine et de la Haye-Maingard, par. de la Chapelle-du-Lou, — du Lou et de la Mafardière, par. du Lou-du-Lac.
>Réf. et montres de 1444 à 1513, dites par., év. de Saint-Malo et Dol.

Porte trois quintefeuilles (sceau 1371) ; *aliàs* : sept merlettes (sceau 1378).

Olivier, capitaine d'une des compagnies envoyées au secours du Dauphin en 1421, décapité à Vannes en 1451, pour avoir trempé dans l'assassinat de Gilles de Bretagne.

Fondu dans la Lande.

MÉHAIGNERIE, s^r de la Richardière, — de Beaumanoir.

Maint. à l'intend. en 1713, ress. de Fougères.

D'argent au fouteau arraché de sinople (arm. 1696); *aliàs* : écartelé de gueules à cinq billettes d'argent en sautoir. (G. G.)

MÉHÉRENC (orig. de Normandie, y maint. en 1463, 1598 et 1666), s^r de Saint-Pierre, — de Varreville, — du Quesne, — de la Groudière, — de Giberville, — du Bois de la Salle, par. de Pléguien, — de Cunfiou, par. de Plouay.

Anc. ext., arrêt du parl. de Bretagne de 1762.

D'argent au chef d'azur, à la bordure de gueules. Devise : *Fais honneur.*

Gabriel, gentilhomme de la chambre en 1656 ; un chevalier de Malte en 1651 ; un page du Roi en 1754 ; un contre-amiral en 1823. Deux membres admis aux honneurs de la cour en 1786.

MEILLEUR (LE), s^r de Kerhervé, par. de Grandchamps, — de Goazven, — de Larré.

Maint. par les commissaires en 1702, év. de Vannes.

D'argent à la bande d'azur, chargée de trois besants d'argent et accomp. de trois maillets de gueules; *aliàs* : d'argent à la bande d'azur chargée de trois losanges d'or et accomp. de trois maillets de gueules. (G. G.)

Jean, conseiller honoraire au présidial de Vannes, anobli en 1654 ; un conseiller au parlement en 1682 ; un président à mortier en 1723.

Le s^r de la Rabinière, paroisse de Plumaudan, débouté à la réformation de 1670.

MÉJUSSEAUME, par. du Rheu, év. de Rennes.

Seigneurie possédée au xve siècle par les Le Bart, érigée en vicomté en 1570, en faveur du s^r de Coëtlogon, transmise par alliance aux Carné-Trécesson et par acquêt en 1753 aux Freslon.

MELBURNE (orig. d'Angleterre).

Porte une fasce chargée de trois étoiles ou molettes (sceau 1372, mss. Gaignières).

Thomas, trésorier général de Bretagne en 1366.

MÉLEEN, év. de Saint-Malo.

D'azur à trois rocs d'échiquier d'or (arm. de l'Ars.).

MÉLESSE (DE), s^r dudit lieu et du Taill, par. de Mélesse, — du Plessix, par. de la Chapelle des Fougerets.

Réf. de 1427, dites par. et par. de Saint-Grégoire, év. de Rennes.

D'or à la bande fuselée de sable (sceau 1389).

Un seigneur de ce nom, croisé en 1248.

La branche aînée fondue dans Champagné. Moderne : Picquet.

MÉLIENT, s^r de Laujouère, de la Tiouère et de l'Espinay, par. du Bignon, — du Tréjet et de la Guerche, par. de la Chevrollière, — du Breil, par. de Saint-Philbert, — de la Nivardière, par. de Pont-Saint-Martin.

Anc. ext., réf. 1669, neuf gén., par. de Prinquiau ; réf. 1448, par. de Savenay, év. de Nantes.

Gironné d'argent et de gueules de douze pièces, chaque giron d'argent chargé d'une étoile de sable.

<small>Regnaud, *aliàs :* Pierre, vivant en 1434, père de Michel, vivant en 1466, marié à Marguerite Mauger.</small>

MÉLIENT (ramage des précédents), sr du Vigneau, par. de Saint-Herblain, — de la Bouvardière, par. de Rezé.

Anc. ext., réf. 1669, 0 gén., et arrêt du conseil de 1707, ress. de Nantes.

D'argent au sautoir de gueules, un pal de même sur le tout, chargé de quatre étoiles d'argent.

<small>Pierre, marié vers 1571 à Jeanne Rouxeau, dame du Vigneau.</small>

MELLET ou MESLET, sr du Haill et de Loiselière, par. de Vern, — de la Tremblaye, par. de Janzé, — du Matz, par. du Theil, — de la Miotière, — de la Bussonnaye, par. d'Essé, — du Domaine, — de Châteaulétard, — de la Thomassais, par. de Brutz, — de Corcé, — de Mivoie, — du Verger, — de Roulefort, — de la Vieillardière, — du Boisboissel, — de la Mesnière, — de la Vallée.

Anc. ext., réf. 1668, sept gén.; réf. et montres de 1427 à 1513, par. de Vern, Janzé, le Theil, Essé et Brutz, év. de Rennes.

D'argent à trois merlettes de sable.

<small>Alain, homme de pratique en cour laie, non contribuant en 1427, père d'Olivier, marié à Marguerite Busson, dame de la Bussonnaye; un abbé de Meillerai en 1510; un chevalier de Malte en 1787.
Le sr des Illes, débouté à l'intendance en 1710.</small>

MELLIER (orig. de Lyon).

D'azur à la fasce d'argent, accomp. de quatorze besants d'or; sept en chef, posés 3 et 4, et sept en pointe, posés 4 et 3.

<small>Gérard, général des finances en 1702, chevalier de Saint-Lazare et maire de Nantes de 1720 à 1730, marié en 1707 à Renée Tarail.</small>

MELLO (DE) (orig. de Picardie), sr dudit lieu, — de Loches, en Touraine.

D'argent à deux fasces de gueules, accomp. de six merlettes de même, 3, 2 et 1, posées entre les fasces; *aliàs :* au lambel à quatre pendants (sceau 1218).

<small>Dreux, marié à Isabeau de Mayenne, dame de Dinan, assistait en 1225 à la fondation de Saint-Aubin-du-Cormier; Dreux, connétable de France, † 1218.</small>

MELLON, (DE), sr dudit lieu, par. de Pacé, — de la Guinardais, — de Vaugaillard.

Anc. ext., réf. 1669, huit gén.; réf. de 1427 à 1513, par. de Pacé, év. de Rennes.

D'azur à trois croix pattées d'argent (sceau 1415). Devise : *Crux spes mea.*

<small>Geoffroy, tué au combat des Trente en 1350; Jean, l'un des signataires de l'association de la noblesse de Rennes pour empêcher l'invasion étrangère en 1379, père d'autre Jean, vivant en 1427, marié à Guillemette Baudouin, dont : Jean, marié à Perrine d'Estourbeillon.</small>

MÉLOREL (LE), sr du Brossay, — de la Haichois, par. de Marzan, — de Trémeleuc, — du Val, — de la Folie.

De gueules à la fasce d'argent, chargée de trois abeilles de sable; écartelé d'azur à la fasce d'hermines, accomp. de trois étoiles d'argent (arm. 1696).

Jacques-Joseph, doyen du collège des médecins de Rennes, secrétaire du Roi en 1709; Julien-Anne, son fils, secrétaire du Roi en 1727.

MELOT.

Gilles, conseiller au parlement en 1559; Jean, hérault d'armes des Etats, anobli en 1652.

MÉNAGE (orig. d'Anjou, y maint. en 1668), s^r de la Villedole, — de la Morinière, — de Briolay, — baron de Soucelles.

Maint. à l'intend. en 1699, ress. de Nantes.

D'azur au chevron d'or, accomp. en chef de deux croissants d'argent et en pointe d'une tour d'or; *aliàs* : d'argent au sautoir d'azur, chargé en cœur d'un soleil d'or. (G. G.)

Gilles, né à Angers en 1613, auteur des Origines de la langue française, appartenait à cette famille.

MÉNAGER (LE), s^r de Piolaine, par. d'Amanlis, — du Plessis-Bardoul, par. de Pléchatel.

De sable à trois fusées d'argent.

Alain, usant de bourse commune, employé à la réformation de 1513, paroisse de Saint-Gilles de Rennes; Jean, capitaine pour le Roi, des ville et château de Châteaugiron, marié à Jaquette du Puy, anobli en 1581, et pendu par le duc de Mercœur à la prise de cette place en 1592.

Jean, fils du précédent, épouse en 1641 Jeanne Tanouarn, dame de Kerdanouarn, et leur postérité a gardé les nom et armes de Tanouarn.

MÉNAGER (LE), s^r du Plessis, par. de Fougeray.

Déb., réf. 1670 et à l'intend. en 1701, ress. de Nantes.

D'argent à deux vaches de gueules, passant l'une sur l'autre (arm. 1696).

MÉNAGER (LE).

Fascé contre fascé d'or et d'azur de trois pièces, chaque pièce d'or chargée d'un tonneau de gueules et chaque pièce d'azur d'une gerbe de blé, couchée d'or. (arm. 1696).

On trouve, Jean, secrétaire du Roi à la chancellerie de Rennes en 1554.

MENANT (LE), s^r de la Jubaudière, — de Coménan, — des Touches.

Déb., réf. 1668, ress. de Rennes.

D'azur à deux épées d'argent en sautoir, les pointes en haut. (G. G.)

Jean, anobli pour services en 1677; un maître des comptes en 1713.

MÉNARDEAU, s^r du Perray, par. de Saint-Mars-du-Désert, — de Maubreuil, du Housseau et de la Salle, par. de Carquefou, — de la Bouchetière, — de la Charodière, par. de la Chapelle-Basse-Mer, — des Noës, par. de Basse-Goulaine, — de la Houssinière et de Ranzay, par. de Saint-Donatien, — de la Bothinière, par. de Vallet, — de la Duracerie, par. de Sainte-Pazanne, — de la Haute-Ville, par. de Pontchateau, — de la Hulonnière, par. de Thouaré.

Maint. au conseil en 1672 et 1724; à l'intend. en 1713; par lettes-patentes de 1743, *à patre et avo* et par arrêt du parl. de 1776, ext., sept gén., ress. de Nantes.

D'azur à trois têtes et cols de licorne d'or. Devise : *Telis opponit acumen.*

François, sr des Noës, employé à la garde du château de Nantes en 1522, épouse 1º Gillette Spadine, 2º Marie Arnault; plusieurs auditeurs et maîtres des comptes depuis 1559 et un maire de Nantes en 1627.

MENDY (DU), sr dudit lieu, par. de Plabennec, év. de Léon.

Échiqueté d'argent et de gueules. (G. le B.)

Fondu dans Kerguélen.

MÉNÉ (DU) (ramage de Charuel), sr dudit lieu, par. de Plourac'h, — de Goazouhallé, par. de Plougonven, — de Kerguern, par. de Scrignac.

Réf. et montres de 1441 à 1562, par. de Plourac'h et Scrignac, év. de Cornouailles, Plougonven et Trémel, év. de Tréguier.

De gueules à la fasce d'argent, au lambel de même. Devise : *Ober ha tével.* (Faire et taire.)

Morice, chambellan et capitaine des gardes de la duchesse Anne en 1485, fondateur de l'hôpital de Carhaix en 1498. (Fondu dans Perrier.)

Le sr de Kerdeleau, ressort de Carhaix, débouté à la réformation de 1669.

MÉNÉGENT, sr de Launay, par. de Médréac.

Déb., réf. 1668, ress. de Rennes.

MÉNÉHORRE (DE), sr dudit lieu, par. de Ploumagoër.

Réf. et montres de 1427 à 1481, dite par., év. de Tréguier.

De gueules au croissant d'or, accomp. de six étoiles de même.

Mérien, prête serment au duc entre les nobles de Tréguier et Goëllo en 1437.

Fondu dans Trolong; moderne : la Roë puis Bizien.

MENEUST (LE), sr de Bréquigny, par. de Saint-Étienne de Rennes, — du Bouëdrier, par. de Toussaints, — du Gué, — de Brécé, — du Bois-Jouan, — du Chastellier, par. de Bouée, — des Treilles, — de la Rouaudière, — de la Provostière, par. de la Limousinière, — de la Classerie, par. de Rezé, — de l'Épronnière, par. de Saint-Donatien, — de Kerouc'hant, par. de Garlan.

Ext., réf. 1668, cinq gén., *à patre et avo* et maint. par les commissaires en 1698, ress. de Rennes.

D'or à la fasce de gueules, chargée d'un léopard d'argent et accomp. de trois roses de gueules.

Guy, garde des lettres et livres des comptes en 1521, père de Guillaume, marié à Bertranne Godet, reçu auditeur des comptes en 1570, anobli en 1578; Guy, référendaire en 1566 et sénéchal de Rennes pendant la Ligue, conserva cette ville à Henri IV et fut honoré aux États de 1593 d'une chaîne d'or avec une médaille à ses armes et à celles de Bretagne et pour légende : *Ut olim de republicâ meritis, sic et orbis liberatori patria contulit.*

Deux présidents à mortier en 1633 et 1678 et un président aux comptes en 1723; un chevalier de Malte en 1704.

Les srs de Loiselière, paroisse de Donges et des Islettes, dont un maître des comptes en 1673, déboutés à la réformation de 1668.

Ménez (du), s' dudit lieu, par. d'Esquibien, — de Lezurec, par. de Primelin, — de Prémaigné, par. de Trébry.

Anc. ext., réf. 1669, neuf gén.; réf. et montres de 1481 à 1562, par. d'Esquibien et Primelin, év. de Cornouailles.

D'azur à la croix pleine d'or, cantonnée au premier canton d'une main dextre d'argent; *voyez* Guengat et Kernicher. Devise : *Et fide et opere.*

Gestin, vivant en 1427, épouse Catherine de Lezongar; un page du Roi en 1712.

La branche aînée fondue au XVIe siècle dans Scliczon puis Rospiec; la branche de Lezurec fondue de nos jours dans Bizien du Lézard.

Ménez (du), s' de Traonvézec, par. d'Irvillac.

Ext., réf. 1669, huit gén.; réf. et montres de 1536 à 1562, par. d'Irvillac, év. de Cornouailles.

D'azur au chevron d'argent, accomp. de trois besants de même, *aliàs*: de gueules à trois papillons d'argent. (G. le B.)

Christophe, vivant en 1503, épouse Marguerite de Kercadec. (Famille éteinte.)

Menguen (du), s' de Triévin, par. de Plouézoc'h, év. de Tréguier.

D'argent à un rateau de gueules, emmanché de sable en pal. (G. le B.)

Menguen (du), s' dudit lieu, par. de Tréogat, — de Kerozal, par. de Plomelin.

Réf. et montres de 1442 à 1536, dites par., év. de Cornouailles.

D'azur à six besants d'argent en orle. (*Mss. Gaignières.*)

Fondu dans Kerraoul.

Menguy ou Mainguy (ramage de Guicaznou), s' du Vorc'h, — de Kermabusson, par. de Plestin, — de Penvern, par. de Pleumeur-Bodou, — de Saint-Drenou, — de Kermoan.

Réf. et montres de 1427 à 1543, par. de Plestin, Guimaëc et Lanmeur, év. de Tréguier et Dol.

D'argent fretté d'azur, au franc canton d'argent, chargé d'une étoile d'azur.

Menguy, porte un lion (sceau 1380).

Pierre, écuyer dans une montre reçue à Pontorson en 1380; Gilles, épouse vers 1400, Isabeau, dame de la Rivière et de la Chauvelière, et leurs descendants ont pris les nom et armes de la Rivière; *voyez* la Rivière.

Menguy, s' de Kergroas, ress. de Saint-Brieuc.

D'azur à la croix fleuronnée d'argent (arm. 1696).

On trouve Jean, s' de la Mauvière, greffier en chef du parlement en 1589 et Guillaume, secrétaire du Roi en 1645; mais nous ne savons s'ils appartenaient à la même famille.

Menier ou Mesnier, s' de la Motte, — de Kerouzien, — de Kerrivault, par. de Goudelin.

Anc. ext., réf. 1669, sept gén.; réf. et montres de 1423 à 1513, par. de Coëtmieux, év. de Dol, Hillion, Morieux, Pordic et Saint-Alban, év. de Saint-Brieuc.

D'argent au pin de sinople, adextré d'une tête de maure de sable.

Chrétien, vivant en 1513, épouse Jeanne de Coëtrieux. Fondu dans Bahezre.

MENNAIS (DE LA), *voyez* ROBERT.

MÉNO, montre de 1481, par. de Plouay, év. de Vannes.
    Jean, anobli en 1459.

MÉNORVAL (DE), *voyez* GOUBLAYE (DE LA).

MENOU, s^r de Kermenou, par. de Trégrom, — de Kerdéval.
    Réf. 1427, par. de Trégrom, év. de Tréguier.
    D'argent au lion de sable, accomp. de quatre merlettes de même, 3. 1, *comme le Saint.*
    Fondu vers 1480 dans Bégaignon.

MENOU, s^r de Kerarmet, par. de Saint-Michel en Grève.
    Réf. et montres de 1427 à 1543, dite par., év. de Tréguier.
    D'azur à l'épée d'argent, garnie d'or, la pointe en haut.

MENOU (DE) (orig. du Perche puis de Touraine), s^r dudit lieu, — baron de Pontchateau, — s^r de Montbert, par. de ce nom, — de la Chapelle-Bouëxic, par. de ce nom.
    De gueules à la bande d'or. (La Ch. des B.)
    Nicolas, grand maître des arbalétriers de France, se croisa en 1248 et se distingua à la prise de Damiette. Des lieutenants de Roi des ville et château de Nantes; cinq maréchaux de camp depuis 1748 dont l'un, commandant les cinq évêchés de la Haute-Bretagne; deux abbés de Saint-Mathieu et un abbé de Bonrepos de 1658 à 1760; un évêque de la Rochelle en 1730; un député aux États-Généraux de 1789 pour le baillage de Touraine, général de division en 1793, qui fit partie de l'expédition d'Égypte embrassa l'islamisme et prit en épousant une musulmane, le nom d'Abdallah.

MÉRAULT, s^r des Mesnils.
    Maint. au conseil en 1684 et par les commissaires en 1707, ress. de Rennes.
    D'azur au chevron d'argent, accomp. de trois molettes de même.
    Gilles, secrétaire du Roi en 1600.

MERCEREL, s^r de la Touche, par. de Noyal-sur-Vilaine, — de Chateloger, par. du Ferré.
    Maint. à l'intend. en 1702 et par arrêt du parl. de 1775, anc. ext., douze gén.
    Réf. de 1427 à 1513, par. de Noyal-sur-Vilaine et le Ferré, év. de Rennes.
    De sable à trois rencontres de cerf d'or.
    Un page du Roi en 1746; un chef d'escadre en 1761; un maréchal de camp en 1788, lieutenant-général en 1815.

MERCERON, s^r de la Sébinière, par. de Monnières, — de Belanton, par. de Thouaré, — de Bonacquet, par. de Vertou.
    Déb., réf. 1668, ress. de Nantes.

MERCIER (LE), s^r de la Guillière, — de Quénoumen, — de l'Écluse, — du Chalonge, — de Portechaire, — de Florémiaux.
    Ext., réf. 1669, trois gén. *à patre et avo*, et maint. par les commissaires en 1703 ress. de Nantes.

D'azur au chevron d'argent, accomp. de deux étoiles en chef et d'un cœur en pointe, le tout d'or.

<small>Un échevin de Nantes en 1575; des auditeurs des comptes depuis 1592; un sous-lieutenant de la grande louveterie de France en 1660.</small>

MERCIER (LE), s^r de Beaurepos et de Keroman, par. de Guipavas.

Confirmé par lettres de 1673 et maint. au conseil en 1717, sept gén.; montres de 1534 à 1538, par. de Lambezellec, év. de Léon.

D'azur au chevron d'argent, accomp. en chef de deux quintefeuilles de même, et en pointe d'une cloche d'or, bataillée de sable.

<small>Olivier, anobli en 1515 par lettres vérifiées en 1612, père de Jean et celui-ci de Sébastien, vivant en 1538, marié à Marie de Kerroudault. (Fondu dans Fontaine de Mervé.)</small>

Cette famille et la précédente paraissent avoir une origine commune.

MERCIER (LE), s^r du Colleau, — de Coëtivy, par. de Locunolé.

Déb., réf. 1669, ress. de Quimperlé.

D'azur à l'ancre d'or, accomp. de trois étoiles de même (arm. 1696).

MERCOEUR, en Auvergne, duché-pairie en 1569 en faveur de Nicolas de Lorraine, *voyez* LORRAINE.

MERDRIGNAC (DE), vicomte dudit lieu, év. de Saint-Malo.

D'or à deux fasces nouées de gueules, accomp. de neuf merlettes de même, 4. 2. 3, posées en orle entre les fasces (sceau 1245), *comme Matignon*.

<small>Robert, témoin dans une fondation à Saint-Martin de Josselin en 1118; Robert, épousa en 1218, Denise Gouyon de Matignon, et reconstruisit l'abbaye de Saint-Aubin-des-Bois, où il fut inhumé.</small>

<small>Fondu en 1294 dans Beaumanoir, d'où la seigneurie de Merdrignac a passé successivement aux Dinan, Laval, Scépeaux et Gondy.</small>

MERDY (DU), s^r dudit lieu et de Kermeury, par. de Pleubihan, — de Kerambellec, de Goazellou et de Kermainguy, par. de Pleumeur-Gautier, — de Lancivilien, par. de Penvénan, — de Catuélan, par. de Hénon, — de Quillien, par. de Hengoat, — de Pratguen, — du Perron, — de Kerhoëlquet, — de Goazven, par. de Brélévenez, — de Kerhamon, — de Kerroudault, — de Crec'hgour, — de Kerarléon, — du Plessix-au-Noir, par. de Trédaniel, — de la Cour, par. de Bouée.

Anc. ext., réf. 1669, neuf gén.; réf. et montres de 1463 à 1543, par. de Pleubihan, Pleumeur-Gautier, Penvénan et Hengoat, év. de Tréguier et Lanvollon, év. de Dol.

Écartelé d'argent et de gueules, à trois fleurs de lys de l'un en l'autre.

<small>Jean et Guillaume, prêtent serment au duc entre les nobles de Tréguier et Goëllo en 1437; Samson, vivant en 1430, auteur des s^{rs} de Catuélan, épouse Catherine, dame de Kerambellec; Alain, vivant en 1481, auteur du s^r de Goazellou, épouse Olive Morvan.</small>

<small>Pierre, vivant en 1481, auteur des seigneurs de Quillien, épouse Olive de Kergrist.</small>

<small>Un conseiller au parlement en 1738; un premier président en 1777 et un président à mortier en 1779; un lieutenant des maréchaux de France à Moncontour en 1740.</small>

La branche de Kermeury fondue dans Tromelin du Parc.

Mérer (le), sʳ de Kerbalet, par. de Quimper-Guézennec, — de Kermodest, par. de Pleumeur-Bodou.

Réf. de 1535 à 1543, par. de Saint-Clet et Notre-Dame de Guingamp, év. de Tréguier.

D'azur à trois gerbes de blé d'or.

Mérer (le), sʳ de Kerivoalen, par. de Pontrieux, — de Kerléau, par. de Plourivo.

Déb., réf. 1668 et à l'intend. en 1702.

D'argent au chevron de gueules, accomp. de trois glands de même (arm. 1696).

Cette famille et la précédente paraissent avoir la même origine.

Mérer (le), év. de Rennes.

De sinople au chêne arraché d'or, à la champagne d'hermines.

Un avocat au parlement en 1780, conseiller à la cour royale de Rennes, anobli en 1818, † 1820 sans postérité.

Mérey (de), voyez Karuel.

Mériadec (de) (ramage de Guicaznou), sʳ de Crec'hronvel, par. de Ploujean, — de Kserserc'ho, par. de Saint-Martin-des-Champs, — de Buorz et de Kerlessy, par. de Plougaznou.

Réf. et montres de 1448 à 1543, dites par., év. de Tréguier et Léon.

D'argent fretté d'azur, *qui est Guicaznou;* à la bordure engreslée de gueules.

Hervé, se distingua à la prise de Saint-Denis en 1453 et mourut à Wervick, en Flandre.

Mériaye (de la).

D'argent au chevron d'azur, accomp. de trois roses de gueules (arm. de l'Ars.), *comme Whitte.*

Mérien, sʳ de Kerisac, par. de Plouizy, — de Melchonnec, par. de Plouaret.

Réf. et montres de 1481 à 1543, par. de Plouizy et Bourbriac, év. de Tréguier.

D'or au sanglier passant de sable.

Le sʳ du Guérou, demeurant à Guingamp, débouté à la réformation de 1669.

Mérien, porte une bande fuselée (sceau 1381).

Un seigneur de ce nom, croisé en 1248; Jean, ratifie le traité de Guérande à Guingamp en 1381.

Merlaud, sʳ de la Clartière, — de la Cossonnière, par. du Pellerin, év. de Nantes.

De sinople à trois merlettes couronnées d'argent.

Un auditeur et un maître des comptes depuis 1755.

Merlet, réf. et montres de 1469 à 1513, par. de Pordic, év. de Saint-Brieuc.

D'or à huit merlettes de sable posées en orle.

Merlet, sʳ du Paty.

Un échevin de Nantes en 1675 et deux auditeurs des comptes de 1749 à 1780.

Merliers (des), sʳ du Boisverd, par. de Saint-Aubin-des-Châteaux, — de Longueville, par. de Jans, — de Beauregard, par. de Vertou, — de la Rivière, — de Villeneuve.

Ext. réf. 1671, cinq gén., ress. de Nantes, et enregistré au conseil souverain de la Martinique en 1721.

D'argent à trois merlettes de sable.

Guyon, gentilhomme de la maison du seigneur de Châteaubriant en 1529, épouse : 1º Françoise de Coësmes ; 2º Guillemette de Rouvray ; 3º Marie de Lorière ; une fille à Saint-Cyr en 1733 et une dame de Saint-Cyr en 1787.

MERLIERS (DES), sʳ de la Caffinière, par. de Remouillé, — de la Gallerie et de la Porcherie, par. de Belligné, — des Rousselières, — de la Mazure, par. de la Chapelle-Basse-Mer.

Maint. par les commissaires en 1700, ress. de Nantes.

D'argent au chevron de gueules, accomp. de trois merlettes de sable.

Gilles, échevin de Nantes en 1587.
Les deux familles des Merliers ont la même origine.

MÉROT ou MÉRAULT, sʳ des Granges, — du Barré.

D'azur au croissant en chef, deux étoiles en fasce et une mer ondée en pointe, le tout d'argent. (G. G.)

Jean, secrétaire du Roi en 1736.

MÉROU, sʳ de Kergomar, par. de Loguivy-Lannion.

Réf. 1427, dite par., év. de Tréguier.

Fondu dans Kerguézay.

MERVÉ (DE) *voyez* FONTAINE (DE).

MÉSANGER (DE), sʳ du Bois-Renaud et de la Minaudière, par. de Riaillé, — de Château-Fremont, par. de la Rouxière, — de Beauvoir, par. d'Auverné, — de l'Isle, par. de Saint-Herblon, — de la Hurlaye, par. de Fougeray, — de l'Abbaye, par. de Chantenay.

Ext. réf. 1668, quatre gén. *à patre et avo*, ress. de Nantes.

D'argent à trois merlettes de sable.

Jean, président aux enquêtes en 1577, père de René, conseiller au parlement en 1594, marié à Claude Le Maréchal; un secrétaire du Roi en 1745.
On trouve, René, lance dans la compagnie du maréchal de Lohéac en 1473.

MESANHAY (DE), sʳ dudit lieu, par. de Pleumeur-Bodou, év. de Tréguier.

D'argent à la fasce de sable, accomp. en chef de deux quintefeuilles de gueules et en pointe d'une pomme de pin de même. (G. le B.)

MESANRUN (DE), sʳ dudit lieu, par. de Plougoulm, év. de Léon.

De gueules à la bande d'or, au renard de même montant sur icelle. (G. le B.)

MESANVEN (DE), sʳ dudit lieu, par. de Lambézellec.

Réf. et montres de 1443 à 1503, dites par., év. de Léon.

D'azur au gland versé d'or, accomp. de trois feuilles de chêne d'argent. Devise : *Emé-t-hu.* (Dites-vous.)

MESCAM (DU), sr dudit lieu et de Mescaradec, par. de Lannilis, — de Landégarou et de Kerléguer, par. de Ploudalmezeau, — de Saint-Anger, — de Beauregard, — de Kerambellec, — de Lezivy, — du Stanger, — de Kermoal, — de Mesrivoal, — de la Villeneuve.

 Anc. ext., réf. 1669, dix gén.; réf. et montres de 1443 à 1534, par. de Lannilis, év. de Léon.

 Pour armes antiques : de gueules à la rose d'argent, boutonnée d'or ; moderne : d'azur à trois têtes d'aigle arrachées d'argent, *qui est Mescaradec.*

<small>Yves, vivant en 1350, père de Jean, marié en 1390 à Jeanne de Brézal.
Fondu dans Audren de Kerdrel et Huon de Kermadec.</small>

MESCANTON (DE) (ramage de Launay-Coëtméret), sr dudit lieu, par. de Plouzévédé, év. de Léon.

 D'argent au lion morné d'azur, brisé en l'épaule d'un trèfle d'argent. (G. le B.)

 Moderne : Crec'hquérault.

MESCARADEC (DE), sr dudit lieu, par. de Lannilis, — de Lesguy, près Landerneau, év. de Léon.

 D'azur à trois têtes d'aigle arrachées d'argent. (G. le B.)

<small>Fondu dans Mescam.</small>

MESCHINOT, sr des Mortiers, par. de Gorges, — de Martigné et de la Gautrais, par. de Donges, — de Kerpond'armes, par. de Guérande, — de la Clavelière, du Priou et de la Puchère, par. de Saint-Luminé-de-Clisson.

 Réf. de 1426 à 1513, par. de Donges et Saint-Luminé-de-Clisson, év. de Nantes.

 D'azur à deux fasces d'argent, au croissant de même entre elles. (G. le B.)

<small>Pierre, maître d'hôtel des ducs Pierre II, Artur III, François II et de la duchesse Anne, et poëte du XVe siècle, eut ses œuvres imprimées à Nantes en 1493.
La branche de Kerpond'armes fondue dans Saint-Martin, puis Cousturié et Champion.</small>

MESCOUËZ ou MESGOUËZ (DU), sr dudit lieu, par. de Lambezre, — de Kermoalec, par. de Saint-Thomas de Landerneau, — de Coëtarmoal, par. de Plouzévédé, — baron de Laz et sr de Trévarez, par. de Laz, — marquis de la Roche-Helgomarc'h en 1576, par. de Saint-Thoix, sr de Gournois, par. de Guiscriff, — de Botigneau, — de Lescoat, — de la Joyeuse-Garde, par. de la Forêt.

 Réf. et montres de 1426 à 1503, par. de Lambezre, Ploumoguer et Plourin, év. de Léon, et Saint-Mathieu de Quimper, év. de Cornouailles.

 D'or au chevron d'azur, accomp. de trois trèfles de gueules, *comme Le Run; alias* : écartelé *de la Roche* et *de Coëtarmoal,* sur le tout : *de Mescouëz.* Devise : *Rien de trop.*

<small>Hervé, l'un des légataires d'Hervé, vicomte de Léon en 1363 ; Bernard, écuyer dans une montre de 1378 ; Hervé, époux en 1400 de Perronnelle de Kerbounan, père de Bernard, vivant en 1447, marié à Jeanne, dame de Coëtarmoal ; Troïluz, page et favori de Catherine de Médicis en 1550, gouverneur de Morlaix en 1568, président de la noblesse aux États de Nantes en 1574, vice-roi de Terre-</small>

Neuve en 1578, gouverneur de Saint-Lô et Carentan en 1597, marié : 1º à N. du Juch; 2º à Marguerite de Tournemine, † 1606, sans postérité, laissant pour héritière Anne, sa nièce, femme de Vincent de Coëtanezre, dont la fille unique, Anne, épousa en 1595 Charles de Kernezne.

Mésenge (orig. de Normandie, y maint. en 1666), sr de Saint-André, élection de Mortain.

Maint. par arrêt du parl. de Bretagne en 1778, ress. de Fougères.

D'azur à la bande d'argent, accomp. de deux étoiles d'or.

Mesgral (de), sr dudit lieu, par. de la Forêt, év. de Léon.

Ecartelé aux 1 et 4 : d'azur fretté d'argent, *qui est Kerguern;* aux 2 et 3 : d'argent à trois hures de sanglier de sable, *comme Courtois.* (G. le B.)

Moderne : Penfeunteniou.

Mesle (le), d'argent à trois merlettes de sable (arm. 1696).

Un greffier des requêtes à Saint-Brieuc en 1696.

Meslé, sr de Grandclos, év. de Saint-Malo.

D'azur au vaisseau d'or sur une mer de sinople, surmonté à dextre d'une étoile d'argent.

Jacques, armateur à Saint-Malo, anobli en 1762; un abbé de la Chaume en 1782; un membre élevé au titre de baron en 1815.

Meslet, *voyez* Mellet.

Meslon, *voyez* Mellon.

Meslou, sr du Louc'h et de Kersaintéloy, par. de Glomel, — de Trégain, par. de Briec.

Ext., arrêt du parl. de 1734, six gén., et appelé à l'arrière-ban de Cornouailles, en 1636.

D'argent à deux fasces de gueules, écartelé *de Trégain.*

Olivier, franchi par mandement du duc en 1468; Alain, fils d'Yves, épouse en 1558 Marguerite de Lopriac; Jean, maître des comptes en 1644, épouse Marie, dame de Trégain ; Narcisse, conseiller et juge criminel au présidial de Quimper en 1696.

Mesmeur (de), *voyez* Bastard (le).

Mesmim, sr du Pont-de-Silly.

Maint. réf. 1669, 0 gén., ress. de Nantes.

D'azur à la foi d'argent, mouvante des flancs de l'écu, accomp. en chef de trois étoiles d'or, et en pointe d'un flanchis de même.

Jacques, anobli en 1610, père de Claude, substitut du procureur général au présidial de Nantes en 1660.

Mesnard, sr du Pavillon, par. de Moisdon, — du Clos, — de la Poterie, — de la Noë, — du Plessix-Regnard, par. de la Chapelle-Basse-Mer.

De gueules à une croix d'argent, issante d'un cœur d'or soutenu d'un croissant d'argent en pointe; au bras d'or armé d'un arc d'argent, issant à dextre d'une nuée de même; au chef d'azur chargé de deux étoiles d'argent.

Cinq échevins de Nantes depuis 1644, dont le dernier, maire en 1682, épouse Marguerite Bidé.

MESNARD, sʳ des Bourelières.

D'azur à une main dextre appaumée d'or, au chef de même chargé d'une plante de fougère de sinople (arm. 1696).

Michel, maire de Fougères en 1696.

MESNARD (orig. du Poitou), sʳ de la Coustouère, — marquis de Pouzauges et de Toucheprés, — sʳ du Chatellier, — de la Roche-Bréhant, par. d'Iffiniac, — de la Ville-au-Maitre, par. d'Hénan-Bihan, — des Noyers, — des Traversières.

D'argent à trois porcs-épics de sable, miraillés d'or, Devise : *Nul ne s'y frotte.*

Olivier, gouverneur de Tiffauges en 1460 et maître d'hôtel de Louis XI ; David, gentilhomme de la chambre et chevalier de l'ordre du Roi en 1590 ; Charles, conseiller d'État, maréchal de camp en 1652 et ambassadeur en Italie en 1655.

Cette famille, alliée aux Bréhant et aux Rondiers, a produit trois conseillers au parlement, depuis 1723.

MESNAULT (DE), sʳ dudit lieu, par. de Plouguin, év. de Léon.

D'azur au lion d'argent (G. le B.), *comme le petit Coëtivy.*

Moderne : Boiséon.

MESNIL (DU), sʳ de Beaupré, par. de Pordic, — de la Coste, — de Launay.

Déb., réf. 1668, ress. de Saint-Brieuc.

MESNOALET (DE), sʳ dudit lieu, par. de Guiler, — de Mesmélégan, par. de Plouvien, — de Kerallan, — du Mescoat, — de Kerguilliec, — de Keruzaval, — du Rascol, par. de Lannilis.

Anc. ext., réf. 1669, six gén.; réf. et montres de 1446 à 1554, par. de Guiler, év. de Léon.

D'azur à l'aigle éployée d'or ; *aliàs* : tiercé en fasce, chargé d'une bande (sceau 1418).

Henry, vivant en 1481, épouse Marie Rivoalen, de la maison de Mesléan.

La branche aînée fondue vers 1545 dans Penfeunteniou.

MESPÉRENEZ (DE), sʳ dudit lieu, par. de Plouider, év. de Léon.

Ecartelé aux 1 et 4 : d'or au lion couronné de gueules ; aux 2 et 3 : d'azur à la croix d'argent, *qui est Saint-Denis.* (G. le B.)

Fondu dans Saint-Denis, puis Touronce.

MESTIVIER, sʳ de la Grange, ress. de Saint-Brieuc.

D'azur à trois gerbes d'or et deux faucilles d'argent en sautoir posées en abyme. (arm. 1696).

Jacques, fermier général du comte de Toulouse au duché de Penthièvre en 1696.

MÉTAËR (LE), sʳ du Hourmelin, — de Vaujoyeux, de Lesby, de la Rue, de la Villeauroux et de la Villehervé, par. de Planguénoual, — du Grandpré et de la Villerédoret, par. de Plérin, — de Lorgerie, par. d'Hénan-Bihan, — de la Planche, par. d'Andel, — du Gué, — de la Villebarbou, — de la Doiblais, — de la Ravillais, — de Canoual, — de la Villebague, — du Tertre-Hello, par. de Maroué, — de la Ville-ès-Gouttés.

Anc. ext., réf. 1668, neuf gén.; réf. et montres de 1441 à 1535, par. de Planguénoual, Plérin, Andel et Maroué, év. de Saint-Brieuc.

D'argent à trois merlettes de sable; *aliàs* : surmontées d'un chef d'or (G. le B.), *pour la branche du Grandpré.*

Guillaume, rend hommage au vicomte de Rohan en 1396; Jean, épouse vers 1400 Olive Bertho, dont : 1º Pierre, capitaine des francs-archers des évêchés de Tréguier et de Léon, en 1457; 2º Alain, auteur des s^{rs} du Hourmelin, marié à Thomine Simon, compris entre les nobles de Lamballe qui prêtèrent serment au duc en 1437.

Eonet, fils Olivier, auteur des s^{rs} du Tertre-Hello et de la Villebarbou, argentier du duc Pierre en 1455, épouse Marie Le Blanc; Bertrand, vivant en 1469, auteur de la branche du Grandpré.

Un page du Roi en 1734, brigadier de dragons en 1780, maréchal de camp en 1790, lequel fit ses preuves pour les honneurs de la cour en 1789.

MÉTAYER (LE), s^r de Saint-Tudy, par. de Plessala, — de Launay-Caro et de la Ville-Guénéal, par. de Mohon, — du Verger et de Barac'h, par. de Séné, — de Lesnohan, — de Kermoëlo et de Limelec, par. de Brec'h, — de la Porte-Cousin, — de Laymer, — de Kerrio, par. de Grandchamp, — de Kerdroguen, par. de Saint-Goustan d'Auray, — de Kerboulard, par. de Saint-Nolf, — de Saint-Laurent, par. de Bourg-Péaule, — — de Kerdaniel, — de Coëtdiquel, par. de Bubry, — du Quélennec, par. de Merléac, — de Penhoët, par. de Plounévez-Quintin.

Ext., réf. 1669, sept gén.; réf. et montres de 1469 à 1535, par. de Plessala, év. de Saint-Brieuc.

D'argent au pin de sinople chargé de pommes d'or, le fût accosté de deux merlettes de sable.

Guillaume, s^r de Saint-Tudy, vivant en 1469, épouse : 1º Catherine Mairet, dont : Olivier, auteur des s^{rs} de Launay-Caro et du Verger; 2º Jacquette Bertier, dame de la Ville-Guénéal, dont Eonet et Jean, auteurs des autres branches de cette famille qui a produit un lieutenant-colonel au régiment royal des vaisseaux, en 1715.

La branche aînée fondue dans du Bosc; la branche de Coëtdiquel fondue dans Keranflec'h.

MÉTAYER (LE), s^r de la Rivière et de Guerlan, par. d'Hénon, — de Vaubouëssel, — du Bois-Frémy, — de la Maison-Blanche, — de Runello, par. de Plémy, — de la Garenne, — de la Touche.

Ext., réf. 1669, sept gén., réf. 1535, par. d'Hénon, év. de Saint-Brieuc.

D'azur à la croix engreslée d'or, cantonnée de quatre fleurs de lys d'argent.

Jean, gentilhomme servant de la reine Anne, et prévôt des maréchaux en Bretagne l'an 1490, père de Jean, marié à Amable Le Forestier.

METTRIE (DE LA), *voyez* CHOUË (DE LA).

MEUDEC (LE), s^r de l'Isle, par. de Plouvien.

Anc. ext., réf. 1669, sept gén.; réf. et montres de 1426 à 1534, par. de Plouvien, év. de Léon.

D'azur à deux fasces ondées d'or, accomp. de trois annelets de même.

François, vivant en 1443, père de François, marié 1º à Jeanne de Kerlozrec; 2º à Marguerite de Bellingant. (Fondu dans Lesguen.)

TOME II.

Meunier, *voyez* Meusnier (le).

Meur (le), sr de Kervégan, en Goëllo, — du Maugouër, par. de Plouha, — de Keramanac'h, par. de Squifflec.

Réf. et montres de 1441 à 1513, dites par., év. de Saint-Brieuc et Tréguier.

D'argent à une fasce de gueules, accomp. de trois quintefeuilles de même (G. le B.), *comme Gicquel de la Lande.*

Meur (le), sr de Crec'hriou, — de Goazven et de Kerhingant, par. de Servel, — de Keréven, par. de Saint-Hernin, — de Coëtanroux, — de Gouvello, par. de Merléac, — de Bellevue, par. d'Uzel.

Maint. au conseil en 1677 et par arrêts du parl. de 1770 et 1774 ; réf. et montres de 1481 à 1543, par. de Servel, év. de Tréguier.

D'argent au mouton de sable en abyme, accomp. de trois quintefeuilles de gueules. (G. le B.)

Meur (le), sr de Kerigonan et de Lesmoual, par. de Plounérin, — de Riventon, — de Goatquau, — de Kerarc'han, par. de Guerlesquin, — de l'Isle, — de Kerhuon, par. de Tonquédec, — de Ménémeur, — de Rununet, par. de Pluzunet, — de Keranroux, près Lannion.

Maint. par les commissaires en 1699 et ext., arrêt du parl. de 1773, neuf gén.; réf. 1543, par. de Plounérin, év. de Tréguier.

D'argent à la fasce d'azur (G. le B.); *aliàs* : accomp. en chef d'un croissant de gueules.

Un écuyer de la petite écurie du Roi, gouverneur de Lannion en 1660; un docteur en ▬▬▬, aumônier du Roi, connu sous le nom de sr de Saint-André, l'un des fondateurs des missions étrangères, † 1668; deux pages du Roi en 1720 et 1748.

Meur (le), maint. par les commissaires en 1699.

De gueules au château sommé de trois tours ▬▬▬ées d'argent.

On trouve Eon, anobli en 1427 et Jérôme, confirmé en ▬▬▬ : mais nous ne savons à laquelle des familles Le Meur ils appartenaient, non plus que Nicolas, procureur de Lannion, marié vers 1510, à Catherine de Kerambellec.

Meusnier ou Meunier (le), sr des Graviers, — de la Rigaudière, par. de Chauvé.

Maximilien, gouverneur du Port-Louis en 1706, épouse Catherine de Montogué.

Meusnier, sr de Quatre-Marre.

Déb., réf. 1668, ress. de Morlaix.

Mézec (le), sr de Kermézec, — de Saint-Jean, — du Beuzit, — de Brangolo, par. d'Inzinzac, — du Boterf, — du Parco, — de Rosmeur, — du Penhoat, — de Kergrain, de Caslan et de Ponthallec, par. de Pluvigner.

Déb., réf. 1668; réf. et montres de 1481 à 1513, par. de Saint-Gilles d'Hennebont et Inzinzac, év. de Vannes.

D'argent au lion de gueules, lampassé de sable, cantonné à dextre d'un annelet de même; *aliàs* : à la fasce de sable chargée de trois molettes d'argent brochant sur le tout (arm. 1696).

<small>Deux contrôleurs à la chancellerie depuis 1683.</small>

Mezle (de), sr dudit lieu, par. de Plounévez-du-Faou, év. de Cornouailles.

De gueules à trois mains dextres appaumées d'hermines (G. le B.), *comme Cabournais et Louays*.

<small>Fondu au xive siècle dans du Chastel.</small>

Mézières, sr de la Guyonnais, par. de Caro.

Déb., réf. 1668, ress. de Ploërmel.

Mezonan (de), *voyez* Duff (le).

Micault, sr de Soulleville, anobli en 1815.

D'azur au buste d'or, représentant le silence, mouvant de la pointe de l'écu, au chef d'argent chargé de trois hermines de sable.

<small>Un capitaine garde côtes de la compagnie d'Hillion, au combat de Saint-Cast en 1758.</small>

Michaël, sr de la Bourgonnière et de la Tesserie, par. de Saint-Herblain, — de la Rollandière, par. du Cellier, — du Plessis, par. de Besné, — d'Ardennes, par. de Sainte-Pazanne, — de Lenfernière, par. de Saint-Mars-de-Coutais.

Ext., réf. 1669, quatre gén., ress. de Nantes.

Écartelé aux 1 et 4 : de sable à la tour d'argent; aux 2 et 3 : d'or à trois croix pattées de gueules, à la bordure d'argent.

<small>Vincent, échanson de la reine Anne en 1500, épouse : 1o Jeanne le Parizy; 2o Jeanne du Boullay.</small>

Michel, sr de Montarant, — de Thieux, — de Ruberso, — des Loges.

D'argent à l'aigle impériale de sable, becquée et membrée de gueules.

<small>Jacques, vivant en 1630, épouse Jacquemine Raisin, dont Jacques, secrétaire du Roi en 1671, qui obtint ses lettres d'honneur en 1692, père 1o de Maurille, conseiller au parlement en 1697 puis sénéchal de Rennes; 2o de Michel, brigadier des armées du Roi, † 1731.</small>

Michel, sr de Kervény, par. de Plougonvelin, — du Carpont, — de Trovennec, par. de Fouëznant.

Anc. ext., réf. 1669, cinq gén., et maint. à l'intend. en 1702; réf. et montres de 1447 à 1503, par. de Plougonvelin, év. de Léon.

Écartelé aux 1 et 4 : de sable à neuf macles d'argent; aux 2 et 3 : d'or, à la coquille de gueules.

<small>Yvon, vivant en 1503, épouse Jeanne de Launay, dont : Hervé, marié à Marie Heussaff; une fille à Saint-Cyr en 1706.</small>

<small>Les srs de Kerprigent et de Kerhorre, paroisse de Ploëzal, du nom de Michel, alliés aux la Motte, Sioc'han, Boudin, du Vergier, Miollis, Audren et Ferré, ont produit un baron de l'Empire en 1811, confirmé sous la Restauration en 1817 et portent écartelé : aux 1 et 4 : losangé d'argent et de sable; aux 2 et 3 : d'or à la coquille de gueules, *comme les précédents*.</small>

Michel, sr du Cosquer, par. de Quemperven, — de Keranroux, par. de Pommerit-Jaudy, — de Kervaëc, par. de Trédarzec, — de Kerdaniel, par. de Cavan, — de la Ville-Basse.

Déb., réf. 1668, ress. de Lannion; réf. 1543, par. de Quemperven, Trédarzec et Lantréguier, év. de Tréguier.

D'argent à la tête de maure de sable, tortillée d'argent. (G. le B.)

MICHEL, év. de Nantes.

D'azur à une fasce d'or, chargée d'un cœur de gueules et accomp. de trois trèfles d'or.

Gabriel, négociant à Nantes, anobli en 1747.

Nous ne savons si le sr de Villebois, du nom de Michel, commissaire général de la marine à Brest en 1776, appartenait à la même famille.

MICHEL, sr de Kerlan, ress. de Saint-Brieuc.

D'argent à un écusson de gueules, accomp. de six macles d'azur (arm. 1696).

MICHEL, év. de Rennes, anobli sous la Restauration en 1816.

D'hermines au vase d'azur rempli de lys de jardin au naturel, posé sur un autel aussi d'argent et soutenu d'une épée d'azur posée en fasce.

MICHEL (orig. de Normandie, y maint. en 1469, 1496, 1598 et 1666), sr de la Michelière, — de Véli, — de Beaulieu, — de Bellouze, — de Cambernon, — de Monthuchon, — de Rafoville, — d'Haccouville, — de Vieilles, — de l'Épiney, — du Port, — de la Chesnaye, — du Chatelet.

D'azur à la croix d'or, cantonnée de quatre coquilles de même.

De Thomas et de Jeanne Le Cordier, vivants en 1380, issurent : 1º Jean, auteur de la branche de Monthuchon, alliée depuis 1731 aux Tuffin, Bonnescuelle, Derval et Saint-Meleuc, dont : Jean, général des Chartreux, † 1599 et Charles, gentilhomme de la chambre et conseiller aux aides de Rouen en 1614; 2º Roger puîné, lieutenant du capitaine de Chartres, partagé en 1388, père de Colin qui combattit à Azincourt en 1415, auteur de la branche d'Haccouville, qui porte : de sable à la croix potencée, cantonnée aux 1 et 4 : d'un croissant; aux 2 et 3 : d'une coquille, le tout d'argent. On trouve encore Fiacre Michel et Coline sa femme, maintenus dans leurs héritages en Cotentin par mandement d'Henri V d'Angleterre en 1419.

MICHEL, sr de la Richardais et de la Thébaudais, par. de Fougeray, — de la Courbe, — de Carmoy, — de la Paisnais, par. d'Allaire, — de la Grée.

Ext., réf. 1669, sept gén.; réf. et montres de 1513 à 1544, par. de Fougeray, év. de Nantes.

D'argent à trois merlettes de sable.

Bertrand, fils Alain, sr de la Richardais, vivant en 1513, épouse Guillemette Grignon et est l'auteur des srs de la Courbe.

Georges, fils Charles, vivant en 1513, épouse Julienne de la Roche et est l'auteur des srs de la Thébaudais.

MICHEL, sr de Bossacolart, par. de Bruc, — de la Noë, par. de Rénac, — de la Marre, — de Couëdro, — du Deffais, par. de Pontchâteau, — du Vaudoré, — de Saint-Donat, — du Boisgrignon, — de la Prévostais, — de la Justonnière.

Ext., réf. 1669, huit gén.; réf. et montres de 1479 à 1536, par. de Bruc et Rénac, év. de Saint-Malo et Vannes.

D'argent au sautoir de vair, chargé en cœur d'un annelet de gueules, et accomp. de quatre étoiles de même.

<small>Pierre, vivant en 1448, épouse Jeanne Giffart, dont 1º Jean, sʳ de Bossacolart, marié à Marguerite de Goasméret, † 1464; 2º Guillaume, auteur des *Michiel* qui suivent.</small>

MICHIEL (ramage des précédents), sʳ de la Garnison, par. d'Orvault, — de la Grigoraye, — de la Haye, — de la Chesnais, — de la Poterie, — de Grillau, par. de Chantenay, — de Tharon, par. de Saint-Père-en-Retz, — de la Hardière.

Maint. par arrêt du parl. de 1785 et admis aux États de 1786, ress. de Nantes.

D'argent au sautoir de vair, chargé en cœur d'un annelet de gueules et accomp. de quatre étoiles de même.

<small>Guillaume, échanson de Catherine de Luxembourg, troisième femme du duc Artur III, † 1458, frère juveigneur de Jean, sʳ de Bossacolart et de la Noë; Louis, procureur syndic des États de la Ligue à Vannes en 1592; Jean, sʳ de Grillau, échevin de Nantes en 1710; deux secrétaires du Roi en 1732 et 1747.</small>

<small>Cette famille alliée depuis 1762 aux ducs de Lévis et de Bésiade d'Avaray, a produit un maréchal de camp, † 1835.</small>

MICOLON (orig. du Vélay), sʳ du Bourgon, — de Blanval, — de Guérines.

D'azur au chevron d'or, accomp. en chef de deux étoiles et en pointe d'une merlette, le tout d'argent.

<small>Un député à l'assemblée de la noblesse de la sénéchaussée de Riom en 1789; un évêque de Nantes. † 1838.</small>

MIGNARD, sʳ de la Michetière, par. des Touches, — de la Combe, par. de Corps-Nuds.

Déb., réf. 1670, ress. de Rennes et Nantes.

D'or au chevron de sable, accomp. en chef de deux molettes de même et en pointe d'une tête de maure de sable tortillée d'argent.

MIGNOT, sʳ de la Martinière, par. de Bourgneuf, év. de Nantes.

Parti d'azur et d'or : le premier parti chargé de trois épées d'or en pal, le deuxième de trois palmes d'azur, 2 et 1.

<small>Un général de division, baron de l'Empire, tué à la Bidassoa en 1813; un général de brigade en 1859.</small>

MIGNOT (LE) (orig. de Normandie), sʳ de Bieuridan, — de Mondétour.

Ext. réf. 1670, six gén., par. de la Trinité en Retz, év. de Nantes.

D'argent à trois merlettes de sable.

<small>Guillaume, vivant en 1500, épouse Guillemette Coquerel; Adrien, lieutenant du château de Machecoul en 1670.</small>

MIGNOT (LE), sʳ de la Boissière, — de l'Isle d'Onglette, par. de Sucé, — du Boisgourdel, — du Fresnays.

Maint. par les commissaires en 1698, ress. de Rennes.

D'azur à une chouette d'argent, becquée et membrée de gueules.

<small>Georges, référendaire en 1566, président aux comptes en 1577.</small>

MIGNOT (LE), sʳ de Rossalic, — de Kerlan, par. de Servel, — de Keravel, par. de Trébeurden, — de Lesodet, par. de Pluzunet.

Réf. et montres de 1481 à 1543, dites par., év. de Tréguier.

D'argent à un oiseau essorant de sable, becqué et membré de gueules. (G. le B.)

Cette famille et la précédente paraissent avoir une origine commune.

MIGNOT (LE), sʳ de Launay, par. de Plouhezre, — de Goazhamon.

Réf. et montres de 1427 à 1543, par. de Ploubezre, év. de Tréguier.

D'argent au sautoir de gueules; *aliàs*: accomp. de trois trèfles d'azur, au chef de gueules.

Pierre, représentait le comte de Montfort aux conférences de Poitiers en 1364.

MILBÉAU, sʳ de Lambervès, par. du Minihy, év. de Léon.

D'azur au chevron d'argent, accomp. de trois coquilles de même (arm. 1696).

Plusieurs capitaines de la milice de Morlaix, depuis 1693.

MILIEAU, réf. 1427, par. de Trébeurden, év. de Tréguier.

D'argent au lion de gueules. (G. le B.)

MILLÉ, sʳ du Plessis.

D'hermines à trois chênes de gueules (G. le B.); *aliàs*: d'hermines à trois chênes de sinople.

MILLIN, sʳ de Kergos, par. de Sarzeau.

Déb., réf. 1668, év. de Vannes.

MILLOC'H (LE), sʳ de Kerloret, par. de Lesbin, — de Kermazein, — de Brangolo, par. d'Inzinzac.

Déb., réf. 1669, ress. d'Hennebont.

D'azur à trois étoiles d'or (arm. 1696.)

Joseph, conseiller du Roi, alloué d'Hennebont en 1696; Clément, fils du précédent, secrétaire du Roi en 1760.

MILON, sʳ de Kermilon, par. de Rospez, — de la Villetanet, — de Guernalio, par. de Langoat.

Réf. et montres de 1427 à 1481, par. de Goménec'h et Goudelin, év. de Tréguier.

D'azur au bélier d'or.

MILON, sʳ du Coudray, par. de Saint-Gouéno.

Déb., réf. 1669; réf. de 1513 à 1535, dite par., év. de Saint-Brieuc.

MILON, sʳ de Beaumanoir, par. de Pommeret, — de la Ville-Morel, de Launay et de la Garenne, par. de Broons, — de la Plesse, par. de Sainte-Urielle, — de Bellevue, — de Kerjean, — de Penanster.

Anc. ext., réf. 1669, six gén., ress. de Lesneven; réf. et montres de 1437 à 1513, par. de Pommeret, Broons, Sainte-Urielle et Ploudaniel, év. de Saint-Brieuc, Saint-Malo, Dol et Léon.

D'azur à trois têtes de lévrier, coupées d'argent, colletées de gueules (sceau 1400).

Un seigneur de ce nom, croisé en 1248; Olivier, possessionné dans la paroisse de Pommeret en 1320; Etienne, ratifie le traité de Guérande à Dinan en 1381; Thomas, fait hommage au vicomte de

Rohan entre les nobles de Loudéac en 1396; Olivier, prête serment au duc entre les nobles de Montcontour en 1437; Bertrand, sénéchal de Rennes, puis président et juge universel de Bretagne en 1439; Yves, chevalier de Saint-Jean-de-Jérusalem, au nombre des défenseurs de Rhodes, assiégé par Mahomet II en 1480; Jeanne, Guillemette et autre Jeanne, abbesses de Saint-Sulpice de Rennes, de 1391 à 1498; Etienne, abbé de Saint-Jacut, † 1498.

Yvon, vivant en 1443, auteur de la branche de Kerjean, bisaïeul de Jean, marié vers 1534 à Marguerite de Pentreff.

MILON, sr de la Touche et de Vergeal, par. de Pacé, — de Launay, par. de Gévezé, — des Salles, — de la Musse, par. de Baulon, — des Landes, — de Hallegre, par. de Saint-Gilles.

Ext. réf. 1670, sept gén.; réf. de 1513, par. de Pacé et Saint-Gilles, év. de Rennes.

D'argent au dextrochère vêtu et ganté de gueules, soutenant un épervier de sable, membré d'or.

Thomas et Robin, de la paroisse de Saint-Gilles, anoblis en 1452; Yves, trésorier général du duc en 1485, époux de Gillette Audepin, † 1489 et enterré à Pacé, père de Robert, marié en 1496 à Marie Thomelin, dont Robert, auditeur des comptes en 1524, époux de Jacquemine de Saint-Dénoual.

MILSENT, sr de Lesnaudière, par. de Rezé.

Déb., réf. 1668, ress. de Nantes.

Mathieu, conseiller au présidial de Nantes en 1668.

MINAULT (orig. d'Anjou), sr de la Hélandière, par. de Tremblay.

Ext., arrêt du parl. de 1778, dix gén., ress. de Rennes.

D'argent à trois hermines de sable.

Un page du Roi en 1747, capitaine au régiment de Penthièvre (dragons) en 1780.

MINEC (LE), sr de Clezrin, par. de Quimper-Guézennec, — de Kerlagadec, par. de Lanrivain, — de Feunteniou, par. de Canihuel, — de Coëtbily, par. de Cuzon.

Réf. et montres de 1426 à 1562, par. de Lanrivain et Sainte-Triphine, év. de Cornouailles.

Jean, secrétaire ordinaire du Roi en Bretagne, † 1500.

MINIAC (DE), sr dudit lieu, par. de ce nom, — du Val, — de la Villemoisan, par. d'Illifaut, — de Chambusson, — de la Ville-Tual, — de la Fosse, — de la Maison-Blanche, — de la Touche-Mauron, — de Boslan, — de la Cagnardière.

Anc. ext., réf. 1670, six gén.; réf. et montres de 1429 à 1513, par. de Miniac-sous-Bécherel et Illifaut, év. de Saint-Malo et Dol.

De gueules à l'aigle éployée d'argent, accomp. de sept billettes de même, 4 et 3.

Guillaume, au nombre des défenseurs de Dol, assiégé par Henri II d'Angleterre en 1173; Jean, épouse vers 1513 Marguerite de Grenédan.

MINIAC, sr de la Moinerie, — de Champvallée, — de la Bodaye, — du Boisquineau, — de la Villesnouveaux.

Maint. au conseil en 1703, ress. de Saint-Malo.

De gueules à l'aigle éployée d'argent, accomp. de sept billettes de même, 4. 3, *comme les précédents;* au franc canton d'azur chargé d'une croix pleine d'argent, cantonnée de quatre croissants de même. (G. G.)

<small>Guillaume, audiencier au parlement de Pau en 1695, épouse Jeanne Couppé, dont Jean, greffier en chef aux requêtes du parlement de Bretagne en 1701.</small>

Minihy, en français Refuge (du), *voyez* Refuge (du).

Minihy (le), sr de la Forest, — de Penfrat, — du Rumain, — de Kerduté, par. de Ploujean.

Déb., réf. 1669, ress. de Lannion.

D'argent à deux fasces de gueules, chargées de deux bisses affrontées d'azur (arm. 1696), *comme du Refuge.*

<small>Plusieurs maires de Morlaix depuis 1689.</small>

Minot (orig. de Touraine), sr de la Minotière, — de Chasteigner.

Maint. à l'intend. en 1699.

D'or au lion de gueules.

Mintier (le), sr des Granges, de la Villesion et de la Touche, par. d'Hénon, — de la Ville-Normé, par. de Plémy, — de la Ville-Morvan, par. de Ploufragan, — de Carméné, par. de Plessala, — de Beauchesne et de la Fontaine-Saint-Père, par. de Quessoy, — de la Motte-Basse, — du Bois de la Touche, — de Saint-André, — de la Motte-Gloret, par. d'Iffiniac, — de Léhélec, du Quenhouët et du Lestier, par. de Béganne, — du Boisgnorel, — du Bourgneuf, — du Chalonge, par. de Plédran, — de la Villeblanche, — de la Villeoser, — du Bignon, — de la Perrière, — de la Pommeraye, — des Aulnais-Caradreux, par. de la Nouée, — de la Grée-Saint-Laurent, par. de ce nom, — de la Villeauffray, — de Kerancloarec, par. de Plounévez-Quintin, — du Perret.

Anc. ext. chev., réf. 1668, dix gén., et maint. à l'intend. en 1699; réf. et montres de 1423 à 1535, par d'Hénon, Ploufragan, Plémy, Quessoy, Iffiniac et Plédran, év. de Saint-Brieuc.

De gueules à la croix engreslée d'argent. Devise : *Deus meus.... omnia sunt*, et *Tout ou rien.*

<small>Honoré et Olive Visdelou, sa compagne, vivants en 1330, père et mère de : 1º Guillaume, sénéchal de Chatelaudren en 1383, auteur de la branche des Granges; 2º Charles, auteur des branches de la Ville-Sion et de la Motte-Basse.

Cette famille a encore produit : Guillaume, commissaire pour la réformation des fouages en 1441; Pierre, qui obtint lettres d'abolition en 1485 pour sa participation à la mort du trésorier Landais; un chevalier de Saint-Michel en 1637; des pages du Roi et des filles à Saint-Cyr, de 1718 à 1787; un lieutenant des maréchaux de France en 1771, un abbé de Boquen en 1757; un abbé de Meilleray en 1776, évêque de Tréguier en 1780, † 1801; un écuyer cavalcadour du prince de Condé dans les guerres de l'émigration; un chef de division des armées royales en Bretagne et deux maréchaux de camp nommés par le Roi en 1797 et 1814.</small>

Minven (de), sʳ dudit lieu, par. de Tréogat.
  Réf. et montres de 1442 à 1536, dite par., év. de Cornouailles.
  D'azur au lion d'or.
  Fondu vers 1560 dans Lanros, puis Boisguéhenneuc.

Miollis (orig. de Provence).
  D'azur au chevron d'or, accomp. de trois lys de jardin d'argent.
  Joseph-Laurent, lieutenant-général criminel et juge royal en la sénéchaussée d'Aix, anobli par lettres de 1769.
  Un capitaine au régiment d'Angoumois en 1788, général de division en 1799 et comte de l'Empire, dont le frère a été élevé, sous la Restauration, à la dignité de baron, et un évêque de Digne en 1805.

Miorcec, sʳ du Mesgouëz, — du Quenquis, — de Kerdanet, év. de Léon.
  D'azur au hérisson d'or, au chef d'argent chargé de trois hermines de sable. Devise : *Tout pour la charité*.
  Cette famille, qui a fourni depuis 1711 deux députés de Lesneven aux États et un membre de la députation de 1788 pour solliciter de Louis XVI le maintien des franchises et libertés de la Bretagne, s'est alliée aux Karuel, Kerouartz, Forestier, Trogoff, Briant et Le Gonidec, et a été anoblie en 1815.

Mirabeau (de), *voyez* Riquetti.

Mirléau, sʳ de la Rousselière.
  Déb. réf. 1670, ress. de Fougères.
  D'azur au chevron d'or, surmonté d'une molette de même (arm. de l'Ars.).

Miron, sʳ de Villeneuve.
  De gueules à la fasce d'or, surmontée d'une quatrefeuille de même et soutenue d'une hermine passante d'argent, sur une terrasse de sinople ; *aliàs* : de gueules au miroir d'argent à la bordure besantée d'or.
  François, natif de Perpignan, médecin du Roi Charles VIII, père de Gabriel, médecin de la reine Anne en 1507; François, général des finances et maire de Nantes en 1578; Louis, auditeur des comptes en 1602; Charles, évêque d'Angers, † 1627; François, prévôt des marchands de Paris, † 1609.

Minier, sʳ du Plessix, près le Guerlesquin, — de Kergouriou, par. de Plouagat.
  Réf. 1543, par. de Plougat-Chatelaudren, év. de Tréguier.
  D'argent à un arbre de sable.

Moal (le), de gueules au chevron d'or, accomp. de trois besants de même.
  Raoul, aumônier du roi Charles VIII, évêque de Cornouailles en 1493 et président aux comptes, † 1501.

Moal (le), sʳ de Kerloaz, par. de Ploulec'h, — de la Villeneuve, par. de Coëtréven.
  Réf. et montres de 1481 à 1543, dites par., év. de Tréguier.
  D'azur à deux cygnes affrontés d'argent, becqués et membrés de sable.
  Fondu dans Trogoff.

MOAYRE, s^r des Mortiers et du Vigneau, par. de Saint-Étienne-de-Montluc, — du Réglis, — du Chastellier, par. de Cambon.

Ext., réf. 1669, 0 gén., et maint. à l'intend. en 1699, ress. de Nantes.

De sable à trois lionceaux d'argent, ornés de gueules.

Pasquier, eut sa maison des Mortiers anoblie en 1428; trois auditeurs des comptes depuis 1599.

MOCAIN, s^r de Kerdaniel, par. de Plougastel-Saint-Germain.

Déb., réf. 1668, ress. de Quimper.

MOËLIEN (DE), s^r dudit lieu et du Vieux-Châtel, par. de Plounévez-Porzay, — de Gouandour, par. de Crozon, — de Langourla, — de Kerstrat, — de Tronjoly, — de Kermoysan, — de Mesbriant.

Anc. ext. chev., réf. 1669, huit gén.; réf. et montres de 1426 à 1562, par. de Plounévez-Porzay, év. de Cornouailles.

D'azur à un anneau d'argent touché et environné de trois fers de lance de même.

Devise : *Seel pople.* (Regarde peuple.)

Jean, fils de Jean, épouse : 1º Marie de Trégoazec, 2º Jeanne de Lanros, veuve en 1427; un page du Roi en 1721; plusieurs conseillers au parlement depuis 1724.

Un membre a fait ses preuves pour les honneurs de la cour en 1789.

MOËNNE ou MOINE (LE), s^r de Saint-Éloy et de la Touche-Rouault, par. de Plœuc, — du Quélennec, par. de Merléac, — du Caronnay, — du Bois-Riou, — de Ruffroger, — de la Vieux-Ville, — de la Boixière, — de Cléden, par. de Haut-Corlay.

Anc. ext., réf. 1669, sept gén.; réf. et montres de 1423 à 1535, par. de Plœuc, év. de Saint-Brieuc.

De gueules à trois croissants d'argent, une fleur de lys d'or en abyme.

Alain, vivant en 1469, père d'Antoine, vivant en 1483, marié à Louise de Villeguy. (Fondu dans le Métayer.)

Le s^r de la Hauteville, paroisse de Trégueux, débouté à la réformation de 1668.

MOIGN (LE), s^r de Kertanguy et de Keranroux, par. de Ploubezre.

Réf. et montres de 1426 à 1536, par. de Meslan, év. de Vannes et Lanriec, év. de Cornouailles.

Un notaire-passe de la cour de Quimper en 1534; un capitaine de vaisseaux en 1677.

MOINE (LE), s^r de Beauregard et de Trévilly, par. de Maroué, — de la Reboursière, par. de Trébry, — de la Roche-au-Lion, par. de Saint-Melaine de Lamballe, — de Launay-Daniel, par. de Trélévern, — de la Bazillais, — de la Landelle, — de la Bouière, — de la Talmenière, — de Traseurs, — de la Caunelaye, — de la Lande.

Anc. ext., réf. 1669, huit gén.; réf. et montres de 1428 à 1535, par. de Maroué, Trébry et le Quiou, év. de Saint-Brieuc et Saint-Malo.

D'or à trois fasces de sable; *voyez* LE MOINE DE LA TOUR.

Guillaume, capitaine de Lamballe en 1407; autre Guillaume, capitaine de Cesson en 1487, marié à Jeanne Riou.

Les s^{rs} du Rest, paroisse d'Inzinzac et du Cosquer, paroisse de Saint-Gilles d'Hennebont, déboutés à la réformation de 1669.

Moine (le), sr de Trévigny, de Langouneau et de Kermoné, par. de Plounéour-Trez, — de Ranorgat, par. de Plouguerneau, — du Vieux-Chatel et de Coëttrez, par. de Ploudaniel, — de Kermérien, par. de Trézilidé, — de Coëtudavel, par. de Mespaul, — de Trogriffon, par. d'Henvic, — de Kerfaven, par. de Ploudiry, — vicomte de Plestin et de Lesmais, par. de Plestin, — sr de Trobézéden, par. de Lanmeur, — de Kergoët, par. de Saint-Hernin.

Anc. ext. chev., réf. 1671, quatorze gén.; réf. et montres de 1426 à 1534, par. de Plounéour-Trez, Plouguerneau, Ploudaniel et Ploudiry, év. de Léon.

D'argent à trois coquilles de gueules; *aliàs* : accomp. en cœur d'une macle de même (sceau 1382).

Pierre, croisé en 1248; mais nous ne savons à laquelle des familles Le Moine il appartenait; Hamon, fils Yvon, épouse vers 1330, Plézou, dame de Trévigny; Yvon, prête serment au comte de Montfort en 1369 et épouse 1o Constance de Penmarc'h; 2o Mahaud de la Fosse; Jean, tué au siège de Carthage en 1390; Olivier, chambellan du duc et grand écuyer de Bretagne, capitaine de Brest, Quilbignon et Lesneven de 1378 à 1420; Hervé, capitaine de Bayonne en 1485 et de Guingamp en 1492; Vincent, chevalier de l'ordre du Roi et capitaine de cinquante hommes d'armes en 1580; Toussaint, gouverneur de Dinan en 1646; Philippe-Emmanuel, chevalier de Malte en 1666.

La branche aînée s'est éteinte vers 1700, et les seigneuries de Trévigny et de Lesmais ont été possédées depuis par les la Bourdonnaye et les Camus de la Guibourgère.

La branche de Kergoët s'est fondue dans Saint-Simon, en Normandie, en 1663, d'où la seigneurie de Kergoët a appartenu successivement aux Courcy, aux Kergus et aux Roquefeuil. (Famille éteinte.)

Moine (le) (ramage des précédents), sr de Ranvlouc'h, par. de Plougoulm.

Réf. et montres de 1448 à 1534, dite par., év. de Léon.

D'argent à trois coquilles de gueules, un croissant de même en abyme (sceau 1378); *aliàs* : d'or à six merlettes d'azur. (G. le B.)

Moine (le), sr du Pont, év. de Saint-Malo.

Porte trois têtes de moine froquées, au franc quartier chargé de trois bandes (sceau 1432).

Moine (le), sr du Manoir, par. de Saint-Coulomb, — du Rocher, — des Gripaux.

Déb., réf. 1668 et à l'intend. en 1702, ress. de Rennes.

De gueules à un cœur d'or, supportant une croix de même (arm. 1696).

Moine (le), sr de Kervren, par. de Plougoulm, év. de Léon.

De sable à l'épée d'argent en pal, la pointe en bas. (G. le B.)

Moine (le), sr de la Grangeotière et de Brillengault, par. de Marcillé, — de la Bréardière, — de la Villermé.

Réf. 1478, par. de Marcillé-Robert, év. de Rennes.

D'azur au chevron d'argent, chargé de trois feuilles de houx de sinople et accomp. de trois renards d'or. (G. le B.)

Michel et Jean, de la ville de Vitré, poursuivis comme ligueurs par le sénéchal de Rennes en 1590.

Moine (le), sr de la Tour, — des Ourmeaux, — de la Boissière, par. de Vigneux, — de la Grée.

Ext., réf. 1669, cinq gén., *à patre et avo*, ress. de Nantes.

Fascé de huit pièces d'or et de sable; *voyez* LE MOINE DE BEAUREGARD.

Gilles, vivant en 1520, épouse Françoise Le Vavasseur; quatre conseillers-auditeurs et maîtres des comptes depuis 1575.

MOINE (LE), s^r de la Garenne, par. de Loudéac, — de Saint-Laurent, — de Kermabo, — de Kerguézangor, par. de Naizin, — de Kergourhin, — de Guervazic et de Barac'h, par. de Ploërdut, — de Talhouët, — de Tréorsant, — de Kergoumeur, — de Coëtnos.

Anc. ext., réf. 1669, neuf gén. et maint. à l'intend. en 1699; réf. et montres de 1441 à 1535, par. de Loudéac, év. de Saint-Brieuc.

D'argent à trois merlettes de sable, au chef de gueules chargé de trois besants d'argent.

Pierre, s^r de la Garenne, vivant en 1400, épouse Jeanne des Déserts, dont Jean, vivant en 1441, marié à Jeanne de Bréhand; Laurent, s^r de Barac'h et de Talhouët, l'un des quatre gentilshommes décapités à Nantes par ordre du régent en 1720, pour leur participation à la conspiration de Cellamare.

MOINE (LE), s^r de la Courbe, — de la Maison-Neuve, — de la Rousselière, — des Moulins, — de la Morandière.

Déb., réf. 1668, ress. de Vitré.

De sable à quatre fasces d'or (arm. 1696); *voyez* LE MOINE DE LA TOUR.

Jean, greffier en chef aux requêtes du parlement en 1673.

MOINE (LE), s^r de la Borderie, par. d'Étrelles, — de la Courgeonnière, par. de Torcé, — de Grand-Pré, — de la Cautière, — de la Tachelaye.

Réf. 1513, par. d'Étrelles et Torcé, év. de Rennes.

D'or à trois chicots écotés d'azur, au chef de même chargé de trois allérions d'or (arm. 1696).

Jean, s^r de la Courgeonnière, sénéchal de Vitré, épouse Anne Brunart, veuve en 1513.

MOINE (LE), év. de Léon.

Déb. à l'intend. en 1703, ress. de Saint-Renan.

Parti au 1 : d'azur à la fasce d'or, accomp. en chef d'une tour d'argent sénestrée d'une alouette de même et en pointe d'un greslier d'or ; au 2 : d'azur à la gerbe d'or soutenue d'un sanglier de même (arm. 1696).

Un trésorier de la marine à Brest en 1700.

MOISAN ou MOUÉSAN, s^r du Miroir, par. de la Bouillie, — de Bourgneuf, par. de Saint-Potan, — de la Villerouët, — de la Costière, — de Lestière, — de la Tremblaye, — de Launay, par. de Plédéliac.

Anc. ext., réf. 1670, cinq gén.; réf. et montres de 1423 à 1535, par. de la Bouillie, év. de Saint-Brieuc.

D'azur à trois molettes d'argent, une fleur de lys de même en abyme.

Bertrand, vivant en 1535, épouse Marie de la Choüe.

Moisan, sr de Kerbino, — de Penprat, — du Roudourou, par. de Plouizy, — de Kervégan, — de la Vieuville et de Quillihamon, par. de Quimper-Guézennec, — de Kerouriou, — de Kervasdoué, par. de Bréhant-Moncontour, — du Leslay, par. de Plouëzal.

Déb., réf. 1668, ress. de Saint-Brieuc et Lannion.

Bandé ondé d'hermines et de gueules de six pièces. (G. le B.)

Plusieurs maires et alloués de Guingamp depuis 1650; à la même famille appartenait Hélène Moisan, mariée à Émery Cervon des Arcis, fondatrice du couvent de Montbareil, à Guingamp en 1677, † 1694.

Moisan, sr de Saint-Quiouët, par. de Plaintel, év. de Saint-Brieuc.

Palé d'or et d'azur, au bâton d'argent brochant (arm. de l'Ars.).

Fondu en 1430 dans la Rivière.

Moisan, sr de la Corbinaye, par. de Saint-Viaud, — de Codrozy, par. de Pontchateau.

Déb., réf. 1669, ress. de Nantes.

D'azur au chevron d'or, accomp. en chef de deux croissants d'argent et en pointe d'une colombe de même (arm. 1696).

Un auditeur et un maître des comptes depuis 1694.

Moisan, sr de Pirouit, par. de Saint-Onen-la-Chapelle.

Réf. et montres de 1449 à 1513, dite par., év. de Saint-Malo.

Un chevron, accomp. de trois tourteaux d'hermines (sceau 1550).

On trouve Pierre, abbé de Pornit, † 1427; mais nous ne savons à quelle famille Moisan, il appartenait.

Mol, sr de Mol-Énez, — de Kerjan, par. de Trébabu, — de Rumorvan, — de Lesmoalec. — de Guernélez, par. du Tréhou, — de Langollian, — de Kerengar, — de Kerforest, — de Kermellec, — de Kerhuel, — de Runtan, — de Garzian, par. de Plouvien, — du Vijac, par. de Guipavas.

Anc. ext., réf. 1669, onze gén.; réf. et montres de 1448 à 1534, par. de Trébabu et de Plougonvelin, év. de Léon.

D'argent à trois ancres de sable.

Tanguy, sr de Kerjan, vivant en 1375, épouse Marie du Chastel.

La branche de Kerjan fondue dans Kersauson; la branche de Guernélez fondue dans de Flotte. (Famille éteinte.)

Molac (de) (ramage de Rohan), sr dudit lieu et de Trégouët, par. de Molac, — de Trébrimel, par. de Bignan, — de Pestivien, par. de ce nom.

Réf. et montres de 1426 à 1481, par. de Molac et Bignan, év. de Vannes.

De gueules à sept (aliàs : neuf) macles d'argent (sceau 1378). Devise : *Gric da Molac*. (Silence à Molac.) Et : *Bonne vie*.

Guy, assiste à l'assise du comte Geffroi en 1185; Guy, mort à la croisade de 1248; Guy, épouse vers 1330, Marie, dame de Trébrimel, et accompagne le duc en Flandre en 1327; Guyon, épouse vers 1420, Jeanne, dame de Pestivien, dont Guyon, marié à Marguerite de Malestroit en 1458, appelé au parlement général à Vannes en 1462.

Fondu dans la Chapelle, puis Rosmadec et Sénéchal.

MOLARD (DU), sr de Dieulement.
  Maint. au conseil en 1699.
  De gueules à trois losanges d'or.

MOLLEN (DE LA), sr de Kergoualezre et de Quillihouc, par. de Bannalec.
  Réf. et montres de 1426 à 1536, dite par., év. de Cornouailles.
  D'argent au chef de sable.
  Fondu en 1637 dans Briant.

MONCEAUX (DE), sr de Kerbrat, par. de Ménéac.
  Réf. de 1427, dite par., év. de Saint-Malo.
  D'azur à la fasce d'argent, accomp. de trois étriers d'or.
  Gatien, conseiller des ducs Jean IV et Jean V et évêque de Cornouailles, † 1416.

MONCONTOUR, év. de Saint-Brieuc, ville et château assiégés en 1590 et 1593.
  De gueules au lion d'argent, couronné et lampassé d'or, au chef d'hermines.

MONCUIT (orig. de Normandie), baron de l'Empire, confirmé sous la Restauration.
  Parti au 1 : de gueules à sept étoiles d'argent posées 2. 2. 2 et 1, alternées de six croissants de même ; au 2 : d'argent à sept hermines de sable, 2. 3. 2. (G. G.)
  Un volontaire pontifical, blessé à Castelfidardo en 1860.

MONDEVIS, sr du Bignon.
  D'or à trois fusées de sable, chargées chacune d'une contre-hermine d'argent (arm. de l'Ars.).

MONESTAY (DE) (orig. du Bourbonnais), marquis de Chazeron.
  D'argent à la bande de sable, chargée de deux étoiles d'or.
  Deux capitaines des francs-archers du Bourbonnais, de 1490 à 1510, dont l'un, capitaine de Brest; trois lieutenants des gardes-du-corps, lieutenants généraux des armées du Roi et gouverneurs de Brest, de 1672 à 1753.

MONISTROL (orig. du Vélay), sr de la Roche-Moysan, par. d'Arzano, év. de Vannes.
  De sinople à un mont de six coupeaux d'or, au chef d'azur, chargé de trois étoiles d'or.
  Un député de la communauté de Lorient aux Etats de 1746; un inspecteur des ventes de la Compagnie des Indes à Lorient, pensionné en 1770; un maréchal de camp en 1815, † 1846.

MONJARRET, sr de Kerrolland, — de Kerjégu, par. de Lanvollon, év. de Dol.
  Françoise, épouse vers 1640 François Le Paige, sr de Kergrist; Pierre, sr de Kerrolland, arbitre dans un partage de 1670.

MONLIGNÉ (orig. du Maine), maint. à l'intend. en 1704. (G. G.)
  D'argent au lion de sable.

MONNERAYE (DE LA), sr de la Villeblanche, par. de Miniac, — de la Riolais, — du Plessix, — de Mézières, — du Breil, — de la Vairie, — de Bourgneuf, — de la Meslée, — de la Maillardière, — du Rocher, — de Maynard, — du Restmeur.

Ext. réf. 1669, 0 gén., et maint. à l'intend. en 1701 ; réf. et montres de 1478 à 1513, par. de Miniac-Morvan, Lanvallay et Montdol, év. de Dol.

D'or à la bande de gueules, chargée de trois têtes de lion arrachées d'argent et accostée de deux serpents volants d'azur.

<small>Macé, lieutenant de Dinan, épouse Marie Guiton, veuve en 1478, dont : Pierre, sr de la Riolais, marié à Jeanne Courget, † 1557. Cette famille a produit : six secrétaires du Roi depuis 1617 ; un greffier en chef civil au parlement en 1657 ; René, sr de la Meslée, substitut du procureur général, anobli par lettres de 1663 ; un prévôt général de la connétablie et maréchaussée de Bretagne en 1695, et un conseiller au parlement en 1695.</small>

MONNIER ou MOSNIER (LE), *voyez* MOSNIER (LE).

MONNIER, sr de Bonacquet, par. de Vertou, — du Vauguillaume, par. de Vay, — de la Poterie.

D'azur au sautoir d'argent, chargé de quatre poissons de gueules, les têtes en cœur (arm. 1696).

MONTAFILANT, par. de Corseul, év. de Saint-Malo.

<small>Baronnie successivement possédée par les maisons de Dinan, Laval, Tournemine, la Motte-Vauclair, Rosmadec et Rieux d'Assérac.</small>

MONTAGU (DE), d'argent à trois aigles éployées de gueules. (G. le B.)

MONTAIGU (DE), *voyez* HUE.

MONTAIGU (DE) (orig. du Poitou), sr de Boisdavid.

Ext. réf. 1668, huit gén., ress. de Nantes.

D'azur à deux lions d'or, lampassés et couronnés d'argent.

<small>Guillaume, marié à Catherine Phélippes, décédés en 1483 ; Claude, chevalier de Malte en 1594 ; Charles, gouverneur de Bellisle, tué à la bataille de Lens en 1648 ; un page du Roi en 1688 ; un ambassadeur près la république de Venise en 1743, brigadier d'infanterie, † 1764.</small>

MONTALAIS (DE) (orig. d'Anjou), sr de Chambellé, — de Frumentières, — baron de Keraër, par. de Locmaria, — vicomte de Kerambourg, par. de Landaul, — sr de Trémédern, par. de Guimaëc.

D'or à trois chevrons renversés d'azur.

<small>Mathurin, épouse vers 1550 Louise de Malestroit, dame de Keraër et de Kerambourg ; Mathurin, abbé de Saint-Melaine de Rennes en 1575, † 1603.</small>

MONTALEMBERT (DE) (orig. d'Angoumois), sr dudit lieu, près Ruffec, — de Gransay, — de Vaux, — des Essarts, — de la Vigerie, — de Cers, — de Saint-Simon, d'Essé et de Ferrières, en Poitou, — de Bellestre, — de la Bourdelière, — de la Motte-au-Rocher, — de Trégaret, — de Saint-Gravé, — du Petit-Bois, — de la Ferté, — de Montmayer.

Anc. ext., réf. 1668, six gén., ress. de Rennes.

D'argent à la croix ancrée de sable (sceau 1377). Devise : *Ferrum fero, ferro feror.*

<small>Geoffroy, fait une fondation aux templiers de Château-Bernard en 1228 ; Aymeric et Guillaume, fils du précédent, croisés en 1248 ; Jacques, évêque de Montauban, † 1484 ; André, sr d'Essé, chevalier</small>

de l'ordre, gentilhomme de la chambre des rois François I*er* et Henri II, tué en défendant Thérouanne en 1553; deux maréchaux de camp en 1761 et 1791; un membre admis aux honneurs de la cour en 1753.

La branche de Cers a été élevée à la pairie, avec institution de majorat au titre de baron, sous la Restauration, et a produit de nos jours un célèbre orateur de nos assemblées législatives, membre de l'Académie Française.

Guillaume, frère puîné de Jean, s*r* de Ferrières, s'établit en Bretagne, paroisse de Châteauthébaud, et épousa en 1467 Jeanne de Goulaine; cette branche, aujourd'hui éteinte, a donné deux conseillers au parlement de Rennes en 1687 et 1719.

Montalembert (de), s*r* dudit lieu, par. de Marcillé, — de la Hussonnière, par. du Theil, — du Boislérissais et de la Couldre, par. d'Essé, — de la Rivière, — de Logerie, par. de Soulvache.

Ext. réf. 1669, sept gén.; réf. de 1440 à 1513, par. de Marcillé-Robert, le Theil, Essé, Rougé, Soudan et Soulvache, év. de Rennes et Nantes.

D'or à trois têtes de loup arrachées de sable, lampassées de gueules.

Guillaume, avocat et homme de pratique en cour laïque, secrétaire du duc en 1462, épouse Jeanne Morin; Jean, receveur de Rougé et du Theil en 1480, officier non contributif, épouse Jeanne du Matz; Pierre, franc-archer de la paroisse de Marcillé en 1490.

Montauban (de) (ramage de Rohan), s*r* dudit lieu, par. de ce nom, — vicomte du Bois-de-la-Roche, par. de Néant, — s*r* de Landal, par. de La Boussac, — de Binio, — du Boisbasset, — de Vauvert, — de Sens, par. de ce nom, — de Romilly, de Marigny, de Grenonville et de Queneville, en Normandie, — de Saint-Brice, par. de ce nom, — de la Sucraye, par. de Saint-Ouen, — du Goust, par. de Malville, — du Port-Durand et de la Verrière, par. de Saint-Donatien, — des Perrines, par. de Doulon, — de Rochefort-sur-Sèvre, par. de la Haie-Fouassière.

Réf. et montres de 1426 à 1544, par. de Néant, év. de Saint-Malo, Sens, Saint-Brice et Saint-Ouen-des-Alleux, év. de Rennes, et la Haie-Fouassière, év. de Nantes.

De gueules à sept macles d'or, 3. 3 et 1, au lambel de quatre pendants d'argent (sceau 1314); *aliàs* : écartelé : d'argent à la guivre d'azur en pal, dévorant un enfant issant de gueules, couronné de même, *qui est Milan*.

Alain de Rohan, sire de Montauban, vivant en 1150, père de Josselin, marié à Mabille de Monfort, dont : 1° Olivier, qui garda le nom de Montauban et qui a continué la filiation; 2° Josselin, évêque de Rennes, † 1234; Jean, prit les armes en 1202, pour venger la mort du duc Artur; Guillaume, l'un des écuyers du combat des Trente en 1350; Artur, trempa dans le meurtre du prince Gilles de Bretagne en 1450, se fit moine pour éviter les poursuites du duc Pierre II, et mourut archevêque de Bordeaux en 1478; Jean, maréchal de Bretagne, grand-maître des eaux et forêts, puis amiral de France sous Louis XI en 1461, † 1466, laissa d'Anne de Keranraiz : Marie, dame de Montauban, mariée en 1443 à Louis de Rohan, s*r* de Guémené; Philippe, chancelier de Bretagne, † 1516, père de Catherine, dame du Bois-de-la-Roche, mariée à René de Volvire, baron de Ruffec, vers 1535. (Famille éteinte.)

Montaudouin, s*r* de la Clartière, par. de Sainte-Croix de Machecoul, — de la Rabatellière, par. de Saint-Colombin, — de la Robertière, — de Launay, — de la Touche,

MORDELLES ou MORZELLES (DE), sʳ dudit lieu et de la Vrédaye, par. de Mordelles, — du Margat et du Portal, par. de l'Hermitage, — de la Motte, — de la Ville-Hullin, — — de Châteaugoëllo, par. de Plélo, — de la Mordelais, par. de Fay.

Anc. ext., réf. 1668, onze gén.; réf. et montres de 1423 à 1535, dites par., év. de Rennes, Saint-Brieuc et Nantes.

De gueules au croissant d'or; *aliàs* : d'argent au lion rampant de sable (sceau 1310).

Auffroy, fils Aanan, reçut du duc Alain III la seigneurie de Mordelles en 1032 et prit le nom de sa terre; Pierre, sʳ de Châteaugoëllo, sénéchal de Penthièvre, de 1270 à 1304 : Eon, fils Guillaume, vivant en 1400, épouse Catherine Minier, dont Alain, marié à Jeanne Botherel.
La branche de Châteaugoëllo fondue dans la Lande-Calan.
Le sʳ des Perrières, débouté à la réformation de 1669, ressort de Lannion.

MORDEU (LE), sʳ de la Porcherie, par. de Savenay.

Déb., réf. 1668, ress. de Nantes.

MORDRET, sʳ de Crénizac, par. de Sévignac.

Déb., réf. 1670, ress. de Dinan.

MORÉAC (DE), sʳ dudit lieu, par. de ce nom, év. de Vannes.

D'azur à trois croissants d'or (G. le B.); *aliàs* : une croix ancrée (sceau 1301).

Thibaut, fils Henri, fait une fondation à Bonrepos en 1301; Thibaud, évêque de Dol, † 1312.

MORAUD, sʳ de la Provostière, par. de Guipry, — d'Orgères, par. de ce nom, — du Déron, par. de Cordemais, — de la Haye, par. de Sixte, — de Callac, par. de Guémené-Penfao.

Anc. ext., réf. 1668, huit gén.; réf. et montres de 1427 à 1513, par. de Guipry et Orgères, év. de Saint-Malo et Rennes.

D'argent à trois coquilles de sable.

Raoul, prête serment au duc entre les nobles de Saint-Malo en 1437; Jean, épouse en 1474 Orfraise de Tréguéné; François, sʳ du Déron, chevalier de l'ordre du Roi, convoqué aux Etats de Quimper, par lettre d'Henri IV, en 1601.

MOREAU, *voyez* MORO.

MOREAU, *voyez* MOURAUD.

MOREAU, de sable à trois poissons d'argent, une étoile de même en chef (arm. de l'Ars.).

MOREAU, sʳ de la Forest, par. de Loctudy, — de Keravel, par. de Plomelin.

Réf. et montres de 1426 à 1562, dites par. et par. de Combrit, év. de Cornouailles.

D'argent à deux molettes de sable en chef et une hure de sanglier de même en pointe. (arm. 1696), *voyez* LUCAS.

Maître Augustin, procureur de Quimper, épouse en 1529 Marie l'Honoré, dont : Jean, chanoine et conseiller au présidial de Quimper, auteur d'une Histoire de la Ligue en Bretagne, † 1600.
Les sʳˢ de Kercado, paroisse de Beuzec-Cap-Sizun, et de Kerdonnis, paroisse de Pontcroix, déboutés à la réformation de 1670.

MOREAU, sʳ de la Primerais, — de Maupertuis, — de Saint-Hélier, év. de Saint-Malo.

Maint. au conseil en 1716, ress. de Saint-Malo.

D'or au palmier de sinople; *aliàs*: d'argent à cinq fusées de sable accolées en fasce (arm. 1696).

<small>Guillaume, secrétaire du Roi en 1699, anobli en 1708; un géomètre célèbre, de l'Académie Française et de celle de Berlin, † 1759; un abbé d'Ardorel au diocèse de Castres en 1747; un abbé de Geneston, † 1754.</small>

MOREAU, s^r de Lizoreu, de la ville de Morlaix.

De gueules à l'épée d'argent montée d'or, accostée de deux tiges de lys aussi d'argent, au chef d'hermines.

<small>Gabriel-Louis, lieutenant de Morlaix et Lanmeur, décapité en 1793, épouse Catherine Chapperon, dont: Jean-Victor, général en chef en 1795, tué devant Dresde en 1813, dont les frères, sœurs et neveux ont été anoblis par lettres de 1819.</small>

MOREAU (orig. du Dauphiné), s^r de Forest, ress. de Brest.

D'or à une losange d'azur, chargée d'un dauphin d'argent (arm. 1696).

<small>Humbert, épouse vers 1700 Marguerite-Rollande de Poulpiquet, dame de Locmaria, dont: Perrine, mariée en 1727 à Joseph-René de Lesguen, s^r de l'Isle.</small>

MOREL, réf. 1426, par. de Plouyé, év. de Cornouailles.

De gueules au croissant d'argent, accomp. de trois coquilles de même (sceau 1298).

<small>Alain, originaire de la paroisse de Riec, évêque de Cornouailles, † 1299.</small>

MOREL, s^r de Longlée et de la Gazoire, par. de Nort.

Montre de 1543, dite par., év. de Nantes.

D'azur au lion naissant d'argent, à l'orle de huit fleurs de lys de même. (G. le B.)

<small>François, maître des comptes en 1578; Jean, auditeur des comptes en 1597.</small>

MOREL, s^r de la Corbière, par. du Gouray, — de la Chaussée, — du Bois-Gaudin, — du Grémil et du Vauguillaume, par. de Puceul.

Anc. ext., réf. 1668, huit gén.; réf. et montres de 1448 à 1513, par. du Gouray et Plémy, év. de Saint-Brieuc.

D'argent au léopard de gueules (sceau 1394).

<small>Alain, vivant en 1400, épouse Guillemette Huet, dont: Guillaume, marié en 1441 à Jeanne du Parc; Pierre, évêque de Tréguier, † 1401.
On trouve Perrot, de la ville de Saint-Brieuc, anobli en 1423, et Guillaume, de la paroisse de Saint-Cast, anobli en 1449; mais nous ne savons s'ils appartenaient à cette famille.</small>

MOREL (orig. d'Anjou), s^r des Landelles, — de la Motte, — de la Barre, par. de Gennes, — des Bretonnières, par. d'Erbrée, — du Pinel, par. d'Argentré, — de la Poupardais.

Maint. par les commissaires en 1699 et anc. ext., arrêt du parl. de 1738, dix gén.

D'argent à la bande de gueules, chargée de trois molettes d'or (sceau 1339).

<small>Guillaume, épouse vers 1440 Jeanne de la Pommeraye; un page du Roi en 1688; un brigadier d'infanterie en 1702; un conseiller au parlement en 1764.
Le s^r de la Rabière, paroisse de Louisfert, débouté à la réformation de 1669, ressort de Nantes.</small>

MOREL, s^r de la Martinière, ress. de Fougères.

D'argent au chevron de gueules, accomp. de trois pommes de pin de même (arm. 1696).

MORELLON (orig. du Poitou), sʳ de la Raimondière, — de Verneuil.
Deux conseillers au parlement depuis 1582. (Fondu dans Derazes.)

MORICAUD, sʳ du Vivier, ress. de Nantes.
D'argent à trois têtes de maure de sable.
Un procureur au présidial et échevin de Nantes en 1649.

MORICAUD, sʳ de la Haye, ress. de Nantes. (Protest. 1788.)
D'azur à un arbre d'or, au chef cousu de gueules, chargé de trois étoiles d'or.
François, maire de Nantes en 1738, père de François-Henry, admis au partage noble par lettres de 1769.

MORICE, sʳ de Kervagat, par. de Kerrien, — de Coëtquelven, par. de Plougourvest, — du Lérain.
Ext. réf. 1668, 0 gén., et lettres recognitoires en 1817 en faveur de la branche du Lérain; réf. et montres de 1536 à 1562, par. de Querrien, év. de Cornouailles.
D'argent à la croix ancrée de sinople; *aliàs*: chargée en cœur d'une étoile d'argent, *pour la branche du Lérain*.
Jean, vivant en 1426, bisaïeul d'Yves, sʳ de Kervagat, appelé à l'arrière-ban de Cornouailles en 1636, rétabli dans sa noblesse par lettres de 1652; Yves, procureur général aux comptes en 1651, épouse Marie Geffroy, dame de Coëtquelven, dont : Marie-Anne, mariée en 1679 à Salomon de la Tullaye.
Les sʳˢ de Beaubois, du Vieux-Châtel et de Kerstrat, déboutés à la réformation de 1669, et à l'intendance en 1707, ressort de Quimperlé, ont produit: Pierre-Hyacinthe, religieux bénédictin, l'un des auteurs de la grande Histoire de Bretagne, † 1750.

MORICE, sʳ de Lauville, par. de Frossay.
Déb., réf. 1668, ress. de Nantes.

MORICE, sʳ de Keriben, par. de Buléon.
Réf. 1536, dite par., év. de Vannes.
De gueules à trois coquilles d'argent.
Eon, de la paroisse du Cohazé-Pontivy, anobli par lettres de grâce du duc en 1426.

MORICE, sʳ de Kerpavé, par. Plouzélembre, — de Guernarc'han, par. de Plougonven, — du Nivirit, par. de Tréduder.
Déb., réf. 1670; réf. et montres de 1441 à 1543, dites par., év. de Tréguier.
D'argent à trois bandes de gueules, au franc canton de même, chargé d'une coquille d'argent (G. le B.); *voyez* CHAPELAIN.

MORICE, sʳ de Tréguiel, par. de Loyat, — du Bois-Basset, par. de Saint-Onen-la-Chapelle.
Ext., réf. 1668, sept gén.; réf. et montres de 1427 à 1513, dites par. et par. de Guilliers, év. de Saint-Malo.
D'argent au chevron de sable, chargé de quatre aiglons d'argent et accomp. de trois molettes de gueules.
Jean, de la paroisse de Loyat, anobli en 1426, père de Raoul, marié à Alliette de la Touchais.

Morice, en breton Morvan, sr de Kerédern.
>Montre 1481, par. de Ploëzal, év. de Tréguier.
>D'argent à trois fasces de gueules, au lion de sable, brochant.
>>Fondu dans Ploësquellec.
>>Le sr de Boisbourg, débouté à la réformation de 1669, ressort de Lannion.

Moriceau, sr du Pontreau, — de la Resnière, ress. de Nantes.
>D'argent à l'aigle au vol abaissé de sable, au chef d'azur, chargé de deux étoiles d'or (arm. 1696).
>>François, conseiller au présidial de Nantes en 1696.

Moricière (de la), voyez Juchault.

Moricquin, sr du Moustérou, par. de Ploujean, — de Kernéguez, par. de Plougaznou.
>Déb., réf. 1668, ress. de Morlaix.
>Écartelé aux 1 et 4 : d'argent à la hure de sanglier de sable, défendue et allumée d'argent, couronnée d'or; aux 2 et 3 : fascé d'argent et de gueules. (G. le B.)

Morillon, sr de la Porte-Neuve, par. de Riec, — de Kerléau, par. de Melguen, — de Keranmilin, par. du Trévou.
>Réf. et montres de 1426 à 1444, dites par., év. de Cornouailles.
>D'or au griffon de gueules, armé de sable. (*Mss. Gaignières.*)
>>Guillaume, écuyer dans une montre de Jean du Juch en 1371; Henri, abbé de Landévennec, † 1442; Hervé, abbé de Quimperlé, † 1453. Fondu au xve siècle dans Guer.

Morin, sr de la Roche, — du Tresle, — du Bois, — de la Marchandrye, — de la Clérissais, par. de Moisdon, — de la Ferté et de la Ragotière, par. de Vallet, — de la Sorinière, — de Chavagnes, par. de Sucé, — de Jasson, par. de Port-Saint-Père.
>Maint., réf. 1669, ress. de Nantes, par les priviléges de la chambre des comptes.
>D'argent à l'arbre de sinople, planté sur une terrasse de même, un sanglier ou porc-épic de sable, brochant sur le fût de l'arbre; *voyez* Bénerven, Le Grand, Guéguen, Kerboutier, Kerfaréguin et Kerpaën. Devise : *Mori ne timeas.*
>>Jean, maire de Nantes en 1570, premier président aux comptes en 1574; André, maire de Nantes en 1617; Rolland, président aux comptes en 1643.
>>On trouve Charles, hérault des États, anobli en 1648, mais nous ne savons à quelle famille Morin il appartenait.

Morin, sr de la Masse, ress. de Rennes.
>D'or à une tête de maure de sable, accomp. en chef de deux masses d'armes de même, et en pointe de trois croissants de gueules, 2. 1 (arm. 1696).
>>Un référendaire à la chancellerie en 1696.

Morin, sr de Portmartin, par. de Hénon, — de Bellevue.
>Maint. par les commissaires en 1717 et par arrêt du parl. de 1728, sept gén.
>D'azur au chevron d'argent, accomp. de trois quintefeuilles de même, bordées de sable (arm 1696).

Jean, sr de la Chesnaye, paroisse de Guilliers, se dit noble à la réformation de 1427; est monté et armé, va aux mandements du duc et dit avoir lettres de franchise.

Le sr des Touches, paroisse de Moncontour, débouté à la réformation de 1669.

Morin, sr de Kernabat.

Déb., réf. 1669, ress. de Carhaix.

D'or au chevron d'azur, accomp. de trois têtes de maure de sable. (G. le B.)

Morin (orig. de Normandie), sr de Boscautru, — du Marais.

D'argent au lion de sable, couronné d'or.

Un chanoine de Paris, abbé de Paimpont en 1781.

Morinais (de la), sr du Bois-Robert, par. d'Antrain.

Déb., réf. 1669, ress. de Fougères.

D'or à trois mûres de pourpre en pal l'une sur l'autre, accostées en chef de deux feuilles de houx de sinople et en pointe de deux glands de même (arm. 1696).

Morinière (de la), sr dudit lieu, par. de Saint-Éloy de Montauban, év. de Saint-Malo.

D'azur à une fleur de lys d'argent, au franc canton de gueules, chargée d'une fasce bretessée d'argent (G. le B.), *voyez* Josse, au *Supplément*.

Moderne : Forsanz.

Morinière (de la), sr dudit lieu, par. de Laillé, év. de Rennes.

D'argent à la fasce de gueules, chargée d'une quintefeuille d'or, et accomp. en chef de deux quintefeuilles de sable (arm. de l'Ars.).

Morisson (orig. du Poitou, y maint. en 1667), sr de la Bassière, par. de Saint-Julien-des-Landes, — de la Gaulterie, — des Rochelles, — de Villenoble, — de Cressy, — de la Raisinière.

De sable à trois roquets d'or.

Les srs du Trochet et de la Buinière, paroisse d'Arthon, de Belair et des Mainguionnières, paroisse de Saint-Hylaire-des-Bois, déboutés à la réformation de 1668.

Morisur (de), sr dudit lieu et de Keryvinen, par. de Plouider, — de Kervéguen, — de Keridrivin, par. de Servel.

Réf. et montres de 1426 à 1503, par. de Plouider, Plounévez et Lanhouarneau, év. de Léon.

Porte trois chevrons (sceau 1381); *aliàs* : d'argent à trois cœurs d'azur *(mss. Gaignières)*.

Yvon, ratifie le traité de Guérande en 1381.

Fondu au xvie siècle dans Lesmais. Moderne : Parcevaux, puis Kerhoënt.

Morlaix, ville, château et juridiction royale, jadis des dépendances du comté de Léon, unie au domaine ducal en 1277.

D'azur au navire équipé d'or, aux voiles éployées d'hermines. Devise : *S'ils te mordent, mors les.*

Morlaix (de la), *voyez* Prés (des).

Morlaye (de la), sr dudit lieu, par. de Missiriac, év. de Vannes.
Toussaint, de la paroisse de Plumaugat, débouté à la réformation de 1668, ressort de Ploërmel.

Moro ou Moreau, sr de la Ville-Berno, par. de Saint-Michel de Saint-Brieuc, — de Folleville et de Brangays, par. de Saint-Donan, — du Maugouërou, par. de Saint-Turiaff de Quintin, — de la Ville-Bougault, par. de Cesson, — de la Ville-Billy, par. de Ploufragan, — de Châteaugal.

    Anc. ext., réf. 1668, huit gén.; réf. et montres de 1449 à 1535, par. de Saint-Michel, Saint-Donan et Saint-Turiaff, év. de Saint-Brieuc.

    Ecartelé aux 1 et 4 : d'or au lion de sable; au 2 et 3 : de gueules au croissant d'or.

Guillaume, vivant en 1486, épouse Jeanne de Quénec'hquivilly, dont : Thébaut, marié à Anne Le Cardinal.

Moro ou Moreau, sr de la Ville-au-Voyer et de la Grée, par. de la Chapelle-sous-Ploërmel, — de Maugrenier, — de Villedez, par. de Sérent, — de la Ville-bourde.

    Anc. ext., réf. 1669, huit gén.; réf. et montres de 1427 à 1513, par. de la Chapelle et Guillac, év. de Saint-Malo.

    D'argent au renard passant de sable, accomp. de cinq hermines de même, 3. 2.

Perrot, vivant en 1426, père de Thomas, vivant en 1488, marié à Perrine de Coëtuhan.

Morogues (de), voyez Bigot.

Morue, sr du Clos.

    Déb., réf. 1669, ress. d'Auray.

Morvilliers (de).

    Porte deux chiens courants, accomp. de trois annelets (sceau 1352).

Louis, donne quittance de ses gages en 1352.

Mosneron, sr de Launay, év. de Nantes.

Un député à l'Assemblée législative en 1791, anobli sous le titre de baron en 1822.

Mosnier ou Monnier (le), sr de la Fresnays, — de la Rivière.

    D'argent au chef d'azur, chargé d'une croisette d'or.

Pierre, auditeur des comptes en 1594 et greffier de ladite cour pour le duc de Mercœur; un avocat général aux comptes en 1769.

Mosnier, sr du Coudray, — des Rochettes, — de la Gestière, de la Bertrandière et du Boisfoucault, par. de Paulx, — de la Valtière, — de la Motte, par. de Thouaré. (Protest. 1788.)

    D'azur au chevron d'or, accomp. de trois roses de même (*alias* : d'argent).

Julien, épouse en 1584 Françoise Moreau, dont : Jean, vivant en 1603, marié à Anne Viau, père et mère de Pierre, juge criminel à Nantes, marié en 1649 à Françoise Macé de la Roche; un conseiller au parlement et deux maîtres des comptes de 1695 à 1728.

Mothe (de la) (orig. de Picardie), sr de Houdancourt, — marquis de Brinvilliers en 1700, — duc de Cardonne.

    Ecartelé aux 1 et 4 : d'azur à la tour d'argent; aux 2 et 3 : d'argent au lévrier rampant de gueules, accomp. de trois tourteaux de même, surmontés d'un lambel de cinq pendants de gueules.

<small>Deux maréchaux de France, † 1657 et 1755, et un évêque de Rennes de 1639 à 1662.</small>

MOTTAY (DU), *voyez* CHAUCHART.

MOTTAY (DU), s^r de la Primaudière, par. de Bédée.

Réf. 1513, dite par., év. de Saint-Malo.

D'argent à deux fasces d'azur (arm. de l'Ars.).

<small>On trouve François, maître des comptes en 1546.</small>

MOTTE (DE LA) (ramage de Broons), s^r dudit lieu, par. de Broons, — de Vauvert, de Mézeray et de Launay, par. de Plorec, — de la Guérinière, — de Menubois, — de Pontruais, — de la Trochardais, — de la Ville-ès-Comte, par. de Trégon, — de la Guyomarais.

Anc. ext., réf. 1668, neuf gén.; réf. et montres de 1445 à 1479, par. de Broons et Plorec, év. de Saint-Malo.

D'argent fretté d'azur de six pièces.

<small>Guillaume, écuyer de la compagnie du sire de Beaumanoir, au siége de Bécherel en 1371, épouse Isabeau du Chastellier, de la maison d'Eréac.
Un volontaire au combat de Saint-Cast en 1758; un page du Roi en 1786; un évêque de Vannes en 1827.</small>

MOTTE (DE LA) (ramage de Dinan), s^r de la Motte-Rouge, par. d'Hénansal, — du Bois-Ripaux et du Pont-Joly, par. de Plurien, — de la Garenne, — du Saint-Esprit, — de Saint-Gilles, — du Nodavy, — des Noës, — du Coudray, — de la Ville-Rouault, — du Verger, — de Trémaugon, — de la Ville-Agan, — de Linières, — du Domaine, — de la Ville-Durand, — du Tertre, — de la Villegan, — de Montmuran, par. des Iffs, — de Lesnage, — de Bonnefontaine, par. d'Antrain, — marquis de la Chesnelaye et s^r de Villeaudon, par. de Trans.

Anc. ext., réf. 1669, huit gén., et maint. à l'intend. en 1704; réf. et montres de 1441 à 1535, par. d'Hénansal et Plurien, év. de Saint-Brieuc.

De sable, fretté d'or de six pièces.

<small>Rolland, chevalier du bailliage de Penthièvre, à l'ost du duc en 1294; Rolland, vivant en 1441, épouse René Le Felle, de la maison de Guébriant; deux volontaires au combat de Saint-Cast en 1758; un président de la noblesse par élection, aux États de 1772; un général de division en 1855.
La branche de Montmuran et de la Chesnelaye fondue dans la Forest d'Armaillé.</small>

MOTTE (DE LA), s^r dudit lieu et de la Garde, par. de Saint-Judoce, — de la Vallée, par. de Plumaudan, — de la Roche, — du Buat, — de Langourient.

Anc. ext. chev., réf. 1668, huit gén.; réf. et montres de 1427 à 1513, par. de Plumaudan et Langadias, év. de Saint-Malo.

De sable à sept macles d'argent, 3. 3. 1, *comme Aradon*.

<small>Olivier, ratifie le traité de Guérande en 1381; Olivier, fils du précédent, vivant en 1408, épouse Philippotte Le Gac; un maréchal de camp en 1644.
La branche aînée fondue dans la Feillée; la branche de la Vallée fondue dans Marnières.</small>

Motte (de la), sʳ dudit lieu, — de Kerlosquet, par. de Carantec.

Réf. et montres de 1446 à 1503, par. de Carantec et Taulé, év. de Léon.

D'argent au château de gueules.

Fondu en 1569 dans Le Borgne de Lesquiffiou.

Motte (de la), sʳ dudit lieu et du Breil, par. de Loutéhel, — de Vauclair, par. de Plémy, — de la Ville-Jouhan, par. de la Bouillie, — de l'Orfeil, par. de Saint-Vran, — de la Villegast, par. de Vern, — de Montafilant, par. de Corseul, — de la Hunaudaye, par. de Plédéliac, — de Launay-Guéguen, par. de Laurenan, — de Bodiffé et de Kerdreuz, par. de Plémet, — de Cargouët, par. de Meslin, — du Boisbriant, — de Longlée, par. d'Erbray.

Anc. ext., réf. 1668, huit gén.; réf. et montres de 1442 à 1535, par. de Loutéhel, Plémy, la Bouillie, Laurenan et Plémet, év. de Saint-Malo et Saint-Brieuc.

De gueules à trois bandes engreslées d'argent (sceau 1381).

Geoffroi, ratifie le traité de Guérande en 1381; Robert, évêque de Saint-Malo, † 1423; Robert, évêque de Vannes, puis de Saint-Malo, † 1434; Jean, abbé de Boquen et de Saint-Gildas de Rhuis, † 1537; Guyon, sʳ de Vauclair, député en cour de Rome en 1459, épouse en 1433 Louise de Montauban; Jean, fils Eon, vivant en 1440, marié à Françoise de la Chasse, est l'auteur des seigneurs de Kerdreuz.
La branche aînée fondue en 1369 dans Lambilly.
La branche de Vauclair fondue en 1600 dans les Rosmadec, qui ont transmis aux Rieux les seigneuries de Vauclair, de Montafilant et de la Hunaudaye.

Motte (de la), sʳ de la Prévostais, du Portal et du Pont-Mussard, par. de Plélan, — de la Chevrie, — de la Grohelière, — de la Villeauroux, par. d'Iffendic.

Ext. réf. 1668, sept gén.; réf. 1513, par. de Plélan-le-Grand, év. de Saint-Malo.

De gueules au lion rampant d'argent.

Pierre, marié avant 1513 à Charlotte Le Métayer, dame du Portal.

Motte (de la), sʳ dudit lieu, par. du Rheu, — du Closneuf, — de la Villedoux, — de Beaulieu.

Anc. ext., réf. 1671, neuf gén.; réf. de 1427 à 1513, par. du Rheu, év. de Rennes.

De gueules à deux fasces de vair (sceau 1416).

Bertrand jure l'association pour empêcher l'invasion étrangère en 1379; Pierre, son fils, épouse Marguerite de la Vigne; autre Pierre, tué à la bataille de Saint-Aubin-du-Cormier en 1488.

Motte (de la), sʳ de Beauvoir et de la Grande-Haye, par. d'Auverné, — de Maupiron, par. de Moisdon, — du Bourgérard, par. de Saint-Jean-de-Béré, — de la Bouvrais, par. de Vritz, — de Chevasné, par. de Riaillé, — de Longlée, par. de Nort.

Réf. et montres de 1427 à 1543, par. d'Auverné, Moisdon et Saint-Jean-de-Béré, év. de Nantes.

De gueules à trois lions d'argent.

Antoine et Guillaume, chevaliers de Malte en 1556 et 1560.

Motte (de la), sʳ de Bossac et de la Thébaudaye, par. de Pipriac, — de la Morclière, — de Sourdéac, par. de Glénac.

Réf. de 1446 à 1448, dites par., év. de Saint-Malo et Vannes.

De vair au lambel de gueules (sceau 1407), *comme Penmeur.*

Robert, jure l'association pour empêcher l'invasion étrangère en 1379.

par. de Saint-Cyr-en-Retz, — de l'Hermitière, — de la Basse-Ville, par. de Saint-Hilaire-de-Chaléons.

Confirmé par lettres de 1773, ress. de Nantes.

D'azur à un mont de six coupeaux d'or, mouvant de la pointe de l'écu.

<small>Un échevin de Nantes en 1709, secrétaire du Roi en 1723; un garde scel à la chancellerie en 1748. (Famille éteinte.)</small>

MONTAULT (DE) (orig. de Guyenne), baron dudit lieu et de Bénac — duc de Lavédan en 1650, — marquis de Saint-Geniez, — baron de Navailles, pair de France.

Ecartelé aux 1 et 4 : d'azur à deux mortiers de guerre d'argent, posés en pal, *qui est Montault,* parti de gueules à la croix pattée d'argent, *qui est Comminges;* aux 2 et 3 : d'azur à deux lapins d'or, courants l'un sur l'autre.

<small>Un maréchal de France, † 1684; un abbé de Bonrepos, de 1683 à 1734.</small>

MONTBAROT, par. de Saint-Aubin de Rennes, baronnie en 1671 en faveur du s^r Barrin, *voyez* BARRIN.

<small>Cette terre a été possédée depuis par les Mornay-Montchevreuil, en Picardie, les Lannion et les Marnières de Guer.</small>

MONTBAZON (DE), *voyez* ROHAN (DE).

MONTBERON (DE) (orig. d'Angoumois), s^r dudit lieu, — baron de Maulévrier et d'Avoir, en Anjou, — s^r de Souché, par. de Saint-Aignan, — des Jamonnières, par. de Saint-Philbert, — de la Maillardière, par. de Vertou, — de l'île de Bouin.

Ecartelé aux 1 et 4 : fascé d'argent et d'azur ; aux 2 et 3 : de gueules plein.

<small>Jacques, maréchal de France, † 1422; Jacques, baron d'Avoir, épouse vers 1530 Louise Goheau, dame du Souché et des Jamonnières; Louis, décapité en 1613 à Paris, pour avoir enlevé Renée Galery, femme de Guillaume Le Fèvre, juge criminel de Nantes.</small>

MONTBOURCHER (DE) (ramage de Vitré), s^r dudit lieu, par. de Vignoc, — de Tizé, par. de Thorigné, — du Pinel, par. d'Argentré, — marquis du Bordage en 1656 et s^r de l'Estourbillonnaye, par. d'Ercé, près Gosné, — de la Mayanne, par. d'Andouillé, — du Plessix-Pillet, par. de Dourdain, — de la Rossignolière, par. de Pacé, — de Champagné, par. de Gévezé, — de Saint-Gilles, — du Bois-Chambellé, — de la Tourniole, par. de Saint-Suliac, — de la Vigne, par. de Plurien, — de Trémerreuc, par. de ce nom, — de la Haye-d'Iré, par. de Saint-Rémy-du-Plain, — du Plessix, par. de Vern, — de Chasné, par. de ce nom, — de la Roche, par. de Cuguen.

Anc. ext. chev., réf. 1671, treize gén. ; réf. de 1427 à 1513, par. de Vignoc, Ercé, Argentré, Dourdain, Pacé, Vern et Cuguen, év. de Rennes et de Dol.

D'or à trois channes ou marmites de gueules; *aliàs* : à l'orle semé de tourteaux (*aliàs* : de fleurs de lys) d'azur (sceau 1352). Devise : *Assez d'amis, quand elles sont pleines.*

<small>Simon et Guillaume père et fils, témoins dans un accord entre le duc et Raoul de Fougères en 1170; Geoffroi, fils de Guillaume, croisé en 1248, épouse Tiphaine de Tinténiac, dont : 1º Guillaume,</small>

sire de Montbourcher, marié à Asseline, dame du Pinel; 2° Renaud, s‍r du Bordage, marié : 1° à Jeanne de Saint-Brice, 2° à Catherine de Coësmes.

Cette famille a encore produit : Jean, capitaine de Nantes et sénéchal du Limousin en 1300; Bertrand, grand écuyer de Bretagne en 1400; Renaud, capitaine de Rennes en 1532; un maréchal de camp, tué devant Philisbourg en 1688; un président aux enquêtes en 1707 et un président à mortier en 1738.

La branche aînée fondue dans Franquetot de Coigny en 1699; la branche de la Tourniole fondue dans Guémadeuc; la branche du Plessix-Pillet fondue dans Bouan; la branche de la Mayanne, dernière du nom, éteinte en 1850.

MONTDORÉ (DE), *voyez* POURCEAU (LE).

MONTDORÉ (DE) (orig. d'Orléans), s‍r du Rondeau.

D'azur à trois chevrons d'or.

Jacques, secrétaire du Roi à la grande chancellerie en 1556, père de Jérôme, conseiller au parlement de Bretagne en 1582.

MONTDOULCET (DE) (orig. de Normandie, y maint. en 1667), s‍r de Villebon.

D'argent à trois fasces de gueules, accomp. de quatorze croisettes de même, 5. 4. 3 et 2.

Robert, conseiller au parlement et maître des requêtes de la Reine en 1554.

MONTDRAGON (DE) (bâtard de Montdragon en Espagne), s‍r de Hallot et baron de Hauteville, en Normandie, — vicomte de Loyaux, par. de Fresnay, — s‍r de la Palue, par. de Beuzit-Conogan, — de Trésiguidy, par. de Pleyben, — des Salles, par. de Plouisy, — du Prat, par. de Brélévénez, — de Coatquéau, par. de Scrignac.

Réf. de 1535 à 1543, par. de Plouisy et Brélévénez, év. de Tréguier, et Scrignac, év. de Cornouailles.

D'argent au lion de gueules, accosté de deux peupliers de sinople; *aliàs* : d'argent au peuplier de sinople, soutenu de deux lions affrontés de gueules.

Antoine, l'un des capitaines envoyés par Ferdinand et Isabelle au secours de la duchesse Anne, en 1488; Jean, vicomte de Loyaux, capitaine de Nantes et de Rennes en 1510; Troïlus, colonel de quatre mille hommes de pied, marié à Françoise de la Palue, dame dudit lieu et de Trésiguidy, † depuis 1543 et enterré à Beuzit-Conogan.

Fondu dans Montmorency-Bouteville, puis Rosmadec.

MONTEJEAN (DE) (orig. d'Anjou), s‍r dudit lieu, — du Besson, — de Vern, — de Boullet, par. de Feins, — vicomte de la Bellière, par. de Pleudihen, — baron de Combourg.

Réf. 1513, par. de Feins, év. de Rennes.

D'or fretté de gueules (sceau 1312).

Briant, échanson de France en 1350; Louis, marié à Jeanne du Chastel, dame de la Bellière, dont René, maréchal de France, † 1539.

Fondu dans Acigné, puis Cossé-Brissac.

MONTENAY (DE) (orig. de Normandie, y maint. en 1463, 1598 et 1666), s^r dudit lieu, — vicomte de Fauguernon, — baron du Hommet.

D'or à deux fasces d'azur, accomp. de neuf coquilles de gueules.

Jacques, abbé de Langonet en 1700.

MONTELLIÈRE, s^r de la Villegourio, par. de Plerguer.

Réf. et montres de 1478 à 1513, par. de Plerguer, év. de Dol.

D'argent au frêne de sinople, le tronc chargé d'un lièvre de sable (arm. 1696).

MONTERFIL (DE), s^r dudit lieu, par. de ce nom, — du Colombier, par. de Lanvallay, — du Vieuxchâtel, par. de Saint-Coulomb.

Réf. et montres de 1427 à 1513, dites par., év. de Saint-Malo et Dol.

De sable à l'épée d'argent la pointe en bas.

MONTESCOT (DE) (orig. de Normandie), s^r de Courtault.

De gueules à trois rochers d'argent.

François, conseiller au parlement en 1615, maître des requêtes de l'hôtel en 1622.

MONTESPEDON (DE) (orig. d'Anjou), s^r dudit lieu, — baron de Beaupreau, — s^r des Montilz, par. de Vallet, — de Beaumont, — de la Jumelière, — de la Fessardière, — de Sénouche, — du Vieil-Baugé, — de Briacé et du Chesne, par. du Loroux-Bottereau, — de Guicaznou, par. de Plougaznou, — de Bodister, par. de Plourin-Tréguier, — de Runfao, par. de Ploubezre.

De sable au lion d'argent.

Jean, époux d'Anne de Basoges, dame dudit lieu et du Bas-Briacé, fut père de Joachim, marié à Renée de la Haye, dame de Passavant, de Chemillé et de Mortagne. Philipette, leur fille, † en 1574 sans enfants de Charles de Bourbon, prince de la Roche-sur-Yon, hérita collatéralement des seigneuries de Guicaznou, Bodister et Runfao, et sa succession, recueillie aussi collatéralement par les Scépeaux, fut transmise par mariage aux Gondy.

MONTESQUIOU (DE) (orig. d'Armagnac), baron, puis duc de Montesquiou et de Fezenzac, — comte d'Artagnan, — s^r de Montluc, — prince de Chabanais.

D'or à deux tourteaux de gueules en pal.

Trois maréchaux de France, dont un gouverneur de Bretagne en 1716.

MONTEVILLE (DE) (ramage de Quélen), s^r dudit lieu, — du Plessix, par. de Guégon, — de Launay, par. de Runan.

Montre 1481, par. de Plouguiel, év. de Tréguier.

D'argent à trois feuilles de houx de sinople, *qui est Quélen*, à la bordure de sable.

Jean, sénéchal de Tréguier, époux d'Adeline de Lescoët, fait une fondation à l'abbaye de Bonrepos en 1263; Hervé, sénéchal de Broërec en 1267; Payen, entendu dans l'enquête pour la canonisation de saint-Yves en 1330; Olivier, l'un des écuyers du combat des Trente en 1350; Charles, écuyer du corps et de la chambre du duc en 1420.

La branche aînée fondue au xive siècle dans Estuer, d'où la seigneurie du Plessix-Monteville a appartenu successivement aux Dondel, Faverolles et Talhouët de Keravéon.

MONTFERMEL (DE), porte un chevron chargé d'une fasce et surmonté d'un lambel (sceau 1239, *Blancs-Manteaux*).

Geoffroi, chevalier, vivait en 1239.

MONTFORT-L'AMAURY, comté porté en 1294 dans la maison de Bretagne, par le mariage d'Arthur de Bretagne avec Iolande de Dreux, comtesse de Montfort-l'Amaury.

De gueules au lion d'argent, la queue fourchée.

MONTFORT-LA-CANNE (DE), s^r dudit lieu, — de Gaël, par. de ce nom, — de Lohéac, par. de ce nom, — baron de la Roche-Bernard, — s^r de Kergorlay, par. de Motreff, — de Bécherel, par. de ce nom, — de Tinténiac, par. de ce nom, — du Gavre, par. de ce nom, — baron de Châteaubriant, — comte de Laval, — baron de Vitré, — s^r de Chatillon-en-Vendelais, — de la Rivière, par. d'Abbaretz, — de Fniaudour, par. de Quemper-Guézennec.

Réf. de 1429 à 1445, par. d'Abbaretz, év. de Nantes.

D'argent à la croix de gueules, guivrée ou gringolée d'or (sceau 1373); *aliàs*: une paire de forces (sceaux 1230); *aliàs*: coticé de quatorze pièces chargées d'un franc quartier (sceau 1215).

Raoul, sire de Gaël, accompagna Guillaume à la conquête d'Angleterre en 1066 et reçut de ce prince le royaume d'Eastangle, comprenant les comtés de Norfolk et de Suffolk. Il bâtit en 1091 le château de Montfort, dont il prit le nom, et mourut à la croisade de 1096; Raoul II son fils, défendit en 1117 le château de Breteuil contre toutes les forces de la France; Raoul V suivit Philippe le Hardi en Espagne en 1274 et laissa de Julienne de Tournemine : 1° Geoffroi, qui a continué les seigneurs de Montfort et de Gaël; 2° Geoffroi le jeune, auteur des seigneurs de la Rivière; Raoul VI, tué au siège de la Roche-Derrien en 1347; Guy, évêque de Saint-Brieuc, † 1359; Guillaume, évêque de Saint-Malo, et cardinal du titre de Sainte-Anastasie, † 1432; Raoul VII, prisonnier à la bataille d'Auray en 1364, père de Raoul VIII, marié vers 1379 à Jeanne, dame de Kergorlay; Jean, fils des précédents, en épousant en 1404 Anne, dame de Laval et de Vitré, prit pour lui et ses descendants les nom et armes de Laval; André son fils, amiral et maréchal de France en 1439, † 1486.

La branche aînée fondue en 1518 dans Rieux, d'où la seigneurie de Montfort a appartenu successivement aux Coligny et la Trémoille.

La branche de la Rivière, qui avait conservé le nom de Montfort, fondue dans du Matz.

MONTFORT (DE), s^r de Kerséham, par. de Plouëc, — de Penquer, — de la Villeneuve, — de la Bouëxière, — de Crec'huel, — de Kerméno, par. de Trézény, — de Kerleynou, — de Kerillis, — de Kerélec, — de Tromainguy.

Maint. par arrêts du conseil en 1672, de l'intend. en 1715 et du parl. en 1774; réf. et montres de 1513 à 1543, par. de Saint-Donan, év. de Saint-Brieuc.

Ecartelé d'azur et de gueules, à la croix denchée d'argent sur le tout, cantonnée aux 1 et 4 : d'un cygne au naturel, aux 2 et 3 : d'une molette d'argent. Devise : *Meliùs mori, quàm inquinari.*

MONTFOURCHER (DE).

D'hermines à la bande de gueules. (G. le B.)

Eudes, témoin d'une fondation de Raoul de Fougères à Savigné en 1112.

Montgermont (de), sr dudit lieu, par. de ce nom, — du Tremblay, par. de Teillé, — du Perray, par. de Saint-Mars-du-Désert.

Réf. 1427, par. de Montgermont et Teillé, év. de Rennes et Nantes.

Losangé d'or et de gueules, à la fasce d'azur frettée d'argent, brochant.

Montgermont (de), voyez Drouet.

Montgéroult (de).

D'or à trois lionceaux de sable; *aliàs* : au bâton de gueules brochant (sceau 1315).

Patry, chevalier-bachelier aux guerres de Flandre en 1315.

Montgogué (de), sr de la Rigaudière, par. de Chauvé.

Maint. réf. 1670, 0 gén., ress. d'Hennebont.

De gueules au croissant d'hermines, *qui est la Porte*, au chef d'or.

Charles, major du Port-Louis, fils naturel du maréchal de la Meilleraye, anobli en 1655.

Monthulé, voyez Montulé.

Monthuchon (de) voyez Michel.

Monti (de) (orig. de Florence), sr de la Chalonnière, du Préau et comte de Rezé en 1672, par. de Rezé, — sr de Launay, — de Friguel, par. de Guémené-Penfao, — de Bogat et de Bellevue, par. de Saint-Aubin de Guérande, — de Lormière, — de la Cour, par. de Bouée, — de la Rivière, par. de Port-Saint-Père, — de Beaubois, — de la Maillardière, — de la Giraudais et de la Barbinière, par. de Vertou, — du Chesne-Cottereau et de la Jaunais, par. de Saint-Sébastien.

Anc. ext., réf. 1669, 10 gén., ress. de Nantes.

D'azur à la bande d'or, accostée de deux monts de six coupeaux de même.

Pugio, gonfalonier de justice à Florence en 1323; Jacques, prieur de la liberté à Florence, de 1411 à 1423, père 1o d'Antoine, établi à Bologne vers 1430, auteur des seigneurs de Farigliano, qui ont produit trois lieutenants généraux, dont l'un chevalier des ordres, de 1653 à 1762; 2o de Monte, bisaïeul de Bernard, auteur de la branche établie en Bretagne. Bernard, prieur de la liberté en 1527, conseiller de Cosme de Médicis en 1554, confirmé dans sa noblesse par lettres de Charles IX de 1568, maître à la chambre des comptes de Bretagne et échevin de Nantes en 1573, épouse Hélène du Verger, dont : Pierre, maître des comptes en 1600, ce dernier, père d'Yves, aussi maître des comptes en 1625, maire de Nantes en 1644.

Une fille à Saint-Cyr en 1710; deux chevaliers de Malte et cinq pages du Roi, de 1720 à 1782; un membre élevé en 1815 à la dignité de marquis.

Montigny (de) (orig. de Champagne), sr d'Asches, — de Kerespertz, par. de Plunéret, — de Beauregard, — de la Hautière, — de Tourteron, — du Camper, — de Châteaufur, par. de Plounévez-Lochrist, — du Dresnay, par. de Plougras.

Anc. ext. chev., réf. 1669, sept gén.; ress. de Ploërmel, Auray, Vannes et Rennes.

D'argent au lion de gueules, chargé sur l'épaule d'une étoile d'or et accomp. de huit coquilles d'azur en orle, 3. 3. 2 et 1.

De Jean, vivant en 1455, issut : Hugues, sr d'Asches, marié à Jacquemine de Hocquetot; Guillaume, gouverneur de Rhuis en 1560, épouse Perrine Drouillard; Louis, son fils, député aux États-Généraux de Paris en 1593; trois chevaliers et un commandeur de Malte, de 1580 à 1780; deux avocats généraux et un président à mortier depuis 1623; des chevaliers de Saint-Michel, gouverneurs de Vannes, Auray et Sussinio; un abbé de Saint-Gildas-de-Rhuis en 1613 et un aumônier de la reine Marie-Thérèse, évêque de Léon, membre de l'Académie Française, † 1671.

MONTIGNY, sʳ de Marcé, — du Timeur, év. de Vannes.

D'argent au chevron de sable, chargé de cinq coquilles d'or, accomp. en chef de deux étoiles d'azur et en pointe d'une montagne de sable, enflammée de gueules (arm. 1696).

Antoine, greffier en chef au bureau des finances et chambre du domaine de Bretagne et à l'amirauté de Vannes en 1696; Laurent-Henry, maire de Lorient, anobli par lettres de 1754.

MONTLOUIS (DE) (orig. du Poitou), sʳ dudit lieu, — d'Aradour, — du Boschet, — de Grandchamps, — de la Fleur, — de Pouillac, — de la Fosse, — du Stérou et de Plaçzcaër, par. de Priziac.

Ext. réf. 1670, sept gén., ress. d'Hennebont.

D'azur à trois chevrons d'or, accomp. en chef de trois fleurs de lys de même.

Pierre, sʳ d'Aradour, vivant en 1500, père de Léonet, marié à l'héritière de Pouillac; Thomas-Siméon, sʳ de Plaçzcaër, décapité à Nantes, par ordre du Régent, en 1720, pour sa participation à la conspiration de Cellamare; une fille à Saint-Cyr en 1735.

MONTLUC (DE), *voyez* BOURDONNAYE (DE LA).

MONTLUC (DE) (orig. du Limousin), sʳ de la Rivière, baron de l'Empire.

Parti au 1 : de sable au rocher de six coupeaux d'or, sommé de trois épis de blé de même; au 2 : d'azur à la fasce ondée d'argent.

MONTMARTINAYS (DE).

D'azur à trois croissants d'argent (G. le B.), *comme Champneufs*.

MONTMORENCY (DE), baron et duc de Montmorency, — sʳ d'Écouen, — de Chantilly, en Beauvoisis, — de Nivelle, en Flandres, — de Courtalain, en Dunois, — baron de Fosseux et prince de Robecque, en Artois, — sʳ d'Aumont et de Neuville, en Picardie, — du Hallot, de Bouteville et duc de Damville, en Normandie, — duc de Piney et de Beaufort, en Champagne, — duc de Luxembourg et comte de Hornes dans les Pays-Bas, — prince de Tingry, en Boulonnais, — duc de Laval en 1783, — baron de Chateaubriant et de Derval, — sʳ de la Palue, par. de Beuzit-Conogan, — de Trésiguidy, par. de Pleyben, — des Sallés, par. de Plouisy, — de Keranhoat, par. de Loperhet, — vicomte de Pirvit, par. de Plédran, — sʳ de Coëtjunval, par. de Ploudaniel, — vicomte de Coëtménec'h, par. de Plouider, — sʳ de la Rivière et de Montjonnet, par. d'Abbaretz, — de la Chevalerais, par. de Cordemais, — de la Vrillière, par. de la Chapelle-Basse-Mer, — de la Touche, par. de Nozay.

Maint. par arrêts du conseil en 1674, de la cour des aides en 1677 et de l'intend. en 1704, ress. de Nantes.

D'or à la croix de gueules, cantonnée de seize alérions d'azur. Devise : *Dieu ayde au premier baron chrétien.*

Cette maison illustre remonte à Bouchard, dit *le Barbu,* sire de Montmorency qui accompagna le roi Robert à son expédition de Bourgogne en 1005; elle a donné six connétables de France; un connétable d'Angleterre et d'Hybernie; deux amiraux de France; des grands chambellans, grands bouteillers ou échansons, grands panetiers et grands sénéchaux de France, etc.

La branche aînée déshéritée en 1465 s'est éteinte en 1570 dans les Pays-Bas en la personne du comte de Hornes, décapité par ordre du duc d'Albe.

La branche de Fosseux s'est perpétuée jusqu'à nos jours et s'est alliée en Bretagne aux Avaugour, Rieux, Sérent et Charette.

La branche de Neuville, issue des sires d'Aumont par Georges, légitimé en 1576 et établi en Bretagne par son mariage en 1604 avec Gabrielle de la Roche-Saint-André, a produit un brigadier d'infanterie en 1719, s'est alliée aux du Pas, Guillaudeuc et Cornulier et s'est fondue dans les Sénéchal de Carcado en 1750.

La branche de Bouteville dont sont issus les ducs de Piney-Luxembourg et de Beaufort a été possessionnée en Bretagne par alliance avec les Montdragon, héritiers de la Palue, les Rosmadec et les du Harlay, héritiers du Louët.

La branche de Damville qui possédait depuis 1543 les baronnies de Chateaubriant et de Derval, s'est fondue en 1632 dans Bourbon-Condé.

La branche de Laval avait pour auteur Guy, époux de Philippette, baronne de Vitré, et fils puîné de Mathieu, connétable de France, marié en 1221 à Emme, baronne de Laval. Cette branche avait quitté le nom de Montmorency pour prendre celui de Laval, en conservant les armes de Montmorency, brisées de cinq coquilles d'argent sur la croix. *Voyez* LAVAL.

MONTMORON (DE), sr dudit lieu, par. de Romazy.

Réf. de 1478 à 1513, dite par., év. de Rennes.

De gueules au greslier d'argent, accomp. de trois fleurs de lys d'or (arm. de l'Ars.).

Fondu vers 1600 dans Sévigné, en faveur desquels la seigneurie de Montmoron a été érigée en comté l'an 1657, et a été transmise par alliance aux du Hallay en 1684.

MONTOIR, par. de ce nom, év. de Nantes.

Seigneurie érigée en marquisat en 1743 en faveur du sr de Kerhoënt, *voyez* KERHOENT (DE).

MONTOIRE (DE), sr du Boisbriand, par. de Saint-Jean-de-Béré, — de la Série, par. de Saint-Herblon.

Réf. et montres de 1478 à 1544, dites par., év. de Nantes.

D'argent au chef de gueules chargé d'une face de Christ d'argent.

Fondu dans la Motte de Kerdreux.

MONTORGUEIL (DE), porte trois fusées accolées en fasce, surmontées d'un lambel à quatre pendants (sceau 1400).

Simon, écuyer tranchant de Jeanne de France, duchesse de Bretagne en 1405; Rogier, écuyer dans une montre reçue à Charroux en 1418.

MONTRELAIS (DE), sr dudit lieu, par. de ce nom, — de Chateauthébaut, par. de ce nom, — du Gué-au-Voyer et de la Séneschardière, par. de Saint-Julien-de-Concelles.

D'or à trois jumelles d'azur en bandes (sceau 1218); *aliàs* : chevronné d'or et d'azur, à la fasce de même brochant sur le tout (sceau 1241).

Guérin, dit *le Borgne,* époux de Stella, fait une fondation aux moines de Pontron en 1215; Jean, évêque de Vannes, puis de Nantes, † 1391; Hugues, évêque de Tréguier, puis de Saint-Brieuc et cardinal, chancelier du duc Jean IV, † 1390.

Fondu dans Chateaubriant, puis Anger, Maure et Rochechouart, d'où la seigneurie de Montrelais a passé par acquêt aux Lesrat et de ces derniers aussi par acquêt aux Cornulier en 1686.

Monts (des), *voyez* Pinçzon.

Montsorel (de) (ramage de Soligné), sr dudit lieu, en Avranchin, — de Landal, par. de la Boussac, év. de Dol.
De gueules à quatre fusées accolées d'argent en fasce.
Olivier, au nombre des défenseurs de Dol, assiégé par le roi d'Angleterre en 1173.
Fondu vers 1200 dans Aubigné, d'où la seigneurie de Landal a été possédée successivement par les maisons de Montauban, Rohan, Maure, de France et du Breil.

Montulé, sr de Longlée et de Fayau, par. de Nort, — des Salles, — des Tertraux, par. de Riaillé.
Déb., réf. 1668, ress. de Nantes.
De gueules au chevron d'or, accomp. de trois molettes de même.
François, époux en 1668 de Marie Régnier; plusieurs conseillers au parlement de Paris depuis 1714.

Morais (de) (orig. de Normandie), sr de Lory, — de Joderais, — de Fontaine-Henry, — de Brézolles, — du Boisorcant, — de Hallecourt.
Anc. ext. chev., réf. 1669, six gén., ress. de Rennes.
D'or à six annelets de sable.
Jean, fils de Charles, marié vers 1569, à Anne d'Harcourt, bisaïeul de Nicolas, marié en 1645, à Marguerite de Sévigné; René, chevalier de Saint-Jean de Jérusalem en 1524; trois abbesses de Saint Sulpice de Rennes de 1579 à 1688.

Morandais (de la), *voyez* Maillard.

Morandais (de la), sr dudit lieu, év. de Vannes.
De sable à trois fleurs de lys d'or, au chef cousu de gueules, l'écu bordé de même (arm. de l'Ars.).
Guillaume, fait hommage lige au duc en 1398.

Morandais (des), *voyez* Chaton.

Morandaye (de la), *voyez* Vayer (le).

Morant (de) (orig. de Normandie, y maint. en 1666), sr d'Estreville, — marquis du Mesnil-Garnier en 1672, — sr de Bréquigny, par. de Saint-Etienne de Rennes, — du Bouëdrier, par. de Toussaints, — de Fontenay, — de Guernisac et de Pensez, par. de Taulé, — de Kerohant, par. de Garlan, — de Kerangomar, — de Coatilez, par. de Loguénolé.
Maint. par arrêt du parl. de 1784, ress. de Rennes.
D'azur à trois cormorans d'argent. Devise : *A candore decus.*
Thomas, trésorier de l'épargne et receveur des finances à Caen, originaire de la paroisse de Courseulle, anobli en 1590 ; un premier président au parlement de Toulouse, † 1690 ; un intendant de plusieurs provinces, conseiller d'Etat, † 1692 ; deux trésoriers de l'épargne et grands trésoriers des ordres du Roi au XVIIe siècle ; un conseiller au parlement de Bretagne en 1731 ; un maréchal-de-camp, † 1763.
Une branche alliée aux Meneust, Le Lou, Le Roux de Kerninon et la Rivière de Plœuc, s'est fondue dans Le Gonidec.

MOTTE (DE LA), porte six merlettes et une bordure (sceau 1380).
Raoul, ratifie le traité de Guérande en 1380.

MOTTE (DE LA), porte une fasce accomp. de six billettes (sceau 1315).
Olivier, alloué de Rohan en 1315.

MOTTE (DE LA), porte une fasce accomp. de trois coquilles (sceau 1418).
Pierre, reçoit une montre à Bourges en 1418.

MOTTE (DE LA), s^r dudit lieu, par. de Saint-Jouan-des-Guérets.
Porte une tige de houx (sceau 1418).
Guillaume, reçoit une montre à Bourges en 1418.

MOTTE (DE LA), s^r de Trézy.
De gueules à trois fusées d'argent en fasce (G. le B.), *comme la Guérinaye.*

MOTTE (DE LA).
D'or au chef de sable, *comme du Chastellier*, chargé d'un lambel d'argent. (G. le B.)

MOTTE (DE LA), d'or à une quintefeuille de sable (G. le B.), *comme Le Long.*

MOTTE (DE LA), s^r dudit lieu, par. de Saint-Gilles, — de la Rivière, par. de Moigné.
Réf. de 1427 à 1513, dites par., év. de Rennes.
De gueules à la croix pattée d'argent (sceau 1403); *aliàs* : cantonnée de quatre annelets de même (sceau 1416).

MOTTE (DE LA), s^r dudit lieu, par. du Gouray.
Réf. et montres de 1448 à 1569, dite par., év. de Saint-Brieuc.
D'argent au croissant de gueules, *comme Quiligonan.*
La branche aînée fondue dans du Parc.

MOTTE (DE LA) (orig. d'Anjou), s^r des Anges, — de la Houffardière, — de la Jaille, — de la Gaudinelaye, — des Touches, — d'Aubigné, — de Sénonnes, — de Baracé, — de Couësnanton, — de Briacé, par. du Loroux-Bottereau, — de Pontveix, par. de Conquereuil.
Ext. réf. 1671, sept gén., ress. de Rennes.
D'argent au lion de sable, accomp. de quatre merlettes de même; *aliàs* : à la fasce d'or, chargée de trois fleurs de lys de gueules, *pour la branche d'Aubigné.* (B. L.)
Guillaume, vivant en 1463, épouse Françoise de l'Isle, dont : Michel, marié à Guyonne des Salles; un brigadier d'infanterie en 1704; deux conseillers au parlement depuis 1723.

MOTTE (DE LA), s^r dudit lieu, par. de Locminé.
Déb., réf. 1669, ress. de Ploërmel.

MOTTE (DE LA), *voyez* COLLAS.

MOTTE (DE LA), par. de Saint-Armel, év. de Rennes, vicomté en 1642 en faveur du s^r Loisel, *voyez* LOISEL.

MOTTE-FOUQUÉ (DE LA) (orig. du Maine), sʳ dudit lieu, — du Plessis.
  Anc. ext., réf. 1669, neuf gén., ress. de Rennes.
  De sable à la fasce d'or; *aliàs* : accomp. de six fleurs de lys de même (sceau 1373).
  _{Geoffroy, époux de Jeanne de Mathefelon, † 1394, père de Guillaume, chambellan du roi Charles VI, chevalier de l'ordre de la Cosse-de-Genêt en 1402, marié à Bertranne de Montfaucon.}

MOTTE-PICQUET (DE LA), *voyez* PICQUET.

MOUCHE (DE LA), sʳ dudit lieu, en Avranchin.
  Porte trois mains (sceau 1272).
  Jean, évêque de Dol, † 1200.

MOUCHERON (orig. de Normandie), sʳ du Boulay et de l'Aiglerie, près Verneuil, — de Préameneu, par. de Vergéal, — de la Pichonnais, — de Châteauvieux, — de Keranrun, — de Penhep, — de Penanec'h, — du Cribinec et de Traonédern, par. de Plouédern, — de Penanros.
  Ext. réf. 1668, 0 gén., et maint. à l'intend. en 1699, ress. de Rennes et Lesneven.
  D'argent à la fleur de lys d'azur, faillie ou séparée par le milieu et détachée de toute part.
  Gilles, sʳ de Lavernaud, au Perche, homme d'armes dans la compagnie de César, duc de Vendôme en 1598; Georges, sʳ du Boulay, épouse à Vitré vers 1570, Mathurine Le Couvreux, dont : 1º Étienne, père d'autre Étienne, auditeur des comptes en 1592 et 1619; 2º Jean, marié en 1627, à Marguerite Huon de Kermadec, dont la postérité s'est fondue dans Le Borgne de Keruzoret, vers 1780.

MOUËSAN, *voyez* MOISAN.

MOUËSMÉ, sʳ de Pérenez, par. de Crozon.
  Déb., réf. 1670, ress. de Chateaulin.

MOUËSSON, sʳ de la Ville-Blanche, par. d'Hénan-Bihan, — de l'Étang, — des Noyers, — de la Perrière, — de la Ville-Téhérel.
  Anc. ext., réf. 1669, huit gén.; réf. et montres de 1448 à 1535, par. d'Hénan-Bihan, év. de Saint-Brieuc.
  D'argent à trois mouëssons ou moineaux de sable (sceau 1434).
  Guillaume, vivant en 1434, épouse Aliette Galon, dont Jean, marié à Marguerite de Vaucouleurs.

MOUESTAULT (orig. de Normandie), sʳ de la Pageotière, par. du Loroux-en-Fougerais.
  Déb., réf. 1671, ress. de Fougères.
  D'argent à trois hures de sanglier de sable.

MOUILLARD, sʳ de la Haute-Foret, par. de Maure.
  Déb., réf. 1668, ress. de Ploërmel.

MOULIN (DU) (orig. de Brie), sʳ du Lavoir, — de la Riffardière, — du Brossay, par. de Saint-Gravé, — de la Briandière, — du Bois-Basset.
  Maint. par arrêts du conseil de 1670 et du parl. de 1771, ext., six gén., ress. de Vannes.
  D'argent à la croix ancrée de sable, chargée en cœur d'une coquille d'or.

Charles, échevin de Paris en 1502; Pierre, théologien protestant, chapelain de Catherine de Bourbon en 1609, père de Daniel, gouverneur de Josselin, marié en 1672 à Esther Uzille de Kervellers. Cette famille alliée aux du Bot de Talhouët, Farcy, Kerimel et Kerhoas a produit un page du Roi en 1773 et un gouverneur de Josselin en 1775.

MOULINBLOT (DU), s^r dudit lieu, par. de Vandel, — de la Rivière, par. de Montautour.

Réf. de 1441 à 1513, dites par., év. de Rennes.

D'or à dix billettes de sable.

Antoine, capitaine de Fougères en 1483.

La branche aînée fondue dans Champeaux; moderne : Groësquer.

MOULINES (DE), de gueules à trois écussons d'argent (arm. de l'Ars.).

MOULINS (DES) (orig. d'Anjou), s^r de Rochefort, — de Cheviré, par. de Saint-Donatien, — du Vigneau, par. de Chantenay, — de Launay.

Maint. à l'intend. en 1698, ress. de Nantes.

D'or à trois anilles de sable (B. L.); *aliàs* : de gueules à trois croix pattées d'or. (G. G.)

On trouve Gilles, l'un des clercs notaires du roi Charles VI en 1418 et François, grand aumônier de France en 1519; mais nous ne savons s'ils appartenaient à la même famille.

MOURAIN (orig. du Poitou), s^r de l'Herbaudière.

D'azur au chevron accomp. de deux étoiles en chef et d'un croissant en pointe, le tout d'or; *aliàs* : mi-parti *de Sourdeval*.

Pierre, notaire de la châtellenie du Perrier en 1699, marié à Germaine Thibault, aïeul de Charles, secrétaire du Roi à la grande chancellerie en 1789, dont le fils a été autorisé par ordonnance de 1817 à joindre à ses nom et armes, les nom et armes de Sourdeval, par alliance avec la dernière héritière de ce nom.

MOURAUD ou MOREAU, s^r du Jaroussais et de la Sauvagère, par. de Saint-Séglin, — de Lohingat, par. de Guer.

Anc. ext. chev., ref. 1669, neuf gén.; réf. et montres de 1426 à 1513, par. de Saint-Séglin et Bruc, év. de Saint-Malo.

D'argent à trois pots à eau de gueules.

Pierre, vivant en 1400, épouse Mahaud de Gahil, dont Rolland, vivant en 1443, marié à Jeanne de Bellouan.

MOUSSAYE (DE LA) (ramage de Penthièvre), s^r dudit lieu, par. de Plénée-Jugon, — de Kergoët, par. de Saint-Jouan de l'Isle, — de Plouër, par. de ce nom, — de Pontual, par. de Saint-Lunaire, — de Tourande, du Vauraoul, du Boisfayton et de la Guédinaye, par. de Baguer-Morvan, — de Lorgeril, par. d'Hénanbihan, — de la Folinaye, — de la Villeguériff, — de Beaussais, — des Noës, — des Métairies, — de la Villedaniel, — de Saint-Marc, — de la Chesnaye-Taniot, — de Pontgamp, par. de Plouguénast.

Anc. ext. chev., réf. 1669, dix gén.; réf. et montres de 1423 à 1535, par. de Plénée-Jugon et Hénanbihan, év. de Saint-Brieuc, Saint-Jouan de l'Isle et Saint-Lunaire, év. de Saint-Malo.

D'or fretté d'azur de six pièces. Devise : *Honneur à Moussaye.*

Olivier, fils aîné de Guillaume de Penthièvre, vend le grand pré d'Uzel au vicomte de Rohan en 1271 ; Raoul, croisé en 1248 ; Geoffroi, repoussa les Anglais, à Dol, en 1339 et reçut à cette occasion du duc Jean III, la devise que sa famille a conservée ; Bertrand, frère du précédent, vivant en 1320, marié à Isabeau de Plumaugat, père de Guillaume, marié : 1º à Olive du Margaro, 2º à Jeanne Maimbier. Du premier lit issurent Guillaume, qui a continué la filiation de la branche aînée, et Alain, homme d'armes de l'expédition de du Guesclin en Guyenne en 1372, auteur des branches de Lorgeril et de la Chesnaye. Du deuxième lit issut Bertrand, auteur des seigneurs de Carcouët, qui suivent.

La branche aînée a produit : Raoul, maître des requêtes du duc Jean V en 1440, puis évêque de Dol, † 1456 ; Amaury, échanson et chambellan du duc François Iᵉʳ et grand veneur de Bretagne en 1443 ; Christophe, abbé de Boquen, † 1522, frère de Gillette, dame de la Moussaye, mariée en 1506 à Guy Gouyon, sʳ de Launay-Gouyon et du Vaudoré, trisaïeul d'Amaury Gouyon, sʳ de la Moussaye, en faveur duquel cette seigneurie fut érigée en marquisat en 1615. Cette terre a passé depuis par alliance aux Montbourcher, puis aux Franquetot de Coigny, et appartient aujourd'hui aux La Motte-Vauvert.

Le chef de la branche de la Chesnaye a reçu le titre héréditaire de marquis par lettres-patentes de 1818 ; un de ses membres a été élevé à la pairie en 1835.

Moussaye (DE LA) (ramage des précédents), sʳ de Carcouët, par. de Plestan, — de la Villéon, — de la Roblinais, par. de Bourseul, — de la Mauglais, — du Bois-Riou, — vicomte de Saint-Denoual, par. de ce nom.

Anc. ext. chev., réf. 1669, dix gén.; réf. et montres de 1460 à 1535, par. de Plestan, év. de Saint-Brieuc.

D'or fretté d'azur de six pièces. Devise : *Honneur à Moussaye.*

Bertrand, fils de Guillaume, de son second mariage avec Jeanne Maimbier, échanson du duc Artur III, épouse : 1º en 1410, Françoise de Pléguen, 2º Guillemette Rolland, dame de Carcouët ; Jean, colonel de la cavalerie étrangère, gouverneur de Pont-à-Mousson et chambellan du duc de Lorraine en 1630, père d'Amaury-Charles, conseiller au parlement en 1655, marié : 1º à Suzanne Loisel, 2º à Jeanne de Saint-Guédas, dame de Saint-Dénoual.

La terre de Carcouët a été constituée en majorat au titre de marquis en 1819.

Moussy (DE), sʳ de la Jaguère, par. de Rezé, — du Loroux, par. du Loroux-Bottereau

D'azur à la croix ancrée d'or, au croissant de même en pointe.

Jean, marchand de draps de soie et de laine en 1469, père : 1º de Prigent, archidiacre de Vannes en 1485 ; 2º de Jeanne, mariée à Pierre Landais, garde-robbier du duc en 1458, puis trésorier général.

Moustérou (DU), sʳ dudit lieu, par. de Ploujean, — de Trologot, — de Kerlec'h, — de Kerguiomar, — de Kerguiffiou, — du Pénity, près Tréguier.

Anc. ext., réf. 1670, sept gén.; réf. et montres de 1427 à 1481, par. de Ploujean et Saint-Mathieu de Morlaix, év. de Tréguier.

D'azur à trois pommes de pin d'or.

Jean, vivant en 1481, épouse Jeanne le Blonsart.

La branche aînée fondue dans Moricquin. Moderne : Blanchard.

Mouton (LE) (orig. de Touraine, y maint. en 1670), sʳ de la Jossière, — de Launay.

Maint. à l'intend. en 1708, ress. de Rennes.

D'argent à trois gibecières de sable, boutonnées et houppées d'or (arm. 1696).

Pierre, référendaire à la chancellerie en 1631.

Mouton, sr du Plessis.

De gueules à l'épée d'argent en pal, accomp. d'un croissant à dextre, d'une cane à sénestre et de deux étoiles en pointe, le tout d'argent (arm. 1696).

René, capitaine de la milice de Dinan en 1696.

Moy, sr de la Croix, — du Breil.

De gueules au sautoir d'or, cantonné de quatre merlettes d'argent.

Un secrétaire du Roi en 1761.

Mur (de) (ramage de Poher), sr dudit lieu, par. de ce nom, — de Corlay, par. de ce nom, — de la Feuillée, — de Kervers, par. de Saint-Martin-des-Prés, — de la Hermoët, par. de Bodéo.

Réf. et montres de 1481 à 1562, par. de Saint-Martin-des-Prés et Merléac, év. de Cornouailles.

D'azur à la croix engreslée d'or.

Eudon, dit *Mab-Gestin*, vivant en 1160, père de Cadoret, présent à la fondation de l'abbaye de Bonrepos en 1184; Garcin, fils du précédent, vivant en 1257, épouse Béatrix de Rostrenen, dont : 1º Joachim, marié à Olive du Perrier, qui a continué la branche aînée; 2º Christophe, marié à Louise, dame de la Rivière, qui prit le nom de sa femme. *Voyez* Rivière (de la).

Mur (du), sr dudit lieu, par. de Comblessac, — de la Hautière, par. de Saint-Séglin.

Ext. réf. 1670, huit gén.; réf. 1513, par. de Comblessac et Saint-Séglin, év. de Saint-Malo.

De gueules au château crénelé et donjonné de trois pièces d'argent.

Pierre, vivant en 1481, épouse Guillemette de Trévaly.

Mur (du), sr dudit lieu, par. de Saint-Evarzec, — de Penanster, par. de Fouësnant, — de Kerdavid, par. de Locamand, — de Kerdudal, par. de Riec, — de Livinot, par. de Bannalec.

Réf. et montres de 1426 à 1562, par. de Saint-Evarzec, Fouësnant, Locamand et Riec, év. de Cornouailles.

De gueules au château crénelé et donjonné de trois pièces d'argent, *comme les précédents*.

La branche aînée fondue dans du Juch.

Murault, sr de Cohignac.

D'argent au chevron de sable, accomp. en chef de deux roses de gueules et en pointe d'une colombe de sable (arm. 1696).

Thomas, échevin de Rennes en 1696.

Musse (de la), sr dudit lieu et de la Perrière, par. de Ligné, — de Ponthus, par. de Petit-Mars, — du Bois-de-la-Musse, par. de Chantenay, — de Coislin, par. de Cambon, — de Gaignart, par. de Saint-Père-en-Retz, — de Limaraud, par. d'Abbaretz, — du Moulin et du Couëtzic, par. de Nort, — de Vue, par. de ce nom.

Anc. ext. chev., réf. 1668, dix gén.; réf. et montres de 1428 à 1543, par. de Ligné, Petit-Mars et Chantenay, év. de Nantes.

De gueules à neuf besants d'argent (*aliàs* : d'or) 3. 3. 3. Devise : *Auro micante refulget*.

Hus, sr de la Musse, bâtit vers 1200 le château de Pont-Hus, paroisse de Petit-Mars ; Françoise, dame héritière de la Musse et de Pont-Hus, épousa vers 1500 Jean Chauvin, fils de Guillaume, chancelier de Bretagne, à condition que les enfants qui naîtraient de ce mariage prendraient les nom et armes de la Musse ; Bonaventure Chauvin, dit de la Musse, chambellan du Roi Henri II, épouse en 1544 Françoise Pantin ; David, marié en 1592 à Sarah du Bouays de Beaulac, tué au siége de Crozon en 1594, père de David, sr de Pont-Hus, condamné par arrêt du parlement de Paris, en 1622, à avoir son château rasé et ses bois coupés à hauteur d'homme, pour s'être rendu à l'assemblée des rebelles à La Rochelle.

La branche aînée fondue en 1678 dans Gouyon de Marcé. La branche de Coislin fondue en 1496 dans Le Guennec, et depuis Baye et Cambout.

MUSSE (DE LA), év. de Vannes.

D'argent à trois tourteaux de sable (G. le B.), *comme des Brieux*.

MUSTAN, porte une bande accostée de cinq merlettes 3. 2. (sceau 1319, *Blancs-Manteaux*).

Richard, abbé de la Vieuville en 1319.

MUSTEL, sr de Clermont.

D'argent à la fasce de sable, accomp. de trois têtes de belette de même (arm. 1696).

Gilles, capitaine de la milice à Dinan en 1696.

MUYDEBLED, sr de la Ville, par. de Cadelac.

Déb., réf. 1668, ress. de Ploërmel.

D'azur à la croix d'argent chargée de cinq coquilles de gueules (arm. 1696).

Un sous-lieutenant aux dragons d'Artois en 1787.

MUZILLAC (DE), sr dudit lieu et de Séréac, par. de Bourg-Paule-Muzillac, — de Kerdréan et de Ponsal, par. de Plougoumelen. — de Trévaly, par. de Noyal, — du Vaujouer, par. de Surzur, — de Pratulo, par. de Cléden-Poher, — de Chateaugal, par. de Landeleau, — de Kermenguy, — de Kerglas, — de Tréanna, par. d'Elliant, — de Tréambert, par. de Saint-Molf, — de Villeneuve, par. de Mesquer.

Anc. ext. chev., réf. 1669, neuf gén.; réf. et montres de 1427 à 1536, par. de Bourg-Paule, Noyal-Muzillac, Plougoumelen, Ambon et Surzur, év. de Vannes.

De gueules au léopard lionné d'hermines (sceau 1381), *comme Broël*.

Riou, vivait en 1123; Alain, croisé en 1248; Pierre, écuyer de l'hôtel du duc, ratifie le traité de Guérande en 1381; Jean, chambellan du duc en 1430; Olivier, fils Guillaume, vivant en 1427, épouse Marguerite du Couëdic, dont : Jean, marié en 1468 à Marie de Ponsal, dame dudit lieu; Jean, avocat général au parlement en 1556; Georges, chevalier de l'ordre, épouse vers 1600 Catherine Le Glas, dame de Pratulo.

Famille éteinte de nos jours.

N

Nail, sr de Mescaradec, — de Saint-Mandé.
D'or au chevron de sable chargé de trois roses d'argent; *aliàs* : accomp. en chef de deux étoiles et en pointes d'un saumon, le tout de sable.
_{Un procureur et notaire royal de la cour de Brest en 1696.}

Nais (de), *voyez* Nays (de).

Nantes, ville épiscopale et comté, séjour ordinaire des ducs de Bretagne et siége de la chambre des comptes.
De gueules au navire d'or, aux voiles éployées d'hermines, au chef de même. Devise : *Favet Neptunus eunti ;* et *In te sperant oculi omnium.*

Nantois (de), *voyez* Goublaye (de la).

Nantrieul, sr des Chesnayes.
D'azur à cinq besants d'or (arm. 1696).
Pierre, receveur des fouages de Rennes en 1696.

Narvezec (le), sr de Pontguennec, par. de Perros-Guirec.
Réf. et montres de 1427 à 1543, dite par., év. de Dol, enclaves de Tréguier.

Nas (le), sr de Kernasquiriec, par. de Trégrom.
Réf. et montres de 1503 à 1535, dite par., év. de Tréguier.
D'argent au chevron de sable, accomp. de trois annelets de même, *comme Cam.*

Nas (le), sr de Kergolhay, par. de Plaudren.
Réf. et montres de 1481 à 1513, dite par., év. de Vannes.
D'argent fretté d'azur (arm. de l'Ars.).
Louis, auditeur des comptes en 1440; un secrétaire du duc en 1480.

Nau, sr de la Villeyrouët, par. de Créhen, — de la Pontelaye.
Ext. réf. 1671, quatre gén., ress. de Dinan.
D'azur au lion d'argent, armé et lampassé de gueules, couronné d'or, tenant de sa patte dextre une épée d'argent, la pointe en haut.
René, marié à Amaurye Hamon, veuve en 1568; Jacques, intendant des finances et commissaire du Roi aux États de 1590.

Naurois (le), sr de Saint-Clair.
Déb., réf. 1668, ress. de Nantes.

NAVARRE (DE), sʳ de la Gobrecherais, par. de Gausson.
Déb., réf. 1668, ress. de Saint-Brieuc.

NAYS (DE), sʳ dudit lieu, de Procé, de la Bachellerie et du Port-Hubert, par. de Sucé, — de Dingollet, par. de Sainte-Croix de Machecoul, — de Laumondière, par. de Saint-Père-en-Retz, — de la Pervenchère, par. de Casson.
Réf. et montres de 1428 à 1543, par. de Sucé, Machecoul et Casson, év. de Nantes.
D'argent à la croix fleuronnée de sable.
La branche aînée fondue en 1425 dans Grimaud; la branche de la Pervenchère fondue vers 1610 dans Provost.
Les marquis de Candau et barons de la Bassère, en Béarn, de même nom et armes, paraissent issus de cette famille et ont produit depuis 1693 un sous-gouverneur du duc de Bourgogne, menin du duc d'Anjou, roi d'Espagne, et plusieurs conseillers au parlement de Navarre.

NEBOUX (LE), sʳ de la Brosse.
Écartelé aux 1 et 4 : de gueules à six billettes d'argent 3. 2. 1.; aux 2 et 3 : d'azur à trois fusées d'argent (arm. 1696).
Pierre, archidiacre de Goëllo, puis évêque de Léon en 1672 et abbé de Landévennec, † 1701; Jean, archidiacre et chanoine de Léon en 1693.

NÉDELLEC, en français NOËL, *voyez* NOËL.

NÉDO (DU), *voyez* GICQUEL.

NÉEL, sʳ de la Vigne, év. de Saint-Malo, anobli par lettres de 1815.
Un fermier général des domaines du Roi à Dinan en 1762.

NEPVEU (LE), de la ville de Morlaix.
D'or à trois tourteaux de gueules, au chef d'argent chargé d'une hure de sanglier de sable. (G. le B.)

NEPVEU (LE), porte une bande ondée, accostée de deux étoiles (sceau 1381).
Perrot, ratifie le traité de Guérande à la Roche-Derrien en 1381.

NEPVEU (LE), sʳ de la Motte, — de la Villedu.
Déb., réf. 1668, ress. de Rennes.
De gueules au chevron d'argent, accomp. de trois têtes de léopard d'or.
François, maître des comptes en 1685.

NEPVEU (LE) (orig. du Maine, y maint. en 1714), sʳ de la Hamardière, — de Gaigné, — d'Urbé, — d'Etrichés, — des Iles, — de Bellefille, — du Buisson, — de la Fauvelière, — de Rouillon.
D'azur à trois besants d'or, chargés chacun d'une croix pattée de gueules.
Un maire d'Angers en 1629; un maître des comptes en 1606; deux conseillers au parlement en 1680 et 1723.

NEPVOU ou NEPVEU (LE), sʳ de Crénan, par. du Fœil, — du Clos et de la Belle-Fontaine, par. de Plaine-Haute, — de la Cour, — de la Ville-Anne, — de Lescoët, par. de Maroué, — de la Coudraye, par. de Plaintel, — de Carfort, — de Berrien, — de la Roche.

Anc. ext. réf. 1669, sept gén., et maint. à l'intend. en 1700; réf. et montres de 1423 à 1535, par. de Cesson, Le Fœil, Saint-Turiaff et Plaintel, év. de Saint-Brieuc.

Rolland, croisé en 1248, mais nous ne savons s'il appartenait à cette famille.

Olivier, fit alliance avec le duc en 1370; Jacques, vivant en 1469, père de Jean, marié à Perrine Chéret; un conseiller au parlement en 1775.

La branche de Crénan fondue dans Urvoy, puis Perrien.

NEPVOUËT (LE), s^r du Branday et de la Roche, par. de Saint-Mesme, — de la Breille, par. de Paulx, — de la Gruë, par. de Saint-Philbert-de-Grandlieu, — de la Vacheresse, par. de Machecoul.

Maint. à l'intend. en 1704, ress. de Nantes.

De sable au chevron d'or, accomp. de trois molettes de même.

Un sénéchal du duché de Retz en 1653; un maître des comptes en 1699.

NÉRET, s^r de la Mintière et du Breil-Malaunay, par. de Martigné.

Réf. de 1478 à 1513, par. de Martigné-Ferchaud, év. de Rennes.

D'azur à trois bandes d'or, *comme Huldrière et Langourla*.

NERZIC, ress. de Quimperlé.

De gueules à deux épées d'or en sautoir, les pointes en bas (arm. 1696).

Jeanne, épouse en 1657 Louis de Chef-du-Bois, s^r de Talhouët.

NESMOND (orig. de l'Angoumois, maint. en Limousin en 1666), s^r de la Grange, — de Fribeys, — des Étangs, — de la Pougerie, — de Brie, — de Saint-Dysan.

D'or à trois huchets de sable, liés de gueules.

François, échevin d'Angoulême en 1570; un lieutenant-général des armées navales en 1697.

NÉTUM, s^r des Nétumières, par. d'Erbrée, év. de Rennes.

D'or à une fleur de lys d'azur.

Fondu à la fin du xive siècle dans Hay.

NÉTUMIÈRES (LES), par. d'Erbrée, év. de Rennes, baronnie en 1629 en faveur du s^r Hay, *voyez* HAY.

NEUFVILLE (DE) (orig. de Paris), s^r des Tuileries, — duc de Villeroy, — duc de Retz.

D'azur au chevron d'or, accomp. de trois croisettes ancrées de même.

Hugues, échevin de Paris en 1506; Nicolas, secrétaire du Roi en 1507; deux maréchaux de France en 1646 et 1693; un évêque de Saint-Malo et abbé de Saint-Méen de 1644 à 1657, † évêque de Chartres en 1690.

NEUILLY (DE) (orig. de Paris), s^r dudit lieu.

De gueules à la croix fleurdelysée d'or, cantonnée de quatre billettes de même.

Étienne, conseiller au parlement de Bretagne en 1559, prévôt des marchands de la ville de Paris en 1566.

NEUVILLE (DE), s^r dudit lieu, par. de Domagné, — du Plessix-Bardoul, par. de Pléchatel.

Réf. de 1427 à 1513, dites par., év. de Rennes.

De gueules au sautoir de vair.

Rolland, abbé de Montfort en 1551, évêque de Léon en 1562, † 1613.

NEUVILLE (DE), sr de la Grée, par. d'Augan.

Déb., réf. 1668; réf. 1448, par. d'Augan, év. de Saint-Malo.

D'argent à trois chevrons de sable (G. le B.), *comme Gérot et Le Long.*

NEUVILLE (DE), écartelé aux 1 et 4 : trois haches d'armes; aux 2 et 3 : trois bandes (sceau 1356).

Jean, chevalier, donne quittance de ses gages en 1356.

NÉVET (DE), sr dudit lieu, de Coatnévet, de Kergouréden, de Kerlédan et de Langolédic, par. de Plogonnec, — de Lezargant, par. de Plounévez-Porzay, — de Kerdaoulas, par. de Dirinon, — de Kerhoënt, par. du Minihy de Léon, — de la Grée, par. de Nivillac, — de Kermabilio, — de Kergos, — de Beaubois, par. de Bourseul, — de Pouldavid, par. de Ploaré, — du Plessix-Gautron, par. de Sévignac, — du Verger-au-Coq, par. de Saint-Germain-sur-Ille, — de l'Escoublière, par. de Caulnes, — de Launay, par. de Brélévénez, — de Kergolléau, — du Rest.

Anc. ext. chev., réf. 1669, douze gén.; réf. et montres de 1426 à 1536, par. de Plogonnec, Plounévez et Dirinon, év. de Cornouailles, le Minihy, év. de Léon, et Nivillac, év. de Nantes.

D'or au léopard morné de gueules. Devise : *Pérag ?* (Pourquoi ?)

Hervé, contribue au denier de la *croix* en 1270, et épouse Béatrix de la Roche-Bernard; Hervé, épouse vers 1338 Perronnelle de Rostrenen; Henri, épouse en 1452 Isabeau, dame de Kerhoënt; Jacques et Claude, père et fils, gouverneurs de Quimper de 1524 à 1588; Jacques, gentilhomme de la chambre, marié à Françoise de Tréal, dame de Beaubois, tué à Rennes par le seigneur de Guémadeuc en 1616.

Cette maison, alliée aux du Juch, Guengat, Acigné, Avaugour, Goulaine et Gouyon-Matignon, s'est fondue en 1729 dans Franquetot de Coigny.

NÉVEZ (LE), év. de Tréguier.

Montre de 1481, par. de Saint-Mathieu de Morlaix.

D'argent à trois chevrons de gueules (arm. de l'Ars.).

NICOL, sr de Botbihan et de Beaupré, par. de Plourhan, — de la Rallaye, — de Kervidy, — de la Ville-Gouéznou, — de Kermen, — de Kerjégu et de Kerdalec, par. de Pleubihan, — de Kervalot, — du Ménez, — de la Belle-Issue.

Anc. ext., réf. 1669, sept gén.; réf. et montres de 1441 à 1535, par. de Plourhan, év. de Saint-Brieuc.

De sable à dix coquilles d'argent.

Yvon, vivant en 1469, épouse Jeanne de Bréhet.

NICOLAÏ (orig. de Paris), sr de Saint-Victor, — marquis de Goussainville.

D'azur au lévrier courant d'argent, colleté de gueules. (La Ch. des B.)

Dix premiers présidents aux comptes de Paris depuis 1518, dont l'un, Antoine, fut d'abord conseiller au parlement de Bretagne en 1613; un lieutenant-général des armées du Roi en 1748, depuis maréchal de France.

NICOLAS, sr de la Fardelière.

Maint. réf. 1669, 0 gén., ress. de Nantes.

D'or au lion de sable, armé, lampassé et couronné de gueules, au chef de sable.

Louis, anobli en 1612.

NICOLAS, sr de la Touche, — des Champgérault, par. d'Evran, — de Clayes, par. de ce nom, — de Beauchesne, — de Clairmont, par. du Cellier.

Ext., réf. 1669, quatre gén., ress. de Rennes.

De gueules à la fasce d'argent chargée de trois merlettes de sable, accom. de trois têtes de loup arrachées d'or.

Jean, alloué de Dinan, anobli en 1614, épouse Jeanne Martin, dame des Champgérault, dont Jean, conseiller au parlement en 1620, marié à Louise Le Vayer, dame de Clayes, autorisé par lettres de 1626 à porter le nom de Le Vayer; Jean, président aux enquêtes en 1645.

Fondu en 1723 dans la Bourdonnaye de Liré.

NICOLAS, porte une bande chargée de trois doloires (sceau 1381).

Jean, ratifie le traité de Guérande en 1381.

NICOLAS, sr de Lezernant, ress. de Brest.

D'argent à trois fasces de sable, accomp. de trois quintefeuilles de sinople (arm. 1696).

NICOLAS, sr de Kerviziou, par. de Ploubezre, — de Runguézec, — de Goazarbleiz, par. de Loguivy-Lannion, — de Roscerff, — de Coëtmeal.

Réf. et montres de 1427 à 1543, par. de Ploubezre et Loguivy, év. de Tréguier.

D'argent au pin d'azur chargé de trois pommes d'or.

NICOLAS, sr de Trévidy, par. de Plouigneau, — de Kerdoret, par. de Plougaznou.

Réf. 1543, par. de Plougaznou, év. de Tréguier.

D'argent à la fasce d'azur, *comme Cazin;* au franc canton vairé d'argent et de sable, *qui est Toupin.*

Richard, gouverneur du château du Taureau en 1560.

NICOLAS, sr du Hellouët, par. de Plusquellec.

Réf. et montres de 1426 à 1536, dite par. et par. de Paule, év. de Cornouailles.

Guéguen et Guillaume, se disant nobles à la réformation de 1426; Pierre, anobli en 1487.

NICOLAZO, sr de la Grée.

D'argent au léopard de gueules (arm. 1696).

Un greffier au présidial de Vannes en 1696.

NICOLLIÈRE (DE LA), *voyez* FOUAY (DU).

NICOLLIÈRE (DE LA), *voyez* ISLE (DE L').

NICOLLIÈRE (DE LA), *voyez* PRAUD.

NICOLLON, sr du Port-Boussinot et des Viesques, par. de Saint-Philbert-de-Grandlieu, — du Planty, par. de Pont-Saint-Martin.

Déb., réf. 1669, ress. de Nantes.

D'or au nid de sable en cœur, accomp. de deux têtes et cols de grue d'azur (arm. 1696).

<small>Raoul, auditeur des comptes en 1572.</small>

NICOU, sr de la Chauvinière.

<small>Un secrétaire du Roi en 1703.</small>

NIEL, sr du Vauniel, du Passoué et de Couësplan, par. de Guer, — du Plessix, par. de Maure, — de Bodouët, par. de Fay.

Réf. et montres de 1426 à 1513, dites par., év. de Saint-Malo, et par. de Fay, év. de Nantes.

De sable au château d'or, au chef de gueules.

<small>Pierre, témoin dans une charte de 1213, concernant l'abbaye de Bonrepos; Jean, jure l'association contre l'invasion étrangère en 1379.</small>

NIELLY.

D'argent au vaisseau au naturel, flottant sur une mer de sinople, et portant une flamme de gueules à son grand mât.

<small>Un sous-lieutenant de vaisseau en 1786, depuis contre-amiral, anobli sous le titre de baron en 1815.</small>

NINON, sr de Kerprigent, — de Kermérault.

Déb. à l'intend. en 1703, ress. de Quimper.

D'azur à sept étoiles d'argent, 3. 3. 1. (G. le B.)

<small>Sébastien, conseiller au présidial de Quimper en 1700.</small>

NINON, porte trois besants ou tourteaux (sceau 1283).

<small>Alain, appelé à asseoir une rente au profit du duc sur le havage de Lannion en 1283.</small>

NOAN (LE), sr du Hentmeur, par. de Ploumilliau, — de Kerdaniel, par. de Ploulec'h, év. de Tréguier.

De gueules à trois épées d'argent en pal, la pointe en haut. (G. le B.)

NOAN (LE).

D'argent au sautoir de gueules, accomp. de quatre billettes de même (G. le B.), *comme la Haye de la Cochaye.*

NOBILLE, par. de Plounévez du Faou.

Déb., réf. 1668, et à l'intend. en 1712, ress. de Chateaulin.

NOBLET, sr de Lespau, par. de la Chapelle-sur-Erdre, — du Chaffault, par. de Bouguenais, — de la Bretesche, — du Villo, — du Bois-Rochefort, — du Roudour, par. de Sainte-Sève, — de Morlen, par. de Loguénolé, — de Runtanguy, — de Keranrun, — de Keryvon, par. de Fouësnant.

Déb., réf. 1670; réf. 1543, par. de Sainte-Sève, év. de Léon.

D'or à la fasce engreslée de sable. (G. le B.). Devise : *Nobilitat virtus.*

François et Catherine de Kerret, sa mère, tiennent une maison noble à Sainte-Sève en 1543; François, gouverneur du château du Taureau en 1586; François, conseiller au parlement en 1596, épouse Françoise de Kernec'hriou; Pierre, avocat général aux comptes en 1660; Pierre, lieutenant de Guérande, marié à Françoise de Parthenay, veuve en 1669; Pierre, maire de Nantes en 1690.

La branche de Morlen fondue en 1650 dans Boisboissel.

NOBLETZ (LE), s^r de Kerodern, par. de Plouguerneau, — du Bois, — de Kergrac'h, — de Toulbihan, — de Mesmélégan, par. de Plouvien, — de Kerguyon, — de Lescuz, par. de Ploumodiern.

Anc. ext., réf. 1668, huit gén.; réf. et montres de 1426 à 1534, par. de Plouguerneau et Plouvien, év. de Léon.

D'argent à deux fasces de sable, au franc canton de gueules, chargé d'une quintefeuille d'argent, *comme la Roche; alias*: d'argent à l'aigle de sable, au chef de gueules soutenu d'azur, chargé de trois annelets d'argent. (G. le B.)

Alain, vivant en 1447, père d'Olivier, marié à Tiphaine de Kerouzéré; Hervé, épouse en 1576 Françoise de Lesguern, dont Michel, célèbre missionnaire breton, † 1652.

La branche aînée fondue dans Carné; la branche de Lescuz fondue en 1705 dans Becdelièvre.

NODAY (DU), *voyez* ROLLAND.

NOË (DE LA).

D'argent à sept macles de gueules, 3. 3. 1. (G. le B.), *comme Becmeur, Launay, Lindreuc et Quélennec.*

NOË ou NOUE (DE LA), s^r dudit lieu et de Couëspeur, par. de Pordic, — de la Villecades, — du Guilly, — des Salles, par. de Plestan, — de Coëtléguer, — de la Ville-au-Fèvre, — du Plessix, — du Rohou, — de Penlan et de Keralain, par. de Plounez, — du Boisdenast et de la Soraye, par. de Campel, — de la Grignonnays, par. des Fougerets.

Anc. ext., réf. 1669, dix gén., réf. et montres de 1441 à 1569, par. de Pordic, év. de Saint-Brieuc.

D'azur au lion d'or, armé, lampassé et couronné de gueules. Devise : *Amor et fides.*

Olivier, épouse en 1380 Aliette Péan, de la maison de la Roche-Jagu, dont : Jean, marié à Béatrix de Guémadeuc; un chevalier de Malte en 1662; un page du Roi et deux filles à Saint-Cyr de 1761 à 1782.

La branche aînée fondue en 1600 dans des Cognets.

NOË ou NOUE (DE LA), év. de Saint-Brieuc.

Réf. 1440, par. de Saint-Michel de Saint-Brieuc.

Pierre, de la ville de Saint-Brieuc, s'arma à Beuvron et à Pontorson, et fut anobli à cette occasion en 1426.

NOË (DE LA), *voyez* NOUE (DE LA).

NOËL, en breton NÉDELLEC, s^r de Kercoguen, par. de Louannec, — de Kerlabourat, par. du Merzer, — de Penlan et de Sussinio, par. de Ploujean, — de Roc'hlédan, — de Kergus, par. de Plourin, — de Trocoat, — de Kerdanet, — de Kermadéza, par. de Plougaznou, — de Kervennic, — de Kermorvan, par. de Plouigneau, — de Bouridel.

Anc. ext. réf. 1669, sept gén.; réf. et montres de 1427 à 1481, par. de Louannec, év. de Tréguier.

De sable au cerf passant d'or, *comme Cuisine et Trépompé.*

<small>Hervé, général de l'ordre de Saint-Dominique, † à Narbonne en 1323; Henri, écuyer monté sur un cheval morel fendu, oreille aiguisée, dans une montre reçue par Even Charuel en 1356; Jean, épouse : 1º en 1458, Françoise de Kerhallic, 2º Louise Le Mignot; Vincent, gouverneur du château du Taureau en 1553.</small>

NOËL ou NOUËL (ramage des précédents), sʳ de Pillavoine, — de Kerven, par. de Guimaëc, — de la Villehulin, par. de Pordic, — de Crec'holan, — de Kersalaun, par. de Trédarzec, — de Kerlary, — de Penvern, — de Kerfau, — de Kerguézennec, — de Kerriou, — de la Ville-Josse, — de Kerjean, — de Lesquernec, par. de Ploumagoër.

Anc. ext. réf. 1669, sept gén.; réf. et montres de 1426 à 1543, par. de Guimaëc, év. de Tréguier, et Pordic, év. de Saint-Brieuc.

D'argent au pin de sinople, soutenu de deux cerfs affrontés et rampants de sable.
Devise : *Tout bien ou rien.*

<small>Rolland, vivant en 1481, épouse Jeanne Le Borgne, dame de Pillavoine.
Le père Joseph, capucin et prédicateur célèbre, fondateur des capucins de Sédan en 1640, † 1661, était fils du sʳ de Kerven, en Guimaëc, et de Françoise Callouët, fondatrice des Calvairiennes de Morlaix en 1625.</small>

NOËL, sʳ des Antons, év. de Saint-Malo.

Déb., réf. 1668, ress. de Rennes.

Mi-parti d'argent à l'arbre de sinople, surmonté d'un croissant de même, et d'or à l'arbre de sinople (arm. 1696).

NOGARET (orig. de Languedoc), sʳ de la Valette, — duc d'Epernon, — comte de Candale.

D'argent au noyer de sinople, *qui est Nogaret;* parti de gueules à la croix vidée, cléchée et pommetée d'or, *qui est de l'Isle.*

<small>Deux amiraux de France au XVIᵉ siècle, le second, père de Louis, archevêque de Toulouse et cardinal en 1621, abbé de Saint-Melaine de Rennes en 1637, † 1639.</small>

NOIR (LE) sʳ de Carlan, par. de Meslin, — du Val, — de Craffaut, par. de Plédran, — de Bringolo, — de Kermoran, par. de Plestan, — de Tournemine, par. de Plédéliac, — de la Villesalmon, par. de Planguénoual, — de la Vallée, par. de Plurien, — de Kerglas, — de Quéféron, par. de Maroué, — du Plessix-au-Noir, par. de Saint-Michel de Moncontour, — de Launay-Quinart, par. de Saint-Jean-des-Guérets, — de la Villepierre.

Anc. ext., réf. 1669, onze gén.; réf. et montres de 1441 à 1535, par. de Meslin, Plestan, Planguénoual, Plurien et Maroué, év. de Saint-Brieuc.

D'azur à trois chevrons d'or, au franc canton de gueules, chargé d'une fleur de lys d'argent.

Jacques, au nombre des dix Bretons de l'armée de Sylvestre Budes, qui combattirent et vainquirent dix Allemands à Rome en 1377; Geoffroi, vivant en 1380, épouse Jeanne Le Blanc; un conseiller au parlement en 1732.

NOIR (LE), sʳ de Crévain, — de Héblé, — de Beauchamp.

Déb., réf. 1668, ress. de Nantes.

D'argent à la feuille de scie en fasce de sable, chargée de trois annelets d'or, accomp. en chef de deux têtes de maure de sable et en pointe d'une tête de lévrier de même (arm. 1696).

Guy, pasteur de l'église réformée à la Roche-Bernard et au Croisic en 1617, épouse Anne de la Haye, dont Philippe, pasteur à Blain, de 1651 à la révocation de l'édit de Nantes, auteur de l'histoire de l'Église réformée de Bretagne.

NOIR (LE), en breton DU (LE), sʳ de Goazquélen, de Coëtbloc'hou et de Kermorvan, par. de Taulé.

Réf. et montres de 1426 à 1534, par. de Taulé, év. de Léon et Saint-Mathieu de Morlaix.

D'or à la fasce de sable, chargée de trois arbres d'argent. (G. le B.)

NOIR (LE), voyez DU (LE).

NOISSEVILLE (DE), voyez POIRRIER.

NOMPÈRE (orig. du Forez, maint. par arrêt du conseil de 1670), sʳ de Mons, — de Rougefer, — de Monturbier, — de Champagny, — de Pierrefitte, — duc de Cadore.

D'azur à trois chevrons brisés d'or. (La Ch. des B.)

Jean, qualifié noble homme, dans son testament fait à Saint-Nizier, proche Roanne, en 1540, aïeul de Jean, homme d'armes de la compagnie du Baron de Senecey, capitaine de Châlons en 1596 et de la retenue du duc de Bellegarde, gouverneur de Bourgogne en 1613; trois pages de la Reine depuis 1739; un major de vaisseau en 1786, puis ministre des affaires étrangères, élevé sous l'empire à la dignité de duc de Cadore; un maréchal de camp en 1822.

Cette famille s'est alliée en Bretagne aux Kermarec, la Fruglaye, Saisy, Audren de Kerdrel, la Goublaye de Nantois et Quemper de Lanascol.

NORMAND (LE) (orig. d'Anjou), sʳ de Salverte et du Plessix-Pezats, en Anjou, — de Noyal, — du Pont, — de la Bruyère, — de Lourmel, par. de Maroué, — de la Rue.

Ext. réf. 1669, quatre gén., ress. de Rennes.

D'azur au lion léopardé d'or, au chef de gueules soutenu d'argent, chargé d'un léopard d'or.

Moïse, sʳ de Salverte, maréchal des logis du Roi, vivant en 1557, épouse Isabeau Jousseaume, dont François, capitaine des ville et château de Langeais en 1590, marié en 1594 à Louise Chalopin, dame du Plessix-Pezats, anobli pour services militaires en 1605; une fille à Saint-Cyr en 1771; un général de brigade tué devant Sébastopol en 1854.

NORMAND (LE), par. de Guiler.
> Réf. et montres de 1481 à 1503, dite par., év. de Léon.
>> Jean, de la paroisse de Guiler, anobli et franchi par mandement de 1445.

NORMAND, sʳ de Lanigou, par. de Taulé, év. de Léon.
> Déb., réf. 1668, ress. de Lesneven.
>> Jacques, époux de Françoise Nuz, veuve en 1668.

NORMANT (LE), sʳ de la Villehéleuc, par. d'Hénanbihan, — de la Villenéen, — des Salles.
> Anc. ext. réf. 1669, neuf gén.; réf. et montres de 1423 à 1535, par. d'Hénanbihan, év. de Saint-Brieuc.
> D'azur au rencontre de cerf d'or, cantonné de quatre molettes de même.
>> Mathieu, croisé en 1248; Alain, vivant en 1423, père de Jean, vivant en 1464, marié à Perrette du Chalonge, dont Jean, vivant en 1493, marié à Françoise le Denais.

NORMANT (LE), sʳ de la Jousselière et de la Tesserie, par. de Vritz, — d'Oeste, — du Hardas, — de la Plesse, — de la Baguais et du Boisbriant, par. de Saint-Jean de Béré.
> Déb., réf. 1668, ress. de Nantes.
> Fascé ondé d'azur et d'argent de huit pièces, au chef d'or chargé d'une pomme de pourpre, feuillée de sinople, accostée de deux perroquets affrontés de même (arm. 1696).
>> Trois officiers des comptes depuis 1708.

NORMANT (LE) (orig. de Picardie), sʳ de Kergré, év. de Tréguier.
> D'or au chevron d'azur, accomp. de trois merlettes de sable.
>> Louis-Etienne, receveur des impôts et billots de Bretagne en 1681, épouse en 1685 Jeanne Thomé de Keridec; un maire de Guingamp en 1784, député aux États de 1786; un maréchal de camp, † 1841.
>> On trouve Jean-Jacques, maire de Brest, anobli en 1783; mais nous ne savons s'il appartenait à la même famille.

NORMÉNY (DE), *voyez* PAINTEUR (LE).

NORTH (DE), sʳ du Perray et de la Sébinière, par. de Monnières, — de la Massais, par. de Blain, — de Buhel et de Trémar, par. de Plessé.
> Déb., réf. 1669, ress. de Nantes.
> D'azur au lion d'or, accomp. de trois fleurs de lys d'argent; *aliàs* : d'argent à la fasce d'azur, chargée de trois coquilles d'or et accomp. d'un lion de sable naissant de la pointe (arm. 1696).
>> Deux auditeurs des comptes depuis 1661.

Nos (DES), sʳ de Vaumeloisel, par. de Saint-Potan, — de la Motte-Collas, par. de Pléboulle, — de Bélouze, par. de Plédéliac, — du Pont-Tourande, par. de Pleurtuit, — de la Marre-Coëtquen, — des Fossés, par. de Plélan-le-Petit, — de la Guimerais, — de la Villedaniel, — de Cariole, — de Tréléver, par. de Guimaëc, — de la

Ville-Thébault, — de la Tierceville, — de la Feuillée, de Maresché, d'Hémenard, de la Tendrais, de Champmeslin, de Montigné, de Laissart et de Pannard, au Maine.

Anc. ext. chev., réf. 1669, dix gén., et maint. à l'intend. de Bretagne et de Tours en 1704; réf. et montres de 1423 à 1535, par. de Saint-Potan, Pléboulle et Plédéliac, év. de Saint-Brieuc.

D'argent au lion de sable, armé, lampassé et couronné de gueules. Devise : *Tout pour honneur et par honneur;* et : *Marche droit.*

Rolland, croisé en 1248 et 1270; Philippe, épouse vers 1322 Tiphaine du Boisriou, de la paroisse de Ruca; Étienne, archer dans une montre de 1351, marié à Anastase la Vache, de la maison de la Touche; trois chevaliers de l'ordre du Roi depuis 1538; deux chefs d'escadre et deux lieutenants-généraux des armées navales depuis 1694; un page du Roi en 1691; un page de la Reine en 1740; plusieurs chevaliers de Malte depuis 1720; un abbé de Redon en 1747, évêque de Rennes en 1761 transféré à Verdun en 1770; un maréchal de camp en 1788.

La branche aînée éteinte en 1763 dans les ducs de Beauvillier-Saint-Aignan.

La branche de Pannard, établie dans le Maine en 1568, existe seule aujourd'hui.

Nos (DES), s' de la Sabinière, — de la Grée.

Déb., réf. 1669, ress. de Nantes.

D'or à la croix échiquetée de gueules et d'argent de trois tires, cantonnée de quatre ifs de sinople.

Jean-Baptiste, greffier en chef du parlement Maupeou en 1771.

NOUAIL, s' de Ruillé, par. de Saint-Martin de Vitré, — des Faveries, — de la Ville-au-Sault, — de la Ville-Gilles, par. de Saint-Méloir-des-Ondes.

Déb., réf. 1668 et à l'intend. en 1704; réf. 1513, par. de Villamée, év. de Rennes.

D'azur au rencontre de cerf d'or (arm. 1696).

Guillaume, élu de la paroisse de Villamée en 1513; Guillaume, s' des Faveries, de Vitré, poursuivi comme ligueur par le sénéchal de Rennes en 1590; Jean, alloué de Saint-Malo en 1696; un volontaire au combat de Saint-Cast en 1758; deux lieutenants des maréchaux de France à Saint-Malo et à Morlaix depuis 1768; un lieutenant d'artillerie au régiment de Besançon en 1788.

NOUAIL, s' de Maurepas.

De gueules à trois tours d'or, à la bande de vair brochant (arm. 1696).

François, conseiller au présidial de Rennes en 1696.

On trouve Raoulet Nouail, s' de la Justonnais, paroisse de Bréteil, et Perrine Rouault, sa femme, gens partables, père et mère d'Olive, mère de Raoulet Bertrand, mentionné à la réformation de 1513, paroisse de Bréteil; mais nous ne savons s'ils appartenaient à la même famille.

NOUE (DE LA), *voyez* NOË (DE LA).

NOUE (DE LA), s' dudit lieu, de Guibretoux et de la Brosse, par. de Fresnay, — de la Nivardière, par. de Bouaye, — de la Hunaudais, par. de Saint-Colombin, — de Toulan, par. de Nozay, — de la Ramée, par. de Prinquiau, — de Briort, par. de Port-Saint-Père, — de Launay-Bazouin, par. de Fougeray, — de la Boissière, par.

de la Remaudière, — de Treillières, par. de ce nom, — de la Verrière, par. de Saint-Donatien, — du Loroux, par. du Loroux-Bottereau, — de Téligny, en Rouergue.

Réf. et montres de 1427 à 1543, par. de Prinquiau, Fougeray, Bouaye et le Loroux-Bottereau, év. de Nantes.

D'argent treillissé de dix pièces de sable, au chef de gueules chargé de trois têtes de loup arrachées d'or.

_{Guillaume, prête serment au duc comme sujet de la baronnie de Retz en 1383; Maurice, écuyer de la retenue du maréchal de Coëtquen en 1420, père: 1º d'Olivier, marié à Jeanne de Laval, qui a continué la branche aînée; 2º de Jean, capitaine de Machecoul, époux en 1430 de Françoise de la Chapelle, dame de Launay-Bazouin; François, sr de la Noue, suivit le Roi à la campagne d'Italie en 1524, et épousa Bonaventure l'Epervier, dont il eut: François, surnommé *Bras-de-Fer*, célèbre capitaine calviniste, tué au siége de Lamballe en 1591; Odet, fils du précédent et de Madeleine, dame de Téligny, employé dans les Pays-Bas sous le prince d'Orange en 1584, au siége de Paris par Henri IV en 1592, ambassadeur en Hollande en 1617, † 1618. Marie, sœur d'Odet, épouse: 1º le sr de Chambray, 2º Joachim de Bellengreville, grand prévôt de France, 3º en 1622, Pons de Lauzières, marquis de Thémines, maréchal de France et gouverneur de Bretagne, † à Auray en 1627.}

NOUE (DE LA) (orig. de Touraine), sr de Grigné-le-Brisay et de Vaubreton, en Touraine, — comte de Vair en 1653, par. de Saint-Herblon, — sr d'Anetz, par. de ce nom, — de Crenolle, par. de Plessala, — de Bogard, par. de Quessoy, — des Aubiers, par. d'Hillion.

Maint. par arrêts du parlement de 1779 et 1784, sept gén., ress. de Saint-Brieuc.

D'azur à la croix d'argent, cantonnée de quatre gerbes de blé d'or.

Sept conseillers au parlement depuis 1577; un page du Roi en 1761; un lieutenant des maréchaux de France à Moncontour en 1781; un maréchal de camp en 1788, lieutenant général en 1792, décapité en 1793.

Suivant La Ch. des B. cette famille est issue de la précédente par Jean, sr de Launay-Bazouin, capitaine de Machecoul, père de Guillaume, maître des comptes en 1458, marié en 1460 à N. de Lisseneuve, dernière du nom, dont il prit les armes. Guillaume, leur fils, capitaine de vingt-cinq lances, s'établit à Chinon, en Touraine, en 1484, et sa postérité revint en Bretagne en 1577.

NOUE (DE LA), sr du Boschet, par. de Pleine-Fougères, év. de Dol.

Maint. réf. 1669 et à l'intend. en 1702, ress. de Fougères.

D'azur au chevron d'argent, chargé de cinq roses de gueules et accomp. de trois coquilles d'or. (G. G.)

Jean, anobli en 1656.

NOUËL, *voyez* NOËL.

NOULLEAU, sr du Geond, par. de Saint-Michel de Saint-Brieuc.

Déb., réf. 1670, ress. de Saint-Brieuc.

NOURQUER (orig. de Picardie), sr de la Houlle, — de la Villehenry, — du Camper.

Maint. à l'intend. en 1703 et par arrêt du parl. de 1770, neuf gén.

D'or à une aigle au vol abaissé de sable, becquée de gueules (arm. 1696).

Noury, de la ville de Châteaugiron, anobli sous le titre de baron en 1822.

D'or au taureau furieux de sable, foulant aux pieds un serpent de même, soutenu de sinople; au chef cousu d'argent, chargé d'une tête de chouette arrachée de sable.

Nouvel, s^r de Louzillais, — de la Grenouaillais, — de Landaillé, — de Mesmélégan, par. de Plouvien, — de la Flèche, par. de Plouider.

D'argent au pin terrassé d'azur, supporté par deux cerfs affrontés de gueules (arm. 1696); *aliàs* : écartelé de *la Flèche* et de *Mesnoalet*.

Julien, fils de Thomas et de Perrine Sablé, échevin de Rennes en 1544, épouse Claude Bilfer; Claude, faisait partie de l'entreprise des notables de Rennes pour remettre la ville au roi Henri IV en 1589; deux sénéchaux de Lesneven depuis 1741.

Cette famille s'est alliée aux Gillart de Larchantel, Huon de Kermadec, Penguern, Audren de Kerdrel et Chéreil.

Novion (de) (orig. de Champagne, y maint. en 1667), s^r de Guignicourt, — de Mont-Couvent, — de Vez-sur-Vesle, — de la Hazette.

D'azur à la bande d'or, accomp. de trois colombes d'argent.

Une branche établie à Nantes a produit un député de la noblesse de Vermandois aux États-Généraux de 1789, depuis maréchal de camp.

Noyal (de), s^r dudit lieu et de Clesne, par. de Noyal-Muzillac, — de Mousternault, par. de Lauzac'h, — de Kersapé, par. de Theix, — de Beaulieu, — de la Motte.

Anc. ext. chev., réf. 1669, douze gén.; réf. et montres de 1427 à 1536, dites par., év. de Vannes.

D'argent à trois fasces de sable.

Amaury, s^r de Clesne, vivant en 1350, épouse Hélène de Carné.

Nozay (de), de gueules à la croix d'or, cantonnée de quatre lionceaux de même. (G. le B.)

Jean, écuyer dans une montre de 1379; Macé, écuyer dans une montre de 1426; Renée, épouse en 1459, Emery de Poix, s^r de Saint-Romain.

Nuz (ramage de Kergournadec'h), s^r de Kerautret, par. de Plougoulm.

Réf. et montres de 1426 à 1503, par. de Plouider et Plougoulm, év. de Léon.

Echiqueté d'or et de gueules, *comme Kergournadec'h*.

La branche de Kerautret fondue dans Traonélorn.

Nuz, év. de Saint-Brieuc.

D'azur à neuf billettes d'or en sautoir. (G. le B.)

Jeanne, épouse en 1490 Pierre de Forsanz, capitaine des gens d'armes du sire d'Albret, et leurs descendants ont gardé les armes de Nuz.

Nuz (le), s^r de Penvern, par. de Plounéventer.

Réf. et montres de 1426 à 1503, dite par., év. de Léon.

D'azur à l'épée d'argent garnie d'or, posée en bande, la pointe en bas, accostée de deux quintefeuilles d'or.

Fondu en 1533 dans Kerouartz.

Nuz (le), sr de Kergomarc'h, par. de Guimaëc, — de Kerhunan, par. de Plougaznou.
Réf. de 1427 à 1445, par. de Plougaznou, év. de Tréguier.
D'argent à trois jumelles de sable, accomp. d'un annelet de même en chef.
Nicolas, gouverneur du château du Taureau en 1579.

Nuz, sr de Kerfaven, év. de Tréguier.
D'or à trois tourteaux de gueules (G. le B.), *comme Hautbois*.

Ny (le), sr de Trébrit, de Penanguer et de l'Ile-Yvon, par. de Ploudiry, — de Coëtelez, par. du Drénec, — de Kersauzon, par. de Guiclan, — de Lanivinon, par. de Saint-Thégonnec, — de Kerriou, par. de Loguénolé, — de Keranflec'h, par. de Milizac, — de Coslen, par. de Plouzévédé, — de Lezirfin, par. de Guimaëc, — de Saint-Jouan, par. de ce nom, — de Coëtudavel, par. de Mespaul, — de Kerigou, par. de Plougoulm, — de Traonozven, par. de Cléder, — de Keraudy, — de Kerénez, — de Penanrest.
Anc. ext. chev., réf. 1669, onze gén.; réf. et montres de 1426 à 1534, par. de Ploudiry, Taulé, Le Drénec, Landouzan, Guiclan et Saint-Thégonnec, év. de Léon.
Ecartelé aux 1 et 4 : d'argent à l'écu d'azur en abyme, accomp. de six annelets de gueules en orle, 3. 2 et 1, *comme Jacobin et Lanuzouarn*; aux 2 et 3 : *de Coëtélez*.
Devise : *Humble et loyal*.

Salomon, chambellan du duc Jean IV en 1380, épouse : 1º Marguerite, dame de Coëtélez; 2º Juzette, dame de Kersauzon, à condition que les enfants à naître de ce mariage prendraient les nom et armes de Kersauzon, ce qui a été exécuté. *Voyez* KERSAUZON.
Du premier lit naquit Hervé, dit *le Vieil*, sénéchal de Cornouailles, vivant en 1405, marié à Béatrix de Tréffily, qui ont continué la branche de Coëtélez.
Cette famille alliée aux Tournemine, Kergournadec'h, Rosmadec, etc., a produit : François, abbé de Bonrepos, de 1579 à 1606; Mathurin, archidiacre de Vannes, puis évêque de Poitiers en 1698, † 1730, frère d'un page du Roi en 1689, lieutenant aux gardes en 1706.
Un lieutenant de vaisseau fusillé à Quibéron en 1795, est le dernier de cette famille.

Ny (le) (ramage des précédents), sr de Kerélec, — de Lesguen, par. de Plouguin.
Anc. ext., réf. 1670, cinq gén., ress. de Saint-Renan.
D'or au palmier d'azur, *qui est Lesguen*.

Alain, fils puîné d'Hervé, sr de Coëtélez et de Louise de Kergournadec'h, en épousant en 1540, Marguerite, dame de Lesguen, prit les armes de Lesguen.
Fondu dans du Tertre de Montalais, puis Collin de la Biochaye et Collas de la Motte.

O

O'Brien (orig. d'Irlande).

Maint. par lettres patentes de 1705.

Ecartelé aux 1 et 4 : d'argent à trois léopards de gueules; aux 2 et 3 : d'argent à trois pointes de gueules. Devise : *Vigueur de dessus.*

Un capitaine au régiment de Berwick (Irlandais), en 1775 ; un major au régiment de Walsh en 1780.

Odet, d'azur à trois épées d'argent en pal, les pointes en bas. (G. le B.)

Ogeron (orig. d'Anjou, y maint. en 1666), sr de la Bouère.

D'argent à l'aigle de gueules, membrée d'or, à la fasce aussi d'or brochant, chargée de trois merlettes de sable.

Bertrand, vivant en 1600, épouse Jeanne Blouin, dont : 1º Jean, conseiller au parlement en 1646; 2º Bertrand, capitaine de marine, fondateur et gouverneur de la colonie de Saint-Domingue, anobli en 1643.

Ogier, sr de Catuélan, par. d'Hénon, — de la Roche, par. de la Maloure, — de Kervidy, par. d'Yffiniac.

Réf. et montres de 1423 à 1535, dites par., év. de Saint-Brieuc.

D'azur à sept roses ou quintefeuilles d'or. *(Blancs-Manteaux.)*

Henri, écuyer dans une montre de 1380; Olivier, vivant en 1423, épouse Marie Le Forestier ; Guillaume, marié à Marie de Lindreuc, prête serment au duc entre les nobles de Montcontour en 1437.

Fondu en 1575 dans la Rivière du Plessix-Hérupet, puis le Merdy.

Ogier (orig. d'Anjou), sr de Beauvais, — de la Claverie, — de la Valais.

D'argent à trois trèfles de sable (*alias :* d'azur).

Jean, avocat à la sénéchaussée d'Angers en 1511, épouse : 1º Marie Joullain, 2º Renée Ernault ; René, auditeur des comptes en 1579 ; Pierre, chanoine de Rennes et archidiacre du Désert, † 1596 ; Pierre, conseiller au parlement en 1595, épouse en 1594 Perrine Juffé.

Cette famille se rattache par ses traditions à Robin, écuyer dans une montre reçue par du Guesclin en 1371, marié à Isabeau de Segraye, père de Guillard, époux en 1400 d'Antoinette d'Aubusson, lesquels portaient : d'argent au chevron d'azur, accompagné de trois trèfles de même.

Oisel (L'), *voyez* **Loisel**.

Olimant, sr de la Ville-Jaffrez, — de Kernéguez, par. de Plouguer, — de Kerdaniel, — de Kerénor, — de Kerourio, — de Kerdudal.

Maint. au conseil en 1717, ress. de Carhaix.

D'argent à deux fasces de gueules, au chef de sable, *qui est Kernéguez.*

Guillaume, greffier de Carhaix, marié en 1577 à Catherine, dame de Kernéguez, prisonnier des royaux au sac de Carhaix en 1590, ainsi que René Olimant, bailli des juridictions de Châteauneuf et de Landeleau, se rachetèrent, le premier pour 1580 écus, le second pour 1200 écus et une haquenée blanche.

Charles-Joseph, maître des eaux et forêts de Bretagne, confirmé ou anobli en 1698, épouse Renée-Catherine des Cognets, dont Toussaint, page du Roi en 1737.

René, sr de Launay, débouté à l'intendance en 1701.

OLIVET, sr de la Martinière, par. de Saint-Léonard.

Déb., réf. 1668, ress. de Fougères.

OLIVIER, sr du Bourdon, par. de Plouha, — de la Fontaine, — de Kermorin, — de Kervéguen, — de Kerjouan, — de Launay.

Anc. ext., réf. 1669, sept gén.; réf. et montres de 1441 à 1513, par. de Plouha, év. de Saint-Brieuc.

D'argent à trois têtes de lévrier coupées de sable, colletées d'or, surmontées d'une quintefeuille de sable. Devise : *Ni trop, ni trop peu.*

Jean, vivant en 1441, épouse Françoise Gendrot, dont : Robert, marié en 1483 à Françoise Couffon, dont il prit les armes brisées d'une quintefeuille, en alternant les émaux.

OLIVIER, sr du Pavillon, — de la Plesse, — de la Bouinière.

Maint. par les commissaires en 1698, ress. de Nantes.

D'argent à l'olivier de sinople terrassé de même.

Plusieurs auditeurs et correcteurs des comptes depuis 1617, dont le dernier reçut ses lettres d'honneur en 1777; un échevin de Nantes, en 1664; un gentilhomme ordinaire de Monsieur, en 1696.

OLIVIER, sr de Kerjean, par. de Saint-Vougay.

Réf. et montres de 1426 à 1534, dite par. et par. de Plounéventer, év. de Léon.

D'azur à la colombe essorante d'argent, portant en son bec un rameau d'olivier de sinople (G. le B.). Devise : *Signum pacis.*

Jean et Bernard son fils, se disant anoblis en 1426; Henry, époux en 1444 de Marguerite de Lanrivinen. Moderne : Barbier.

OLIVIER, sr de Kerthomas, par. de Lanvollon.

Déb., réf. 1670, ress. de Saint-Brieuc.

D'argent à la croix alésée de sable. (G. le B.)

OLIVIER, sr du Vieux-Châtel, — de Kerascouët, par. de Plouguin, év. de Léon.

D'azur au hibou essorant d'or, regardant un soleil de même à dextre (arm. 1696).

Claude, médecin du Roi pour la marine en 1696, secrétaire du Roi en 1716, épouse Catherine Verduc. Fondu dans Raison.

OLIVIER, déb. réf. 1668, ress. de Lesneven.

D'azur à un arbre d'argent, accomp. de trois croissants d'or (arm. 1696.)

Julien, notaire royal à Landerneau, en 1668.

OLIVIER (orig. de Lyon.)

Écartelé au 1 et 4 : de sinople à l'olivier d'argent; aux 2 et 3 : de sable au chef d'azur chargé de trois fleurs de lys d'or, au lambel de gueules.

Séraphin, évêque de Rennes en 1599, cardinal en 1604, fils naturel, suivant quelques auteurs, de François, chancelier de France en 1545.

OLIVIER (L'), sr de la Villeneuve, par. de Guerlesquin, — du Plessix, par. de Bannalec, — du Stang, par. de Scaër, — de Lochrist, par. de Trébrivant, — de Saint-Maur, — de Tronjoly, par. de Gourin, — de Kervern, par. de Ploumiliau, — du Bois-de-la-Roche, par. de Néant, — de Bovrel, par de Saint-Guyomar.

Ext. réf. 1669, six gén.; réf. et montres de 1481 à 1536, par. de Guerlesquin, év. de Tréguier, Bannalec et Scaër, év. de Cornouailles.

D'argent à la fasce de gueules, grillée d'or, accomp. de trois quintefeuilles de gueules. Devise : *Nobili pace victor.*

Jean, de la paroisse de Plourac'h, sénéchal de Duault-Quélen, anobli en 1462; Yvon, vivant en 1481, épouse Constance de la Cour, un page du Roi en 1688; un abbé de Rillé en 1763; un chef d'escadre en 1783. Famille éteinte.

OLIVRIT, réf. et montres de 1423 à 1469, par. de Pléneuf, év. de Saint-Brieuc.

Jean, se disant noble et contrarié en 1423, anobli en 1428.

OLYMANT, *voyez* OLIMANT.

OMNÈS, sr de Keromnès, par. de Carantec, — de Kerret, par. de Rosnoën, — de Tibisson, — de Keroullé et de Kerantrez, par. d'Hanvec.

Réf. et montres de 1426 à 1536, par. de Rosnoën et Hanvec, év. de Cornouailles.

Losangé d'argent et de sable, à la coupe couverte d'or sur le tout, *comme Boutouiller et Larchiver.*

Marie et Françoise, abbesses de la Joie de 1523 à 1561.
La branche aînée fondue au XVe siècle dans Boutouiller.

O'MURPHY (orig. d'Irlande).

Confirmé par lettres patentes de 1821.

Écartelé d'argent et de gueules à quatre lions de l'un en l'autre, à la fasce de sable chargé de trois gerbes de blé d'or, brochant sur le tout. Devise : *Fortis et hospitalis.*

Cette famille, établie en Bretagne en 1690, s'est alliée aux Le Roy de la Trochardais, du Breil de la Caunelaye et Botherel et a produit un maréchal de camp en 1825.

ONFFROY (orig. de Normandie, y maint. en 1598 et 1671), sr de Saint-Laurent-sur-Mer, d'Agnerville, de Ver, de Véret, d'Aubigny, de la Piramière, de la Haye, de la Rozière et des Varennes, en Normandie, — de la Gaudinelais, par. de Saint-Malo-de-Phily.

Ext. arrêt du parl. de 1782, dix gén., ress. de Rennes.

D'argent au chevron de gueules, accomp. de trois trèfles de sinople.

Robert, de la paroisse de Cérisy, exempt de tailles à la réformation de 1463; Marin, de la paroisse de Véret, obtient charte recognitoire de noblesse en 1543; Jean, son fils, partage noblement en 1548 et épouse Jeanne Herbelyne.

ORAIN, sr de la Porte.

Déb., réf. 1668, ress. de Rennes.

Parti d'or et de gueules à deux lions contournés de l'un en l'autre, soutenant une lance en pal, *voyez* CLÉVÉDER.

Tanguy, référendaire en 1642, marié à Catherine Binène, veuve en 1668.

ORAIN, sr de la Ville-Martin, ress. de Rennes.

D'azur au buste de reine de carnation chevelée et couronnée d'or, accomp. en chef de deux croissants d'argent et en pointe de deux feuilles de plantain de même, appointées par la tige (arm. 1696).

<small>Rodolphe, docteur en médecine en 1696.</small>

ORCISES (D'), sr du Boisfarouge, par. d'Amanlis, — de Villeneuve.

Ext. réf. 1668, cinq gén., ress. de Rennes.

D'or à l'ours au naturel de sable, couronné et enmuselé d'argent, *voyez* CADORÉ.

<small>Pierre, époux de Jeanne Crocelay, veuve en 1525; une fille à Saint-Cyr en 1764.</small>

ORENGES (D'), sr dudit lieu, par. de Vieuxvy-sur-Couasnon, — de la Feillée, — de la Rouaudière, des Loges et de la Goutelle, par. du Ferré.

Réf. de 1429 à 1513, dites par., év. de Rennes.

Parti d'argent et de gueules, au croissant de l'un en l'autre.

<small>Guillaume, au nombre des défenseurs de Dol, assiégé par le roi d'Angleterre en 1173; Guibourde abbesse de Saint-Sulpice de Rennes, † 1391.</small>

<small>La branche aînée fondue vers 1440 dans Châteaubriant.</small>

ORENGES (D'), sr de Limérou.

Déb., réf. 1668, ress. de Saint-Brieuc.

Palé d'argent et de gueules de six pièces, à la bordure de sable, chargée de huit oranges d'or. (B. L.)

ORFÈVRE (L'), sr du Moustoir, par. d'Aradon, — de Kermilin, par. de Saint-Avé.

Réf. et montres de 1479 à 1513, dites par., év. de Vannes, et par. de Ménéac, év. de Saint-Malo.

D'argent à trois chouettes de sable.

ORFÈVRE (L') (orig. de Picardie), sr du Boisnouault, par. de Saint-Sauveur des Landes, des Préaux.

Déb. à l'intend. en 1701, ress. de Fougères. (Protest. 1788.)

D'azur à trois limaçons d'or (arm. 1696).

<small>Charles, capitaine des milices de Fougères en 1696.</small>

ORGÈRES, év. de Rennes, paroisse et seigneurie successivement possédée par les Moraud et les Bouëdrier, érigée en baronnie en 1641, en faveur du sr de Bourgneuf, et de nouveau en 1774, en faveur du sr Bonnescuelle; *voyez* BOURGNEUF et BONNESCUELLE.

ORIENT, (L') ou LORIENT, év. de Vannes, ville maritime et place forte assiégée par les Anglais en 1746.

De gueules au vaisseau équipé d'argent, voguant sur une mer de sinople, accomp. à dextre d'un soleil d'or se levant derrière des montagnes d'argent, au franc canton d'hermines; l'écu ayant un chef d'azur besanté d'or.

<small>Cette ville élevée par la Compagnie des Indes au XVIIIe siècle, fut érigée en communauté avec droit de députer aux États, l'an 1738.</small>

ORIGNY (d') ou DORIGNY, s^r de Saint-Etienne, — de Kersalliou.

D'azur au chevron d'or, accomp. de trois flammes de même (arm. 1696).

Plusieurs officiers de la milice bourgeoise de Morlaix, depuis 1693; Michel, maire de Morlaix en 1725.

ORION, s^r de Keranguiriec, par. de Ploëzal.

Déb., réf. 1670, ress. de Lannion.

D'argent à la croix dentelée de sable (arm. de l'Ars.).

O'RIORDAN (orig. d'Irlande), s^r de Saffré, par. de ce nom, év. de Nantes.

Confirmé par lettres patentes de 1773.

Écartelé aux 1 et 4 : de gueules au dextrochère de carnation, armé d'une épée haute d'argent, mouvante d'un nuage d'azur à sénestre : aux 2 et 3 : d'argent au lion de gueules, grimpant le long d'un chêne de sinople, terrassé de même. Devise : *Certavi, sanguinavi, vici.*

Plusieurs officiers dans la brigade Irlandaise, aux régiments de Dillon et de Walsh depuis 1703; un secrétaire du Roi en 1752.

ORIOT, s^r de Kergoat, par. de Guiclan, — du Portzmeur et de Kerbridou, par. de Plougaznou, — du Runiou, par. de Saint-Mathieu, — de Coëtamour, par. de Ploujean.

Maint. à l'intend. en 1702 ; réf. 1543, par. de Plougaznou, év. de Tréguier.

D'azur au chevron d'or, accomp. de trois molettes de même, (G. le B.) *voyez* LORIOT.

Deux secrétaires du Roi, en 1673.

ORITEL, s^r de Pontrado, par. d'Hénon, — du Bas-Chemin et de la Villegarnier, par. de Quessoy, — de la Vigne, — de la Porte, — des Présgléons.

Anc. ext., réf. 1669, sept gén. ; réf. et montres de 1423 à 1569, dites par. et par. de Maroué, év. de Saint-Brieuc.

D'azur à la croix patriarcale d'or, accomp. en pointe de deux clefs adossées d'argent, les pannetons vers le bas de l'écu.

Jean, vivant en 1469, épouse Jeanne Gratien.

ORLÉANS (d'), s^r de la Motte, — de Beauvoir, par. de Brains, — de Since.

Maint. à l'intend. en 1704, ress. de Nantes.

D'argent au chevron surmonté d'un croissant accosté de deux étoiles, le tout de gueules et accomp. en pointe d'une aigle de sable, *comme Petiteau.*

Regnault, conseiller au présidial de Vannes en 1597, Joubert, échevin de Nantes, en 1602, épouse Jeanne Pellerin.

ORLY, d'or à un ours rampant de sable. (G. le B.)

ORVAULX (d'), (orig. de Touraine, y maint. en 1667), s^r dudit lieu, — de la Bévrière, par. de Montrelais.

Maint. à l'intend. en 1704, quatre gén., ress. de Nantes.

De sable à la bande d'argent cotoyée de deux cotices d'or.

Charles, épouse vers 1570, Françoise du Bois; Alphonse-Léonard, chevalier de Malte en 1689.

O'SCHIEL (orig. d'Irlande.)

Maint. par arrêt du conseil et lettres patentes de 1755.

D'argent au lion accomp. en chef de deux gantelets et en pointe d'une étoile, le tout de gueules.

Deux lieutenants au régiment de Walsh (Irlandais) en 1781.

OSMONT (D') (orig. de Normandie, y maint. en 1667), sʳ de Centeville, — de Mouyaulx.

Protest. 1788, ress. de Rennes.

De gueules au vol fondant d'hermines. Devise : *Nihil obstat.*

OSSAT (D') ou DOSSAT (orig. de Gascogne).

D'azur au pigeon d'argent, membré et becqué de gueules, tenant au bec une branche d'olivier de sinople.

Armand, évêque de Rennes en 1596, chargé de traiter avec le pape Clément VIII de la réconciliation d'Henri IV avec le Saint-Siége; nommé cardinal en 1599, † à Rome en 1604 et inhumé à Saint-Louis-des-Français.

OUDON (D'), sʳ dudit lieu, par. de ce nom, év. de Nantes.

Amaury, sire d'Oudon en 1104. Fondu vers 1317 dans Châteaugiron-Malestroit, sur qui Oudon fut confisqué par François Iᵉʳ, en 1526.

Cette seigneurie a appartenu depuis aux maisons du Juch, du Bellay, Montmorency et Bourbon-Condé.

OUÉSSANT, en breton HEUSAFF, *voyez* HEUSAFF.

Ile de l'évêché de Léon, érigée en marquisat en 1597, en faveur du sʳ de Rieux, *voyez* RIEUX.

OURY, sʳ du Bignon, par. de Noyal.

Réf. et montres de 1435 à 1569, par. de Noyal et Maroué, év. de Saint-Brieuc.

D'argent au léopard d'azur, lampassé de gueules ; *aliàs* : d'argent à cinq burelles de gueules.

Mathieu, né à Montfort-la-Canne, docteur en théologie, inquisiteur-général de la foi, au royaume de France, †1557. Fondu dans Collas.

OUTREMER (D'), sʳ de Rigné, par. de Rougé, — de Belestre et du Boisbriand, par. de Saint-Jean-de-Béré.

Déb., réf. 1668, ress. de Rennes.

OUVRIER (D') ou DOUVRIER (orig. de Languedoc).

D'azur au chevron d'argent, chargé de sept merlettes de sable et accomp. de trois fleurs de lys d'or, formées d'épis de blé de même.

Rigal, capitoul de Toulouse en 1541; Hector, aumônier de Marie de Médicis et évêque de Dol en 1630, transféré à Nîmes en 1644, † 1655.

OZANNE, sʳ de la Tour.

De sable à une tour d'or, parti de sinople à trois bandes d'or (arm. 1696).

Julien, architecte et entrepreneur des travaux du Roi, éleva la première enceinte de la place de Brest en 1647; Nicolas, trésorier de la marine à Brest en 1696.

OZANNEAUX (D'), sʳ de Trémeleuc, par. de Saint-Aubin de Guérande.

Déb., réf. 1670, ress. de Guérande.

P

PADIOLEAU, s^r de la Bronière, par. de Saint-Lumine-de-Coutais, — de Launay.
: Un auditeur des comptes en 1613, auteur de plusieurs ouvrages de jurisprudence.
: Un volontaire pontifical de ce nom, à Castelfidardo en 1860.

PAGE (LE), s^r de la Cordemais, — de la Chevalleraye.
: Déb., réf. 1669, ress. de Fougères.
: D'or fretté de sable, une jumelle de gueules brochant en fasce sur le tout (arm. 1696).

PAGE (LE), s^r de Kerpérénez, *voyez* KERPÉRÉNEZ, dont cette famille a gardé le nom.

PAGE ou PAIGE (LE), s^r de la Ville-Urvoy et de l'Estang, par. de Plélo, — de Kermérien, par. de Goudelin, — de Penquer, — de Kergrist.
: Anc. ext., réf. 1669, six gén.; réf. et montres de 1423 à 1535, par. de Plélo, év. de Saint-Brieuc.
: D'argent à l'aigle impériale de sable, becquée et membrée de gueules.
: Alain, vivant en 1469, père de Rolland, marié à Jeanne de Quélen.
: Les s^{rs} de Kergollot, paroisse de Pontrieux et de la Ville-Robert, ressort de Saint-Brieuc, déboutés à la réformation de 1669.

PAGE ou PAIGE (LE), s^r de Saint-Nom, par. de Guérande, — de Kerougat, par. d'Assérac, — de la Bernardière.
: D'argent à l'aigle impériale de sable, becquée et membrée de gueules (arm. 1696), *comme les précédents*.
: Jean, anobli en 1700.

PAGEOT, s^r de la Trourie, par. de Sautron, év. de Nantes.
: D'argent à deux chevrons de gueules, accomp. de trois étoiles de même (arm. 1696); *aliàs* : d'argent à deux pals de gueules (arm. 1696).

PAHU, s^r de Lesaven, par. de Nizon.
: Déb., réf. 1669, ress. de Concarneau.

PAIGE (LE), *voyez* PAGE (LE).

PAIGNÉ (LE) (orig. d'Anjou), s^r de l'Escoublière, par. de la Tillière, — de l'Ormoie, de la Charouillère, de la Chevalerie et de la Touche, par. de Vallet.
: Déb., réf. 1670, ress. de Nantes.
: De gueules à trois peignes d'or.

PAIGNON, sr du Teilleul, par. de Corps-Nuds, — de la Bauche, par. de Vertou, — de la Rivière-Pellerin, près Redon.

Anc. ext., réf. 1669, neuf gén.; réf. de 1427 à 1513, par. de Corps-Nuds-les-Trois-Maries, év. de Rennes.

De sinople au lion d'argent (sceau 1400), *comme Kerbouriou.*

Laurencin, capitaine du château de l'Isle en 1400; Guillaume, vivant en 1416, épouse Valence de Coësmes.

PAIMBOEUF, ville de l'évêché de Nantes.

D'azur au navire équipé d'or, soutenu d'une mer d'argent.

PAIN.

Trois conseillers au parlement, de 1568 à 1578.

PAINDAVOINE, sr de la Chesnaye, par. de Saint-Thurial.

Réf. et montres de 1448 à 1513, dite par. et par. de Caro, év. de Saint-Malo.

PAINPARAY.

D'azur à une ancre d'argent, à l'orle de huit étoiles d'or.

Guillaume, négociant à Nantes, anobli en 1785.

PAINTEUR (LE) (orig. de Normandie, y maint. en 1599), sr de Lesnault, — du Bois-Jugan, — de Norményi.

Maint. par arrêt du parl. de 1786, douze gén. (Etats de 1786.)

Coupé au 1 : de gueules à deux aigles d'argent ; au 2 : d'or plein.

Jean, épouse en 1437 Perrette de Malherbe, dame de Maletot.

PALASNE, sr de Champeaux — du Rumain, — de la Ménardière, — du Pélican, — de la Villeauroux, par. de Cohiniac.

D'azur à la fasce d'argent chargée de trois fers de mulet de gueules et accomp. de trois feuilles de chardon d'or (arm. 1696).

Jean, sergent général et d'armes à Rennes en 1674; un référendaire à la chancellerie en 1745; un sénéchal de Saint-Brieuc en 1766, député aux Etats-Généraux en 1789; un adjudant-commandant, chevalier de l'Empire en 1808.

PALIERNE, sr de la Boulais, — de la Haudussais, par. de Moisdon.

Déb., réf. 1668, ress. de Rennes.

D'azur à deux badelaires d'argent en sautoir, surmontés d'un heaume aussi d'argent et accomp. en pointe d'une tige de deux branches de lys au naturel.

Un chef de division des armées royales en Bretagne, anobli en 1818.

PALLIER (LE), sr de Bellevue, du Closneuf et de la Noë, par. de Plémy, — de la Garenne.

D'azur à la fasce d'or chargée de trois pommes de gueules et accomp. de trois têtes de lapin d'argent (arm. 1696).

PALLUEL, sr du Préneuf.

Déb., réf. 1669, ress. de Concarneau.

PALUD, sr de Kervoazec, par. de Crozon, — du Parc.
Déb., réf. 1669, ress. de Châteaulin.
D'argent à deux fasces ondées d'azur, accomp. de trois étoiles de même (arm. 1696).
Un secrétaire du Roi en 1696.

PALUE (DE LA) (ramage de Léon), sr dudit lieu, par. de Beuzit-Conogan, — de Trésiguidy, par. de Pleyben, — du Plessis, — des Salles, par. de Plouisy, — du Prat, par. de Brélévénez.
Réf. et montres de 1481 à 1543, par. de Beuzit, év. de Léon, et Plouisy, év. de Tréguier.
D'or, au lion morné de sable, *qui est Léon*, au lambel de gueules.
Louis, abbé de Doualas, † 1399; Olivier, homme d'armes sous le maréchal de Rieux et le vicomte de Rohan, mourut au commencement du XVIe siècle, laissant une fille unique, Françoise, mariée à Troïlus de Montdragon, d'où la seigneurie de la Palue est passée successivement par alliance, aux Montmorency, Rosmadec et Kerlec'h.

PALUE (DE LA), *voyez* GUIOMAR.

PALUE (DE LA) (ramage du Bois-Dourduff), sr dudit lieu, par. de Plougoulm.
Réf. 1448, dite par., év. de Léon.
D'argent au lion d'azur, *qui est du Bois*, brisé à dextre d'une étoile de gueules.
Moderne : Simon de Tromenec, puis Coëtlosquet.

PALYS (orig. du Comtat-Venaissin), sr de Montrepos.
D'or à l'yeuse (chêne vert) arraché de sinople.
Jean, épouse vers 1560, Simonne de Camperousse; Raymond, capitaine au service du roi Henri IV en 1593, créé comte palatin et chevalier de la milice dorée, en 1612, épouse en 1618, Jeanne des Achards de la Baume; un lieutenant au régiment de Provence, tué à la bataille de Steinkerque en 1692; un major du génie, chevalier de Saint-Louis en 1780, puis colonel-directeur au Port-Louis et à Grenoble et maréchal de camp, † 1803.
Cette famille s'est alliée en Bretagne aux la Forest d'Armaillé et aux la Moussaye.

PAN (DU), sr dudit lieu, de la Haye et de la Massue, par. de Brutz, — du Plessix, par. d'Ossé.
Réf. de 1448 à 1513, dites par., év. de Rennes.
D'argent parti de gueules, à deux lions léopardés et mornés de l'un en l'autre.
Artur, connétable et lieutenant de Rennes en 1508. Fondu dans Glé de la Costardays.

PANCIGOT (orig. de Normandie), sr de la Fosse, par. de la Fontenelle.
Déb., réf. 1669, ress. de Bazouges-la-Pérouse.
De gueules au lion d'or.

PANETIER (LE), ress. de Nantes.
Fascé d'argent et de sable, au franc quartier de gueules, chargé d'un lion couronné d'argent (arm. 1696).

PANOU, sr de Faymoreau.
Un auditeur et un maître des comptes depuis 1744.

PANTIN (orig. d'Anjou), sr de la Hamelinière, — du Boisrouault et de la Gaudinière, par. de Mouzillon, — de Landemont, par. de ce nom, — de la Guère, par. de Saint-Géréon, — de la Verrie, par. de Belligné, — du Verger, — de la Rouaudière, — de la Villeraud, — de Lauvinière, par. de Mésanger, — de la Noë-de-Passay, par. de la Chevrollière, — de Gras-Mouton, par. de Château-Thébaud, — des Navinaux, par. de Vertou, — du Plessix-Moussard.

Anc. ext. chev., réf. 1669, treize gén.; réf. et montres de 1430 à 1543, par. de Mouzillon, év. de Nantes.

D'argent à la croix de sable, cantonnée de quatre molettes de gueules. Devise : *Crux dux certa salutis.*

Philippe, marié vers 1256 à Nicole de Machecoul, dame du Boisrouault, rend aveu en 1289 au baron de Champtoceaux pour le fief de la Hamelinière; Olivier, abbé de Blanchecouronne en 1375; Pierre, capitaine de Saint-Florent-sur-Loire pour René d'Anjou, en 1436; Pierre, fils du précédent, marié à Catherine de Savonnières, capitaine de Saint-Florent en 1465; Jean, capitaine de Clisson en 1477; Jeanne, fille d'honneur de Marguerite d'Orléans, comtesse d'Étampes, puis de Marguerite, duchesse de Bretagne de 1465 à 1469; autre Jeanne, fille d'honneur de Marguerite de Foix en 1471; Hardi, chevalier de Saint-Jean de Jérusalem, tué au siège de Rhodes en 1480; Jean, chevalier de l'ordre du Roi en 1510, maréchal de bataille à la journée de Pavie en 1525; un président de la noblesse par élection, aux États de Vitré en 1706.

PAPIN (orig. d'Anjou), sr de la Tévinière, — de Pontcallec, par. de Berné, — de Quifistre, par. de Saint-Molf.

De gueules à cinq fusées d'or posées en bande (G. le B.); *aliàs* : une épée en pal accomp. de trois croisettes (sceau 1419).

René, sr de la Tévinière, épouse vers 1575, Anne de Malestroit, dame de Pontcallec, dont Marie mariée vers 1600, à Charles de Guer, sr de la Porteneuve.

PAPPE, sr de Vieux-Bourg, par. de Gouezonou, — de Lezuzan, par. de Dirinon, — de Coëtmesper, par. d'Irvillac, — de Kerminihy, par. d'Elliant, — de Kermorvan, — de Lescoat, par. de Lanarvilly.

Déb. à l'intend. en 1703 et appelé à l'arrière-ban de Cornouailles en 1636 et 1694.

D'argent à la rose de gueules boutonnée d'or (G. le B.), *comme la Flèche.* Devise . *Point géhené, point géhenant.*

La branche de Lescoat fondue dans Damesme.

PAPPE (LE), sr du Cosquer, de Corvez, de Lantrennou, du Cosquérou et de Kervény, par. de Plougaznou.

Réf. et montres de 1463 à 1543, dite par., év. de Tréguier.

D'argent à la corneille de sable, becquée et membrée de gueules, traversée d'une lance de même en barre, la pointe en haut. (G. le B.)

Les srs de Coatbihan, de Kerangoué, paroisse de Lanmeur et de Trévern, de même nom et armes, reconnaissent pour auteur : Jean, puîné des srs de Corvez, époux en 1543 d'Anne Tribara; ils ont produit un procureur du Roi, au siège de Lanmeur en 1722, qui obtint lettres de vétérance en 1747, † 1759, âgé de 98 ans, aïeul d'un abbé de Mores, au diocèse de Langres en 1788, évêque d'Aire, puis de Strasbourg, † 1842.

PAPPE (LE), sr de la Villerabel et des Iles, par. d'Yffiniac, — de la Lande, — de Beauvais, près Montcontour.

Maint. à l'intend. en 1715, ress. de Saint-Brieuc.

D'argent à la corneille de sable, becquée et membrée de gueules, traversée d'une lance de même en barre, *comme les précédents.*

La branche de la Villerabel fondue en 1688 dans du Bois.

PARC (DU), sr dudit lieu et de la Motte, par. du Gouray, — de Trébry, par. de ce nom, — de Locmaria, par. de Ploumagoër, — de Lezversault, par. de Brélidy, — marquis du Guérand en 1637, et sr du Portzmeur, par. de Plouégat, — sr de Keranroux, de Kergariou et de Coëtgrall, par. de Ploujean, — de Guernéven, par. de Lohuec, — de Penanec'h, — de Brévara, par. de Botsorhel, — de Kerdanet, — de Kerret, de Penanrue et de Kerradennec, par. de Guerlesquin, — de Lesvern, par. de Lanmeur, — du Ponthou, par. de ce nom, — baron de Bodister, par. de Plourin, — sr du Cosquer, — du Stangmeur, — de Coëttrédrez, par. de Trédrez, — de Lezenor, par. de Ploulec'h, — de Trogorre, par. de Loguivy-Plougras, — du Plessix-Gautron, par. de Sévignac, — de Penanguer, — de Crénay, en Normandie.

Anc. ext. chev., réf. 1669, neuf gén.; réf. et montres de 1423 à 1543, par. du Gouray, Bréhant-Moncontour, Plémy et Trébry, év. de Saint-Brieuc, Ploumagoër et Brélidy, év. de Tréguier.

D'argent à trois jumelles de gueules (sceau 1371). Devise : *Vaincre ou mourir.*

Alain, croisé en 1248; Alain, témoin dans un accord entre le vicomte de Rohan et Hervé de Léon en 1288; Alain, désigné comme fils de Guillaume et de Mahotte de Mauny, dans un titre de l'abbaye de Boquen de 1375, accompagna du Guesclin dans plusieurs expéditions et paraît avoir été père 1o de Bertrand, capitaine de Broons en 1406 qui a continué la branche aînée; 2o de Robin, père de Jean, marié à Isabeau de Langourla, dont : Guillaume, époux en 1457, de Jeanne de Coëtgouréden, dame de Locmaria; 3o de Guillaume, marié à Guillemette de Romilley, dame de Crénay, en Normandie; 4o de Philippe, auteur des srs du Cosquer.

La branche aînée a produit : Charles, chambellan du duc et capitaine de Jugon en 1470, tué à la prise de Redon en 1487; Bertrand, capitaine de Redon et de Fougères puis maître de l'artillerie de Bretagne, † 1482. Cette branche s'est fondue dans la maison de Beaumanoir du Besso et ses possessions ont passé depuis aux Guémadeuc, du Cleuz et Kerouartz.

La branche de Locmaria et du Guérand a produit deux maréchaux de camp en 1651 et 1788 et un lieutenant-général en 1702 qui contribua puissamment au gain de la bataille de Spire en 1703. Elle s'est éteinte au dernier siècle et le marquisat du Guérand a été possédé depuis 1745, par les Quemper de Lanascol.

La branche de Crénay qui avait pris les armes de Paynel (*voyez* PAYNEL) a été maintenue en Normandie en 1463, 1598 et 1666.

PARC (DU) (ramage des précédents), sr du Cosquer, du Garspern et de Rosampoul, par. de Plougonven, — de Kergadou, par. de Calanhel, — de Toulalan, — de Keryvon, par. de Trémel, — de Kerjaffrez, — de Kerguiniou, — de Saint-Loha, — de Coëtrescar, par. de Plourac'h.

Anc. ext. chev., réf. 1671, neuf gén.; montre de 1481, par. de Plougonven, év. de Tréguier.

D'argent à trois jumelles de gueules, *qui est du Parc*, surmontées d'une étoile de même.

<small>Philippe, juveigneur du Parc, vivant en 1360, père de Tristan, marié en 1405 à Claudine Le Bervet, dame du Cosquer, dont il prit le nom et les armes qu'un de ses descendants, François, quitta en 1614 pour reprendre les nom et armes du Parc; un gouverneur du château du Taureau en 1616; trois conseillers au parlement de 1635 à 1730.</small>

PARC (DU) (ramage de Boiséon), s^r dudit lieu et de Kergadiou, par. de Lanmeur, — de Mesguéau, par. de Plougaznou.

Réf. et montres de 1427 à 1543, dites par., év. de Dol et Tréguier.

D'azur au chevron d'argent, accomp. de trois têtes de léopard d'or, *qui est Boiséon*, à la fasce de gueules brochant sur le tout.

<small>Vincent, vivant en 1555, épouse Jeanne Le Rouge.
Fondu dans Thomas, puis Kerscao.</small>

PARC (DU), s^r dudit lieu et de Kergouzien, par. de Pleudaniel, — de la Roche-Jagu, par. de Ploëzal, — de Troguindy, par. de Penvénan.

Réf. 1427, par. de Pleudaniel et Ploëzal, év. de Tréguier.

D'argent à une fasce de sable, accomp. de trois coquilles de gueules.

<small>Dérien, capitaine des Marches d'Anjou et du Maine en 1336, père d'Alain, marié à Catherine de Troguindy, dame de la Roche-Jagu, dont: Henri, chambellan du duc, capitaine de Rennes et Guérande en 1406.
La branche aînée fondue dans Tromelin; la branche de la Roche-Jagu fondue dans Péan, puis Acigné et Richelieu.</small>

PARC (DU) (ramage du Faou), s^r dudit lieu, par. de Rosnoën.

Réf. et montres de 1426 à 1562, dite par., év. de Cornouailles.

D'azur au léopard d'or, *qui est du Faou*, au lambel de gueules. Devise : *Bon sang ne peut mentir*.

<small>Maurice, l'un des champions du combat des Trente en 1350, capitaine de Quimper et chambellan de Charles de Blois, à la rançon duquel il contribua pour 5000 écus en 1359, entendu dans l'enquête pour la canonisation de ce prince en 1371, conduisait l'aile gauche de l'armée du connétable à la déroute des Anglais devant Chisey, en Poitou, en 1372 et était gouverneur de la Rochelle en 1373.
Fondu au XVIe siècle dans Troussier, d'où la seigneurie du Parc a passé successivement par alliance aux Penmarc'h, Le Vayer de Kerandantec et Guer de Pontcallec.</small>

PARCEVAUX, s^r de Mezarnou, par. de Plounéventer, — de Morisur, par. de Plouider, — de Kerascouët, par. de Plouguin, — de Lesguy, près Landerneau, — de la Palue, — du Prathir, — de Keranmear, par. de Kerlouan, — de Lesmelchen, par. de Plounéour-Trez, — de Ranvlouc'h, par. de Plougoulm, — de Tronjoly, par. de Cléder, — de Penancoët, par. de Saint-Renan, — de Kerjean.

Anc. ext., réf. 1669, sept gén.; réf. et montres de 1426 à 1534, par. de Plounéventer et Goulven, év. de Léon.

D'argent à trois chevrons d'azur. Devise : *S'il plaist à Dieu*.

<small>Étienne, écuyer dans une montre de du Guesclin en 1371; Hervé, homme d'armes pour le recouvrement de la personne du duc, dans une montre de 1420; Jean, prête serment au duc entre les nobles de Léon en 1437; Yves, conseiller au parlement en 1556; Yves, s^r de Mezarnou, marié à Jeanne de Bouteville, † 1588, père d'Alain, marié en 1613 à Suzanne de Guémadeuc, dont Françoise, dame de</small>

Mezarnou, dame d'honneur de la reine Anne d'Autriche, qui porta les biens de la branche aînée dans la maison de Kerjean, par son mariage en 1630 avec René Barbier, marquis de Kerjean.

La branche de Tronjoly qui existe encore a pour auteur : Yvon, fils puîné de Maurice, s^r de Mezarnou, † 1519. De son mariage avec Jeanne de Kerven, issut Prigent, vivant en 1557, marié à Françoise, dame de Keranmear.

Cette branche a produit Vincent, salade dans la garnison de Brest en 1595 et un sous-lieutenant aux volontaires pontificaux, tué à Castelfidardo en 1860.

PARCEVAUX, *voyez* PERCEVAUX.

PARCNEUF (DU), s^r dudit lieu, par. de Louannec.

Réf. 1427, dite par., év. de Tréguier.

PARENT (orig. de Paris), s^r des Tournelles.

D'azur à trois bâtons d'épine écotés et alésés d'or, passés en sautoir, accomp. d'un croissant d'argent en chef et de trois étoiles d'or en flancs et en pointe.

Claude, conseiller au parlement en 1555.

Le s^r de la Bertaudière, paroisse de Saint-Étienne-de-Mer-Morte, débouté à la réformation de 1671.

PARGAR ou PARGAZ (DE), s^r dudit lieu, par. de Plorec, — de la Ménardais, par. de la Chapelle-Chaussée, — du Boisriou, par. de Saint-Méen, — du Dilly, par. de Plumaudan.

Réf. et montres de 1445 à 1513, dites par., év. de Saint-Malo.

Mi-parti un lion et deux flèches en sautoir (sceau 1305); *aliàs* : de gueules fretté d'argent (sceau 1390); *aliàs* : d'azur à l'écureuil rampant d'or (arm. de l'Ars.).

Geoffroi, capitaine de Jugon, ratifie le traité de Guérande en 1381.

PARIGNÉ (DE), s^r dudit lieu, par. de ce nom, év. de Rennes.

D'argent à la croix pleine de sable.

Guillaume, écuyer dans une montre de du Guesclin en 1371. Fondu dans Parthenay.

PARIS, s^r du Lac, par. de Crozon.

Déb., réf. 1670, ress. de Chateaulin.

PARIS, s^r du Chastenay, du Trépas, de la Muce et de la Vieilleville, par. de Jans, — de Rozabonnet, par. de Nozay, — de Soulange, — de la Haye et du Plessix, par. de Derval, — de la Coudraye et de la Rigaudière, par. des Touches, — des Houmeaux, par. de Mouzeil, — du Ponceau, par. de Ligné, — de la Provosté, par. de Saint-Philbert, — de la Courneuve, par. du Bignon, — de Pannecé, par. de ce nom, — de Laudormière, — de la Preuille, par. de Saint-Hilaire de Loulay.

Anc. ext., réf. 1668, neuf gén.; réf. et montres de 1427 à 1544, par. de Jans, év. de Nantes.

D'argent à la croix de gueules, cantonnée de quatre lionceaux affrontés de même; *voyez* LA BARILLIÈRE.

Guillaume, époux en 1340 d'Étiennette de Saffré, père : 1° d'Olivier, s^r du Chastenay, marié à Jeanne du Perray; 2° de Guillaume, chancelier de Bretagne et doyen de Nantes, qui ratifia le traité de Guérande en 1381; un chevalier de Malte, commandeur de Villegast en 1760; un chef d'escadre en 1786, fusillé à Quibéron en 1795; deux membres admis aux honneurs de la cour en 1755 et 1756. Famille éteinte en 1800.

PARISY (LE), sʳ de Kerivalan et du Rozou, par. de Brec'h.
Réf. et montres de 1426 à 1481, dite par., év. de Vannes.

Écartelé aux 1 et 4 : d'argent fretté de gueules ; aux 2 et 3 : d'azur à la croix losangée d'argent et de gueules.

Jean, évêque de Vannes en 1312, † 1334 ; Henry, maître de la vénerie en 1403.

PARISY (orig. d'Angleterre).
D'or au lion d'azur, armé et lampassé de gueules. (G. le B.)

PARS, sʳ de la Guimondière, — de la Fontaine et de la Douesnelière, par. de Saint-Martin des Vignes, — du Pas-aux-Biches.
Réf. 1513, par. de Saint-Martin, év. de Rennes.

De sable à trois fusées d'argent en fasce (arm. de l'Ars.), *comme Le Ménager*.

Pierre, épouse en 1481 Catherine Paynel, dont : 1º Laurent, marié en 1511 à Guillemette Garabouët ; 2º Jacques, monnayeur à Dol, marié vers 1513 à Aliette Le Gouz ; Jean, député de Ploërmel en 1592.

La branche de la Fontaine fondue dans Pinçon.

PARSCAU (DE), sʳ dudit lieu, — du Ménant, par. de Plouguerneau, — de Kerhuérin et de Kerillis, par. de Kerlouan, — de Botiguéry, par. de Saint-Thonan, — de Menéven.

Anc. ext., réf. 1669, sept gén. ; réf. et montres de 1426 à 1534, par. de Plouguerneau, Kerlouan et Tréménec'h, év. de Léon.

De sable à trois quintefeuilles d'argent, *comme Brémeur*. Devise : *Amzéri*. (Temporiser).

Yves, marié à Jeanne de Lezormel, prisonnier des Espagnols à la bataille de Cérignoles en 1503.
Les sʳˢ de Keryvon, paroisse de Plounéventer et du Plessis, de même nom et armes, ont produit un chef d'escadre en 1784.

PARTEVAUX, sʳ de Portzpoden et de Kermabusson, par. de Plestin, — de la Tour.
Déb., réf. 1668, ress. de Morlaix.

D'azur au chevron accomp. en chef de deux étoiles et en pointe d'un croissant, le tout d'argent. (G. le B.)

Un gentilhomme ordinaire de Monsieur en 1696.

PARTEVAUX ou PARTHEVAUX, sʳ de Crec'hsent, par. de Ploumagoër.
Réf. et montres de 1427 à 1543, dite par. et par. de Bourgbriac et Trégrom, év. de Tréguier.

De sable à la croix alésée d'argent.

PARTHENAY (DE), sʳ dudit lieu, par. de ce nom, — de la Boixière, par. de ce nom, — de Parigné, par. de ce nom, — du Boisbriant, — de la Rigaudière, par. du Theil, — de la Chesnaye, par. de Roslandrieux.

Réf. et montres de 1480 à 1513, dites par., év. de Rennes et Dol.

D'argent à la croix pattée de sable (sceau 1371).

Guillaume, abbé de Landévenec, † 1399; Jean, vivant en 1400, épouse Jeanne de Bintin; Michel, capitaine de Rennes, chambellan du duc François II, épouse Perrine de la Boixière, dame de Parigné, † 1494.

Fondu dans Lorgeril, puis Rohan de Landal.

Le s^r des Fontaines, paroisse de Trémuzon, et les s^{rs} de Vaubernard et de Kergestin, ressort d'Auray, déboutés à la réformation de 1669.

PARTHENAY (DE) (orig. du Poitou), s^r dudit lieu, en Poitou, — de Soubise, en Saintonge, — de Mathefelon, en Anjou.

Burelé de dix pièces d'argent et d'azur, *comme Lusignan*, à la bande de gueules brochant.

Cette famille, dont le nom ancien est *Larchevêque*, s'est fondue dans les Rohan de Frontenay en 1575.

PAS (DU) (orig. d'Artois), marquis de Feuquières en 1646.

De gueules au lion d'argent. (G. le B.)

Un lieutenant-général des armées du Roi en 1646; un abbé du Relecq en 1659.

PAS (DU), s^r de Crévy, par. de Pontchateau, — de Beaulieu.

Maint. réf. 1668, 0 gén., et à l'intend. en 1704 par les priviléges de la chambre des comptes.

D'azur à la fasce d'or, chargée d'un sanglier passant de sable, accomp. en chef de deux étoiles d'or et en pointe d'un croissant d'argent.

Louis, s^r de Crévy, maître des comptes en 1650.

PAS (DU), s^r de la Charodière, par. de la Chapelle-Basse-Mer, — du Chastellier, de la Templerie, de la Mercredière, de Loumeau et de la Bourdinière, par. de Château-Thébaud, — de la Grée, par. de Sautron, — de Saint-Ouen, par. de Mouzeil, — de la Sionnière, par. de Teillé, — de la Penthière et de Lépau, par. de Vertou.

Maint. réf. 1668, 0 gén., ress. de Nantes.

D'argent à trois pals d'azur, au chef d'or chargé d'une hure de sanglier de sable, arrachée et allumée de gueules; *aliàs* : d'azur à la fasce d'argent, au chef d'or chargé d'une hure de sanglier de sable (G. G.), *pour la branche de la Bourdinière*.

Michel, s^r de la Charodière, époux de Louise Cassard, maître des comptes en 1650, anobli en 1661; Pierre, s^r de la Grée, fils des précédents, confirmé en 1677.

Les deux familles du Pas ont la même origine et paraissent avoir pour auteur commun Benoit du Pas, s^r de Beauchesne, paroisse de Derval, mentionné dans la réformation de 1513.

PASCAL (orig. du Languedoc), s^r de Chateaulorent, — de Keranvéyer, par. de Plougoulm.

De gueules à l'agneau pascal immolé d'argent, portant un guidon croisé de gueules, au chef cousu d'azur, chargé d'un croissant d'argent accosté de deux étoiles d'or. (La Ch. des B.) Devise : *Sanguinem quid plura.*

Cette famille, alliée aux Crec'hquérault, Alléno de Saint-Alouarn et Kermerc'hou, a produit un brigadier d'infanterie en 1745 et un maréchal de camp en 1788.

PASQUAULT, sʳ de Caudan, par. d'Yffiniac, — de Fontainemé, par. de Bothoa, — du Val, par. de Bourbriac.
Déb., réf. 1668, ress. de Saint-Brieuc.

PASQUER, sʳ de la Villemorin et de la Villeblanche, par. de Guer, — du Portal.
Anc. ext., réf. 1669, huit gén.; réf. et montres de 1426 à 1513, par. de Guer, év. de Saint-Malo.
D'argent à trois têtes de daim arrachées de sable.
Un seigneur de ce nom, croisé en 1248; Raoul, vivant en 1442, aïeul de Raoul, vivant en 1513, marié à Françoise Thébaud.

PASQUIER, év. de Saint-Brieuc.
Porte un chevron chargé d'un annelet en chef (sceau 1380).

PASQUIER, sʳ du Puymaugier, par. de Toussaints.
Réf. 1427, dite par., év. de Rennes.
Porte un sautoir (sceau 1410).
Jean, de la paroisse du Rheu, époux en 1403 de Perrine du Pontmuzart; Olivier, de la paroisse de Toussaints, noble et monnoyeur en 1427.
Fondu au xvᵉ siècle dans du Bouays.

PASQUIER, sʳ du Pontauroux, par. de Rochefort, — du Bois-Jullien.
Déb., réf. 1668, ress. de Vannes.
Abel, alloué de Vannes en 1668, frère d'Olive, mariée en 1656 à Jean Le Mintier, sʳ de Léhélec, tous deux enfants de Jean et de Françoise Martin.

PASTOL, sʳ de Keramelin, év. de Tréguier.
Coupé au 1 : taillé d'argent et d'azur, à deux étoiles de l'un en l'autre posées en barre; au 2 : de sinople à la fasce ondée d'or, à l'orle de gueules semé de quintefeuilles d'argent.
Un général de brigade en 1809, baron de l'Empire.

PASTOUR, sʳ de Morant, — de Kerjan et du Pouldu, par. de Plouézoc'h, — du Val, — de Launay, par. de Trélévern, — de Kerambellec, par. de Guimaëc, — du Mesgouëz, de Kersaint, de Pontplancoët et de Kericuff, par. de Plougaznou.
Ext., réf. 1669, huit gén., réf. 1543, par. de Plouézoc'h, év. de Tréguier.
D'or au lion de gueules, accomp. de cinq billettes d'azur en orle, 2. 2. et 1, *voyez* GARSPERN.
Jean, sʳ de Morant, épouse en 1470 Jeanne Gourmelon, dame de Kerjan, dont Jean, marié en 1494 à Jeanne de Quélen, de la maison du Rest; Yves, épouse vers 1690 Catherine de Kerhoënt, dame du Mesgouëz; un page du Roi en 1725.
Fondu dans Launay de Pontgirault et Salaun de Kertanguy.

PATARD, sʳ de la Mellinière, — de la Vieuville.
D'argent au chêne de sinople, au chef d'azur chargé d'un cœur d'or.
Un garde-scel à la chancellerie de Rennes en 1767; un volontaire pontifical à Castelfidardo en 1860.

Patenostre, sr de la Vallée, par. de Saint-Quay, — de Prépériou, par. d'Etables.

Ext., réf. 1669, sept gén.; réf. et montres de 1423 à 1543, dites par. et par. de Plouha, év. de Saint-Brieuc.

De gueules à la fasce d'argent, accomp. de six roses d'or, 3. 2. et 1.

Perrot, de la paroisse d'Etables, et Guillaume son fils, marié à Jeanne Goures, anoblis avant 1423.

Patin, sr de l'Herbinais, ress. de Morlaix.

D'argent au chevron de gueules, accomp. de trois roses de même (arm. 1696).

Patras, sr de la Roche-Patras, — des Métairies, par. de Guignen, — de la Chaussonnière, par. d'Irodouer, év. de Saint-Malo.

D'azur à deux bourdons d'argent en sautoir, accomp. de quatre roses de même.

Un chevalier de l'ordre du Roi en 1568; Paul, épouse Marguerite de la Haye, dame de la Chaussonnière, † 1643.

Paulus, sr de Fontenil, par. de Chantenay.

De sable au chevron d'argent, accomp. de trois gerbes d'or (arm. 1696).

Nicolas, sénéchal des régaires de Nantes en 1696, auditeur des comptes en 1700.

Pauvre ou Pouvre (le).

De gueules à trois fasces d'or, à la bande d'azur chargée de trois lions d'or, brochant. *(Blancs-Manteaux)*.

Geoffroi et Robert son frère, font une donation au prieuré de la Primaudière en 1231; Pierre et Geoffroi, écuyers dans une montre reçue par Bonabes de Rougé en 1351.

Pavec, sr de Mélien, par. de Cléguer.

Réf. et montres de 1448 à 1536, par. de Cléguer, év. de Vannes.

D'argent à la croix pattée de gueules, cantonnée de quatre étoiles de même.

Alain, vivant en 1426, épouse Marguerite Euzénou.

Fondu en 1622 dans Cléguennec, puis Robecq et Huon de Kermadec.

Pavic, sr de Crec'hangouëz, — de Trostang, par. de Camlez, — de Crec'hlan, — de Kerhallec, — de Kermartin, — du Plessix.

D'azur à deux chevrons entrelacés de sable, accomp. en pointe d'un annelet de même, *comme Gauthier*. Devise : *Cuz ha tao*. (Dissimule et te tais.)

Olivier, capitaine de 100 arquebusiers à cheval en 1589, mestre de camp en 1593.

Fondu en 1627 dans la Rivière.

Payen.

Porte une croix engreslée (sceau 1358); *alias* : deux léopards (sceau 1378); *alias* : trois violiers à quatrefeuilles (sceau 1418.)

Payen, sr de la Rivière, par. de Moisdon.

Réf. de 1427 à 1478, dite par., év. de Nantes.

D'argent à trois têtes de maure de sable (sceau 1415.)

Paynel, sr du Vaufleury, par. de Balazé, — de la Chauçzonnaye, par. de Champeaux, — de Montebœuf, par. d'Erbrée.

Ref. de 1423 à 1513, dites par., év. de Rennes.

D'or à la croix de gueules, cantonnée de quatre têtes de lion de sable, arrachées de gueules.

PAYNEL (orig. de Normandie), s^r de la Haye, — baron de Hambie et de Briquebec, — s^r de Briqueville.

D'or à deux fasces d'azur, à l'orle de neuf merlettes de gueules.

<small>Guillaume, à la conquête d'Angleterre en 1066 ; Robert, évêque de Tréguier en 1354, puis de Nantes, † 1366 ; Marguerite, épouse en 1470 Charles du Parc, s^r de la Motte, qui prit les armes de Paynel, adoptées aussi par les s^rs de Crénay, autre branche de la maison du Parc, *voyez* PARC (DU).</small>

La branche aînée fondue dans Estouteville, puis Vieuxpont, Le Voyer de Trégomar et Guer de Pontcallec.

PAYS (LE) (orig. de Normandie), s^r de la Brémanière, — du Plessix-Villeneuve, — de la Riboissière, — du Teilleul, — de Bourjolly, en Anjou, — de Sermaise.

Maint. à l'intend. du Dauphiné en 1690, à l'intend. de Bretagne en 1701, et confirmé en 1816.

D'argent au chevron de sable, accomp. en chef de deux hures de sanglier de même et en pointe d'une rose de gueules boutonnée d'or.

<small>René, né à Fougères, directeur général des gabelles en Provence et Dauphiné, chevalier de Saint-Maurice en 1670, comte palatin en 1672, † 1690 ; un lieutenant général en 1845 ; un général de division en 1851.</small>

PAYS (DU), s^r de Poulloudu, — de Kernabat, par. de Plouguer, — de Kerjégu, par. de Saint-Thoys, — du Guilly, par. de Moélan.

D'argent à la bande fuselée de sable (arm. 1696) ; *aliàs* : d'argent à cinq fusées de sable posées en bande.

<small>Un cavalier à l'arrière-ban de Cornouaille en 1694 ; un lieutenant de Carhaix en 1757.</small>

PAYS-MELLIER (orig. d'Anjou), s^r de Bouillé.

D'argent à l'arbre de sinople, chargé d'une merlette de sable.

<small>Trois maîtres des comptes depuis 1743.</small>

PÉ (DU), s^r du dit lieu, par. de Saint-Jean-de-Boiseau, — de Launay, par. de Treillières, — du Boisorcant et de Lestanchet, par. de Noyal-sur-Vilaines, — du Perray, par. de Saint-Mars-du-Désert, — du Plessix, de la Ragotière et de Liancé, par. d'Orvault, — de Chastillon, par. de Fay, — du Plessis, par. de Joué, — de Villeneuve, par. de Mesquer, — de Carcouët, par. de Saint-Herblain, — de la Salle, — d'Auverné, par. de ce nom, — de Saint-Bihy, par. de Plélo, — de la Galmelière, par. de Moisdon, — de la Brétaudière, par. de Saint-Philbert, — de Saint-Mars-la-Jaille, par. de ce nom, — du Marais, par. du Cellier, — marquis de Louesme et baron de Tannerre, en Bourgogne.

Anc. ext. chev., réf. 1669, onze gén. ; réf. de 1428, par. de Treillières, év. de Nantes et Noyal-sur-Vilaines, év. de Rennes.

De gueules à trois lionceaux d'argent.

Alain Bourigan, dit du Pé, épouse en 1360 Alix de la Lande, dame d'honneur de Marie de Bretagne, duchesse d'Anjou et reine de Sicile. De ce mariage issurent : 1º Jean, auteur des s^rs d'Orvault ; 2º Alain, s^r du Boisorcant, dont les descendants établis en Bourgogne en 1504 ont formé les marquis de Louesme et barons de Tannerre.

Un panetier de la Reine en 1519 ; un capitaine de 50 hommes d'armes en 1598, gouverneur de Guérande et du Croisic et gentilhomme de la chambre en 1605 ; un page du Roi en 1718 ; un membre a fait ses preuves pour les honneurs de la cour en 1789.

Cette famille éteinte de nos jours, en Bretagne, portait anciennement le nom de Bourigan.

PÉAN, s^r de Grandbois, par. de Landébaëron, — châtelain de la Roche-Jagu en 1431, par. de Ploëzal, — s^r de Botloy, par. de Pleudaniel, — de Launay, par. de Brélévénez, — du Hellez, par. de Lanmeur.

Réf. et montres de 1427 à 1543, dites par., év. de Tréguier et Dol.

De gueules à cinq billettes d'argent en sautoir, qui est Péan, écartelé de la Roche-Jagu.

Mathieu, croisé en 1248 ; mais nous ne savons à laquelle des familles Péan il appartenait.

Jean s^r de la Roche-Jagu, tué à la bataille de Saint-Aubin-du-Cormier en 1488.

La branche aînée, fondue dans d'Acigné, d'où la châtellenie de la Roche-Jagu est passée par alliance aux ducs de Richelieu qui la vendirent en 1773 aux Gonidec de Traissan.

PÉAN, s^r de Pontfilly, par. de Pleurtuit, — de Saint-Briac, — de la Ville-au-Prévot, — de la Villehunault.

Anc. ext., réf. 1669, sept gén. ; réf. et montres de 1446 à 1513, par. de Pleurtuit, év. de Saint-Malo.

D'or à trois têtes de maure de sable.

Guillaume, vivant en 1479, épouse Jeanne Ladvocat, dont Jean, marié en 1496 à Marguerite Rouxel ; un page du Roi en 1729 ; un volontaire blessé au combat de Saint-Cast en 1758 ; un lieutenant des maréchaux de France à Lamballe en 1781.

PÉAN, s^r de Portzanlan et de Coëtglazran, par. de Penvénan, — du Bois de la Haye, — de Kermorvan.

Ext., réf. 1669, huit gén. ; réf. de 1513 à 1543, par. de Penvénan, év. de Tréguier.

De sable à deux fasces d'or, accomp. de six quintefeuilles d'argent, 3. 2 et 1.

Bizien, fils Prigent, vivant en 1513, épouse Marguerite de Trolong.

PÉAN, s^r de Coëtluz, par. de Plounévez-Lochrist, év. de Léon.

Palé d'argent et de gueules de dix pièces. (G. le B.)

Fondu vers 1600 dans Kerret.

PECCADUC (DE), voyez PICOT.

PÉGASSE, s^r du Plessix, ress. de Quimperlé.

D'azur à une bécasse d'or, accomp. de trois étoiles de même (arm. 1696).

PEIGNÉ (LE), voyez PAIGNÉ (LE).

PEILLAC (DE), s^r dudit lieu, par. de ce nom, — du Gouray, par. de Pleucadeuc, — de Botéven, par. de Pluvigner, — du Lohan, par. de Plaudren.

Réf. et montres de 1426 à 1536, dites par., év. de Vannes.

D'argent à trois merlettes de gueules, au franc canton de même.

Fondu dans Rohan, puis Ploësquellec.

PEILLAC, s^r des Montils-Férusseau, par. de Haute-Goulaine, — des Paletz, par. de Rezé, — de la Hubaudière, par. de Saint-Jean-de-Boiseau, — de la Souchais, par. de Saint-Michel-de-Chef-Chef, — de Launay, par. de Langoat.

Maint. au conseil en 1744; montre de 1544, par. de Haute-Goulaine, év. de Nantes.

D'argent à trois tourteaux de gueules (G. le B.), *comme Keranguen et Kerguiniou.*

Un président aux comptes en 1736.

PELAUD, s^r de la Ville-Aubin, par. de Nivillac, év. de Nantes.

D'argent à trois aigles éployées de sable.

Jean, écuyer dans une montre de 1392; René, homme d'armes dans une montre de 1491; Julien, auditeur des comptes en 1650.

PÉLISSIER (orig. du Dauphiné), s^r de Chavigné, — du Quélennec, par. de Trédrez.

Ext., réf. 1671, quatre gén. et maint. à l'intend. en 1702, ress. de Lannion.

D'azur au lion d'argent, une bande d'or brochant; *alias* : de gueules au lion éviré d'or. (G. le B.)

Antoine, procureur général au parlement de Grenoble en 1560, bisaïeul de Georges qui s'établit en Bretagne où il épousa vers 1660, Françoise du Parc, dame du Quélennec.

PELLAN (DE), s^r dudit lieu et de la Barbouénais, par. de Maure.

Réf. 1426, dite par., év. de Saint-Malo.

Eudes, croisé en 1248. Moderne : Pontrouault, puis de Roche et Fournier.

PELLAN (DE), *voyez* FOURNIER.

PELLAN (DE), s^r dudit lieu, par. de Morieux, — des Aulnaux, — de la Garenne, — des Landes, — de l'Espine, — de Carnais, par. de Plémy.

Déb., réf., 1669; réf. et montres de 1423 à 1535, par. de Morieux et Ploufragan, év. de Saint-Brieuc.

D'azur au soleil d'or; *alias* : d'hermines à deux haches d'armes adossées de gueules (arm. 1696).

PELLEM (DU), s^r de Saint-Nicolas, par. de Bothoa, — de Bellenoë, par. de Plaintel.

Réf. de 1535 à 1543, dites par., év. de Cornouailles et Saint-Brieuc.

D'argent à la bande de gueules, chargée de trois macles d'or (G. le B.), *comme Jourdain.*

PELLENEC, s^r du Demaine.

Bon, contrôleur à la chancellerie en 1714.

PELLERIN, s^r de Penhoat, par. de Fégréac, év. de Nantes.

D'argent à trois coquilles de sable. (B. L.)

Étienne, secrétaire du duc en 1421; Jean, secrétaire de la reine Claude en 1522; Louise, dame de Penhoat, épouse en 1569, Jean Becdelièvre, lieutenant général des eaux et forêts de Bretagne.

PELLETIER (LE) (orig. du Maine), s' des Forts, — comte de Saint-Fargeau, en Puisaye, — s' d'Aunay, — du Cosquer, par. de Plounévez-Moëdec, — de Rosambo, par. de Lanvellec, — de Kerimel, par. de Kermaria-Sular, — de Coëtfrec, par. de Ploubezre, — de Barac'h, par. de Louannec.

Maint. par arrêt du parl. de Bretagne de 1776, cinq gén.

D'azur à la croix pattée d'argent, chargée en cœur d'un chevron de gueules flanqué de deux molettes de sable et accomp. d'une rose de gueules en pointe, le tout sur la croix. (La Ch. des B.)

Jean, avocat en parlement, époux en 1583 de Françoise Chauvelin, père de Louis, secrétaire du Roi à la grande chancellerie en 1637; Louis, premier président au parlement de Paris, épouse en 1688, Geneviève-Josephe du Cosquer, dame dudit lieu et de Rosambo; plusieurs conseillers d'État, premiers présidents et présidents à mortier au parlement de Paris, dont le dernier, député à la Convention, poignardé en 1793; un chevalier de Malte en 1751.

PELLETIER (LE), s' du Haut-Chemin, par. d'Hénon.

Réf. et montres de 1469 à 1513, dite par., év. de Saint-Brieuc.

Pierre, anobli en 1478.

PELLINEUC (DU), s' dudit lieu, par. de Canihuel, — de la Ville-Chaperon, par. de Plaine-Haute, — du Run, — de la Noë, — de la Fosse.

Ext., réf. 1670, sept gén.; réf. et montres de 1469 à 1543, par. de Canihuel, év. de Cornouailles, Plaine-Haute, év. de Saint-Brieuc, Montauban et Boisgervilly, év. de Saint-Malo.

D'azur à trois maillets d'or.

Olivier, de la maison du comte de Quintin en 1469, épouse Tiphaine de la Roche.
La branche aînée fondue dans le Scaff.

PELLONIE (DE LA), s' du Drouillay, par. de Saint-Mars-de-Coutais, év. de Nantes.

D'argent au chevron d'azur, chargé de trois étoiles d'or, accomp. en chef de deux trèfles de sinople et en pointe d'une rose de même (arm. 1696).

Un échevin de Nantes en 1616.

PELLOUËZEL, s' de la Villeaubaud et du Chesnebay, par. de Plurien, — de Trébry, — du Bois-au-Faucheur, par. de Plaintel.

Réf. et montres de 1469 à 1513, par. de Plaintel, év. de Saint-Brieuc.

D'argent à trois canettes de sable, pattées et becquées de gueules.

Eon, prête serment au duc, entre les nobles de Moncontour en 1437.
La branche aînée fondue en 1480 dans la Fruglaye.

PEN, en français TESTE ou TÊTE (LA), voyez TESTE (LA).

PEN, s' du Merdy et de Trémauguer, par. de Ploudaniel.

Réf. et montres de 1443 à 1503, dite par. et par. de Landouzan et le Drénec, év. de Léon.

D'azur à la fasce d'or, chargée de trois roues de gueules; voyez LA FOSSE, KERROSVEN et RODALVEZ.

Jean, écuyer dans une montre de du Guesclin en 1378.

PENANCOËT (DE), sr dudit lieu, par. de Saint-Renan, — de Kerouazle, par. de Guiler, — de Quillimadec et de Kerbaronnou, par. de Ploudaniel, — de la Villeneuve, — de Chef-du-Bois, près Pont-l'Abbé, — du Chastel, par. de Plouarzel, — de Coëtivy, par. de Plouvien.

Anc. ext. chev., réf. 1669, onze gén.; réf. et montres de 1446 à 1534, par. de Guiler, év. de Léon.

Fascé de six pièces d'argent et d'azur, *comme Keroullas*; *aliàs* : à la bordure chargée de six annelets en orle (sceau 1306). Devise : *A bep pen, léaldet* (Loyauté partout.); et aussi : *En diavez.* (A découvert.)

Valentin, vivant en 1280, épouse Adelice de Keroullas; Jeanne, leur fille, héritière de Penancoët, épouse en 1330, François, juveigneur de Penhoët et leurs enfants prirent les nom et armes de Penancoët; Henry, fils des précédents, épouse en 1355, Adelice Le Vayer; Hervé, procureur général de Bretagne en 1490; Guillaume, guidon de la compagnie des gens d'armes du cardinal de Richelieu, servit aux sièges d'Hesdin en 1639, d'Arras en 1640, d'Aire et de Bapaume en 1641 et épousa en 1645, Marie de Plœuc, dont : Louise-Renée, dame de Kerouazle et dame du palais de la reine d'Angleterre, créée duchesse de Petersfield et de Portsmouth, en Angleterre, en 1672, et duchesse d'Aubigny, en Berry, en 1684, † 1734, laissant de Charles II, roi d'Angleterre un fils naturel : Charles de Lenox, duc de Richmond, dont la postérité s'est éteinte de nos jours.

La branche aînée fondue dans Kerscao, puis en 1569 Kergoët-Tronjoly.
La branche de Quillimadec fondue en 1752 dans Barbier de Lescoat.

PENANCOËT (DE), sr dudit lieu, par. de Plougastel-Daoulas.

Réf. et montres de 1426 à 1562, dite par., év. de Cornouailles.

D'argent à trois souches déracinées de gueules.

PENANDREFF (DE), sr dudit lieu, par. de Plourin, — de Kermadoez, par. de Plouarzel, — de Keranstret, — de la Bouëxière, — de Quistinic, par. de Briec, — de Kermahonet, par. de Cuzon.

Anc. ext., réf. 1669, dix gén.; réf. et montres de 1427 à 1534, par. de Plourin et Plouarzel, év. de Léon.

D'argent au croissant de gueules, surmonté de deux étoiles de même. Devise : *Qu'aucun querelleur n'y entre.*

Yvon, vivant en 1400, épouse Marguerite de Coëtquelven, dont Guyon, marié en 1431 à Mathilde du Drénec.
La branche aînée fondue dans Kerangarz puis Kersauzon.
La branche de Kermahonet fondue dans Penfeunteniou.

PENANDREFF (DE), *voyez* KERZAUZON (DE).

PENANROS ou PENROS (DE), sr dudit lieu, par. du Tréhou, év. de Léon.

D'azur à la croix alésée et fleurdelysée d'argent (sceau 1276), *comme Treusvern.*
Riou, sénéchal de Léon en 1275. Moderne : la Roche puis Huon.

PENANRU (DE), sr dudit lieu, par. de Loguivy-Lannion, év. de Tréguier.

D'azur au chevron d'argent, accomp. de trois poires d'or, les pieds en haut. (G. le B.)
Moderne : Trémen.

Penaot ou Pennault (de), sr dudit lieu, par. de Mahalon, év. de Cornouailles.

D'azur à trois saumons d'argent, posés en fasces, l'un sur l'autre. (G. le B.)

Fondu dans Tivarlen; moderne : du Louët.

Penarpont (de), sr dudit lieu, par. du Minihy, év. de Léon.

De gueules à la bande d'argent, chargée de trois quintefeuilles de gueules. (G. le B.)

Penbroc ou Bembro, sr de la Planche, — de l'Épinay, par. de Caulnes.

Déb., réf. 1670, ress. de Dinan.

D'argent à trois coquilles de gueules, *voyez* Bembro.

François, épouse Jeanne Troussart, veuve en 1670 et tutrice de Louis son fils, sr de l'Épinay.

Penfeunteniou (de), en français Cheffontaines (de), sr dudit lieu, par. de Sibéril, — de Kermoruz, par. du Minihy, — de la Villeneuve, par. de Plouvien, — du Louc'h, — de Mesgral, par. de la Forest, — de Mesnoalet, par. de Guiler, — de Coëtquéno, — de Kermorvan, par. de Trébabu, — de Penhoët, par. de Plougonven, — de Kermoal, — de Keroman, — du Cosquer, — de l'Isle, — de Coëtalan, — de Kervéréguen, par. de Loctudy, — baron de Kergoët et de Bodigneau en 1680 (sous le nom de Cheffontaines), par. de Cloharz-Fouësnant, — sr de Rosvern, — de Kerventénou, — de Lesveur, — de Rosarnou, par. de Dinéault, — de Kermahonet, par. de Cuzon.

Anc. ext. chev., réf. 1669, dix gén.; réf. et montres de 1426 à 1534, par. de Sibéril, Cléder et le Minihy, év. de Léon.

Burelé de dix pièces de gueules et d'argent. Devise : *Plura quàm opto.*

Hervé, témoin dans un accord entre le vicomte de Léon et les moines du Relec en 1310; Jean, sr de Kermoruz, épouse vers 1430, Catherine Heusaff; Christophe, général de l'ordre des Cordeliers et archevêque de Césarée, † 1594; deux pages du Roi et cinq chevaliers de Malte depuis 1708; un membre admis aux honneurs de la cour en 1788; deux maréchaux de camp en 1815 et 1830; un général de brigade en 1861.

La branche aînée fondue au XVIe siècle dans Lesquélen, puis en 1616 Le Rouge.

Pengréal (de), sr de Kerdérien, par. de Moréac.

Réf. 1448, dite par., év. de Vannes.

Guillaume, en plaid pour le fouage en 1448, franchi en 1451.

Penguern (de), sr dudit lieu, par. de Plounéventer, év. de Léon.

D'azur au poignard d'argent, la garde d'or, posé en bande. (G. le B.)

Moderne : Kerouartz.

Penguern (de) (ramage de Trésiguidy), sr dudit lieu et du Parc, par. de Lopérec, — de Derméno, par. de Dinéault, — de Kercarn, par. de Plomodiern, — de Kerrec, par. de Rosnoën, — de l'Isle, — de Roc'huel, — du Fao.

Anc. ext., réf. 1669, neuf gén.; réf. et montres de 1426 à 1562, par. de Lopérec, Dinéault et Plomodiern, év. de Cornouailles.

D'or à trois pommes de pin de gueules la pointe en haut, *qui est Trésiguidy*, une fleur de lys de même en abyme. Devise : *Doué da guenta.* (Dieu d'abord.)

Jean, écuyer du corps et de la chambre du duc en 1416; Richard, contrôleur des recettes et revenus du duc en 1426, épouse Marguerite Guillemet; Jean, surnommé *Disarvoez*, marié à Marie de Plomodiern, auteur de la généalogie d'Anne de Bretagne, depuis Adam jusqu'en 1510, imprimée à la suite de l'histoire de Bretagne de Pierre le Baud.

Un page de Louis XVI, depuis colonel de la garde impériale et baron de l'Empire en 1813, confirmé sous la Restauration.

PENGUILLY (DE), sr dudit lieu, par. de Peumerit-Cap, — de Pencleuziou, par. de Plovan.

Réf. et montres de 1426 à 1562, dites par., év. de Cornouailles.

D'azur à la croix pattée d'argent, *voyez* GOURCUFF.

Alain, abbé de Bonrepos en 1465.

PENGUILLY (DE), *voyez* BEL (LE).

PENGUILLY (DE), *voyez* LHARIDON.

PENHOADIC (DE), sr dudit lieu et de Kernabat, par. de Guiclan, — de Kerouzien et de Kerangarz, par. de Lannilis, — du Carpont, par. de Plouénan, — de Kerdanet et de Lavalot, par. de Taulé, — de Kerfaven, — de Lesvern, — de l'Isle, — de Lanurien, — de Lanmodez, — de Kerédern, par. de Ploujean.

Anc. ext. chev., réf. 1668, six gén.; réf. et montres de 1426 à 1534, par. de Guiclan et Plouénan, év. de Léon.

De sable, semé de billettes d'argent, au lion de même sur le tout, *comme Carpont, Coëtlosquet, et la Roche*.

Jacques, prisonnier en Angleterre, reçoit un sauf-conduit pour aller chercher en Bretagne le prix de sa rançon en 1357; Jacques, conseiller du duc, envoyé en Écosse pour conclure le traité de mariage d'Isabeau d'Écosse avec le duc François Ier en 1452, mort à Rome, auditeur de rote en 1462 et enterré à Saint-Yves-des-Bretons; Jacques, vivant en 1481, épouse Marie Prigent.

PENHOAT (DU), *voyez* HERVÉ.

PENHOËT (DE), en français, CHEF-DU-BOIS, *voyez* CHEF-DU-BOIS (DE).

PENHOËT (DE), *voyez* BLÉVIN.

PENHOËT (DE), *voyez* MAUDET.

PENHOËT (DE), sr dudit lieu, év. de Léon.

D'or au lion d'azur. (G. le B.)

PENHOËT (DE), sr du dit lieu, par. de Grandchamp, — de Guélégant, par. de Lesbin.

Réf. et montres de 1448 à 1536, par. de Lesbin-Pontscorff, év. de Vannes.

D'azur à trois croix pattées, au pied fiché d'or. (B. L.)

Moderne : Blévin.

PENHOËT (DE), sr dudit lieu, par. de Merdrignac.

Réf. et montres de 1427 à 1513, par. de Merdrignac, év. de Saint-Malo.

Jean, franchi par lettres, officier en la chambre des comptes en 1420.

PENHOËT (DE), sr dudit lieu et de Kerdanet, par. de Poullan, — de Lannouan, par. de Mahalon.

Montre 1562, par. de Poullan, év. de Cornouailles.

D'azur à l'éléphant d'argent, portant une tour d'or, sanglé de même (arm. de l'Ars.)
Fondu dans Gourcuff.

PENHOËT (DE) (ramage de Léon), sr dudit lieu, par. de Saint-Thégonnec, — de Tronglézon et de Kerguizien, par. de Plouénan, — de Kergoallon et du Guérand, par. de Plouégat, — de Ménez-Charuel, par. de Guerlesquin, — de Coëtfrec, par. de Ploubezre, — de Kerimel, par. de Kermaria-Sular, — de Coëtgouréden, par. de Pestivien, — de la Boëssière, par. de Carentoir, — de la Marche, par. de Bédée, — de la Motte, par. de la Chapelle-Glain, — du Tourboureau, — par. de la Chapelle-Hullin, — de Maupiron, par. de Moisdon, — de Fronsac, en Guyenne.

Réf. et montres de 1427 à 1543. par. de Saint-Thégonnec et Plouénan, év. de Léon, Plouégat et Ploubezre, év. de Tréguier, Carentoir, év. de Vannes et Bédée, év. de Saint-Malo.

D'or à la fasce de gueules. Devise : *Red eo.* (Il faut); et : *Antiquité de Penhoët.*

Hamon, mentionné dans un accord avec les moines du Relec en 1235; Guillaume, croisé en 1248; Hervé, épouse en 1282 Anne du Chastel; Guillaume, dit *le boiteux*, fils des précédents, capitaine de Rennes, défendit cette ville contre le duc de Lancastre en 1356 et épousa Jeanne, vicomtesse de Fronsac, dont : Jean, amiral de Bretagne, qui remporta sur les Anglais la victoire navale de Saint-Mathieu, en 1404 et épousa : 1º Marguerite Charuel; 2º Jeanne du Perrier; 3º Marguerite de Malestroit.

La branche aînée fondue en 1475 dans Rohan-Gié, d'où la seigneurie de Penhoët a passé successivement aux Rosmadec, Kerhoënt, Le Vicomte et Kerouartz.

La branche du Guérand a transmis cette terre aux Boiséon, puis du Parc.

La branche de Kergoallon, fondue au XVIe siècle dans Groësquer; la branche de Kerimel et de Coëtfrec, fondue en 1492 dans la Touche-Limousinière, et ces seigneuries ont appartenu depuis le XVIIe siècle aux Cosquer de Rosambo, puis aux Le Pelletier.

PÉNICAUD, déb. réf. 1669, ress. de Quimperlé.

D'argent au croissant de gueules, surmonté d'une étoile de même (arm. 1696) : (*alias*) de sable à deux pies d'argent (arm. 1696).

PENLAËZ (DE), sr dudit lieu, — de Kerhervé, par. de Cléden-Poher, — du Stangmeur, par. de Coray.

Réf. de 1448 à 1536, dites par. év. de Cornouailles.

D'argent au chevron de gueules, accomp. de trois molettes de même (G. le B.)

PENLAN (DE), sr dudit lieu, par. de Trébeurden, év. de Tréguier.

D'azur à trois roses d'or. (G. le B.)

PENMARC'H (DE), baron dudit lieu en 1502, par. de Saint-Frégan, — sr du Colombier, par. de Plouguerneau, — de Kerléec, par. de Plounévez-Lochrist, — de Kervizien, — de Coëtlestrémeur, par. de Plounéventer, — de Landiffern, par. de Ploudaniel, — de Coëténez, par. de Plouzané, — du Parc, par. de Rosnoën, — de Kerhélou, — de Keranroy, — du Bourouguel, par. de Plouigneau, — de Mesléan, par. de Goueznou, — de Lanuzouarn, par. de Plouénan, — de Kerbabu, par. de Lannilis.

Anc. ext. chev., réf. 1669, onze gén.; réf. et montres de 1426 à 1534, par. de Saint-Frégan et Plouguerneau, év. de Léon.

Écartelé aux 1 et 4 : de gueules à la tête de cheval d'argent, *qui est Penmarc'h*; aux 2 et 3 : d'or à trois colombes d'azur, *qui est du Colombier*; *aliàs* : d'or à la fasce d'azur, accomp. de six pigeons de même, 3. 3. (sceau 1397); *voyez* GOUZILLON. Devise : *Prest vé*. (Il serait prêt.)

Alain, vivant en 1300, épouse Constance de Coëtivy; Henry son fils, marié à Plézou Toupin, employé aux guerres de Flandres dans la compagnie du vicomte de Léon en 1383; Henry, commandait une des compagnies envoyées en Poitou contre les Penthièvre en 1420; Christophe, évêque de Dol en 1474, transféré à Saint-Brieuc en 1478, † 1505; Claude, épouse en 1563 Marie de Tuomelin, dame de Bourouguel; Vincent, petit-fils des précédents, marié en 1639 à Anne-Gillette Rivoalan, dame de Mesléan et de Lanuzouarn.

La branche aînée éteinte en 1804.

La branche de Coëtenez fondue dans le Vayer de Kerandantec, puis Guer de Pontcallec. (Famille éteinte).

PENMEUR (DE).

De vair au lambel de gueules (sceau 1321), *comme la Motte de Bossac*.

PENNEC (LE) s^r de Kerdour, par. de Batz, — de Lesnérac, du Henleix, de la Jou et de Trévécar, par. d'Escoublac, — du Bois-Jollan, par. de Saint-Nazaire, — de Laufrère, par. de Vallet, — de Trégrain, par. de Férel, — de Lauvergnac, par. de Guérande, — d'Ust, par. de Saint-André-des-Eaux.

Ext., réf. 1669, huit gén., ress. de Guérande.

De gueules à trois bustes de femmes d'argent, échevelées d'or.

Jean, fils Michel et petit-fils Jean, épouse vers 1500 Marie de Pontbriant; un page du Roi en 1699. Fondu en 1705 dans Sesmaisons.

PENNEC'H (LE), s^r de Kermorvan, par. de Ploumagoër, — de Coëtléau, par. de Pleubihan, — de Kerguiniou, — de Kergoff.

Anc. ext., réf. 1669, sept gén.; réf. et montres de 1427 à 1535, par. de Ploumagoër et Pleubihan, év. de Tréguier.

De sable à trois têtes de lévrier d'argent, colletées de gueules, clouées et bouclées d'or; *voyez* LA BOULAYE et COUFFON.

Jean, vivant en 1481, épouse Catherine Alain, dame de Kerguiniou.

PENNELÉ (DE), *voyez* BIHAN (LE).

PENNOU, s^r de Troguindy, par. de Tonquédec.

Réf. et montres de 1427 à 1481, dite par. et par. de Ploubezre, év. de Tréguier.

D'argent à deux fasces d'azur, accomp. de six mouchetures de sable; *voyez* LESMAIS.

Moderne : Kerguézec, puis Robiou.

PENPOULLOU (DE), s^r dudit lieu, de Drouallen et de Kerguélen, par. de Paule, — de Kerlaurens.

Ext., réf. 1670, six gén., réf. et montres de 1481 à 1562, par. de Paule, év. de Cornouailles.

D'argent au chevron de gueules, chargé au sommet d'un besant d'or, et accomp. en chef de trois tourteaux de gueules et en pointe d'un croissant de même.

Jean, vivant en 1500, épouse : 1° Jeanne Le Bahezre, 2° Jeanne du Quélennec. (Famille éteinte).

PENSORNOU (DE), sʳ dudit lieu, par. de Carantec, — châtelain de Trogoff, par. de Plouégat-Moysan, — sʳ de Gamenou, — de Villeneuve.

Anc. ext., réf. 1670, dix gén.; réf. et montres de 1443 à 1534, par. de Carantec et Taulé, év. de Léon.

D'argent à la fasce de sable, surmontée d'une merlette de même.

Hervé, vivant en 1380, cinquième aïeul de Jacques, vivant en 1503, marié à Marguerite Calloët, de la maison de Lanidy.

La branche aînée fondue dans Tréanna; la branche de Trogoff fondue en 1654 dans Huon de Kermadec.

PENTHIÈVRE, comté, év. de Saint-Brieuc.

D'hermines à la bordure de gueules.

Cette seigneurie, partage des puînés de Bretagne au XIᵉ siècle, possédée ensuite par la maison d'Avaugour et de nouveau Bretagne, de Blois, de Brosse et Luxembourg, a été érigée en duché-pairie en 1569, a passé par alliance aux Lorraine-Mercœur, puis aux Bourbon-Vendôme, et par acquêt aux Bourbon-Conti, qui la revendirent au comte de Toulouse, fils naturel de Louis XIV, au profit duquel elle fut de nouveau érigée en duché-pairie en 1697.

PENTREFF (DE), sʳ dudit lieu, par. de Plabennec, év. de Léon.

D'azur à la fleur de lys d'or en abyme, accomp. de trois écussons d'argent. (G. le B.)

Moderne : Launay.

PENTREZ (DE), sʳ dudit lieu, par. de Saint-Nic, — de Rostellec, par. de Crozon, — de Languénan et de Botmel, par. de Briec, — de Coëtninon et de Lescuz, par. de Plomodiern, — de Bodonnec.

Anc. ext., réf. 1669, sept gén.; réf. et montres de 1426 à 1562, dites par., év. de Cornouailles.

D'or au greslier d'azur, lié de gueules.

Alain, sʳ de Pentrez, vivant en 1481, épouse Aliette du Faou, dame de Botmel.
La branche aînée fondue en 1650 dans Brézal.
La branche de Bodonnec fondue en 1700 dans Coëtnempren.

PÉPIN, sʳ de la Grimaudaye, par. de Mélesse, — des Mottays, — du Frettay, — de Servigné, par. de Gévezé, — de la Garonnais, — de Parthenay.

Ext., réf. 1668, cinq gén.; réf. 1513, par. de Mélesse, év. de Rennes.

D'azur au chevron componné de sept pièces d'argent et de sable, accomp. de trois pommes de pin versées d'argent.

Jean, sʳ de la Grimaudaye, notaire de la cour de Rennes, en 1513, épouse Michelle Le Valois ; plusieurs conseillers au parlement et présidents aux enquêtes depuis 1591 ; un abbé de Saint-Aubin-des-Bois, † 1626 ; un chevalier de l'ordre en 1641. (Famille éteinte en 1744).

Pépin (ramage des précédents), sr de la Bouyère, par. de Combourg, — du Ponceau, par. de Meillac, — des Fraimbaudières, par. de la Fontenelle, — de la Vieuville, par. de Mouazé, — du Bignon, par. de Bonaban, — de la Bélinaye, — de Bellisle, — de la Frudière, de la Noë-Passay, des Thébaudières, de la Guerche et des Huguetières, par. de la Chevrollière, — de la Vieillemaison, — du Prélambert, — de Martigné, — du Boisjean.

Maint. par les commissaires en 1699, par arrêt du conseil et lettres patentes de 1745 et 1752, et par arrêt du parl. de 1776; huit gén.; réf. et montres de 1478 à 1513, par. de Combourg, év. de Saint-Malo, Meillac et la Fontenelle, év. de Dol, et Mouazé, év. de Rennes.

D'azur au chevron componné de sept pièces d'argent et de sable, accomp. de trois pommes de pin versées d'argent. Devise : *Fidelis dùm vivam*.

Jean, lieutenant de Jean de Parthenay, capitaine du château de Landal, tué à la bataille de Saint-Aubin-du-Cormier en 1488, père 1º de Jean, marié à Marie Vincent, auteur de la branche de Bellisle, qui a produit : un page du Roi en 1764, une fille à Saint-Cyr en 1764 ; un chef d'escadre en 1767 et un lieutenant des maréchaux de France à Ancenis en 1785; 2º de Guillaume, marié à Guillemette Gaillard, auteur de la branche de Martigné, qui a produit un contrôleur à la chancellerie en 1632.

Les srs du Gué et de Ponpiel, ressort de Dinan, déboutés à la réformation de 1668.

Pépin, sr de la Coudraye, — de Pontricoul, par. de Saint-Hélen, — de la Communaye, par. de Plesguen.

Réf. et montres de 1478 à 1513, par. de Saint-Hélen, Plesguen et Vildé-la-Marine, év. de Dol.

D'argent au pin de sinople, chargé de trois pommes d'or, une bande d'azur brochant. (G. le B.)

Geoffroi, de la paroisse de Plesguen, anobli et franchi avant 1478.

Perceval, porte une bande et un lambel (sceau 1418).

Perceval, Percevaux ou Parcevaux, *voyez* Parcevaux.

Percevaux, sr de Canavet, — de la Guerche, par. de Plélo, — de la Villehullin, par. de Pordic, — de la Villeméen et de la Villemarqué, par. d'Etables, — du Préoren.

Anc. ext., réf. 1669, huit gén.; réf. et montres de 1441 à 1535, dites par., év. de Saint-Brieuc.

D'azur à trois coquilles d'argent, au chef cousu de gueules, chargé de trois macles d'or, *comme Hillion*.

Thomas, sr de Canavet, épouse en 1361 Marguerite Gouyon, veuve d'Alain du Cambout; Jean, écuyer dans une montre de du Guesclin en 1371, ratifie le traité de Guérande avec les nobles de Saint-Brieuc en 1381; Geoffroi, vivant en 1469, père de Jean, marié à Catherine d'Hillion.

Percevas, sr du Mescouin, par. de Plougourvest.

Réf. et montres de 1441 à 1481, dite par., év. de Léon.

D'or à la fasce de sable (G. le B.), *comme Hélidic*.

Moderne : Kerhoënt.

PERCHE (DE LA), sʳ des Rousseries, — de la Trochardière.

Déb., réf. 1668, et à l'intend. en 1703, ress. de Rennes.

De gueules à deux perches d'argent en fasces l'une sur l'autre (arm. 1696).

Briande, épouse en 1655 Robert Potier, sʳ du Puis; Guillaume, secrétaire du Roi en 1720, époux de Marie Gaillard.

PERCIN (orig. de Gascogne, maint. en Quercy en 1698), sʳ de la Valette, — de Montgaillard, — marquis du Timeur, par. de Poullaouën, — vicomte de Coëtquénan, par. de Plouguerneau.

D'azur au cygne d'argent, becqué de sable, nageant sur une rivière d'argent, accomp. en chef de trois molettes d'or.

Charles-Maurice, colonel au régiment de Champagne, épouse vers 1663 Anne de Plœuc, marquise du Timeur; un brigadier d'infanterie en 1703; un maréchal de camp en 1792.

PERDRIEL, sʳ de Grandmaison.

Déb., réf. 1668, ress. de Rennes.

D'argent à trois perdrix d'azur.

PERDRIX, sʳ de Plusquepoix, par. de Machecoul, — de la Contrie.

D'azur à l'épée d'argent garnie d'or, posée en pal la pointe en haut (arm. de l'Ars.).

Guillaume, épouse vers 1554 Françoise Rondeau; Yves, anobli en 1634.

Le sʳ de Langle, paroisse de Sainte-Marie de Pornit, débouté à la réformation de 1669.

PÉRENÈS, sʳ de Kerouspy, par. de Caouënnec, — de Kerverry, par. de Plésidy.

Réf. et montres de 1427 à 1543, dites par., év. de Tréguier.

D'argent à l'aigle éployée de sable, becquée et membrée de gueules.

On trouve un abbé de Redon du nom de Pérenès, † 1060.

Fondu dans Cameru.

PÉRENNO (DU), sʳ dudit lieu, par. de Bodivit, — de Penvern et de Suillado, par. de Persquen, — de Kermadio, — de Kerdual, — de Saint-Germain, — de Coëtcodu, par. de Langouëlan, — de Bodineau.

Anc. ext. chev., réf. 1669, dix gén.; réf. et montres de 1427 à 1536, par. de Persquen, év. de Vannes.

D'azur à trois poires feuillées d'or, les pieds en haut, une fleur de lys de même en abyme; *alias* : une fasce ondée (sceau 1379).

Henry, écuyer dans une montre de 1356; Guillaume, accompagna Sylvestre Budes dans ses guerres d'au delà des monts, et est l'auteur d'un roman en vers sur les gestes des Bretons en Italie, composé en 1378; Guillaume, vivant en 1426, épouse Olive Jouan; un page du Roi en 1739.

PÉRICHOU, sʳ de Kerverseau, par. de la Roche-Derrien, — de Pratanscoul, par. de Camlez, — de la Garenne et de la Ville-Robert, par. de Ruffiac.

Déb., réf. 1670, ress. de Lannion; arrière-ban de Cornouailles en 1694. (Protest. de 1788).

De gueules à six billettes d'argent, 3. 2. et 1.

Un maréchal de camp, † 1825.

Périou, sr de Mesguéau, par. de Plougaznou.
Réf. et montres de 1427 à 1543, dite par., év. de Tréguier.
De sable à une fasce d'or, surmontée de trois coquilles de même (sceau 1397), *comme Quisidic.*
Jean, capitaine de Lesneven en 1402; Salomon, argentier et maître des requêtes de l'hôtel du duc en 1418.

Périssel, év. de Nantes.
D'azur à la molette de huit pointes d'argent, accomp. de trois croissants de même.
Un échevin de Nantes en 1720, secrétaire du Roi en 1747.

Pérouse (de), sr dudit lieu, par. de Rannée, — des Bonnais, par. de Talensac, — de la Roche.
Anc. ext., réf. 1671, sept gén.; réf. de 1425 à 1513, par. de Rannée, év. de Rennes.
Coupé au 1 : d'azur au lion d'argent, armé et lampassé de gueules; au 2 : d'argent au croissant de gueules.
Jean Cadoré, sr de Pérouse, vivant en 1497, père de Jean, marié à Guyonne Macé; Jean, panetier ordinaire de Marie de Médicis en 1609; un maréchal de camp en 1677, lieutenant du Roi à Arras, † 1680.
Le nom ancien de cette famille est Cadoré, *voyez* Cadoré, qu'elle a quitté ainsi que les armes.

Perrault, sr de Kervern, par. de Pouldergat, — de Kerduella.
Déb. réf. 1670; montre de 1562, dite par., év. de Cornouailles.
D'azur à la fasce d'argent chargée de trois molettes de sable et accomp. de trois pommes de pin d'or (arm. 1696).
Jean, pique-sèche en 1562, épouse Adelice Certain; Jérôme, sénéchal de Névet en 1696.

Perrault, sr de la Chaussée, — du Mesnil, — de la Vallée, par. de Pierric, — de Lessart, — de la Chesnaye, par. de Derval.
Déb. réf. 1668, ress. de Nantes.
De gueules à la fasce d'argent chargée d'une aigle éployée de sable et accomp. de trois losanges d'or (arm. 1696).
Un échevin de Nantes en 1676; deux auditeurs des comptes depuis 1687.

Perrault, sr de Kerriou, par. de Langouélan, — de la Richardaye.
Déb. réf. 1670, ress. de Rennes.
De sable à l'aigle d'argent (arm. 1696).

Perrault *voyez* Perrot.

Perrée, sr du Coudray, — de la Villestreux, — du Tertre et de la Poterie, par. de Saint-Donatien, — marquis de Courville et de Fresnay, en Normandie.
D'azur au croissant d'or, accomp. en chef de deux étoiles aussi d'or, et en pointe d'une ancre de même. (G. G.)
Un capitaine de vaisseaux, compagnon d'armes de du Guay-Trouin en 1691; un capitaine général des galères, puis chef d'escadre de Philippe V d'Espagne en 1705; un secrétaire du Roi en 1707.

PERRET, sr de la Chatellerie, — des Portes, — de l'Hôtellerie, par. de Plélo, — de Kerjean, par. de Plouagat, — de Lesmélec, — de Kerjacob.

Ext. réf. 1670, cinq gén.; réf. et montres de 1469 à 1535, par. de Plélo et Plouagat-Chatel-Audren, év. de Saint-Brieuc et Tréguier.

De gueules à trois quintefeuilles d'argent.

Guillaume, vivant en 1513, épouse Marguerite Calonnec.

PERRET, sr de Croslays, — du Pas-aux-Biches, — de Lezonnet, par. de Loyat, — de la Tronchaye, par. de la Prénessaye, — de Glévilly, — du Moustoir.

Ext. réf. 1670, trois gén., ress. de Ploërmel.

D'argent à trois cœurs de gueules.

Jean, sénéchal de Ploërmel, anobli en 1611, épouse Jeanne Maubec; François, petit-fils des précédents, marié à Jeanne de la Tronchaye, dernière du nom, substitué par lettres de 1678 et 1683 aux nom et armes de la Tronchaye.

PERRIEN ou PERRIEN-MOR (DE), sr dudit lieu, év. de Léon.

De gueules à deux épées d'argent en pal la pointe en haut, surmontées d'une quintefeuille de même. (G. le B.)

PERRIEN (DE), sr dudit lieu et de la Ville-Chevalier, par. de Plouagat, — de Tropont, par. de Pédernec, — de la Bouëxière, — de Kerguézec, par. de Trédarzec, — de Keramborgne, par. de Plouaret, — de Kercontraly, — marquis de Crénan, par. du Fœil, — sr de Bréfeillac, par. de Pommeret, — de Trélau, — de Trégarantec, par. de Mellionnec, — de Cardrin, — de Saint-Carré, — comte de Marans et sr de Courcillon, au Maine.

Anc. ext. chev., réf. 1671; dix gén.; réf. et montres de 1434 à 1543, par. de Plouagat-Châtelaudren, év. de Tréguier.

D'argent à cinq fusées de gueules en bande, *voyez* TAILLARD.

Guillaume, écuyer, dans une montre de 1375, ratifie le traité de Guérande en 1381; Alain, épouse vers 1434 Tiphaine du Chastel; Guillaume et Guillaume son neveu défendaient Guingamp pour le comte de Penthièvre en 1419; Maurice, page du roi Henri II en 1553; Maurice, épouse vers 1600 Anne Urvoy, dame de Crénan, dont : Pierre, maréchal de camp en 1649, grand échanson de France, † 1670; Pierre, fils du précédent, lieutenant général en 1693, grand échanson de France et gouverneur de Cazal, tué au siége de Crémone en 1702, frère de Marie, fille d'honneur de la reine Marie-Thérèse en 1673.

La branche de Crénan a été substituée en 1654 aux nom et armes de Bueil de Courcillon, et s'est fondue dans Lannion.

PERRIER (DU), sr de Launay, par. de Saint-Aubin-d'Aubigné, — de Lorière, — de l'Espinay.

Déb., réf. 1668, ress. de Fougères.

D'or à l'arbre de sinople (arm. 1696).

PERRIER (DU), sr de Kerhuel.

Déb., réf. 1668, ress. de Vannes.

D'or au chevron d'azur, accomp. de trois pommes de pin de gueules (arm. 1696).

Bernardin et Joseph, professeurs en droit à l'université de Nantes en 1696.

PERRIER (DU).
De gueules à trois rencontres de bœuf d'or (sceau 1390).

PERRIER (DU), sʳ dudit lieu, par. de Kermoroc'h, — de Kermouster, par. de Squiffiec, — de Coëtgonien, par. de Berhet, — de Kerdavy, par. de Questembert, — comte de Quintin, — sʳ du Ménez, par. de Plourac'h, — du Plessis-Balisson, par. de ce nom, — de Bossac, par. de Pipriac, — de Coëtcanton, par. de Melguen, — de Kervastard, par. d'Elliant, — de Guernancastel, par. de Plufur, — de Sourdéac, par. de Glénac, — de la Rochediré, en Anjou, — de Martigné-Ferchaud, par. de ce nom, — d'Assé et de Lavardin, au Maine, — de Kermelven, par. de Tréméven, — du Bois-Garin, par. de Spézet, — de Saint-Gilles, — de Prémorvan, — de Kergolléau, — d'Espineray, — de Kerprigent, par. de Plounérin.

Anc. ext. chev., réf. 1671, onze gén.; réf. et montres de 1427 à 1543, par. de Berhet et Plufur, év. de Tréguier, Plourac'h et Melguen, év. de Cornouailles et Tréméven, év. de Saint-Brieuc.

Un poirier (sceau 1348); *aliàs* : d'azur à dix billettes d'or, 4. 3. 2 et 1 (sceau 1587). Devise : *Ni vanité ni faiblesse.*

Alain, marié à Tiphaine du Bourné, devait un chevalier à l'ost du duc en 1294; Guillaume, fils des précédents, épouse vers 1330, Anne, dame de Coëtgonien, dont 1º Jean, tué au siége de Carthage en 1390, 2º Juhel, marié à Havoise de Quélen, père et mère de 1º Geoffroi, époux en 1400 de Plézou, comtesse de Quintin, 2º Pierre, marié à Isabeau, dame du Ménez, auteur de la branche de ce nom et des sʳˢ du Bois-Garin, 3º Olivier, auteur de la branche de Kermelven.

Richard, évêque de Tréguier, commença la réédification de sa cathédrale en 1339; deux chevaliers de Malte en 1651 et 1654; un avocat général aux comptes en 1654.

La branche aînée fondue en 1482 dans la maison de Laval, d'où le Perrier a passé aux Rohan-Guémené en 1529 et le comté de Quintin aux la Trémoille en 1521; la branche du Plessix-Balisson fondue dans Villeblanche.

PERRIN, sʳ de la Courbejollière, de Lesmonnière et des Mainguets, par. de Saint-Luminé de Clisson.

Anc. ext., réf. 1669, six gén.; réf. de 1431 à 1513, par. du Cellier et Saint-Luminé, év. de Nantes.

D'argent au lion de sable, armé, lampassé et couronné de gueules.

Artur, vivant en 1513, père de Jean, marié à Jacquette Le Normand.

PERRIN, sʳ de Traondour, par. du Vieux-Bourg-de-Quintin.

Réf. et montres de 1469 à 1543, dite par., et par. de Plessala et Pordic, év. de Cornouailles et Saint-Brieuc.

Pierre, de la paroisse de Plessala, anobli en 1471.

Le sʳ de Grandpré, ressort de Saint-Brieuc, débouté à la réformation de 1668.

PERRON, sʳ de la Fontaine-Ménard, par. de Meslin.

Réf. 1535, dite par., év. de Saint-Brieuc.

D'argent au chevron de sable, accomp. de trois têtes de loup de même (arm. de l'Ars.).

Perrot ou Perrault, sr de Launay, par. de Chasné, — de la Magnanne et des Fontaines, par. de Gahard, — de la Morlais, par. de Saint-Aubin-d'Aubigné, — des Tourelles, — du Haut-Plessix, — d'Andouillé, par. de ce nom, — de Châtillon, — de Trémoar, — de l'Espinay, — de la Sablonnière, au Maine.

Réf. de 1478 à 1513, par. de Chasné et Gahard, év. de Rennes.

De gueules à trois têtes de bélier d'or, 2. 1. (G. le B.)

Colin, archer armé pour la délivrance du duc, prisonnier des Penthièvre en 1420, épouse Bertranne Gouyon, dont : Jean, anobli et se gouvernant noblement en 1478, père de Pierre, marié à Perrine Blanchet; un grand veneur de Bretagne en 1544; un connétable de Rennes en 1599.

La branche d'Andouillé fondue au XVIIe siècle dans la Haye; la branche de la Sablonnière, au Maine, maintenue à l'intendance de Tours en 1667.

Suivant la Ch. des B., Étienne, fils puîné de Colin et de Bertranne Gouyon, s'établit au XVe siècle en Bourgogne où il fait les branches de Milly, Feuillasse, Jotemps et Montrevost qui portent : d'azur à la croix patriarcale alésée d'or, élevée sur trois annelets de même; *aliàs :* parti d'azur à trois bandes d'or.

Perrot, sr de Traonvilin, près Morlaix, — de Kerriou, par. de Loguénolé, év. de Dol, enclaves de Léon.

De sable au rencontre de bélier d'or (G. le B.), *voyez* Perrot de Launay.

Perrot, sr de Traonévez, par. de Plouézoc'h, év. de Tréguier.

De gueules au chevron d'argent, accomp. de trois coquilles de même. (G. le B.)

Perrot, sr du Vieux-Launay, par. de Ploujean, év. de Tréguier.

De sable fretté d'or, *comme Garec, Kerbuzic, Plouézoc'h et Quenquisou* ; au franc canton d'argent, chargé d'une croix pleine de gueules. (G. le B.)

Perrot (orig. de Paris), sr de la Malmaison.

D'azur à trois croissants adossés d'or, au chef d'argent chargé de trois aigles de sable.

Miles, conseiller aux Grands-Jours de Bretagne, puis au parlement de Paris en 1554.

Perrot, év. de Léon.

D'argent au lion de gueules, accomp. de trois billettes d'azur. (*Blancs-Manteaux.*)

Perrotin (orig. du Berry, y maint. en 1667), sr de Barmont.

D'argent à trois cœurs de gueules. (La Ch. des B.)

Deux contrôleurs généraux de la marine, des galères et des fortifications des places maritimes depuis 1700; un trésorier de France et général des finances en la généralité de Paris en 1729.

Persais, sr de la Giraudière, — des Nouettes, par. de Bréal.

Déb., réf. 1670, ress. de Rennes.

D'or à la croix de gueules, cantonnée de quatre canettes d'azur.

Perthevaux, Parthevaux ou Partevaux, *voyez* Partevaux.

Pervenchère (de la), *voyez* Richard.

Peschart, sr de la Chouasnière, — de la Botherelaye, de Lourme, de Bienassis, de la Villerolland, et vicomte de Bossac, en 1637, par. de Pipriac, — sr de Kerdavy, par.

de Questembert, — du Tertre, — de la Durantais, par. de Saint-Just, — baron de Beaumanoir, par. d'Évran, — sr du Bois-au-Voyer.

Ext., réf. 1669, huit gén.; réf. 1513, par. de Pipriac, év. de Saint-Malo.

Jacques, vivant en 1479, épouse Gillette de Peillac; plusieurs conseillers au parlement depuis 1599; un chevalier de Malte en 1606; un gentilhomme de la chambre en 1628; deux chevaliers de Saint-Lazare en 1665 et 1673.

PESTIVIEN (DE) sr dudit lieu, par. de ce nom, — de Glomel, par. de ce nom, — de Roscolo, — du Vern, par. de Guiscriff, — de Kermabguennou, par. de Ploerdut, — de Goasvennou et de Kerourden, par. de Plounévézel, — de la Coudraye, par. de Trébrivant, — de Coëtilez, — de Coëtcliviou, par. par de Treffrin, — de Guerdavid, par. de Locamand.

Anc. ext. chev., réf. 1669, six gén.; réf. et montres de 1426 à 1536, par. de Guiscriff, Plounévézel, Trébrivant, Treffrin, Plouguer et Locamand, év. de Cornouailles et Ploerdut, év. de Vannes.

Vairé d'argent et de sable (sceau 1397), *comme Goazvennou et Toupin*; *aliàs*: brisé d'un bâton de gueules.

Jean, épouse vers 1280 Constance de Rostrenen, dame de Glomel, dont: Jean, entendu dans l'enquête pour la canonisation de saint Yves en 1330, père de: 1º Bizien, capitaine de Quimperlé, assiégé dans son château de Pestivien en 1363, et qui ratifia le traité de Guérande en 1381; 2º Tristan, l'un des champions du combat des Trente en 1350, auteur de la branche du Vern et de Goazvennou.

Un chevalier de Malte en 1622.

La branche aînée fondue dans Molac, puis la Chapelle, Kerméno, Kergorlay et du Cleuz; la dernière branche fondue en 1776 dans Tavignon.

PETAU (orig. d'Orléans.)

Écartelé aux 1 et 4 : d'azur à trois roses d'argent, au chef d'or, chargée d'une aigle éployée issante de sable; aux 2 et 3 : d'argent à la croix pattée de gueules.

François, conseiller aux Grands-Jours, puis au parlement sédentaire en 1554.

PETIT (LE) (orig. d'Anjou), sr de la Guierche, — de Chaligny, — de Bois-Souchard, par. des Touches, — de la Garenne, — de Launay, — de la Guinaudière, par. de Joué.

Ext., réf. 1668, six gén.; montre de 1543, par. des Touches, év. de Nantes.

De sable à la bande d'argent, chargée d'un lion de gueules, armé et lampassé d'or.

Eonet, vivant en 1500, épouse Marguerite du Bois-Farouge; Pierre, maître d'hôtel de Jean de Bretagne, duc d'Étampes en 1546; François, abbé de Villeneuve en 1551; quatre chevaliers de Malte depuis 1551.

PETIT (LE) (orig. de Fougères).

D'azur à la fasce d'argent, chargée d'une tête de lion de gueules, accomp. de deux croissants d'or en chef et de deux besants de même en pointe.

Étienne, abbé de Daoulas en 1410, † 1425.

PETIT (LE), sr de la Bauche, par. de Bouguenais, — des Rochettes.

Un maire de Nantes en 1736; un directeur des devoirs à Rennes, audiencier à la chancellerie en 1763.

PHÉ

Petit (le) (orig. de Champagne, y maint. en 1669), sʳ de Richebourg.
 Maint. à l'intend. en 1698, ress. de Nantes.
 D'azur à deux épées d'argent en sautoir, la pointe en bas, cantonnées de trois larmes de même et d'un cœur d'or en pointe.
 Guy, fils de Gérard, ordonnateur de la marine à Nantes en 1698.

Petitbois (du), *voyez* Pinot.

Petitpont (du), sʳ dudit lieu, — de Kermérien, par. de Ploerdut, — de Kergoff.
 Déb., réf. 1671 ; réf. et montres de 1448 à 1481, par. de Lignol, év. de Vannes.
 D'or à l'aigle à deux têtes de sable.

Petiteau, sʳ du Chesne, par. du Loroux-Bottereau, — du Cléré, par. de Saint-Julien-de-Concelles.
 Maint. réf. 1669, 0 gén., ress. de Nantes, par les priviléges de la chambre des comptes.
 D'argent au chevron de gueules, accomp. en chef de deux étoiles de même, et en pointe d'une aigle de sable, membrée et becquée de gueules, *comme d'Orléans*.
 Pierre, marié à Anne Viau, père de Pierre, auditeur des comptes en 1641.

Pezdron, sʳ de Kerambellec, par. de Pontivy.
 Déb., réf. 1668, év. de Vannes.

Pezron, sʳ de la Salle et de Kergonan, par. de Plouharnel, — de Leslay, — du Clio, — de Penlan, — de Kervégan, — de la Ville-Blanche.
 Déb., réf. 1669, ress. d'Auray; réf. 1536, par. de Plouharnel, év. de Vannes.
 D'argent à la fasce accomp. en chef d'une rose et en pointe d'un cœur, le tout de gueules. (G. G.)
 Guillaume, sʳ de la Salle, vivant en 1536, marié à Marguerite de Kergarff; Louis, sʳ de Kervégan, sénéchal de Concarneau, époux de Louise de la Chapelle, père et mère d'Yves, sous-prieur de l'abbaye de Prières en 1665, abbé de la Charmoye, au diocèse de Châlons-sur-Marne en 1697, † 1706; Julien, sʳ du Clio, maître des comptes en 1665; David, sʳ de Penlan, procureur du roi à Auray en 1693, époux de Marie de Carheil, anobli en 1699; Julien, sʳ du Leslay, anobli en 1699.

Pezron, sʳ de Keraëret, par. de Ploudalmézeau, — du Mescouëz, — de Lesconvel, par. de Plouzané, — de Coëtmorvan, par. de Ploujean, — de Kermelven, par. de Plouisy.
 Ext. réf. 1670, sept gén.; réf. et montres de 1481 à 1543, par. de Plouguin, év. de Léon, et Ploujean, év. de Tréguier.
 De gueules au lion d'or, chargé sur l'épaule d'une macle de gueules.
 Yves, de la paroisse de Plouguin, anobli en 1447; Henry, vivant en 1481, épouse Marguerite Maucazre; Thomas, de la paroisse de Trébeurden, anobli en 1462.

Phélippes, sʳ de Coëtgouréden, par. de Pestivien, — de Coscastel, par. de Plésidy, — de Kerrio, par. du Vieuxbourg-de-Quintin.
 Réf. et montres de 1428 à 1543, par. de Bourgbriac et Plésidy, év. de Tréguier, Vieuxbourg, év. de Cornouailles, et Etables, év. de Saint-Brieuc.

De gueules à la croix endentée d'argent, *comme Coëtgouréden et Fraval.*

La branche de Coëtgouréden a quitté depuis 1485 le nom de Phélippes. *Voyez* COETGOURÉDEN.

PHÉLIPPES, sʳ de Tronjolly.

De gueules à la croix endentée d'argent, *comme les précédents.*

Un échevin de Rennes, doyen des juges de police et l'un des capitaines de la milice bourgeoise en 1733, bisaïeul de François-Anne-Louis, juge-garde de la monnaie de Rennes en 1775, avocat du Roi au présidial en 1778, lieutenant-colonel de la milice bourgeoise et député de Rennes aux États de 1784, enfin accusateur public au tribunal révolutionnaire de Nantes, † 1828.

PHÉLIPPES (orig. de Normandie, y maint. en 1666), sʳ de la Chesnais, — des Brières, — des Acres.

Ext. réf. 1668, quatre gén.; ress. de Rennes.

D'argent à tête de lion arrachée de gueules; *aliàs* : d'argent à la fasce crénelée de deux pièces de gueules, accomp. en chef (*aliàs* : en pointe) d'une tête de lion arrachée de gueules.

Roger, marié vers 1560 à Anne Le Roi, père et mère de Louis, anobli pour services rendus dans les guerres en 1597.

PHÉLIPPOT, sʳ de la Carperaie, — de Champeaux, — de la Haye.

Maint. réf. 1669, 0 gén.; ress. de Rennes.

D'azur au chevron d'or accomp. de trois fers de dard de même.

François, maître des comptes en 1541; Jean, secrétaire du Roi en 1623; Jean et Gilles, frères, prévôts de la prévôté de Rennes, anoblis en 1647.

PHÉLIPPOT, réf. et montres de 1469 à 1513, par. d'Yvias, év. de Saint-Brieuc.

Guillaume, anobli en 1455.

PHÉLYPEAUX (orig. du Blaisois), marquis de Châteauneuf-sur-Loire en 1671, — comte de Pontchartrain, de Saint-Florentin et de Maurepas, — baron de l'Ile-de-Bouin en 1714, — duc de la Vrillère en 1770.

D'azur semé de tiercefeuilles d'or, au franc quartier d'hermines.

Raymond fils Guillaume, secrétaire du Roi en 1607 et secrétaire d'État en 1621; un premier président au parlement de Bretagne en 1677, chancelier de France en 1699. Cette famille s'est alliée aux du Guesclin et aux Bréhand.

PHILIPPES, sʳ de Kerduff, par. de Plouvien, — de Gorréquer.

Réf. et montres de 1426 à 1534, dite par., év. de Léon.

D'azur à trois couronnes ducales d'or (sceau 1416).

PHILIPPES, sʳ de Barac'h, par. de Louannec, — de Launay, par. de Ploubezre.

Réf. 1441, par. de Pléhédel, év. de Saint-Brieuc.

De gueules à la fasce d'argent, accomp. de six annelets d'or. (G. le B.)

Guillaume, de la paroisse de Pléhédel, anobli par lettres du duc, en 1423.

PHILIPPES, sʳ de la Villeneuve-Torant, — de Trémaudan.

D'azur à deux épées d'or en sautoir, les pointes en bas (arm. 1696).

Malo, anobli en 1671.

François, sʳ des Forges, débouté à l'intendance en 1712.

PIC (orig. d'Italie, confirmé par lettres de 1574 et 1577), comte de la Mirandole, — s^r de la Jannière, — de Kerjoquer, par. de Gouëzec.

Maint. par arrêt du parl. de 1764 et appelé à l'arrière-ban de Cornouailles en 1636.

Écartelé aux 1 et 4 : d'or à l'aigle de sable, becquée, membrée et couronnée d'or, *qui est la Mirandole*; aux 2 et 3 : échiqueté d'argent et d'azur, *qui est Pic*.

Scipion; fils du comte de la Mirandole, passa au service de France sous Charles VII et fut naturalisé en 1462; ses descendants se sont alliés en Bretagne aux Trogoff, du Largez et Kergariou.

PICART (LE), s^r de Kergannou, par. de Persquen.

Réf. et montres de 1426 à 1536, dite par., év. de Vannes.

D'azur à la tête de léopard d'or, lampassé et couronné de gueules (arm. de l'Ars.).

PICART, s^r de Launay, par. de Saint-Viaud, — de la Pilaudière, par. de Saint-Père-en-Retz.

Réf. 1429, dites par., év. de Nantes.

Raoulet, de la paroisse de Bouguenais, anobli en 1469.

PICART, s^r de Vieilleville, par. de Guer.

Déb., réf. 1670, ress. de Ploërmel.

De gueules à trois croisilles d'or en fasce.

PICART (LE), s^r de la Fosse-Davy, des Portes et de la Guévière, par. de Maroué, — de la Tronchaye, par. de Planguénoual, — de Pellan, par. de Morieux, — de la Ville-Asselin.

Anc. ext., réf. 1669, huit gén.; réf. et montres de 1441 à 1535, dites par., év. de Saint-Brieuc.

D'argent au lion de sable, accomp. de trois merlettes de même.

Mathurin, fils Jean, vivant en 1469, épouse Étiennette de Pellan.

PICAUD, s^r de Tihenri, par. de Plouay, — de Morfouace et de Quéhéon, par. de Ploërmel, — de la Rivière, par. de Lalleu, — de la Villebourde, — de la Morinais, — de la Pommeraye, — de la Villeguéry, — du Goaz, — du Vertin, — du Parc, — de la Chauvelière, — de Launay, — de Saint-Gouëznou, — de Trégadon, — de Morgaud, — du Clos-Havard, — de la Touche, — du Bois-Marquer, — de la Villeneuve.

Anc. ext. chev., réf. 1668, neuf gén.; réf. et montres de 1427 à 1513, par. de Ploërmel, év. de Saint-Malo.

D'argent fretté de gueules, au chef de même chargé de trois trèfles d'or.

Eudes, épouse en 1260, Adelice d'Hennebont, dame de Tihenri; Guillaume, capitaine de Saint-Malo, repoussa le duc de Lancastre qui assiégeait cette place en 1378; Jean, fils Eon, vivant en 1479, épouse Perrine, dame de la Rivière; un maître des comptes en 1582; un abbé de Saint-Meen, † 1592; un lieutenant des maréchaux de France à Guérande en 1740.

PICAUD, s^r du Tertre, par. de Saint-Donatien, — de la Guerche, par. de la Chevrollière, — de la Mocetière.

Guillaume, de la paroisse de Saint-Donatien, franchi en 1480; Pierre, maître des comptes en 1539; Jean, échevin de Nantes en 1564, marié à Marie Babonneau.

PICHARD, sr de Kerverziou, év. de Léon.
D'azur à deux fasces ondées d'or, chargées chacune de trois roses de gueules (arm. 1696).

<small>Mathurin, sénéchal de Léon, époux en 1670 de Béatrix Le Brigand, père de Guillaume, maire de Saint-Pol, capitaine d'une compagnie franche de garde-côtes, marié en 1717, à Marie Hervé de Keranhorre.</small>

PICHARD (orig. du Poitou), sr du Page, — du Verger, — de la Caillère, — du Pasty, — de la Blanchère.
D'azur au chevron d'or, chargé de deux lions affrontés de sinople, accomp. en chef de deux croisettes d'argent et en pointe d'une aigle d'or.

<small>Un secrétaire du Roi à la grande chancellerie en 1749; deux auditeurs et un greffier en chef des comptes de Nantes depuis 1755.</small>

PICHIER, sr de Kerbalay, par. de Kervignac.
Déb. réf. 1669, ress. de Vannes.

PICHON, év. de Léon.
D'argent à trois coquilles de sable (arm. de l'Ars.)

PICHOT, sr de Trémen, par. de Plusquellec, — de Kerdizien, — de Kerguiniou.
Déb. réf. 1669, ress. de Carhaix.
De gueules au cygne d'argent.

PICHOT, sr du Mézeray.
Déb. à l'intend. en 1698, ress. de Vitré.
D'or à trois trèfles de sinople (arm. 1696.)

PICON (orig. d'Italie, maint. en Limousin en 1668), sr de Pouzillac, — de Chasseneuil, — d'Andrezelles, en Brie, — de Saint-Méry.
Maint. par arrêt du parl. de 1786, treize gén.
D'azur au dextrochère d'argent, tenant une pique de même; au chef de gueules, chargé de trois couronnes d'or.

<small>Nicolas, podestat de Savone en 1259; Gabriel, maître d'hôtel du Roi, épouse en 1658 Anne Faucon; un ambassadeur à Constantinople en 1724; un chevalier de Malte en 1756; un abbé de Saint-Jacut en 1786.</small>

PICOT, sr de la Barbotais, par. de Saint-Meloir-des-Ondes, — de la Brientaye, par. de Paramé, — de Malabry, — de Closrivière, — de Beauchesne, — de Prémesnil, — de la Motte, — du Guildo, par. de Créhen, — des Chesnais, — de la Fossehingant, par. de Saint-Coulomb, — de Limoëlan, par. de Sévignac, — de Plédran, par. de ce nom, — du Boisfeillet, par. de Pluduno, — de Beaumont, par. de Guitté.
Maint. à l'intend. en 1701; réf. et montres de 1478 à 1513, par. de Saint-Meloir-des-Ondes et Paramé, év. de Saint-Malo.
Écartelé aux 1 et 4 : d'azur à trois haches d'armes d'argent en pal; aux 2 et 3 : d'argent à trois léopards l'un sur l'autre de gueules.

Olivier, archer dans une montre de 1479; Pierre, sr de la Barbotais, vivant en 1500, père d'Étienne, sr dudit lieu et de la Brientaye, vivant en 1513; Michel, épouse en 1581 Jeanne Cochin; un conseiller au présidial de Rennes en 1625; deux secrétaires du Roi en 1692 et 1710; un maréchal de camp en 1791; un major général de l'armée de Georges Cadoudal, l'un des auteurs de la machine infernale en 1800, puis prêtre, † en 1826.

Le sr de Basseville, paroisse de Saint-Judoce, débouté à la réformation de 1668.

PICOT (orig. de Poitou, y maint. en 1699), sr de Sauvieux et de la Mintaye, en Poitou, — de Fiefrubé, par. de Fougeray, — de Trémar, par. de Plessé, — de Peccaduc, par. de Carentoir, — de Pontaubray, de Vahais et de Vaulogé, au Maine, — baron de Herzogenberg, en Autriche, en 1810.

Maint. par les commissaires en 1715, à l'intend. en 1716 et par arrêt du parl. de 1781.

D'or au chevron d'azur, accomp. de trois fallots d'argent allumés de gueules, au chef de même, *comme Picot de Dampierre, en Champagne.* Devise: *Nullus extinguitur.*

Jean et Bertranne Loyseau sa compagne, vivants en 1588, père et mère d'Adrien, marié en 1619 à Suzanne Luzeau, auteur des différentes branches de cette famille qui a produit un conseiller au parlement en 1757; un page de Madame en 1782; un maréchal de camp en 1821, et un feld-maréchal-lieutenant, chambellan de l'empereur d'Autriche, † 1834.

PICOT, sr de Bellebat, par. de Crossac, év. de Nantes.

Un maître des comptes en 1602; un auditeur des comptes en 1678.

PICOT, sr de Coëthuel, par. de Plouguernével.

Déb., réf. 1668, ress. d'Hennebont.

PICQUET, sr de la Flesche, par. de Coësmes, — de la Motte, — de Mélesse, par. de ce nom, — du Boisguy, par. de Parigné, — châtelain de Launay-du-Han, par. de Montreuil-le-Gast, — sr de la Villouyère, — de la Charronnière, par. de Saint-Aubin-des-Landes, — de Beauvais, par. de Bourgbarré.

Déb., réf. 1668, ress. de Rennes.

D'azur à trois chevrons d'or, accomp. de trois fers de lance d'argent en pal, les pointes en haut.

Jean, sr de la Motte, † 1654, marié à Guillemette Hus, père et mère de Jean, greffier en chef civil au parlement en 1684, secrétaire du Roi en 1698, époux de Marie-Josephe Le Clavier, dont: 1° Guy, auteur des srs de la Motte, qui ont produit deux conseillers au parlement depuis 1701, un greffier en chef civil en 1705 et un lieutenant-général des armées navales en 1782, † 1791; 2° Louis-Alexandre, auteur des srs de Mélesse et du Boisguy, qui ont produit trois prévôts généraux de la maréchaussée en Bretagne depuis 1718, un greffier en chef civil en 1740 et un maréchal de camp en 1814.

PIDOUX (orig. du Poitou), sr du Coudray.

D'argent fretté de sable.

Jean, conseiller au parlement en 1600, marié à Madelaine Le Porc de la Porte-Vézins.

PIEDEFER, d'azur au lion d'or, armé et lampassé de gueules. (G. le B.)

PIEDELOU, sr de la Gahardière, par. de Bazouges-sous-Hédé, — de Lessichère, par. de Saint-Brieuc-des-Iffs, — de Gromelet, — de Launay, — du Rocher, — de la Garenne.

PICHARD, sʳ de Kerverziou, év. de Léon.

D'azur à deux fasces ondées d'or, chargées chacune de trois roses de gueules (arm. 1696).

<small>Mathurin, sénéchal de Léon, époux en 1670 de Béatrix Le Brigand, père de Guillaume, maire de Saint-Pol, capitaine d'une compagnie franche de garde-côtes, marié en 1717, à Marie Hervé de Keranhorre.</small>

PICHARD (orig. du Poitou), sʳ du Page, — du Verger, — de la Caillère, — du Pasty, — de la Blanchère.

D'azur au chevron d'or, chargé de deux lions affrontés de sinople, accomp. en chef de deux croisettes d'argent et en pointe d'une aigle d'or.

<small>Un secrétaire du Roi à la grande chancellerie en 1749; deux auditeurs et un greffier en chef des comptes de Nantes depuis 1755.</small>

PICHIER, sʳ de Kerbalay, par. de Kervignac.

Déb. réf. 1669, ress. de Vannes.

PICHON, év. de Léon.

D'argent à trois coquilles de sable (arm. de l'Ars.)

PICHOT, sʳ de Trémen, par. de Plusquellec, — de Kerdizien, — de Kerguiniou.

Déb. réf. 1669, ress. de Carhaix.

De gueules au cygne d'argent.

PICHOT, sʳ du Mézeray.

Déb. à l'intend. en 1698, ress. de Vitré.

D'or à trois trèfles de sinople (arm. 1696.)

PICON (orig. d'Italie, maint. en Limousin en 1668), sʳ de Pouzillac, — de Chasseneuil, — d'Andrezelles, en Brie, — de Saint-Méry.

Maint. par arrêt du parl. de 1786, treize gén.

D'azur au dextrochère d'argent, tenant une pique de même ; au chef de gueules, chargé de trois couronnes d'or.

<small>Nicolas, podestat de Savone en 1259; Gabriel, maître d'hôtel du Roi, épouse en 1658 Anne Faucon; un ambassadeur à Constantinople en 1724; un chevalier de Malte en 1756; un abbé de Saint-Jacut en 1786.</small>

PICOT, sʳ de la Barbotais, par. de Saint-Meloir-des-Ondes, — de la Brientaye, par. de Paramé, — de Malabry, — de Closrivière, — de Beauchesne, — de Prémesnil, — de la Motte, — du Guildo, par. de Créhen, — des Chesnais, — de la Fossehingant, par. de Saint-Coulomb, — de Limoëlan, par. de Sévignac, — de Plédran, par. de ce nom, — du Boisfeillet, par. de Pluduno, — de Beaumont, par. de Guitté.

Maint. à l'intend. en 1701 ; réf. et montres de 1478 à 1513, par. de Saint-Meloir-des-Ondes et Paramé, év. de Saint-Malo.

Écartelé aux 1 et 4 : d'azur à trois haches d'armes d'argent en pal; aux 2 et 3 : d'argent à trois léopards l'un sur l'autre de gueules.

Olivier, archer dans une montre de 1479; Pierre, s^r de la Barbotais, vivant en 1500, père d'Étienne, s^r dudit lieu et de la Brientaye, vivant en 1513; Michel, épouse en 1581 Jeanne Cochin; un conseiller au présidial de Rennes en 1625; deux secrétaires du Roi en 1692 et 1710; un maréchal de camp en 1791; un major général de l'armée de Georges Cadoudal, l'un des auteurs de la machine infernale en 1800, puis prêtre, † en 1826.

Le s^r de Basseville, paroisse de Saint-Judoce, débouté à la réformation de 1668.

PICOT (orig. de Poitou, y maint. en 1699), s^r de Sauvieux et de la Mintaye, en Poitou, — de Fiefrubé, par. de Fougeray, — de Trémar, par. de Plessé, — de Peccaduc, par. de Carentoir, — de Pontaubray, de Vahais et de Vaulogé, au Maine, — baron de Herzogenberg, en Autriche, en 1810.

Maint. par les commissaires en 1715, à l'intend. en 1716 et par arrêt du parl. de 1781.

D'or au chevron d'azur, accomp. de trois fallots d'argent allumés de gueules, au chef de même, *comme Picot de Dampierre, en Champagne.* Devise : *Nullus extinguitur.*

Jean et Bertranne Loyseau sa compagne, vivants en 1588, père et mère d'Adrien, marié en 1619 à Suzanne Luzeau, auteur des différentes branches de cette famille qui a produit un conseiller au parlement en 1757; un page de Madame en 1782; un maréchal de camp en 1821, et un feld-maréchal-lieutenant, chambellan de l'empereur d'Autriche, † 1834.

PICOT, s^r de Bellebat, par. de Crossac, év. de Nantes.

Un maître des comptes en 1602; un auditeur des comptes en 1678.

PICOT, s^r de Coëthuel, par. de Plouguernével.

Déb., réf. 1668, ress. d'Hennebont.

PICQUET, s^r de la Flesche, par. de Coësmes, — de la Motte, — de Mélesse, par. de ce nom, — du Boisguy, par. de Parigné, — châtelain de Launay-du-Han, par. de Montreuil-le-Gast, — s^r de la Villouyère, — de la Charronnière, par. de Saint-Aubin-des-Landes, — de Beauvais, par. de Bourgbarré.

Déb., réf. 1668, ress. de Rennes.

D'azur à trois chevrons d'or, accomp. de trois fers de lance d'argent en pal, les pointes en haut.

Jean, s^r de la Motte, † 1654, marié à Guillemette Hus, père et mère de Jean, greffier en chef civil au parlement en 1684, secrétaire du Roi en 1698, époux de Marie-Josephe Le Clavier, dont : 1° Guy, auteur des s^{rs} de la Motte, qui ont produit deux conseillers au parlement depuis 1701, un greffier en chef civil en 1705 et un lieutenant-général des armées navales en 1782, † 1791; 2° Louis-Alexandre, auteur des s^{rs} de Mélesse et du Boisguy, qui ont produit trois prévôts généraux de la maréchaussée en Bretagne depuis 1718, un greffier en chef civil en 1740 et un maréchal de camp en 1814.

PIDOUX (orig. du Poitou), s^r du Coudray.

D'argent fretté de sable.

Jean, conseiller au parlement en 1600, marié à Madelaine Le Porc de la Porte-Vézins.

PIEDEFER, d'azur au lion d'or, armé et lampassé de gueules. (G. le B.)

PIEDELOU, s^r de la Gahardière, par. de Bazouges-sous-Hédé, — de Lessichère, par. de Saint-Brieuc-des-Iffs, — de Gromelet, — de Launay, — du Rocher, — de la Garenne.

Anc. ext. réf. 1669, huit gén.; réf. et montres de 1437 à 1513, dites par., év. de Rennes et Saint-Malo.

D'or à trois pieds de loup de sable.

<small>Geoffroi, vivant en 1437, épouse Mahaut d'Angoulvent; Isabeau, abbesse de Saint-Georges de Rennes, † 1472.</small>

PIEDERAT, s^r du Plessix, par. de Médréac.

Réf. et montres de 1448 à 1513, dite par., év. de Saint-Malo.

<small>Jean, prête serment au duc entre les nobles de Saint-Malo en 1437.</small>

PIEDEVACHE, s^r de Gelouard et de Camays, par. de Landujan, — de Montdidier, par. de Bazouges-sous-Hédé.

Réf. et montres de 1427 à 1513, dites par., év. de Saint-Malo et Rennes.

D'argent à trois pieds de vache de gueules, la corne d'or (sceau 1417); *alias*: d'azur à trois écussons d'argent, au bâton de même, brochant en bande sur le tout (sceau 1306).

<small>Mathieu, vivait en 1271; Geoffroi, abbé de Rillé, † 1420; Guillaume, prête serment au duc entre les nobles de Saint-Malo en 1437.</small>

PIEDRU, év. de Nantes.

<small>Guillaume, époux de Jeanne Mauléon, père et mère : 1° de Pierre, évêque de Tréguier, puis de Saint-Malo, † 1449; 2° d'Agaisse, mariée à Jean Chauvin, père du chancelier de Bretagne.</small>

PIEL, s^r de Chucheville, par. de Maure, — de la Fouchais et du Fresne, par. de Guignen, — de Bénazé, par. de Domloup, — de Laussayère, — de la Vigne, par. de Chanteloup.

Anc. ext., réf. 1669, six gén.; réf. et montres de 1426 à 1513, par. de Maure et Guignen, év. de Saint-Malo.

D'argent à l'aigle impériale de sable, becquée et membrée de gueules.

<small>Guillaume, vivant en 1479, épouse Roberte de Fonteniou.</small>

PIERRARD, s^r de Beaumont, par. de la Fontenelle.

Déb., réf. 1668, ress. de Bazouges.

PIERRE (DE LA), s^r des Salles, — de Talhouët, de la Forest, de Kerbresset et de Manerven, par. de Languidic, — de Saint-Nouan, — de Kernivinen, — de Kermadio, par. de Plunéret, — de Pendreff, — de Keruzadic, — du Hénan et de Rustéphan, par. de Nizon, — de Frémeur.

D'or à deux fasces de gueules (arm. 1696).

<small>François, secrétaire du Roi en 1674; Jean, grand maître des eaux et forêts de Bretagne en 1696; deux maîtres des comptes depuis 1687; un conseiller au parlement de Paris en 1714; un secrétaire du Roi près le parlement d'Aix, † 1738; un lieutenant-général des armées en 1748, commandant de Minorque, † 1759; un maréchal de camp en 1780; un enseigne aux gardes-françaises en 1788, baron de l'Empire en 1813, en faveur duquel la terre de Keruzadic a été constituée en majorat au titre de marquis, par lettres de 1817; un volontaire pontifical en 1860.</small>

PIERRE, s^r de Saint-Jean, — de la Goupilière, — de la Lande.

Déb., réf. 1668, et à l'intend. en 1699, év. de Saint-Malo.

PIERRE, sʳ de Kervilgoz, par. de Servel.

Réf. 1427, par. de Cavan et Trébeurden, év. de Tréguier.

PIERRES (orig. d'Anjou), sʳ du Plessis-Baudouin, — d'Epigny, — de Belle-Fontaine.

D'or à la croix pattée et alésée de gueules (G. le B.), *comme Baudouin*. Devise : *Pour loyauté soutenir.*

Un chevalier de Malte en 1595; deux gouverneurs de Châteaubriant en 1587 et 1623.

PIGEAUD, sʳ de la Devansais, par. de Plessé, — de la Bellière et de la Coindière, par. de Puceul, — de Beautour, par. de Vertou.

Maint. à l'intend. en 1699 et 1705, ress. de Nantes.

D'argent à la croix dentelée de sable, cantonnée de quatre merlettes de même, *comme Breton.*

René, échevin de Nantes en 1654, épouse Louise Urvoy.

PIGEAULT ou PIGAULT, sʳ de la Mélatière, par. de Guipry, — de la Chaumeraye, par. de Lohéac.

Ext., réf. 1670, cinq gén.; réf. et montres de 1513 à 1569, par. de Guipry, év. de Saint-Malo.

D'azur à la croix ancrée et guivrée d'argent.

Pierre, vivant en 1513, épouse Louise de la Fonchaye; Raoul, fils des précédents, employé dans les rôles de l'arrière-ban de Saint-Malo de 1543 à 1569, épouse Denise de Lassay, dont Jean, qui a continué la filiation en Bretagne.

Suivant la Ch. des B., Samuel, gendarme de la retenue du Vidame de Chartres à la prise de Calais en 1558, marié dans cette ville en 1573 à Jeanne Hamilton, était fils puîné de Raoul et de Denise de Lassay.

Cette branche a produit trois mayeurs de Calais depuis 1696, auteurs des sʳˢ de l'Epinoy, de Saint-Tricat, de Brouchamp, de Grandcourt et de Beaupré, dont un chevalier de l'Empire en 1769.

PIGEON, sʳ des Grandchamps, par. de Soudan, — de la Maisonneuve.

D'azur à trois pigeons d'argent.

François, époux de Nicole Goubin, père de Jacques, valet de chambre du Roi, greffier en chef aux requêtes en 1581; Yves, homme d'armes de la compagnie du duc de Vendôme en 1598.

PIGOUST, sʳ de la Grande-Noë, par. de Derval.

Déb. réf. 1668, ress. de Nantes.

PIGUELAIS (DE LA), sʳ dudit lieu, par. de Mouazé, — comte du Chesnay en 1590 et sʳ de Maillechat, par. de Guipel, — sʳ de Marbré, par. de Coglez, — de la Porte, — de la Massue, par. de Cuguen, — de la Ville-Thébaud.

Anc. ext. chev. réf. 1669, neuf gén.; réf. de 1481 à 1513, par. de Mouazé, Saint-Aubin-d'Aubigné et Coglez, év. de Rennes.

D'argent à l'épervier au naturel, armé et becqué d'or, longé, grilleté et perché de gueules.

Berthelot, jure l'association de la noblesse de Rennes, pour empêcher l'invasion étrangère en 1379; Georges, fils Jean, épouse en 1471 Françoise Gaulny; un connétable de Rennes en 1549; un capitaine de 50 hommes d'armes, député des États vers la reine Élisabeth d'Angleterre en 1593; un conseiller au parlement en 1609.

La branche du Chesnay fondue dans Brécheu.

Le s^r de la Baguerais, débouté à l'intendance en 1702.

PILGUEN, s^r de Keruzaouen et de Kermeidic, par. de Plourin, — de Leurmavan, par. de Plouguin.

Réf. et montres de 1426 à 1534, dite par., év. de Léon.

De sable au lion léopardé d'argent.

PILGUEN, s^r de Kerouriou, par. de Plouider.

Réf. et montres de 1427 à 1503, par. de Plounévez, Guiséuy, Plouénan et le Minihy, év. de Léon.

D'or à trois coquilles de gueules, *comme Kernezne et Keroual.*

Sybille, épouse vers 1420 Jean Barbier, s^r de Lanarnuz; Yvon, franc-archer de la paroisse de Saint-Vougay en 1543.

PILLAIS, s^r de Lessongère, par. de Saint-Herblain, — de la Fromendière, — de la Noë.

Maint. à l'intend. en 1706, ress. de Nantes.

Deux échevins de Nantes en 1564 et 1621.

On trouve Julien, s^r de la Sorerie, paroisse de Montrelais, anobli et franchi en 1485.

PILLAVOINE (DE), s^r dudit lieu et de Kersalaun, près Lantréguier. (G. le B.)

Fondu dans Le Borgne, puis Noël.

PILLET, s^r de la Salle, par. de Bréteil, — de la Hériçzonais et de la Moussardière, par. de Saint-Maugan, — du Drigant.

Ext. réf. 1670, six gén.; réf. et montres de 1440 à 1513, dites par., év. de Saint-Malo.

De gueules à trois javelots d'or, les pointes en haut, accomp. en chef d'une colombe d'or.

Pierre, de la paroisse de Bréteil, anobli en 1435, à la supplication de Jean son fils, secrétaire du duc; Raoul fils Guyon, vivant en 1479, épouse Raoulette de Belleville.

PILORGERIE (DE LA), *voyez* LUETTE.

PIMODAN (DE), *voyez* RARÉCOURT.

PIN (DU) (orig. de Normandie), s^r de la Rivière.

D'azur à trois pommes de pin d'or.

Un lieutenant civil et criminel au présidial de Rennes en 1592.

PIN (DU), s^r de la Luais, par. de Sarzeau.

Déb. à la réf. de 1671 et à l'intend. en 1703, ress. de Rhuis.

PINARDIÈRE (DE LA), év. de Nantes.

De sable au croissant d'argent, surmonté d'un marteau d'or, accomp. en chef de trois étoiles d'argent et en pointe de trois pommes de pin d'or (arm. de l'Ars.).

PINART, sr de Cadoualan, par. de Ploumagoër, — de la Noëverte, par. de Lanloup, — de Lizandré, par. de Plouha, — du Val-Pinart, par. de Saint-Mathieu de Morlaix, — de Kerdrain, — de la Ville-Auvray, — de Lostermen, — du Fouënnec, par. de Botsorhel, — du Fresne, — de Kerambellec.

Anc. ext. chev., réf. 1669, dix gén., et maint. à l'intend. en 1703 ; réf. et montres de 1427 à 1543, par. de Ploumagoër et Saint-Mathieu de Morlaix, év. de Tréguier et Lanloup, év. de Dol.

Fascé ondé de six pièces d'or et d'azur, au chef de gueules, chargé d'une pomme de pin d'or.

Rolland, fils Eon, vivant en 1427, épouse Valence Gicquel ; Hervé, conseiller et maître des requêtes du duc en 1418 ; deux conseillers aux Grands-Jours puis au parlement en 1554 ; un gouverneur du château du Taureau en 1590 ; un chevalier de Malte en 1635 ; une fille à Saint-Cyr en 1697 ; un page du Roi en 1715.

La branche de la Noëverte fondue dans Lannion puis Guer ; la branche du Val fondue dans Le Marant ; la branche du Fouënnec fondue dans de Plœuc.

PINCÉ, sr de Pontpéan, — du Drouillay, par. de Vertou.

D'argent à trois merlettes de sable. (G. le B.)

René, épouse en 1607, Péronnelle Tituault, dame du Drouillay.

PINÇON, sr de la Roche, — de Cacé, par. de Saint-Gilles de Rennes, — du Hazay, — de Pontbriand, par. de Cesson.

Maint. à l'intend. en 1698, ress. de Rennes.

D'argent à une merlette de gueules, au chef d'or, chargé de trois croisettes de sable, qui est Cacé.

Artur, avocat en parlement en 1590 ; Roch, gentilhomme de la chambre en 1600, épouse Suzanne Godelin, fille de Julien et d'Anne de Cacé ; Jean, petit-fils des précédents, anobli en 1651 avec permission de prendre les armes de Cacé ; Roch, secrétaire du Roi en 1669, résigne en 1680.

PINÇON, sr d'Ambreuil, ress. de Rennes.

D'azur au chevron d'argent chargé de trois pinçons de gueules (arm. 1696).

PINÇZON, sr des Monts et du Sel, par. du Sel, — de Loiselière et de la Gaillardière, par. de Vern, — de la Fontaine et de la Douësnelière, par. de Saint-Martin-des-Vignes, — de la Bordière, — de la Guermonnaye, — du Rocher, — du Val.

Ext. réf. 1668, huit gén. ; réf. 1513, dites par., év. de Rennes.

D'argent à la croix ancrée de sable, cantonnée de quatre merlettes de même. Devise : *Vite et ferme.*

Jean, bouteiller du duc, l'accompagna au voyage de Rouen, en 1418 ; Pierre, anobli en 1476 et son hébergement des Hauts-Monts, franchi, épouse Catherine Mellet, dame de Loiselière ; Jean, fils du précédent, secrétaire ordinaire du Roi en Bretagne, en 1500 ; Olivier, sr de la Gaillardière, arquebusier à cheval dans les rôles du ban et arrière-ban de 1569 à 1591 ; un lieutenant des maréchaux de France à Rennes, en 1786.

PINEAU ou PINAULT, sr de Lormais et de l'Épine, par. de Blain, — du Boisbriand, — de la Villehouin, par. de Bouvron.

Maint. réf., 1669, 0 gén. ; réf. de Nantes.

D'argent à trois fasces de gueules, au franc canton d'azur, chargé de trois fusées d'or, posées en bande.

<small>Jacques, alloué et sénéchal de Blain, anobli en 1649.</small>

<small>Les srs de la Championnière, paroisse de Trans et de la Frosnière, déboutés à la réformation de 1668.</small>

Pineau, sr de la Rivière-Neuve, par. de Sainte-Croix-de-Machecoul, — de l'Espinay, par. du Bignon, — de la Périnière et de la Jarrie, par. de la Limousinière, — du Boisguéhenneuc, par. de Férel, — de la Galiotière, par. de Châteauthébaud, — de Trémar, par. de Plessé.

Ext. réf. 1669, 8 gén.; réf. et montres de 1454 à 1543, par. de Sainte-Luce et Férel, év. de Nantes.

D'argent à la fasce de sable, chargée de trois pommes de pin d'argent et accomp. en pointe d'une pomme de pin de sable.

<small>Perrot, Gilles et Jean, srs de la Bellerivière, paroisse de Sainte-Luce, exempts de fouages en 1454 en qualité de monnoyeurs; Guyon, mariée à Henriette Frémi, valet de chambre du duc, obtint franchise d'une maison à Machecoul en 1453; Gilles, fils Guyon, épouse Françoise Le Gallègre; Charles, abbé de Montfort en 1538, † 1549; Guillaume, abbé de Pornit en 1601, † 1620.</small>

Pineaye (de la), d'or à trois pommes de pin de sinople (arm. de l'Ars.).

Pinel, sr de la Verdure, par. de la Bouillie, — du Feucochart, — du Cloître, — du Chauchix, par. de Maroué, — de la Villerobert, par. de Trédias, — du Chesnay-Villebart, par. de Sainte-Urielle.

Ext. réf., 1669, huit gén.; réf. de 1513 à 1535, par. de la Bouillie, év. de Saint-Brieuc.

D'azur à trois pommes de pin d'or.

<small>Pierre, épouse vers 1450, Gillette Le Borgne.</small>

<small>Le sr de la Motte, paroisse de Loudéac, débouté à la réformation de 1669.</small>

Pinel (du), sr dudit lieu, par. d'Argentré, — de Méguerin, par. de Villamée, — de la Bétaye, par. de Mézières, — de Chaudebœuf, par. de Saint-Sauveur-des-Landes.

Réf. de 1451 à 1513, par. de Villamée, Mézières et Saint-Sauveur-des-Landes, év. de Rennes.

Porte quatre burelles chargées d'une bande ou cotice (sceau 1214.)

<small>Hamelin, fait un accord avec le prieur de Saint-Sauveur-des-Landes en 1199; Asseline, dame du Pinel, épouse vers 1310, Guillaume de Montbourcher.</small>

Pinieuc (de), *voyez* **Bouëxic** (du).

Pinon (orig. de Paris), sr d'Oury, — de Vitry-sur-Seine, — du Martray.

Maint. à l'intend. en 1702; trois gén.

D'azur au chevron d'or, accomp. de trois pommes de pin de même. Devise : *Te stante, virebo.*

<small>Jacques, conseiller au parlement de Paris, puis président au parlement de Metz en 1600, marié vers 1585, à Jeanne Le Peultre.</small>

PINOT, sr de la Bretonnais, par. de Saint-Étienne.
Réf. 1427, dite par., év. de Rennes.
De gueules au sautoir d'argent, accomp. de trois marmites de même (sceau 1403).

Michel, secrétaire du duc en 1422, marié à Catherine Havart, veuve en 1427.
Fondu dans Champagné puis Montbourcher.

PINOT, sr de Bressé, — de la Gaudinais, — du Petit-Bois, par. de Piré, — du Hautbois, — de Tréleau, — de Grandval, par. de Combourg, — du Fresne, — de Chambellé, par. de Feins.
D'argent au pin arraché de sinople fruité de trois pommes d'or, accosté de deux mouchetures de sable, *comme Danguy*, écartelé : *de Jolif du Petit-Bois.*

Julien, sr de Bressé, marié à Mathurine Bretagne, veuve en 1657; un secrétaire du Roi près la cour des aids de Montauban en 1707, puis à la grande chancellerie en 1716; deux présidents aux comptes de Nantes depuis 1728; un mestre de camp au régiment d'Orléans (dragons), maréchal de camp en 1792 et plusieurs officiers supérieurs, chevaliers de Saint-Louis.

PINOT, sr du Clos, ress. de Dinan.
D'azur à trois pommes de pin d'or (arm. 1696).

Olivier, procureur au parlement en 1696; Michel, époux de Jeanne le Bigot, père et mère de Charles, maire de Dinan, membre de l'Académie Française, historiographe de France, sur la démission de Voltaire en 1750, anobli à la demande des États en 1755, † 1772.

PINTIER (LE).
Porte une channe ou marmite, accostée à dextre d'une moucheture d'hermines, à sénestre d'une fleur de lys, et accomp. de trois croissants, 2. 1. (sceau 1412, *Blancs-Manteaux.*)

PIOGER, sr de la Chaudronnais, par. de Beaucé, — du Mousset, par. de la Chapelle-Saint-Aubert, — du Boissauvé, — de Beauchesne, par. de Fercé, — de la Placette, — des Vergers, — des Chambrettes, — de Saint-Perreux, — des Prés, — de la Pointe, — du Clos-Dorrière, par. de Vern, — de Champ-de-Radeuc, par. d'Amanlis, — de Kermozun.
Anc. ext., réf. 1669, onze gén. et maint. par arrêts du parl. de 1754 et 1789; réf. de 1478 à 1513, par. de Beaucé et Saint-Sauveur-des-Landes, év. de Rennes.
D'argent à trois écrevisses de gueules en pal. Devise : *Nec pavent, nec recurrunt.*

Guillaume, sr de la Chaudronnais, vivant en 1333, bisaïeul de Guillaume, marié vers 1447 à Marguerite du Pouëz, dont : 1º Patry, mentionné à la réformation de 1478; 2º Guillaume, père de Macé, époux de Renée Salmon, vivant en 1513.
La branche de Kermozun s'est transplantée depuis 1750 en Champagne.

PIRÉ (DE), *voyez* ROSNYVINEN (DE).

PIREAU, sr de Goasquéau, par. de Plounévez-Moëdec, év. de Tréguier. (G. le B.)

PIRON, sr de la Pironnais, par. de Ploubalay, — de la Bouteveillais et du Bois-Rolland, par. de Corseul, — de la Touche, — des Champsbriand, — de Bourgogne, — de la Croix, — de la Bréhaudière.

Ext., réf. 1668, sept gén.; réf. 1513, par. de Corseul, év. de Saint-Malo.

D'azur à la fasce d'or, accomp. en chef de trois fleurs de lys d'argent, et en pointe de trois coquilles de même.

Pierre, vivant en 1479, épouse Jeanne de Monterfil.

PIRON, sr de la Pironière, par. de Cesson, — du Frétay, — de Méléan, par. de Pommeret.

Réf. et montres de 1423 à 1535, dites par. et par. de Coëtmieux, év. de Saint-Brieuc et Dol.

D'argent à trois fasces de gueules, accomp. de dix molettes de même, 4. 3. 2 et 1.

PISSONNET (orig. d'Anjou), sr de Bellefond, par. de Chantocé, — de Lancrau.

Maint. à l'intend. en 1720.

D'azur au chevron d'or, accomp. de trois losanges d'argent, *comme Gigault de Bellefonds en Normandie, la Grange et Gravé.*

Guillaume et Édouard père et fils, anoblis en 1697.

PITOT (orig. de Normandie), sr de l'Epine, — du Hellez, — de Kerivez, — de Mezanrun.

De gueules au dextrochère ganté d'argent, soutenant un épervier de même.

Un major de la milice bourgeoise et plusieurs consuls, maires et députés de Morlaix aux Etats, depuis 1727.

PITOUAYS, sr de Keranguen, par. de Beuzec-Cap-Caval, év. de Cornouailles.

De gueules à trois martres d'or (arm. 1696).

René, l'un des nobles bourgeois et habitants de Quimper contribuants à l'arrière-ban en 1636.

PIVERON, sr de Morlat.

Maint. au conseil en 1701, ress. de Saint-Brieuc. (B. L.)

D'or à trois fleurs de grenade de gueules.

PLACE (DE LA), sr du Pé, par. de Bouguenais.

Déb., réf. 1669, ress. de Nantes.

Antoine, secrétaire du duc de Mercœur en 1598; Josué, demeurant à Blain, marié vers 1660 Elisabeth du Foz.

PLANCHE (DE LA) (ramage de Saint-Dénoual), sr dudit lieu et des Landes-Martel, par. d'Hénanbihan, — du Bois-de-la-Roche, par. de Néant, — du Binio, — du Bois-Basset, — de Vauvert, — du Boisaubry, — de la Ville-Jamin, — de Kersula, — de la Vallée.

Anc. ext., réf. 1669, sept gén., réf. et montres de 1423 à 1535, par. d'Hénanhihan, év. de Saint-Brieuc, et Néant, év. de Saint-Malo.

De gueules à dix billettes d'or, 4. 3. 2 et 1, *comme Saint-Dénoual.*

Geoffroi, épouse en 1335 Jeanne de Montauban; François, vivant en 1469, épouse Catherine Péan; un volontaire au combat de Saint-Cast qui défendit le passage du Guildo en 1758; un membre a fait ses preuves pour les honneurs de la cour en 1789.

La branche aînée fondue vers 1400 dans Montauban-Grenonville.

PLANCHE (DE LA).

De sable au chevron d'argent, accomp. en chef de deux croissants d'or, et en pointe d'une écrevisse de même. (G. le B.)

PLANCHE (DE LA) (orig. d'Anjou, maint. à l'intend. de Touraine en 1635), s^r de Ruillé.

Anc. ext. chev., arrêt du parl. de 1774, dix gén.

De sable à cinq trangles ondées d'argent; *aliàs* : d'argent à cinq trangles ondées d'azur. (G. G.)

PLANCHER, s^r de la Roche-Rousse et du Boisglé, par. de Quessoy, — du Rossignel.

D'argent au chevron de gueules, accomp. de trois roses de même (arm. 1696).

<small>Mathurin, intendant du comte de Toulouse, au duché de Penthièvre, et secrétaire du Roi près la cour des aides de Clermont-Ferrand en 1714, obtint lettres de vétérance en 1734.</small>

PLANCOËT (DE) (ramage de Dinan), s^r dudit lieu, par. de ce nom, — de Montbran, par. de Pléboulle, — des Courtus, par. de Saint-Potan, — de Lambaudais, par. de Corseul, — de la Villerest.

Anc. ext., réf. 1670, six gén., réf. et montres de 1428 à 1513, par. de Corseul, év. de Saint-Malo.

D'argent au sautoir de sable, accomp. de quatre roses de gueules.

<small>Jean, arbalétrier dans une montre de 1420; Guillaume, fils Laurent, vivant en 1500, épouse Renée du Plessis-Balisson.</small>

<small>La branche aînée fondue au XIIIe siècle dans Montfort, d'où la seigneurie de Plancoët a appartenu successivement aux du Guesclin, Beaumanoir, Dinan, Laval, Annebaut, Tournemine, Coligny et Rieux.</small>

PLANTYS ou PLANTEIX (DU) (orig. du Poitou), s^r dudit lieu.

D'or fretté de sable. (G. le B.)

<small>Hervé, archer de la garde de Clisson en 1464; Charles, chevalier de Malte en 1640.</small>

PLÉDRAN (DE), *voyez* PICOT.

PLÉDRAN (DE), vicomte dudit lieu et s^r de Pirvit, par. de Plédran, — de Beaurepaire et de la Villeguermel, par. d'Yffiniac.

Réf. et montres de 1423 à 1535, par. d'Yffiniac, év. de Saint-Brieuc.

D'or à sept macles d'azur, 3. 3 et 1 (sceau 1392), *comme Couvran*.

<small>Henri, vivant en 1343, épouse Catherine de Léon; Jean, abbé de Sainte-Croix de Guingamp en 1397; Mathurin, évêque de Dol en 1504, † 1521; Jean, conseiller aux Grands-Jours et président aux comptes en 1537.</small>

<small>La branche aînée fondue au XVe siècle dans la Chapelle de Bœuvre, d'où la vicomté de Plédran et Pirvit a passé successivement aux Beaumanoir, Coëtquen, du Louët, du Harlay, Montmorency-Luxembourg et Potier de Gesvres.</small>

PLESSE (DE LA), s^r dudit lieu, — de Saint-Mirel, par. de Plénée-Jugon, év. de Saint-Brieuc.

D'azur à deux épées d'argent en sautoir. (G. le B.)

PLESSE (DE LA), *voyez* THOMAS.

Plessier (du) (orig. de Picardie), sr dudit lieu, — de Villiers, — de Lesterpigneul, — de Genonville et de la Blanchardaye, par. de Vue, — de Lorière, par. de Brains, — du Pont-en-Vertais, près Nantes.

Anc. ext., réf. 1669, huit gén., ress. de Nantes.

Ecartelé aux 1 et 4 : d'argent à la fasce de gueules, chargée d'un filet vivré d'argent, *qui est Foucanine;* aux 2 et 3 : d'or à cinq chausse-trappes de sable, *qui est du Plessier.*

Le nom ancien de cette famille est Foucanine ; Jean Foucanine, fils Gaultier, vivant en 1414, épouse Elisabeth Buguet; Louis, gouverneur d'Ancenis en 1624, marié à Marie Blanchart, dame de la Blanchardaye.

La branche de Bretagne fondue en 1692 dans Le Fèvre de la Falluère.

Plessis, Plessix, Plexis ou **Plessis-Balisson** (du) (ramage de Porhoët), sr dudit lieu, par. de ce nom, — du Vau, par. de Saint-Potan.

Réf. et montres de 1423 à 1479, par. de Ploubalay et Trigavou, év. de Saint-Malo, Plancoët et Saint-Potan, év. de Saint-Brieuc.

De gueules à deux léopards d'or.

Geoffroi Balisson fait une fondation à Saint-Aubin-des-Bois en 1184 et ses descendants ne gardèrent que le nom du Plessis; Guillaume, au nombre des bannerets qui firent le siège du Mont-Saint-Michel et qui combattirent à Bouvines en 1214 ; Geoffroi, secrétaire de Philippe le Long, fonda à Paris, en 1322, le collége qui porta son nom.

On trouve encore Geoffroi, croisé en 1248; mais nous ne savons à quelle famille du Plessis il appartenait.

La branche aînée fondue au xive siècle dans du Perrier, puis Villeblanche.

De cette famille, la seigneurie du Plessis-Balisson a passé successivement par acquêt aux Marc'hec, du Breil et Baude.

Plessis ou **Plessis-Mauron** (du), sr dudit lieu, du Plessis-Goulu et de Quilsac, par. de Mauron, — vicomte, puis marquis de Grenédan en 1747, par. d'Illifaut, — sr du Boisclairet, par. du Loscouët, — de Chucheville, par. de Maure, — du Broussay, — des Fresches, — de la Villetual, — de Launay, — de la Riaie, par. de Ménéac, — de Bodégat, par. de Mohon, — de Lestiala, — de la Moltais, — du Mottay.

Anc. ext. chev., réf. 1668, six gén.; réf. et montres de 1426 à 1513, par. de Mauron, Le Loscouët et Maure, év. de Saint-Malo.

D'argent à la bande de gueules chargée de trois macles d'or, accostée en chef d'un lion de gueules, armé, lampassé et couronné d'or.

Jean, sergent féodé de Gaël, marié en 1335 à Raoulette de Montfort, frère de Denis, décapité à Paris, par ordre de Philippe de Valois en 1343, et de Geoffroi, abbé de Paimpont en 1342 ; Olivier, tué à la bataille de Saint-Aubin-du-Cormier en 1488, frère aîné de Pierre, abbé de Paimpont en 1501 et de Mathurin, marié en 1494 à Jeanne Josse, qui a continué la filiation.

Cinq conseillers au parlement, un président aux enquêtes et un président aux requêtes, de 1570 à 1787; un colonel au régiment de Boufflers (dragons), tué au siège de Maëstricht en 1747; un membre admis aux honneurs de la cour en 1787; un volontaire pontifical tué à Castelfidardo en 1860.

La branche aînée fondue en 1572 dans la maison de Bréhant, en faveur de laquelle la terre du Plessis a été érigée en baronnie en 1655 et en vicomté en 1658, sous le nom du Plessis-Mauron. Elle a passé depuis aux Richelieu et par acquêt aux d'Andigné.

PLESSIS ou PLESSIX (DU), s^r dudit lieu et des Landes, par. d'Argentré, — de la Fontenelle, par. de Saint-Jean-sur-Vilaine.

Anc. ext., réf. 1668, cinq gén. ; réf. et montres de 1427 à 1513, dites par., év. de Rennes.

De gueules à dix billettes d'or, 4. 3. 2 et 1.

Ruellan, témoin à des donations faites à Savigné et à Sainte-Croix de Vitré, de 1192 à 1207; Guillaume, témoin du testament d'André de Vitré en 1225, fait une donation à la Maison-Dieu de Vitré en 1227; quatre grands prévôts héréditaires de Bretagne depuis Léonard, vivant en 1513, père de Mathurin, marié en 1540 à Marie Méaulne; plusieurs pages du Roi et trois filles à Saint-Cyr, de 1689 à 1760; un abbé de Landévénec en 1712; un abbé de Sainte-Croix de Guingamp en 1699, évêque de Tulle en 1725, † 1740; un abbé d'Olivet au diocèse de Bourges en 1748; un abbé de Saint-Germain d'Auxerre en 1761; un abbé d'Évron au diocèse du Mans, évêque de Limoges en 1757, † 1807, frère d'un évêque de Seez, commandeur du Mont-Carmel et de Saint-Lazare en 1775; deux brigadiers d'infanterie depuis 1768, dont l'un maréchal de camp en 1791; un membre admis aux honneurs de la cour en 1784.

La terre du Plessix a été constituée en majorat, au titre de marquis, par lettres de 1819.

PLESSIS (DU), s^r dudit lieu, par. de Cintré, — de la Padouyère, — du Guern, par. de Guéhenno.

Anc. ext., réf. 1669, neuf gén., et arrêt du parl. de 1771, douze gén. ; réf. et montres de 1427 à 1536, par. de Cintré, év. de Rennes, et Guéhenno, év. de Vannes.

D'argent au chevron de gueules, accomp. de trois losanges de même.

Jean, vivant en 1427, épouse Marguerite Hay.

PLESSIS (DU), s^r dudit lieu et de l'Abbaye-Jarno, par. de Guer, — de la Ville-Guériff, — de Lahello.

Anc. ext., réf. 1669, neuf gén.; réf. et montres de 1444 à 1513, par. de Guer, év. de Saint-Malo.

D'argent au lion léopardé (*alias* : au chien) de sable, une rose de gueules sous la gorge.

Jean, vivant en 1444 épouse Isabeau Le Rebours; Corentin, chevalier de Malte en 1575.

PLESSIS (DU), s^r dudit lieu, de la Rivière et de la Touche, par. de Mélesse.

Réf. de 1427 à 1513, dite par., év. de Rennes.

D'hermines à trois channes ou marmites de gueules (sceau 1402), *voyez* LA JANDIÈRE.

PLESSIS (DU), s^r dudit lieu, par. de Montrelais, — du Bas-Briacé, par. du Loroux-Bottereau, — du Plessis-Tizon, par. de Saint-Donatien, — vicomte de Saint-Nazaire, — s^r de la Bourgonnière et de Somploire, en Anjou.

D'argent à la croix dentelée de gueules, cantonnée de seize hermines de sable, quatre dans chaque canton. (G. le B.)

Jean, fait une fondation aux moines de Pontron en 1215.
La branche de Somploire fondue en 1416 dans Barillon.

PLESSIS (DU), en breton QUENQUIS (DU), s' dudit lieu, par. de Nizon, — de Missirien, par. de Kerfeunteun, — de Kerfors et de Lezergué, par. d'Ergué-Gabéric.

Anc. ext., réf. 1669, huit gén.; réf. et montres de 1426 à 1562, dites par., év. de Cornouailles.

D'argent au chêne de sinople englanté d'or, au franc canton de gueules chargé de deux haches d'armes adossées d'argent en pal.

Yves, vivant en 1427, épouse Marie de Villeblanche.
La branche aînée fondue en 1690 dans Feydeau, puis Hersart; la branche de Missirien fondue dans Autret; la dernière branche fondue dans La Marche.
Le s' de Kerhouaz, paroisse de Lesbin-Pontscorff, débouté à la réformation de 1671.
Le s' de Penfrat, débouté au conseil en 1700.

PLESSIS (DU), s' dudit lieu, par. de Pluzunet, — de Penfau, par. de Saint-Thégonnec, — de Coëtserc'ho, par. de Ploujean, — de Kertanguy, par. de Garlan, — de Kerangoff.

Ext., réf. 1669, huit gén., ress. de Morlaix.

De sable au cygne d'argent, becqué et membré de gueules, *comme La Boulaye*.

De Guillaume et de Jeanne de Kermellec, morts avant 1462, issut : Jean, capitaine des francs-archers de Tréguier et gouverneur de Lanmeur en 1489, marié à Marguerite Hamon; Guillaume, s' de Kerangoff, gouverneur du château du Taureau en 1594.

PLESSIS (DU), s' de Kergoulien, ress. de Morlaix.

D'azur à trois têtes d'aigle d'argent (arm. 1696).

PLESSIS (DU), s' de Kerradennec, ress. de Morlaix.

D'azur à la croix pattée d'argent (arm. 1696).

PLESSIS (DU), s' dudit lieu, par. d'Ergué-Armel, év. de Cornouailles.

De gueules au croissant montant d'argent.

Fondu au XIII° siècle dans de Plœuc.

PLESSIS (DU), s' de la Bretesche, par. de Maisdon, év. de Nantes.

D'or fretté d'hermines.

Brisegaud, homme d'armes dans une montre de 1351.
Fondu dans Couppegorge, puis La Poëze et Jousseaume.

PLESSIS (DU), s' de la Villeneuve, par. de Trégourez.

Ext., réf. 1670, sept gén.; réf. et montres de 1481 à 1562, dite par., év. de Cornouailles.

D'or à cinq macles de sable, 3. 2.

Hervé, fils Guillaume, vivant en 1481, père d'Olivier, vivant en 1536, marié à Catherine de Tréouret.

PLESSIS (DU), en breton QUENQUIS (DU), s' dudit lieu, — de Kerguiniec, — du Colombier, par. de Plouguerneau, — de Rueneuve, par. de Plouider, — de Lestennec.

Anc. ext., réf. 1670, huit gén.; réf. et montres de 1446 à 1534, par. de Guisény, év. de Léon.

D'argent au sautoir accomp. en chef et en flancs de trois quintefeuilles et en pointe d'une molette, le tout de gueules, *comme Coëtlestrémeur, Coëtquis, le Grand, Kerbouric et Ploësquellec.*

Jean, vivant en 1446, père de Salomon, vivant en 1481, marié à Anne de Kerroignant.

PLESSIS (DU), s^r dudit lieu, par. de Pommerit-Jaudy, — de la Boëssière, — de Saint-Hugeon, par. de Brélévénez.

Réf. 1427, par. de Pommerit-Jaudy, év. de Tréguier.

Porte une fleur de lys florencée (sceau 1248).

Jean, croisé en 1248; Azou, épouse Hélory, s^r de Kermartin, père et mère de saint Yves, né en 1253, canonisé en 1347.

Fondu au xve siècle dans Quélen-de-Loquenvel.

PLESSIS (DU), s^r de Traonvoaz, év. de Tréguier.

D'argent à trois fasces de gueules, à la bordure de même chargée de dix annelets d'argent (sceau 1381).

Rolland, ratifie le traité de Guérande à la Roche-Derrien en 1381.

PLESSIS (DU), *voyez* PARSCAU (DE).

PLESSIS (DU) (orig. du Poitou), s^r dudit lieu, — duc de Richelieu en 1631, — duc de Fronsac en 1634, — duc d'Aiguillon en 1638, — duc d'Agenois en 1731, — marquis de Pontcourlay, — baron de Pont-l'Abbé, — vicomte du Faou, par. de Rosnoën, — s^r de Québriac, par. de ce nom, — comte de Grandbois, par. de Landébaëron, — s^r de la Roche-Jagu, par. de Ploëzal, — vicomte de Mauron, par. de ce nom, — s^r de Saint-Bihy et de Plélo, par. de ce nom, — de Botloy, par. de Pleudaniel, — de Guémadeuc, par. de Pléneuf, — de Kervéniou, par. de Plouigneau, — baron de Pordic, par. de ce nom, pairs de France.

D'argent à trois chevrons de gueules, *qui est du Plessis;* aliàs : écartelé d'or à trois hures de sanglier de sable, *qui est Vignerot.*

Geoffroi, fils Sauvage, épouse vers 1422 Perrine de Clérembault, dame de Richelieu, dont : François, écuyer tranchant de la Reine en 1456 et du duc de Guyenne en 1469, marié à Renée Eveillechien ; François, arrière-petit-fils des précédents, élevé page de Charles IX, puis capitaine des gardes du roi Henri IV, combattit aux batailles de Moncontour, Arques et Ivry, et mourut en 1590, laissant entre autres enfants de Suzanne de la Porte, dame de la reine Louise de Lorraine en 1580 : 1º Armand-Jean, cardinal de Richelieu, d'abord évêque de Luçon et abbé de Saint-Sauveur de Redon en 1622 et successivement gouverneur de Bretagne en 1631, premier ministre d'Etat, grand maître chef et surintendant général de la navigation, † 1642 ; 2º Françoise, mariée en 1603 à René Vignerot, s^r de Pontcourlay, en Poitou, dont les descendants, substitués aux nom et armes de Richelieu, se sont alliés en Bretagne aux Guémadeuc, Acigné et Bréhand, et ont produit des chevaliers des ordres, un général des galères, un lieutenant général pour le Roi en Bretagne, qui gagna la bataille de Saint-Cast en 1758, et un maréchal de France en 1748, † 1788, dont la postérité s'est fondue dans les Chapelle de Jumilhac, substitués en 1822 aux nom et armes du Plessis-Richelieu.

PLESSIS-BERTRAND (DU), par. de Saint-Coulomb, év. de Dol, château-fort et seigneurie érigée en comté en 1702, en faveur du s^r Béringhen, *voyez* BÉRINGHEN.

Cette place, bâtie au xiie siècle par Bertrand, sire du Guesclin, aïeul du connétable, avait passé par acquêt aux Chateaubriant-Beaufort en 1417, par qui elle fut vendue en 1589 aux Rieux-Chateauneuf; les Malouins en firent le siége en 1591.

PLIGEAU, s^r de Saint-Gilles, par. de ce nom, — de Garzhuel, par. de Bourgbriac.

Réf. et montres de 1427 à 1543, par. de Bourghriac, év. de Tréguier.

Porte deux coquilles en chef et un croissant en pointe, surmontés d'un lambel. *(Blancs-Manteaux.)*

Geoffroi, abbé de Coëtmalouen, † 1385.

PLOËLAN (DE), év. de Léon.

Porte une bande cotoyée de quatre trèfles (sceau 1379, *mss. Gaignières.*)

Jean, archidiacre de Léon et chanoine de Nantes en 1379.

PLOËRGAT (DE), fretté de six pièces d'or et de sable (sceau 1379).

Jean, prête serment au duc entre les nobles de Saint-Malo en 1379.

PLOËRMEL, év. de Saint-Malo, ville et château du comté de Porhoët, avec droit de députer aux Etats.

D'hermines au léopard lionné de sable et couronné d'azur, tenant de sa patte dextre un drapeau de même, chargé de cinq mouchetures de contre-hermines d'argent.

Cette ville, assiégée en 1346, 1487, 1591 et 1594 fut réunie au domaine ducal dès l'an 1148, par le mariage d'Eudes, comte de Porhoët, avec Berthe, fille et héritière du duc Conan III, auquel Eudes succéda.

PLOËSQUELLEC ou PLUSQUELLEC (DE) (ramage de Poher), s^r dudit lieu et de Kernormand, par. de Plusquellec, — de Callac, par. de ce nom, — de Bruillac, par. de Plounérin, — de Kerhuel, par. de Plourivo, — de Kerbiriou et de Kerhuidonez, par. de Plestin, — du Vaugaillard, par. de Merléac, — de Portzamparc, par. de Plounévez-Moëdec, — de Brélidy, par. de ce nom, — de Kerhuel, par. de Saint-Michel-en-Grève, — du Boisriou, par. de Trévou-Tréguinec, — de Kernéguez, par. de Loguivy-Lannion, — du Bois-Yvon, — de Carman, par. de Kernilis, — de Trogoff, par. de Plouëgat-Moysan, — du Pontblanc, par. de Plouaret, — de Kerilly, — de Rospérez, — de Keramprovost, par. de Plouëc, — de Kerambellec, par. de Pleumeur-Gautier, — de Kergal, — de Kerpuncze, — de Traonévez et de Triévin, par. de Plouézoc'h.

Anc. ext. chev., réf. 1669, dix gén.; réf. et montres de 1427 à 1562, par. de Plusquellec et Merléac, év. de Cornouailles, Plounérin, Plestin, Plounévez, Trévou-Tréguinec, Plouëc et Plouézoc'h, év. de Tréguier.

Chevronné de six pièces d'argent et de gueules (sceau 1416); *aliàs :* brisé d'un lambel d'azur. Devise : *Aultre ne veuil.*

Henri, mentionné dans un compte, rendu au duc Jean le Roux en 1268; Morice, écuyer dans une montre de 1355, prit du service en France sous les ordres du duc de Bourbon en 1372; Henri juveigneur, vivant en 1400, épouse Marguerite de Troguindy, dont : Guillaume, marié en 1421 à Marie, dame du Boisriou ; Tristan, chef d'une autre branche, vivant en 1481, épouse Jeanne, dame de Keramprévost.

La branche aînée fondue au XVe siècle dans Pont-l'Abbé, puis du Chastellier et Villeblanche.

La branche de Bruillac s'est éteinte à la fin du XVIe siècle, et la seigneurie de Bruillac a passé ensuite aux du Chastel et en 1716 aux Huchet.

PLOËSQUELLEC (DE), sr du Carpont.

Maint. à l'intend. en 1700.

D'argent au sautoir cantonné de trois quintefeuilles, 1 et 2, et d'une molette d'éperon en pointe, le tout de gueules, *comme Coëtlestrémeur, Coëtquis, Le Grand, Kerbouric et du Plessis.*

PLOEUC (DE) (ramage de Poher), sr dudit lieu, par. de ce nom, — du Plessix, par. d'Ergué-Armel, — marquis du Timeur en 1616, par. de Poullaouën, — sr de Kervéguen, par. de Scaër, — de Poulmic, par. de Crozon, — vicomte de Coëtquénan, par. de Plouguerneau, — sr de Coëtcanton, par. de Melguen, — baron de Kergorlay, par. de Motreff, — sr du Breignou, par. de Plouvien, — de Kernuz, par. de Plobannalec, — de Kerharo, par. de Beuzec-Cap-Sizun, — de Guilguiffin, par. de Landudec, — du Val.

Anc. ext. chev., réf. 1671, neuf gén. ; réf. et montres de 1423 à 1562, par. de Plœuc, év. de Saint-Brieuc, Poullaouën et Scaër, év. de Cornouailles.

D'hermines à trois chevrons de gueules, *comme Cillart*; alias : écartelé *de Kergorlay*. Devise : *L'âme et l'honneur*.

Cette ancienne maison, alliée à celles de Penhoët, Quélen, du Chastel, du Juch, Rosmadec, Goulaine, Rieux, etc., remonte à Juhaël, sire de Plœuc, vivant en 1202, aïeul de Guillaume, marié vers 1269 à Constance de Léon, dont Jeanne, fille unique héritière, qui épousa vers 1292 Tanguy, juveigneur de Kergorlay, à condition que leurs descendants prendraient les nom et armes de Plœuc. Guillaume, arrière-petit-fils des précédents, ratifie le traité de Troyes en 1427; Jean, son frère, évêque de Tréguier, † 1453; Charles, sr du Timeur, épouse vers 1568 Marie de Saint-Goueznou, dame du Breignou, dont : 1o Vincent, auteur des marquis du Timeur ; 2o Jean, commissaire de l'arrière-ban de Cornouailles, marié en 1598 à Anne de Tivarlen, dame de Kerharo et de Guilguiffin. Cette dernière branche, qui existe encore, a produit une abbesse de la Joie en 1689, un évêque de Cornouailles en 1707, † 1739, et deux conseillers au parlement en 1730 et 1759.

La seigneurie de Plœuc a été érigée en comté en 1696, en faveur du sr de la Rivière, *voyez* RIVIÈRE (DE LA).

La branche du Timeur s'est fondue en 1673 dans Percin, d'où le marquisat du Timeur a passé aux Ferret, puis aux la Bourdonnaye-Blossac.

PLOREC (DE), sr dudit lieu, par. de ce nom, — de la Touche-à-la-Vache, par. de Créhen, — de la Villèsains, par. de Plélan-le-Petit.

Réf. et montres de 1428 à 1513, dites par., év. de Saint-Malo.

D'azur fretté d'hermines.

Fondu dans d'Acigné.

PLOUAYS, sr de la Grignonnaye, par. de Mordelles, — de Rougeul, — des Portes, — de Chantelou.

D'azur à trois molettes d'argent. (G. G.)

Claude-Pierre, secrétaire du Roi en 1734, † en charge en 1744.
Le s^r de la Ville-l'Abbé, de Lamballe, débouté à la réformation de 1668.

PLOUËR (DE), s^r dudit lieu, par. de ce nom, — de la Vallée, par. de Pleurtuit, — de la Bastardière, par. de Sainte-Marie de Pornic, — de Beaulieu, par. de Bouguenais, — du Boisrouault, par. de Frossay, — de Limur et de Tharon, par. de Saint-Père-en-Retz.

Réf. et montres de 1427 à 1513, par. de Plouër, Pleurtuit et Ploubalay, év. de Saint-Malo.

De gueules à six quintefeuilles d'or (sceau 1379).

Guillaume, épouse vers 1277 une fille d'Hervé de Léon; un écuyer ordinaire du duc Pierre en 1455.
La branche aînée fondue en 1490 dans la Moussaye, puis Gouyon et la Haye, en faveur desquels la seigneurie de Plouër a été érigée en comté l'an 1747; *voyez* HAYE (DE LA).

PLOUÉZOC'H (DE), s^r dudit lieu, par. de ce nom, — du Quélennec, par. de Plounérin, — du Crec'h, par. de Lanmeur, — de Roslogot, par. de Ploumiliau, — de Kergomar, par. de Saint-Michel-en-Grève.

Réf. et montres de 1427 à 1543, par. de Plounérin, Ploumiliau et Saint-Michel, év. de Tréguier.

De sable fretté d'or, *comme Garrec, Kerbuzic, Perrot et Quenquizou*, à la bordure engreslée de gueules.

PLOUFRAGAN (DE), s^r dudit lieu et du Fort-Morel, par. de Ploufragan, — de la Ville-hélio, par. de Saint-Michel de Saint-Brieuc.

Réf. et montres de 1423 à 1513, dites par., év. de Saint-Brieuc.

Guillaume, écuyer dans une montre de 1371.
La branche aînée fondue dans Callac.

PLOUGRAS (DE), s^r dudit lieu, par. de ce nom, — de Trogorre, par. de Loguivy.

Réf. et montres de 1427 à 1543, dites par., év. de Tréguier.

D'argent à la croix pattée de gueules.

Fondu dans Kermarquer.

PLOUNÉVEZ (DE), s^r dudit lieu, par. de Plounévez-Quintin, — de Kerampuncze, par. de Goarec, év. de Cornouailles.

D'azur au chevron d'or, accomp. de trois étoiles de même. (G. le B.)

PLOUZIN, par. de Belligné, év. de Nantes.

De gueules au dextrochère d'or tenant une épée d'argent, parti d'azur au lion d'argent tenant une branche de laurier de même.

Un officier supérieur anobli sous la Restauration en 1818.

PLUMARD (orig. du Maine), s^r de Rieux.

D'azur à trois fers de lance d'or ; *alias* : d'azur au soleil d'or mouvant à dextre, au tournesol de même mouvant à sénestre, à la champagne d'argent chargée de deux fasces ondées de gueules.

<small>Un secrétaire du Roi en 1747.</small>

PLUMAUDAN (DE), sr dudit lieu, par. de ce nom, év. de Saint-Malo.

Porte un chevron accomp. de trois oiseaux (sceau 1415).

<small>Eudes, chevalier, témoin dans une transaction du prieur de Lehon en 1239.</small>

PLUMAUGAT (DE), sr dudit lieu, de la Chasse et de la Rivière, par. de Plumaugat.

Réf. et montres de 1444 à 1513, dite par., év. de Saint-Malo.

D'argent à trois bandes d'azur (sceau 1381).

<small>Un seigneur de cette maison croisé en 1248; Caro et Macé, compagnons d'armes de du Guesclin, en 1371; Eon, connétable de Rennes en 1388.</small>

PLUMAUGAT (DE), sr du Breil, par. du Pallet.

Déb., réf. 1669, ress. de Nantes.

D'azur à trois chevrons d'argent.

<small>René, sénéchal de la prévôté de Vertou en 1669.</small>

PLUSCOAT (DE), sr dudit lieu et du Quenquis, par. de Botlézan.

Réf. 1427, dite par., et par. de Goudelin, év. de Tréguier.

<small>Fondu vers 1460 dans du Dresnay.</small>

PLUVIÉ (DE), sr de Kernio, par. de Plumelec, — de Kerdrého et de Ménéhouarn, par. de Plouay, — de Kerléau, — du Moustoir, — du Vieux-Château, — de la Ville-Martel.

Anc. ext., réf. 1669, neuf gén.; réf. et montres de 1441 à 1536, par. de Plumelec et Plouay, év. de Vannes.

D'azur au chevron d'or, accomp. de trois roses de même.

<small>Eon, vivant en 1441, père de Payen, marié à Catherine de Kermérien; Guillaume, fils des précédents, épouse en 1499, Jeanne du Pou.</small>

<small>Une fille à Saint-Cyr en 1687; deux pages du roi en 1739 et 1741; un membre admis aux honneurs de la cour en 1786.</small>

<small>La branche de Kerdrého fondue au XVIe siècle dans Botdéru.</small>

POËZE (DE LA), voyez POUËZE (DE LA).

POFFRAYE, sr du Bouëdrier et de la Métairie, par. de Toussaints, — de la Chalais.

Réf. 1513, par. de Toussaints, év. de Rennes.

<small>Eon, conseiller du duc, commissaire pour la réformation de Rennes en 1427.</small>

POHER (DE) (ramage de Cornouailles) comte de Poher, — sr de Kerguichardet, par. de Mur.

Réf. et montres de 1426 à 1481, par. de Mur et Plomeur, év. de Cornouailles et Vannes.

<small>Guéthénoc, témoin dans la donation de Belleille aux moines de Redon par le duc Geoffroi en 990; Tanguy, fondateur en 1108 du prieuré de Saint-Nicolas, dans la ville de Carhaix, capitale du comté de Poher; Henri, abbé de Saint-Maurice de Carnoët en 1300.</small>

Les maisons de Kergorlay, Mur, Ploësquellec, de Plœuc, Quélen et Rostrenen sont issues en juveigneurie des comtes de Poher.

POHON, s^r de Kergroaz, par. de Plounévez-Lochrist, év. de Léon.

Déb., réf. 1670, ress. de Lesneven.

D'argent au chêne de sinople, chargé d'un sanglier passant de sable (arm. 1696).

POILDEGRUE, s^r de la Haye, par. de Nozay, év. de Nantes.

Jeanne, dame de la Haye, veuve en 1386, de Jean du Bec.

POILEUX (LE), de vair plein (sceau 1241).

POILLEVÉ (orig. de Normandie), s^r de Trégueury, par. de Saint-Meloir-des-Ondes, — de Pontgirouard, par. de Carfantain, — de Pontdenieul, — de Nozay, — de Villeneuve.

Anc. ext., réf. 1668, huit gén.; réf. et montres de 1478 à 1513, par. de Saint-Meloir, év. de Saint-Malo et Carfantain, év. de Dol.

De gueules à la fasce d'argent, accomp. de trois gantelets de même.

Jean, vivant en 1428, père d'autre Jean, marié à Anne Rouxel.

Une famille de même nom en Normandie, qui a produit : Nicolas, archevêque de Reims, † 1594, portait pour armes parlantes : de gueules à une tête humaine d'argent, au poil levé d'or.

POILLEY (DE), comte dudit lieu en 1636, par. de ce nom, — s^r du Chalonge, par. de Saint-Georges de Reintembault, — de la Chaussée, par. de Parthenay, — de la Cocheraye et de Landécot, par. de Saint-Étienne en Coglez, — de Saint-Hilaire.

Anc. ext. chev., réf. 1668, dix gén.; réf. et montres de 1427 à 1513, dites par., év. de Rennes.

Parti d'argent et d'azur, au lion léopardé de gueules, armé, lampassé et couronné d'or, brochant sur le tout.

Méen, témoin de la donation de la collégiale de Fougères à l'abbaye de Marmoutiers en 1096; Pierre, prisonnier en Angleterre en 1390, épouse Gauline du Hallay, dont : Payen, marié à Gervaise de la Feillée; Geoffroi, échanson de la reine Anne en 1498.

La branche aînée fondue dans du Bourgblanc; la branche du Chalonge fondue dans Princey.

POILLY (DE), s^r de la Bauche et de la Jugandière, par. de Cherrueix, — de Courtenval, par. de Baguer-Pican, — du Tertre-Marin, — de Bellenoë.

Ext., réf. 1668, huit gén.; réf. et montres de 1480 à 1513, dites par., év. de Dol.

De sable à trois rais d'escarboucle bourdonnés d'or.

Pierre, vivant en 1480, épouse Tiphaine de Lanvallay.

POILPRÉ, s^r du Marchix, ress. de Morlaix.

D'azur au chevron d'or, accomp. de trois pins d'argent, au chef de gueules chargé de trois étoiles d'or (arm. 1696).

POILVILAIN ou PILLEVILAIN (orig. de Normandie, y maint. en 1463, 1598 et 1666), s^r de Montchauveau, — de la Rochelle, — de Montrabais, — de Mizouar, — de Crénay, — de Montaigu.

Anc. ext., réf. 1668, 0 gén., ress. de Fougères.

Mi-parti d'or et d'azur. Devise : *Ab avis et armis.*

Un page du Roi en 1702; un lieutenant général des armées navales en 1755; trois maréchaux de camp de 1748 à 1815 dont le dernier a pris lettres pour changer son nom en celui de *Soivilain*.

Deux membres de cette famille admis aux honneurs de la cour en 1761 et 1789.

POIRIER (DU), sr de Kernabat, par. de Boquého, év. de Tréguier.

Déb., réf. 1670, ress. de Saint-Brieuc.

POIRRIER (orig. de Normandie, y maint. en 1666), sr d'Amfréville, — de Porbail, — de Gouey, — de Frangueville, — de Noisseville.

D'azur au chevron d'or, accomp. en chef de trois étoiles d'argent et en pointe d'un croissant de même. Devise : *Oncques ne fauldray*.

Un président au parlement de Normandie en 1610.
Cette famille s'est alliée en Bretagne aux Kerautem, Cargouët, Plancher et Halna.

POISSON, sr de la Chabocière, par. de Bouguenais, év. de Nantes.

De gueules au dauphin d'or, accomp. de trois coquilles de même.

Jacques, conseiller au parlement en 1554.

POISSON, sr de la Garenne et de Lanven, par. de Plaintel, — des Loges, — du Hino, par. de Saint-Brandan.

Déb., réf. 1668; réf. et montres de 1513 à 1543, dites par., év. de Saint-Brieuc.

De sable à la fasce d'or, accomp. en chef d'un poisson d'argent en fasce, et en pointe d'une tête de loup d'or (arm. de l'Ars.).

Le sr de Bourvalaye, originaire d'Iffendic, greffier au présidial de Rennes en 1696, portait les mêmes armes.

POITEVIN (LE), sr des Alleux, ress. de Dinan.

D'argent à trois losanges de sinople (arm. 1696).

POIX (DE) (orig. de Picardie), sr dudit lieu, — de Saint-Romain, — de Neuville, — de Fouesnel, par. de Louvigné-de-Bais, — de la Bézillière, par. de Landéan, — du Fretay, par. du Chastellier, — de la Gorgère, par. de Cornillé, — de la Tournerais.

Anc. ext. chev., réf. 1671, huit gén.; réf. 1513, dites par., év. de Rennes.

Écartelé aux 1 et 4 : d'or au vol de gueules, *qui est de Poix*; aux 2 et 3 : de gueules à la bande d'argent, accostée de six croisettes recroisettées d'or, posées 3. 3 (sceau 1392), *qui est Tyrel*.

Pierre, juveigneur de la maison de Tyrel, dont les cadets ont pris le nom de Poix, chevalier bachelier dans une montre reçue au Mans en 1392; Roch, échanson et maitre d'hôtel du roi Charles VI en 1400, père de Mathurin, marié à Louise Le Franc; Michel, arrière petit-fils des précédents, laissa de Renée du Hallay : Christophe, capitaine du ban et arrière ban de Rennes et chevalier de l'ordre en 1575; un conseiller au parlement en 1639, l'un des commissaires de la réformation de 1668; un grand prévôt de Bretagne en 1687.

POIX (DE LA) (orig. de Bourgogne), sr de Fréminville, — de Fresnes, — du Chastillon.

D'azur au chevron d'argent, accomp. de trois coquilles d'or; au chef d~~e~~, chargé de trois bandes de gueules. Devise : *En avant*.

Cette famille alliée en Bretagne aux la Nouë et aux Trémerreuc, a produit : un lieutenant-général de la juridiction de Verdun sur Saône en 1669; un mestre de camp de cavalerie, † 1740 et un bailli de la Palisse, auteur de plusieurs ouvrages de jurisprudence, † 1773.

POLIGNAC (DE) (orig. d'Auvergne), vicomte, puis duc de Polignac en 1780, — s^r de Randon, — baron, puis marquis de Chalençon.

Fascé d'argent et de gueules.

Walpurge, vicomtesse de Polignac, héritière de sa maison, épousa en 1349, Guillaume, s^r de Chalençon et leurs descendants ont pris les nom et armes de Polignac. Cette maison a produit des lieutenants généraux des armées, des ambassadeurs, un cardinal et archevêque d'Auch, de l'Académie Française, abbé de Bégar en 1707, qui reconstruisit les bâtiments de cette abbaye et deux pairs de France depuis 1814, dont l'un, ministre des affaires étrangères en 1830.

POLART, s^r de la Villeneuve, par. de Plouézoc'h.

Réf. et montres de 1427 à 1481, dite par. et par. de Garlan, év. de Tréguier.

D'argent au chevron de gueules, accomp. de trois coquilles de même.

Fondu en 1600 dans du Louët.

POLI (orig. de Bourgogne), s^r de Saint-Thiébault.

D'azur à la fasce d'or, chargée (*aliàs*: surmontée) d'une quintefeuille percée de même.

Gaspard, vicaire général de Nantes et abbé de la Chaume en 1746; un volontaire pontifical, blessé à Castelfidardo en 1860.

POMMERAYE (DE LA), s^r dudit lieu et de la Bouëxière, par. de Caro, — de la Morlaye, par. de Missiriac, — de Kerambartz, par. d'Ambon.

Anc. ext., réf. 1669, cinq gén.; réf. et montres de 1427 à 1536, par. de Caro, év. de Saint-Malo et Missiriac, év. de Vannes.

De gueules à trois grenades (*aliàs* : pommes) d'or.

Mathieu, vivant en 1536, épouse Yvonne de la Fresnaye; Gilles, premier président aux comptes en 1537, épouse Jeanne Le Jeune, dame de la Morlaye.

La branche aînée fondue dans la Fresnaye.

La branche de la Morlaye fondue dans Birague.

POMMENARS, *voyez* PONTMESNARD (DE).

POMMERET (DE), s^r de la Villegueury, — des Hayes, — de Lesnaval, par. de Lanvallay.

Déb., réf. 1668, ress. de Dinan.

D'argent au pommier arraché de sinople, accosté de deux mouchetures de sable (arm. 1696).

POMMEREU (orig. de Paris), s^r de Bleuré, — de la Bretesche, — du Valmarin, — marquis de Riceys.

D'azur au chevron d'argent, accomp. de trois pommes d'or. (La Ch. des B.)

Jean, chambellan du Roi, maître des comptes à Paris, † 1549; Michel, contrôleur général de la maison d'Antoine, roi de Navarre en 1552; Jacques, secrétaire du Roi, grand audiencier de France et maître de l'artillerie en 1593, marié à Geneviève Miron; un intendant de Bretagne en 1689.

POMMEREUL (DE) (orig. de Normandie, y maint. en 1667), s^r du Moulin-Chapelle.

De gueules au chevron d'or, accomp. de trois molettes de même.

Un capitaine d'artillerie au régiment de la Fère, puis général de division en 1796 et baron de l'Empire, † 1823.

POMMERIT, vicomté, par. de ce nom, év. de Tréguier.

Cette seigneurie a été successivement possédée par les maisons du Chastellier, du Chastel, Gouyon-la-Moussaye et Durfort de Lorges.

POMMERIT, montre de 1469, par. de Pléguien, év. de Saint-Brieuc.

Yvon, anobli par le duc François II en 1480.

POMPERY (DE) (orig. du Soissonnais, y maint. en 1667), s^r d'Acy, — de Lozeray, — de Biercy, — de Grandcour, — de Salsogne.

De gueules à trois coquilles d'argent.

Un premier huissier de la chambre du roi François Ier en 1545; un brigadier de cavalerie en 1781, maréchal de camp en 1788; un lieutenant de la maréchaussée à Quimper en 1780, dont les descendants se sont alliés aux Alléno de Saint-Alouarn, Saisy de Kerampuil et Parcevaux.

PONCEAU (DU), s^r dudit lieu et de la Théardière, par. de Ligné, — du Meix et de la Peccaudière, par. des Touches, — du Plessix.

Ext., réf. 1669, six gén., ress. de Nantes.

De gueules à la bande dentelée d'argent, accomp. de trois merlettes de même; *aliàs*: de sable à trois merlettes d'argent.

Le nom ancien de cette famille est le Roy; Jean le Roy, s^r de la Théardière, avocat en cour-laye, eut sa terre franchie en 1475; Jean, son fils, vivant en 1500, épouse : 1° Jeanne du Pas-Nantais, 2° Guillemine Sensier.

PONCELIN (DE), s^r dudit lieu, par. de Plouzané, — de Kerbrouën, — de Kerpérennez, par. de Plouider.

Anc. ext., réf. 1670, cinq gén.; réf. et montres de 1427 à 1534, par. de Plouzané, év. de Léon.

De gueules à trois fasces d'argent.

Guyomarc'h, dans une montre de du Guesclin en 1371; François, vivant en 1503, épouse Guillemette Le Mercier.

PONT (DU) (orig. d'Anjou), s^r d'Oville, — d'Echuilly, près Doué, — des Loges, par. de la Mézière, — de Fontenay, par. de Chartres, — de la Morinière.

Ext., réf. 1668, quatre gén., et maint. par arrêt du parl. de 1777, ress. de Rennes.

D'argent à la fasce arquée en forme de pont de sable, chargée d'une molette d'or, et accomp. de trois roses de gueules.

Claude, maire d'Angers en 1571, épouse Françoise Bernardin, dont : Louis, avocat général aux comptes en 1606, président en 1623, marié à Anne Girard; huit conseillers au parlement depuis 1643; un évêque de Metz en 1843.

PONT (DU) (orig. du Maine), s^r d'Aubevoye, — de la Roussière, — de Lauberdière, — marquis d'Oysonville en 1664, — s^r de Condest, par. de Nivillac, — du Deffais, par. de Pontchâteau.

Anc. ext. chev., arrêt du parl. de 1761, dix gén., ress. de Nantes.

D'argent à deux chevrons de gueules. Devise : *Virtute et labore*.

Guillaume, vivant en 1430, épouse Jeanne de la Fosse; Robert, chevalier de Malte en 1551; Thomas, conseiller au parlement en 1576; Charles, gentilhomme de la chambre en 1614; un membre admis aux honneurs de la cour en 1789; un lieutenant général en 1814.

PONTANTOUL (DE), sr dudit lieu, par. de Plounévez-Lochrist, — de Menfautet, par. de Cléder, — de Lesplouénan, par. de Plouénan, — de Kerrivoal, par. de Treffgondern. Réf. et montres de 1427 à 1534, par. de Plounévez, Plouénan et le Minihy, év. de Léon.

D'hermines au sautoir de gueules.

La branche de Menfautet fondue dans Kerouzéré, puis Kerimel et Boiséon.

PONTARGLUIDIC (DE), sr dudit lieu, par. de Plougar.

Réf. et montres de 1444 à 1503, dite par., év. de Léon.

Guillaume, anobli en 1444.

PONTAVICE (DU), sr dudit lieu, par. de Tremblay, — de Launay, par. d'Antrain, — de la Chaudronnais, par. de Beaucé, — des Landes, — de Saint-Laurent, — de la Binolays, — de la Hussonnais, — de la Genouillère, — du Boishenry, — des Renardières, — de Vaugarni, — de Rouffigny, — de Heussey, — de Monjandières.

Maint. à l'intend en 1699, et anc. ext. chev., arrêt du parl. de 1770, douze gén.; réf. et montres de 1478 à 1513, par. de Tremblay et Antrain, év. de Rennes.

D'argent à un pont de quatre arches de gueules.

Guillaume, écuyer de la retenue de Bertrand de Dinan, maréchal de Bretagne, en 1419; trois membres admis aux honneurs de la cour, depuis 1771; un lieutenant des maréchaux de France à Fougères en 1781.

Une branche de cette famille transplantée en Normandie, y a été maintenue en 1599 et 1666.

PONTBELLANGER (DE) (orig. de Normandie, y maint. en 1463), sr dudit lieu, — baron de Montbray, — sr des Préaux.

D'hermines à quatre cotices de gueules (sceau 1392).

Alice, abbesse de Saint-Sulpice de Rennes en 1529, † 1546.

PONTBELLANGER (DE), voyez AMPHERNET (D').

PONTBLANC (DE), sr dudit lieu, par. de Plouaret, év. de Tréguier.

D'or à dix billettes de sable, 4. 3. 2 et 1.

Geoffroy, tué au sac de Lannion en 1346; Guyon, l'un des champions du combat des Trente en 1350.

Fondu dans Trogoff, d'où la seigneurie de Pontblanc a appartenu successivement aux Ploësquellec, Pont-l'Abbé, du Chastellier, Villeblanche, la Rivière et la Fayette.

PONTBRIAND (DE), sr dudit lieu, par. de Saint-Briac, — de Belleville et des Salles, par. de Pleurtuit.

Réf. et montres de 1446 à 1479, dites par., év. de Saint-Malo.

D'azur au pont de trois arches d'argent, maçonné de sable; *aliàs*: d'argent à une fasce crénelée d'azur, les créneaux posés vers la pointe. (G. le B.)

Alain, croisé en 1190; Raoul, Jean et autre Raoul, abbés de Redon de 1396 à 1422.

Fondu en 1496 dans du Breil, et la seigneurie de Pontbriand a été érigée en comté en 1652, en faveur de Tanguy du Breil, marié : 1º à Anne des Essarts, 2º à Marguerite Bernard. Du premier lit issut : Louis, comte de Pontbriand, dont la postérité s'est fondue en 1738 dans de Bruc; du deuxième lit issut : Anne, sr du Pin, auteur des branches de Pontbriand et de la Caunelaye qui existent encore. *Voyez* BREIL (DU).

PONTCALLEC (DE), sr dudit lieu, par. de Berné, év. de Vannes.

D'or à trois mains appaumées de gueules, au franc canton d'azur semé de fleurs de lys d'or. *(Blancs-Manteaux.)*

<small>Pierre, scelle un accord entre le vicomte de Rohan et Rolland de Dinan en 1276.

La châtellenie de Pontcallec, successivement possédée depuis le XIVe siècle par les maisons de Bretagne, Derval, Clisson, Beaumanoir, Malestroit, Papin et de Guer, a été érigée en marquisat en 1657, en faveur de ces derniers; *voyez* GUER (DE).</small>

PONTCARRÉ (DE), *voyez* CAMUS.

PONTCHATEAU (DE), baron dudit lieu, par. de ce nom, — sr de Ballac, par. de Pierric.

De vair au croissant de gueules; *aliàs* : de vair à trois croissants de gueules (sceau 1189); *aliàs* : au chef de même (sceau 1200).

<small>Fondu au XIIIe siècle dans Clisson, d'où la baronnie de Pontchâteau a passé ensuite aux Rohan, Maillé, Laval, Cambout, Lorraine-Lambesc et par acquêt en 1745 aux Menou.</small>

PONTCROIX (DE), sr dudit lieu, par. de Beuzec-Cap-Sizun, év. de Cornouailles.

D'azur au lion morné d'argent. Devise : *Naturellement.*

<small>Sinquin, vivant en 1275, père : 1° de Marie, dame de Pontcroix, mariée au sire de Tivarlen; 2° de Perronnelle, mariée vers 1338 à Hervé de Névet.

De la maison de Tivarlen, la seigneurie de Pontcroix a passé aux Rosmadec, puis aux Sénéchal de Carcado, en faveur desquels le marquisat de Rosmadec a été continué sous le nom de Pontcroix en 1719; il a appartenu ensuite aux Carbonnel de Canisy, Brancas de Forcalquier et d'Escoubleau de Sourdis.</small>

PONTÉVEN (DE), sr dudit lieu et de Kerlavocze, par. de Trégastel.

Réf. 1427, dite par., év. de Tréguier.

De sable au château d'argent (G. le B.); *aliàs* : écartelé d'argent à une pomme de pin de gueules.

PONTEVÈS (DE) (orig. de Provence), sr dudit lieu, — marquis de Giens en 1691.

De gueules au pont de deux arches d'or.

<small>Un abbé de Beauport en 1785; un chef de division des armées navales en 1786.</small>

PONTFILLY (DE), *voyez* PÉAN.

PONTGEOISE, sr de Guénégan, par. de Saint-Caradec-Trégomel.

Déb., réf. 1669, ress. d'Hennebont.

PONTGLO (DU), sr dudit lieu, par. de Pleumeur-Gautier.

Réf. de 1427 à 1463, dite par., év. de Tréguier.

D'argent à trois fasces de sable, *qui est Pontglo;* au franc canton écartelé d'or et d'azur, *qui est Tournemine* (sceau 1371).

<small>Fondu en 1485 dans Romilley, d'où la terre du Pontglo a appartenu successivement aux Kerespertz, Kergariou, Trogoff et Rosmadec.</small>

PONTHOU ou PONTOU (DU), sr dudit lieu, par. de ce nom, év. de Tréguier.

Réf. 1427, par. de Plougrescant, év. de Tréguier.

D'or à trois merlettes d'azur, *voyez* BOUROUGUEL (DU).

TOME II.

Even, comparaît à l'ost du duc en 1294 et à un accord entre le vicomte de Léon et les moines du Relec en 1310; Even, hommes d'armes, dans une montre de 1351; Bonabes, vivant en 1385, père d'Even, dont la postérité s'est fondue dans Guermeur, depuis lesquels la seigneurie du Ponthou a appartenu aux Rostrenen, Boiséon et du Parc.

PONTHOU ou PONTOU (DU), s^r dudit lieu, — de Kerauter, par. de Sainte-Triffine, — de Coëtléau, par. de Plusquellec, — de Kermais, — de Penquer, par. de Plounévez-Quintin, — de Kermarec, — de Tannouët, par. d'Yvias.

Ext., réf. 1670, sept gén.; réf. et montres de 1481 à 1562, par. de Laniscat, Sainte-Triffine et Plounévez-Quintin, év. de Cornouailles.

D'azur à trois croissants d'argent.

Philippe, de la paroisse de Laniscat, anobli en 1462, épouse Guillemette de Penpoullou.

PONTIVY, év. de Vannes, ville et château des dépendances du duché de Rohan.

D'azur au pont d'argent surmonté de deux macles d'or, et soutenu d'une hermine de même.

PONT-L'ABBÉ (DU), baron dudit lieu, par. de Plobannalec, — vicomte de Gouarlot, par. de Kernével, — s^r de Ploësquellec, par. de ce nom, — de Trogoff, par. de Plouëgat-Moysan, — de Callac, par. de ce nom, — du Pontblanc, par. de Plouaret, — baron de Rostrenen, — s^r du Vaugaillard, par. de Merléac.

Réf. et montres de 1426 à 1536, par. de Plobannalec et Merléac, év. de Cornouailles.

D'or au lion de gueules, armé et lampassé d'azur (sceau 1384); *aliàs* : écartelé de Rostrenen (sceau 1482). Devise : *Heb chench*. (Sans varier).

Juhel, prisonnier au siége de Dol en 1173; Hervé, fondateur des cordeliers de Quimper en 1232; Robert, évêque de Saint-Malo, † 1309; Jean, tué à la bataille d'Auray en 1364, frère d'Hervé, fondateur des carmes de Pont-l'Abbé en 1383, marié à Perronnelle de Rochefort; Hervé, fils des précédents, tué au siége de Saint-James de Beuvron en 1426, laissant de Marie de Rosmadec : Jean, marié en 1440 à Marguerite, dame de Rostrenen, dont Pierre, tué à Saint-Aubin-du-Cormier en 1488, marié à Hélène de Rohan, dont : 1º Jean, époux en 1500 de Catherine de Brosse, père et mère de Louise, qui porta par mariage les baronnies du Pont et de Rostrenen à Pierre de Foix, baron de Langon, † sans hoirs; 2º Charles, marié à Jeanne de Ploësquellec, dame dudit lieu et de Trogoff, dont la succession fut recueillie collatéralement par Catherine de Chastellier, femme de Claude de Villeblanche; 3º Louise, mariée en 1492 à Tanguy, sire du Chastel, dont Gillette, épouse en 1517 de Charles du Quélennec, qui recueillit la succession de Louise, baronne du Pont-l'Abbé, dame de Langon.

De la maison du Quélennec, la baronnie du Pont-l'Abbé a appartenu successivement aux Beaumanoir, Guémadeuc, Richelieu, d'Hernothon, d'Argouges, Baude, Pérebaud et de Beuves.

PONTMÉNIAC (DU), d'azur à trois fers d'épieu d'argent (arm. de l'Ars.).

PONTMENOU (DE), s^r dudit lieu, par. de Plouégat-Guérand, — de Lanharan, par. de Plestin.

Réf. 1427, par. de Plestin, év. de Tréguier.

La branche aînée fondue dans Lesmais. Moderne : du Parc.

PONTMESNARD ou POMMENARS (DE), *voyez* TROUSSIER.

Pontois (du), sr dudit lieu, par. de Saint-Julien de Landerneau, — de Penanroz, de Traonédern et du Cribinec, par. de Plouédern, év. de Léon.

D'azur à la fasce d'or, surmontée de deux croissants de même (arm. 1696).

Guillaume, l'un des fondateurs de l'hôpital de Landerneau en 1660, père de Marguerite, mariée en 1656 à Sébastien Moucheron, dont la postérité s'est fondue dans Le Borgne de Keruzoret.

Pontplancoët (de), sr dudit lieu, par. de Plougoulm, — de Kerasguen, par. de Plouguerneau.

Anc. ext. chev., réf. 1669, sept gén.; réf. et montres de 1448 à 1503, par. de Plougoulm, Saint-Pierre-du-Minihy et Plouguerneau, év. de Léon.

De gueules à trois fasces ondées d'or.

Jacques, vivant en 1481, épouse Margilie de Keraldanet.
La branche aînée fondue dans du Dresnay, puis Chateaufur, Quélen et Montigny.

Pontplancoët (de), sr dudit lieu, par. de Plougaznou, év. de Tréguier.

D'argent à une fleur de lys de gueules. (G. le B.)

Fondu dans Quélen, puis en 1646 Pastour.

Pontrouault (de), sr dudit lieu, par. de Mernel, — de la Touche-Abelin, par. de Cesson, — de Saint-Aubin, par. de Saint-Aubin-du-Pavail.

Réf. et montres de 1427 à 1513, dites par., év. de Saint-Malo et Rennes.

D'azur à la croix nillée d'argent, gringolée d'or.

Fondu dans Thierry.

Pontsal (de), sr dudit lieu, par. de Plougoumelen.

Ref. de 1426 à 1448, dite par., év. de Vannes.

D'argent à la fasce de gueules, chargée de trois besants d'or et accomp. de six hermines de sable, 3. 3.

Yves, évêque de Vannes, † 1476.
Fondu dans Muzillac, d'où la seigneurie de Pontsal a appartenu successivement aux Launay, Talhouët et Volvire.

Pontual (de), sr dudit lieu et de la Ville-Révault, par. de Saint-Lunaire, — de Pontcornou, par. de Ploubalay, — de la Villevaret, — de Jouvantes, par. de Pleurtuit, — de la Vigne, — du Boisrufié, — du Plessis, — de la Villemarie, — de la Longrais, — de Trémerreuc, par. de ce nom, — baron du Guildo, par. de Créhen, — sr de Prémorel, — du Bois-André, — de la Chabocière, par. de Bouguenais, — de la Bachellerie et de la Haye, par. de Sucé.

Anc. ext. chev., réf. 1668, neuf gén.; réf. et montres de 1444 à 1513, par. de Saint-Lunaire et Pleurtuit, év. de Saint-Malo.

De sinople au pont de trois arches d'argent, trois canes de même, membrées et becquées de sable, passant sur le pont.

Jean, vivant en 1400, épouse Jeanne Le Bouteiller; des présidents aux comptes et des conseillers au parlement depuis 1651; un maire de Nantes en 1657; un chevalier de Malte en 1750; un abbé de Beaulieu en 1755; un volontaire au combat de Saint-Cast en 1758; un président de la noblesse aux États de Saint-Brieuc en 1768; une fille à Saint-Cyr en 1791.

La branche aînée fondue dès le xv⁰ siècle dans Plouër, puis la Moussaye et Gouyon.

Les srs du Sauldray, paroisse de Ploubalay, des Dondelais et de la Croix, déboutés à la réformation de 1671.

PORC (LE), sr de la Brétaudière et du Coudray, par. de Machecoul, — de la Boulinière, par. de Saint-Mesme, — de la Noue, par. de Fresnay, — du Meix, par. des Touches, — de la Motte-Saint-Georges, de Villeneuve et du Moulin, par. de Nort, — de Saint-Mars-la-Jaille, par. de ce nom, — du Plessix et de la Barillière, par. de Casson, — de Larchapt, par. de Romagné, — baron de Pordic, par. de ce nom, — baron de Vézins, en Anjou, — sr de la Porte, — de la Créveure.

Réf. et montres de 1444 à 1544, par. de Sainte-Croix de Machecoul et Saint-Mesme, év. de Nantes, et par. de Pordic, év. de Saint-Brieuc.

D'or au sanglier de sable en furie (sceau 1429); *aliàs* : écartelé de *la Porte-Vézins*; *aliàs* : écartelé au 1 : *du Porc*; au 2 : d'or à la fasce crénelée de gueules, *qui est la Tour-Landry* ; au 3 : *de la Porte*; au 4 : *de Rohan*.

Pierre, sr du Ronceray, paroisse de Vignoc, tué au combat de Pontorson en 1427; Jean, épouse en 1535 Marthe de la Porte, dame dudit lieu, de Vézins, de la Jaille et de Pordic; André, évêque de Saint-Brieuc en 1620, † 1636.

PORCARO (DE), sr dudit lieu, de la Landelle et de Trébulan, par. de Guer, — de la Coudrais, — de Maupas, — de la Garenne, — de Trégaray et de la Chasteigneraye, par. de Sixte.

Anc. ext. chev., réf. 1669, onze gén., réf. et montres de 1426 à 1536, par. de Guer, év. de Saint-Malo, et Sixte, év. de Vannes.

De gueules au héron d'argent, becqué et membré de sable.

Bertrand, chevalier, vivant en 1280, épouse Jeanne du Rocher, dont: Jean, marié à Marguerite de Talhouët; Perrot, fait prisonnier au siége de Saint-James de Beuvron en 1426; Julien, homme d'armes de la compagnie du duc de Vendôme en 1598; un conseiller au parlement en 1649.

PORCHER (LE) (orig. de Normandie), sr de Saint-Christophe, — de Saint-Germain.

Ext. réf. 1668, trois gén., ress. de Fougères.

De gueules à deux fasces d'hermines.

Isaac, conseiller au présidial de Caen, anobli en 1595.

PORCON (DE), sr dudit lieu, par. de Saint-Meloir-des-Ondes, — de Bonnefontaine et du Vivier, par. d'Antrain, — des Carrez, par. de Cherrueix, — de la Cherbaudière, par. de Saint-Hilaire-des-Landes, — du Fail, par. de Saint-Étienne-en-Coglez, — de Monthorin, par. de Louvigné, — de Broys, — de la Harcherie, — de Saint-Georges, — de la Branche, par. de la Selle.

Anc. ext. chev., réf. 1668, sept gén. ; réf. et montres de 1428 à 1513, dites par., év. de Saint-Malo, Rennes et Dol.

D'or à la fasce d'hermines, accomp. de trois fleurs de lys d'azur (sceau 1392).

Olivier, compagnon d'armes de du Guesclin en 1360; Jean, vivant en 1428, épouse Jeanne de Saint-Brice.

La branche aînée fondue en 1556 dans la Marzelière.

Le sr de la Chesnaye, paroisse de Saint-Martin-des-Vignes, débouté à la réformation de 1670.

PORDIC, baronnie, par. de ce nom, év. de Saint-Brieuc.

Cette seigneurie, partagé au XIe siècle d'un puîné de Penthièvre, a été successivement possédée par les maisons de Pordic, la Jaille, la Porte-Vézins, Le Porc, d'Andigné, Bréhant et du Plessis-Richelieu, ducs d'Aiguillon.

PORÉE, sr du Bois, par. de Saint-Enogat, — de Basselande, — du Parc, — de la Bardoulaye, par. de Saint-Meloir-des-Ondes, — d'Echaudebœuf, — du Breil, — de la Touche, — de la Goannerie, — des Chesnayes.

Ext., réf. 1670, trois gén.; réf. 1513, par. de Saint-Enogat, év. de Saint-Malo.

De gueules à la bande d'argent, chargée de trois merlettes de sable.

Guillaume, en plaid pour sa noblesse avec les paroissiens de Pleurtuit en 1513, épouse Guyonne Ladvocat; Jean, vaillant capitaine de corsaires, reçut en 1608, pour prix de ses faits d'armes, un portrait d'Henri IV, enrichi de diamants; Alain, aussi capitaine de corsaires, émule de du Guay-Trouin, reçut deux épées d'honneur de Louis XIV; Michel, sénéchal de Saint-Malo, anobli en 1624, épouse Servanne Cheville, dont : 1° Nicolas, conseiller au parlement en 1636, marié à Julienne du Guesclin; 2° Marie, mariée à Joachim des Cartes; Michel, conseiller au parlement en 1662; un secrétaire du Roi en 1712; un mestre de camp de cavalerie en 1730, et un avocat-général en 1740.

PORÉE, sr du Val-Eon, — du Fourdoré.

Déb., réf. 1668, ress. de Dinan.

D'azur au pal d'or, chargé en chef d'une étoile de sable, sénestrée d'un cœur de gueules, et en pointe d'un croissant de même (arm. 1696).

PORÉE, sr de Beaupré, ress. de Dinan.

De sable à deux fasces ondées d'argent (arm. 1696).

PORHOËT (DE) (ramage des comtes de Rennes), comte dudit lieu, — sr de Josselin.

De gueules au château d'or, au franc canton d'hermines (Albert le Grand); moderne : de Rohan, au franc canton d'argent chargé d'une hermine de sable. (G. le B.)

Guéthénoc, comte de Porhoët, marié à Alarun de Cornouailles, † 1046; Josselin, fils des précédents, croisé en 1096; Mainguy, évêque de Vannes en 1082.

La branche aînée fondue au XIIIe siècle dans la maison de Fougères, d'où le comté de Porhoët a passé successivement aux Lusignan, aux Valois de la maison de France, aux Clisson et aux Rohan.

Une branche cadette a pour auteur Alain, fils Geoffroi, vivant en 1164, tige des seigneurs de la Zouche, établis en Angleterre; *voyez* ZOUCHE (DE LA).

PORTAIS, sr de Bellangerie.

D'azur au chevron d'or, accomp. en chef de deux roses de même et en pointe d'une aigle au vol abaissé d'argent (arm. 1696); *aliàs* : de sinople à trois pals aiguisés d'argent, à la fasce vivrée d'or, brochant (arm. 1696).

Un président, juge des traites et sénéchal de la Guerche en 1696; un syndic et un lieutenant de la Guerche en 1696.

PORTAL (DU), sr dudit lieu, — de Keranglas, par. de Ploumiliau. (G. le B.)

PORTAL (DU), *voyez* MOTTE (DE LA).

PORTE (DE LA) (orig. du Poitou), sr dudit lieu, — baron de Vézins et sr de la Jaille, en Anjou, — sr de Saint-Mars, de Montgrison et de la Sernière, par. de Saint-Mars-de-l'Olivier, — baron de Pordic et sʳ de la Villesaliou, par. de Pordic, — sʳ d'Orvault, par. de ce nom, — du Saz, par. de la Chapelle-sur-Erdre, — du Tremblay, par. de Mésanger, — de la Rambourgère, — de Lezongar, par. de Plouhinec.

Anc. ext. chev., arrêt du parl. de 1775, dix-sept gén.; réf. et montres de 1469 à 1543, par. de Pordic, év. de Saint-Brieuc, et Saint-Mars, év. de Nantes.

De gueules au croissant d'hermines.

Hardouin, croisé en 1191; Jacques, abbé de la Chaume en 1519.

La branche aînée fondue en 1535 dans le Porc; la branche de Saint-Mars fondue dans Constantin, puis Ferron; une autre branche, alliée aux Kerouartz, a produit un chef d'escadre en 1784, admis aux honneurs de la cour en 1787.

PORTE (DE LA) (orig. du Poitou), sʳ du Boisliet, — de la Lunardière, — de la Jobelinière, — de la Villeneuve, — duc de la Meilleraye en 1663, — duc de Réthel en 1663, pair de France.

De gueules au croissant d'hermines, *comme la Porte-Vézins*.

François, originaire de Parthenay, avocat au parlement de Paris, marié en 1559 à Madeleine Charles, aïeul de Charles, duc de la Meilleraye, maréchal et grand-maître de l'artillerie de France, lieutenant-général en Bretagne, † 1664, dont les descendants par alliance avec une nièce du cardinal Mazarin prirent les nom et armes de Mazarin, et se sont fondus dans les Durfort en 1733.

PORTE (DE LA), sʳ de la Courtaudière, par. de Saint-Ouen-des-Alleux, — vicomte d'Artois en 1679, par. de Mordelles, — marquis de Poulmic et comte de Crozon, par. de Crozon, — sʳ de Camaret, par. de ce nom, — de Porzay, par. de Plounévez, — de Rosmadec, par. de Telgruc, — de Beaumont, — du Val.

Ext. réf. 1668, cinq gén.; réf. 1513, par. de Saint-Ouen-des-Aleux, év. de Rennes.

De gueules au croissant d'hermines, *comme la Porte-Vézins*; *aliàs*: bordé d'or.

Jean et Perrine Lambert, sa compagne, sʳ et dame de la Courtaudière, exempts de fouages, quoique partables, à la réformation de 1513; André, petit-fils des précédents, conseiller au parlement en 1602, père de Jean, président aux enquêtes. en 1637; René, conseiller au parlement en 1653, épouse Anne-Marie du Han, dame de Crozon, dont : Anne-Marie, dame d'Artois et de Crozon, mariée en 1684 à Louis Rousselet, marquis de Chateaurenault, vice-amiral et maréchal de France.

Les sʳˢ du Boiscornillé et du Rocher-Pallet, paroisse d'Izé, déboutés à la réformation de 1668.

PORTE (DE LA) (orig. de Paris), de gueules au portail d'or.

Eustache, conseiller au parlement en 1554, président aux enquêtes en 1562, épouse Jeanne Cousinot, dont : Jean, conseiller au parlement en 1581.

PORTE (DE LA), sʳ de l'Estang.

D'argent au rencontre de cerf de gueules, posé de profil (arm. de l'Ars.).

Une famille de la Porte portait anciennement le nom de Perret.

PORTE (DE LA), sʳ de Crec'hanton, par. du Minihy de Léon, — du Bourouguel, par. de Plouigneau, év. de Tréguier.

D'azur au chef d'argent, chargé de trois merlettes de sable.

Jean, juge-consul de Morlaix en 1688, épouse Claude Franquet, dame de Crec'hanton; Jean-Claude, arrière-petit-fils des précédents, gendarme de la garde du Roi, épouse en 1756 Marie-Elisabeth de Kerléan.

Fondu dans Bahezre.

PORTE (DE LA), d'argent à deux clefs de sable, adossées en pal (sceau 1306).

PORTE (DE LA), sʳ de Kerduault, — de Kerverry, par. de Plésidy, — de la Noë, par. de Saint-Turiaff de Quintin, — de Kervran, par. de Belleisle-en-Terre.

Déb., réf. 1669, ress. de Lannion.

D'argent au maillet de gueules, accomp. de trois croissants de même (arm. 1696).

PORTEBISE (DE) (orig. d'Anjou), sʳ du Bois-de-Soulaire, — de la Chaise, — de la Sauvagère, — de Buhel, de Lalier et de Malarit, par. de Plessé.

Ext. réf. 1669, sept gén., ress. de Nantes.

De gueules à cinq besants d'or en sautoir, *comme la Rogave.*

Pierre, épouse en 1446 Jeanne de la Roche ; Pierre, s'établit en Bretagne où il épousa en 1619 Judith de l'Espinay ; Henry, fils des précédents, gouverneur de Blain en 1669 ; une fille à Saint-Cyr en 1686.

PORTER (orig. d'Irlande), maint. à l'intend. en 1703.

De sable à trois cloches d'argent, au croissant d'or en abyme, chargé d'une étoile de gueules ; *aliàs* : au franc canton d'hermines chargé d'un croissant d'or, surmonté d'une étoile de gueules. (G. G.)

PORTERIC, par. de Saint-Donatien, év. de Nantes, baronnie en 1640, en faveur du sʳ d'Espinoze, *voyez* ESPINOZE (D').

Cette terre avait été possédée antérieurement par les maisons de Châteaubriant, Angier, la Motte-Bossac, du Perrier et Laval.

PORTES (DES), sʳ de Pontrivy, — du Rest, év. de Léon.

D'azur à la fasce d'argent, accomp. de trois quintefeuilles de même (G. le B.), *comme Rochéon.*

Un gouverneur du château du Taureau en 1606 ; un procureur du Roi à Lesneven en 1660.

Le sʳ du Goaspern, paroisse de Plougar, débouté à la réformation de 1670.

PORTES (DES), sʳ dudit lieu, par. de Guilligomarc'h, — de Saint-Nunec, par. de Caudan, — du Lézardo, par. de Saint-Michel de Quimperlé.

Anc. ext. réf. 1669, huit gén.; réf. et montres de 1426 à 1562, par. de Guilligomarc'h et Plaudren, év. de Vannes, Saint-Michel et Saint-Colomban de Quimperlé. év. de Cornouailles.

Losangé d'or et d'azur, une grande losange de gueules en abyme.

Pierre, croisé en 1248 ; mais nous ne savons à quelle famille des Portes il appartenait.
Henri, vivant en 1400, cinquième aïeul de Guillaume, vivant en 1513, marié à Louise de Kerangal.
La branche du Lézardo fondue dans Guermeur.
Une branche transplantée dans le Maine, y maintenue en 1671, portait d'azur à trois fusées d'or posées en fasce.
Elle a produit : Gilles, sʳ de Saint-Père, gouverneur des ville, château et duché de Mayenne, gentilhomme de la chambre du Roi et mestre de camp de dix compagnies de gens de pied en 1572.

PORTES (DES), sʳ dudit lieu, par. de Bréteil, — de Crec'huguen, — d'Evigné, par. de Chavagne.

Anc. ext., réf. 1669, sept gén. ; réf. et montres de 1427 à 1513, par. de Bréteil, év. de Saint-Malo.

D'argent à la fasce de gueules, accomp. de trois molettes de sable.

<small>Alain, vivant en 1479, père de Charles, marié à Guillemette Buzangué.</small>

PORTIER, s^r de Lantimo.

D'azur à trois étoiles d'argent.

<small>Michel, secrétaire du Roi en 1756.</small>

PORT-LOUIS (LE), autrefois Locpéran, puis Blavet, ville forte, trève de la par. de Riantec, év. de Vannes.

D'azur à l'ancre d'argent, surmontée de trois fleurs de lys d'or.

PORTZMOGUER (DE) (ramage de Malestroit), s^r dudit lieu et de Kerdéniel, par. de Plouarzel, — de Kermarc'har, par. de Ploumoguer, — de Kerbriand, — de Keronvel, — de la Villeneuve, — du Treffmeur.

Anc. ext., réf. 1670, sept gén. ; réf. et montres de 1427 à 1503, par. de Plouarzel, év. de Léon.

De gueules à huit besants d'or, 3. 3 et 2, *comme Malestroit*, une coquille de même en abyme; *aliàs* : de gueules à la fasce d'or, chargée d'une coquille d'azur et accomp. de six besants d'or (G. le B.), *comme le Borgne et Saint-Gouéznou*. Devise : *Ioul Doué, sel pé ri.* (La volonté de Dieu, prends garde à ce que tu feras.) Et aussi : *Var vor ha zar zouar.* (Sur terre et sur mer.)

<small>Hervé, vivant en 1452, épouse Jeanne du Mesgouëz, dont : Jean, vivant en 1471, marié à Marguerite Calvez, père et mère de : 1º Hervé, capitaine de la nef *la Cordelière*, tué au combat naval de Saint-Mathieu en 1513; 2º Guillaume, époux d'Amice de Kermorvan, qui a continué la filiation. (Fondu dans Rodellec.)</small>

PORTZPODEN (DE) (ramage de Kermavan), s^r dudit lieu, par. de Plestin, — de Kervéguen, par. de Plouigneau, — de Kerroc'hiou, par. de Ploujean.

Réf. et montres de 1427 à 1481, par. de Plouigneau, év. de Tréguier.

D'argent au lion de sable.

Moderne : Pertevaux.

PORZAL (DE), s^r dudit lieu, par. de Ploudalmézeau, — de Kerivault, par. de Plougaznou.

Réf. 1543, par. de Plougaznou, év. de Tréguier.

D'argent à trois fasces ondées d'azur, au chef de même chargé de trois étoiles d'or. (G. le B.)

PORZAMPARC (DE), s^r dudit lieu, par. de Plounévez-Moëdec, — de Keréven, év. de Tréguier.

De sable à la fasce d'argent, accomp. de trois molettes de même, brisé en chef d'un croissant aussi d'argent. (G. le B.)

<small>Fondu dans Ploësquellec; moderne : Kergariou, puis Urvoy; *voyez* URVOY.</small>

PORZIC (DU), *voyez* RODELLEC (LE).

POT

Porzou (du), sr dudit lieu, par. de Saint-Gilles, — de Trélouan.

Anc. ext., réf. 1670, six gén.; réf. et montres de 1441 à 1543, par. de Saint-Gilles-le-Vicomte, év. de Tréguier et Plouha, év. de Saint-Brieuc.

De gueules au château d'or; *aliàs* : d'azur à six fleurs de lys d'argent, au chef de gueules, chargé d'un château d'or. (G. le B.)

Colin, prête serment au duc entre les nobles de Tréguier et Goëllo en 1437; Jean, vivant en 1513 épouse Isabeau de Coëtgouréden.

Moderne : Denis.

Potier (orig. de Paris), sr de Courbevoye, — de Groslay, — de Blancmesnil, — de Novion, — duc de Gesvres, au Maine, en 1648, — duc de Tresmes, en Valois, en 1648, — sr de Silly, — du Plessis, par. de Saint-Dolay, — de Cranhac et du Bignon, par. de Peillac, — vicomte de Plédran, par. de ce nom, — sr de la Roberie, par. de Saint-Germain du Pinel.

D'azur à deux (*aliàs* : trois) mains dextres d'or, au franc quartier échiqueté d'argent et d'azur. Devise : *Dextera fecit virtutem, dextera salvabit me.*

Pierre, bourgeois de Paris, fondateur en 1397 du charnier des Innocents, père de Simon, sr de Courbevoye, marié à Madeleine de Marle, dont : Nicolas, échevin de Paris en 1466, prévôt des marchands en 1500, auteur des diverses branches de cette maison, qui a produit : Jacques, conseiller au parlement de Paris, puis de Bretagne en 1554, marié à Françoise Cueillette, dame de Gesvres, dont : Nicolas, président à mortier au parlement de Paris, chancelier de Marie de Médicis, emprisonné par les ligueurs pendant le siège de Paris en 1590 et célèbre par son attachement à Henri IV. De son mariage avec Isabeau Baillet issurent : 1º René, évêque de Beauvais et abbé du Relec, † 1616; 2º Bernard, président à mortier au parlement de Bretagne en 1609; 3º André, président à mortier au même parlement en 1611; 4º Augustin, évêque de Beauvais, après son frère, † 1650.

A la même famille appartenaient encore : deux maréchaux de camp en 1643 et 1646, un lieutenant-général en 1650 et deux cardinaux, l'un, archevêque de Bourges en 1694, l'autre, évêque de Beauvais, en 1728; elle s'est éteinte en la personne de Louis-Joachim, duc de Gesvres, gouverneur de Paris décapité en 1794, marié en 1758, à Françoise-Marie du Guesclin, dernière du nom.

Potier (orig. de Normandie, y maint. en 1599, 1634, et 1666), sr de la Galaisière, par. de Saint-Nicolas de Coutances, — de la Vallée, par. du Homméel, — de Boisroger, par. de ce nom, — de Courcy et de la Haulle, par. de Courcy, — de Campserveur, par. du Lorey, — d'Orval, par. de ce nom, — du Coudran, par. de Heuqueville, — de la Verjusière, par. de Saint-Nicolas, — de la Franquerie.

De gueules à la fasce d'argent, accomp. de trois croisettes de même, 2, 1. Devise : *A la parfin, vérité vainc.*

Jean, rasséant et franchement tenant en la paroisse de la Haye-Paynel, mentionné dans une assiette de rente faite en 1342 par Philippe, roi de Navarre et comte de Mortain, à Blanche de France; Nicolas et Guillaume, rebelles au roi Henri V, qui confisqua leur terre en 1419; Arnouf, employé dans les guerres contre les Anglais, jusqu'à la bataille de Formigny en 1450; Pierre, sr de la Galaisière, épouse Jeanne Jouhan, de la maison de Monville, dont : Pierre, sr de Boisroger et de Courcy, mineur en 1463, † 1524, marié 1º à Gillette Heuzey, dame de la Vallée; 2º à Jeanne, dame de Campserveur. Du premier lit : Guillaume, marié à Radégonde le Court, confirmé par arrêt du parlement de Rouen en 1532, dans les droits de patronage de l'église de Courcy, père 1º d'Enguérand, 2º de Charles, vicomte de la juridiction de Coutances en 1569. Enguérand rendit aveu à l'évêque de Coutances en 1550 et laissa de Jacqueline le Tellier, dame de Tessy, 1º Pierre, 2º Bernard, prieur de Bolleville, † 1623.

Pierre, épouse en 1597, Catherine Adam, dame de la Haulle, dont : 1° Pierre, maintenu dans sa noblesse ancienne par arrêt des aides de Rouen, en 1634; 2° Jacques, lieutenant-général en la vicomté de Coutances, marié en 1635, à Mathurine du Gouëzlin, auteur des srs de la Verjusière.

René, fils de Pierre qui précède et de Madeleine de Chanteloup, dame du Coudran, comparant à l'arrière-ban en 1675, épouse Élisabeth le Carpentier, dont : 1° Adrien, chef de la branche aînée, éteinte en 1817; 2° Charles, établi en Bretagne en 1704, où ses descendants alliés aux Coëtnempren, le Gualès, la Boëssière de Lennuic, Huon de Kermadec et Gourcuff, ont donné des officiers supérieurs à la marine et cinq chevaliers de Saint-Louis.

POTIER (ramage des précédents), sr de Marigny, en Normandie, — du Puis, — de Bouësouse, par. de Ploërmel, — de la Houssaye, de la Germondaye et du Parc, par. de Taden, év. de Saint-Malo.

Maint. par arrêt du conseil et lettres patentes de 1788, ress. de Dinan.

De gueules à la fasce d'argent, accomp. de trois croisettes de même.

François, sr de Marigny, fils de Gilles, employé à la réformation de 1599, élection de Coutances s'établit à Saint-Malo, où il épousa en 1604, Perrine Lamirand.

Robert, secrétaire du Roi, près la cour des aides de Clermont-Ferrand, † en charge, en 1709; un alloué de Dinan en 1721; deux chevaliers de Saint-Lazare en 1729 et un substitut du procureur général au parlement de Bretagne en 1771.

POTIER, sr du Bois, év. de Dol.

Déb., réf. 1668, ress. de Rennes.

Nicolas, avocat à la cour en 1668; Henri, secrétaire du Roi en 1702.

POU (DU), sr dudit lieu, par. de Plouay, — de Kerguézangor, par. de Naizin, — de Trémolo, par. de Caudan, — de Kermoguer, par. de Moëlan.

Anc. ext. chev., réf. 1669, six gén.; réf. et montres de 1426 à 1536, par. de Plouay, Guidel, Naizin et Caudan, év. de Vannes.

De sable au lion d'argent, armé, lampassé et couronné de gueules.

Pierre, Geffrésic et Jean, rendent hommage au vicomte de Rohan en 1396; Jean, vivant en 1448, épouse Marguerite, dame de Kerguézangor; Sébastien, abbé de Quimperlé en 1483, † 1499; Louis, abbé de Carnoët en 1521; Julien, chevalier de l'ordre, gouverneur de Quimper en 1598.

La branche de Trémolo fondue au XVIe siècle dans Le Flo.

POUËNCES, sr de Kermorvan, par. de Ploumagoër, — de Kertudio, près Chatelaudren, — de Kernéguez, par. de Goudelin, — de Kerlérec, par. de Boquého, — de Kerléau, — du Closneuf, — de Kerilly.

Anc. ext., réf. 1668, cinq gén.; réf. et montres de 1427 à 1543, par. de Ploumagoër et Boquého, év. de Tréguier et par. de Plouha, év. de Saint-Brieuc.

De gueules à l'épervier grilleté d'or, se repaissant d'une cuisse de perdrix au naturel, *comme Derrien.*

Jean, armé pour le recouvrement de la personne du duc, en 1420; Jean, vivant en 1513, père de Pierre, auteur de la branche de Kerlérec, marié à Jeanne Le Godec; Christophe, vivant en 1543, auteur de la branche de Kerléau, épouse Alliette Le Long.

La branche de Kermorvan fondue en 1581 dans Le Gualès.

Le sr de Prathingant, paroisse de Plouha, débouté à la réformation de 1670.

POUËZ (DU), sr dudit lieu, par. de Domalain, — de la Berte et de la Maudeterie, par. de Bais, — de la Moricière, par. de Saint-Philbert, — du Branday, par. de Brains, — de la Marne, par. de ce nom.

Réf. et montres de 1427 à 1513, par. de Domalain et Bais, év. de Rennes.

Losangé d'argent et de gueules (sceau 1418); *aliàs* : d'argent à deux demi-vols rangés de gueules, au chef de même chargé de trois roses d'or.

Thébaut, épouse vers 1400, Mahaut d'Argentré; Jean, épouse avant 1458, Isabeau de Champagné.

Pouëze ou Poëze (de la), s^r dudit lieu, par. de Vallet, — de la Landière, par. du Loroux-Bottereau, — de la Jonchère, par. de Juigné, — de la Bretesche, par. de Maisdon, — de la Naulière, en Poitou, — de la Collezière.

Maint. à l'intend. en 1699; réf. de 1428 à 1446, par. de Chantenay et le Loroux-Bottereau, év. de Nantes.

D'argent à trois bandes de sable; *aliàs* : d'argent à la bande de sable (sceau 1352); *aliàs* : d'argent à un pont de gueules. Devise : *Auxilium ad alta.*

François, archer de la garde de Clisson, épouse en 1440, Jeanne Couppegorge, dame de la Bretesche; Michel, conseiller au parlement en 1586; un volontaire pontifical en 1860.

La seigneurie de la Pouëze, aliénée en 1485, a été possédée ensuite par les Rogues, puis Kergus de Kerstang; la branche de la Bretesche fondue en 1570 dans Jousseaume; une autre branche transplantée en Anjou, y a été maintenue en 1667.

Poulain ou Poullain, s^r de la Villesalmon, par. de Coëtmieux, — du Val, par. de Plestan, — du Pontlo, par. de Plourhan, — de la Hazais, par. de Planguénoual, — de Mauny, par. de Landéhen, — de Quéféron et de Gautrel, par. de Maroué, — du Valmartel, — de Tramain, — de Trémaudan, par. de Plestan, — de Launay, — de la Noë, — de l'Isle, — de Bohéas, — du Tertre, — de la Villecaro, — de la Bagottais, — de Kerbriant, — de Beaumanoir, — de Saint-Père, — de la Cour, par. d'Andel, — de la Coste, par. de Saint-Julien, — du Chesnay, — de la Villegonan, — des Dinvées, — de Kerolain, — de la Maignerie, — de la Chaussière, — de Boisgourd, — de la Villemorin, — du Reposoir, par. d'Hénanbihan, — de Goasantret, — de Kerautret.

Anc. ext. chev., réf. 1669, dix gén., et maint. à l'intend. en 1712; réf. et montres de 1459 à 1535, par. de Trémuzon, Coëtmieux, Plestan, Plourhan et Planguénoual, év. de Saint-Brieuc et Dol.

D'argent au houx arraché de sinople, au franc canton de gueules, chargé d'une croix dentelée d'argent.

Jean, archer dans une montre de 1356; Jean, rend hommage au vicomte de Rohan en 1396; Rolland, époux de Denise Hus, prête serment au duc entre les nobles de Lamballe en 1437 et fait son testament en 1449; Jean, fils des précédents, marié à Perrine de Créhen, auteur de toutes les branches de cette famille, qui a produit : Guillaume, capitaine des ordonnances de la reine Anne en 1500; Guillaume, chevalier de l'ordre et gentilhomme de la chambre du Roi en 1620; un major garde-côtes de la compagnie de Matignon au combat de Saint-Cast en 1758; une fille à Saint-Cyr en 1780, et un maréchal de camp en 1791.

Le s^r de Keraudy, débouté à l'intendance en 1699.

Poulain (le), montres de 1481 à 1562, par. de Corlay et Haut-Corlay, év. de Cornouailles.

Alain, anobli en 1469.

POULAIN, *voyez* POULLAIN.

POULARD, s^r de Kergolléau, par. de Plouëzec, — de Kermenguy, de Lesclec'h et de Kerbersault, par. de Pléhédel, — de Kerhir, par. de Trédarzec.

Réf. et montres de 1423 à 1543, dites par., év. de Saint-Brieuc et Tréguier.

De gueules à une rose d'argent, écartelé de sinople plein (sceau 1365) ; *aliàs* : de gueules à la fasce d'argent, accomp. de trois mains dextres de même. (Albert Le Grand).

Pierre, trésorier de Jeanne de Penthièvre en 1339, marié à Constance de Kerraoul, fit une fondation à l'abbaye de Beauport en 1364, où il fut inhumé avec sa femme ; Geoffroi, tué au combat des Trente en 1350 ; Guillaume, évêque de Saint-Malo en 1360, † 1384 ; Sylvestre, homme d'armes de la garde du château de Bréhat en 1489.

La branche aînée fondue dans Trogoff ; la branche de Kerbersault fondue en 1577 dans Kercabin.

POULDOURAN (DE), s^r dudit lieu, par. de ce nom, — de Quillien, par. de Hengoat.

Réf. et montres de 1427 à 1543, dites par., év. de Tréguier.

D'azur à dix billettes d'or, 4. 3. 2. et 1, *comme du Perrier*, au canton dextre de gueules, chargé d'un lion d'argent.

Fondu dans Loz, puis en 1600 Bégaignon.

POULHAZRE (DE), s^r dudit lieu et du Plessix-Briant, par. de Saint-Caradec-Trégomel.

Réf. et montres de 1448 à 1536, dite par., év. de Vannes.

D'azur à la fasce, accomp. en chef de trois billettes et en pointe de trois feuilles de chêne, le tout d'or (arm. de l'Ars.).

POULEHEY, s^r de la Ruffelière.

D'argent au chef de sable fretté d'or (sceau 1402).

Alain, capitaine du château de Tuffou pour le duc Jean V en 1402.

POULGUIZIAU (DE), s^r dudit lieu, év. de Léon.

D'argent au chevron d'azur, accomp. de trois glands de sinople. (G. le B.)

POULLAIN, s^r de Belair, près Moncontour, — du Parc, — de Saint-Foix, par. de Toussaint de Rennes, — de la Touche.

D'argent à trois feuilles de houx de sinople en pal, au chef de gueules chargé d'une croix dentelée d'argent.

Étienne-Hyacinthe, s^r de Belair, avocat en parlement, † 1740, épouse Catherine Thébault, dont : 1° Augustin-Marie, s^r du Parc, chevalier de Saint-Michel, célèbre jurisconsulte, anobli par lettres de 1763 ; 2° Germain-François, mousquetaire du Roi, puis lieutenant de cavalerie à la bataille de Guastalla en 1734, et historiographe des ordres du Roi, auteur des Essais historiques sur Paris, † 1776.

POULLAIN, s^r de la Rivière et du Pont-de-Gesvres, par. de Treillières, — du Housseau, de la Houssaye et de la Vincendière, par. de Carquefou, — de la Vignaudière, — de la Salmonnaie, — des Dodières, par. de Couëron, — de la Haimerais, par. de Cordemais, — de la Coutancière et du Tertre, par. de la Chapelle-sur-Erdre.

Maint. réf. 1669, trois gén., par les priviléges de la mairie, et autorisé à partager noblement en 1722.

De sable au sautoir d'or, chargé en cœur d'une étoile de gueules.

Robert, sr de Gesvres, échevin de Nantes en 1568, maire en 1575 et député aux États de Blois en 1588; Pierre et Jean, srs de la Vincendière, maires de Nantes en 1639 et 1661.

POULLAIN (orig. d'Anjou), sr de la Grée, — de Ceintré, — de Brétignolles, — de la Foresterie.

De sable au sautoir d'or, chargé en cœur d'une molette de gueules, *comme Poullain de la Rivière*.

Deux maires d'Angers et plusieurs officiers aux comptes de Nantes depuis 1703.

POULLOU, ress. de Carhaix.

D'or au loup ravissant de sable, à la barre échiquetée d'argent et d'azur brochant (arm. 1696).

Un procureur à la juridiction royale de Carhaix en 1696.

POULMIC (DE), sr dudit lieu, de Kervennévez, de Keramprovost et du Loscoat, par. de Crozon, — de Langallic, par. de Telgruc, — de Rosvéguen, de Trogurun et de Kerguélen, par. de Gouëzec, — de Toulquélennec, par. de Lopérec, — de Kerdilez, — de Kermeur, — de Kerlaouënan, — de Grande-Isle, par. du Haut-Corlay, — de Trohuel, — de Louméral, par. de Plounéventer, — de Kerénot, par. de Plougaznou.

Anc. ext., réf. 1669, sept gén.; réf. et montres de 1426 à 1562, par. de Crozon, Telgruc et Gouëzec, év. de Cornouailles, et par. de Plounéventer, év. de Léon.

Échiqueté d'argent et de gueules. Devise : *De bien* (*aliàs* : *Espoir*) *en mieux*.

Mathieu, au nombre des légataires d'Hervé de Léon en 1363; Hervé, abbé de Daoulas en 1351 ; Yves, abbé de Landévennec, † 1426; Jean, tué au siège de Saint-James-de-Beuvron en 1426 ; Jean, lieutenant du capitaine de Brest en 1451, épouse Charlotte de Beaumanoir ; Jean, fils Hervé, vivant en 1481, épouse Catherine Salliou, dont Jean, auteur des srs de Rosvéguen; autre Jean, vivant en 1481, auteur des srs de Grande-Isle, épouse Marguerite Le Forestier; Jean, gouverneur du château du Taureau en 1613.

La branche aînée fondue en 1459 dans du Chastel, d'où la terre de Poulmic a appartenu successivement aux de Plœuc, Goulaine et du Han, en faveur desquels elle a été érigée en marquisat en 1651, *voyez* HAN (DU). Elle a passé ensuite aux la Porte d'Artois, puis Rousselet de Chateaurenault et d'Estaing.

La branche de Toulquélennec fondue dans du Leslay; la branche de Grande-Isle fondue dans du Verger de Cuy. (Famille éteinte).

POULPIQUET (DE), sr dudit lieu, de Trémeïdic, de Coëtédern, du Halegoët et de Locmaria, par. de Plouzané, — de Kerangroaz, — de la Rochedurand, — de Lannouan, — de la Villeroche, — de Brescanvel, par. de Brélez, — d'Hugères, par. d'Ercé-en-Lamé, — de la Chevronnière, de la Varenne et de Juzet, par. de Guémené-Penfao, — d'Anguignac, par. de Fougeray, — de Kermen, par. de Carantec, — de Coëtlez, par. de Trefflez, — de Kerliviry, par. de Cléder, — de Kerisnel et de Kernévez, par. du Minihy, — de Keryven-Mao, — de Kerbudan, — du Fransic et de Feunteunspeur, par. de Taulé.

Anc. ext. chev., réf. 1668, neuf gén.; réf. et montres de 1427 à 1534, par. de Plouzané, év. de Léon.

D'azur à trois pa........ *lias* : pies de mer) d'argent, becquées et membrées de gueules. Devise : *L..........ssez*.

<small>Guyomarc'h, vivant en ....ouse Marie, dame du Halegoët, dont : 1º Bernard, vivant en 1447, marié 1º à Jeanne de T.........., d'où sont issus les s^rs du Halegoët et de Brescanvel; 2º à Marie Derrien, d'où sont issus les s.. ... Kermen et de Coëtlez; un président aux comptes en 1654; deux pages du Roi en 1727 et 17..; un docteur en Sorbonne, évêque de Cornouailles en 1823, † 1840. Un membre a fait ses pre..... ....our les honneurs de la cour en 1789.</small>

POULPRY (DU), s^r dudit lieu de Trébodénic et de Mesven, par. de Ploudaniel, — de Lanvengat, par. de Guisseny, — de Keranaouët, par. de Lambezre, — de Kerillas, — de Keraval, — de la Haye, par. de Saint-Divy, — de Penhoët, — de Keramanac'h, par. de Lanneufret, — baron de Kerouzéré, par. de Sibéril.

Anc. ext. chev., réf. 1669, neuf gén. ; réf. et montres de 1443 à 1534, par. de Ploudaniel et Saint-Frégan, év. de Léon.

D'argent au rencontre de cerf de gueules.

<small>Un seigneur de cette maison se croisa en 1248; Guillaume, vivant en 1400, épouse Geneviève de Kerlezroux; Alain, président aux enquêtes, chantre de Léon et doyen du Folgoat en 1591; plusieurs conseillers au parlement depuis 1586; un maréchal de camp, † 1726; un lieutenant-général des armées, † 1769; un membre admis aux honneurs de la cour en 1784. (Famille éteinte en 1827.)</small>

POULTIER, s^r de la Valletière, — de la Pillonnière.

Déb., réf. 1668, ress. de Morlaix.

D'azur à la croix d'or, cantonnée en chef de deux étoiles d'argent et en pointe de deux demi-vols de même (arm. 1696).

<small>Un conseiller et médecin ordinaire du Roi à Morlaix en 1696.</small>

POUPART, s^r de la Boullais, par. de Haute-Goulaine, — de Louvraye.

Réf. 1430, par. de Haute-Goulaine, év. de Nantes.

De sable à trois croissants d'or (arm. de l'Ars.).

POURCEAU (LE), s^r de la Rueneuve, par. de Saint-Père-en-Retz, — de Tréméac, par. d'Escoublac, — de Mondoret, par. de Guérande, — de Lesnobin, — de Roliveau.

Ext., réf. 1669, cinq gén., ress. de Guérande.

D'azur à trois dauphins couronnés d'argent, une étoile de même en cœur, *voyez* CRAMEZEL.

<small>Jean, de la paroisse de Saint-Guénolé de Batz, anobli en 1436, épouse Perrine Georges. Une branche a fait enregistrer ses titres au conseil souverain de la Martinique en 1740.</small>

POURCELET, s^r de Beauverger et de Goariva, par. de Plouguer, — de Trévéret, par. de Pontrieux.

D'or au porc passant de sable (arm. 1696), *comme Porcelets, en Provence.*

<small>Jacques, syndic et député de Carhaix, aux États de 1693.</small>

POUSSÉMOTHE (DE) (orig. de Navarre), s^r de Thiersanville, — de l'Étoile.

Maint. par arrêt du parl. de 1740.

D'azur à trois lys de jardin au naturel, au giron de sable enté en pointe, chargé d'une étoile d'or. (La Ch. des B.)

Jean, procureur général de Navarre et maître des requêtes du roi Antoine de ░░░░ ░. père d'Henri IV, en 1553.

POUSSEPIN (orig. de Paris), sr de Belair.

D'azur à la fasce d'argent, accomp. en chef de trois étoiles d'or et en pointe d'un lion léopardé de même.

René, conseiller au châtelet et échevin de Paris en 1581; Pierre, conseiller au parlement de Bretagne en 1603, marié à N. Angier, dame de la Rivière, paroisse d'Auverné.

POYET (orig. d'Anjou), sr des Granges, — d'Écharbot, — du Bois-ès-Loup, par. de Couëron.

Écartelé aux 1 et 4 : d'azur à trois colonnes d'or; aux 2 et 3 : de gueules au dragon ailé d'or.

Guy, échevin perpétuel et juge de la mairie d'Angers, père 1º de Pierre, élu maire d'Angers en 1519, 1532 et 1542, dont Hélye, conseiller au parlement de Bretagne en 1568, marié à Anne Harouis; 2º de Guillaume, premier président aux Grands-Jours de Bretagne en 1535, chancelier de France en 1538.

Les srs de la Poitevinière, paroisse de Frossay et de la Sauvagère, déboutés à la réformation de 1669, ressort de Nantes.

PRACONTAL (DE) (orig. du Dauphiné), sr dudit lieu, — baron de Soussay, — sr d'Anconne.

Anc. ext., arrêt du parl. de Bretagne de 1776, dix gén., ress. de Fougères (Etats de 1786).

D'or au chef d'azur, chargé de trois fleurs de lys d'or.

Jean, croisé en 1249 et 1270; un lieutenant-général, tué à la bataille de Spire en 1703; un page du Roi en 1747, maréchal de camp en 1780.

PRADOUAS, de sable à trois ancres d'argent (arm. de l'Ars.).

PRATANROUX (DE), sr dudit lieu, par. de Penharz, év. de Cornouailles.

D'argent à la croix pattée d'azur. (G. le B.)

Fondu dans du Juch et depuis Quélennec, Visdelou, la Marck et de Ligne, prince d'Aremberg.

PRATBIHAN (DE), sr dudit lieu, par. de Guisseny, év. de Léon.

De sable à trois croisettes pattées d'or. (G. le B.)

PRATHIR (DE), sr dudit lieu, év. de Léon.

De sinople à trois coquilles d'or (G. le B.), comme Kergréguen.

PRAUD, sr de la Nicollière, év. de Nantes, anobli en 1825 sous le titre de chevalier.

De gueules à la croix d'argent, chargée de cinq trèfles de sable. (G. G.)

PRÉ (DU), sr du Moulin.

D'or à trois fleurs de lys d'azur. (G. le B.)

PRÉ (DU), sr du Haut-Breil, par. de Saint-Éloy de Montauban, — de Pélan.

De sinople au duc ou hibou d'argent, accomp. de huit marguerites de même en orle (arm. 1696).

Robert, avocat en la cour du parlement en 1696.

PRE

PRÉ (...) sr de Tilly, ress. de Vitré.

D... u chevron d'or, accomp. de trois trèfles de même (arm. 1696).

PRÉAMÉNIS (DE), voyez BIGOT.

PRÉAUBLAY (DE), sr de Saint-Maugon, par. de Pleucadeuc.

Déb., réf. 1668, ress. de Vannes.

PRÉAUDEAU, év. de Saint-Malo, anobli en 1816.

D'azur à l'aigle d'or, couronnée de même, tenant de la patte sénestre une banderolle d'argent montée d'or.

Une abbesse de Sauvoir au diocèse de Laon en 1771.

PRÉAUVÉ (DE), sr dudit lieu, par. de Vern, — du Hautbois, par. de Moulins, — de la Jaroussais, par. de Janzé, — des Chambières, par. de Saint-Armel-des-Boschaux, — de la Giraudais, par. de Saint-Jean-sur-Vilaine, — de l'Arturaye, par. d'Essé.

Anc. ext. chev., réf. 1668, huit gén.; réf. de 1427 à 1513, dites par., év. de Rennes.

De sable à trois annelets d'argent (sceau 1418).

Guillaume, écuyer dans une montre de 1351; Raoul, vivant en 1416, épouse Marguerite de Mathefelon.

La branche aînée fondue dans du Chastellier.

PRÉCHATEL (DU), d'argent au château de gueules. (G. le B.)

PRÉDOUR (LE), sr de la Ville-Ynizan, par. de Plourhan.

Réf. et montres de 1423 à 1469, par. de Plourhan et Lantic, év. de Saint-Brieuc et Lanvollon, év. de Dol.

De gueules au chevron d'argent, accomp. de trois étoiles de même.

Jean, abbé de Daoulas en 1552, † 1573.

PRÉGENT, voyez PRIGENT.

PRÉMORVAN (DE), sr dudit lieu, par. de Saint-Potan, év. de Saint-Brieuc.

D'argent au lévrier de sable colleté d'or, surmonté d'un greslier de sable, enguiché, lié et virolé d'or. (B. L.)

Jean, écuyer dans une montre de 1371. Fondu dans Langlois.

PRÉPETIT (DU).

Déb., réf. 1668, ress. de Vitré.

De sinople à trois canettes d'argent (arm. 1696).

PRÉS (DES), voyez PREZ (DES).

PRESSE (DE LA) (orig. d'Espagne), sr de Ponce.

Déb., réf. 1669, ress. de Nantes.

Élisabeth, épouse en 1533, François de Santo-Domingo.

PRESTRE (LE), sr de la Lohière et du Breil, par. de Loutéhel, — des Chatelets, — de Lezonnet, par. de Loyat, — de Chateaugiron, par. de ce nom, — marquis d'Espinay, par. de Champeaux, — sr de Sévigné, par. de Cesson, — du Boisorcant, — de

Vaucel, — de Gosnes, par. de Noyal-sur-Vilaine, — de Lestrémeur, par. de Ploudalmézeau, — de Botloy, par. de Pleudaniel, — de Kerrom, par. du Minihy de Léon.

Anc. ext. chev., réf. 1668, neuf gén.; réf. et montres de 1447 à 1513, par. de Loutéhel, év. de Saint-Malo.

Écartelé aux 1 et 4 : d'argent à la quintefeuille de gueules; aux 2 et 3 : de sable à quatre fusées rangées et accolées d'or (sceau 1412); *aliàs* : de gueules à trois écussons d'hermines, *qui est Coëtlogon*, à la bordure engreslée d'or.

Perrot, juré l'association pour empêcher l'invasion étrangère en 1379; Jean, épouse en 1401, Isabeau Gicquel, dame de la Lohière; Jean, ambassadeur de la duchesse Anne vers Henri VII d'Angleterre, en 1488; Jacques, en épousant en 1520, Jacquette de Coëtlogon, dame de Lézonnet, prit les armes de Coëtlogon avec une brisure, et leurs descendants les ont conservées.

Un lieutenant général des eaux et forêts en 1534; trois gouverneurs de Concarneau depuis 1558; un lieutenant général pour le Roi en Bretagne, † 1630; un évêque de Cornouailles en 1614, † 1640; un procureur général aux comptes en 1650; trois présidents à mortier depuis 1700 et un chevalier de Malte en 1772.

Un membre admis aux honneurs de la cour en 1785.

La branche de la Lohière fondue dans Avaugour-Saint-Laurent.

PRESTRE (LE), sr de la Grimaudaye, par. de Mélesse, — du Val, par. de Saint-Grégoire.

Réf. de 1427 à 1513, dites par., év. de Rennes.

Parti de gueules et d'azur, au croissant d'argent sur le tout.

Raffray fils Alain, témoin de la donation de Plougaznou à l'abbaye de Saint-Georges en 1061; Geoffroi, témoin dans une enquête de l'évêque de Dol en 1235; Jean, alloué et commissaire de la réformation des fouages de Rennes en 1427.

PREUILLY (DE) (orig. de Touraine), baron dudit lieu, — sr de la Roche-Posay.

D'or à six (*aliàs* : trois) allérions d'azur, 3. 2 et 1. (G. le B.)

PRÉVALAYE (DE LA), *voyez* THIERRY.

PRÉVOST ou PROVOST (orig. du Poitou), sr de la Brétaudière, — de la Gaignolières — de la Pallaire, — du Bignon, — de la Caillerie, — de Monfaloir.

Ext. réf. 1669, six gén. et maint. à l'intend. en 1699, ress. de Nantes.

D'argent à trois hures de sanglier de sable.

Mahé, vivant en 1490, épouse Catherine Chaon; Samuel, s'établit en Bretagne où il épousa en 1601 Anne Charbonneau.

PRÉVOST, sr de Bonneseaux, — de Fleuré, — de la Saulaye, par. de Néant, — de la Touraudaye, — de Beaubourg, — de la Forestrie, — de la Ville-au-Prévost, par. de Saint-Briac.

Anc. ext., réf. 1669, huit gén.; réf. et montres de 1426 à 1513, par. de Néant et Merdrignac, év. de Saint-Malo.

D'argent au sautoir de gueules, dentelé de sable, accomp. de quatre têtes de maure de sable, bandées d'argent.

Alain, de la paroisse de Merdrignac, vivant en 1427, se dit noble, ce que les paroissiens lui disputent; Jean, sr de la Saulaye, marié à Jeanne de Fesques, vivant en 1427, se dit noble de Montfort, combien que l'on dise que ses prédécesseurs contribuaient ; un lieutenant des ville et château de Dinan en 1668.

Le sʳ de Villeneuve, débouté à la réformation de 1668, ressort de Fougères.

PRÉVOST (DE), sʳ de Locmaria, par. de Ploumagoër, — de Kerradennec, par. de Plougras, év. de Tréguier.

D'argent (*aliàs* : d'or) à la tour crénelée (*aliàs* : au croissant) de gueules, surmontée d'une croisette d'azur (sceau 1354).

Geoffroi, commissaire dans une assiette de rente faite à Isabeau d'Avaugour en 1354.
La branche aînée fondue dès le xɪᴠᵉ siècle dans le Glaz, puis Coëtgouréden et du Parc.
La branche de Kerradennec fondue en 1462 dans du Dresnay.

PRÉVOST, sʳ de Kerambastard, par. de Bothoa, — de Penquer, par. de Plounévez-Quintin.

Réf. et montres de 1426 à 1562, dites par. et par. de Lanrivain, év. de Cornouailles.

D'azur à trois quintefeuilles d'argent. (G. le B.)

La branche aînée fondue dans Kergroadez; la branche de Penquer fondue dans Le Borgne.

PRÉVOST (LE), sʳ du Parc, par. de Plougaznou.

Réf. 1427, dite par., év. de Tréguier.

Échiqueté d'or et de gueules de six traits, au franc canton d'argent chargé d'un griffon de sable. (G. le B.)

Noël, prévôt des marchands de la ville de Paris en 1418. Fondu dans Le Borgne.
Le sʳ de Pencrec'h, ressort de Lannion, débouté à la réformation de 1669.

PRÉVOST (LE), sʳ du Bois-Boissel, par. de Trégomeur.

Réf. et montres de 1423 à 1469, par. de Cesson, év. de Saint-Brieuc.

De gueules à la croix d'hermines, cantonnée aux 1 et 4 : de quatre macles; aux 2 et 3 : d'une étoile, le tout d'or (sceau 1421).

Une branche de cette famille n'a gardé depuis plusieurs siècles que le nom de Bois-Boissel, *voyez* BOIS-BOISSEL.

PRÉVOST (orig. de Paris), sʳ de la Croix, — de Pressigny, — de Langristin.

Tiercé en pal (*aliàs* : en fasce) au 1 : d'azur au croissant d'argent; au 2 : d'or à trois étoiles d'azur; au 3 : de sable à une sirène d'argent (La Ch. des B.). Devise : *Magis ac magis.*

Plusieurs secrétaires du Roi à la grande chancellerie depuis 1703; un commissaire des guerres, commissaire général et ordonnateur de la marine, prisonnier au siège de Philisbourg en 1745.

PRÉVOST (LE), sʳ de la Frangeolière, du Bois-Raoul et de Saint-Marc, par. de Saint-Marc-sur-Couësnon, — de la Dauphinaye, par. de Romagné, — du Chesnay, par. de Guipel, — de Montchevron, par. de Saint-Jean-sur-Couësnon.

Ext., réf. 1669, six gén.; réf. de 1478 à 1513, dites par., év. de Rennes.

De gueules au lion léopardé d'argent, armé, lampassé et couronné d'or.

René, vivant en 1478, épouse Raoulette de la Corbinaye; deux abbés du Tronchet de 1598 à 1628.

La branche de Saint-Marc fondue en 1640 dans du Feu; la branche du Chesnay fondue dans la Piguelais.

Prévost ou Provost (le), sr du Plessis-au-Provost, du Plessis-Quettier et de Coëtibœuf, par. de Gaël, — de la Touche, par. de Plestan, — de la Garenne et de la Voltais, par. de Guer, — de la Coutelaye, — de la Rivière-Breton.

Anc. ext., réf. 1668, sept gén.; réf. et montres de 1440 à 1513, par. de Gaël, év. de Saint-Malo et Plestan, év. de Saint-Brieuc.

D'argent à deux bandes de sable, *voyez* Provosté (de la).

Pierre, époux en 1404, d'Olive Bouan, dont: 1º Jean, auteur des seigneurs du Plessis, 2ª et Jean qui suit. Jean, vivant en 1435, marié à Robine du Breil, père 1º de Jean, auteur des srs de la Touche, 2º d'Henry, auteur des srs de la Voltais; Jean, chevalier de Saint-Lazare, écuyer de la grande écurie du Roi, en 1612, épouse Élisabeth Martin de Mauroy, dont : Françoise, mariée en 1640 à Laurent Le Blanc, sr de la Baume et de la Vallière, lieutenant de Roi au gouvernement d'Amboise, père et mère de Françoise-Louise, duchesse de la Vallière, † 1710.

Prévost ou Provost, sr de la Haye, par. de Cléden-Poher, — de la Salle, par. de Bérien, — de Coëtquelven, par. du Faouët, — du Squiriou, de Kerriou et de Kerdréhennec, par. de Gouëzec, — de la Bouëxière, — de Boisbilly.

Anc. ext., réf. 1669, sept gén.; .réf. et montres de 1426 à 1562, par. de Cléden, Bérien, Huelgoat, le Faouët et Langonnet.

D'argent à trois bandes fuselées de gueules. Devise : *Adversis major et secundis.*

Rolland, croisé en 1248, mais nous ne savons à laquelle des familles Prévost il appartenait.
Pierre, vivant en 1296, épouse Marguerite Nuz; Yvon, vivant en 1426, épouse Béatrix, dame de la Haye; un président aux comptes en 1742; un abbé du Tronchet, † 1786.
Fondu dans Jacquelot.

Prévost, sr du Boisguillaume et de la Ténaudays, par. de Jans, — de Bruguel, par. de Derval, — du Chalonge, par. d'Héric.

Réf. de 1454 à 1513, par. de Nozay et Derval, év. de Nantes.

De sable à trois fleurs de lys d'argent.

Patry, écuyer du duc et maréchal de salle de sa maison en 1472.

Prévost (le), sr de Penanrun, par. d'Ergué-Gabéric, — de Chef-du-Bois, par. de Locamand.

Réf. et montres de 1426 à 1562, dites par., év. de Cornouailles.

D'azur à trois têtes de léopard d'or.

Prévost (le) (orig. de Paris), sr de Saint-Cyr, — de Morsan.

D'or au chevron renversé d'azur, accomp. en chef d'une molette de gueules et en pointe d'une aiglette éployée de sable.

Jean, avocat général aux Grands-Jours en 1543, père de Bernard, conseiller aux Grands-Jours, puis au parlement sédentaire de Bretagne en 1554.

Prévoterie (de la), *voyez* Bidon, au *Supplément.*

Prez (des), sr du Boschet, par. de Néant.

Réf. et montres de 1426 à 1513, dite par. et par. de Guer, év. de Saint-Malo.

Un croisé de ce nom en 1248; Guillaume et Alain, écuyers dans une montre de 1378.

Prez (des), sr de la Ville et du Portal, par. de Bohal, — de la Bourdonnaye et du Roscouët, par. de Sérent, — du Verger.

Ext., réf. 1669, huit gén.; réf. et montres de 1481 à 1536, par. de Bohal, év. de Vannes.

D'argent à huit losanges de gueules, accolées quatre à quatre et rangées en deux fasces, au croissant de sable en abyme.

Perrot, fils Jean, vivant en 1470, épouse Jeanne Cresolles; un maréchal de camp en 1800.

Prez (des), sr de la Gidermaye, par. de Domloup, — d'Antrain, par. de Piré, — de la Morlaix, — du Plessix.

Maint. à l'intend. en 1704, et par arrêt du parl. en 1770.

Porte *comme les précédents*.

Jean, échevin de Rennes en 1658, est l'auteur de cette famille.

Prézéau, sr de la Basseconatie, par. de Saint-Luminé de Clisson, — de Loiselinière, par. de Gorges, — de la Ramée, par. de Vertou, — de la Roche, par. de Gétigné, — de la Thahalière, par. d'Orvault, — de la Haye.

Maint. à l'intend. en 1703; montre de 1543, par. de Gorges, év. de Nantes.

D'azur à la croix pleine (*aliàs* : au sautoir engreslé) d'argent, accomp. de quatre coquilles de même.

Eonet, maître de la monnaie de Nantes en 1420; Jean, argentier du duc Pierre en 1454; Geoffroi, archer de la garde de Clisson en 1464; Charles, chevalier de Malte en 1585.

Une branche de cette famille a été maintenue à l'intendance de Tours en 1667.

Prigent ou Prégent, d'azur à la fasce d'or, accomp. de trois molettes de même. (G. le B.)

Jean, chancelier de Bretagne, évêque de Léon en 1436, transféré à Saint-Brieuc en 1450, fit reconstruire la chapelle Saint-Guillaume dans sa cathédrale et y fut inhumé en 1472.

Prigent, sr de Kervézec, par. de Plougaznou, — de Kerbridou, par. de Plouaret, — de Kerdinam.

Réf. et montres de 1481 à 1543, dites par., év. de Tréguier.

D'argent au croissant de sable, accomp. de trois tourteaux de même, *voyez* Kergrist.

Prigent, sr de Kerscao, — de la Porte-Noire, — de Quérébars, par. de Sibéril, év. de Léon.

D'azur à l'épervier d'argent, soutenu d'un rocher de trois coupeaux de même, accomp. en chef d'un croissant accosté de deux étoiles, le tout d'argent (arm. 1696).

Jean-Claude, sénéchal de Léon, petit-fils d'un capitaine des vaisseaux du Roi en 1627, anobli en 1755 à l'occasion de l'érection à Rennes de la statue de Louis XV; un major de vaisseaux en 1786. (Famille éteinte).

Prigent ou Prégent, par. de Jugon, év. de Saint-Brieuc.

Porte trois fleurs de lys (sceau 1407).

Prigent, sr de la Villeorhant, par. de Saint-Turiaff de Quintin, — du Parc, par. d'Hénanbihan.
   Déb., réf. 1670, ress. de Saint-Brieuc.
   D'or au chevron brisé d'azur, accomp. de trois pommes de pin de même.
Prigent, sr de Penlan, — de Kernéguez, ress. de Morlaix.
   D'azur à trois étoiles d'or (arm. 1696).
Prigent, sr du Cosquer, év. de Léon.
   D'azur au lion d'argent, couronné de même (arm. 1696).
   Un bailli de la principauté de Léon à Landerneau en 1696.
Prince (le), d'azur à six coquilles d'argent, 3. 2. et 1. (G. le B.)
Prince (le), de gueules à trois fleurs de lys de vair (arm. de l'Ars.)
Princey (orig. de Normandie, y maint. en 1669), sr du Buisson, — de Montault, — de la Nocherie, — du Chalonge, par. de Saint-Georges-de-Reintembault.
   Ext., arrêt du parl. de Bretagne de 1772, cinq gén., et admis aux États de 1768.
   D'azur à trois roses d'or.
   François, président de l'élection de Domfront, anobli en 1644.
Pringuel (orig. d'Ecosse), sr du Tertre.
   Déb., réf. 1669, ress. de Rennes.
   D'argent à la bande de gueules, chargée de trois coquilles d'or.
   Jean, fils Thomas, conseiller au présidial de Rennes en 1669.
Prioul, sr du Tertre, — du Hautchemin, — de la Lande-Guérin, — de la Rouvraye, — des Aulnays, — de l'Espinay, par. de Saint-Gilles, — de la Cormerais, — de la Robinaye.
   Maint. par les commissaires en 1699 et par arrêt du parl. de 1772, six gén., et admis aux États de 1768.
   D'argent au cygne nageant de gueules, accolé d'une couronne d'or; au chef de gueules chargé de trois annelets d'or.
   Deux conseillers au présidial de Rennes depuis 1568; Julien, secrétaire du Roi en 1597, épouse Catherine Besnard; deux procureurs-syndics de Rennes, en 1635 et 1637; deux greffiers en chef des requêtes en 1709 et 1736; le second, père de deux officiers au régiment de Béarn, en 1770.
Priour, sr de Boceret et de la Ville-Sauvage, par. de Nivillac, — du Boisrivault et de la Haye, par. de Saint-Dolay, év. de Nantes.
   De gueules à la fasce surmontée de trois coquilles et soutenue d'un trèfle, le tout d'argent (G. G.), voyez Périou.
   Jean, sergent du sire de Mareil à Nivillac en 1455; Jean, rend aveu à Claude de Lorraine, baron de la Roche-Bernard en 1635; Jean, procureur fiscal du duché de Coislin, en 1681.
Privast (orig. de Provence, y maint. en 1667), sr de Brégeot.
   D'or à la croix de gueules, cantonnée de quatre guivres de sable. (La Ch. des B.)
   Une branche de cette famille est établie à Guérande.

Privé, s^r de Pontpéan, — des Bignons, — du Chesne, — de la Liardière.

Ext. réf. 1669, six gén., par. de Guer, ress. de Ploërmel.

De gueules au lion d'or.

Jean, vivant en 1500 épouse Marie des Salles.

Prizé, s^r du Plessix, par. de Plessala.

Déb., réf. 1669; montre de 1569, par. de Plessala, év. de Saint-Brieuc.

Jean, de la paroisse de Plessala, franchi de fouages en 1488, marié à Tiphaine Visdelou.

Proffict, s^r de Catuélan, par. de Hénon, év. de Saint-Brieuc.

Ecartelé aux 1 et 4 : d'azur au chevron d'or, accomp. de deux croissants d'or en chef et d'un épi de blé de même en pointe; aux 2 et 3 : *du Merdy-de-Catuélan* (arm. 1696).

Pierre-Yves, abbé de Saint-Aubin-des-Bois en 1696.

Proisy (de) (orig. du Soissonnais, y maint. en 1670), s^r dudit lieu, — de Neuville, — de Morfontaine, — de Morgny, — baron de la Bove, — s^r de Brison, — de Gondreville.

De sable à trois lions d'argent, armés et lampassés de gueules.

Lambert, chevalier, vivant en 1169; Jean, épouse, vers 1455, Françoise de Dinan, dame de Montafilant et de Chateaubriant, veuve : 1° de Gilles de Bretagne, 2° de Guy, comte de Laval; une fille à Saint-Cyr en 1693.

La branche de Brison établie en Bretagne en 1720 a donné plusieurs officiers à la marine.

Proust, s^r de Portlavigne, par. de Bouguenais, — de la Gironnière, par. de Sainte-Luce, — du Cleuz, par. de Saint-Nazaire.

Maint. à l'intend. en 1700, ress. de Nantes.

D'azur à la tête d'aigle, arrachée d'or.

Etienne, abbé de Saint-Melaine en 1574; Julien, maire de Nantes en 1693; deux maîtres des comptes en 1725 et 1766.

Provin, s^r de Bastine et du Séric, par. de Cambon.

Déb., réf. 1668, ress. de Nantes.

Provost, *voyez* Prévost.

Provosté (de la), s^r dudit lieu, de Coutance et de la Germondaye, par. de Taden, — de Pontelain, par. de Landujan.

Anc. ext., réf. 1669, sept gén.; réf. et montres de 1428 à 1513, par. de Taden, év. de Saint-Malo.

D'argent à trois bandes de sable, *voyez* Provost.

Jean, vivant en 1479, épouse Constance Le Grand.

Prud'homme, s^r de la Papinière, — de Langle. (Protest. 1788.)

Fascé d'azur et d'argent de huit pièces, la première fasce chargée d'une étoile d'or. (B. L.)

Pierre, greffier en chef aux comptes en 1631.

On trouve Pierre, s^r du Planteix, paroisse de La Boussac, du Bois-Robin, paroisse de Cherrueix, et du Chanel, paroisse de Saint-Georges-de-Gréhaigne, employé aux réformations et montres de 1478 à 1480, père de Jeanne, mariée à Guillaume Le Saige ; Jamet, s^r de la Bretonnière et des Places, paroisse de Pacé, fils Jamet et Tiphaine de Mellon, employé à la réformation de 1513 ; nous ignorons s'ils appartenaient à la famille Prud'homme, qui précède.

Pucci (orig. d'Italie), d'argent à la tête de maure de sable.

Laurent, cardinal, évêque de Vannes et abbé de Saint-Melaine de Rennes en 1514, oncle d'Antoine, cardinal et évêque de Vannes, † 1544, et ce dernier oncle de Laurent, aussi cardinal et évêque de Vannes, † 1548.

Pugneix (le), s^r de la Lande et de la Motte, par. de la Bouillie, — du Perrin, — de la Chesnaye.

Anc. ext., réf. 1669, sept gén.; réf. et montres de 1423 à 1513, par. de la Bouillie et Hénansal, év. de Saint-Brieuc.

D'or au porc-épic de sable.

Guillaume, prête serment au duc entre les nobles de Lamballe en 1437; Thomas, vivant en 1469. épouse Perrine Rogon. (Famille éteinte.)

Puillon (le), s^r de Villéon, — de Boblay, par. de Meslan, év. de Vannes.

De pourpre au croissant d'argent, accomp. de trois étoiles de même (arm. 1696).

Guillaume, procureur fiscal de Pontscorff en 1666; deux sous-lieutenants de vaisseaux et un auditeur des comptes en 1787; un général de brigade en 1853.

Puissant, s^r de Saint-Servan.

Déb., réf. 1668, par. de Cléguérec, év. de Vannes.

Un président aux comptes en 1779.

Pulunian, s^r de Kerméno, par. de Grandchamps, — de Keralic, par. de Plumelin.

Déb., réf. 1670 ; réf. et montres de 1426 à 1513, par. de Grandchamps, év. de Vannes.

Porte une fasce accomp. de trois étoiles (sceau 1428).

Bertrand, receveur du domaine d'Auray en 1638; Christophe, sénéchal d'Auray en 1648.

Puy (du), s^r du Chesne, par. de Maure, — de Trélan, par. de Comblessac.

Anc. ext., réf. 1669, neuf gén.; réf. et montres de 1479 à 1513, par. de Maure. év. de Saint-Malo.

D'or à la croix pleine de gueules, cantonnée de quatre croissants de même.

Guillaume, marié à Jeanne l'Evesque, prête serment au duc entre les nobles de Saint-Malo en 1437.

Puy (du) (orig. du Dauphiné), marquis de Montbrun en 1620, — s^r de Rochefort, — de Saint-André, — de Montméjean. (Protest. 1788).

Ecartelé aux 1 et 4 : d'or au lion de gueules, armé et lampassé d'azur ; aux 2 et 3 : de gueules à la fasce d'or, chargée de trois fleurs de lys d'azur ; au lion couronné d'or naissant du chef. (G. le B.)

Raimond, premier grand-maître de Saint-Jean-de-Jérusalem en 1120.

Puy-du-Fou (du), sʳ de Bourneau, — de la Noë, — de Fromenteau, par. de Vallet, — de la Giraudière et de la Roche-Pontdelouan, par. du Loroux-Bottereau.

De gueules à trois macles d'argent. (La Ch. des B.)

Hugues, chevalier dans une montre de 1419; Pierre, chambellan du Roi en 1489; François, écuyer tranchant du Roi et capitaine de Nantes en 1543; Joachim et Jacques, chevaliers de Malte en 1525 et 1562.

Puy-Ferré (de) (orig. du Béarn, maint. en Guyenne en 1661), sʳ de Garies.

D'argent au puits au naturel, posé sur une terrasse de sinople, à l'épée d'argent garnie d'or, plongée à demi dans le puits.

Cette famille, établie dans le Léon depuis 1701, alliée aux Kerven et aux la Roche-Kerandraon, a produit un sous-lieutenant de vaisseaux en 1786, † capitaine de vaisseaux, et un volontaire pontifical, l'un des défenseurs de Gaëte en 1860.

Puytesson (de), *voyez* Macé.

Q

Quatrebarbes (ramage de Montmorillon, en Poitou), sr de Moussy, — de Jallais, — de la Rongère, — de Saint-Sulpice, — de Murs-sur-Loire, — de la Jonchère, — de la Mancelière, — de Montfouché, — de Bouillé, — de la Roussardière, — de Chasnay, — d'Argenton, — de Fontenailles, — de la Marquisière, par. de Varades, — de Juigné, par. d'Anetz, — de la Série, par. de Saint-Herblon.

Maint. à l'intend. de Bretagne en 1701, cinq gén.

De sable à la bande d'argent, cotoyée de deux filets de même; *aliàs*: surmontée d'un lambel (sceau 1441).

Foulques, croisé en 1190 et 1218, tué devant Damiette en 1219; Jean, chevalier dans une montre de 1380, père de Jean, chambellan du roi Charles VII qui a continué la filiation, et de quatre autres fils, tués à la bataille de Verneuil en 1424.

Cette famille alliée aux Craon, la Jaille, Quélen et du Guesclin, a encore produit un chevalier de Malte en 1663; un chevalier des ordres du Roi, chevalier d'honneur de la princesse Palatine, duchesse d'Orléans en 1688; un gouverneur civil d'Ancone en 1860.

Un membre admis aux honneurs de la cour en 1786.

D'après la tradition, Bernard de Montmorillon aurait reçu le surnom de *Quatrebarbes* vers 1080, pour avoir tué le même jour en combat singulier quatre émirs sarrasins, dans une expédition de Raymond, comte de Toulouse, contre les maures d'Espagne.

Quatrevaux (de), sr dudit lieu, par. de Plaintel, év. de Saint-Brieuc.

D'azur à l'aigle éployée d'argent, couronnée d'or (arm. de l'Ars.).

Fondu dans Budes du Tertre-Jouan.

Le sr de Kerléon, ressort d'Auray, débouté à la réformation de 1669.

Québeron, sr de Kerret, par. de Coray.

Déb., réf. 1670, ress. de Quimper.

Québriac (de), sr dudit lieu, par. de ce nom, — du Fléchay, par. de Saint-Meloir-des-Ondes, — du Bois-Maigné, par. de Bazouges-sous-Hédé, — de Launay, par. de Sougéal, — de Blossac, par. de Goven, — de la Touche, par. de Saint-Vincent-des-Landes, — de Chasné, par. de ce nom, — de la Raynais, — de la Hirlaye, par. de Baguer-Morvan.

Anc. ext. chev., réf. 1668, sept gén.; réf. et montres de 1428 à 1513, dites par., év. de Saint-Malo, Rennes et Dol.

D'azur à trois fleurs de lys d'argent; *aliàs*: d'azur à une fleur de lys d'argent, surmontée d'un lambel de gueules (sceau 1275); *aliàs*: deux fasces surmontées d'un chef bastillé, et une bande brochant (sceau 1306).

Normand, grand maréchal et grand sénéchal de Bretagne en 1235; Jean, croisé en 1248; Gilles, abbé de Saint-Jacques de Montfort en 1487, † 1508; Raoul, sr du Fléchay, fils Olivier, vivant en 1513, épouse Benoiste Louail.

La branche aînée fondue dans Guémadeuc; la branche de Chasné fondue dans Montbourcher.

QUÉDILLAC (DE), sr dudit lieu, par. de ce nom, — de la Morandaye, par. de Boisgervilly, — de la Pruneraye, par. de Saint-Carné, — de Taden, par. de ce nom.

Réf. et montres de 1427 à 1513, dites par., év. de Saint-Malo et Dol.

Porte un fermail (sceau 1293); *aliàs* : d'argent à trois fasces de gueules (sceau 1390); *aliàs* : de gueules à trois bandes d'argent. (G. le B.)

Mathieu, croisé en 1248; Alain, alloué de Rohan en 1293; Jamette, abbesse de Saint-Georges, † 1274; Jeanne, abbesse de Saint-Sulpice, † 1461.

La branche de la Morandaye paraît fondue dans Le Vayer.

QUEFFARAZRE, sr de Runtannic, par. de Plouégat-Guérand.

Réf. et montres de 1463 à 1481, dite par., év. de Tréguier.

D'argent au greslier lié d'azur, accomp. de trois tourteaux de gueules.

QUÉHÉON (DE) (ramage du Guiny), sr de Rochelande, — de la Cochais, par. de Bédée, — de la Dommangère, par. de Maure.

Maint. par arrêt du parl. de 1742; réf. et montres de 1513 à 1543, par. de Bédée et Campénéac, év. de Saint-Malo.

Jean, ratifie le traité de Guérande en 1381.

QUÉHILLAC (DE), *voyez* FOURCHÉ.

QUÉHOU, sr de Gorrépont, év. de Léon.

De sable à trois trèfles d'argent, à la bordure engreslée de même. (G. le B.)

QUEINGOF, de gueules à une épée d'argent en pal, la pointe en bas. (G. le B.)

QUÉJAU, sr de Lesnée, par. de Gaël.

Réf. et montres de 1440 à 1543, dite par., év. de Saint-Malo.

D'argent à trois roses de gueules.

QUÉLAN, sr de Saint-Renan, demeurant à Lamballe.

Déb., réf. 1668, ress. de Saint-Brieuc.

QUÉLEN (DE) (ramage de Porhoët), sr dudit lieu et de la Villebouquais, par. de Guégon, — du Quilliou, par. de Ménéac, — de la Villegourdan et de la Villecadoret, par. de Guéhenno, — vicomte du Broutay en 1657, par. de Guillac, — sr de Caussade, — duc de la Vauguyon et pair de France en 1759, — prince de Carency, — baron de Tonneins, — sr de Saint-Mégrin, — vidame de Sarlat.

Réf. et montres de 1426 à 1513, par. de Guégon, Ménéac, Guéhenno et Guillac, év. de Vannes et Saint-Malo.

D'argent à trois feuilles de houx de sinople (sceau 1380).

Eudes, témoin à une transaction du vicomte de Rohan en 1282; Hervé, alloué de Rohan en 1310; Eudes, épouse vers 1360, Perronne Herbaut, dame du Broutay; Olivier, chevalier de l'Hermine et du Porc-Épic, grand maître de l'artillerie de Bretagne, † 1464; Olive, abbesse de Saint-Georges de

Rennes en 1485; Gilles, tué à la bataille de Saint-Aubin-du-Cormier en 1488; plusieurs membres admis aux honneurs de la cour depuis 1762.

La branche aînée fondue vers 1360 dans Liniac, qui ont transmis la seigneurie de Quélen aux d'Avaugour.

La branche de la Villebouquais fondue dans Bonin.

La branche de la Vauguyon, établie en Quercy, substituée en 1670 aux nom et armes d'Estuer de Caussade, a produit un maréchal de camp en 1652, trois lieutenants-généraux et deux chevaliers des ordres du Roi de 1748 à 1816 et s'est éteinte en 1837.

Quélen (de) (ramage de Poher), baron dudit lieu en 1512 et s^r de Locquenvel, par. de Duault, — de Kerelleau, par. de Kermaria-Sular, — baron du Vieux-Châtel, par. de Plounévez-Porzay, — s^r de Saint-Bihy, par. de Plélo, — de Tressignaux, par. de Plounez, — du Dresnay, par. de Plougras, — de la Roche, — de l'Oursière, — de la Ville-Chevalier, par. de Plouagat, — du Plessix-Eon et de Kerjean, par. de Plufur, — de Kerampont, — du Clos, — de Kerlabourat, — de Kerhoz, par. de Pleubihan, — de la Saisonnais, — de Castelriec, — de la Crec'holen, par. de Ploufragan, — de la Villetual, — de la Villeglé, — de Kerlan, par. de Sibéril, — de Kerhervé, par. de Ploubezre, — de Kerouc'hant, par. d'Hanvec, — de Kerprigent, par. de Plounérin, — de Kerbridou et du Rest, par. de Plouézoc'h, — de Guernisac et du Vieux-Châtel, par. de Taulé, — de Pontplancoët, par. de Plougaznou, — de Kermouster, par. de Langoat, — de Chateaufur, par. de Plounévez-Lochrist, — de Kermartin, par. du Minihy de Tréguier, — de la Vieille-Motte, par. de Tonquédec, — de Saint-Hugeon, par. de Brélévénez.

Anc. ext. chev., réf. 1669, neuf gén.; réf. et montres de 1427 à 1543, par. de Duault et Plounévez-Porzay, év. de Cornouailles, Kermaria-Sular, Plougras et Plouézoc'h, év. de Tréguier, Plélo et Ploufragan, év. de Saint-Brieuc.

Burelé de dix pièces d'argent et de gueules (sceau 1372). Devise : *E peb amzer, Quélen.* (En tout temps, Quélen.)

Yves, épouse vers 1132, Jeanne du Perrier, dont : Olivier, marié à Jeanne de Penhoët, père et mère d'Eon, François, Christophe et Jean, croisés en 1248, dont les trois derniers tués à la bataille de la Massoure en 1250; Eon, marié à Catherine de Quintin, se croisa une seconde fois avec ses quatre fils Conan, Marc, Tristan et Yvon, dont les trois derniers moururent à Tunis en 1270; Eon, chambellan du duc, fondateur des Augustins de Carhaix en 1372, épouse Aliette, baronne du Vieux-Châtel, dont 1° Conan qui a continué la branche aînée, 2° Guillaume, auteur des branches de Saint-Bihy, éteinte, et de la Ville-Chevalier qui existe encore, 3° Jean, auteur de la branche du Dresnay. Guillaume, capitaine et Rolland, connétable de Carhaix, ratifient le traité de Guérande en 1381; François, tué à la bataille de Saint-Aubin-du-Cormier en 1488; une fille à Saint-Cyr en 1735; deux pages du Roi en 1745 et 1787, dont l'un maréchal de camp en 1781; un chef d'escadre en 1785; un abbé de la Rivour, au diocèse de Troyes, évêque de Bethléem en 1755; une abbesse de Kerlot en 1759, † 1787; un archevêque de Paris en 1821, pair de France, membre de l'Académie Française, † 1839.

Un membre admis aux honneurs de la cour en 1770.

La branche aînée fondue vers 1585 dans Lannion, d'où la baronnie de Quélen a passé par mariage au XVIIIe siècle aux Sénéchal de Carcado.

La branche de Saint-Bihy fondue en 1654 dans Bréhand; la branche du Dresnay fondue au XVIIe siècle dans Montigny.

Quélen (de), en français Houx (du), *voyez* Houx (du).

Quélenec (du) (ramage d'Avaugour), baron dudit lieu, par. du Vieuxbourg-de-Quintin, — vicomte du Faou, par. de Rosnoën, — baron de Pont-l'Abbé, par. de ce nom, de Rostrenen, par. de ce nom, et de la Roche-Helgomarc'h, par. de Saint-Thoix, — s^r de Bienassis, par. d'Erquy, — de Pratanroux, par. de Penharz, — du Rible, par. de Plomodiern, — de Kerellon, — de Kerpilly, — de Saint-Quérec, — du Hilguy, par. de Plougastel-Saint-Germain, — de Kernévez, par. de Langolen, — du Cosquer, — de Coatcoazer, par. de Lanmeur, — de Kerjolly et de Kersalic, par. de Plouha, — de la Brousse, par. d'Hénon, — de Kerglas, — de Belleville, — de Penanrun, — de Kerhervé, — de Collédo.

Anc. ext. chev., réf. 1668, sept gén.; réf. et montres de 1426 à 1562, par. du Vieuxbourg, Rosnoën et Plomodiern, év. de Cornouailles, Erquy et Plouha, év. de Saint-Brieuc.

D'hermines au chef de gueules, chargé de trois fleurs de lys d'or (sceau 1356).
Devise : *En Dieu m'attends.*

Morvan, chevalier en 1283; Guillaume, évêque de Vannes, † 1254; Philippe, donne quittance de ses gages en 1356; Jean, épouse en 1371 Tiphaine, vicomtesse du Faou; Jean, amiral de Bretagne en 1453; Hervé, premier président aux comptes en 1536; Charles, tué à la Saint-Barthélemy en 1572, épouse Gillette du Chastel, baronne de Pont-l'Abbé; Rolland, chevalier de Malte en 1550; Jean, gouverneur de Quimper en 1592.
Guillaume, juveigneur de Kerjolly, vivant en 1513, épouse Méance, dame de Kerglas.
La branche aînée fondue dans Beaumanoir; la branche de Bienassis fondue dans Visdelou, puis la Marck et de Ligne d'Aremberg.

Quélenec (du), en français Houssaye (de la), s^r dudit lieu, par. de Cavan, — de Kerprou, par. de Louargat, — de Kerhervé et de Coatarel, par. de Ploubezre.

Réf. et montres de 1427 à 1543, dites par., év. de Tréguier.

De gueules à trois annelets d'or.

Quélenec (du), d'argent au chêne (*alias* : au houx) de sinople, fruité d'or. (G. le B.)

Quélenec (du), s^r dudit lieu et de Kerjacob, par. de Merléac, — de Kergo, — de Kerher, — de Lezedour.

Anc. ext., réf. 1669, sept gén.; réf. et montres de 1426 à 1562, par. de Merléac, év. de Cornouailles.

D'argent à sept macles de gueules, posées 3. 3. et 1, *comme Becmeur, Launay, Lindreuc et la Noë.*

Eon, vivant en 1444, père de Charles, marié à Guyonne de Baud.

Quélern ou Kerlern (de), *voyez* Gentil (le).

Quélin (orig. de Paris), s^r du Plessix.

D'azur au chevron, accomp. de deux étoiles en chef et d'une pomme de pin en pointe, le tout d'or.

Nicolas, conseiller aux Grands-Jours, puis au parlement de Bretagne en 1554, marié à Denise de Longueil.

QUELLEC (LE), sr de Suillado, par. de Persquen.
Réf. de 1426 à 1448, dite par., év. de Vannes.
Burelé d'argent et de gueules (arm. de l'Ars.)

QUÉLO, sr de Kerdrein, par. de Guérande, — de Cadouzan et du Hirel, par. de Saint-Dolay, — des Chambots.
Ext. réf. 1668, six gén.; réf. 1513, par. de Saint-Guenolé de Batz, év. de Nantes.
D'azur à trois taux ou croix de Saint-Antoine d'argent.

Jean, époux de Catherine Gaillard, et Éon leur fils, anoblis en 1437; un conseiller au parlement en 1636.

QUÉMÉNEUR, sr de Kermoalic, — du Roslan, — de Penfrat, — du Plessix, — de la Boëssière, — de Préfontaine.
Montre de 1481, par. de Tonquédec, év. de Tréguier.
D'argent à la fasce de gueules, accomp. de trois quintefeuilles d'azur (arm. 1696).

Guillaume, gouverneur du château du Taureau en 1551.

QUÉMÉREUC, sr de la Villeneuve, par. d'Hénon, — du Bourg, par. de Plourivo, — de la Villeauléon, — de Vaujudais.
Déb. à l'intend. en 1707; réf. et montres de 1423 à 1535, dites par. et par. de Kerity, Plessala et Plestan, év. de Saint-Brieuc.
D'argent au pin arraché de sinople, accomp. de trois macles d'azur (arm. 1696).

QUEMPER ou QUEMPER-GUÉZENNEC (DE), vicomte dudit lieu, par. de ce nom, év. de Tréguier.
De gueules à la croix engreslée d'or (G. le B.), *comme Kerriou*.

Cette maison paraît issue en juveigneurie de celle de la Roche-Derrien; Eudon, sire de la Roche, partant pour la terre sainte en 1248, livra en otage à Geoffroi, vicomte de Rohan, le fils et la fille d'Eudon de Quemper, ses cousins; Guillaume et Yves, abbés de Bonrepos de 1373 à 1410.
La branche aînée a porté la vicomté de Quemper-Guézennec dans la maison de la Roche-Jagu, d'où elle est passée aux Péan, puis aux d'Acigné.

QUEMPER (DE), sr de Keranroux, par. de Ploubezre, — châtelain de Lanascol en 1647, par. de Plouzélembre, — sr de la Garenne, — de la Lande et de Kermenguy, par. de Ploumiliau, — de Belorient, par. de Trédaniel, — de Saint-Glen, par. de ce nom, — marquis du Guérand, par. de Plouégat.
Anc. ext., réf. 1668, neuf gén.; réf. et montres de 1427 à 1543, par. de Ploubezre et Plouzélembre, év. de Tréguier.
D'argent au léopard de sable, accomp. en chef de trois coquilles rangées de même.
Devise : *En bon repos.*

Nicolas, homme d'armes de la compagnie de Jean de Penhoët en 1420, père d'Alain et aïeul de Jean, marié en 1474 à Jeanne Le Leizour, dame de Lanascol; Gilles, abbé de Beauport en 1539, † 1546; deux chevaliers de l'ordre en 1620 et 1644; un page du Roi en 1715; un lieutenant des maréchaux de France à Lannion en 1740; un volontaire pontifical tué à Castelfidardo en 1860.
Cette famille se rattache par ses traditions à la précédente.

QUEN, QUIEN ou CHIEN (LE), év. de Saint-Brieuc.

Alain, écuyer dans une montre de 1421, secrétaire de la reine de Sicile à la cour du duc Jean V en 1431; Henry, entre les nobles de Goëllo qui prêtent serment au duc en 1437, écuyer du duc Pierre en 1452.

Une famille de ce nom, en Picardie, portait : de sinople au chien passant d'or, colleté de sable, surmonté d'une palme d'argent en fasce.

QUÉNÉCAN (DE), s^r dudit lieu, par. de Silfiac, — de Kerroman, par. du Bodéo, — de Lindreuc, par. de Noyal-Pontivy, — de Coëtruallan et de Kernivinen, par. de Plélauff, — de Crénard et du Rest, par. de Lescouët, — de Kerbabu et de Kerprigent, par. de Plounévez-Moëdec.

Réf. et montres de 1426 à 1543, par. de Plélauff, Lescouët et Plounévez, év. de Vannes et Tréguier.

Porte quatre cotices (sceau 1304).

Éon, époux d'Amice, fait une donation à l'abbaye de Bonrepos en 1249; Lancelot, marié à Marie du Guesclin, obtint lettres d'abolition pour sa participation à la mort du trésorier Landais en 1485; Thomine, dame d'honneur de la reine Anne en 1508.

QUÉNEC'HQUIVILLY ou KERNEC'HQUIVILLY (DE), s^r dudit lieu, par. de Bothoa, — de Quilien, par. de Gourin, — de Keramborgne, par. de Plounévez-Quintin, — de Kerhingant, — de Keraudren, — de Kerscoadec, par. de Plouguernével, — de la Touche, par. de Guérande.

Anc. ext. chev., réf. 1670, sept gén.; réf. et montres de 1426 à 1562, dites par., év. de Cornouailles et Nantes.

De sable à trois défenses de sanglier d'argent, *comme Quiliou*.

Guillaume, archer de la compagnie d'Even Charuel, dans une montre de 1356; Amaury, conseiller de la duchesse Anne en 1493, son président aux Grands-Jours, témoin à son traité de mariage avec Louis XII en 1499, et employé dans plusieurs ambassades, épouse 1° Clémence de Quénec'hquivilly, 2° Marguerite de Penhoët.

Les s^{rs} de Kervern, paroisse de Rosnoën, et de Gardalas, paroisse de Bothoa, déboutés à la réformation de 1671.

QUENGO (DU), s^r dudit lieu, par. de Bréhand-Loudéac, — du Rochay, de Vaulquy, de Montrel, de la Fontaine-Orain, de la Hardais et de la Touche-du-Bois, par. de Langast, — de Crenolle, — de la Ville-Gourio, de la Houssaye et de la Tronchaye, par. de Plessala, — vicomte de Tonquédec, par. de ce nom, — s^r de Pontgamp, par. de Plouguénast, — de Bréval.

Anc. ext. chev., réf. 1669, dix gén.; réf. et montres de 1423 à 1535, par. de Bréhand, Langast, Saint-Samson et Plessala, év. de Saint-Brieuc.

D'or au lion de sable, armé, lampassé et couronné de gueules, *comme Léon de Kergarff.*

Guillaume, écuyer dans une montre d'Olivier de Clisson en 1380; Alain, épouse vers 1390, Aliette de Quénécan; René, épouse en 1616, Sylvie d'Espinay, fille de François, marquis de Broons et de Sylvie de Rohan, dont : 1° François, tué au siége de Bergues en 1646, 2° René, vicomte de Tonquédec, député en cour pour l'ordre de la noblesse en 1683, marié 1° à Simone de Beaumont de Péréfixe, nièce de l'archevêque de Paris, 2° à Sylvie d'Espinay, fille du marquis de Vaucouleurs; un page du Roi en 1777; une fille à Saint-Cyr en 1783; trois maréchaux de camp et un lieutenant-général de 1780 à 1814.

Plusieurs membres admis aux honneurs de la cour de 1765 à 1782.

La branche aînée fondue vers 1513 dans Henry, *voyez* HENRY.

QUÉNOUAS, s^r de la Quénouasière, par. de Beaucé, — de la Manete, par. de Vénefiles, — de Patruon, par. de Fleurigné, — de la Charpentière, par. de Miniac-Morvan, — de Lesquélec, — de Touchas, — de la Guelée, par. de Montreuil-des-Landes.

Anc. ext., réf. 1668, six gén.; réf. et montres de 1427 à 1513, dites par., év. de Rennes et Dol.

De sable au rencontre de cerf d'or; *alias*: d'argent à trois chevrons de sable (arm. de l'Ars.).

Antoine, vivant en 1480, épouse Michelle de Bailleul; Marc, lieutenant de la juridiction de Fougères en 1553, épouse Françoise Aubry.

QUENQUIS (DU), en français PLESSIS, *voyez* PLESSIS (DU).

QUENQUIZOU (DU), s^r dudit lieu et de Kerprigent, par. de Plougaznou, — de Kernoter, par. de Plouézoc'h.

Réf. et montres de 1427 à 1543, dites par., év. de Tréguier et par. de Lanmeur, év. de Dol.

De sable fretté d'or, *voyez* GAREC, KERBUZIC, PERROT et PLOUÉZOC'H.

Alain, conseiller aux Grands-Jours en 1495.

La branche aînée fondue dans Cazin puis Tribara.

La branche de Kerprigent fondue dans Trogoff puis Kermabon et Mol.

QUENTRIC, s^r de Keralbin, — de Kerhuel, par. de Goudelin.

Ext., réf. 1671, six gén.; montres de 1481 à 1503, par. de Pommerit-Jaudy, év. de Tréguier.

D'azur à la tour d'argent, accomp. de trois molettes de même.

Jean, vivant en 1503, père d'Alain, marié à Jeanne Carantez.

QUERANGAL, *voyez* KERANGAL (DE).

QUÉRARD, s^r de la Hussière, év. de Rennes.

D'azur à l'arc bandé et armé d'une flèche en pal, cantonné de quatre besants, le tout d'or (arm. 1696).

Un avocat en parlement en 1700; un lieutenant particulier des mines et minières de Bretagne en 1731.

QUERÉBARS ou KERÉBARS (DE), *voyez* PRIGENT.

QUERÉREL, *voyez* KERÉREL (DE).

QUERHOËNT, *voyez* KERHOËNT (DE).

QUÉROU, s^r de Kerverziou, par. de Plouha, — de Kerprigent, par. de Ploëzal.

Réf. 1543, par. de Ploëzal, év. de Tréguier.

D'argent à deux lions affrontés de gueules, tenant une hache d'armes de sable, *voyez* CLÉVÉDER.

QUERRÉ, sr de Kerjégu, év. de Cornouailles.
Déb. à l'intend. en 1703, ress. de Chateauneuf-du-Faou.

QUESNE (DU) (orig. de Normandie, y maint. en 1666), marquis du Bouchet en 1681, — châtelain de Moros et de Kervichard en 1682, par. de Lanriec, év. de Cornouailles.
D'argent au lion de sable, écartelé d'un parti d'argent et de gueules. (La Ch. des B.)

Abraham, lieutenant général des armées navales en 1667.

QUÉTIL (orig. de Normandie), sr du Farmento, — du Val, — du Pont-Hébert, — de la Motte-Saint-Vast.
Ext. réf. 1668, huit gén., par. de Saint-Etienne-en-Coglez, év. de Rennes.
D'argent à la fasce de gueules, accomp. de trois roses de même.

Jacques, sénéchal de Saint-Lô en 1500, bisaïeul de Jean, capitaine des *Pieds-nus* de l'Avranchin en 1639, marié à Marie du Mesnil.

QUETTIER, sr de Follideuc et de la Villeguillaume, par. de Saint-Igneuc, — de la Villedavy, — de la Rochette, par. de Vignoc, — de la Vigne, — du Bois, — de la Rainaye, — de Saint-Éloy, — de la Roullaye, par. du Plessis-Balisson.
Anc. ext., réf. 1668, sept gén., et maint. à l'intend. en 1701; réf. et montres de 1423 à 1535, par. de Saint-Igneuc, év. de Saint-Brieuc.
De sable au cerf passant d'argent, accomp. de trois molettes d'or; *aliàs* : d'argent au cerf accomp. de trois molettes, le tout de sable.

Olivier, écuyer dans une montre de Robert de Guitté, reçue à Paris en 1380; Henry, vivant en 1423, père de Jean, marié à Olive Moysan; une fille à Saint-Cyr en 1690, un volontaire au combat de Saint-Cast en 1758.
La branche de Follideuc fondue en 1554 dans Lorgeril.
Le sr de la Martinais, débouté à la réformation de 1671.

QUEUX (LE), sr de la Touche, par. de l'Abbaye, près Dol, — de la Chaussée, par. de Locminé.
Déb., réf. 1669, ress. de Rennes et Vannes.
D'or au léopard de gueules, cantonné d'une étoile de même.

QUIFISTRE ou QUILFISTRE (DE), sr dudit lieu, par. de Saint-Molf, — sr de Trémohouarn, par. de Berric, — de Kerléau, par. d'Elven, — de Bavalan, par. d'Ambon, — de Trébiquet, — de Keraudren, — marquis du Boisgeoffroy, par. de Saint-Médard-sur-Ile.
Anc. ext. chev., réf. 1670, dix gén.; réf. et montres de 1426 à 1536, par. de Saint-Molf, év. de Nantes, Berric et Elven, év. de Vannes.
D'argent à trois fasces d'azur.

Olivier, croisé en 1248; Jean, marié à Jeanne de Berric, veuve en 1390; Jean, auditeur des comptes en 1492; Jean, abbé de Saint-Gildas-de-Rhuis, † 1582; un page du Roi en 1738; un membre admis aux honneurs de la cour en 1788.
La branche aînée fondue en 1480 dans Rosmadec-Gouarlot, d'où la seigneurie de Quifistre a appartenu successivement aux Malestroit, Papin et Kerméno.

QUIGUER, sr de la Jannière.
Déb., réf. 1669, ress. de Saint-Brieuc.

QUILBIGNON (DE), sr dudit lieu et de Lanneuc, par. de Saint-Pierre, — de Coëténez, de Penamprat, de Coscastel, de Penhoët et de Pellinec, par. de Plouzané.
Réf. et montres de 1427 à 1534, dites par., év. de Léon.
Porte un croissant surmonté d'une molette.
Pierre, fait une donation à Saint-Yves de Brest en 1534.

QUILIDIEN (DE), sr dudit lieu, par. de Plouigneau, — du Porziou et de Locrenan, par. de Plestin, — de Coëtanroux.
Réf. et montres de 1427 à 1543, par. de Plestin, év. de Tréguier.
De gueules à la fasce d'argent, accomp. de six macles de même.

QUILIEN, sr de la Pipelais, par. de la Baussaine, — du Chastellier.
Maint. par arrêt du parl. de 1676, et à l'intend. en 1703, quatre gén.
De gueules au chef d'argent.
Julien et Michel frères, secrétaires du Roi en 1595 et 1613.
Le sr de Launay, débouté à l'intendance en 1710.

QUILIGONAN (DE), d'argent au croissant de gueules (G. le B.), *comme la Motte du Gouray.*

QUILIMADEC (DE), sr dudit lieu, par. de Ploudaniel, év. de Léon.
D'argent au chef endenché de gueules (G. le B.), *comme Allénou, Boiséon, le Borgne et Coëtanscours.* Devise : *Heb rémed.* (Sans rémission.)
Fondu dans Kerasquer, puis Penancoët et Barbier.

QUILIO (DU), *voyez* COURIAULT (LE)

QUILIOU (DU), sr dudit lieu, par. de Plougastel-Saint-Germain, — de Keroncuff, par. de Plogonnec, év. de Cornouailles.
D'argent au chef de sable. (G. le B.) Moderne : Le Barbu.

QUILIOU (DU), sr dudit lieu, par. de Gourin, — de Tromelin, — de Penalan, par. de Nizon, — de Penquélen, par. de Riec.
Réf. et montres de 1481 à 1536, dites par., év. de Cornouailles.
De sable à trois défenses de sanglier d'argent (G. le B.), *comme Quénec'hquivilly.*
Eon, de la paroisse de Gourin, anobli en 1447.

QUILLÉVÉRÉ, sr de Goazillac, par. de Plounévez-Lochrist.
Déb., réf. 1670, ress. de Lesneven.
Jean, homme d'armes, dans une montre de Jean de Penhoët en 1420.

QUILLIEN (DE) (ramage de la Marche), sr dudit lieu, par. de Pleyben.
Réf. et montres de 1426 à 1536, par. de Pleyben, év. de Cornouailles.
De gueules au chef endenché d'argent, au lambel d'azur ; *aliàs* : écartelé *du Faou.* (G. le B.)
Moderne : Kerret.

TOME II. 40

QUILLIGUIZIAU (DE), sr dudit lieu, par. de Plésidy, év. de Tréguier.

D'argent au chevron de gueules, accomp. de trois quintefeuilles de même (G. le B.), *voyez* GASCOING et RUFFLAY.

QUILLIVALA (DE), sr dudit lieu et des Landes, par. de Merdrignac, — du Bé, par. de Ménéac.

Réf. et montres de 1427 à 1513, dites par., év. de Saint-Malo.

Losangé d'argent et de gueules.

Roberte, épouse vers 1535 Lancelot Le Mintier, sr de la Ville-Morvan.

Le prince Joseph Stuart, cousin-germain du prétendant Charles-Edouard, qu'il accompagnait à la bataille de Culloden en 1746, mourut à Quillivala en 1784.

QUILLY (DU), sr dudit lieu et de Toulgoët, par. de Penhars.

Réf. et montres de 1535 à 1562, dite par., év. de Cornouailles.

Moderne : Le Goazre.

QUILLY, sr du Fresne, par. de Caro.

Réf. et montres de 1479 à 1513, dite par., év. de Saint-Malo.

Guillaume et ses hoirs mâles, anoblis en 1440.

QUIMERC'H, *voyez* KERIMERC'H (DE).

QUIMPER ou QUIMPER-CORENTIN, ville épiscopale et capitale du comté de Cornouailles.

D'azur au mouton passant d'argent, accorné et onglé d'or, *comme Cornouailles*, au chef d'hermines; *aliàs*: de gueules au cerf passant d'or, au chef *de France*. (G. le B.)

QUIMPERLÉ, ville et château, év. de Cornouailles.

D'hermines au coq de gueules, barbé, membré et crêté d'or.

QUINAULT, d'azur au chevron d'argent, accomp. de trois soucis d'or, tigés et feuillés de sinople. (G. le B.)

QUINIO (LE), sr de Quilfistre, par. de Saint-Molf, — de la Porte, — de Kerblay, par. de Sarzeau.

Déb., réf. 1668, ress. de Vannes.

Jean, alloué de Vannes en 1668; Gildas, chirurgien du Roi à Rhuys, époux de Julienne Vallée, père et mère de Joseph-Marie, avocat en parlement, maire de Sarzeau en 1789, député à l'Assemblée législative en 1791, puis à la Convention, † 1813.

QUINIOU (DU), sr dudit lieu, par. du Tréhou, — du Rest, par. de Dirinon.

Réf. et montres de 1446 à 1481, dites par., év. de Léon et Cornouailles.

D'argent à trois fasces ondées d'azur, *voyez* KERVÉZÉLOU (DE).

QUINTIN (DE) (ramage de Penthièvre), sr dudit lieu, ville et château, év. de Saint-Brieuc.

D'argent au chef de gueules, *qui est Avaugour*, brisé d'un lambel à trois pendants d'or (sceau 1378).

Geoffroi, dit Botherel, sire de Quintin, croisé en 1248, rapporta de la terre sainte, d'après la tradition, un morceau de la ceinture de la Vierge, précieusement conservé à l'église Notre-Dame de

Quintin, et prit l'habit de cordelier au couvent de Dinan; Jean, marié à Philippine de Dinan, tué au siége de la Roche-Derrien en 1347; Plézou, dame de Quintin, épouse en 1400 Geoffroi du Perrier, d'où la seigneurie de Quintin, érigée en baronnie l'an 1451, est passée successivement aux Laval, et en 1521 aux la Trémoille, qui la vendirent aux Gouyon-la-Moussaye, et ces derniers aux Durfort de la maison de Lorges, en Blaisois, en faveur desquels Quintin fut érigé en duché en 1691, continué sous le nom de Lorges en 1706, et possédé ensuite par les Choiseul.

QUINTIN, s^r de Kerscao, de Penanrue, de Kerozac'h et de Coëtamour, par. de Ploujean, — du Beuzit, par. de Garlan, — de Kergadio, par. de Louargat, — du Hellin, par. de Saint-Thégonnec, — de Keraudy, par. de Plouézoc'h, — de Kerbasquiou et de Trobodec, par. de Plougaznou, — de Kerandour, — de Kerampuil, — de Kerhamon, — de Roc'hglaz, — de Kerhuon, — de Trévidy, par. de Plouigneau, — de Coëtanfroter, par. de Lanmeur, — de Lescouac'h, — de Kernon, par. de Rospez, — de Trogriffon, par. d'Henvic, — du Vieux-Trévou, par. de Trévou, — de la Villeneuve, — de Pontzal.

Ext., réf. 1669, sept gén.; réf. 1543, par. de Ploujean, Garlan et Plouigneau, év. de Tréguier.

D'argent au lion morné de sable, accomp. de trois molettes de même.

Richard et François son fils, de la paroisse de Ploujean, anoblis et franchis par mandement de 1491; Yves, vivant en 1500, épouse Marie de Coëtanlem, dame de Keraudy; trois gouverneurs du château du Taureau de 1597 à 1644.

La branche de Trévidy fondue dans Le Borgne.

QUIRISEC (DE), s^r dudit lieu et de Kereners, par. de Berric, — de Callac, par. de Sarzeau, — de Kergurienne, par. de Crac'h.

Réf. et montres de 1426 à 1536, dites par., év. de Vannes.

D'argent à six hermines de sable, 3. 2. 1, au chef cousu d'argent, chargé de deux coquilles de gueules.

Olivier, maître des comptes en 1453.

QUISIDIC, s^r de Kervilsic, par. de Garlan.

Réf. et montres de 1427 à 1535, par. de Plestin et Garlan, év. de Tréguier.

De sable à une (*aliàs* : deux) fasces d'or, accomp. en chef de deux (*aliàs* : de cinq) coquilles de même, *comme Périou*.

QUISTINIC (DE), en français CHATEIGNERAYE (DE LA), s^r dudit lieu, par. de Briec.

Réf. de 1426 à 1448, dite par., év. de Cornouailles.

D'azur à trois roses d'argent.

Georges, fourrier et maréchal des logis de la reine Anne en 1507.
Moderne : Penandreff.

QUISTINIT (DE), s^r dudit lieu, par. de Marzan, — de Bovel et de Brignac, par. de Sérent.

Réf. et montres de 1426 à 1536, dite par. et par. de Péaule, év. de Vannes.

De gueules à trois étoiles d'argent.

Fondu au xviie siècle dans Rosmadec du Plessis-Josso.

QUITYER, d'argent à l'arbre de sinople, à la cotice de gueules brochant. (G. le B.)

R

Rabasté (orig. d'Anjou), s^r de la Rivière, par. de Carfantain, — de Pontfilly, par. de Tinténiac, — de la Besnerais, — de la Chapelle, — de la Haute-Touche, — de Montbuisson, par. de Guipel.
 Ext., arrêt du conseil de 1672, six gén., ress. de Rennes.
 D'argent à trois chauves-souris de sable.
<small>Éliot, écuyer dans une montre reçue au Mans en 1392.</small>

Rabaud, s^r du Chatelet, par. de Balazé, — de la Rabaudière, par. de Domagné.
 Réf. de 1454 à 1513, par. de Domagné, év. de Rennes.
 De gueules à trois poignards d'argent en bandes, la pointe en bas (sceau 1352).
<small>Pierre, croisé en 1248; Guillaume, ratifie le traité de Guérande en 1380.
La branche du Chatelet fondue en 1355 dans Sévigné.</small>

Rabel, s^r de Saint-Malon et de la Lande, par. de Bourseul.
 Réf. 1467, dite par., év. de Saint-Malo.
 De sable à la tour d'argent.
<small>Marguerite, épouse en 1448 Olivier de la Bourdonnaye.</small>

Rabinart, s^r du Houx et de la Paviotais, par. de Talensac, — de la Ferronnaye, par. de Bréteil, — du Plessix, par. de Cintré.
 Réf. 1513, dites par., év. de Saint-Malo et Rennes.
 De sable à neuf billettes d'argent, 3. 3. 2. et 1, au lambel de même (arm. de l'Ars.)
<small>Bertrand, écuyer dans une montre reçue à La Guerche en 1380.
La branche du Houx fondue en 1608 dans Forsanz; la branche du Plessix fondue en 1623 dans Huchet.</small>

Raboceau, s^r de la Baronnière, par. d'Orvault, — du Blotereau et du Verger, par. de Doulon, — de la Botière et de Ranzay, par. de Saint-Donatien, — de Claie, par. de Saint-Père-en-Retz.
 Montre de 1543, par. de Saint-Donatien, év. de Nantes.
 D'argent au rencontre de cerf de gueules, surmonté de deux oiseaux de sable (arm. de l'Ars.)
<small>Pierre, secrétaire du duc, franchi de fouages en 1453.</small>

RABORIN, sʳ du Boiscléret, par. de Loscouët.
Réf. 1513, dite par., év. de Saint-Malo.
Guillaume, anobli en 1427.

RABUAN, sʳ de la Croix, par. de Mérillac, — du Pont, par. de Landéhen, — de la Brière, par. de Saint-Launeuc, — de la Chèze, par. de Gaël, — du Rocher et des Roudais, par. de Lanrelas, — de la Hamonnaye, par. de Saint-Onen-la-Chapelle, — de la Moisonnière, par. d'Irodouer, — du Coudray, par. de Talensac.

D'argent à trois rocs d'échiquier de gueules, celui de la pointe soutenu d'un chevron renversé et alésé de même, à la bordure de sinople (arm. 1696).

Jean, sʳ de la Croix-Rabuan, rend aveu au sʳ de Brondineuf en 1420; Jean, sʳ de la Brière, épouse vers 1550 N. Bérard, de la maison des Gravelles, dont: 1º Jean, marié vers 1600 à Renée Ferron du Chesne, aïeul de Vincent, sʳ de la Chèze, débouté à la réformation de 1669, ressort de Ploërmel; 2º Gilles, marié vers 1583 à Marguerite l'Evesque, de la maison de la Guermelais, auteur des sʳˢ de la Hamonnaye, anoblis en 1819, et des sʳˢ de la Moisonnière et du Coudray.

La branche de la Croix fondue vers 1578 dans Chevré.

RABY, sʳ de Kerangrun, ress. de Brest.

Coupé au 1 : d'argent au chien passant de sable, couronné d'or, tenant de sa patte dextre un poignard de même; au 2 : d'azur à sept cotices d'argent (arm. 1696).

Un maire de Brest en 1785.

RACAPPÉ, sʳ de Beaulieu, par. de Moustiers.
Réf. 1426, dite par., év. de Rennes.
Porte une fasce, accomp. de trois mouchetures d'hermines (sceau 1418).

Guillaume, marié à Honorée Marcille, veuve en 1426. (Fondu dans Cornillé).

Les sʳˢ de Vézin, de la Caliorne et de la Feillée, déboutés à la réformation de 1668 et à l'intendance en 1701.

RACAPPÉ (orig. d'Anjou), marquis de la Maignanne en 1701, — sʳ du Vergier, par. d'Ancenis.
Réf. de 1426 à 1448, par. d'Ancenis, év. de Nantes.
De sable à six roquets d'argent, 3. 2. et 1.
Fondu en 1715 dans la Tullaye.

RACINE, sʳ de Galisson, par. de Domloup.
Réf. 1513, dite par., év. de Rennes.
D'argent à trois canes au naturel, membrées et becquées de gueules.

Guillaume, procureur du duc à la cour de Rennes en 1480, l'un des correcteurs de la Coutume de Bretagne, imprimée en 1485, conseiller aux Grands-Jours en 1495; François, procureur-général aux comptes en 1520.

RACINOUX (DE), sʳ dudit lieu, par. de Saint-Ouen-des-Alleux, — de Lorière, par. de Noyal, — de la Touche, par. de Saint-Étienne-en-Coglez, — de la Hazardais, — de la Giraudais, — de Saint-Cyr, — de la Croix-Quarrée, — des Houettes, — de la Piguelais.

Ext. réf., 1668, sept gén.; réf. de 1478 à 1513, par. de Saint-Ouen et Saint-Étienne, év. de Rennes.

D'argent au lion de sable.

Maître Guillaume, notaire de cour d'église et séculière en 1455; Pierre, vivant en 1478, épouse Perrine Bournault; un conseiller au parlement en 1709, maître des requêtes de l'hôtel en 1720.

RADO, s^r du Matz, de Croazmanac'h et de Saint-Guédas, par. de Caden, — de Liniau, par. de Pleucadeuc, — de la Porte, — de la Ville-Janvier.

Anc. ext., réf. 1668, huit gén.; réf. et montres de 1426 à 1536, par. de Caden et Pleucadeuc, év. de Vannes.

D'azur à trois étoiles de six pointes d'or.

Jean, homme d'armes dans une montre du sire de Rieux en 1420, pour le recouvrement de la personne du duc; Jean, vivant en 1481, épouse Thomasse de Couëssin.

RADO, réf. et montres de 1423 à 1480, par. de Landéhen, év. de Dol.

Jean, anobli avant 1423, a lettres de rabat d'un feu.

RAGAUD, s^r de la Chataigneraye.

D'argent à la bande d'azur, chargée de trois coquilles d'or, accomp. en chef de trois étoiles de gueules, 2. et 1, et en pointe d'une branche de chêne de sinople posée en bande. (B. L.)

Pierre, secrétaire du Roi en 1690.

RAGAUD, s^r de la Hautière, par. de Chantenay, — de Cadouzan, par. de Saint-Dolay, — du Bois, — de la Jolescière, — des Perrières.

Maint. réf. 1670, ress. de Nantes, par les priviléges de la mairie.

D'azur au croissant d'or.

Marcel, sous-maire de Nantes en 1612; deux auditeurs des comptes en 1628 et 1683.

RAGOT, de sable à trois épées d'argent posées en bandes. (G. le B.)

Guillaume, sénéchal de Rennes en 1187, témoin à une donation de la duchesse Constance à l'abbaye de Saint-Melaine.

RAGOUIN, s^r des Martinays.

Déb., réf. 1668, ress. d'Hennebont.

RAGUÉNEL, vicomte de la Bellière en 1451, par. de Pleudihen, — s^r de Chateloger et de Bonespoir, par. de Saint-Erblon, — de Montigné, par. de Vézin, — de la Touche, par. de Vallet, — de la Rivière, par. de Couëron, — baron de Malestroit, de Chateaugiron, de Derval, de Rougé et de Combourg, — s^r de Faugaret, par. d'Assérac, — de Fougeray, par. de ce nom, — de la Marchandrie, par. de Bouaye.

Réf. de 1427 à 1440, par. de Saint-Erblon, Vézin et Bourgbarré, év. de Rennes, Vallet et Couëron, év. de Nantes.

Écartelé d'argent et de sable, au lambel de l'un en l'autre (sceau 1283); *aliàs*: contrécartelé *de la Bellière*.

Robin, conseiller et chambellan des ducs Jean II, Artur II et Jean III, † 1320, père de Robin, dit *le Jeune*, et aïeul de Robin, l'un des chevaliers du combat des Trente en 1350, marié à Jeanne de Dinan, dame de la Bellière. De ce mariage: 1º Guillaume, tué à la bataille d'Auray en 1364, marié à Jeanne de Montfort; 2° Tiphaine, première femme de Bertrand du Guesclin. Jean, tué à la bataille d'Azincourt en 1415; Jean, maréchal de Bretagne en 1450; Gilles, abbé du Tronchet en 1437, † 1473.

Cette famille, substituée au XV° siècle aux nom et armes de Malestroit par alliance avec l'héritière de cette terre, a fini à Françoise, dame de Malestroit, de Chateaugiron et de Derval, mariée à Jean de Rieux, maréchal de Bretagne en 1461, et à Jeanne sa sœur, dame de la Bellière et de Combourg, mariée en 1462 à Tanguy du Chastel.

Raguénel, sr de Montmorel, — de la Noë-Ferrière.

Maint. par lettres de 1819.

Écartelé d'argent et de gueules, au lambel de l'un en l'autre; parti : d'argent au chevron d'azur, accomp. de trois quintefeuilles de même.

Un garde-scel à la chancellerie en 1781.

Raguideau, sr du Rocher, par. de Monnières, — du Grémil, du Vauguillaume et du Plessis, par. de Puceul, — de la Rouaudière.

Déb., réf. 1668, et à l'intend. en 1713, ress. de Nantes et Carhaix.

D'argent au dauphin renversé, coupé de gueules et d'azur (arm. 1696).

François, époux en 1648 de Philiberte Morel, père de François, président aux comptes en 1683; Jean, sénéchal de Carhaix en 1713.

Raguier (orig. d'Allemagne, maint. en Champagne en 1668), sr de Poussay, en Brie, — de Fay-aux-Loges, — de Tummelle.

D'argent au sautoir engreslé de sable, cantonné de quatre perdrix au naturel. (G. le B.)

Hémond, argentier d'Isabeau de Bavière, femme de Charles VI, anobli en 1404; Dreux, prévôt des marchands de Paris en 1506.

Rahier, sr de la Fresnaye, du Pré-Henry, de la Villèsmareaulx et de la Bretonnière, par. de la Fresnaye, — des Cormiers, — des Pommerays, — de Bierdel, — de Trévenié.

Ext., réf. 1668, six gén.; réf. et montres de 1480 à 1513, par. de la Fresnaye, év. de Dol.

De gueules à la croix d'or, cantonnéé de quatre croisettes de même. Devise : *Fides agit.*

Nicolas, archer en paletoc à une montre de 1480, père de Macé, marié en 1508 à Marie Le Périlleux, quel se porte noble à la réformation de 1513 et ses prédécesseurs ont été francs et exempts depuis les soixante ans.

La branche ainée fondue en 1726 dans Ranconnet.

Raimbaud ou Rembaud, sr de Prébilly, par. de Saint-Père-en-Retz.

Déb. réf. 1669, ress. de Nantes.

Ce nom est employé dans les réformations de 1427 à 1478, paroisse d'Abbaretz et Auverné, évêché de Nantes.

Raimbaudière (de la), sr dudit lieu et de la Touche, par. de Thourie, — du Boishamon, par. de Rougé, — de Logerie, par. de Soulvache.

Anc. ext., réf. 1668, six gén.; réf. de 1427 à 1513, par. de Thourie et Soulvache, év. de Rennes et Nantes.

D'azur à trois étoiles d'or.

<small>Olivier, vivant en 1466, épouse Béatrix Le Clerc.</small>

RAIMOND ou RAYMOND, s^r de l'Hospital, par. d'Irodouer.

Réf. et montres de 1479 à 1513, dite par., év. de Saint-Malo.

<small>Alain, secrétaire du duc, franchi de fouages en 1429.</small>

RAIS ou RAYS (DE), par. de Ploubalay, év. de Saint-Malo, comté érigé en 1680, en faveur du s^r du Breil, *voyez* BREIL (DU).

RAISIN, s^r du Bois-Morin.

<small>Un maître des comptes en 1745, qui obtint ses lettres d'honneur en 1767.</small>

RAISON, s^r du Pont, par. d'Yvias, — de Ménéguen, — de Bellevue, — de la Ville-Basse.

Anc. ext., réf. 1669, six gén.; réf. et montres de 1441 à 1543, par. d'Yvias, év. de Saint-Brieuc.

D'argent au croissant de gueules, accomp. de trois roses de même.

<small>Hamon, employé dans la réformation de 1441, paroisse d'Yvias; Guillaume, vivant en 1469, père de Pierre, vivant en 1513, marié à Gilette de Kergozou.
La branche du Pont fondue dans Kerléau.
Le s^r de Kerlary, débouté à l'intendance en 1713.</small>

RAISON, s^r de Kernault, par. d'Yvias, — de Kersénant et de Kerdu, par. de Ploumilliau, — du Cleusiou, par. de Louargat, — de la Garde, par. de Ruca, — de Kerriou, — du Plessix, — de Kergoff, — de l'Isle, — de Kerbic, — de Guerlosquet et du Rusquec, par. de Saint-Caradec-Trégomel.

Anc. ext., réf. 1669, sept gén.; réf. et montres de 1441 à 1543, par. d'Yvias, év. de Saint-Brieuc, et Ploumilliau, év. de Tréguier.

D'hermines à trois annelets de sable, *qui est du Cleusiou*. Devise : *Toujours Raison.*

<small>Alain, prête serment au duc entre les nobles de Tréguier et Goëllo en 1437; Yves, vivant en 1469, père de Pierre, de la garde de Bréhat en 1489; Gilles, vivant en 1513, épouse : 1° Françoise Ruffault, 2° Alice Ropartz; du premier lit: Pierre, marié en 1531 à Jeanne Le Roux, dont : Jacques, qui prit en 1568 les armes du Cleusiou, en épousant Gillette du Cleusiou, dame dudit lieu.
Les deux familles Raison ont la même origine.</small>

RALET, s^r de Lavermont, — de Chalet.

Maint. par arrêt du parl. de 1782, cinq gén.

D'argent au lion de gueules couronné d'azur, accomp. de deux rales de même (arm. 1696).

<small>Un secrétaire du Roi près la cour-des-aides de Paris en 1675; un audiencier à la chancellerie de Rennes en 1719; deux maîtres des comptes à Nantes en 1740 et 1770.</small>

RALLIER, s^r du Baty, — de Pierrefitte, — des Ourmes, — de la Rivière, par. de Montautour.

Déb., réf. 1668, ress. de Rennes.

D'azur à trois colombes d'argent, au chef de même chargé de quatre mouchetures de sable.

<small>Georges, audiencier à la chancellerie en 1633 ; Toussaint, s^r du Baty, référendaire en 1650 et receveur des deniers de Rennes, père de Toussaint-François, procureur-syndic et maire de Rennes, de 1695 à 1734.</small>

RALLIER, d'argent à trois rales de sable, perchés chacun sur un brin de patience de sinople. (G. G.)

<small>Un capitaine du génie en 1776, chevalier de Saint-Louis en 1786, anobli en 1817.
Les deux familles Rallier ont la même origine.</small>

RAMACEUL, s^r des Landes.

Maint. par arrêt du conseil de 1751, ress. de Nantes et admis aux Etats de 1768.

D'argent à trois pals de gueules, au chef d'azur chargé de trois étoiles d'or.

RAMEREU (orig. de Paris, maint. en Champagne en 1672), s^r de Brandonvilliers, — de Greux, — des Chesnays, — du Samsois.

Maint. à l'intend. en 1698 et ext. arrêt du parl. de 1770, huit gén.

D'azur à la fasce d'or, accomp. de trois têtes de lion de même (B. L) ; *aliàs* : d'azur à quatre rameaux d'olivier d'or aboutés en croix, cantonnés aux 1 et 4 d'une tête de lion arraché d'or. (G. G.)

<small>Didier, conseiller au châtelet de Paris en 1600, épouse Anne Baudouin.</small>

RANCONNET (orig. du Périgord), comte de Noyant, — marquis d'Escoyère, — s^r de la Roche-Guéhenneuc, par. de Mur, — de la Mancelière, par. de Baguer-Pican, — de la Fresnaye et du Préhenry, par. de la Fresnaye.

Anc. ext. chev., arrêt du parl. de 1770, neuf gén., ress. de Rennes.

De gueules à la fasce d'argent, surmontée d'un taureau passant d'or.

<small>Un page du Roi en 1699 ; un lieutenant des maréchaux de France à Dol en 1775.</small>

RANDRÉCAR (DE), s^r dudit lieu, par. de Treffléan, év. de Vannes.

De sable à la croix engreslée d'argent (G. le B.), *comme du Bouchet, Dréor, Guillo* et *Kerlosquet.*

Moderne : Lantivy.

RANGERVÉ (DE), *voyez* ROLLAND.

RANLÉON (DE), s^r dudit lieu, par. de Médréac.

Déb. réf. 1668, ress. de Rennes.

RANNOU, s^r de Keribert et vicomte de Pratmeur, par. de Ploudalmézeau, — s^r du Beaudiez, par. de Landunvez.

Réf. et montres de 1426 à 1534, par. de Ploudalmézeau, év. de Léon.

Losangé d'argent et de sable.

<small>Guillaume, épouse vers 1580 Marguerite de Keraldanet, dont Renée, mariée vers 1620 à René de Sansay, neveu du comte de la Maignane, capitaine ligueur.</small>

RANNOU, sr du Cosquer, ress. de Morlaix.

D'argent à la fasce vivrée d'azur (arm. 1696).

Un maire de Morlaix en 1786.

RANZÉ, de sable à l'étoile à huit rais d'or, accomp. de trois porcs-épics d'argent (arm. de l'Ars.).

RAOUL, sr de la Guibourgère, de Saint-Ouen, de la Ragotière, du Boismaqueau et du Tremblay, par. de Teillé, — de Pannecé, par. de ce nom, — de la Motte du Clos, par. de Maumusson, — de Mésanger, par. de ce nom.

Ext. réf. 1668, cinq gén., ress. de Nantes, *à patre et avo*.

De sable au poisson d'argent en fasce, accomp. de quatre annelets de même.

Jacquet, notaire-passe de la cour de Nantes, exempt de fouages pour son office, à la réformation de 1426, paroisse de Teillé; Guillaume, épouse vers 1500 Anne Bailleul, dont: Jean, marié à Marguerite de Plainchêne, père et mère : 1º de Guillaume, procureur général syndic des Etats, chef du conseil du duc de Vendôme et président aux comptes en 1598; 2º de Michel, évêque de Saintes en 1618, † 1630. Jacques, fils de Guillaume, maire de Nantes en 1624, fut marié à Yvonne Charette; devenu veuf, il embrassa l'état ecclésiastique, succéda à son oncle Michel comme évêque de Saintes en 1631, fut transféré à la Rochelle en 1646 et mourut en 1661.

Cinq conseillers au parlement depuis 1587.

Fondu en 1736 dans Camus.

Le sr de la Jouannerie, paroisse d'Ancenis, de la Jambonnière, lieutenant de la juridiction de Châteauneuf et le sr des Landes, ressort de Dinan, déboutés à la réformation de 1668.

RAOUL, sr de Kermabjégou, par. de Plouguernével, — de Poulménec, — de Kersaintéloy, par. de Glomel, — de Kerriou.

Anc. ext., réf. 1669, sept gén.; réf. et montres de 1448 à 1562, dites par., év. de Cornouailles.

De gueules à sept macles d'or, 3. 2 et 1, *comme Bréhand et Gourdel*.

Geoffroi, archer dans une montre de 1356; Jean et Jean son neveu, abbés de Prières de 1384 à 1439; Guillaume, vivant en 1448, épouse Louise de Bouteville, dont : Alain, marié à Marie du Quélennec, aïeul : 1º de Jean, auteur des srs de Kersaintéloy; 2º d'Amaury, auteur des srs de Kerlan, qui suivent.

RAOUL, sr de Kergos, par. de Glomel, — de Kerlan.

Anc. ext., réf. 1669, sept gén.; réf. et montres de 1448 à 1562, par. de Plouguernevel et Glomel, év. de Cornouailles.

De gueules au croissant d'argent, accomp. de trois roses de même.

Pierre, fils Alain, vivant en 1481, épouse Catherine Boscher, dont : 1º Jean, marié à Marie du Fresne, vivant en 1562, auteur des srs de Kersaintéloy qui précèdent; 2º Amaury, sr de Kerlan, marié à Françoise de Kerjean.

RAOUL, sr de Keranmoal, ress. de Carhaix.

De sinople à la champagne d'argent (arm. 1696).

Le sr de l'Epine, débouté à la réformation de 1669, ressort de Vannes.

RAPATEL, év. de Rennes.

D'azur au dextrochère armé d'or, tenant un guidon d'argent; parti d'or à l'épée de sable, sommée d'une couronne de laurier de sinople.

Un maréchal de camp en 1823, anobli sous le titre de baron en 1822, lieutenant général en 1833, pair de France en 1846, † 1852.

RAQUET (DU) (orig. du Montferrat, maint. en Franche-Comté en 1698 et 1716), s^r de Lorme, — de Montjay, — de la Vieilleloye.

D'azur au croissant d'argent, accomp. de trois serres d'aigle d'or. (La Ch. des B.)

Philippe, fils d'Antoine et de Marguerite Sérode, épouse en 1548 Augustine Massart; Claude petit-fils des précédents, s'établit dans la Comté en 1668; un commissaire alcade de la noblesse, aux Etats de Bourgogne en 1766.

La branche de la Vieilleloye, établie en Bretagne depuis Jean-Frédéric, procureur du Roi en la sénéchaussée de Rhuis en 1761, s'est alliée aux Gouvello, Chomart et le Roi de la Trochardays.

RARÉCOURT (orig. de Lorraine), s^r de la Vallée, — de Pimodan.

D'argent à cinq annelets de gueules en sautoir, accomp. de quatre mouchetures de sable.

Quatre membres admis aux honneurs de la cour depuis 1766; un général de l'armée pontificale, tué à Castelfidardo en 1860.

Une branche de cette famille établie en Bretagne, s'est alliée aux Goyon de l'Abbaye et Libault.

RAT (LE), *voyez* LESRAT.

RAVENEL, s^r de Ruillé, de la Morandière, de la Ferrière et de la Riverie, par. de Notre-Dame-de-Vitré, — du Boisteilleul, par. de Châtillon-en-Vendelais, — de la Brouardière, — du Boisguy, — de Séran, — des Rochers, — de Monterfil, par. de ce nom.

Maint. par arrêts des aides en 1680 et du conseil en 1696 et 1714, huit gén.; réf. de 1478 à 1513, par. de Notre-Dame et Saint-Martin de Vitré, év. de Rennes.

D'azur à la fasce d'argent, chargée de trois mouchetures de sable, et accomp. de trois renards d'or (arm. de l'Ars.); *aliàs* : de gueules à six croissants posés 2, 2 et 2, surmontés chacun d'une étoile et accomp. en pointe d'une septième étoile, le tout d'or (La Ch. des B.), *qui est Ravenel*, en Beauvoisis.

Robert, s^r de Ruillé, sujet à la taille en 1478; Jean et Pierre son fils, s^r de la Morandière, sujets aux armes et envoient ès montres en 1513; Jean, épouse vers 1555 Marguerite Gaësdon, dont Lucas, marié à Andrée de Gennes. Un connétable de Rennes en 1691; un secrétaire du Roi en 1702; un chef d'escadre, † 1753; deux conseillers au parlement en 1744 et 1777.

RAVENEL, s^r du Plessix.

D'argent à trois quintefeuilles de gueules, à l'orle de six merlettes de même. (G. le B.)

Trois conseillers au présidial de Rennes depuis 1628; un maître des comptes en 1676.

RAVILLY (orig. de Lorraine), s^r du Hil, par. de Piré.

Ext. réf. 1671, cinq gén., ress. de Rennes.

D'argent au chevron brisé de sable, accomp. en chef de deux molettes de même et en pointe d'une tête de bœuf de gueules.

Jean, vivant en 1500, père de Guillaume, marié à Marguerite Thorel; Jean, audiencier à la chancellerie, résigne en 1625.

Ray (le), sr de la Rairie, par. de Pont-Saint-Martin, — des Rambergères, par. de Sainte-Pazanne, — de la Clartais, — de Chaumont-sur-Loire, — de Saint-Mesme, par. de ce nom.

D'argent au chevron de gueules, accomp. de deux étoiles de sable en chef et d'une raie dans une mer de même en pointe.

Deux secrétaires du Roi en 1735 et 1783; un grand-maître des eaux et forêts de Blois en 1766. Un membre de cette famille a été substitué de nos jours aux nom et armes de Valory.

Ray (le), sr de la Morivière, par. d'Erbray, — de Champeaux, par. d'Auverné, — de la Grée, du Brossay et de Launay, par. de Noyal-sur-Bruc, — du Fumet.

Déb., réf. 1668, ress. de Nantes. (Protest. 1788.)

D'azur au chevron d'or, accomp. de trois cailles de même (arm. 1696).

Joseph, maître des eaux et forêts et capitaine des chasses de Châteaubriant en 1696; René, maire de Nantes en 1730, autorisé en 1739 à partager noblement.

Ray (le), sr de la Chapelle, ress. de Rennes.

D'argent à la fasce de sable, chargée de deux coquilles d'or et accomp. de trois étoiles de gueules (arm. 1696).

Raymond, *voyez* Raimond et Rémond.

Razes (de), *voyez* Derazes.

Razilly (de) (orig. de Touraine).

D'argent à trois fleurs de lys de gueules. (G. le B.)

Gabriel, l'un des cent gentilshommes de la maison du Roi en 1557; Claude, capitaine pour le Roi, du vaisseau le *Saint-Louis*, au combat de l'île de Rhé en 1625, depuis vice-amiral; un lieutenant général des armées du Roi, gouverneur de l'île de Rhé en 1760.

Réals (de), *voyez* Boscal, tome Ier, page 96.

Réau, sr de la Villeneuve, — de Keranguès.

Déb., réf. 1669, ress. de Lannion.

Coupé au 1 : d'argent au lion de sable, accomp. de six merlettes de même, trois de chaque côté; au 2 : de gueules à la fasce d'or (arm. 1696).

Gilles, secrétaire du Roi, résigne en 1680; un maréchal de camp en 1791.

Rebours (le), sr du Vaumadeuc, par. de Pléven, — du Plessis, par. de Ménéac, — du Closneuf, — de la Grandmer, par. de Plénée-Jugon.

Anc. ext., réf. 1669, sept gén.; réf. et montres de 1423 à 1535, dites par., év. de Saint-Brieuc et Saint-Malo.

Écartelé aux 1 et 4 : d'argent à deux chevrons de sable; aux 2 et 3 : fascé d'argent et de gueules.

Perrot, archer dans une montre reçue par Jean de Beaumanoir en 1356; Hamon, vivant en 1469, épouse Isabeau Volance; trois chevaliers de Malte de 1777 à 1780.

Rechignevoisin (orig. du Poitou, y maint. en 1667), sr de la Queille, — de Guron, — des Loges, — de Gurat, — de la Maisonneuve.

De gueules à une fleur de lys d'argent.

<small>Aimeri, croisé en 1248; un chevalier de l'ordre et gentilhomme de la chambre du Roi en 1627 ; un évêque de Tulle puis de Comminges, † 1671 ; un chevalier et un commandeur de Malte en 1627 et 1770; un page du Roi en 1740, allié à la maison de la Tullaye.
Un membre admis aux honneurs de la cour en 1781.</small>

Réchou (du), sr dudit lieu, par. de Botlézan, — de Pontanézen et de Keranroy, par. de Pleubihan, — de Kermerc'hou, — de Kergaradec.

Anc. ext., réf. 1669, dix gén.; réf. et montres de 1463 à 1533, par. de Pleubihan, év. de Tréguier.

D'argent à trois fasces de gueules, accomp. de dix merlettes de sable, 4. 3. 2 et 1. *voyez* Boisriou.

<small>Pierre, vivant en 1380, père d'Olivier, marié en 1429 à Catherine Le Baillif.
La branche aînée fondue dans Kersaliou. (Famille éteinte.)</small>

Redon, ville de l'év. de Vannes.

D'azur au vaisseau d'argent, flottant sur des ondes de même, au chef d'hermines.

Redon, sr de Beaupreau, comte de l'Empire en 1808, maint. en 1817.

Écartelé aux 1 et 4 : échiqueté d'or et d'azur; au 2 : d'argent à l'ancre de sable ; au 3 : d'argent à l'olivier terrassé de sinople.

<small>Un intendant de la marine en 1785, depuis sénateur et pair de France en 1814.</small>

Refuge, en breton Minihy (du), sr dudit lieu, par. de Plouvien, — de Kernazret, par. de Locbrévalaire, — baron de Coësmes, par. de ce nom, — sr du Plessix, par. de Rougé.

Anc. ext. chev., réf. 1668, huit gén.; réf. et montres de 1426 à 1534, par. de Plouvien et Landouzan, év. de Léon.

D'argent à deux fasces de gueules, deux bisses affrontées d'azur en pal, languées de gueules, brochant sur le tout, *qui est Kernazret*. Devise : *A tous Refuge*.

<small>Hervé, sr de Kernazret, épouse vers 1358, Agace, dont : 1° Hély qui a continué la filiation. 2° Amice, mariée en 1388, à Hervé de Penancoët; Alain, épouse vers 1430, Alix de Coëtivy; Raoul. chambellan et garde des sceaux du roi Charles VII en 1449; Renaud, premier écuyer de Louis XI en 1472; Guy, surnommé l'*écuyer Boucar*, écuyer tranchant de François Ier, commandait sous Bayard une bande de mille aventuriers dans les guerres d'Italie, et fut tué au siége de Novarre en 1521; Jean, conseiller aux Grands-Jours puis au parlement en 1554; trois lieutenants-généraux des armées du Roi en 1652, 1696 et 1744, le second desquels, † 1712, auteur d'un nobiliaire de l'évêché de Léon.
La branche aînée paraît fondue dans Gourio; la dernière héritière du nom, † 1756, avait épousé en 1714, le marquis de Vintimille du Luc, en Provence, lieutenant-général.</small>

Refrruz, d'argent au sanglier de sable (sceau 1306).

Régal, sr de la Villcharel, par. de Gaël, — de la Villeneuve, par. de Saint-Marcan.

Déb., réf. 1669; réf 1513, par. de Saint-Onen-la-Chapelle, év. de Saint-Malo.

De sable à trois molettes d'argent.

REGNARD, sr de la Garde-Raison, par. de Ruca, — de Kerdroniou, par. de Ploulec'h.
Réf. et montres de 1481 à 1543, par. de Pommerit-Jaudy et Ploulec'h, év. de Tréguier.
D'argent à trois têtes de renard de sable, arrachées de gueules.

REGNAUD (orig. du Poitou), sr de Traverzai.
D'azur à trois pommes de pin d'or.
Jacques, maire de Poitiers en 1536, père d'Antoine, conseiller au parlement en 1570 et ce dernier, père d'Héméric, aussi conseiller au parlement, † 1617.

REGNAULT, sr de la Héraudière, par. de Mélesse, — de Penhoët, par. de Guillac.
Réf. et montres de 1427 à 1513, dites par., év. de Rennes et Saint-Malo.
Porte deux chevrons accomp. de trois besants (sceau 1418).
Jean, conseiller du duc François II, épouse en 1479, Jeanne de Lambilly.

REGNAULT (orig. de Savoie, puis du Dauphiné), sr de Pierrefitte, — de Bellescize.
De gueules à la fasce d'argent, surmontée et soutenue d'une losange d'or. Devise : *Ardens et æquum.*
Un prévôt des marchands de Lyon en 1732; un évêque de Saint-Brieuc en 1775.

REGNAULT (orig. du Gatinais), sr des Barres.
Un abbé de Blanchecouronne en 1681.

REGNAULT, *voyez* RENAULT.

REGNIER, sr de la Souchais, — de la Richardière, par. de Varades, — des Renaudières, par. du Loroux-Bottereau.
Déb., réf. 1670, ress. de Nantes.
D'azur à deux béquilles d'or en sautoir, accomp. d'une étoile d'or en chef, de deux besants de même en fasce et d'un croissant d'argent en pointe.
Jean, prieur de Saint-Martin et de la Madeleine, auditeur des comptes en 1639; Jean, maire de Nantes en 1673.

REGNON (orig. du Poitou, y maint. en 1667), sr de la Gautronnière, de Chaligny, de la Ranconnière et du Page, en Poitou, — de la Paclais, par. de Saint-Herblain, — de la Noë-Roquet.
Maint. par arrêt du parl. de 1764, ress. de Nantes.
D'azur à trois abeilles d'or. Devise : *Mel regi.*
Jacques, marié à Marie Foucher, fait une fondation à l'abbaye de Fontenelles, au diocèse de Luçon en 1392; Jean, abbé de Fontenelles, † 1440; Pierre, appelé à l'arrière-ban du Poitou en 1491; deux chevaliers de Malte en 1727, l'un commandeur de Puyravault, † 1761; l'autre, tué dans un combat en 1748; un abbé de Carnoët en 1742; trois lieutenants des maréchaux de France en Poitou depuis 1740; un page du Roi en 1771.
Cette famille s'est alliée en Bretagne aux la Tribouille, Kervéno, Goulaine, la Roche-Saint-André, et Langlois de la Roussière.

REGNOUARD (orig. de Gascogne), sr d'Onglée, — comte de Villayers en 1681, — sr de Drouges, par. de ce nom, — de Gesvres, par. de Treillières, — de Procé, par. de Sucé, — de Couvran, par. de Plérin.
Maint., réf. 1668, 0 gén., ress. de Rennes.

D'argent à une quintefeuille de gueules.

Guy, secrétaire du Roi en 1576, auditeur puis maître des comptes en 1586, anobli en 1607, épouse Françoise Becdelièvre; deux conseillers au parlement en 1660 et 1716; un page du Roi en 1705; Jean-Jacques, maître des requêtes, doyen du conseil d'État, membre de l'Académie Française, † 1691. Fondu dans Freslon puis Talhouët.

Le sr de la Ruebrousse, ressort de Rennes, débouté à la réformation de 1668.

REHAULT, sʳ de la Feuvrye, — de la Monneraye, — de Villeneuve.

Déb., réf. 1668, ress. de Saint-Malo.

D'azur à deux chevrons d'or, accomp. de trois étoiles de même (arm. 1696).

Un greffier des États de la Ligue à Nantes en 1591.

REIGNERAYE (DE LA), voyez THOMAS.

RELIQUET, sʳ de la Roberdière, par. de Saint-Père-en-Retz, — de la Camplinière et de la Haie-Saisbron, par. de Saint-Julien-de-Concelles.

Un auditeur des comptes en 1767.

RÉMOND (orig. du Dauphiné), sʳ du Chélas.

Maint. au conseil en 1763.

D'azur à la bande d'argent, chargée de trois demi-vols de gueules et accomp. de deux molettes d'or. (B. L.)

RÉMOND, sʳ de Grandpré, par. de Ploubalaznec.

Déb., réf. 1671, ress. de Saint-Brieuc.

REMUNGOL (DE), sʳ dudit lieu, par. de ce nom, — de Launay, par. de Sérent, — de Loquénéhan.

Anc. ext., réf. 1669, dix gén.; réf. et montres de 1481 à 1536, par. de Sérent, év. de Vannes.

D'argent à la fasce de gueules, chargée de trois macles d'or.

Riou, épouse vers 1428, Jeanne des Portes; François, archer des garnisons de Quibéron en 1552 et d'Auray en 1554.

RENARDIÈRE (DE LA), d'azur à trois renards passants d'or. (G. le B.)

RENAUD, sʳ de Beauregard, — de la Gilberdière.

Ext., réf. 1669, cinq gén., ress. de Nantes.

D'azur à une tête de lion d'argent, accomp. de trois trèfles de même.

Robert, père de Guillaume et aïeul de François, marié vers 1600, à Catherine Guichard.

RENAULT, sʳ de Beauvoir, — de la Villeynizan et de Bringolo, par. de Plourhan.

Réf. et montres de 1441 à 1541, dite par., év. de Saint-Brieuc.

De gueules à la croix pattée d'or.

RENAULT (orig. de Normandie), anobli en 1816.

D'azur à une tige de lys de trois branches d'argent, surmontée d'une étoile d'or et sénestrée d'un chien assis de même, au chef d'hermines.

RENNES, ville épiscopale, capitale du duché de Bretagne, et siége de la cour du parlement.

Palé d'argent et de sable de six pièces, au chef d'argent, chargé de cinq hermines de sable.

Rennes (de), s^r de Brandeho.

Déb., réf. 1669, ress. de Saint-Brieuc.

Rest (du), s^r du Bois-Riou, par. de Cavan.

Réf. et montres de 1427 à 1513, dite par., év. de Tréguier.

D'argent à trois fasces de sable, brisées en chef d'un lion naissant de gueules, au bâton de même brochant à dextre sur le tout.

Moderne : Ruffault.

Reste, s^r du Buslot, — des Échelles, — du Bourbouiller, ress. de Fougères.

Michel, conseiller au parlement en 1604. Fondu dans Le Beschu.

Réthel, de gueules à trois rateaux endentés d'or. (G. le B.)

Retz (de), baron dudit lieu, près Machecoul, év. de Nantes.

Porte un arbre arraché, soutenu de deux renards affrontés (sceau 1201); *alias* : d'or à la croix de sable (sceau 1368).

Harscoët, fils Gestin, témoin de la donation du monastère de Saint-Cyr à l'abbaye du Roncerai en 1038; Harscoët, témoin d'une donation à l'abbaye de Buzai en 1199.

La branche aînée fondue en 1250 dans Chabot, d'où la baronnie de Retz est passée à une branche de Laval qui prit les nom et armes de Retz et successivement aux Chauvigny, Tournemine, Annebaud et Gondy. Elle fut érigée en duché-pairie l'an 1581 en faveur de ces derniers et ce duché a été possédé depuis par les maisons Bonne de Lesdiguières, Cossé-Brissac, Neufville de Villeroy et Brie de Serrant.

Révol (orig. du Dauphiné), s^r de la Ramelière, — de la Buissière, — de Beauregard.

Maint. au conseil en 1687 et à l'intend. en 1703, cinq gén.

D'argent à trois trèfles de sinople.

Antoine, archer de la garde du Roi en 1571, anobli en 1591, épouse Benoite Chauvin; Edmond et Antoine, évêques de Dol de 1591 à 1629; Claude, secrétaire du Roi, près la chancellerie de Metz en 1667.

Rezalleis, d'argent à trois croix pattées d'azur (sceau 1276).

Rezé (de) (ramage des comtes de Nantes), vicomte dudit lieu, par. de ce nom, — s^r de Briord, par. de Port-Saint-Père.

Réf. de 1429 à 1455, dites par., év. de Nantes.

Losangé d'argent et de sable (sceau 1260).

Rolland, témoin d'une fondation à Saint-Florent en 1146; Sylvestre, devait un chevalier à l'ost du duc en 1294; autre Sylvestre, épouse vers 1383, Catherine Catus, dame de Saint-Fulgent, en Poitou; Martin son fils vend Rezé en 1453 à Guillaume de Saint-Gilles, et la postérité de Martin s'est fondue en 1520 dans Chasteigner.

De la maison de Saint-Gilles, la vicomté de Rezé a passé par alliance aux Trévécar puis aux Guémadeuc; par acquêt en 1560 aux Cornulier puis aux Barrin et a été érigée en comté en 1681 en faveur du s^r de Monti, *voyez* **Monti (de)**.

Rhuis ou Ruys (orig. d'Espagne), s^r de Embito, — du Carteron, par. de Haute-Goulaine, — de la Chesnardière, par. de la Chapelle-Basse-Mer, — de Carcouët, par. de Saint-Herblain, — de la Noë, par. de Basse-Goulaine, — de Chavagnes, par. de Sucé.

Ext., réf. 1669, trois gén., et arrêt du parl. de 1774, sept gén., ress. de Nantes.

D'azur au croissant contourné d'argent, accomp. en chef de deux croix pattées d'or et en pointe d'une étoile de même.

André, époux d'Isabeau de Santo-Domingo, naturalisé en 1546 et fermier général de la prévosté de Nantes, père d'André, échevin de Nantes en 1583, marié à Bonaventure Compludo; une fille à Saint-Cyr en 1715.

Rhuys (de), s^r de Silz, par. d'Arzal.

Réf. et montres de 1427 à 1536, dite par. et par. de Saint-Guenolé de Batz, év. de Vannes et Nantes.

De gueules au chevron d'hermines, *comme Rivière et Villeneuve.*

Fondu dans la Haye.

Riant, s^r de Coëtmohan et de Kergus, par. de Ménéac.

Anc. ext., réf. 1669, huit gén.; réf. et montres de 1427 à 1513, dite par., év. de Saint-Malo.

De gueules à trois écussons d'hermines, *comme du Bé et Coëtlogon.*

Jean, assesseur du duc Jean V en 1400, épouse Marguerite Rouxel.

Riario (orig. d'Italie).

Coupé d'azur et d'or, le premier coupé chargé d'une rose d'or.

Raphaël Galeotto, fils d'une sœur du cardinal de Riario, dont il prit le nom et les armes, et petit-neveu du pape Sixte IV, créé à dix-sept ans en 1477 cardinal-diacre du titre de Saint-Georges, et évêque de Tréguier en 1480, † 1521.

Riaud, s^r de la Chevaleraye et de la Bisaye, par. de Guipry, — de la Tremblaye, — de Galisson, — de Saint-Ganton, par. de Pipriac, — du Plessix-Keraër, par. de Crac'h.

Anc. ext. chev., réf. 1668, neuf gén.; réf. et montres de 1427 à 1513, par. de Guipry, év. de Saint-Malo.

De sable au sautoir d'argent, *comme Boisorhant et Ville-Gillouart.*

Ribault (le), s^r des Perrières, — du Meurtel, — du Clos, par. de Ruca.

Déb., réf. 1669, ress. de Vitré et Jugon.

D'argent au lion de gueules (arm. 1696).

François-Maurice, sénéchal de Vitré en 1668.

Ribé, s^r de la Vairie et de la Courneuve, par. de Couëron.

Déb., réf. 1670, ress. de Nantes.

D'azur au gantelet d'argent tenant un bâton de même, accomp. de deux fleurs de lys d'or, le tout entre deux bandes d'argent (arm. 1696).

Rible (du) (ramage de Rosmadec), s^r dudit lieu, par. de Plomodiern.

Réf. et montres de 1426 à 1481, dite par., év. de Cornouailles.

Palé d'argent et d'azur, *qui est Rosmadec*, à la cotice de gueules (sceau 1420).
Fondu dans du Juch, puis du Chastel, Quélénec et Visdelou.

RIBOISIÈRE (DE LA), *voyez* BASTON.

RIBOISSIÈRE (DE LA), *voyez* PAYS (LE).

RIBOU, sʳ de Beauvais.
De gueules à une ancolie d'argent, accomp. de huit billettes d'or en orle (arm. 1696).
François, maire perpétuel de la ville de la Roche-Bernard en 1696.

RICHARD, sʳ de Kerjean, par. de Plestin, — de Coëtléguer, par. de Trégrom.
Réf. et montres de 1427 à 1535, dites par., et par. de Plouégat-Guérand, év. de Tréguier.
Porte sept annelets et une bordure (sceau 1381).
Eudes, croisé en 1248; Simon, capitaine de Lesneven et l'un des champions du combat des Trente en 1350, ratifie le traité de Guérande en 1381.
La branche de Kerjean fondue dans le Splan, puis du Dresnay.

RICHARD, sʳ de Kerriel, par. de Tréglonou, — de Pontarc'hastel, par. de Plouider, — de Tariec, par. de Plouvien.
D'azur au rencontre de cerf d'or, surmonté d'une étoile à huit rais d'argent et accosté de deux roses de même. Devise : *Caret Doué, meuli Doué, énori Doué.* (Aimer Dieu, louer Dieu, honorer Dieu); et aussi : *Dominus in circuitu.*
Pierre, de la paroisse de Guérande, valet de chambre du duc, anobli en 1439; Pierre, fils du précédent, bouteiller du duc, confirmé en 1443; Guyon, clerc et secrétaire des ducs Pierre, Artur et François de 1451 à 1486; Olivier, sʳ de Tariec, conseiller aux Grands-Jours, chanoine de Nantes, Rennes et Léon, † 1555 et enterré dans la chapelle de Tariec.

RICHARD (orig. du Berry), sʳ du Pontréau.
Confirmé par lettres de 1723.
D'or au chevron d'azur, accomp. de trois œillets de gueules, tigés et feuillés de sinople. (La Ch. des B.)
Un maître des comptes en 1715; un commissaire des guerres en 1723.

RICHARD, sʳ des Landes, par. d'Évran.
Déb., réf. 1669, ress. de Dinan.

RICHARD, sʳ de la Pervenchère, par. de Casson, — du Port-Hubert, par. de Sucé, — de la Roullière, par. de Saint-Colombin, — de la Rivière et de Limaraud, par. d'Abbaretz, — de la Couronnerie, par. de Carquefou.
D'azur à six macles d'or, 3. 2 et 1.
Un échevin de Nantes en 1730; un secrétaire du Roi en 1768, père d'un conseiller d'État, maire de Nantes en 1787.
Jacques, sʳ de la Feuillée, paroisse de Saint-Mars, débouté à la réformation de 1669, ressort de Nantes.

RICHARD (orig. d'Anjou), sʳ de Beauchamp, — des Gringuenières, — de Marigné.
Deux correcteurs et un auditeur des comptes depuis 1729.

RICHARD, sr de Coëtanfao, par. de Riec, — de Keréozen, par. de Moëlan, — de Langoulou.
    Réf. de 1426 à 1443, dites par., év. de Cornouailles.
    D'argent à trois croissants de gueules (arm. de l'Ars.).

RICHARD, sr de la Primaudaye, par. de Gahart, — du Bréon.
    D'azur à l'épée fichée d'or, accomp. en chef de deux étoiles et en pointe d'un croissant, le tout de même (arm. de l'Ars.).
    Guillaume et Catherine de la Ventaye sa compagne, anoblis en 1478.

RICHARDEAU, sr du Bois-Corbeau, par. de Cheix, — de la Cossonnière, par. du Pellerin.
    Déb. à l'intend. en 1701, ress. de Nantes.
    D'argent à un chêne terrassé de sinople, englanté d'or, supporté par deux lions affrontés de même (arm. 1696).

RICHARDIÈRE (DE LA).
    D'argent au pin de sinople, sommé d'un geai au naturel. (G. le B.)

RICHEBOIS (DE), sr dudit lieu, par. de Pleurtuit.
    Réf. et montres de 1446 à 1513, par. de Pleurtuit, év. de Saint-Malo.
    D'azur à six billettes d'argent, 3. 2 et 1 (sceau 1276).

RICHELIEU (DE), voyez PLESSIS (DU).

RICHEMONT, comté en Angleterre, province d'York.
    D'hermines à la bordure (*aliàs* : au lambel) de gueules. (G. le B.)
    Ce comté donné en 1066 par Guillaume le Conquérant, à Alain Le Roux, fils d'Eudon, comte de Penthièvre, passa à la maison de Bretagne par le mariage de Berthe, fille aînée et héritière du duc Conan III avec Alain de Penthièvre, dit *le Noir*, comte de Richemont et duc de Bretagne, du chef de sa femme, † 1146.
    La seigneurie de Richemont a été érigée en duché en 1681 en faveur de Charles de Lenox, fils naturel de Charles II d'Angleterre et de Louise de Penancoët, duchesse de Portzmouth.

RICHEMONT (DE), sr de Poulguinan, év. de Tréguier.
    D'argent à la croix pattée de gueules, cantonnée de quatre macles d'azur (G. le B.), *comme Kergroas*.

RICHER ou RICHIER, év. de Nantes.
    Porte des fleurs de lys sans nombre (sceau 1381).
    Guillaume, croisé en 1248; Robert, député du duc Jean IV vers le roi Charles V en 1364, ratifie le traité de Guérande en 1381, et prête serment au duc comme sujet de la baronnie de Retz en 1383.

RICHER, sr de Champripault, — de Penanvern.
    D'argent au chevron de sable, accomp. de trois trèfles de même (arm. 1696).
    Gabriel, receveur des fouages à Quimper en 1696.

RICHER (orig. de Normandie, y maint. en 1463, 1598 et 1666), sr de Cerisy, — de Colombières, — du Fresne, — de la Croix.
    Anc. ext., réf. 1669, quatre gén., par. de la Boussac, év. de Dol.

D'or à trois chevrons d'azur, chargés chacun de trois (*alias* : de cinq) besants d'or.

Jacques, juveigneur de la maison de Cerisy, vivant en 1535, épouse Germaine Le Breton. Un évêque de Lombès en 1751, † 1771.

RICHET, sr des Fontaines.

Déb., réf. 1670, ress. de Lannion.

RICHOMME, sr de la Touche.

Déb., réf. 1668, ress. de Saint-Malo.

D'azur au cœur d'or, accomp. en chef de deux coquilles d'argent et en pointe d'un croissant de même (arm. 1696).

Étienne, l'un des ligueurs qui s'emparèrent du château de Saint-Malo en 1590; Jean, lieutenant-général de l'amirauté de Saint-Malo et Dol, et sénéchal de Saint-Malo en 1696.

RICORDEAU, sr de la Marquerie, par. de Chatillon.

Déb., réf. 1671, ress. de Rennes.

RICOUART (orig. de Brie), sr de Colombes, — comte d'Hérouville en 1654, — sr de Claye, — de Villeroy, au Véxin français.

D'azur à une ombre de soleil d'or, au chef d'argent, chargé d'un lion léopardé de sable (G. G.) Devise : *Sub umbrâ solis, nascitur virtus.*

Un maître des requêtes puis conseiller d'État en 1654; deux lieutenants-généraux des armées du Roi en 1738 et 1748.

RIEUX (DE), sr dudit lieu, — de Rochefort, — baron d'Ancenis, — comte de Chateauneuf, — vicomte de Donges, — comte d'Harcourt et d'Aumale, en Normandie, — baron de Laval, de Vitré et de Montfort-la-Canne, — marquis de Sourdéac, par. de Glénac, — marquis d'Assérac en 1574, — marquis d'Ouëssant en 1597, — comte de Largouët, par. d'Elven, — sr de Nozay, par. de ce nom, — de Fougeray, par. de ce nom, — de la Feillée, par. de Goven, — de l'Isle-Dieu, — de la Bretesche, par. de Missillac, — baron de la Roche-Bernard et de Derval.

D'azur à neuf besants d'or, 3. 3. 3; *alias* : d'azur à dix besants d'or, 4. 3. 2 et 1 (sceau 1351). Devise : *A tout heurt Bellier, à tout heurt Rieux;* et aussi : *Tout un.*

Anc. ext. chev., quinze gén.; mais n'ont pas produit à la dernière réformation.

Cette illustre maison alliée à celles de Bretagne, Penthièvre, Léon, Machecoul, Amboise, Clisson, Rochefort, Montauban, Harcourt, Rohan, Lorraine, Montmorency et Bourbon, remonte à Alain, qui accompagnait le duc Conan IV au siége de Combourg en 1065. Elle a produit : Rolland, croisé en 1185; Gilles, croisé en 1248; Guillaume, tué au siége de la Roche-Derrien en 1347; Guillaume, tué à la bataille d'Auray en 1364; Jean, maréchal de France, qui accompagnait le duc de Bourbon au siége de Carthage en 1390, † 1417; Pierre, aussi maréchal de France, † 1439; Jean, maréchal de Bretagne, tuteur de la duchesse Anne, † 1518; trois gouverneurs de Brest de 1589 à 1631; le premier desquels avait pour sœur Renée, fille d'honneur de Catherine de Médicis, maîtresse du duc d'Anjou, depuis Henri III en 1573 et connue sous le nom de Mlle de Chateauneuf; un lieutenant-général en 1744; un maréchal de camp en 1788. Elle a donné à l'église : Jean, abbé de Prières et évêque de Saint-Brieuc en 1525 à l'âge de dix-huit ans, sans être dans les ordres, démissionnaire en 1544 et auteur de la branche de Sourdéac, éteinte en 1713; René, abbé du Relec, de Daoulas et d'Orbais, au diocèse de Soissons, évêque de Léon en 1613, † 1651; une abbesse de la Joie, † 1631 et une abbesse de Bonlieu, au diocèse de Lyon en 1654.

Trois membres admis aux honneurs de la cour de 1761 à 1786.

La branche aînée fondue en 1547 dans la maison de Coligny qui a possédé la seigneurie de Rieux jusqu'en 1605; elle a passé ensuite à la maison de Lorraine-Elbeuf et a été érigée en comté en 1667 en faveur du s^r Guénégaud, *voyez* GUÉNÉGAUD.

La branche d'Assérac qui existait seule au dernier siècle, a fini en la personne de Louis de Rieux, fusillé à la suite de l'expédition de Quibéron en 1795.

RIEUX (DES), s^r de Lesnaudais, par. d'Héric, — de la Joliverie et des Vendays, par. de Saint-Herblain.

Déb., réf. 1669 et à l'intend. en 1701, ress. de Nantes.

D'argent à trois fasces ondées d'azur (arm. 1696).

RIEUX (DES), s^r de la Villoubert, anobli en 1816.

D'azur à trois têtes d'homme d'argent, vues de front, 2 et 1.

Un conseiller au présidial de Rennes en 1758.

RIGAUDIÈRE (DE LA).

D'argent à la croix pattée et alésée de gueules (arm. de l'Ars.).

RIGAULT, s^r de la Guérivière, par. de Maisdon.

Déb. réf. 1668, ress. de Nantes.

RIGOLET ou RIGOLÉ, s^r de Keridec, — de Kerléoret, — de Kerlévérien, — de Roc'hanbleiz, — de Kerlizien.

Maint. par arrêts du parl. de Paris en 1676 et de l'intend. en 1700, six gén., ress. de Morlaix.

D'argent à la fasce de gueules, accomp. en chef d'un flanchis ou sautoir d'azur, surmonté d'un trèfle de même et en pointe d'une étaie ou chevron aussi d'azur, soutenu d'un trèfle de même.

Jean, marié à Françoise Mériadec, † 1468 et enterré à Saint-Mathieu de Morlaix; Mathieu et Jean, gouverneurs du château du Taureau en 1573 et 1582.

RIMAISON (DE), s^r dudit lieu, par. de Bieuzy.

Réf. et montres de 1426 à 1536, dite par., év. de Vannes.

D'argent à cinq trangles de gueules.

Moderne : Kergorlay du Cleuzdon.

RIMOU (DE), s^r dudit lieu et de Beauregard, par. de Maroué, — de Saint-Jean, par. de Matignon.

Réf. et montres de 1423 à 1535, dites par., év. de Saint-Brieuc.

De gueules à la bande d'argent, accostée de deux merlettes surmontées et soutenues d'une étoile, le tout d'or (sceau 1276).

RIO, s^r de Quistillic et de Kerlast, par. de Quemper-Guézennec.

Réf. et montres de 1427 à 1543, dite par., év. de Tréguier.

D'argent au sautoir d'azur, chargé de cinq annelets d'argent, *comme Jouino et Marc'hec.*

Rio, sr de Beaupré, ress. de Vannes.
D'argent à trois fasces de sable, à la cotice de gueules brochant (arm. 1696).

Riou, sr de Branbuan, par. de Quédillac, — de la Provostaye, — de Caslou, — du Boschet, — de la Villecollas, — des Longrais.
Anc. ext. chev., réf. 1669, six gén., et maint. à l'intend. en 1701; réf. et montres de 1427 à 1513, par. de Quédillac, év. de Saint-Malo.
D'azur à trois épis de froment d'or, *comme Loc'hant.*
Guillaume, vivant en 1513, épouse Guillemette de la Frétays.

Riou, sr de Kerangouëz, par. de Tréfgondern.
Réf. et montres de 1443 à 1534, dite par. et par. du Minihy, év. de Léon.
De sable à trois chevrons d'argent. Devise : *Mud oud é ?* (Es-tu muet ?)
Fondu dans Kergorlay du Cleuzdon.

Riou, sr de Kermabusson, par. de Plestin, — de Visseville, — du Tertre, par. de Saint-Hélen.
Réf. et montres de 1426 à 1513, par. de Guimaëc, év. de Tréguier, et Saint-Hélen, év. de Dol.
Porte losangé (sceau 1420).

Riou, sr du Plessix et du Roz, par. de Caudan, — de Launay, par. de Guiscriff.
Déb., réf. 1669, et appelé à l'arrière-ban de Cornouailles en 1636.
D'azur au croissant d'argent, accomp. de cinq larmes de même, 3 et 2.
Guillaume, abbé de Carnoët en 1616, † 1641; Nicolas, secrétaire du Roi en 1669.

Riou, sr du Kerriou, par. de Gouëzec, — de Kernuz, par. de Plobannalec, — de Kerouant, — de Bréhoulou et de Kergaradec, par. de Foueznant.
Déb. au conseil en 1707, ress. de Quimper.
D'argent à la fasce de gueules, surmontée d'une merlette de même (arm. 1696).
Fondu dans d'Esclabissac.

Riou, sr de Kersalaun, par. de Guimaëc, év. de Tréguier.
D'or au rocher de sable, parti d'azur à trois palmiers d'argent, 2 et 1.
Un procureur de la juridiction de Lanmeur en 1696; un avocat au parlement en 1786, l'un des défenseurs des administrateurs du Finistère en 1793, puis préfet et baron de l'Empire, † 1811.

Rioust, sr des Villes-Audrains, par. de Matignon, — de Largentaye, par. de Saint-Lormel, év. de Saint-Brieuc.
D'azur au coq d'argent, crêté, barbelé et membré de gueules, accomp. de trois étoiles d'or. Devise : *Cantat pugnatque vicissim.*
Un volontaire au combat de Saint-Cast en 1758, dont le fils a été anobli en 1816, en mémoire des services de son père.

Ripault, sr de la Ripaudais, par. de Donges, — de la Caffinière et de la Cathelinière, par. de Frossay, — du Boisgautier, par. de Saint-Père-en-Retz.
Anc. ext., réf. 1669, sept gén.; réf. de 1440 à 1454, par. de Donges et Bouée, év. de Nantes.

De gueules au sautoir échiqueté d'or et d'azur de deux tires, cantonné de quatre fleurs de lys d'or.

Bernard, échevin de Paris en 1499; Jean, vivant en 1500, épouse Jeanne Brécard.

Riqueti (orig. de Provence, y maint. en 1668), marquis de Mirabeau en 1685, — comte de Beaumont en 1713.

D'azur à la bande d'or, accomp. en chef d'une demi-fleur de lys de même, florencée d'argent, défaillant à dextre, et en pointe de trois roses aussi d'argent posées en bande. Devise : *Juvat pietas.*

Deux secrétaires du Roi en 1609 et 1626; un brigadier d'infanterie en 1708 ; plusieurs chevaliers de Malte depuis 1716 ; un célèbre orateur, député de la sénéchaussée d'Aix aux Etats-Généraux de 1789, frère aîné d'un colonel du régiment de Touraine en 1788, chef d'une légion de son nom à l'armée des princes en 1792.

Cette famille, aujourd'hui établie en Bretagne, alliée aux Robien et aux Tréouret de Kerstrat, a produit un volontaire pontifical en 1860.

Rison (de), (orig. de Guyenne), sr de Kersaintéloy, par. de Glomel, év. de Cornouailles.

Maint. à l'intend. en 1703 et ext., arrêt du parl. de 1770, six gén.

Ecartelé aux 1 et 4 : d'azur au lion d'argent ; aux 2 et 3 : d'argent à quatre burelles (*aliàs* : cotices) de gueules en fasces (*aliàs* : en bandes) (arm. 1696).

Le nom ancien de cette famille est Caigneu; Jean Caigneu, épouse en 1550 Catherine du Goudin; Joseph, fermier des deniers de Vannes en 1696 ; un major au régiment de Toul (artillerie) en 1788, colonel au régiment de Metz en 1791, maréchal de camp à l'armée de Condé.

Cette famille, aujourd'hui éteinte, s'était alliée aux Saisy, Kernezne et Coroller.

Rivault ou Rivot, sr de Kerizac et de Kermelven, par. de Plouisy.

Ref. de 1543, dite par., év. de Tréguier.

D'argent à la fasce d'azur, surmontée d'une fleur de lys de gueules. (G. le B.)

Gilles, échanson et maître d'hôtel du roi Charles IX en 1570.

La branche aînée fondue dans Hingant ; une autre branche, transplantée au Maine, a produit : David, sr de Fleurence, gentilhomme de la chambre en 1603, conseiller d'Etat et précepteur de Louis XIII en 1612.

Rive (de la), en breton Aot (de l'), sr dudit lieu, par. du Minihy.

Réf. et montres de 1447 à 1503, par. du Minihy et Plouénan, év. de Léon.

De gueules à trois trèfles d'or, une quintefeuille de même en abyme, *comme Tudual.*

Fondu dans Tudual.

Riveré (le), sr de la Cornillais, par. de Ploubalay.

Déb., réf. 1670, ress. de Dinan.

Artur, alloué de la Motte-d'Olivet en 1670.

Rivérieulx (de) (orig. du Lyonnais), comté de Vérax, — sr de Marcilly, — de Chambosc, — de Jarlay.

D'azur à la rivière d'argent, mouvante de la pointe, au croissant de même en chef. (La Ch. des B.)

Hugues, prévôt des marchands, puis président et lieutenant criminel en la cour des monnaies et siége présidial de Lyon en 1735; un colonel au régiment de Metz (artillerie) en 1788.

Rivière (de la), *voyez* Chéreil.

Rivière (de), *voyez* Mascarène.

Rivière (de la) (orig. d'Anjou), s^r de la Bellonnière, — de la Roche-Gautron, — de Boudé, — de la Ragotière, par. de Vallet.

Ext. réf. 1670, sept gén., ress. de Nantes.

D'or à cinq fusées accolées de gueules, au franc quartier d'hermines brochant sur les fusées.

Pierre, vivant en 1480, père de René, marié à Marie de la Cressonnière.

Rivière (de la), s^r dudit lieu et de Kernouan, par. de Haut-Corlay, — de Kersaudy, — de Saint-Quiouët et du Plessix-Hérupet, par. de Plaintel, — de Saint-Germain, en Anjou, — de l'Isle-Aval, par. de Saint-Potan, — comte de Ploeuc en 1696, par. de ce nom, — s^r de la Touche et de Kervieux, par. de Saint-Marcel, — de Beauchesne, par. de Quessoy, — de Kerlabourat, — de Saint-Michel, par. de Guingamp, — de Kertoudy, de Kerauffret et du Disquay, par. de Bourgbriac, — de la Villeneuve, — de Brunolo, — du Vieux-Marché et du Pontblanc, par. de Plouaret.

Anc. ext. chev., réf. 1670, treize gén.; réf. et montres de 1469 à 1543, par. de Haut-Corlay, év. de Cornouailles, et Plaintel, év. de Saint-Brieuc.

D'azur à la croix engreslée d'or (sceau 1380); *aliàs* : cantonnée à dextre d'une fleur de lys de même (sceau 1382); *aliàs* : au franc canton *de Rohan* (sceau 1387); *aliàs* : écartelé au 1 : *de Rostrenen*; au 4 : *de Kergorlay*; au 2 : *de Rohan*; au 3 : *de la Rivière*. Devise : *Undequâque inspiciendum.*

Thibaut, fils Geoffroi, † vers 1290, père de Louise, fille unique héritière, mariée à Christophe, juveigneur des comtes de Mur, qui prit pour lui et ses descendants le nom de la Rivière; Thibaut, compagnon d'armes de du Guesclin, se distingua à la bataille de Cocherel en 1364 et épousa Marie de Kergorlay; Henry, vivant en 1399, épouse Jeanne du Houlle, de la paroisse de Merléac, dont: 1º Geoffroi, chambellan du duc en 1437, qui a continué la branche aînée; 2º Eon, vivant en 1430, marié à Isabeau Moysan, dame de Saint-Quiouët.

Odet, abbé de Redon en 1474, † 1492; un page du Roi en 1678; cinq gouverneurs de Saint-Brieuc depuis 1667, le dernier, lieutenant général en 1745, † 1781; un chevalier de Malte en 1730.

La branche aînée fondue dans Coëtrieux.

La branche de Saint-Quiouët fondue en 1754 dans la Fayette.

Rivière (de la), s^r dudit lieu, par. de Tréduder.

Anc. ext., réf. 1669, neuf gén.; réf. et montres de 1481 à 1543, par. de Tréduder, év. de Tréguier.

Pour armes antiques : d'azur à une main dextre appaumée d'or en pal; *aliàs* : d'argent à trois chevrons de gueules, *qui est Ploësquellec*, à la bordure d'azur.

Mérien, vivant en 1448, épouse Jeanne de la Forest.

Cette famille, aujourd'hui éteinte, s'était fondue dans une branche cadette de Ploësquellec, qui avait retenu le nom de la Rivière.

Rivière (de la), s^r dudit lieu, de la Pilousière et de la Provosté, par. d'Auverné, — de la Chauvelière, par. de Joué, — de Lancé, — de Quienparle, par. de Saint-Viaud, — du Plessis, par. de Varades, — du Hautbois, par. de Saint-Julien-de-Vouvantes, — du Houssay et de la Juinière, par. de Trans, — de Crapado, par. de Plaintel.

Réf. et montres de 1427 à 1535, par. d'Auverné, Varades, Trans et Plaintel, év. de Nantes et Saint-Brieuc.

De gueules, au chevron d'hermines, *comme Rhuys et Villeneuve.*

Pierre, nommé dans le testament de Jean de Châteaubriant en 1262; Isabeau, dame de la Rivière, épouse vers 1380 Gilles Menguy, qui prit les nom et armes de la Rivière; Jean, fils des précédents, président aux comptes en 1418, puis chancelier de Bretagne, épouse Jeanne Brillet, dont Robert, évêque de Rennes, † 1450.

Fondu dans Angier de Lohéac.

Rivière (de la), s^r dudit lieu, par. de Moigné, — de la Morinaye, par. de Saint-James-de-la-Lande.

Réf. de 1437 à 1456, dites par., év. de Rennes.

De gueules à la croix d'or frettée d'hermines. (G. le B.)

Fondu dans Haugoumar.

Le s^r de la Granhac, débouté à la réformation de 1668, ressort d'Auray.

Rivière, s^r de Laubinière, — de Vauguérin, par. de Saint-Aubin-des-Châteaux, — de la Mordelais, par. de Fay.

Déb. à l'intend. en 1703, ress. de Nantes.

D'or flanqué de deux rivières au naturel. (B. L.)

Un échevin de Nantes en 1658.

Rivière (de la) (orig. de Paris), s^r de Saint-Loup, — de Vau-la-Reine, — de la Piolaine.

De sable à une bande d'argent, accostée en chef d'un croissant de même; *aliàs* : d'azur à la fasce d'or, accomp. en chef d'une étoile de même et en pointe de deux croissants d'argent (arm. de l'Ars.).

Alexandre, conseiller au parlement en 1588, père d'Élisabeth, mariée en 1629 à Pierre Gouyon, s^r de la Raimbaudière.

Rivière (de la), en breton Ster (du), *voyez* Ster (du).

Rivoalen (ramage de Rosmadec), s^r de Mesléan, par. de Gouéznou.

Réf. et montres de 1445 à 1534, dite par., év. de Léon.

D'argent au chevron de gueules, accomp. de trois quintefeuilles de même.

Guillemette, abbesse de la Joie en 1489, † 1522. Fondu en 1639 dans Penmarch.

Robecq (orig. d'Italie), s^r de Pallière, — de Mélien, par. de Cléguer.

Maint. par arrêt du parl. de 1781, neuf gén., ress. d'Hennebont (États 1786).

D'argent au lion de gueules, tenant de sa patte droite une étoile à huit rais de même.

Jacques-Antoine, gentilhomme de la chambre de Gaston, frère du roi Louis XIII et maître d'hôtel ordinaire de la reine Anne d'Autriche, naturalisé en 1664; un page du Roi en 1668.

Cette famille éteinte de nos jours s'était alliée aux Bouvans, Cléguennec, Le Grand, Huon de Kermadec et Kersaintgilly.

Robelot, s^r de la Voltais, par. de Guer, — du Quélennec, par. de Campénéac, — du Coudray, par. de Comblessac, — de la Chesnaye.

Anc. ext., réf. 1669, huit gén.; réf. et montres de 1432 à 1513, dites par., év. de Saint-Malo.

D'argent à trois cœurs de gueules.

Perrotin, rend hommage au vicomte de Rohan en 1396; Jean, vivant en 1450, épouse Guillemette du Plessis, dont Guillaume, marié en 1473 à Françoise Becdelièvre.

Fondu dans Porcaro et Huchet.

Robert, s^r du Moulin-Henriet et de Langle, par. de Sainte-Pazanne, — du Pontrouault, par. de Fay, — de la Salle, par. de Saint-Cyr-en-Retz, — du Bois-Foucault, par. de Saint-Mesme.

Anc. ext., réf. 1669, neuf gén.; réf. et montres de 1429 à 1544, par. de Sainte-Pazanne, Fay, Cordemais et Couëron, év. de Nantes.

De sable à trois coquilles d'or.

Jean, comme sujet de la baronnie de Retz, prête serment au duc en 1383; Jean, de la paroisse de Cordemais, a eu lettres de franchise et rabat d'un feu en 1428, pour ce que a obéi et est tenu d'obéir et s'armer ès mandements du duc, ainsi que les nobles du pays; Mathelin, s^r du Moulin-Henriet, châtelain de la Bénaste en 1442, épouse Rénée Gaschot.

Robert, en breton Ropartz, s^r de Goazven, par. de Brélévénez, — de Kerméno, par. de Ploumagoër, — de Kerdu, par. de Ploumiliau.

Réf. et montres de 1445 à 1543, dites par., év. de Tréguier.

De gueules à trois coquilles d'argent (G. le B.), *comme Courmeau*.

Michel, archer armé pour la délivrance du duc, tué devant Chateauceaux en 1420, père de Guillaume, anobli avant 1481.

Fondu dans Raison.

Robert ou Ropartz, s^r de Botenbartz, par. de Cléguérec, — de Portz-Madou, par. de Ploërdut.

Anc. ext., réf. 1670, sept gén.; réf. et montres de 1426 à 1536, dites par., év. de Vannes.

De gueules à trois épées d'argent en pal, la pointe en bas.

Eon, vivant en 1448, père de Jean, marié à Guillemette Daën.

On trouve Henry, croisé en 1248; mais nous ne savons à quelle famille Robert il appartenait.

Robert, s^r de Rozée, — de Mosny, — de la Lévraudière, par. de la Chapelle-Hullin, — des Essertons.

Quatre officiers aux comptes depuis 1699.

Robert (orig. d'Orléans), s^r de la Borde, — de Beauvilliër.

D'argent à trois pattes de griffon de sable.

François, conseiller clerc au parlement de Paris, abbé de Paimpont en 1672.

ROBERT, sr de la Guérais et de la Boëtardais, par. de Ploubalay, — de la Ville-d'Anne,
— de Launay, par. de Trébédan, — de la Grassière, par. de Noyal-sur-Vilaine, —
de la Bellangeraye, — de la Touche, par. de Créhen, — du Pont.
Déb., réf. 1671 ; réf. et montres de 1448 à 1513, par. de Ploubalay et Trébédan,
év. de Saint-Malo et Dol.
D'argent à la bande endenchée de sinople.

ROBERT, sr de Rohello, par. de Planguénoual, — de la Goupilière, par. de Plaintel.
Anc. ext., réf. 1669, quatre gén.; réf. et montres de 1441 à 1543, dites par.,
év. de Saint-Brieuc.
De sable à un moineau d'or, colleté de sable.
Jean, prête serment au duc entre les nobles de Goëllo en 1437; Rolland, vivant en 1441, père de
Denis, époux de Perrine Bouëxel, dame de la Goupilière.

ROBERT, sr du Val-Ernoul, par. de Saint-Meloir-des-Ondes, — de la Mennais, par. de
Trigavou, — des Saudrais, — de la Chênaie, par. de Plesder.
De sinople, au chevron accomp. en chef de deux épis de blé et en pointe d'une
ancre, le tout d'or.
Pierre-Louis, armateur à Saint-Malo, anobli en 1788 à la demande des États, épouse Gratienne-
Jeanne Lorin, fille du sénéchal de Saint-Malo, dont : 1º Jean-Marie, fondateur des frères de
l'instruction chrétienne, 2º Féli, abbé de la Mennais, célèbre écrivain religieux puis pamphlétaire,
† 1854.

ROBERT, sr de Godeheu, demeurant à Lorient.
Un secrétaire du Roi à la grande chancellerie en 1706.

ROBERT, en breton ROPARTZ, voyez ROPARTZ.

ROBICHON, sr de Kernévélen, — de Trorolland, — de Kerharz, — de la Perrière, —
de Saint-Thélo, — de Kergroas, — de Kervizan.
Anc. ext., réf. 1669, six gén. et maint. à l'intend. en 1702; réf. et montres de 1447
à 1513, par. de Plésidy, év. de Tréguier.
D'argent à trois rencontres de cerf de gueules, au croissant de sable en abyme.
Olivier, vivant en 1513, épouse Tiphaine Bizien.

ROBIEN (DE), sr dudit lieu, par. du Fœil, — de Boishue, — de la Villemainguy et
vicomte de Plaintel, par. de Plaintel, — vicomte de Kerambourg, par. de Landaul,
— sr de Campson, par. de Plaudren, — du Plessix-Keraër, par. de Crac'h, —
de la Boulaye, par. de Boquého, — de Sainte-Geneviève, — de Tréalan, — de
Perros.
Anc. ext. chev., réf. 1668, neuf gén.; réf. et montres de 1449 à 1535, par. de
Saint-Turiaff de Quintin et Le Fœil, év. de Saint-Brieuc.
D'azur à dix billettes d'argent, 4. 3. 2. 1. Devise : *Manet altâ mente repostum.*
Jacques Boschier, chevalier anglais, épouse en 1212 Jeanne d'Avaugour, dame de Robien, fille
d'Étienne, comte de Penthièvre, et leurs descendants ont pris le nom de Robien; Louis, capitaine
du château de Cesson en 1389, épouse Perrine de la Motte-Vauclair; Jean, capitaine de Nantes

en 1489; Jacques, capitaine du Croisic et de Guérande et panetier de la Reine en 1512, père de Claudine, dame de Robien, mariée en 1569 à Jacques Gautron, chevalier de l'ordre du Roi, dont les descendants n'ont gardé que le nom de Robien, en retenant les armes de Gautron, *voyez* GAUTRON.

Christophe, fils des précédents, gentilhomme de la chambre et chevalier de l'ordre en 1606, épouse Catherine de Bourgneuf; un chevalier de Malte en 1686, tué à la bataille de Nerwinde en 1693; quatre présidents à mortier depuis 1706; un lieutenant des grenadiers à cheval, volontaire au combat de Saint-Cast en 1758; un abbé de Saint-Mathieu en 1780.

Un membre admis aux honneurs de la cour en 1784.

ROBILLART, s^r de Préfontaine, ress. de Dinan.

D'or au dauphin de sinople, et deux fasces échiquetées d'argent et de sable brochant (arm. 1696).

ROBIN, s^r de Kerverret, par. de Quemper-Guézennec.

Réf. 1535, par. de Notre-Dame de Guingamp, év. de Tréguier.

Jean, notaire en 1535, se porte comme personne noble; son père pareillement qui étoit priseur et ne les ont vus mettre ne imposer aux fouages.

ROBIN, s^r de Kerec, par. de Rosnoën.

Déb., réf. 1669, ress. de Chateaulin.

D'azur à trois pigeons d'argent, becqués et membrés de gueules. (G. le B.)

On trouve Yvon, de la paroisse de Plougonvelin, évêché de Léon, anobli en 1447.

ROBIN (orig. du Poitou), s^r de Loursilière, — d'Estréans, — du Plessis, par. de Saint-Père-en-Retz, — des Renardières, par. de Saint-Aignan, — du Bois-Joli, par. de Chauvé.

Maint. réf. 1669, suivant lettres confirmatives ou relief de noblesse de 1644, ress. de Nantes.

De gueules à trois fers de pique d'argent, les pointes en bas.

Pierre, époux en 1644 de Marie Glastel, père de François et ce dernier de Charles, avocat au présidial d'Angers, puis conseiller au parlement en 1689, marié à Renée Boux, † 1750, sans postérité.

ROBINAULT, s^r de la Budorais, par. de Saint-Médard-sur-Ille, — de la Fontaine, — de la Mollière, — du Plessix, — du Bois-Basset, par. de Saint-Onen-la-Chapelle, — de Saint-Régeant, par. de Laprelas, — de Mainteniac, par. de Pléchatel, — de Saint-Mardy, — du Pont-Guiton, — de la Lande.

Ext., réf. 1668, sept gén.; réf. de 1478 à 1513, par. de Saint-Médard et Mordelles, év. de Rennes.

De sable à l'aigle éployée d'argent, becquée et membrée d'or.

Perrin, vivant en 1478, épouse Jeanne des Places dont : 1° Guillaume, s^r de la Budorais, marié à Perrine l'Estourbeillon, 2° Jean, marié à Jeanne de Porcon. Une fille à Saint-Cyr en 1745; un page du Roi en 1776; un sous-lieutenant d'artillerie de marine, fameux chef de chouans et l'un des auteurs de la machine infernale, décapité en 1801.

Le s^r de la Guémerais, paroisse de Plélan-le-Grand, débouté à la réformation de 1670; le s^r du Bois-Hamon, débouté à l'intendance en 1702.

ROBINEAU (orig. d'Orléans), s' de Lignerolles, — de Bougon et de Chevredent, par. de Bouguenais.

D'azur semé d'étoiles d'or, à la cotice de même brochant. (G. le B.)

Jean, secrétaire du roi François Ier en 1519; Vincent-Marc, secrétaire du Roi en 1741.
La branche de Lignerolles fondue dans Montdoré.

ROBINEAU (orig. du Poitou), s' du Plessix-Rénolière, — de la Motte-Glain, par. de la Chapelle-Glain, — de la Rochequairie, par. de Saint-Étienne-du-Bois, — de la Tauverie, par. de Touvois.

Ext., réf. 1670, six gén., ress. de Nantes.

De gueules à la croix ancrée d'argent, au chef de même, chargé de cinq tourteaux de gueules.

Renaud, vivant en 1500, épouse Renée Giraud, dont Christophe, marié à Claude Fourché.

ROBINET, s' de la Touraille.

D'azur au chevron d'or.

Louis et Charles-François, frères, de la ville de Rennes, avocats en parlement en 1769, anoblis en juin 1786.

ROBIOU, s' de Quilliamont, près Pontrieux, — de Troguindy, par. de Tonquédec, — de Keropartz, par. de Ploëzal, — de Kerguézennec.

Maint. par les commissaires en 1726 et par arrêt du parl. de 1777, onze gén. (Etats 1786), ress. de Lannion.

D'argent à trois fasces d'azur.

Jean, procureur et miseur de Guingamp en 1553.

ROBIOU, s' de la Busardière, — de la Tréhonnais, par. de Treffumel, — du Prérond, — du Pont, — de Lupin, — de Mareuil, — de la Chapelle, par. de Mordelles.

Maint. par arrêt du parl. de 1730, ress. de Rennes.

De gueules à la fasce d'or, accomp. de six croisettes (*aliàs* : pattées) de même.

Olivier, gentilhomme de pied, dans une montre de l'évêché de Saint-Malo, reçue en 1543; René, s^r de Lupin, référendaire à la chancellerie en 1719; un évêque de Coutances en 1836.

ROCAZ, s' de la Villate, par. de Nozay, — du Paletz et de la Chalonnière, par. de Rezé, — de l'Abbaye, par. de Chantenay, — de la Noë, par. de Sautron.

Réf. et montres de 1428 à 1544, par. de Nozay et Sautron, év. de Nantes.

D'azur au croissant d'argent, accomp. de trois étoiles d'or.

Jean, hôte du duc à Nozay, anobli et franchi en 1445; Bernard, secrétaire du Roi en 1537.

ROC'H (LE), en français ROCHE (DE LA), s' de Gaincru, par. de Ruffiac, — de Lannic, par. de Pluvigner, — de Locmaria, par. de Landévan.

Anc. ext., réf. 1669, sept gén.; réf. et montres de 1426 à 1536, par. de Ruffiac et Pluvigner, év. de Vannes.

D'argent au léopard de sable, armé d'or et lampassé de gueules.

Guillaume, vivant en 1481, épouse Jeanne Dérien.

Roc'hcaëzre (du), sr dudit lieu, par. de Plouguer, — de Kervézec, par. de Saint-Hernin, — de Pratandour, — de Penfeunteun, — de la Villeneuve, — de Keravel, — de Botcol, — de Kerangal, — de Kerrolland, — de Restihouarn, — de la Bouëxière, — de Sainte-Marguerite.

Ext., réf. 1670, sept gén.; réf. et montres de 1481 à 1536, par. de Saint-Tromeur de Carhaix, Saint-Hernin et Corlay, év. de Cornouailles.

D'argent à trois croissants de gueules, *comme Coëtcodu*.

Pierre, vivant en 1481, épouse Marguerite de Combout, de la paroisse de Querrien.

Roc'hcongar (de), év. de Tréguier.

D'or à un cœur de gueules, chargé d'une étoile d'argent. (G. le B.)

Rochay (du), sr dudit lieu, par. de Pordic.

Réf. et montres de 1441 à 1543, dite par., év. de Saint-Brieuc.

D'argent à une molette de gueules, accomp. de trois mouchetures de sable. (*Blancs-Manteaux*.)

Roche ou Roche-Helgomarc'h (de la), sr dudit lieu, par. de Saint-Thoix, — de Kermoalec, par. de Saint-Thomas de Landerneau, — de Penanroz, par. du Tréhou, — de Kerbiléau et du Carpont, par. de Sizun, — de Kervélégan, par. de Briec.

Réf. et montres de 1427 à 1534, par. de Sizun, év. de Léon.

D'azur au dextrochère ganté d'argent, supportant un épervier de même, longé et grilleté d'or.

Jean, de la baillie de Cornouailles, devait un chevalier à l'ost du duc en 1294.

La branche de Kerbiléau, possédait la charge héréditaire de fauconnier des vicomtes de Léon, au XIIIe siècle.

La branche aînée fondue dans Rostrenen, puis Quélénec, Rosmadec et Mescouëz, en faveur desquels la seigneurie de la Roche a été érigée en marquisat, l'an 1576, *voyez* Mescouez (de). Ce marquisat a été possédé depuis par les familles Coëtanezre, Kernezne, Robien, Huchet, du Chastel, du Bot-du-Grégo et d'Amphernet-de-Pontbellanger.

Roche ou Roche-Héron (de la), sr dudit lieu, de Keroual et de Kervrac'h, par. de Pleyber-Christ, — de Launay, — de Kerambourg, — de Trémaugan, — de Gorréquer, — de Toulménou, — de Kerandraon.

Anc. ext., réf. 1670, sept gén.; réf. et montres de 1445 à 1534, par. de Pleyber-Christ, év. de Léon.

De sable semé de billettes d'argent, la première du chef chargée d'une hermine de sable, au lion morné d'argent, brochant sur le tout, *voyez* Carpont, Coëtlosquet et Penhoadic.

Yvon, vivant en 1481, père de Charles, vivant en 1500, marié à Catherine de Keraudy, dont : Guillaume, marié à Marie du Coëtlosquet, auteur des srs de Launay; 2º Louis, marié à Marie Gourcuff, auteur des srs de Kerandraon.

Cette dernière branche a produit un page du comte d'Artois en 1773, puis enseigne de vaisseau, blessé au mémorable combat de la *Surveillante*, en 1778, † 1822, contre-amiral et commandeur de Saint-Louis.

La branche aînée fondue dès le xv⁰ siècle dans Kervennec, d'où la terre de la Roche-Héron a passé par acquêt aux Le Gall, et successivement par alliance aux Conan, Guillotou, le Gualès et Potier de Courcy.

ROCHE (DE LA), sʳ dudit lieu, par. de Cuguen.

Réf. et montres de 1478 à 1513, dite par., év. de Dol.

De gueules à deux léopards d'or; *alias :* à la bande brochant (sceau 1400, *mss. Gaignières*).

Brice, croisé en 1202, se distingua au siège de Constantinople en 1204; Geoffroi, petit-fils du précédent, créé chevalier au combat des Trente en 1350; Guillaume, fils monsieur Brice, chevalier, vivait en 1400; Geoffroi, fils Guillaume, mentionné à la réformation de 1478, paroisse de Cuguen.

La branche aînée fondue dans Saint-Brice, puis Montbourcher. Moderne : Thierry.

ROCHE (DE LA), sʳ dudit lieu, év. de Vannes.

Porte un chien surmonté et soutenu d'une molette (sceau 1302).

Geoffroi, assesseur dans un prisage des biens d'Henri d'Avaugour en 1288, alloué de Rohan en 1302.

ROCHE (DE LA), sʳ dudit lieu, de la Touche, de Prémaigné, de Saint-Maudetz, de la Ville-Robin, du Bois-Aubert et du Moulin-Bénard, par. de Trébry.

Réf. et montres de 1423 à 1535, dite par., év. de Saint-Brieuc.

De sable à trois croissants d'argent.

Cette maison a fourni plusieurs capitaines et gouverneurs de Moncontour et s'est alliée aux Beaumanoir, Avaugour, Carné, Kergorlay, etc. Elle a encore produit : Christophe, chevalier de l'ordre du Roi, député de la noblesse de Saint-Brieuc pour la réformation de la coutume en 1580.

Fondu dans Freslon.

ROCHE (DE LA), sʳ dudit lieu, par. de Landéhen, — des Noës, — de la Cherquetière et du Pontgrossard, par. de Maroué, — de Saint-Glen, par. de ce nom, — de la Motte, par. de Montgermont.

Anc. ext., réf. 1668, sept gén.; réf. et montres de 1440 à 1569, par. de Maroué, év. de Saint-Brieuc, et Saint-Glen, év. de Dol.

D'argent au chevron de gueules, une fasce de même brochant. Devise : *Firmus ut rupes*.

Guillaume, vivant en 1440, père de Vincent, vivant en 1494, marié à Gillette Le Court.

ROCHE (DE LA), sʳ dudit lieu, de la Couaillerais et de la Binaye, par. de Langon, — de la Morinais, — du Trélo, par. de Carentoir, — de la Marchais, — du Baignon.

Anc. ext., réf. 1669, huit gén.; réf. et montres de 1427 à 1536, par. de Langon, év. de Vannes.

D'argent au griffon de gueules, armé, becqué et langué de sable.

Jean, vivant en 1427, père de Raoul, marié à Anne de Penhoët.

La branche du Trélo fondue dans Fournier.

Les sʳˢ de la Téhardière et de Buart, paroisse de Martigné-Ferchaud, déboutés à la réformation de 1669, ressort de Rennes.

ROCHE (DE LA), sʳ dudit lieu, par. de Saint-André-de-Treize-Voix, — de l'Espinay et de la Jasnière, par. du Bignon, — de Vouvantes, par. de Saint-Julien, — de la Desnerie et de la Verrière, par. de Saint-Donatien, — de la Rivière, par. d'Abbaretz, — de la Noë-Briord, de la Salle, de l'Aubinière et de la Toucheblanche, par. de Fresnay, — de la Brandaisière, par. de Sainte-Pazanne, — de la Forest, en Anjou, — des Gannuchères, par. de Treize-Septiers, dans les Marches, — de Chambrette, — de Mareil, par. de Sainte-Marie de Pornic.

Anc. ext. chev., réf. 1669, neuf gén., ress. de Nantes.

De gueules à trois rocs d'échiquier d'or.

Emery, sire de la Roche, marié à Isabeau Le Maignan, veuve en 1379; Mathurin, chevalier de l'ordre, capitaine de la noblesse de Nantes en 1544, épouse Claudine de la Boucherie; un conseiller au parlement en 1649; un gentilhomme de la chambre en 1652, chef d'escadre en 1667; deux pages du Roi en 1715 et 1771; un brigadier d'infanterie en 1748; un abbé de Ville-Dieu au diocèse de Dax en 1750; un abbé de Trisay au diocèse de Luçon en 1764; deux membres admis aux honneurs de la cour en 1787.

La branche de la Rivière fondue en 1604 dans Montmorency-Neuville.

ROCHE (DE LA), sr dudit lieu, par. de Saint-Marc-sur-Couësnon, — de la Mahonnière, — de la Fontaine.

Ext., réf. 1670, cinq gén.; réf. 1513, par. de Saint-Marc-sur-Couësnon, év. de Rennes.

D'or à la fasce d'azur.

Gilles, vivant en 1513, épouse Jeanne Botherel.

ROCHE (DE LA) (orig. de Touraine), sr des Vaux, — de Céry, — de la Ménardière, — marquis de la Groye, en Poitou, en 1722.

Maint. à l'intend. en 1702 et 1709, six gén., ress. de Nantes.

D'azur au lion accomp. en chef de deux fleurs de lys et en pointe d'une étoile, le tout d'or.

François, épouse vers 1520 Martine Isambert.

ROCHE (DE LA), sr de Fermoy.

Maint. par arrêt du parl. de 1759, ress. de Nantes.

Écartelé d'argent et de gueules, à quatre aiglettes de l'un en l'autre. (B. L.)

ROCHE (DE LA), sr de Tronjulien, par. de Plounévez-Lochrist, év. de Léon.

D'or à deux fasces de sable (G. le B.); *aliàs* : au franc canton de gueules chargé d'une quintefeuille d'argent, *comme Nobletz*.

Fondu en 1606 dans Kersaintgilly.

Le sr de Billiau, débouté à la réformation de 1670, ressort de Lesneven.

ROCHE (DE LA), d'or au rocher de sable (G. le B.)

ROCHE-BERNARD (DE LA), baron dudit lieu, par. de Nivillac, — sr de la Bretesche, par. de Missillac, — de Camsillon, par. de Mesquer, — de Faugaret, par. d'Assérac, — de Lohéac, par. de ce nom.

D'or à l'aigle éployée de sable, becquée et membrée de gueules (sceau 1298); *aliàs* : mi-parti de *Lohéac* et de *la Roche* (sceau 1306).

Bernard, baron de la Roche, père de Simon, fondateur en 1026 de l'abbaye de Saint-Gildas-des-Bois; Alain, croisé en 1248; Eudon, en épousant en 1298 Hermine, dame de Lohéac, prit le nom de Lohéac, et depuis cette époque la baronnie de la Roche-Bernard a été possédée successivement par les maisons de Montfort, Laval, Rieux, Coligny, Lorraine, Cambout, et par acquêt en 1744 Boisgeslin.

ROCHEBOUËT (DE), *voyez* GRIMAUDET.

ROCHE-CHÉNAST (DE LA), porte une bande cotoyée de deux lions (sceau 1346).

ROCHECHOUART (DE) (ramage de Limoges), vicomte dudit lieu, en Poitou, — prince de Tonnay-Charente, — duc de Vivonne et de Mortemart en 1650, — marquis de Faudoas, — baron de Chandenur et de Clermont, — comte de Maure, par. de ce nom, — marquis de Montaigu, dans les Marches, — s^r du Gué-au-Voyer et de la Seneschallière, par. de Saint-Julien-de-Concelles, — vicomte de Fercé, par. de ce nom, — s^r de Lorgeril, par. de Plorec, — de Quéhillac, par. de Bouvron, pair de France.

Fascé nébulé d'argent et de gueules de six pièces. Devise : *Ante mare, undæ.*

Aymeri, fils Giraud, fait une fondation à l'abbaye d'Uzerches en 1018; Aymeri, arrière-petit-fils du précédent, croisé en 1096; Josselin, croisé en 1239; Jean, cardinal en 1398.

Cette illustre maison, alliée en Bretagne aux Goulaine, Volvire, Rieux, Maure, Angier de Crapado et Budes, a encore produit : Louis-Victor, maréchal de France en 1674, général des galères et vice-roi de Sicile, † 1668, frère de la marquise de Montespan et père de Louis, général des galères; marié en 1679 à une fille du grand Colbert.

ROCHÉDEC, s^r de Kerlan, par. de Camlez.

Réf. et montres de 1481 à 1543, dite par. et par. de Ploumagoër, év. de Tréguier.

D'argent à un ours passant de sable, bridé d'or; écartelé d'or à deux pals de gueules ; *aliàs* : au chef d'or.

Fondu dans Balavenne.

ROCHE-DERRIEN (DE), s^r dudit lieu, par. de ce nom, év. de Tréguier, ville et château assiégé en 1347 et 1394.

Derrien, fils puîné d'Eudon, comte de Penthièvre, fonda le château de la Roche en 1070 et eut pour héritier Henri, comte de Guingamp, son neveu; Conan, sire de la Roche, fils juveigneur d'Henri qui précède, épousa Aliénor, et fut père 1° d'Eudes, croisé en 1218, † sans postérité et enterré à l'abbaye de Bégars; 2° de Plaisou, mariée en 1221 à Olivier, dont Jeanne, dame de la Roche, mariée vers 1269 à Bertrand Gouyon, sire de Matignon.

Depuis cette époque, la seigneurie de la Roche-Derrien a été possédée par les maisons de Bretagne, du Guesclin et de Rohan-Soubise.

ROCHEFORT (DE), *voyez* ROHAN (DE).

ROCHEFORT (DE), s^r dudit lieu et de Bodélio, par. de Rochefort, — baron d'Ancenis, — s^r de la Cathelinière, par. de Varades, — vicomte de Donges, — s^r d'Assérac, par. de ce nom, — du Henleix et de Béac, par. de Saint-Nazaire, — de Quéhillac, par. de Bouvron.

Réf. de 1426 à 1453, par. de Saint-Nazaire, Escoublac et Varades, év. de Nantes.

Vairé d'or et d'azur (sceau 1276); *aliàs* : trois fasces bretessées par le bas (sceau 1247).

Thibaut, vivant en 1247, épouse Anne de Neufville; Guy, sr du Henleix, l'un des chevaliers du combat des Trente en 1350; Guillaume, évêque de Léon, † 1373; Bonabes, évêque de Nantes, † 1396.

La branche aînée fondue en 1374 dans Rieux, d'où la seigneurie de Rochefort a appartenu aux maisons de Lorraine-Elbeuf, Larlan et Hay.

La branche du Henleix fondue en 1453 dans Rohan du Gué-de-l'Isle.

ROCHEFORT (DE), sr dudit lieu, par. de Langan, — de la Millours, par. de Pleudihen, — de la Rigourdaine, par. de Taden, — de la Fontaine-Saint-Père, par. de Plourhan.

Anc. ext., réf. 1670, cinq gén.; réf. et montres de 1423 à 1513, dites par., év. de Dol, Saint-Malo et Saint-Brieuc.

D'or au chef endenché d'azur, chargé de trois besants d'or.

Thomas, vivant en 1513, père d'Hardouin, marié à Gillette de Québriac.

La branche de la Rigourdaine fondue dans Lambert; la branche de la Fontaine-Saint-Père fondue dans Botherel.

ROCHEFOUCAULD (DE LA) (ramage de Lusignan), comte puis duc de la Rochefoucauld, en 1622, en Angoumois, duc de la Roche-Guyon en 1681, d'Anville en 1732, d'Estissac en 1737, — prince de Marcillac, en Poitou, — marquis de Liancourt, marquis de Montendre, — comte de Roye, de Roucy et de Randan, — sr de Barbezieux et de Vertueil, en Beauvoisis, — duc de Doudeauville, — marquis d'Espinay, par. de Champeaux, — sr de Quinipily, par. de Baud, — de Saint-Aignan et du Souché, par. de Saint-Aignan, pair de France.

Burelé d'argent et d'azur de dix pièces, *qui est Lusignan*, à trois chevrons de gueules brochant. Devise : *C'est mon plaisir*.

Foucaud, sr de la Roche, témoin à une donation faite à l'abbaye d'Uzerches en 1019; Aymar et Guy, père et fils soutinrent diverses guerres contre les comtes d'Angoulême de 1120 à 1170; Étienne, évêque de Rennes, † 1166 et enterré à Saint-Melaine. François, chambellan des rois Charles VIII et Louis XII et parrain du roi François Ier en 1494; Antoine, général des galères en 1528; quatre grands maîtres de la garde-robe; deux grands veneurs de France; deux cardinaux; grands aumôniers de France; deux lieutenants-généraux des armées navales; deux abbés de Beauport de 1678 à 1722.

ROCHE-HUON (DE LA), sr dudit lieu, par. de Trézélan.

Réf. et montres de 1463 à 1543, dite par., év. de Tréguier.

D'azur à trois tours crénelées d'or.

Alain, entendu dans l'enquête pour la canonisation de saint Yves en 1330.
Fondu en 1553 dans du Dresnay.

ROCHEJACQUELEIN (DE LA), *voyez* VERGIER (DU).

ROCHEJAGU (DE LA), sr dudit lieu, par. de Ploézal, — vicomte de Quemper-Guézennec, par. de ce nom.

Réf. 1427, par. de Ploézal, év. de Tréguier.

De gueules à cinq annelets d'or en sautoir, *voyez* COËTMEN.

Richard, marié à Gasceline de Montfort, devait un chevalier à l'ost du duc en 1294; Prigent, contribue au denier de la *croix* en 1270.

La branche aînée fondue dans Troguindy, puis du Parc et Péan, en faveur desquels la seigneurie de la Roche-Jagu a été érigée en bannière en 1451 ; elle a passé depuis aux d'Acigné et aux Richelieu et par acquêt aux Gonidec de Traissan.

Roc'hello (de), sr de Quenhuven, par. de Plunéret, — de Bourgerel, par. de Baden.

Anc. ext., réf. 1669, neuf gén. ; réf. et montres de 1426 à 1536, dites par., év. de Vannes.

De gueules à deux aigles affrontées d'argent, armées et becquées d'or, soutenues d'une grande fleur de lys de même, *voyez* du Faou et Royer.

Jean, vivant en 1427, épouse Alliette du Cosquer.

Roche-Macé (de la), *voyez* Macé.

Roche-Morice, en breton Roche-Morvan (de la), trève de la par. de Ploudiry, év. de Léon.

Château fort, fondé en 800 par Morvan, comte de Léon et depuis roi des Bretons, séjour ordinaire des anciens comtes de Léon, possédé depuis 1363 par la maison de Rohan.

Roche-Moysan (de la), baron dudit lieu, par. d'Arzano, év. de Vannes.

Geoffroi en procès avec Sybille de Beaugency, abbesse de la Joie en 1282.

Fondu dans Gauvaing, d'où la baronnie de la Roche-Moysan a passé successivement aux Clisson, Vendôme et Rohan-Guémené.

Rochéon (de la).

D'azur à la fasce d'argent, accomp. de trois quintefeuilles de même (arm. de l'Ars.), *comme* Portes (des).

Roche-Périou, sr dudit lieu, par. de Priziac, év. de Vannes.

Périou, fils Budic-Castellin, comte de Cornouailles, vivant en 1022, fonda le château de la Roche, assiégé en 1342 par Edouard III d'Angleterre et en 1364 par Jean de Montfort. Guégant, fils Périou, sr de Guéméné a fait la souche des Guégant de l'évêché de Cornouailles ; Jégou, écuyer dans une montre de 1356.

Fondu dans Rohan, puis Beaumez, Longueval et de nouveau Rohan, par acquêt en 1377.

Rochequairie (de la), *voyez* Robineau.

Rocher (du), sr du Quengo, par. de Brusvily, — du Pargat, — de la Haye, — du Dilly, — de Bourgneuf.

Anc. ext., réf. 1669, neuf gén. et maint. à l'intend. en 1701 ; réf. et montres de 1440 à 1513, par. de Brusvily, Trélivan et le Hinglé, év. de Saint-Malo et Dol.

D'azur à la bande d'argent, accostée de deux molettes de même.

Engilbert, témoin d'une donation de Gédouin de Dol au prieuré de Combourg en 1080 ; Rolland, sr du Quengo, vivant en 1440, père de Jean, marié vers 1478 à Marquise de la Vallée.

Rocher (du), sr dudit lieu, par. de Pléven, — de Boisbouan, par. de Pluduno, — de Saint-Rivoul, par. de Plénée-Jugon, — du Plessix-Gautron, par. de Sévignac.

Anc. ext., réf. 1668, cinq gén. ; réf. et montres de 1441 à 1535, par. de Pléven et Pluduno, év. de Saint-Brieuc.

D'argent au greslier de sable, accomp. en chef d'une tête de léopard de même, lampassée de gueules.

<small>Robert, épouse vers 1500, Marie de Lesquen; un volontaire au combat de Saint-Cast en 1758; un chef de division des armées navales en 1786.</small>

ROCHER (DU), s^r de la Gailleule, par. de Saint-Laurent-des-Vignes.

Réf. de 1427 à 1513, dite par., év. de Rennes.

De gueules à trois écussons d'or.

<small>Fondu dans Marquer.</small>

ROCHER (DU), s^r de la Rallais, par. de Lanvallay.

Ext., réf. 1671, cinq gén., ress. de Dinan.

D'azur à trois roses d'argent en chef et une coquille de même en pointe.

<small>François, épouse vers 1513, Anne de Kerduel.</small>

ROCHER ou ROCHIER (DU), s^r de Beaulieu, — de la Provostais, — du Lestier, par. de Béganne.

Ext., réf. 1669, sept gén., ress. de Ploërmel.

D'argent à la fasce de gueules, accomp. de deux coquilles de sable en chef et d'une molette de même en pointe.

<small>Guillaume, épouse vers 1475, Guillemette Le Bascle.
On trouve Guillaume, de la paroisse de Redon anobli en 1442; mais nous ne savons s'il est l'auteur de cette famille.</small>

ROCHER (DU), s^r de Vauguérin, par. de Saint-Aubin-des-Châteaux, — du Rouvre, par. de Rougé.

D'azur au rocher d'argent, au chef d'hermines.

<small>Un maire de Nantes en 1747; un auditeur des comptes en 1782.</small>

ROCHÈRE (DE LA), s^r dudit lieu et de la Rouaudière, par. de Domalain, — des Mesnils, par. de Bréal, — de la Morinaye, — de Launay.

Anc. ext., réf. 1669, huit gén.; réf. et montres de 1427 à 1513, dites par., év. de Rennes et Saint-Malo.

De sable à trois corneilles d'argent.

<small>Jean, homme d'armes, dans une montre de 1420 pour le recouvrement de la personne du duc, épouse Thomine de Saint-Malon.</small>

ROCHEREUL, s^r de Trégu, du Cleuz et du Plessis, par. de Saint-Nazaire, — de Promarzein, par. de Guérande.

Déb., réf. 1669, ress. de Guérande.

<small>Jean, procureur du Roi à Guérande, marié à Marie Huré, veuve en 1669, père et mère de Georges, aussi procureur du Roi en 1696.</small>

ROCHEROUSSE (DE LA), s^r dudit lieu, par. de Quessoy, — du Quartier, par. de Plœuc, — de Penanros, par. de Nizon, — de Kerangoff, — du Coëtmen, — de Penanrun, par. de Trégunc.

Anc. ext., réf. 1669, sept gén.; réf. et montres de 1469 à 1562, par. de Plœuc, Saint-Brandan et Nizon, év. de Saint-Brieuc et Cornouailles.

De gueules à trois fleurs de lys d'argent, une étoile d'or en chef (sceau 1380), *voyez* BOISGLÉ et LA CORNILLIÈRE.

Guillaume, écuyer dans une montre de 1370; Pierre, juveigneur, vivant en 1469, épouse Henriette de Rueneuve, dame de Penanros.

La branche aînée fondue au XVe siècle dans Kerimerc'h ; moderne : Halegoët, puis Plancher.

ROCHES (DES) (orig. du Poitou, maint. au conseil en 1675), sr de Chassay, — de Marit, — de la Broussardye.

D'azur à la lance d'or, brisée et posée en bande. Devise : *Lancea rupta pro rege et patriâ*.

Daniel, anobli en 1663 pour services rendus aux sièges de Hesdin, Termes, Globeux, la Rochelle, Tours et Cognac, depuis 1628.

Cette famille s'est alliée en Bretagne aux Le Fruglais et Normand de Lourmel.

ROCHE-SUHART (DE LA) (ramage de Penthièvre), sr dudit lieu, par. de Trémuzon, — de Kertanguy, par. de Cohiniac, — vicomte de Plourhan, par. de ce nom.

Eudes, dit *le Vicomte*, père de Suhart, fondateur du château de la Roche en 1190; Eudes, fils aîné du précédent, eut pour fille et héritière Plézou, dame la Roche-Suhart, mariée à Guillaume le Borgne, fils du sénéchal de Goëllo; Geoffroi, fils puîné de Suhart, vivant en 1220, fut père de Suhart, dit *le Vicomte*, dont les descendants ont gardé le nom; *voyez* VICOMTE (LE).

Une autre branche, qui avait retenu le nom de Suhart, a fini à Isabelle Suhart, pauvre damoiselle, et la maison de la Ville-Ermel où elle demeure, paroisse de Ploufragan, ne contribue en rien, à la réformation de 1441.

La seigneurie de la Roche-Suhart a été possédée depuis les le Borgne par les maisons de Dinan-Montafilant et de Laval, et par acquêt en 1542, par les de Brosse-Penthièvre.

ROC'HMÉLEN (DE), sr dudit lieu, par. de Pommerit-Jaudy, év. de Tréguier.

D'azur au cygne d'argent, becqué et membré de sable. (G. le B.)

Fondu dans Trogoff.

ROCHON (orig. de Flandres), sr de Fournoux, — de la Roche.

D'azur à une bande d'or, chargée de trois étoiles de gueules, et accomp. de deux chevrons raccourcis d'argent (arm. 1696).

Un aide-major des ville et château de Brest en 1741, père : 1º d'un colonel au régiment de Bresse, puis général de brigade, † 1796; 2º d'un astronome et navigateur distingué, † 1817.

ROC'HUEL (DE) (ramage de Trogoff), sr dudit lieu, — de Kertanguy, — de Doudron, par. de Plouégat-Moysan.

Réf. et montres de 1441 à 1543, par. de Plougonven et Plouégat, év. de Tréguier.

Fascé d'argent et de gueules de six pièces, *voyez* TROGOFF.

Fondu dans du Dresnay.

ROCQUET ou ROQUET, *voyez* TRIBOUILLE (DE LA).

ROCQUEL, *voyez* ROQUEL.

RODALVEZ (DE) (ramage de la Fosse), sr dudit lieu, — de Trogurun, par. de Languengar.

Réf. 1446, par. de Languengar, év. de Léon.

D'azur à la fasce d'or, chargée d'une roue de gueules, *voyez* LA FOSSE, KERROSVEN et PEN.

Dérien, épouse en 1352 Alix de Coëtivy. Moderne : Coëtanlem.

RODELLEC (LE), sr du Porzic, par. de Quilbignon, — de Mestiniou, — de Trémoguer, par. de Ploudaniel, — de Pencaroff, — de Lesnon, par. de Plougastel-Daoulas, — de Kerandraon, par. de Lanneufret, — de Kerléan, par. de Brélès.

Ext. réf. 1669, six gén.; réf. et montres de 1481 à 1538, par. de Quilbignon, év. de Léon.

D'argent à deux flèches tombantes d'azur, posées en pal. Devise : *Mad ha léal.* (Bon et loyal) ; et aussi : *Cominùs et eminùs feriunt.*

<small>Hervé, franc de fouages en 1471, père de Pierre, archer de la garnison de Brest, marié en 1486 à Gillette de Touronce, de la maison de Coëtmanac'h.</small>

ROË (DE LA), sr de Coësmes, par. de ce nom, — de Ménéhorre, par. de Ploumagoër.

D'argent à dix tourteaux de sable, 4. 3. 2 et 1. (G. le B.)

<small>Claude, dame de Coësmes, épouse en 1555 Jean du Refuge.</small>

ROGAVE (DE LA).

De gueules à cinq besants d'or en sautoir (G. le B.), *comme Portebise.*

ROGER (orig. de Picardie), sr de Vavincourt, — de la Gabardière.

Maint. par arrêts du parl. de 1740 et 1768, quatre gén., ress. de Guérande.

D'argent à la bande d'azur, cotoyée en chef de deux étoiles et en pointe d'une rose, le tout de gueules.

<small>Augustin, page d'Henri III, puis capitaine de Lamballe pour le duc de Mercœur, marié à Jacquemine Quiangon, tua d'une arquebusade le célèbre la Noue *Bras de fer,* au siége de Lamballe en 1591; René, gentilhomme de la chambre, chevalier du Saint-Sépulcre en 1669.</small>

ROGER (orig. du Maine), sr de la Mouchetière, — de la Jarrie, par. de la Chapelle-Basse-Mer.

D'azur à un phénix d'argent, regardant un soleil d'or. (B. L.)

<small>Un lieutenant général de l'amirauté en 1762, colonel de la milice bourgeoise et maire de Nantes en 1770.</small>

ROGIER, sr de Kerancharu, — de Kergaro, de Kermodetz et de Kergo, par. de Quemper-Guézennec, — de la Grandville.

Maint. à l'intend. en 1701, cinq gén.; réf. 1543, par. de Quemper-Guézennec, év. de Tréguier.

D'azur à trois têtes de léopard d'or.

<small>Jean, sr de Kergaro, épouse avant 1546 Julienne de Kergozou.</small>

ROGIER, sr de la Lande, par. de Trans, — du Cléyo, par. de Campénéac, — comte des Chapelles en 1639, — comte de Villeneuve en 1640, — baron de Callac en 1645, par. de Plumelec, — comte du Crévy en 1697 et sr de Tréviguet, par. de la Chapelle-sous-Ploërmel, — marquis de Kervéno, par. de Pluméliau, — sr de Baud, par. de ce nom, — de la Guerche, — de Pérouse, — de la Touche.

Ext., réf. 1668, six gén.; réf. et montres de 1427 à 1513, par. de Trans, év. de Rennes, Campénéac et Merdrignac, év. de Saint-Malo.

D'argent au greslier de sable, enguiché, lié et virolé de gueules, accomp. de cinq hermines de sable, 2 et 3.

<small>Jean, de la paroisse de Trans, dit être franc de fouages, à la réformation de 1427 et a apparu lettres d'anoblissement ; Jean, conseiller du duc, époux d'Isabeau Pivert, a été anobli et se gouverne noblement à la réformation de 1478 ; Gilles, s^r du Cléyo, fils des précédents, vivant en 1513, épouse Raoulette Le Charpentier, dont : 1° Jean, sénéchal de Ploërmel en 1560, procureur-général en 1581, auteur des s^{rs} du Cléyo, de Villeneuve et de Kervéno, qui ont produit deux présidents à mortier et plusieurs conseillers au parlement depuis 1603 ; 2° Pierre, auteur des s^{rs} du Crévy, qui ont produit un gouverneur de Malestroit en 1613, un évêque du Mans de 1712 à 1723 et une abbesse de Kerlot en 1738.</small>

ROGIER (orig. du Poitou), s^r de Marigny, — d'Irais, — de Rothemond, — de Belleville, — de la Chaise.

D'argent au léopard de sable armé de gueules, accomp. en chef de deux roses de même, et en pointe d'un fer de roquet de sable ; *aliàs* : d'azur à trois roses d'or.

<small>Jean, conseiller au présidial de Poitiers en 1530, père de Jean, avocat-général au parlement de Bretagne en 1568, président à mortier en 1573; Martin, abbé de Villeneuve en 1571.</small>

ROGIER (orig. d'Anjou), s^r de Champagnoles, — de la Réauté, — de Kerdéozer.

D'argent à trois léopards lionnés de sable, au chef de même chargé de trois roses d'argent.

<small>Un commandant des ville et château de Brest en 1689.
Cette famille et la précédente paraissent avoir la même origine.</small>

ROGON, s^r de la Ville-Rogon, par. d'Erquy, — du Bois-Rogon, par. de Plurien, — de la Villebargouët et de la Chesnaye, par. de la Bouillie, — du Tertre, par. de Morieux, — de Coaguel, — du Parc, — de la Plesse, — de Kertanguy, — de Saint-Rieu, — de la Villeroux, — du Boismorin, — de Kermartin, — de la Villéon, — de la Ville-Guessio, — des Hayes, — de la Tandourie, par. de Corseul, — de la Porte-Verte, — du Frétay, — de la Villehingant, — des Gautrais, — de Carcaradec, par. de Ploulec'h, — de Keryvon, par. de Buhulien, — de Portz-Jézégou, par. de Saint-Michel-en-Grève, — de Coëtquis, par. de Servel, — de Beaubois et de la Sourdinais, par. de Drefféac, — du Pezron, — de Cadouzan, par. de Saint-Dolay, — de Bellebat, par. de Crossac, — de la Gravelle, par. de Saint-Gildas-des-Bois, — du Bodiau, par. de Pontchâteau, — de la Guittenaie, par. de Guenrouët, — de Tréméleuc, par. de Guérande.

Anc. ext. chev., réf. 1669, neuf gén., et maint. à l'intend. en 1702; réf. et montres de 1423 à 1513, par. d'Erquy, Plurien, la Bouillie et Morieux, év. de Saint-Brieuc.

D'azur à trois roquets d'or.

<small>Pierre, vivant en 1380, épouse Julienne Piron, de la maison de la Pironnais, paroisse de Cesson, dont : Guillaume, marié en 1430 à Guillemette de Plorec, compris parmi les nobles de Lamballe qui prêtent serment au duc en 1437. De ce mariage : 1° Jacques, s^r de la Ville-Rogon, auteur des s^{rs} de Carcaradec, qui ont produit un page du Roi en 1729 et un maréchal de camp en 1792; 2° Jean, s^r du Bois-Rogon, auteur de la branche établie en l'évêché de Nantes, qui a produit : Julien, s^r de Cadouzan, appelé à l'arrière-ban de Nantes en 1557.</small>

Rogues (orig. d'Anjou), sʳ de la Poëze, du Boisbenoit et des Montils, par. de Vallet, — du Jaulnay.

    Déb., réf. 1668, et à l'intend. en 1704, ress. de Nantes.

    D'argent à la croix de gueules, cantonnée de quatre aiglons de sable (arm. 1696).

    François, docteur en médecine, marié vers 1550 à Jeanne Phocippon, obtint en 1570 du roi Charles IX, lettres de sauvegarde portant défense de piller sa maison de la Poëze; Charles, exempt des gardes-du-corps du Roi en 1653.

Rohan (de) (ramage des comtes de Porhoët), vicomte, puis duc de Rohan en 1603, — vicomte, puis prince de Léon en 1572, — sʳ de Châteauneuf-en-Timeraie, au Perche, — de Noyon-sur-Andelle, en Normandie, — de Landerneau, — de Daoulas, — de Coatmeal, par. de ce nom, — de la Joyeuse-Garde, par. de la Forêt, — de la Roche-Morice, par. de Ploudiry, — de Quéménéven, par. de ce nom, — du Stang, par. de Pluguffan, — des Salles, par. de Cléguérec, — de Pontivy, par. du Cohazé, — baron de Pontchâteau, — marquis de Blain en 1660, — sʳ de la Garnache et de Beauvoir-sur-Mer, en Poitou, — baron de Clisson, — comte de Porhoët, — prince de Guémené en 1570, — sʳ de Rustéphan, par. de Nizon, — baron de la Roche-Moysan, par. d'Arzano, — sʳ de Tréfaven, par. de Plomeur, — de Kerouazle, par. de Guiler, — prince de Montauban, — duc de Montbazon, en Touraine, en 1588, — prince de Rochefort-sur-Yveline, — sʳ de Coëtmeur et de Daoudour, par. de Plougourvest, — de Kermilin, par. de Trefflaouënan, — comte de Seizploué (sous le nom de Maillé), par. de Plounévez-Lochrist, — baron de Frontenay (érigé en duché sous le nom de Rohan-Rohan en 1714), et prince de Soubise, en Saintonge, — sʳ de Gié et du Verger, en Anjou, — vicomte de Fronsac, en Guyenne, — sʳ de Penhoët, par. de Saint-Thégonnec, — du Gué-de-l'Isle, par. de Plumieux, — du Poulduc, par. de Saint-Jean-Brévelay, — de Trégalet, par. de Plonéour, — de la Chasteigneraye, par. de Campénéac, — du Henleix, par. de Saint-Nazaire, — de Peillac, par. de ce nom, — de Kerjean, par. de Piriac.

    Anc. ext. chev., réf. 1669, seize gén.; réf. et montres de 1426 à 1536, par. de Cléguérec, Plomeur et Saint-Jean-Brévelay, év. de Vannes, Pluguffan, Plonéour et Nizon, év. de Cornouailles, Plumieux, év. de Saint-Brieuc, et Campénéac, év. de Saint-Malo.

    De gueules à neuf macles d'or, 3. 3. 3. (sceau 1222); *aliàs* : à la bande d'argent brochant (sceau 1298) pour la branche du *Gué-de-l'Isle*; *aliàs* : un lion à la bordure nébulée (sceaux de 1204 à 1216). Devise : *A plus*, ou *Plaisance*; *aliàs* : *Roi ne puis, duc ne daigne, Rohan suis.*

    Alain, fils juveigneur d'Eudon, comte de Porhoët, bâtit le château de Rohan en 1105; Alain, dit *le jeune*, se croisa en 1180; Alain, époux de Jeanne de Rostrenen, tué à la bataille de la Roche-Derrien en 1347.

    Parmi les grands hommes produits par cette maison, plusieurs fois alliée à celle de Bretagne et à d'autres maisons souveraines, on trouve : Pierre, maréchal de France, dit le maréchal de Gié, † 1514; Charles, fils du précédent, grand échanson de France, gouverneur de Touraine en 1498

Pierre, Hercule et Louis, successivement grands veneurs de France, le dernier décapité en 1674 pour crime de lèse-majesté; Charles, maréchal de France, dit le maréchal de Soubise, † 1787; sept lieutenants-généraux des armées du Roi de 1677 à 1815; un vice-amiral en 1784; des gouverneurs de provinces, des chevaliers de l'Hermine et des ordres du Roi; des chevaliers tués aux siéges ou batailles de Fougères en 1449, de Saint-Aubin-du-Cormier en 1488, de Pavie en 1525; un grand maître de Malte en 1775; des cardinaux, archevêques, évêques et abbés, parmi lesquels l'église de Bretagne compte : Geoffroi, évêque de Vannes, puis de Saint-Brieuc, † 1374; Josselin, évêque de Saint-Malo, † 1388; Claude, évêque de Cornouailles en 1510, † 1540; et l'église de France : un évêque d'Angers, puis archevêque de Lyon, † 1532; un archevêque de Rheims en 1722; quatre évêques de Strasbourg, cardinaux et grands aumôniers de France de 1704 à 1790; un archevêque de Bordeaux en 1770, transféré à Cambrai en 1781; un archevêque de Besançon en 1829; un abbé de Saint-Aubin d'Angers en 1500; des abbés de Moustier en Argone (Châlons-sur-Marne), de Saint-Vaast (Arras), de Foigny (Laon), de la Chaise-Dieu et de Manlieu (Clermont), d'Humblières (Noyon), de Mouzon (Rheims); des abbesses de la Trinité de Caen (Bayeux), de Malnoue (Paris), de Jouarre (Meaux), et d'Origny (Laon), de 1650 à 1790.

Seize membres admis aux honneurs de la cour depuis 1734.

Un volontaire pontifical, blessé à Castelfidardo en 1860.

La branche aînée fondue en 1517 dans les Rohan-Frontenay, et de ceux-ci dans la maison de Chabot, par le mariage en 1645 de Marguerite, duchesse de Rohan, avec Henri Chabot, sr de Sainte-Aulaye, avec substitution expresse des nom et armes de Rohan aux enfants à naître de ce mariage, ce qui a été exécuté, et le titre du duché a été renouvelé en 1652 en faveur dudit sr de Chabot, dont les descendants existent encore. *Voyez* CHABOT.

La branche de Guémené, qui existe encore, est issue de Charles, † 1438, fils puîné de Jean, vicomte de Rohan, et de Jeanne de Navarre, marié à Catherine du Guesclin, d'où sont sortis les ducs de Montbazon, les princes de Soubise, éteints en 1787, les srs de Gié et de Frontenay, éteints, et les princes de Rochefort, qui existent aujourd'hui.

La branche du Gué-de-l'Isle avait pour auteur Eon, fils puîné d'Alain, vicomte de Rohan, et de Thomasse de la Roche-Bernard, marié vers 1311 à Aliette du Gué-de-l'Isle. Cette branche s'est fondue dans la Feillée, puis Rieux.

La branche de Trégalet et du Poulduc, issue de la précédente par Jean, fils puîné de Jean, sr du Gué-de-l'Isle, † 1493, et de Gillette de Rochefort, s'est fondue en la personne d'un grand maître de Malte en 1775, † 1800, frère de Pélagie, mariée en 1737, dans la maison du Groësquer.

ROHAULT, sr de Villeneuve.

Déb., réf. 1668, ress. de Saint-Malo.

ROI ou ROY (LE), sr du Ponceau, par. de Ligné.

Voyez PONCEAU (DU), dont cette famille a gardé le nom.

ROI (LE), sr du Chastellier, par. de Messac, — du Plessix-Raffray, par. de Domagné, — de Mauperthuis.

D'or à deux fleurs de lys rangées d'azur. (G. le B.)

Thomas, évêque de Dol et abbé de Landévennec, † 1524, anobli en 1522, ainsi que Raoul son neveu et les enfants de ce dernier; un procureur syndic de Rennes en 1612.

Les srs du Bois-Farouges, paroisse d'Amanlis, et de la Haye, paroisse de Betton, déboutés à la réformation de 1669, ressort de Rennes.

ROI (LE), sr de la Guichardais, de la Rochegestin et de la Danais, par. de Carentoir, — du Vauglé, par. de Plumaugat, — de la Prévostais, par. de la Chapelle-sous-Ploërmel, — de la Touche-Moissière, par. de Ménéac.

Déb., réf. 1669; réf. 1536, par. de Carentoir, év. de Vannes.

D'argent au croissant de gueules, accomp. de trois roses de même. (G. G.)

Roi (LE), s^r de la Durantais et de la Brosse, par. d'Épiniac, — de Brégerac, par. de Créhen, — de la Cordonnaye, — de la Ville-Geffroi, — de la Trochardays, — de la Vieuville, — de Vauhérault, — de la Fardelais, par. de Ploubalay, — de la Rivière, — du Guébriant, par. de Tressé.

Ext., réf. 1669, huit gén. et maint. à l'intend. en 1699; réf. et montres de 1478 à 1513, par. d'Épiniac, év. de Dol et Créhen, év. de Saint-Malo.

D'azur à l'épervier contourné d'or, surmonté d'une fleur de lys de même.

Robin, de la paroisse d'Épiniac, anobli en 1460; Jean, vivant en 1478, épouse Honorée l'Abbé, dame de Brégerac.

Roi (LE), s^r de la Noë.

D'argent à l'aigle de gueules, becquée et membrée d'azur, à la bordure de même (arm. 1696).

Un échevin de Nantes en 1686.

Roi (LE), s^r de Kervilléon, par. de Plouzélembre, — de Kerbras.

Déb., réf. 1668, ress. de Morlaix.

D'azur au lion d'or (arm. 1696).

On trouve Thomas, de la paroisse de Pleyben, anobli en 1476, archer dans une montre de 1481, dite paroisse de Pleyben.

Roi (LE) (orig. d'Anjou, maint. au conseil en 1668), s^r de la Potherie, — de Bacqueville, — comte de Chalain en 1748.

D'azur au chevron d'or, accomp. de trois ombres de soleil de même (arm. 1696).

Charles, maître d'hôtel de la reine Marie de Médicis en 1610; deux conseillers au parlement en 1685 et 1728; un page du Roi en 1753; un commandeur de Saint-Lazare en 1779. Cette famille s'est alliée en Bretagne aux Boislève, le Prestre et Lantivy.

Roi (LE), s^r de Keralno, — de Cardinal, par. de Guérande, — de Mirou, — du Plessis-Breton.

Ext., réf. 1669, trois gén., ress. de Guérande.

D'azur à l'épée d'argent en pal, la pointe en bas.

Jean, capitaine du Croisic, anobli en 1645; Jean, maître des comptes en 1645.

ROIGNANT, s^r de Kerangall, par. de Plabennec.

Réf. et montres de 1426 à 1538, dite par. et par. de Lannilis, év. de Léon.

D'azur au gantelet d'argent mis en pal, *comme Kerroignant et Kerguvelen*.

Depuis le XVe siècle, deux branches de cette famille ont pris le nom de Kerroignant, *voyez* KERROIGNANT (DE).

ROLLAND, s^r de Kertison, par. de Noyal-Pontivy, — du Porto, — de Kerdalan, par. de Baden.

Réf. et montres de 1448 à 1536, dites par., év. de Vannes.

D'azur à trois coquilles d'or (arm. de l'Ars.).

Guillemot, de la paroisse de Noyal, franc et exempt, à la réformation de 1448, combien qu'il vende vin en détail.

Le s^r du Moustoir, débouté à la réformation de 1669, ressort de Vannes.

ROLLAND, s^r de Carcouët, par. de Plestan, — de Belorient, par. de Trébry, — de la Normandais, par. de Broons, — des Aulnais, — du Noday et du Mesnil, par. de Trémeur, — du Rocher, — du Merlandé, — de Rangervé, par. de Sixte, — du Chesne-Gouar, — de la Foulais.

Anc. ext., réf. 1669, neuf gén. et maint. par les commissaires en 1699; réf. et montres de 1444 à 1535, par. de Plestan et Trébry, év. de Saint-Brieuc, Broons et Trémeur, év. de Saint-Malo et Tréméheuc, év. de Dol.

D'argent au chevron de gueules, accomp. de trois molettes de même (sceau 1374).

Eon, ratifie le traité de Guérande en 1381; Jean, fils d'Eon, échanson d'Artur, comte de Richemont, envoyé en Angleterre pour traiter de la rançon de Jean de Blois en 1387; Bertrand, arrière petit-fils de Jean, vivant en 1479, épouse Catherine de Rosmar; Olivier, auteur de la branche du Noday, vivant en 1479, épouse Jeanne de la Motte ; un lieutenant des maréchaux de France à Ploërmel en 1775.

La branche de Carcouët fondue vers 1460 dans la Moussaye.

ROLLAND, s^r de la Touche et de la Chesnaye, par. de Talensac, — de la Louays, — de Saint-Péran, — de la Haye.

Anc. ext., réf. 1668, huit gén.; réf. et montres de 1427 à 1513, par. de Talensac, év. de Saint-Malo.

D'argent à trois gresliers de sable, enguischés et virolés de même, *comme la Chapelle*.

Guillaume, vivant en 1472, épouse Sereine Le Métayer.

ROLLAND, s^r de Kerbrézellec, par. de Plestin.

Montre 1481, par. de Goudelin, év. de Tréguier.

D'argent à trois gresliers de sable (G. le B.), *comme les précédents*.

Jean, de la paroisse de Goudelin, anobli en 1480.

Le s^r de Keruzadoc, paroisse de la Roche-Derrien, débouté à la réformation de 1670, ressort de Lannion.

ROLLAND, s^r de la Ville-Basse et de Perrimorvan, par. de Pludual, — de Beauregard, — du Tertre, — de Kerson.

Ext., réf. 1669, six gén.; réf. et montres de 1513 à 1543, par. de Pludual, év. de Saint-Brieuc.

D'or au greslier lié de sable, accomp. de trois annelets de même; *aliàs*: écartelé de *Pouënces*.

Guillaume, s^r de la Ville-Basse, dont les prédécesseurs sont partables, épouse vers 1480, Isabeau Pouënces, dont Sylvestre, marié en 1506 à Jeanne Poulard.

Les trois familles qui précèdent paraissent avoir la même origine.

ROLLAND, s^r de Kerloüry, par. de Plounez, — de Kermarquer, par. de Penvénan, — de Kerhuelvar, — du Roscouët, — de Coëtmen, — de Kerénez, — de Kermainguy, — de Saint-Jean.

Anc. ext., réf. 1668, six gén. et maint. à l'intend. en 1704; réf. et montres de 1469 à 1513, par. de Ploubalaznec et Plounez, év. de Saint-Brieuc.

D'argent à trois aiglons d'azur, membrés et becqués d'or.

<small>Raoul, vivant en 1400, père 1º d'Alain, marié à Guyonne Quémarec, 2º de Raoul, évêque de Tréguier, † 1441, 3º d'Olivier, chantre de Dol.
Un brigadier d'infanterie en 1770.</small>

ROLLAND, réf. et montres de 1448 à 1503, par. de Trébabu, év. de Léon.

D'argent à une quintefeuille de gueules, *comme Lancelin.*

ROLLAND, sʳ de Kerinizan, par. de Plounéventer, év. de Léon.

D'argent au pin d'azur, écartelé de *Kerinizan.*

<small>Jean, de la paroisse de Plougar, anobli en 1444.</small>

ROLLAND, sʳ de Coëthual, par. de Plouguernével, de Keriergarz, par. de Paule, — de Kergonnien.

Réf. et montres de 1426 à 1481, dites par., év. de Cornouailles.

D'argent au cyprès de sinople, le tronc accosté de deux étoiles de gueules, surmontées chacune d'une merlette de sable. (G. le B.)

ROLLAND, sʳ de Lestéven, par. de Pouldergat, — des Noës, — de Kergoualezre, par. de Crozon, — de Kerdérien.

Déb., réf. 1669 et à l'intend. en 1712, ress. de Quimper et Chateaulin.

ROLLÉE, sʳ de la Moinerie, — de Rigny, — châtelain de la Croisille en 1643, par. de Saint-Symphorien.

Ext., réf. 1669, trois gén., ress. de Rennes; *à patre et avo.*

D'azur à la licorne rampante d'argent; *aliàs* : de gueules à la licorne d'or.

<small>Nicolas, référendaire en 1588; Pierre, référendaire en 1601; deux maîtres des comptes en 1619 et 1650.
Fondu dans Lambilly.
Le sʳ du Breil, paroisse de Petit-Mars, débouté à la réformation de 1669, ressort de Nantes.</small>

ROLLON (orig. de Normandie), sʳ de la Villeneuve, — de la Chasteigneraye, — de la Roche, — de la Motte, de la Grandmaison et la Coste, par. d'Allineuc.

Ext., réf. 1670, cinq gén. et maint. à l'intend. en 1702, ress. de Saint-Brieuc.

De gueules à trois fasces d'or, chargées chacune d'une merlette de sable.

<small>Fiacre *aliàs* : Jacques, épouse en 1550, Nicole de Limoges.</small>

ROMELIN (DE), sʳ dudit lieu et de Launay, par. de Saint-Grégoire, — de Millé, par. de Mélesse, — des Loges, — de la Talmouzière, par. de Montgermont, — de la Lande, par. de Pacé.

Réf. de 1427 à 1513, par. de Saint-Grégoire, Mélesse et Montgermont, év. de Rennes.

D'argent à la bande d'azur, chargée de quatre besants d'or.

<small>Pierre, commissaire pour la réformation des fouages de Rennes en 1427; Pierre, sénéchal et Jean connétable de Rennes en 1473 et 1551; Gilles, conseiller au parlement en 1604.
La branche de la Lande fondue dans le Rouge, puis Coëtlogon.</small>

ROMILLEY (DE) (orig. de Normandie), sʳ dudit lieu et de Sacé, en Avranchin, — marquis de la Chesnelaye en 1641, par. de Trans, — comte de Mausson, par. de Landivy, au Maine, — sʳ d'Houdan, — d'Entremonts, — marquis d'Ardaine en 1684, par. de Saint-Georges de Reintembault, — sʳ de Forestz, par. de Rimou, — du Pontglo, par. de Pleumeur-Gautier, — de la Chapelle-Hamelin.

Anc. ext. chev., réf. 1669, dix gén.; réf. de 1427 à 1543, par. de Trans, Saint-Georges, Rimou et Pleumeur-Gautier, év. de Rennes, Dol et Tréguier.

D'azur à deux léopards d'or l'un sur l'autre, armés, lampassés et couronnés de gueules (sceau 1392).

Robert, accompagne le duc Guillaume à la conquête d'Angleterre en 1066; Geoffroi, capitaine de Saint-James de Beuvron en 1359; Jean, premier écuyer du roi Charles VI en 1403; Jean, vice-chancelier du duc François II, † 1480; Jean, gouverneur de Fougères, épouse en 1485 Marie, dame du Pontglo; François, chevalier de l'ordre, gentilhomme de la chambre et maréchal de camp en 1649, épouse en 1637, Charlotte de Poilley; des capitaines de cinquante et cent hommes d'armes d'ordonnances; deux chevaliers de Malte en 1645 et 1717; un abbé de Lire, au diocèse d'Évreux en 1282; un abbé de Maizières, au diocèse de Chalons-sur-Saone en 1748.

La branche de Sacé fondue dans Budes; la branche de la Chesnelaye et d'Ardaine fondue en 1728 dans Roncherolles, d'où le marquisat de la Chesnelaye a passé aux Boisbaudry; par acquêt en 1765 aux la Motte, puis par alliance aux la Forest d'Armaillé et aux Palys.

RONCERAIS (DES), sʳ dudit lieu et de la Couardière, par. de Vignoc.

Réf. 1513, dite par., év. de Vannes.

D'or à sept macles d'azur (arm. de l'Ars.).

Colas et Gilles, exempts de fouages en 1513, en qualité de monnoyeurs.

RONDEAU, sʳ de la Rondellière, par. de Saint-Étienne-de-Mer-Morte, — de Promarzein, par. de Guérande, — de Plusquepoix, par. de Sainte-Croix de Machecoul, — de la Guéraudière.

Déb., réf. 1669, par. de Saint-Clément de Nantes.

RONDEL, sʳ de la Bellangerais, par. de Montreuil-sur-Ille.

Déb., réf. 1668, ress. de Hédé.

D'azur au lévrier rampant d'argent, colleté de gueules.

Un conseiller au présidial de Rennes en 1567.

RONDEL, sʳ de l'Espinay.

D'azur à trois annelets d'argent (arm. 1696).

Un greffier en chef d'Hennebont en 1696.

RONDIERS (DES), sʳ de la Ville-au-Maître, par. d'Hénan-Bihan, — des Touches, — de la Croix, — de Carvalan.

Anc. ext., réf. 1669, neuf gén.; réf. et montres de 1446 à 1535, par. d'Hénan-Bihan et Trémuson, év. de Saint-Brieuc.

D'azur au lion d'or.

Jean, vivant en 1469, épouse Jeanne Maupetit.

ROPARTZ, en français ROBERT, sʳ de Kerroparz et Mesaudren, par. de Lanmeur, — de Mezambez, par. de Guimaëc.

Réf. et montres de 1479 à 1543, par. de Plougaznou, Guimaëc et Lanmeur, év. de Tréguier et Dol.

D'argent à la croix pattée d'azur. (G. le B.)

Guyomarc'h et Olivier, de la paroisse de Plougaznou, anoblis avant 1481.

Le sr de Kerguélen, évêché de Tréguier, débouté à la réformation de 1670.

Les descendants d'un sénéchal de Lanvollon en 1787, chevalier de l'Empire en 1810, du nom de Ropartz, portent les mêmes armes, brisées d'une bordure engreslée de gueules.

ROQUANCOURT, sr de Keravel.

Déb., réf. 1669, ress. de Guingamp.

D'azur à trois pommes de pin d'or (arm. 1696).

Plusieurs procureurs, miseurs et maires de Guingamp depuis 1552.

ROQUE (DE LA), d'or à trois épis de blé, rangés de sinople et terrassés de même. (G. le B.)

ROQUE (DE LA), sr d'Estuer, par. de Bréhant-Loudéac, — de l'Épine-Guen., par. de Ploufragan, — du Plessis-Monteville, par. de Guégon.

Réf. 1535, dites par., év. de Saint-Brieuc et Vannes.

D'azur à trois roquets d'argent. Devise : *Cinxitque duentibus armis.*

Dondel, épouse en 1513, Louise, dame d'Estuer.

ROQUEFEUIL (DE) (orig. du Rouergue, y maint. en 1701), baron dudit lieu et de Blanquefort, — sr de la Salle, — comte de Nant, — sr de Londres, — marquis du Bousquet et de Cahusac, — sr de Montpeyroux, — de la Devèze, — comte de Milhars, — sr de la Roquette, — de Sauveterre, — vicomte d'Isaguet en 1755, — sr de Kerlouët, par. de Plévin, — de Kergoat, par. de Saint-Hernin, — du Bois-Garin, par. de Spézet.

Anc. ext. chev., arrêt du parl. de Bretagne de 1768, onze gén.

Pour armes antiques : d'azur à deux vierges de carnation, habillées d'argent, chevelées d'or, tenant une fleur de lys de même; et depuis 1227 : d'azur à neuf cordelières d'or, 3. 3. 3 ; *alias* : de gueules à quatre filets d'or, deux en fasce et deux en pal, cantonnés de neuf cordelières de même. Devise : *L'honneur me reste, ça me suffit.*

Raimond, fils Séguin, fait une fondation à Saint-Guillem en 1080; Adélaïde, fille unique du précédent, épouse en 1109, Bernard d'Anduze, issu des comtes de Nîmes, qui prit le nom de Roquefeuil et battit monnaie à son nom, ainsi que son fils et son petit-fils Raimond III, dont la fille unique Isabeau, fut mariée en 1230 à Hugues, comte de Rhodès ; Bertrand, grand maître du Temple, † 1168.

Suivant la Ch. des B., Arnaud, religieux de Saint-François, frère puîné de Raimond III, se fit relever de ses vœux pour prévenir l'extinction de sa maison, et substitua à ses anciennes armes la *cordelière* de son ordre. Il épousa en 1227, Béatrix d'Anduze, veuve de Sanche, roi de Navarre. Arnaud II fit la paix avec Jacques, roi de Majorque, par l'entremise du pape Clément VI en 1348.

Une branche établie en Espagne au XIIIe siècle où elle a été élevée à la Grandesse, a produit un grand maître de Malte, † 1720.

Une autre branche établie en Bretagne, a produit depuis 1741 un chef d'escadre, un lieutenant-général des armées navales et un vice-amiral et s'est alliée aux Dangerez, Kerguz, Lambilly, Cillart, la Lande-Calan, Forsanz, Jégou du Laz, du Cleuz du Gage, Harscouët, Lesguern, le Borgne de la Tour, Kerouartz, Artur de Keralio et Suasse.

Deux membres admis aux honneurs de la cour en 1755 et 1771.

Roquel, sr de Kergolléau et de Goazfroment, par. de Plouëzec, — du Bourblanc, par. de Plourivo.

Réf. et montres de 1469 à 1543, dites par., év. de Saint-Brieuc.

D'argent à trois jumelles de gueules, accomp. de dix merlettes de sable, 4. 3. 2 et 1.

Guillaume, vivant en 1513, épouse Marie Ruffault, dame du Bourblanc; Yves, président à mortier en 1622, marié à Madeleine Fouquet de Chalain, † sans hoirs.

La branche du Bourblanc fondue dans Tanouarn.

Rorthays (orig. du Poitou, y maint. en 1667 et 1699), sr de la Durbellière, par. de Saint-Hilaire-de-Rorthays, — de la Rochette, — du Plessis-Marmande, — de la Poupelinière, — de Saint-Révérend, — de Monhail, — des Touches, — de la Sénaigerie, par. de Bouaye.

Maint. par arrêt du parl. de Bretagne en 1788 et admis aux États de 1764.

D'argent à trois fleurs de lys de gueules, à la bordure de sable besantée d'or.

Guillaume, varlet, marié à Marguerite de la Trappe, veuve en 1290; Renée, épouse avant 1475, Catherine de Maillé, fille de René, sr de Brézé, grand veneur de René d'Anjou, roi de Sicile; Urbain, abbé de Beaulieu, au diocèse de Tours en 1590; une fille à Saint-Cyr en 1687; trois capitaines aux régiments d'Orléans, de Piémont et du Roi, depuis 1702.

Cette famille s'est alliée aux d'Aubigné, Biré, des Clos et Chasteigner.

Rosambo (de), voyez Pelletier (le).

Rosbo (de), voyez Kerléro (de).

Roscerf (de), sr dudit lieu, du Bois-de-la-Roche, de Runancrec'h et de Hentargoat, par. de Coadout, — de Coëtnizan.

Réf. et montres de 1481 à 1543, par. de Coadout, év. de Dol.

De gueules à six annelets d'argent, 3. 2. 1. (sceau 1416).

Pierre, chambellan du duc François II, puis d'Anne de Bretagne, depuis 1480.

Fondu en 1526 dans Liscoët.

Roscerf (de), sr dudit lieu, par. de Plougastel-Daoulas.

Réf. et montres de 1426 à 1481, dite par., év. de Cornouailles.

D'azur au massacre de cerf d'or.

Moderne : Dourguy, voyez Dourguy (le).

Roscoët (du), sr dudit lieu, par. de Moréac, — du Méué, — comte du Chesnay, par. de Guipel.

Anc. ext. chev., réf. 1669, six gén.; réf. et montres de 1481 à 1536, par. de Moréac, év. de Vannes.

D'argent à trois roses de gueules tigées de sinople.

Un seigneur de cette maison se croisa en 1248; Yvon, vivant en 1460, père 1º de Bernardin, 2º de Jeanne, demoiselle d'honneur d'Anne de Bretagne en 1488; François, fils Bernardin, épouse vers 1536 Marguerite du Pont; trois conseillers au parlement depuis 1577; un lieutenant des maréchaux de France à Saint-Brieuc en 1781.

Roscoff, ville et hâvre des dépendances de la paroisse de Toussaints, au Minihy de Léon.

D'azur au navire équipé d'argent, flottant sur des ondes de même, les voiles éployées d'hermines, au chef cousu aussi d'hermines. Devise : *Ro, sco.* (Donne, frappe).

C'est dans ce port, assiégé et brûlé par le duc de Cambridge en 1375 et pillé par Fontenelles en 1592, que débarquèrent en 1548 Marie Stuart, qui venait épouser le Dauphin, depuis François II, et en 1746 le prétendant Charles-Edouard, après la bataille de Culloden.

Roscouët (de), *voyez* Rolland.

Rosel (du) (orig. de Normandie, y maint. en 1463, 1598 et 1666), s^r de la Motte et de Beaumanoir, en Normandie, — de Trévidy, par. de Plouigneau, — de la Palue, par. de Saint-Houardon de Landerneau.

De gueules à trois roses d'argent.

Cette famille, alliée aux Le Borgne et aux du Quengo, a produit un maréchal de camp en 1768.

Roselle (orig. de Bourgogne, y maint. en 1667), s^r de la Motte.

Maint. à l'intend. en 1701.

D'argent à trois roseaux de sinople, au chef de gueules chargé de trois besants d'or, et soutenu d'une cotice endenchée de sable.

Rosencoat (de), *voyez* Rouxeau (le).

Rosgrand (de), *voyez* Joly.

Rosily (de), s^r dudit lieu et de Kerroignant, par. de Chateauneuf-du-Faou, — de Méros, par. de Plounévez, — du Timen, — de Coëtanfao, par. de Séglien.

Anc. ext., réf. 1669, huit gén.; réf. et montres de 1426 à 1536, par. de Chateauneuf et Plounévez-du-Faou, év. de Cornouailles.

D'argent au chevron de sable, accomp. de trois quintefeuilles (*alias* : trois feuilles de cormier) de même.

Droniou, vivant en 1426, aïeul de Jean, marié en 1495 à Catherine du Dresnay; un conseiller au parlement en 1732; un chef d'escadre en 1764; un vice-amiral en 1814.

Un membre a fait ses preuves pour les honneurs de la cour en 1788. (Famille éteinte en 1854).

Roslogot (de), s^r dudit lieu, par. de Ploumiliau.

Réf. 1445, dite par., év. de Tréguier.

D'argent à la tour de sable, accostée de deux grues de même pendues par le bec aux créneaux de la tour, *voyez* Doubiérer (le).

Fondu dans Plouézoc'h.

Rosmadec (de), marquis dudit lieu en 1608, par. de Telgruc, — s^r de Tivarlen, par. de Landudec, — de Pontcroix, par. de Beuzec-cap-Sizun, — comte de la Chapelle, par. de la Chapelle-sous-Ploërmel, — baron de Molac, par. de ce nom, — s^r de Sérent, par. de ce nom, — de Kergournadec'h, par. de Cléder, — de Botigneau, par. de Clohars, — de Tréanna, par. d'Elliant, — de Penhoët, par. de Saint-Thégonnec, — de la Palue, par. de Beuzit, — de Saint-Jouan, par. de ce nom, — de Gaël, par. de ce nom, — vicomte du Besso, par. de Saint-André-des-Eaux, —

sr de Vauclair, par. de Plémy, — de la Hunaudaye, par. de Plédéliac, — de Montafilant, par. de Corseul, — de Plancoët, par. de ce nom, — comte de Guébriant, par. de Pluduno, — sr de l'Estang, — de Brunault, par. de Trébrivant, — du Hac, par. du Quiou, — de la Houssaye, — de Saint-Tual, — du Plessix-Josso, par. de Theix, — marquis de Goulaine, par. de Haute-Goulaine, — sr de Comper, par. de Concoret, — baron de Porteric, par. de Saint-Donatien.

Anc. ext. chev., treize gén. au moment de la dernière réf., mais n'ont pas produit; réf. et montres de 1426 à 1536, par. de Telgruc, Landudec et Beuzec-cap-Sizun, év. de Cornouailles.

Palé d'argent et d'azur de six pièces (sceau 1365); *aliàs* : écartelé *de Rosmadec* et *de Pontcroix*, sur le tout : *de Tivarlen*; *aliàs* : écartelé au 1 : *de Rosmadec*; au 4 : *de Pontcroix*; au 2 : *de la Chapelle*; au 3 : *de Molac*, sur le tout : *de Tivarlen*; *aliàs* : écartelé au 1 : *de Rosmadec*; au 4 : *de Botigneau*; au 2 : *de Kergournadec'h*; au 3 : *de Kerriec-Coëtanfao*. Devise : *En bon espoir*.

Cette ancienne maison, alliée à celles du Pont-l'Abbé, du Chastellier, Tivarlen, Quélenec, la Chapelle, du Chastel, Beaumanoir, Montmorency, Rieux, Budes, Goulaine, etc., remonte à Rivoalon, époux d'Eléonore de Léon, qui firent une fondation à Landévennec en 1191; Hervé, fils des précédents, se croisa en 1235 et épousa Alix de Ploësquellec; Guillaume, tué à la bataille de Saint-James-de-Beuvron en 1426; des chambellans des ducs, des capitaines de cinquante et cent hommes d'armes d'ordonnances, des lieutenants-généraux pour le Roi en Basse-Bretagne, des gouverneurs de Dinan et Quimper, dont l'un blessé à l'attaque du fort des Espagnols à Crozon en 1594, deux chevaliers de Malte en 1656 et 1663; Yves, évêque de Rennes, † 1347; Bertrand, évêque de Cornouailles en 1416, auquel on doit la reconstruction de sa cathédrale, † 1445; Sébastien, abbé de Paimpont et évêque de Vannes, † 1646; Charles, abbé du Tronchet, évêque de Vannes, puis archevêque de Tours, † 1672.

La branche aînée éteinte en 1700 en la personne de Sébastien, époux de Catherine de Scorailles, sœur de la duchesse de Fontanges; sa succession fut recueillie par Anne de Rosmadec, sa sœur, mariée à René Le Sénéchal de Carcado, dont les descendants vendirent le marquisat de Rosmadec aux Brancas de Forcalquier en 1756.

La dernière branche a fini en 1779 en la personne de Michel-Anne-Sébastien, marquis de Goulaine.

ROSMADEC (DE), sr dudit lieu, — vicomte de Gouarlot et sr de Kergoët, par. de Kernével, — sr de Kergoniou, par. de Rosporden, — de Coëtquis, par. de Servel, — du Plessix-Josso, par. de Theix, — de Kertulet, — de l'Espinay, — vicomte de Mayneuf, par. de Saint-Didier, — châtelain de Buhen en 1632, par. de Plourhan, — sr de la Villesolon, par. de Plérin, — du Bosc, par. de Lantic, — du Cosquer, par. de Guimaëc.

Réf. et montres de 1426 à 1536, par. de Kernével, Rosporden, Servel, Plourhan et Lantic, év. de Cornouailles, Tréguier et Saint-Brieuc.

D'or à trois jumelles de gueules (sceau 1365), *comme Coëtéven*; *aliàs* : chargées d'un chevron d'argent (G. le B.), *pour la branche de Coëtquis*. Devise : *Uno avulso, non deficit alter*.

Riou fils Hervé, témoin du partage d'Hervé et d'Erard de Léon en 1329; Riou, épouse en 1396 Constance de Pestivien, veuve de Jean d'Avaugour; Pierre, épouse vers 1500 Louise Josso, dame du Plessix; Etienne, conseiller aux Grands-Jours, puis au parlement en 1554; Guillaume, grand veneur, grand maître et réformateur des eaux, bois et forêts de Bretagne en 1578; Guillaume, chevalier de l'ordre, gouverneur de Vitré, † 1640.

La branche aînée fondue dans Kerméno, puis Guernisac; la branche du Plessix-Josso fondue dans Rosmadec-Molac; la branche de Mayneuf et Buhen fondue dans Boisgeslin.

ROSMAR (DE), sʳ de Kerdaniel, par. de Plouagat, — de Coëtmohan, par. du Merzer, — de Kergroas, par. de Plouëzal, — de Rungoff, par. de Pédernec, — de Kerouallan, par. de Pleubihan, — de Kervennou, par. de Ploubezre, — de Kerhervé, — de Saint-George, par. de Plouha, — de Kerlast, par. de Quimperven, — de Guernaultier, par. de Penvénan, — de Runaudren, — de Goudelin, par. de ce nom, — de Kergaznou, — de Coëtléven, par. de Trégrom, — de Kerbizien, — de la Ville-Ernault, par. de Chatel-Audren, — de Tréveznou, par. de Langoat.

Anc. ext. chev., réf. 1669, dix gén.; réf. et montres de 1434 à 1543, par. de Plouagat-Chatel-Audren, Le Merzer, Pédernec et Plouha, év. de Tréguier et Saint-Brieuc.

D'azur au chevron d'argent, accomp. de trois molettes de même.

Alain, archer dans une montre reçue par Even Charuel en 1356; Rolland, fils Jean, vivant en 1434, épouse Thomasse Guyomarc'h.

La branche de Kerdaniel fondue vers 1630 dans Budes; la branche de Rungoff fondue dans Saisy; la branche de Saint-George fondue en 1672 dans Harscouët.

ROSMAREC (DE), fascé ondé d'argent et de gueules, à la bande componnée d'argent et d'azur brochant. (G. le B.)

ROSMORDUC (DE), sʳ dudit lieu, par. de Logonna.

Réf. et montres de 1426 à 1562, dite par., év. de Cornouailles.

D'argent à trois roses de gueules (arm. de l'Ars.).

Fondu en 1640 dans Gentil, *voyez* GENTIL (LE).

Le sʳ de la Marche, paroisse de Guéméné, débouté à la réformation de 1670, ressort d'Hennebont.

ROSNYVINEN (DE), sʳ dudit lieu, trève de Loc-Eguiner, par. de Ploudiry, — de Keranhoat, par. de Loperhet, — de Trébéolin, par. de Dirinon, — de Guitté, par. de ce nom, — de Vaucouleurs, par. de Trélivan, — de Chambois et de Beauvais, en Normandie, — du Parc-Avaugour, au Maine, — du Plessix-Bonenfant et de Piré, par. de Piré, — de Trémelgon, par. d'Ambon, — de Camarec, — de Tilly, — de la Haie-Diré, par. de Saint-Rémy-du-Plain, — comte de Maure, par. de ce nom, — baron de Lohéac, par. de ce nom, — sʳ de Fouesnel, par. de Louvigné-de-Bais, — de Beaucé, par. de Mélesse, — du Bouessay, — de Kerouzéré, par. de Sibéril, — du Jarriay, par. de Rougé, — du Rible, par. de Plomodiern.

Anc. ext. chev., réf. 1669, onze gén.; réf. et montres de 1426 à 1562, par. de Ploudiry, Loperhet, Dirinon et Trélivan, év. de Léon, Cornouailles et Saint-Malo.

D'or à la hure de sanglier de sable, arrachée de gueules et défendue d'argent; *aliàs* : à la bordure engreslée de gueules. Devise : *Défends toi*; et aussi : *Non ferit nisi læsus.*

Geoffroi, vivant en 1338, père 1º d'Hervé, qui ratifie le traité de Guérande en 1381; 2º de Jean, écuyer dans une montre reçue à Dreux en 1371; Olivier, sr de Keranhoat, vivant en 1426, marié à Françoise de Clécunan, frère de Jean, premier échanson de Charles VII et maître des eaux et forêts de France en 1442, † 1454; Guillaume, neveu du précédent, premier échanson du Roi en 1446, puis chambellan du duc de Bretagne et capitaine de Saint-Aubin-du-Cormier en 1488, † 1495, frère de Louis, capitaine de la Roche-Morice, qui eut quatre fils tués à la bataille de Saint-Aubin-du-Cormier en 1488; un capitaine de cent hommes d'armes d'ordonnances à la conquête d'Italie sous Charles VIII en 1494; des capitaines de Dinan, Vire, Argentan et Caen; plusieurs conseillers au parlement depuis 1614; deux présidents de la noblesse par élection aux États de 1722 et 1770; deux maréchaux de camp en 1743 et 1780; un général de division en 1813, † 1850.

Deux membres admis aux honneurs de la cour en 1785 et 1788.

La branche aînée fondue vers 1420 dans Le Sénéschal qui ont transmis par alliance la seigneurie de Rosnyvinen aux Brézal, en 1520.

La branche de Keranhoat fondue dans Coëtmenec'h, puis du Louët, du Harlay et Montmorency-Laval.

La branche de Vaucouleurs fondue dans d'Espinay.

ROSPABU (DE), sr des Garennes, par. de Plouaret.

Déb., réf. 1670, ress. de Lannion.

ROSPIEC (DE), sr dudit lieu et de Kerasbourg, par. de Fouëznant, — de Kergouer, par. de Tourc'h, — de Trévien, par. de Plouédern, — de Keruscar, par. de Plouigneau, — du Prat, — de Kermabon, — du Méné-Clisson, par. de Goulien, — de Kerusnou, par. de Ploudalmézeau, — de Kerhuon, — de Brendelvouez.

Anc. ext., réf. 1669, huit gén.; réf. et montres de 1444 à 1536, par. de Fouëznant et Tourc'h, év. de Cornouailles.

D'azur à la croix d'or, cantonnée de quatre merlettes de même. Devise : *Fidei et amoris.*

Jean, vivant en 1444, épouse Alix de la Forest; un maréchal de camp à l'armée de Condé en 1797.

ROSSAL, d'or au sanglier de sable, la tête traversée d'un épieu de même. (B. L.)

Michelle, épouse en 1532, Jean le Frotter, sr du Vergier.

ROSSET (orig. du Languedoc), sr de Rocozel, — duc de Fleuri en 1736.

Écartelé aux 1 et 4 : d'argent à un bouquet de trois roses de gueules, rangées 1 et 2, feuillées et tigées de sinople, *qui est Rosset*; aux 2 et 3 : d'azur à trois roses d'or, *qui est Fleuri.* (La Ch. des B.)

Bernardin, épouse en 1680, Marie de Fleuri, sœur du cardinal de ce nom; un abbé de Buzai en 1737, évêque de Chartres, † 1780.

ROSSI (DE) (orig. d'Italie), sr de Riparola, — de Chiavari, — comte de Rossi en 1778.

Maint. par lettres de 1769, enregistrées aux comptes de Bretagne en 1770.

D'or à l'aigle impériale de sable, *par concession de l'empereur Maximilien*, confirmée *par Charles-Quint en 1535;* chargée sur la poitrine d'un écu d'azur au lion d'or, couronné de même, tenant de la patte dextre une rose d'argent, tigée et feuillée de sinople, *qui est Rossi*.

On trouve Louis, cardinal du titre de Saint-Clément, abbé de Redon en 1520.

ROSSIGNOL (LE), s' de la Morandais, — du Bourg.

Déb., réf. 1670, ress. de Saint-Brieuc.

De gueules à la croix d'argent (arm. 1696).

Yves, tenant fief noble, paroisse de Saint-Turiaff de Quintin, appelé à l'arrière-ban de 1543.

ROSSIGNOLIÈRE (DE LA), s' dudit lieu, par. de Pacé, év. de Rennes.

D'argent à cinq hermines de sable, au chef de gueules (arm. de l'Ars.)

Fondu au XIV° siècle dans Montbourcher.

ROSTAING (DE) (orig. du Forez), s' de Rivas.

D'azur à la roue d'or, surmontée d'une fasce de même.

Un receveur des fermes et traites aux bureaux de Champtoceaux et d'Ingrande en 1756.

Une famille de même nom et armes, en Forez, a produit Tristan, grand maître des eaux et forêts de France, † 1591.

ROSTRENEN (DE) (ramage de Poher), baron dudit lieu, par. de ce nom, — s' de Trégalet, par. de Plonéour, — de Brélidy, par. de ce nom, — du Ponthou, par. de ce nom, — de la Roche-Helgomarc'h, par. de Saint-Thois, — de Brunault, par. de Trébrivant, — de Tréfaven, par. de Plœmeur, — de la Motte-au-Vicomte, par. du Rheu.

Réf. de 1426 à 1448, par. de Saint-Thois, Plonéour, Plœmeur et le Rheu, év. de Cornouailles, Vannes et Rennes.

D'hermines à trois fasces de gueules (sceau 1279). Devise : *Oultre;* et aussi : *Si je puis*.

Rivoalon, sénéchal de Bretagne en 1068; Geoffroi, croisé en 1270; Pierre, chambellan du roi Charles VII, † 1440.

La branche aînée alliée aux Parthenay, Vitré, Coëtmen, la Jaille, Mauny, Rochefort, Montfort, Coëtquen, Rieux et le Faou, s'est fondue en 1440 dans la maison de Pont-l'Abbé, d'où la châtellenie de Rostrenen est passée aux Quélenec, Beaumanoir, Rougé et Lorraine-Elbeuf.

ROSTY, s' du Boisménard, du Pré et de la Planche, par. de Plestan, — de la Villebagues et de Bogard, par. de Quessoy.

Réf. et montres de 1423 à 1535, dites par., év. de Saint-Brieuc, et par. de Landéhen, év. de Dol.

D'argent à la barre de sable, accomp. de trois coquilles de même.

Richard, écuyer dans des montres de 1369 à 1371, reçues par Jean de Beaumanoir et Bertrand du Guesclin.

ROSVERN (DE), d'or à trois lézards de sable. (G. le B.)

ROUAUD ou ROUDAULT, s' de la Bouvrais, par. de Vritz, — du Moulin-Roul, par. de Soudan, — de l'Esquarre et de la Rivière-Lanvaux, par. d'Avessac, — de la Greslière, par. de Saint-Herblon, — du Pont-en-Vertais, — de Friguel, par. de Guémené-Penfao.

Anc. ext. réf. 1668, huit gén.; réf. de 1448 à 1513, par. de Vritz, Soudan, Saint-Herblon et Saint-Jean-de-Béré, év. de Nantes.

D'argent à six coquilles de gueules.

Jean, vivant en 1448, épouse Perrine le Saulx.

ROUAUD, sr de la Ville-Martin, par. de Saint-Nazaire, év. de Nantes.

D'azur au croissant d'argent, accomp. de trois croix pattées de même.

Un procureur du Roi, maire et député de Guérande aux États de 1786, dont les petits-fils ont été anoblis en 1816.

ROUAULT, *voyez* ROUZAULT.

ROUAULT, sr de Livaudray, par. de Guer, — de la Houssaye.

Ext. réf. 1669, six gén., ress. de Ploërmel.

D'argent au croissant de sable, accomp. de trois macles de même.

Guillaume, vivant en 1526, père de Guillaume, marié à Perrine Boscher.
Perrot, de la paroisse de Merdrignac, se dit noble, ce que les paroissiens lui disputent aux réformations et montres de 1427 à 1479, dite paroisse, évêché de Saint-Malo.

ROUAULT, sr des Champgérault, par. d'Evran.

Réf. et montres de 1428 à 1513, dite par., év. de Saint-Malo.

ROUAULT, sr de Lespoul, par. de Beuzec.

Déb., réf. 1670, ress. de Quimper.

ROUAZLE (DU), sr dudit lieu, par. de Dirinon, — de Penancoët, par. de Sizun.

Réf. et montres de 1448 à 1503, dites par. et par. de Saint-Houardon, év. de Cornouailles et Léon.

D'or à trois merlettes de sable. Devise : *Sel pétra ri*. (Prends garde à ce que tu feras).

Eudes, croisé en 1248; Jean, receveur du vicomte de Léon en 1373.
Fondu en 1505 dans Coëtnempren, d'où la terre du Rouazle a appartenu aux Keraldanet, Acigné et Pantin.

ROUCHERAN, sr de la Lande, par. de Princé, — de la Courneuve.

D'azur à la fasce d'or, accomp. de trois besants de même (arm. de l'Ars.)

Guillaume, archer armé pour le recouvrement de la personne du duc en 1420; Jean, arpenteur, poursuivi comme ligueur par le sénéchal de Rennes en 1590.

ROUDAULT, *voyez* ROUZAULT.

ROUÉ (DE LA), sr de la Villehervé et du Haut-Quartier, par. de Landéhen, — des Aulnais, — de Bellenoë, — de Limoëlan, par. de Sévignac, — de Kermorvan, — de Travers, par. d'Erquy, — des Salles, — de la Villelouët, — de Cassouère, — de la Roche.

Anc. ext., réf. 1669, neuf gén.; réf. et montres de 1423 à 1513, par. de Landéhen, Lamballe et Erquy, év. de Dol et Saint-Brieuc.

D'azur à la roue de six rayons d'or.

Pierre fils Guillaume, vivant en 1423, épouse Catherine Le Moyne.

Rouël, sr de Kerouël, par. de Plestin, év. de Tréguier. (G. le B.)

Rouërie (de la), *voyez* Tuffin.

Rouge (le), sr d'Ancremel, par. de Plouigneau, — de Treffrien, de Bégaignon, de Kerbiriou et de Mezoulouarn, par. de Plestin, — de Kervéguen, par. de Plouzélembre, — du Guermeur, — de la Roche-Tanguy, — de Penanvern, — de Kerhuel, par. de Saint-Michel-en-Grève, — de la Motte-au-Vicomte, par. du Rheu, — de la Touche-Odierne, par. de Saint-Etienne de Rennes, — de Herberie.

Réf. et montres de 1427 à 1543, dites par., év. de Tréguier et Rennes.

D'argent fretté de gueules, *comme Bégaignon.*

Yvon, écuyer de Bertrand du Guesclin ès guerres d'Auvergne, Berry et Normandie en 1371; Guyon, vivant en 1481, épouse Isabeau de la Lande, dont : 1° François, conseiller aux Grands-Jours, maître des requêtes de l'hôtel du roi François Ier, marié à Guillemette Loz, père et mère d'Aliette, mariée en 1513 à René de Coëtlogon, sr de Méjusseaume; 2° Gilles, président universel de Bretagne en 1500, sénateur de Milan en 1515, marié à Jeanne de Romelin, père et mère d'Anne, mariée en 1536 à Julien, sr de Coëtlogon.

De la maison de Coëtlogon, la seigneurie d'Ancremel a passé aux du Rufflay.

Rouge (le) (ramage des précédents), sr de Guerdavid, par. de Plouigneau, — de Kervandour, — de Trémoguer, par. de Ploudaniel, — de Kerangroas, — du Closneuf, — de Kervilly, — de la Haye, par. de Plouégat-Moysan, — de Kerahel, par. de Botsorhel, — de Kergoët, — de Rumélégan, — de Penhuidy, — de Lesmoual, par. de Plounérin, — de Kermeur, — de Trébriand, par. de Plestin, — de Lesguern, par. de Lanmeur.

Anc. ext., réf. 1669, neuf gén.; réf. et montres de 1427 à 1543, par. de Plouigneau, Plouégat-Moysan et Plestin, év. de Tréguier.

D'argent à la fleur de lys de sable, surmontée d'une merlette de même, *voyez* Coëtanlem, Joson et Sugarde.

François, juveigneur de la maison d'Ancremel, épouse vers 1400, Marguerite de Lescorre, dont Guy, marié à Catherine Le Rouge de la maison du Bourouguel. Plusieurs pages du Roi depuis 1708, dont l'un major garde-côtes de la capitainerie de Plestin, au combat de Saint-Cast en 1758.

Rouge (le) (ramage des précédents), sr de Trédillac, par. de Botsorhel, — du Moguérou et de Kervoazou, par. de Plougonven, — de Coëtsal, — de Penfeunteniou, par. de Sibéril, — de Ruzunan, par. de Plougoulm, — de Lesplouénan, par. de Plouénan, — de Kergoulouarn et de Traonlen, par. de Plouvorn.

Anc. ext., réf. 1669, neuf gén.; réf. et montres de 1427 à 1543, par. de Plouigneau, Botsorhel et Plougonven, év. de Tréguier.

Écartelé aux 1 et 4 : d'argent au lion morné, coupé de sable et de gueules, *qui est* Lesquélen; aux 2 et 3 : burelé de dix pièces de gueules et d'argent, *qui est Penfeunteniou.*

François, juveigneur d'Ancremel, épouse vers 1400, Marguerite de Lescorre; Jean, sr de Guerdavid, arrière petit-fils des précédents, épouse Françoise de la Tour, dont 1° Hervé qui a continué la branche de Guerdavid, 2° Olivier, vivant en 1513, marié à Marie de Roc'huel, auteur de la branche de Rusunan. Olivier, s⁰ du Moguérou, salade dans la garnison de Brest en 1595 en épousant en 1616, Jeanne de Lesquélen, dame de Penfeunteniou, prit les armes de *Lesquélen*, écartelées de *Penfeunteniou*.

La branche de Trédillac fondue dans Keranguen.

Rouge (de), s⁰ du Bourouguel, par. de Plouigneau.

Réf. 1427, dite par., év. de Tréguier.

D'argent à trois châteaux de gueules (sceau 1419); *alias* : d'or à trois bandes de sable, au franc canton d'argent, chargé d'une tour couverte de gueules. (G. le B.)

Thomas, capitaine pour servir sous le grand maître des arbalétriers de France ès pays de Maconnais, Charolais et Comtat-Venaissin, en 1419.

Fondu vers 1500 dans Tromelin puis Penmarc'h, d'où la seigneurie du Bourouguel a passé par acquêt aux la Porte en 1688 et par alliance aux Bahezre en 1779.

Rouge (le), s⁰ du Marc'hallac'h, par. de Plestin, — de Penanjun, par. de Poullaouën. — de l'Isle.

Ext., réf. 1671, 0 gén.; montre de 1481, par. de Plestin, év. de Tréguier.

De gueules au sautoir d'argent, *comme Estanghingant et Guillemet*.

Rougé (de), s⁰ dudit lieu, par. de ce nom, — baron de Derval, — s⁰ du Boisrenaud, par. de Riaillé, — de Champeaux, par. d'Auverné, — de la Motte-Glain, par. de la Chapelle-Glain, — du Cléré, par. de Saint-Julien-de-Concelles, — de Jasson, par. de Port-Saint-Père, — des Rues, de la Guerche, marquis du Plessis-Bellière, et s⁰ de Neuville, en Anjou, — de Crosco, par. de Lignol, — vicomte de Kerjean, par. de Glomel, — baron de Coëtmen, par. de Tréméven.

Réf. de 1426, par. de Riaillé et Auverné, év. de Nantes.

De gueules à la croix pattée et alésée d'argent (sceau 1276); *alias* : écartelé de *Derval* (sceau 1352).

Eudes, fils Hervé, témoin d'une donation à l'église de Chateaubriant en 1050; Bonabes assiste aux États de Vannes en 1203; Olivier, croisé en 1248; Olivier épouse en 1275 Agnès, dame de Derval; Jean, tué à la bataille de la Roche-Derrien en 1347; Bonabes, prisonnier à la bataille de Poitiers en 1356.

La branche aînée fondue en 1400 dans Chateaugiron, d'où la seigneurie de Rougé est passée successivement aux Malestroit, Raguénel, Rieux, Laval et Montmorency.

Une branche cadette établie en Anjou au xiv⁰ siècle avait pris le nom des *Rues*, en conservant les armes de Rougé; elle a repris le nom de Rougé à l'extinction de la branche aînée et a produit : deux lieutenants-généraux, chevaliers des ordres, de 1650 à 1784; plusieurs pages du Roi depuis 1720; deux abbés de Bonrepos de 1669 à 1683; un évêque de Périgueux, † 1773.

Plusieurs membres admis aux honneurs de la cour depuis 1757.

Rougeart (le), s⁰ de Locquéran, par. de Plouhinec.

Anc. ext., réf. 1671, sept gén.; réf. et montres de 1426 à 1536, dite par., év. de Cornouailles.

D'argent au pin arraché de sinople, le fût chargé d'un greslier de sable, lié de même.

Henry, vivant en 1481, père de Jean, marié en 1516, à Jeanne Le Doulec.

Fondu dans Livec.

Rougemont (de), s⁰ de la Morandière, par. de Sainte-Opportune-en-Retz, — du Pé, par. de Saint-Père-en-Retz.

Déb. à l'intend. en 1701, ress. de Nantes.

Écartelé aux 1 et 4 : d'azur au dextrochère d'or, tenant cinq flèches de même, *voyez* GAC (LE); aux 2 et 3 : d'argent à un mont enflammé de gueules (arm. 1696).

ROUGEUL, s^r du Gué, par. de Saint-Hélen, — de Launay-Rouault, par. de Saint-Père-Marc-en-Poulet, — de la Bourbonnière.

Ext., réf. 1669, six gén.; réf. et montres de 1480 à 1513, par. de Saint-Hélen, év. de Dol.

D'azur au saumon (*aliàs* : rouget) d'argent, cantonné de quatre fleurs de lys d'or.

Jean, vivant en 1480, épouse Anne Ferron, dont Sylvestre, vivant en 1513, marié à Marguerite du Gué.

ROUILLÉ, s^r de la Mettrie, — de Grandchamps, par. de Saint-Brice.

Déb., réf. 1668, ress. de Fougères.

De gueules à trois gants sénestres d'or, au chef de même, chargé de trois molettes de gueules.

Un premier huissier de la chambre des comptes en 1649; un maître des comptes en 1704.

ROUILLON (DE), s^r dudit lieu et de la Coquillonnais, par. de Combourg.

De gueules à la bande cotoyée de deux coquilles d'or (sceau 1376).

Fondu dans Lanvallay, puis Margaro.

ROUJOUX, s^r de Buxeuil.

D'argent à une écrevisse de gueules (arm. 1696).

Jean, fermier des devoirs à Landerneau en 1696; un lieutenant-maire de Landerneau, député à l'Assemblée législative en 1791, baron de l'empire en 1808; un général de brigade en 1861.

ROULLEAUX, s^r de la Vallée, ress. de Quimperlé.

D'argent à trois pals de gueules, au chef de sable chargé de trois croisettes d'argent (arm. 1696).

ROUPICQUET, s^r du Pin.

Déb., réf. 1670, ress. de Brest.

ROUSSEAU ou ROUXEAU (LE), s^r de l'Isle-Gaudin, par. de Machecoul, — de la Mazure, par. de Frossay, — de la Ramée, par. de Vritz, — du Plessix, par. de Varades, — du Perron, — de la Houssaye, — de Livernières, par. de la Chapelle-Hullin, — de la Mesnardière, — de l'Epinasserie, — des Fontenelles.

Ext. réf. 1669, six gén., et arrêt du parl. de 1739; réf. et montres de 1455 à 1543, par. de Machecoul et Vritz, év. de Nantes.

Fascé de six pièces d'or et de sinople, au lion brochant d'azur, couronné et lampassé de gueules.

Jamet, s^r de l'Isle-Gaudin, exempt de fouages par grâce du duc en 1437; Rohan, archer de la garde de Clisson en 1464, épouse en 1455 Isabeau des Ridellières, dont : 1° Jean, auteur des s^{rs} de la Mazure; 2° Jean, père de Vincent, auteur des s^{rs} de la Ramée; René, homme d'armes de la compagnie du duc de Montpensier en 1572, épouse Renée Martineau; un maître des comptes en 1644; un conseiller au parlement en 1775.

Rousseau, sr de la Houdinière, par. de Haute-Goulaine, — de Saint-Aignan, par. de ce nom, — des Coûteaux.

Ext. réf. 1669, 0 gén.; réf. de 1430 à 1441, par. de Haute-Goulaine, év. de Nantes.

D'azur à la fasce, accomp. en chef de deux têtes de lion arrachées, et en pointe de trois besants, le tout d'or.

Jean, monnoyeur et sergent du duc à Haute-Goulaine en 1430; Philippe, conseiller au parlement en 1581, père de René, conseiller d'État, procureur général aux comptes en 1619, marié à Prudence Le Lou, dont : Joseph, général des finances et président aux comptes en 1679; un pair de France de nos jours.

Cette famille et la précédente paraissent avoir la même origine.

Le sr de la Restière, débouté à la réformation de 1670, ressort de Nantes.

Rousseau, sr du Forestic, par. de Beuzec-Conq.

Déb., réf. 1670, ress. de Concarneau.

De gueules au croissant d'argent, surmonté d'une fleur de lys de même. (G. le B.)

Rousseau (le), sr de Diarnelez, par. du Saint, — de Rosmellec, par. de Gourin, — de Keroullé.

Anc. ext. chev., réf. 1669, onze gén.; réf. et montres de 1426 à 1562, par. du Saint, Gourin, le Faouët et Langonnet, év. de Cornouailles.

D'argent à trois fasces de gueules.

Henri, croisé en 1248; mais nous ne savons à quelle famille Rousseau il appartenait.

Alain, vivant en 1380, épouse Alix Adam, dont Henri, marié en 1402 à Marie de Cabournais; Jean, chevalier de l'ordre du Roi en 1650, épouse Charlotte de Kerhoënt.

La seigneurie de Diarnelez appartenait en 1774 au président Maupeou, qui y fut exilé à la dissotion du parlement dit *des Ifs*.

Rousseau, *voyez* Rouxeau (le).

Roussel, *voyez* Rouxel.

Roussel ou Russel (orig. de Bourgogne), sr de Mogean, de Villers, de Joumet et de la Fontaine, en Bourgogne, — de Kerdaniou, — de Kerbabu, — des Noës.

Maint. au conseil en 1687 et par lettres de confirmation en 1689, ress. de Brest.

D'argent au lion de gueules, au chef de sable chargé de trois coquilles d'argent (arm. 1696).

Claude, lieutenant au régiment d'Estissac (infanterie), épouse Marie Léau, dame de Kerbabu, dont : Claude, capitaine entretenu de la marine du Roi en 1689.

Les ducs de Bedford, en Angleterre, de même nom et armes, ont produit Jean Russell, sr de Berwick, pair d'Angleterre sous Henri VIII, † 1555.

Rousselaye (de la), d'argent au chêne de sinople, accosté de deux têtes de loup de sable (arm. de l'Ars.)

Rousselet (orig. du Dauphiné), sr de la Pardieu, de Jaunaye et de la Bastie, en Dauphiné, — marquis de Chateaurenault en 1620, en Touraine, — baron de Noyers, en Normandie, — vicomte d'Artois en 1711, par. de Mordelles, — sr de Beaumont, — comte de Crozon et marquis de Poulmic, par. de Crozon, — sr de Camaret, par.

de ce nom, — de Porzay, par. de Plounévez, — de la Blanchardaye, par. de Vue, — de Rocheneuve.

D'or au chêne arraché de sinople, englanté d'or.

François, marié à Méraude de Gondy, † 1564, père d'Albert, gentilhomme de la chambre en 1605, gouverneur de Machecoul et Belleisle en 1616; deux abbés de Pornit et un abbé de Landévennec de 1684 à 1713; un chevalier de Malte en 1699; François-Louis, vice-amiral et maréchal de France en 1703 et chevalier des ordres, † 1716, épouse en 1684 Marie-Anne-Renée de la Porte, dame d'Artois et de Crozon, dont la petite-fille apporta ces terres en mariage au vice-amiral d'Estaing en 1746.

Rousselot, *voyez* Rouxelot.

Rouvray (du), sr dudit lieu et de la Pironnière, par. d'Essé, — de la Ménardais, par. de Marcillé-Robert, — de Champaigné, — de la Voyerie.

Ext., réf. 1668, sept gén.; réf. de 1440 à 1513, par. d'Essé et Marcillé, év. de Rennes.

D'azur à trois merlettes d'or.

Le nom ancien de cette famille est Morel; Jean Morel, sergent de la dame de Rougé en 1440, paroisse d'Essé, et pour ce, non contributif; Pierre, sr de la Ménardais, praticien en cour laïque, receveur et officier du sire de Vitré en 1479, père 1° d'Autret, qui changea son nom de Morel en celui du Rouvray en 1516, et épousa Jacquette Mauricet; 2° de Jean, père de René, sr de Champaigné, autorisé par lettres de 1588 à prendre les nom et armes de Françoise du Fail, sa mère. *Voyez* Fail (du).

Rouvre (du), sr dudit lieu, du Boisbonin, de Taillecoul et du Vergier, par. de Rougé, — du Plessis-Romré, par. de Villepot.

Réf. de 1428 à 1478, par. de Rougé, év. de Nantes.

D'argent à trois têtes de buffle de gueules.

Rouvre (du) sr dudit lieu, par. de Saint-Pierre de Plesguen, — du Boisboissel, par. de Trégomeur.

Réf. et montres de 1423 à 1513, dites par. et par. de Saint-Michel, év. de Dol et Saint-Brieuc.

D'argent au sautoir de gueules, cantonné de quatre merlettes de sable (sceau 1381).

Hélie, capitaine de Saint-Brieuc, ratifie le traité de Guérande en 1381.

La branche aînée fondue dans Champagné; la branche du Boisboissel fondue au xvie siècle dans Bréhant, puis Maillé.

Roux (le), sr de Rueneuve, — de Kerhuel, par. de Mendon.

Réf. et montres de 1426 à 1481, dite par., év. de Vannes.

Losangé d'or et d'azur à la fasce de gueules, chargée d'une molette d'argent (arm. de l'Ars.)

Roux (le), sr de Kerdaniel, par. de Cavan, — de Kerninon, de Kerloas, de Kerlaouënan et de Lesénor, par. de Ploulec'h, — de Launay et de Trogaric, par. de Servel, — de Brescanvel, par. de Brélès, — de Penanforest, — de Rulan, — de Kerjan, — de Languilforc'h, par. de Plouzané, — de Kerléguer, — de Portzlan, — de Kerdaniel.

Anc. ext., réf. 1669, neuf gén., et maint. à l'intend. en 1702; réf. et montres de 1481 à 1543, par. de Cavan et Ploulec'h, év. de Tréguier.

Écartelé d'argent et de gueules. Devise : *Pé brézel, pé carantez.* (Ou la guerre ou l'amour).

Jean, croisé en 1248; mais nous ne savons à quelle famille le Roux il appartenait.

Richard, de la paroisse de Trédrez, entendu dans l'enquête pour la canonisation de saint Yves en 1330; Geoffroi, vivant en 1427, épouse Anne de Coëtgoureden, dame de Kerninon.

La branche de Brescanvel fondue dans Poulpiquet.

Roux (LE), s^r de Coëtando, par. de Plouagat, — de Kermérien, par. de Goudelin, — marquis du Bois-de-la-Motte, par. de Trigavou.

Anc. ext., réf. 1669, huit gén.; réf. et montres de 1454 à 1543, par. de Plouagat-Chatelaudren, év. de Tréguier.

De gueules à deux molettes d'or en chef et un croissant de même en pointe.

Prigent fils Artur, vivant en 1454, épouse Marguerite de Ménéhorre; un page du Roi en 1708 ; un maréchal de camp nommé par le Roi, en 1795, † 1817.

Fondu dans Briot.

Roux (LE), s^r de Trohubert, du Runiou et de Kervenniou, par. du Merzer, — de Keranroux, — de Keryvon, — de Penquer.

Anc. ext., réf. 1670, six gén.; réf. et montres de 1427 à 1543, par. du Merzer, év. de Tréguier.

Parti d'argent et de gueules, au croissant surmonté de deux étoiles de l'un en l'autre.

Jean, vivant en 1481, épouse Marie de Chefdubois.

La branche de Trohubert fondue en 1537 dans Kerroignant.

Roux (LE), s^r de Kerbrézellec, par. de Pommerit-le-Vicomte, — de Kervégant, par. de Plestin, — de Kerloassezre.

Réf. et montres de 1427 à 1543, dites par., év. de Tréguier.

Vairé d'argent et de gueules (G. le B.), *comme Keranraiz.*

Roux (LE), s^r de Bourgogne et de Fontaine-Bouché, par. de Lantic, — de Plumental, par. de Plourhan.

Réf. et montres de 1423 à 1543, dites par., év. de Saint-Brieuc.

D'argent au houx de sinople, feuillé de trois pièces. (G. le B.)

Les s^{rs} du Minihy et de la Villeaugeart, paroisse de Saint-Quay, déboutés à la réformation de 1670, ressort de Saint-Brieuc.

Roux (LE), s^r de Kerbernard, — de Kerasbihan, par. de Guipavas, — de Kermadec, — de Mézoumeur, — de l'Isle, par. de Tréouergat, — de Kerguiomarc'h, par. de Querrien.

Anc. ext., réf. 1669, dix gén.; réf. et montres de 1446 à 1534, par. de Guipavas, Plouzané et Plouarzel, év. de Léon.

D'azur fretté d'argent; *aliàs :* au chef d'or chargé d'une quintefeuille d'azur.

Hervé, vivant en 1375, père de Jean, vivant en 1400, marié à Sibille de Quilbignon.

Roux (le) (orig. d'Anjou), sʳ des Aubiers, — de la Roche, — de Soulaine.
Anc. ext. chev., réf. 1670, douze gén., ress. de Nantes.
Gironné de huit pièces d'argent et de sable, *comme Kerbain*.
Augier, chevalier en 1233; Hardy, chambellan de Louis, dauphin de France en 1424, épouse Marie Doudart; un chevalier de Malte en 1654.

Roux (le), sʳ des Ridellières, par. de Montebert, év. de Nantes.
Jean-Charles, secrétaire du Roi en 1775.

Roux (le), d'argent à trois coquilles de sable (sceau 1306).
Berthelot, ratifie le traité de Guérande entre les nobles de Rennes en 1381.

Roux (le), sʳ du Plessis-Hoguerel, par. de Feins, — de la Chanteleraye et de la Pinelaye, par. de Gévezé.
Réf. de 1427 à 1513, dites par., év. de Rennes.
De gueules à la channe d'or frettée de sable, surmontée d'un lambel d'azur (sceau 1306); *aliàs* : trois channes surmontées d'un lambel (sceau 1275).
Perrine, épouse en 1429, Jean Hay, sʳ des Nétumières.

Roux (le), sʳ de Kervasdoué.
Déb., réf. 1669, ress. de Carhaix.

Roux (le) (orig. de Normandie), sʳ d'Esneval, — de Bourg-Théroulde, — de Saint-Aubin.
D'azur au chevron d'argent, accomp. de trois têtes de léopard d'or.
Claude, maître des requêtes d'Henri II, épouse en 1551, Marie Potier de Blancmesnil, dont: Nicolas, président à mortier au parlement de Bretagne en 1601.

Rouxeau ou Rousseau (le), sʳ de Saint-Dridan, par. de Coray, — de la Ville-Pierre, — de Kerguélen, — de Bossulan, — de Rosencoat.
Anc. ext., réf. 1670, huit gén.; réf. et montres de 1426 à 1536, par. de Coray, év. de Cornouailles.
D'azur à trois soleils d'or, un croissant de même en abyme.
Henri, vivant en 1426, épouse Clémence de Tréanna, dont : Jean, marié vers 1470 à Perronnelle de Liziart; une fille à Saint-Cyr en 1787; un général de brigade en 1858.

Rouxel, sʳ du Plessis-Morvan et de Cojalu, par. de Gaël, — de la Guyommeraye et de la Haute-Folie, par. de Rozlandrieux, — comte de Médavy, — marquis de Grancey.
Réf. et montres de 1429 à 1480, dites par., év. de Saint-Malo et Dol.
D'argent à trois coqs de gueules, becqués et crêtés d'or (arm. 1696).
Jean, écuyer du duc Jean V en 1428; Jacques, maréchal de France en 1651; Jacques-Léonor, maréchal de France en 1724; Hardouin, abbé du Relec en 1696 et aumônier de Philippe, duc d'Orléans, tué au siége de Turin en 1706. La branche aînée fondue dans la Houssaye.
La branche de Médavy et de Grancey est établie depuis le XVᵉ siècle en Normandie.

Rouxel, sʳ de la Jartière, de Ranléon, de Pérouze et de la Barre, par. de Saint-Ygneuc, — de la Ville-Léart, par. de Sévignac, — de Lescouët, par. de Plestan, — de la Morinais, — de la Grange, — de la Lande, — de Quéféron, — de Carivan, par. de Morieux, — de la Marre, — de Penarménez, par. de Quimerc'h.

Anc. ext., réf. 1668, sept gén.; réf. et montres de 1423 à 1535, par. de Jugon, Saint-Ygneuc et Plestan, év. de Saint-Brieuc et Sévignac, év. de Saint-Malo.

D'azur à trois roussettes ou chiens de mer d'argent.

_{Geoffroi, non contribuant à fouages en 1423, paroisse de Saint-Malo de Jugon; Guillaume, décédé en 1435, épouse Perrotte le Berruyer, de la maison du Margaro, dont Eonet, avocat et homme de pratique, quel se gouverne noblement et sert aux armes, marié vers 1475 à Margot de Rouillac, auteur des srs de Ranléon; Olivier, chef d'une autre branche, vivant en 1535, marié à Catherine Grignon, auteur des srs de Lescouët.}

La branche de Ranléon fondue en 1686 dans Chaton.

Rouxel, sr de Calhoueix, — du Prérond, par. de la Maloure, — de la Fosse-Colluée. — de la Villeyrouet, — de la Touraudaye.

Ext., réf. 1669, sept gén., ress. de Jugon.

De sable à trois coquilles d'argent, *voyez* Le Levroux.

Olivier, vivant en 1469, père de Jean, marié à Louise Chaton, dont Christophe, marié vers 1540 à Guyonne le Levroux, dame du Prérond.

Cette famille paraît issue en juveignerie de la précédente, et avoir pris par alliance les armes des le Levroux.

Le sr du Champrosty, paroisse de Maroué, débouté à la réformation de 1668.

Rouxel, sr de la Croix et de la Villemarherbe, par. de Saint-Père, — de la Motte, par. de Saint-Jouan, — de la Talvaisière, par. de Dolo, — de Prémorel.

Ext., réf. 1668, sept gén.; réf. et montres de 1478 à 1513, par. de Saint-Père-Marc-en-Poulet et Saint-Jouan-des-Guérets, év. de Saint-Malo.

D'azur à trois molettes d'argent.

Jean, vivant en 1478, père de Jean, marié à Raoulette Cadier.

Rouxel, sr de la Ville-Hamonet, par. de Trémeloir, — de la Villeblanche.

Ext., réf. 1670, cinq gén.; réf. et montres de 1441 à 1535, par. de Trémeloir, év. de Saint-Brieuc.

Parti au premier : d'argent au croissant de gueules, accomp. de trois roses de même; au deux : d'argent à trois fasces de gueules, accomp. de onze étoiles de même, 4. 4. 2 et 1.

Olivier, qui s'arme et est contrarié à la réformation de 1441, anobli et franchi en 1449; André, vivant en 1535, épouse Catherine Geslin.

Rouxel, sr du Cranno, par. de Nostang, — de Kervérien, par. de Saint-Caradec-Trégomel.

Réf. 1536, par. de Saint-Caradec-Trégomel, év. de Vannes.

D'argent au chef de sable, chargé de trois quintefeuilles d'argent. (G. le B.)

Fondu dans Cosnoual.

Rouxel, sr de la Fresnaye, par. de Saint-Gilles.

Ref. de 1427 à 1513, dite par., év. de Rennes.

Porte un chevron issant d'une mer, *comme le Bihan*, une étoile sous le chevron (sceau 1418).

ROUXEL, sr du Val, par. de Planguénoual, — de Saint-Dénoual, par. de ce nom, — de la Villemorhen, par. de Pléhérel, — de l'Hôpital, par. de Plurien.

Réf. et montres de 1423 à 1569, dites par., év. de Saint-Brieuc.

D'or au lion de gueules, accomp. de cinq billettes de sable.

Geoffroi, fait donation à l'abbaye de Saint-Aubin-des-Bois, en 1167, d'un champ sis à Planguénoual.
La branche du Val fondue au XVIe siècle dans la Fruglaye.
La branche de l'Hôpital fondue dans des Cognets.
Une autre branche n'a gardé que le nom de Saint-Dénoual, *voyez* SAINT-DÉNOUAL (DE).

ROUXEL, sr du Boys, — du Verger, — de Rochaunet, — de Préja, — du Genez, — de Kerfichart, — de Dounant, par. de Tonquédec.

Déb., réf. 1668 et à l'intend. en 1702 et 1712, ress. de Saint-Brieuc.

D'azur à trois étoiles d'or, au chef cousu de gueules, chargé de trois macles d'or (arm. 1696).

Bertrand, syndic de Saint-Brieuc en 1615; un sénéchal de Quintin en 1696.

ROUXEL, sr de Roscao, par. de Plusquellec, — du Parc, par. de Berrien.

Déb., réf. 1670, ress. de Carhaix.

ROUXELOT ou ROUSSELOT, sr de Limoëlan, par. de Sévignac.

Réf. et montres de 1469 à 1535, par. de Trévé, év. de Saint-Brieuc.

D'argent à trois haches de sable posées en pal, 2 et 1.

Guillaume, l'un des exécuteurs testamentaires de Rolland de Dinan en 1304; Raoul, évêque de Saint-Malo en 1310, pair de France et évêque de Laon en 1318, † 1323; Jean, chevalier, blessé au combat des Trente en 1350, père de Jeanne, dame de Limoëlan, † 1422, mariée à Louis de Dinan, juveigneur de Rolland, sr de Montafilant.
La terre de Limoëlan, possédée au XVe siècle par la famille de Kersaliou, a appartenu depuis aux la Chapelle de Syon, Guémadeuc, Beaumanoir, la Rouë et Picot.

ROUZAULT ou ROUAULT, sr de la Tronchaye, par. de Ploufragan, — de Crafault, par. de Plédran, — de la Trinité-de-Guingamp.

Réf. et montres de 1459 à 1543, dites par. et par. de Bourgbriac, év. de Saint-Brieuc et Tréguier.

D'argent au sautoir de gueules, accomp. en chef d'une hermine de sable et en pointe d'une rose de gueules (sceau 1381).

Mathieu ratifie le traité de Guérande en 1381.

ROY ou ROI (LE), *voyez* ROI (LE).

ROYE (DE) (orig. de Flandres), de gueules à la bande d'argent.

Mathieu, grand-maître des arbalétriers de France, père de Guy, successivement évêque de Verdun, puis de Dol en 1381 et archevêque de Tours et de Rheims, † 1409.

ROYER (LE) (orig. de Touraine), sr de la Sauvagère, — de la Poignardière, — de Taillis, par. de ce nom.

Maint. à l'intend. en 1712, ress. de Rennes.

D'azur à trois roues d'or. Devise : *Pro fide et patriâ.*

Guillaume, marié à Marguerite de Nezle, premier maître d'hôtel de Charles de Bourbon, père d'Antoine, roi de Navarre, en 1520 ; une fille à Saint-Cyr en 1787.

ROYER (LE), d'azur au pal d'or.

Hervé, époux de Jeanne de Brie, père et mère de Jeanne, mariée en 1525 à Pierre Cornulier, s^r de la Haudelinière.

ROYER, s^r de la Cigogne, par. de Vénefles.

Déb., réf. 1669, ress. de Rennes.

ROYER, s^r de la Chesnardière et de la Clérais, par. de la Chapelle-Basse-Mer, — du Plessis-Glain, par. du Loroux-Bottereau.

Un secrétaire du Roi en 1736.

ROYER (orig. de Normandie, y maint. en 1666), s^r de la Louvinière, — marquis de la Brissollière en 1672.

Ext. arrêt du parl. de 1742, sept gén.

Ecartelé aux 1 et 4 : d'or à une fleur de lys de gueules, abaissée sur deux merlettes affrontées de sable, *voyez* DU FAOU et ROC'HELLO ; au 2 : de gueules, à trois gerbes d'or ; au 3 : de sable à trois fusées d'argent en fasce. Devise : *Fortis et prudens simul.*

ROYÈRE (DE) (orig. du Périgord), s^r de Badefol.

De gueules à trois fasces de vair.

Un évêque de Tréguier en 1766, transféré à Castres en 1773, † 1802, en Portugal.

Roz (DE), s^r dudit lieu, par. de Roz-Landrieux, év. de Dol.

Porte un chevron accomp. de trois têtes d'aigle arrachées (sceau 1364).

Itier, fait une donation aux moines de Saint-Florent en 1199.

Roz (DU), s^r de Mesmean, par. de Ploudalmézeau, — de Garzjahan, par. de Plouvien.

Réf. et montres de 1427 à 1534, par. de Ploudalmézeau, Plouguin, Plouvien et Kernouëz, év. de Léon.

De gueules à l'épée d'argent en barre, la pointe en haut. (G. le B.)

ROZÉE, s^r de Trieullé, — de Trémadeuc, par. de Malensac.

Déb., réf. 1669, ress. de Ploërmel.

Un payeur des gages des officiers de la chancellerie en 1746.

ROZOU, en français DU TERTRE, *voyez* TERTRE (DU).

ROZY (orig. d'Italie), s^r de la Mulotière, par. de Guer, — de Saint-Solemn.

Déb., réf. 1670, ress. de Ploërmel.

D'argent à trois boutons de roses au naturel, 2. 1.

Gratien, épouse en 1600 Suzanne Robelot, de la maison de la Voltais.

RUAYS (DE), *voyez* DRUAIS.

RUBIN, s^r de la Grimaudière, — de Rays, — de la Missonnays.

De sable à six coquilles d'argent, 3. 2 et 1.

Un ancien conseiller au présidial de Rennes, confirmé par lettres de 1815.

RUE (DE LA), s^r de Lorgerais, ress. de Rennes.
De gueules à trois quintefeuilles d'argent (arm. 1696).
<small>On trouve Jacques, référendaire à la chancellerie en 1572.</small>

RUE (DE LA), s^r dudit lieu, par. de Bourg-des-Comptes.
Réf. de 1427 à 1513, dite par., év. de Rennes.
<small>Jean, ouvrier de monnoie de bonne ligne de par sa mère, oultre qu'il est notaire et tabellion, non contribuant en 1427; Bertrand fils Pierre, vivant en 1513, officier et notaire royal, monnoyer et de ligne de monnoie, se gouverne noblement, disant aller aux montres et serviteur du prince.</small>

RUE (DE LA), év. de Nantes.
Porte trois croissants, surmontés chacun d'une billette (sceau 1381).
<small>Jean, homme d'armes dans une montre reçue par Pierre Angier en 1351, ratifie le traité de Guérande en 1381; Alain, chanoine de Nantes, évêque de Léon en 1411, transféré à Saint-Brieuc en 1419, † 1424; François, doyen de la collégiale de Quintin en 1431; Jean, auditeur des comptes en 1492; Marc, maître des comptes en 1527.</small>

RUÉE (DE LA), s^r dudit lieu et du Préclos, par. de Ruffiac, — de la Ville-Marie, — de Pontbilly, — de Beauregard, — de Peccaduc, par. de Carentoir, — de la Vallière.
Ext. réf., 1669, sept gén.; réf. de 1513 à 1536, par. de Ruffiac, év. de Vannes, et Guer, év. de Saint-Malo.
D'argent à trois branches ou feuilles de rue de sinople.
<small>Guillaume, vivant en 1470, épouse Jeanne Gourdon, dont Yves, marié : 1º à Jeanne Hudelor, 2º à Marguerite Le Barbier.</small>

RUEL (orig. de Normandie, y maint. en 1667), s^r de Monville, — de Fontenil.
D'or au lion naissant de gueules.
<small>Pierre-Joseph, maréchal-des-logis des gendarmes de la garde, épouse en 1736 Catherine de Kerouallan.</small>

RUELLAN, s^r de la Chattière, par. d'Antrain, — du Rocher-Portail, — baron du Tiercent en 1615, par. de ce nom, — s^r de la Ballue, par. de Bazouges-la-Pérouse, — de Monthorin, par. de Louvigné-du-Désert, — de Bourgon.
Ext., réf. 1669, trois gén., ress. de Fougères.
D'argent au lion de sable, armé, lampassé et couronné d'or.
<small>Gilles, natif d'Antrain, fermier des impôts et billots de Bretagne, marié : 1º à Gillette Nicolas, 2º à Françoise Miolais, anobli en 1607; du premier lit : Gilles, conseiller au parlement en 1613, père de Gilles, conseiller en 1677 et aïeul de Joseph-René, conseiller en 1723; un chevalier de Malte en 1713.</small>

RUELLAN, s^r du Closneuf, par. d'Andel, — de la Villeberno, par. de Saint-Michel de Saint-Brieuc, — de Saint-Renan et des Salles, par. de Plestan.
Déb., réf. 1669, ress. de Saint-Brieuc.
D'or au lion de sable (arm. 1696).

RUELLAN, s^r du Randren, par. de Concoret.
Réf. 1427, dite par., év. de Saint-Malo.
<small>Johannet, Robin et Collin, ce dernier père de Pierre, clerc de la Chapelle du duc, francs par lettres de grâce en 1436.</small>

RUELLAN, sr du Temple, ress. de Dinan.
De gueules à la fasce d'argent, accomp. en chef de deux croissants d'or et en pointe d'une étoile de six rais de même (arm. 1696).
_{Pierre, syndic de Dinan en 1696.}

RUENEUVE (DE), sr de Kerazret et de Penanros, par. de Nizon.
Réf. et montres de 1426 à 1562, dite par., év. de Cornouailles.
De gueules au saumon d'argent en pal (arm. de l'Ars.).

RUFFAULT, sr de la Boulaye, par. de Bocquého, — de Kerhuel et du Bourblanc, par. de Plourivo, — de Kermadoret, — du Boisriou, par. de Cavan, — de Penhoët, de Coatbruc et de Kermartin, par. de Lanvollon.
Réf. et montres de 1423 à 1543, dites par., év. de Tréguier, Saint-Brieuc et Dol.
D'argent au sanglier passant de sable.
_{La branche de Kerhuel fondue en 1609 dans Ploësquellec.}

RUFFELET, sr de la Villemeen et de la Grenouillère, par. de Ploufragan, — de Clairefontaine, par. de Plérin, — de la Villehingant, — du Chalonge, par. de Saint-Michel de Saint-Brieuc, — de la Lande, — de la Villebaud.
Déb., réf. 1669 ; réf. 1535, par. de Ploufragan, év. de Saint-Brieuc.
Burelé d'or et de gueules de dix pièces. (G. le B.)
_{Salomon, sénéchal de Saint-Brieuc en 1598, anobli en 1614.}

RUFFELET, sr de la Villehervé, — des Alleux.
De gueules au sautoir d'argent (arm. 1696).
_{Plusieurs syndics et maires de Saint-Brieuc, depuis 1690.}

RUFFIER, sr du Bois-Ruffier, par. de Plestin, — de la Gibonnays et de la Louderie, par. de Trévéron, — du Leix, par. de Pleuguéneuc, — de Cobaz, par. de Lanhélen, — de Saint-Jean, par. de Saint-Germain de Matignon.
Réf. et montres de 1427 à 1535, dites par., év. de Saint-Malo, Dol et Saint-Brieuc.
D'azur semé de billettes d'argent, au lambel de même (sceau 1379) ; *aliàs* : d'azur semé de billettes d'argent, au lion de même brochant. (G. le B.)
_{Thomas, abbé de la Chaume en 1386; Charles, chevalier de l'Hermine en 1454.}
_{Fondu dans Ferron.}

RUFFLAY (DU), sr dudit lieu et du Billet, par. de Saint-Donan, — de la Cornillière et de Trévily, par. de Maroué, — de la Villerouault, — du Tertre-Jouan et de la Morandais, par. de Ploufragan, — de Buhen, de Saint-Mandé et de la Ville-Cade, par. de Plourhan, — d'Ancremel, par. de Plouigneau, — du Plessis, par. de Plénée-Jugon.
Anc. ext. chev., réf. 1669, dix gén., et maint. à l'intend. en 1701 ; réf. et montres de 1423 à 1535, par. de Saint-Donan, Ploufragan, Plourhan et la Méaugon, év. de Saint-Brieuc.

TOME II. 48

D'argent au chevron de gueules, accomp. de trois quintefeuilles de même (sceau 1396), *comme Gascoing et Quilliquiziau; aliàs* : de gueules à la fasce d'hermines (arm. de l'Ars.), *comme la Chapelle.*

Cette famille portait anciennement le nom de Gascoing; Olivier, écuyer, dans une montre de 1378; Eon, ratifie le traité de Guérande en 1381; Guillaume, fils Hervé, vivant en 1418, épouse Aliette Cadoret, dont Louis, marié à Isabeau de Penhoët.

La branche aînée fondue en 1605 dans Budes.

La branche de Buhen fondue dans Rosmadec-Gouarlot.

RULLAUD.

D'argent à la croix dentelée de gueules, chargée de cinq étoiles d'or (arm. 1696).

RUMAIN (DU), *voyez* TROLONG (DE).

RUMEN (DU), *voyez* VICOMTE (LE).

RUN (LE), s^r de Keruzas, par. de Plouzané.

Réf. et montres de 1427 à 1481, par. de Plouarzel, év. de Léon.

D'argent au chevron d'azur, accomp. de trois trèfles de gueules, *comme Mescouëz.*

Bernard, de la paroisse de Plouarzel, anobli en 1425.

RUN (LE), s^r de Kerérault, — de Keralgan, par. de Ploumilliau.

Déb., réf. 1669, ress. de Morlaix.

D'or au corbeau de sable, tenant entre ses pattes un rameau de laurier de sinople, accomp. de trois étoiles de sable. (G. le B.)

RUN (LE), en français TERTRE (DU), *voyez* TERTRE (DU).

RUSQUEC (DU) (ramage de Trésiguidy), s^r dudit lieu, par. de Loqueffret.

Réf. et montres de 1426 à 1562, dite par., év. de Cornouailles.

D'azur au chef d'or, chargé de trois pommes de pin de gueules.

Fondu en 1600 dans Kerlec'h, d'où la terre du Rusquec a passé successivement aux Kergoët, du Cleuz-du-Gage et Kerouartz.

RUSQUEC (DU), s^r dudit lieu, par. de Plouvorn.

Réf. et montres de 1426 à 1534, par. de Plouvorn, év. de Léon.

Losangé d'argent et de sable.

Fondu en 1520 dans l'Estang; *voyez* ESTANG (DE L').

RUSSEL, *voyez* ROUSSEL.

RUSSY (DE) (orig. de Normandie, y maint. en 1667), s^r de la Quaisse, — des Jardins, — de l'Ormeil.

Maint. par arrêt du parl. de Bretagne en 1788.

De gueules à la croix ancrée d'argent.

Antoine, fils naturel de Jean Picot, s^r de Russy et de Marguerite Berger, légitimé en 1573, et anobli en 1599 par lettres confirmées en 1606; Jean, fils du précédent, l'un des cent chevaux-légers de la garde du roi Henri IV en 1610.

Rusunan (de), sʳ dudit lieu, par. de Plougoulm, év. de Léon.

Losangé d'argent et de sable, à la fasce en divise de gueules, chargée d'un oiseau de sinople, *comme Coëtnempren*.

Fondu dans Coëtélez. Moderne : le Rouge.

Ruys, *voyez* Rhuis.

Ruzé (orig. de Paris), sʳ de Beaulieu, — de Chilly, — de Longjumeau.

De gueules au chevron fascé ondé d'or et d'azur, accomp. de trois lionceaux d'or, les deux du chef affrontés.

Martin, conseiller aux Grands-Jours de Bretagne en 1495; Guillaume, évêque de Saint-Malo en 1570, transféré à Angers en 1572.

Cette famille s'est fondue dans les Coëffier, marquis d'Effiat et de Cinqmars, qui ont retenu les nom et armes de Ruzé.

Rye (de la) (orig. du Poitou), sʳ de la Côte-de-Mézières.

Écartelé au sautoir d'argent et d'azur. (G. le B.)

Gabriel, chevalier de l'ordre en 1580, marié à Marie Catus, tué à la journée de Saint-Yrieix-le-Perche en 1593.

S

Saffray (de) (orig. de Normandie, y maint. en 1598 et 1666), sr de Varaville, — de Maisy, — d'Engranville, — d'Anneville.

D'argent à trois fasces ondées de gueules.

Saffré (de), sr dudit lieu et du Houssay, par. de Saffré, — de Sion, par. de ce nom, — de la Jarrie, par. du Clion, — de Bougon, par. de Couëron, — de Chavagnes, par. de Sucé, — du Marais-Henri, par. de Chauvé, — de la Tréhuère, par. de Ligné, — de la Moricière, par. de Port-Saint-Père, — de la Ville-Aubert, par. de Frossay, — de la Mauvesetière, par. de Saint-Herblain, — de la Gravière.

Anc. ext. chev., réf. 1669, quatre gén.; réf. de 1429 à 1513, par. de Saffré, le Clion, Couëron, Sucé, Chauvé et Ligné, év. de Nantes.

D'azur à trois croisettes fleurdelysées d'or, au chef de même (sceau 1395).

Foulques, vivant en 1300, marié à Philippote de Laval; Alain, chevalier-bachelier dans une montre de 1370; Guillaume, maître de la vénerie en 1491; Pierre, vivant en 1513, père de François, marié à Marie Trimorel.

La branche aînée fondue en 1416 dans Tournemine.

Sage (le), sr de Lesperan et de Launay-Caro, par. de Mohon, — du Boishulin, par. de Pipriac.

Anc. ext., réf. 1669, huit gén.; réf. et montres de 1426 à 1513, dites par., év. de Saint-Malo.

D'argent au lion de gueules, armé, lampassé et couronné d'or.

Raoul, chevalier, envoyé par Jean V en Angleterre, en 1419, pour demander l'élargissement de Jeanne de Navarre sa mère, remariée au roi d'Angleterre.

Alain, vivant en 1440, épouse Jeanne des Isles; Eon, secrétaire du duc en 1444, eut son hébergement de Launay-Caro, franchi en 1444.

Saget, sr de la Jonchère, par. de Juigné, — de Beaulieu, — de Feuillée, par. de Martigné-Ferchaud.

De gueules à trois flèches empennées d'argent, posées en pal, accomp. de trois annelets d'or (arm. 1696); *aliàs* : au chef d'argent chargé de trois bandes de sable.

Des intendants des princes de Condé à Châteaubriant depuis 1696; René-Georges, secrétaire du Roi en 1712, marié en 1724 à Perrine Ruellan, fille du baron du Tiercent.

Saget, réf. et montres de 1440 à 1513, par. de Bédée, Pluduno et Hénansal, év. de Saint-Malo et Saint-Brieuc.

Raoul, de la paroisse de Bédée, dit avoir été anobli et franchi par le duc et en avoir lettres en 1440; Richard, se porte noble à la réformation de 1513, paroisse d'Hénansal.

SAGUIER, s^r de Luigné, — de la Maugnitonnière et des Roussières, par. de Maisdon. Maint. réf. 1668, 0 gén., ress. de Nantes.

Ecartelé aux 1 et 4 : d'argent à la tête de maure de sable, tortillée d'argent; aux 2 et 3 : d'argent à l'écureuil de gueules, *qui est Fouquet*.

Claude, conseiller au parlement en 1643, épouse Renée Cazet de Vautorte, dont : Henry, conseiller au parlement en 1673.

SAIGE (LE), s^r de la Corbonnays et de Vilhoët, par. de Saint-Léonard, — de Chanel, par. de Saint-Georges-de-Gréhaigne, — du Boisrobin, par. de Cherrueix, — de la Mettrie, — de la Villèsbrunne, par. de la Fresnais, — de Landécot, par. de Saint-Étienne-en-Coglez, — de Lourmel, — de la Bourbansais, par. de Pleuguéneuc.

Ext., réf. 1669, sept gén.; réf. et montres de 1478 à 1513, par. de Saint-Léonard, Saint-Georges, Cherrueix et Saints, év. de Dol.

D'or à trois fusées rangées d'azur, accomp. en pointe d'un croissant de même.

Guillaume, marié en 1488 à Jeanne Prud'homme, dame du Boisrobin, ne contribue ne fait poyement ès tailles et subsides, à la réformation de 1513; un page du Roi en 1749; une fille à Saint-Cyr en 1753; un volontaire au combat de Saint-Cast en 1758; un volontaire pontifical à Castelfidardo en 1860.

SAINT (LE), s^r de Kerambellec et de Traonvoaz, par. de Pleumeur-Gautier, — de Loguével, — de Kergrist, par. de Pleudaniel, — de Kermartin, — de Kerluan, — de Coëtarsant, par. de Lanmodez.

Anc. ext., réf. 1669, dix gén.; réf. de 1481 à 1513, par. de Pleumeur, Pleudaniel et Plouëc, év. de Tréguier.

D'argent au lion de sable, accomp. de quatre merlettes de même, 3. 1, *comme Menou*. Devise : *Et sanctum nomen ejus*.

Daniel, de la paroisse de Pleumeur, mentionné dans une transaction de 1284; Yvon, vivant en 1400, épouse Jeanne de Kerraoul.

SAINT (LE), réf. et montres de 1446 à 1534, par. de Plougonvelin et Lambezre, év. de Léon.

D'or à l'aigle éployée de gueules, entourée d'une cordelière de même en orle (arm. de l'Ars.).

Yves, anobli en 1450.

SAINT-AIGNAN (DE), s^r dudit lieu, par. de ce nom, — des Angles, par. de Machecoul. — de l'Arsangle, par. de la Chevrollière, — de l'Isle, par. de Fresnay, — de Janciou, par. de Saint-Hilaire-de-Chaléons, — des Montils-Férusseau, par. de Haute-Goulaine.

Réf. de 1429 à 1455, par. de Machecoul, Fresnay, Saint-Hilaire et Haute-Goulaine, év. de Nantes.

De gueules à la bande d'argent, accomp. de trois trèfles de même.

La branche aînée fondue au xve siècle dans Goheau.

SAINT-AIGNAN (DE), *voyez* ROUSSEAU.

SAINT-ALOUARN (DE), s^r dudit lieu et de Kervéguen, par. de Guengat.
Réf. et montres de 1426 à 1536, dite par., év. de Cornouailles.
D'azur au griffon d'argent (arm. de l'Ars.).
Daniel, abbé de Quimperlé en 1521, † 1553.
Fondu dans Alleno.

SAINT-AMADOUR (DE), s^r dudit lieu, en Anjou, — de la Ragotière, par. de Teillé, — de Tizé, par. de Thorigné, — vicomte de Guignen en 1519, par. de ce nom, — s^r d'Eancé, par. de ce nom, — du Pont-Hay, — de la Motte, par. de Noyal-sur-Vilaine, — de la Touche, par. de la Limousinière, — des Navinaux, par. de Vertou, — de Pannecé, par. de ce nom, — de la Tour, par. de Port-Saint-Père, — de Thouaré, par. de ce nom, — de Saint-Gilles, par. de ce nom.
Réf. de 1427 à 1513, par. de Thorigné, Noyal et Saint-Gilles, év. de Rennes.
De gueules à trois têtes de loup, coupées d'argent ; *aliàs* : à l'écusson en abyme d'azur, chargé de trois fleurs de lys d'argent.
Foulques, écuyer dans une montre reçue au Mans en 1380, épouse Guillemette de Châteaugiron, dame de Tizé; Guy, écuyer de l'hôtel du comte de Richemont en 1424, épouse Jaquette de Malestroit; Guillaume, fils des précédents, laissa de Marguerite de Québriac : 1° François, capitaine de Saint-Aubin-du-Cormier, grand veneur et chambellan du duc François II, † 1521; 2° Jean, qui assista à treize batailles et fut armé chevalier de la main de Charles VIII, à la bataille de Fornoue, en 1495.
La branche de Tizé fondue dans Bouan.
La branche de Guignen fondue dans Bretagne-Vertus.

SAINT-ANDRÉ (DE) (orig. du Languedoc), s^r de Montbrun.
D'azur au château de trois tours d'argent, surmonté de trois étoiles d'or.
François, chancelier de Louis XII dans ses états d'Italie, lieutenant dans la seigneurie de Gênes, puis conseiller aux Grands-Jours de Bretagne en 1514.

SAINT-AUBIN (DE), s^r de Tromarzein.
De gueules à trois croissants d'or.
René, s^r de Tromarzein, épouse Urbane de Reil, dont : 1° Anne, partagée en 1544, mariée : 1° à Jean le Bigot, 2° à François Budes; et 2° Renée, mariée en 1566 à Hervé le Mintier, s^r de la Villemorvan.

SAINT-AUBIN (DE), s^r de la Soudannaye, par. de Drefféac, — de Launay, par. de Fay, — de la Morandais et du Séric, par. de Cambon, — de Boquéhan, par. de Guenrouët, — de la Châteigneraye, par. de Saint-Brévin, — de la Chaussée, — du Pineau, — du Bois, — de la Rivière, par. du Vigneux, — de la Briordais, par. de Saint-Père-en-Retz.
Anc. ext., réf. 1669, huit gén. ; réf. et montres de 1427 à 1544, par. de Drefféac, Fay et Cambon, év. de Nantes.
De gueules à la bande d'argent ; *aliàs* : d'argent à la bande fuselée de gueules, accomp. de six tourteaux de même. (G. le B.)
Alain, vivant en 1445, épouse Guillemette dame du Séric.

SAINT-BÉDAN (DE), *voyez* URVOY.

SAINT-BRICE (DE), sr dudit lieu, par. de ce nom, év. de Rennes.
Palé de six pièces d'or et de gueules.

Guillaume, fait prisonnier dans la tour de Dol, assiégée par le roi d'Angleterre en 1173; Payen, croisé en 1248.

Fondu dans Scépeaux, d'où la terre de Saint-Brice est passée par acquêt aux Montauban qui la firent ériger en baronnie en 1513, puis par alliance aux Volvire, qui la firent ériger en marquisat en 1650 (*voyez* VOLVIRE); ce marquisat est échu aussi par alliance aux Guérin de la Grasserie.

SAINT-BRIEUC, ville épiscopale, assiégée en 1375 par le duc Jean IV; en 1394 par le connétable de Clisson, et pillée par les lansquenets en 1595.
D'azur au griffon d'or, armé, becqué et lampassé de gueules.

SAINT-BRIEUC (DE), sr dudit lieu et de Pontménard, par. de Saint-Brieuc de Mauron, — du Guern, par. de Talensac, — de la Folie, par. de Bréal, — de la Giquelaye, par. de Parthenay, — du Plessix et de Lampâtre, par. de Goven, — de la Villechevrier, par. de Sérent, — de Pontbulso, par. de Sarzeau.

Anc. ext., réf. 1669, huit gén.; réf. et montres de 1427 à 1513, par. de Saint-Brieuc de Mauron, Talensac, Bréal et Goven, év. de Saint-Malo.

D'azur au dextrochère mouvant du côté sénestre, tenant une fleur de lys d'or; *voyez* DU CHASTELLIER, GUEL, LA LANDE et LA MARCHE.

Guillaume, écuyer dans une montre de 1356, enterré dans l'abbaye de Saint-Jacques de Montfort; Louis, vivant en 1444, épouse Jeanne, dame du Guern.

SAINT-CAST (DE), sr dudit lieu, par. de ce nom, év. de Saint-Brieuc.
Porte une cloche (sceau 1302).

Raimond, de l'ost du Roi en Flandre en 1302.

SAINT-CYR (DE), sr de Coatcarré, par. de Saint-Carné, — du Bourg, par. de Pleuguéneuc.

Déb., réf. 1669; réf. 1513, par. de Pleuguéneuc, év. de Dol.

SAINT-DENIS (DE), sr de Kerdélant et de Kerilly, par. de Guiclan, — de Kerdrein, par. de Saint-Thégonnec, — de Mespérénez, par. de Plouider, — de Kermoal, par. de Cléder, — de Brigné, par. du Minihy-de-Léon.

Réf. et montres de 1426 à 1503, dites par. et par. de Plouzévédé, év. de Léon.
D'azur à la croix d'argent.

Yves, tué à la bataille de Saint-Aubin-du-Cormier en 1488.
La branche de Brigné fondue dans Kergoët, puis Lanrivinen, la Sauldraye et Huon de Kermadec.

SAINT-DENIS (DE) (orig. de Normandie, y maint. en 1666), sr dudit lieu, par. de Saint-Denis-sur-Sarthon, — baron de Hertray, — sr de Vervaine, — de Piassé, — de Vaugoux, — de la Brévière, — de la Touche, — de Vieux-Pont.

De sable fretté d'argent, au chef de même, chargé d'un léopard de gueules. (G. le B.)

Cette famille a produit plusieurs gouverneurs d'Alençon et s'est alliée en Bretagne aux Tournemin Boiséon et du Refuge.

SAINT-DÉNOUAL (DE), vicomte dudit lieu, par. de ce nom, — sʳ de la Guisoujaye, de la Planche, du Tertre-Helleuc et du Croixchemin, par. d'Hénan-Bihan.

    Réf. et montres de 1423 à 1535, dites par., év. de Saint-Brieuc.

    De gueules à dix billettes d'or, 4. 2 et 4.

    Le nom ancien de cette famille est Rouxel.
    La branche aînée fondue dans Saint-Guédas, puis en 1660 la Moussaye.
    Une autre branche n'a gardé que le nom de la Planche. *Voyez* PLANCHE (DE LA).

SAINT-DIDIER (DE), sʳ dudit lieu, par. de ce nom, — de la Boulinière, par. de Moulins.

    Réf. 1427, par. de Moulins-sur-Roche, év. de Rennes.

    D'argent fretté de gueules (G. le B.); *aliàs* : un lion (sceau 1401).

    Eudes, croisé en 1248.

SAINT-EHEN ou SAINT-EESN (DE), sʳ dudit lieu et de la Fontaine, par. de Parthenay.

    Réf. de 1427 à 1513, dite par., év. de Rennes.

    D'argent semé de merlettes d'azur. (G. le B.)

    Fondu dans la Douesnelière.

SAINT-ETIENNE (DE), sʳ dudit lieu, par. de ce nom, — de Racinoux, — de Villeauren, en Fougerais, — du Boishenry, — de la Grétaye, par. d'Acigné.

    Réf. 1427, par. de Saint-Etienne-en-Coglez, év. de Rennes.

    Le nom ancien de cette famille est Le Bret.
    Henri, fait prisonnier par les Anglais au siége de Dol en 1173; Alain, croisé en 1248.
    La branche aînée fondue dans le Bouteiller de la Chesnaye.

SAINT-EVE (DE), fascé d'argent et de gueules de six pièces. (G. le B.)

SAINT-FARGEAU (DE), *voyez* PELLETIER (LE).

SAINT-GENYS (DE) (orig. de Normandie), sʳ des Ourmeaux (ou Hommeaux), par. de Saint-Broladre, — de Ranléon, par. de Quédillac.

    Maint. par arrêt du parl. de 1764, ress. de Rennes (Etats 1786).

    D'azur au chevron d'or, accomp. en chef de deux étoiles d'argent et en pointe d'un chêne de même.

    François, quartinier de la ville de Paris en 1632; François anobli pour services militaires en 1653.

SAINT-GEORGE (DE), *voyez* HARSCOUËT.

SAINT-GEORGES (DE), *voyez* BILLEHEUST.

SAINT-GEORGES (DE), *voyez* COSNOUAL.

SAINT-GEORGES (DE), sʳ dudit lieu et de Lannurien, par. de Plouescat, — de Mesqueffuruz, par. de Plougoulm.

    Réf. et montres de 1427 à 1481, par. de Plouescat, Plougoulm, Plounévez et le Minihy, év. de Léon.

    D'argent à une croix de gueules, *comme Jobert*.

    Le nom ancien de cette famille est Jobert; la branche aînée fondue dans Kersauzon.
    Une famille de même nom et armes, originaire de la Marche et transplantée en Poitou, s'est alliée

en Bretagne aux la Musse, Bavallan et Pioger; elle remonte d'une manière certaine à Olivier, marié en 1404 à Catherine de Rochechouart, dame de Boissec et elle s'est éteinte en 1858 en la personne du marquis de Vérac, ancien pair de France.

SAINT-GERMAIN (DE) (orig. de Normandie, y maint. en 1463 et 1598), baron d'Annebaud, — s^r de Fontenay, — du Quesnay-le-Husson, — de Monthaloy et de la Chapelle, par. de Saint-Georges de Reintembault, — de Refunel, par. de Marcillé-Raoul.

Anc. ext., réf. 1669, sept gén.; réf. 1513, par. de Saint-Georges de Reintembault, év. de Rennes.

De gueules au chevron d'argent, accomp. de trois besants de même.

François, vivant en 1463, épouse Marguerite Husson, dame du Quesnay.

SAINT-GERMAIN (DE) (orig. de Normandie), s^r de Larchat, — de la Rambourgère, par. de Betton.

Maint. par arrêt du parl. de 1767, neuf gén. (États de 1768), ress. de Rennes.

D'or à trois tourteaux d'azur (arm. de l'Ars.); *aliàs* : d'argent à la bande ondée de sable. (B. L.)

SAINT-GILLES, en breton KERSAINTGILLY (DE), *voyez* KERSAINTGILLY (DE).

SAINT-GILLES (DE), s^r dudit lieu, par. de ce nom, — de Betton, par. de ce nom, — du Bois-Geoffroi, par. de Saint-Médard-sur-Ille, — de Perronnay, de Vaunoise et de Romillé, par. de Romillé, — du Moulin-Tizon, — de la Chapelle-aux-Filtzméens, par. de ce nom, — de la Ménardière, par. de Guipel, — du Planteis, par. de la Boussac, — de la Ville-ès-Clercs, — du Gage et de la Motte-Beaumanoir, par. de Pleuguéneuc, — du Buat, par. de Bonnemain, — baron de Trans, par. de ce nom, — s^r de Saubois, par. de Langan, — de la Durantais, — de la Fosse-au-Loup, par. de Trévérien, — du Plessix, — de la Harmoye, par. de Bodéo, — de la Ville-au-Sénéchal et de Montjardin, par. de Bédée, — de Launay-d'Anguignac, par. de Fougeray, — de Limaraud, par. d'Abbaretz, — de la Hélardière, par. de Donges, — du Pordo, par. de Blain, — de Beaulieu, de Lessac et de Ranlieu, par. de Guérande, — de Rezé, par. de ce nom, — de la Rigaudière, par. d'Ancenis, — de la Rivière, par. de Port-Saint-Père, — de la Roche-Ballue, par. de Bouguenais, — de la Touchelais, par. de Savenay, — de la Ville-Frégon, par. de Bouvron, — de la Vannerie, par. de Haute-Goulaine.

Anc. ext. chev., réf. 1669, onze gén.; réf. et montres de 1427 à 1562, par. de Saint-Gilles, Saint-Médard, Betton et Guipel, év. de Rennes, la Boussac et Langan, év. de Dol, Bodéo, év. de Cornouailles, Romillé, év. de Saint-Malo, Fougeray, Abbaretz et Port-Saint-Père, év. de Nantes.

D'azur semé de fleurs de lys d'argent (sceau 1367).

Guillaume, nommé dans une donation aux moines de Savigné en 1163; Hervé, croisé en 1248; Bertrand, épouse vers 1280 Jeanne, fille du comte de Montfort-Gaël; Papillon, défendit le château de Saint-Aubin-du-Cormier contre Charles de Blois en 1341; Olivier, tué à la bataille de Mauperthuis en 1356; Bertrand, tué à la bataille d'Azincourt en 1415; Mathieu, abbé de Rillé en 1440; deux gentilshommes de la chambre du Roi depuis 1567; trois pages du Roi en 1687 et 1708.

La branche aînée fondue dans le Lionnais puis Saint-Amadour; la branche de Betton et du Bois-Geoffroi fondue dans Denée; la branche du Pordo fondue dans Téhillac, puis le Breton; la branche de Beaulieu fondue dans Cybouault; la branche de Rezé et de la Roche-Ballue fondue dans Trévécar, puis Guémadeuc.

SAINT-GILLES (DE), s^r de Ledignan.

D'azur au chevron d'or, accomp. de trois roses de même ; *aliàs* : d'azur à trois roses d'or, au franc canton chargé d'un léopard (sceau 1344).

Raoulet servait en 1444 sous Tanguy du Chastel, prévôt de Paris; François, fils du précédent, épouse en 1469, Perronne Lucas.

Cette famille transplantée en Languedoc, y a été maintenue en 1671.

SAINT-GONDRAN (DE), s^r dudit lieu, par. de ce nom, év. de Saint-Malo.

D'azur à la fasce de gueules, *à enquerre*, accomp. de trois coquilles d'or (arm. de l'Ars.); *aliàs* : de gueules à cinq roquets d'argent (arm. de l'Ars.).

SAINT-GOUEZNOU (DE) ou LANGOUEZNOU (DE), s^r dudit lieu, par. de ce nom, — du Breignou, par. de Plouvien, — de Kervédel, — de Kerbrézel, par. de Plouarzel, — de Keruznou, par. de Ploudalmézeau.

Anc. ext., réf. 1670, sept gén.; réf. et montres de 1426 à 1534, par. de Plouvien et Plouarzel, év. de Léon.

De gueules à la fasce d'or, accomp. de six besants de même (sceau 1362), *comme le Borgne et Portzmoguer*.

Jean, abbé de Landévennec en 1350; Perceval, vivant en 1443, bisaïeul de Tanguy, vivant en 1574, et celui-ci père de Bertrand, marié à Françoise Denis.

La branche aînée fondue dans de Plœuc, d'où la terre du Breignou a passé aux Kerlec'h puis aux Thépault.

SAINT-GUÉDAS (DE), s^r dudit lieu, par. d'Hénansal, — vicomte de Saint-Dénoual, par. de ce nom.

Anc. ext., réf. 1669, 0 gén.; réf. et montres de 1441 à 1535, par. d'Hénansal, év. de Saint-Brieuc.

De sable à douze étoiles d'or, 4. 4. 4.

Jean, abbé de la Chaume en 1458. Fondu en 1660 dans la Moussaye.

SAINT-HAOUËN (DE), *voyez* COAT (LE).

SAINT-HUGEON ou SAINT-YVON (DE), en breton SAINT-EUZEN, s^r dudit lieu, par. de Brélévénez, — du Roudour, par. de Servel, év. de Tréguier.

D'argent à la croix de sable, à la cotice de gueules brochant. (G. le B.)

Huon, l'un des chevaliers du combat des Trente en 1350; Guillaume fait un échange avec Guillaume Loz en 1395.

Fondu dans du Plessis, puis Quélen-de-Locquenvel; moderne : Kerverder.

SAINT-HYLAIRE (DE), s^r dudit lieu, par. de Saint-Hylaire-des-Landes, év. de Rennes.

Harsculphe, et ses frères Henri et Philippe, prisonniers au siège de Dol en 1173; Pierre, croisé en 1248.

SAINT-JEAN (DE), s^r dudit lieu, par. de Saint-Malon, — de la Ville-ès-Cerfs, par. de Plélan-le-Grand, — de la Ville-Gouadalan, — des Portes.

Anc. ext., réf. 1669, sept gén. ; réf. et montres de 1427 à 1513, dites par. et par. de Saint-Pern, év. de Saint-Malo.

D'azur à trois bandes d'argent.

<small>Pierre, vivant en 1479, épouse Eustachie Ernault, dont Artur, marié à Charlotte Piedevache. La branche aînée paraît fondue dès le xve siècle dans l'Evesque.</small>

SAINT-JEAN (DE), s^r de Sévigné et de la Pinelaye, par. de Gévezé, — du Clos, — du Breil, — de Lablaire, — de la Villeherbe, — du Hamot-Forestier, — de la Huchetais, — de la Ville-Ely.

Anc. ext., réf. 1669, sept gén.; réf. de 1427 à 1513, par. de Gévezé, év. de Rennes.

D'argent à la fasce vivrée d'azur, au lambel de quatre pendants de même.

<small>Guillaume, vivant en 1448, père d'Alain, marié à Aliette Le Roux.</small>

SAINT-JEAN (DE), s^r de la Noë, par. de Couëron.

Réf. de 1429 à 1455, dite par., év. de Nantes.

D'azur à cinq billettes d'or en sautoir. (G. le B.)

SAINT-LAURENS (DE), d'or à six annelets de gueules, 3. 2 et 1. (G. le B.)

SAINT-LÉON (DE), *voyez* VALIDIRE.

SAINT-LUC (DE), *voyez* CONEN.

SAINT-MALO, év., ville maritime et forteresse assiégée par les Anglais en 1376, par les Français en 1392 et 1488, prise par les Malouins eux-mêmes pendant la Ligue en 1590 et bombardée par les Anglais en 1695 et 1758.

D'argent à un dogue de gueules (G. le B.); *aliàs* : de gueules à une herse d'or, mouvante de la pointe de l'écu, surmontée d'une hermine passante d'argent, accolée et bouclée d'or et lampassée de sable (arm. 1696).

SAINT-MALON (DE), s^r dudit lieu, de Ranlou et du Plessix, par. de Saint-Malon, — du Fresne, par. de Caro, — du Plessis-Hudelor, par. de Loutéhel.

Anc. ext., réf. 1671, cinq gén.; réf. et montres de 1427 à 1513, par. de Saint-Malon, év. de Saint-Malo.

D'argent à trois écureuils rampants de gueules (sceau 1398).

<small>Olivier, abbé de Saint-Méen en 1312, † 1330; Jacques, vivant en 1513, père de Raoul, marié à Catherine do Kercabus.</small>

SAINT-MARC (DE), s^r dudit lieu, par. de Saint-Marc-sur-Couësnon, év. de Rennes.

De gueules au léopard d'argent, lampassé, armé et couronné d'or. (G. le B.)

<small>Fondu dans Prévost, d'où la seigneurie de Saint-Marc est passée en 1640 aux du Feu.</small>

SAINT-MARTIN (DE), s^r de Kerpond'armes, d'Ilelfau, de la Jaleusie, de Kerhuidé et de Teixon, par. de Guérande, — du Châtelier, par. de Saint-Père-en-Retz, — de la Ferté et de Launay, par. de Vallet, — de Calléon, par. de Saint-Jacut.

Réf. et montres de 1427 à 1481, par. de Saint-Père-en-Retz, Vallet et Saint-Jacut, év. de Nantes et Vannes.

D'azur au château sommé de trois tours d'or.

<small>Jacques, homme d'armes de la retenue de Jean de Keranlouët, à la rencontre où fut tué en 1369, Jean Chandos; Tristan, auditeur des comptes en 1557.
La branche de Kerpond'armes fondue dans Cousturié.</small>

SAINT-MARZAULT (DE), s^r de Pontcorhan, par. de Guenrouët, év. de Nantes.

Écartelé aux 1 et 4 : d'azur à la bande d'or; aux 2 et 3 : de gueules, à l'M à l'antique d'or, couronné de même. (G. le B.)

SAINT-MAUR (DE), *voyez* HINGANT.

SAINT-MÉEN (DE), s^r de la Bayete, par. de Bazouges-la-Pérouze, — du Chastel, — de Loraigne, — de la Cordonnais, — du Pressoir, — du Gué, — du Verger.

Ext., réf. 1669, sept gén.; réf. 1513, par. de Bazouges-la-Pérouze, év. de Rennes.

D'argent à trois canes ou obannes, membrées et becquées de gueules.

<small>Raoul, vivant en 1478, père d'Étienne, vivant en 1513, marié à Raoulette Bonnier.</small>

SAINT-MÉEN (DE), s^r du Morel, par. de Bréteil, — de la Vallée-Choltière, par. de Montgermont.

Déb., réf. 1669; réf. et montres de 1427 à 1513, par. de Bréteil, év. de Saint-Malo.

De sable au croissant d'or, accomp. en chef d'une étoile d'argent, accostée de deux gresliers de même.

SAINT-MELEUC (DE), s^r dudit lieu, de la Sauldraye, de la Ville-Jean et de Panlivard, par. de Pleudihen.

Anc. ext., réf. 1669, six gén.; réf. et montres de 1478 à 1513, par. de Pleudihen, év. de Dol.

De gueules à dix roses d'or, 4. 3. 2 et 1.

<small>Guillaume, homme d'armes, dans la montre du vicomte de la Bellière, pour la délivrance du duc en 1420; Jean, vivant en 1478, épouse Gillette l'Enfant; un conseiller au parlement en 1783.</small>

SAINT-MELOIR (DE), s^r dudit lieu, par. de Saint-Meloir-sous-Bourseul, — de Langourient, de la Vieuville, de la Motte-Verte et de la Ville-Fréron, par. d'Erquy, — du Bois, par. de Pléboulle, — de la Coulombière, — de la Ville-Robert, par. de Pluduno, — de Lantillac, — de la Brousse.

Anc. ext., réf. 1668, huit gén.; réf. et montres de 1426 à 1535, par. d'Erquy et Pléboulle, év. de Saint-Brieuc.

De gueules à dix molettes d'or, 4. 3. 2 et 1; *aliàs* : une croix engreslée, cantonnée de quatre hermines (sceau 1420).

<small>Alain, vivant en 1426, épouse Vincente du Val; Louis, abbé de Saint-Jacut en 1569.</small>

SAINT-MÉMIN (DE), d'or au lion de sinople, armé, couronné et lampassé de gueules (G. le B.), *comme Bertrand*.

SAINT-MESMIN (DE) (orig. d'Orléans), s^r dudit lieu, — du Bruel, — du Mesnil.

D'azur à la croix componnée d'argent et de gueules, cantonnée de quatre fleurs de lys d'or.

Aignan, anobli en 1460 en considération de ses services au siège d'Orléans en 1428; Jacques, premier président aux comptes en 1547; Aignan, conseiller au parlement en 1554.

SAINT-MHERVÉ (DE), s^r dudit lieu, par. de ce nom, — du Loroux, par. d'Essé.

Échiqueté d'argent et de gueules, chaque carreau d'argent, chargé d'une moucheture de sable (sceau 1361).

Henry, chanoine de Saint-Malo en 1361. Fondu dans Coësmes.

SAINT-MIREL (DE), voyez URVOIT.

SAINT-NOUAY (DE), voyez JÉGOU.

SAINT-NOUAY (DE), s^r dudit lieu, par. de Plouray, — de Kernivinen, par. de Bubry, — de Kerizien, par. de Lesbin-Pontscorff, — de Kergorant, — de Kerincuff, par. de Plouay, — de la Villeneuve.

Anc. ext. chev., réf. 1669, dix gén.; réf. et montres de 1426 à 1536, par. de Plouray, Bubry et Lesbin, év. de Vannes.

D'argent au sanglier passant de sable.

Guillaume, vivant en 1426, épouse Jeanne Fraval. La branche aînée fondue dans Baud.

SAINT-OFFANGE (DE) (orig. d'Anjou, y maint. en 1667), s^r des Chatelliers, — du Vivier, — de Saint-Sigismond, — de Heurtault, — de la Houssaye.

D'azur au chevron d'argent, accomp. de trois molettes de même. (G. le B.)

Un chevalier de Saint-Jean de Jérusalem, commandeur du Palacret et de Pontmelven, au diocèse de Tréguier en 1600.

SAINT-OURS ou SAINTOUX (DE) (orig. du Béarn, maint. en Périgord, par arrêt du conseil de 1635 et à l'intend. de Guyenne en 1667), s^r de la Bourlie, — de Suquet, — de Salibourne, — de Clermont, — de la Jobertie, — de Bouniague, — de Beaugerade, — de Verdun, — de Ferrant.

D'azur à l'ours passant d'or, surmonté à dextre d'un croissant d'argent.

Jean et Jeanne de Commarque sa compagne, font un traité avec les vicomtes de Limoges et de Turenne en 1436; Pons, épouse en 1475 Marguerite de Serval; François, gentilhomme de la chambre du Roi en 1585.

La branche de Clermont-Bouniague, alliée en Bretagne aux Anneix de Souvenel, a produit un capitaine de chevau-légers en 1653, un capitaine de dragons en 1701 et un capitaine au régiment de Beauce (infanterie) en 1772.

SAINT-PAIR (DE) (orig. de Normandie, y maint. en 1599), s^r du Plessis, — de Saint-Brix, — de Landelle, — de la Jugandière et de Carlac, par. de Saint-Broladre, — de Vaujour, — de Leslay.

Ext., réf. 1668, cinq gén., et maint. à l'intend. en 1702, ress. de Rennes.

D'argent à trois losanges de gueules, au chef de même, chargé d'un lion léopardé d'or.

François, vivant en 1500, épouse Marguerite de Verdun; Jean, se fixa en Bretagne, où il épousa en 1663 Henriette Uguet; un capitaine garde-côtes, tué au combat de Saint-Cast en 1758; un page du Roi en 1761.

SAINT-PAUL (DE), s^r de Coëtléan, par. de Plusquellec, — de Kermarquer, — de Crec'héren.

Ref. 1445, par. de Plusquellec, év. de Cornouailles.

De gueules au chef endenché d'or à cinq pointes. (G. le B.)

<small>Jean, donne quittance du paiement de ses gages en 1362.</small>

SAINT-PAUL ou SAINT-POL-DE-LÉON, en breton CASTEL-PAOL, ville épiscopale et château assiégé en 875 par les Normands, en 1163 par Henri II d'Angleterre, et en 1375 par le duc Jean IV et le comte de Cambridge.

D'or au lion morné de sable, *qui est Léon*, tenant une crosse de gueules de ses pattes de devant (G. le B.); *aliàs* : d'hermines au sanglier de sable, accolé d'une couronne d'or; le sanglier dressé en pied soutenant une tour de gueules au canton dextre (arm. 1696). Devise : *Non offendo sed defendo*.

SAINT-PÉRAN ou SAINT-PEZRAN (DE), s^r dudit lieu et de Mesderven, par. de Glomel, — de Rosangat, — de Kermeault.

Ext., réf. 1668, cinq gén.; réf. et montres de 1481 à 1536, par. de Glomel, év. de Cornouailles.

De sable à la croix pattée d'argent.

<small>Jean, vivant en 1500, épouse Marguerite le Normand.</small>

SAINT-PÈRE (DE), *voyez* POULAIN.

SAINT-PÈRE (DE), s^r dudit lieu, par. de Saint-Père-Marc-en-Poulet, — de la Sauldraye, par. de Bonaban.

Réf. et montres de 1480 à 1513, par. de Bonaban et la Boussac, év. de Dol.

D'or à la bande d'azur, cotoyée de deux cotices de même (sceau 1366); *aliàs* : d'or à dix macles ou rustres d'azur, 4. 3. et 3, une cotice de même brochant (sceau 1379).

<small>Gauthier, évêque de Vannes en 1357.</small>

SAINT-PERN (DE), s^r dudit lieu, de Ligouyer et de la Tour, par. de Saint-Pern, — de Champalaune, par. de Pacé, — de Broondineuf, par. de Sévignac, — de la Ville-Ernoul, — de Couëllan, par. de Guitté, — de Merdrignac, par. de ce nom, — châtelain du Lattay en 1647, par. de Guenroc, — de Cohan, par. de Saint-Gilles, — de la Bourgonnière, — de la Rivière, par. de Saint-Aubin-d'Aubigné, — de Bovrel, par. de Saint-Guyomar, — de Lochrist, par. de Trébrivant.

Anc. ext. chev., réf. 1668, onze gén.; réf. et montres de 1427 à 1513, par. de Saint-Pern et Guenroc, év. de Saint-Malo, Pacé, Saint-Gilles et Saint-Aubin, év. de Rennes.

D'azur à dix billettes percées d'argent, 4. 3. 2. et 1. Devise : *Fortiter paternus*.

<small>Jean, témoin d'une donation au prieuré de Bécherel en 1218; Hervé, croisé en 1248; Bertrand, marié à Jeanne Ruffier, capitaine de la Roche-Derrien, parrain en 1320 de Bertrand du Guesclin, avec lequel il défendit Rennes assiégé par le duc de Lancastre en 1356, en détruisant la mine que les Anglais avaient creusée; Philippotte, abbesse de Saint-Georges en 1406; deux chevaliers de l'ordre, connétables de Rennes de 1574 à 1588; un chevalier de Malte en 1662; un président aux enquêtes</small>

en 1679, et un président à mortier en 1788 ; trois pages du Roi et un page de la Reine de 1704 à 1785; trois combattants à Saint-Cast en 1758; deux lieutenants-généraux des armées du Roi en 1748 et 1780; un abbé de Montbenoit au diocèse de Besançon en 1776.

Un membre admis aux honneurs de la cour en 1787.

Saint-Pierre (de), *voyez* Méhérenc.

Saint-Potan (de), sʳ dudit lieu, év. de Nantes.

Porte une fasce accomp. de trois fleurs de lys (sceau 1409).

Robin, ratifie le traité de Guérande en 1380.

Saint-Pou (de).

Raoul, écuyer dans une montre de du Guesclin en 1371 ; Rolland, chambellan du duc et maître de l'artillerie de Bretagne en 1431.

Saint-Prix (de), *voyez* Tixier.

Saint-Régeant (de), *voyez* Robinault.

Saint-Riou, porte un chef échiqueté de deux tires (sceau 1380).

Jean, capitaine du château de Lehon en 1380.

Saint-Thomas (de), d'azur au sautoir engreslé d'or, accomp. de quatre besants de même (arm. de l'Ars.), *comme l'Epervier.*

Saint-Tureau (de), par. de Plélo, év. de Saint-Brieuc.

Parti au 1 : d'argent au lion d'azur ; au 2 : d'argent à trois pals d'azur.

Moderne : Tournegoët.

Saisy, sʳ de Kerampuil, de Kerléon et de Kercourtois, par. de Plouguer, — de la Haye, par. de Cléden-Poher, — de Goazannot, par. de Duault, — de Brénolou, par. de Motreff, — du Roz, par. de Merléac, — de Rungoff, par. de Pédernec, — de Kersaint-Eloy, par. de Glomel.

Anc. ext. chev., réf. 1669, sept gén., et arrêt du parl. de 1778, quatorze gén.; réf. et montres de 1481 à 1562, par. de Plouguer-Carhaix, Chateauneuf du Faou et Duault, év. de Cornouailles.

Écartelé aux 1 et 4 : de gueules à trois colombes d'argent, *qui est Kerampuil;* aux 2 et 3 : de gueules à l'épée d'argent en barre, la pointe en bas, piquant une guêpe d'argent; *aliàs* : et accomp. d'une hache d'armes de même en pal, *qui est Saisy.*

Devise : *qui est Saisy est fort;* et aussi : *Mitis ut columba.*

Alain, prête serment au duc en 1372 et reçoit en 1376 du roi Charles V mille francs d'or, en reconnaissance des services qu'il lui avait rendus dans les guerres; Guillaume, épouse en 1433 Méance de Trémédern, et leurs descendants prirent le nom de *Kerampuil,* sous lequel cette famille a été maintenue à la réformation de 1669; Bizien, abbé de Carnoët en 1505; deux conseillers au parlement en 1712 et 1749; cinq frères pages du Roi de 1769 à 1777, dont l'un, capitaine aux dragons d'Artois, a fait ses preuves pour les honneurs de la cour en 1789.

Un volontaire pontifical à Castelfidardo en 1860.

Sajot, sʳ du Plessis, ress. de Nantes.

Échiqueté d'argent et d'azur (arm. 1696).

SALADIN, sʳ de Kermadec, par. de Ploudiry, év. de Léon.

D'or à trois annelets d'azur.

Olivier, recteur de l'Université de Paris en 1318, évêque de Nantes en 1339; Pierre, homme d'armes dans une montre de 1489.

La branche aînée fondue en 1307 dans Huon.

SALANO, sʳ de Laumosne, par. de Combourg.

Déb., réf. 1668, ress. de Hédé.

SALARIN ou SALARUN (DE), sʳ dudit lieu, par. de Theix, — de Kerlesquer, par. de Sarzeau.

Réf. et montres de 1426 à 1536, dites par., év. de Vannes.

De gueules à la bande d'argent chargée de quatre mouchetures de sable. (G. le B.)

Louis, évêque de Vannes en 1471, † 1472.

SALAUN, en français SALOMON, sʳ de Lesven et de Goazouallec, par. de Plougonven, — de Kerjan, — de Kerc'hoadon, par. de Plourin, — de la Roche, — de Keranmoal, par. de Plouénan, — de Keromnès, par. de Carantec, — de Kertanguy, par. de Mespaul.

Anc. ext., réf. 1670, six gén.; réf. et montres de 1427 à 1543, par. de Plouigneau et Plougonven, év. de Tréguier.

D'argent à la hure de sanglier arrachée de sable, défendue d'argent et couronnée d'or. Devise : *Guir ha léal.* (Franc et loyal).

Alain, croisé en 1248, mais nous ne savons à quelle famille Salaun il appartenait; Jean, écuyer dans l'expédition de du Guesclin en Espagne en 1368, entendu dans l'enquête pour la canonisation de Charles de Blois en 1371, servait dans la compagnie d'Olivier de Clisson en 1375; Alain, de la suite du duc au voyage d'Amiens en 1425; Jean, prête serment au duc entre les nobles de Tréguier en 1437, et épouse Jeanne du Garspern, dont: François, marié à Christine Noël, dame de Kerjan; Nicolas, sʳ de Keranmoal, gouverneur du château du Taureau en 1628; quatre pages du Roi de 1743 à 1780, dont l'un baron de l'empire en 1811.

Un membre a fait ses preuves pour les honneurs de la cour en 1787.

Suivant une tradition conforme au récit d'Albert le Grand, cette famille aurait pour auteur un soldat morlaisien nommé Salaun, lequel, se trouvant au camp d'Henri II d'Angleterre pendant qu'il faisait le siége de Morlaix en 1187, sauva à la chasse le roi menacé par un sanglier, dont il abattit la hure d'un seul coup de coutelas, et reçut à cette occasion de ce prince les armes que ses descendants ont gardées.

SALAUN, sʳ de Roc'hlouarn et de Keranguen, par. de Trégastel.

Réf. et montres de 1427 à 1543, par. de Trégastel, év. de Tréguier.

D'argent à l'épée d'azur en pal, la pointe en bas, accostée de deux croissants adossés de gueules. (G. le B.)

SALAUN, sʳ de Belair, — de Kerbalanec.

Plusieurs capitaines de la milice de Morlaix depuis 1727.

SALIC, év. de Tréguier.

De gueules à la fasce d'or, accomp. de dix coquilles d'argent, 4. 6. (G. le B.)

SALIOU, en français SALLES (DES), sr dudit lieu, par. de Trémel, — vicomte de Lesmais, par. de Plestin, — sr de Kergeffroy, par. de Plufur.

Réf. et montres de 1427 à 1543, par. de Plestin et Plufur, év. de Tréguier.

D'argent au greslier lié en sautoir de sable, accomp. de trois merlettes de même. *comme Canaber, le Fruglais et Kerlouët.*

Guillaume, fit alliance avec le duc en 1370.
La branche de Lesmais a porté cette terre aux le Moine, puis la Bourdonnaye et Camus.
La branche de Kergeffroi fondue en 1500 dans Guillaume.

SALIOU, sr de Chefdubois, — de Kervennou et de Crec'hgouriffen, par. de Servel, — de Trévazan, par. de Trézélan.

Maint. réf. 1671, 0 gén., ress. de Lannion. *A patre et avo.*

D'argent au chevron de gueules (*aliàs* : d'azur au chevron d'argent), accomp. de trois quintefeuilles de même.

Trois conseillers au parlement depuis 1642, et deux présidents aux enquêtes en 1738 et 1762.

SALLE (DE LA), sr dudit lieu, par. de Sérent.

Réf. et montres de 1427 à 1513, dite par., év. de Vannes.

D'azur à neuf besants d'or, au chef de gueules chargé de trois plates ou cuirasses d'argent (arm. de l'Ars.)

Henri, croisé en 1248; Pierre, l'un des commissaires du traité de Guérande en 1365.
Fondu dans Carné.

SALLE (DE LA), sr dudit lieu, par. de Lanmérin.

Réf. et montres de 1427 à 1481, dite par., év. de Tréguier.

Porte un lion rampant (sceau 1381).

Huon, ratifie le traité de Guérande à la Roche-Derrien en 1381; Jehannot, maître-d'hôtel du duc en 1480.
Fondu dans Lagadec.

SALLE (DE LA), près Lesneven, év. de Léon.

D'argent à un lion et un ours affrontés de sable, à la bordure componnée d'or et de gueules. (G. le B.)

Le sr de Kerdullo, débouté à la réformation de 1668, ressort de Quimper.

SALLE (DE LA) (orig. du Béarn, y maint. en 1671), sr dudit lieu.

De gueules à deux épées d'argent en pal, la dextre la pointe en haut, la sénestre la pointe en bas ; parti d'azur à l'oiseau perché sur une branche, le tout d'argent. (G. G.)

SALLES (DES), *voyez* NOË (DE LA).

SALLES (DES), *voyez* NORMANT (LE).

SALLES (DES), sr dudit lieu et de Lauvinière, par. de Mésanger, — de la Guère, par. de Saint-Géréon, — de la Chevallerie, par. de Couffé.

Réf. 1454, par. de Mésanger, év. de Nantes.

De gueules à six tourteaux d'hermines, 3. 2. et 1.
Fondu dans Pantin.

TOME II.

SALLES (DES), sʳ des Rosais, de la Galonnais, de la Ville-Morfouace, de la Fédorière, de la Ville-à-l'Asne et du Coudray, par. de Gaël, — du Boisriou, par. de Saint-Méen, — du Temple, par. de Plumaugat, — de la Ville-Thomas, — de la Ville-au-Hutin, — de la Ruennais, — de la Guinelays, de la Ville-Chefdehoux et de la Rivière, par. de Saint-Onen-la-Chapelle, — de la Ville-Hamon, par. de Plouasne.

Anc. ext., réf. 1669, dix gén.; réf. et montres de 1427 à 1513, dites par., év. de Saint-Malo.

D'azur à trois roses d'argent, au chef cousu de gueules chargé de trois bandes d'or.

Philippot, archer de la compagnie d'Olivier de Montauban dans une montre de 1356, épouse Jeanne, dame des Rosais; Jean, prête serment au duc entre les nobles de Saint-Malo en 1437.

Cette famille paraît avoir pris son nom de la terre des Salles, paroisse de Sévignac, possédée au xvᵉ siècle par les Trémerreuc.

SALLES (DES), sʳ d'Espinoy.

D'argent au chevron de gueules, accomp. en chef de deux têtes de maure de sable, tortillées d'argent, et en pointe d'une ancre aussi de sable.

Gilles, conseiller au conseil souverain de Saint-Christophe en 1644, eut un fils qui eut le bras coupé à la prise de cette colonie par les Anglais et qui s'établit à la Martinique en 1711; Pierre, petit-fils du précédent, conseiller au conseil souverain de la Martinique en 1752, anobli en 1781 en considération de ses services et de ceux de ses prédécesseurs.

Cette famille se rattache par ses traditions à la précédente.

SALLES (DES), *voyez* SALIOU.

SALMON, sʳ de la Vaugasse et de Sainte-Geneviève, par. de Saint-Marcel, — de Kerblois.

Déb., réf. 1669; réf. et montres de 1426 à 1513, par. de Saint-Marcel et Malestroit, év. de Vannes.

D'azur au chevron d'or, accomp. de trois têtes de lion de même.

Un secrétaire du duc en 1487; un notaire-passe à Auray en 1540; un procureur du Roi au présidial de Vannes en 1647.

SALMON, sʳ du Clos, bourgeois de Lamballe.

D'or à un duc de sable, au trescheur de même en orle (arm. 1696).

SALMONIÈRE (DE LA), *voyez* GOGUET.

SALOMON, *voyez* SALAUN.

SALOMON, sʳ de Bréfort, — de Launay, — des Mortiers, par. de Derval, — de Livernière, par. de la Chapelle-Hullin.

Maint. réf. 1669, 0 gén., ress. de Nantes.

D'argent à la bande de gueules, chargée de trois macles d'argent et accostée vers le chef d'un lion de gueules, *comme du Plessis-Grenédan.*

Jean, maître des comptes en 1639, anobli en 1657 pour partager noblement, père de : 1° Jean, maître des comptes en 1676; 2° René, sous-brigadier des mousquetaires du Roi en 1669.

SALOU (DU), sʳ dudit lieu, par. de Briec, — de Keroualin, — de Toulgoët, par. d'Elliant, — de Mesmeur, — de Kerouzien.

Anc. ext., réf. 1668, neuf gén.; réf. et montres de 1426 à 1562, dites par., év. de Cornouailles.

D'argent à trois hures de sanglier arrachées de sable.

<small>Jean, vivant en 1426, épouse N. de Guendreff.
Fondu dans Visdelou, puis la Marck et de Ligne-d'Aremberg.</small>

SALUDEN, s^r de Kerynisan, de Keringar et du Mescam, par. de Cléden-Cap-Sizun, — de Kerozou, — de Trémaria.

Anc. ext., réf. 1668, cinq gén.; réf. et montres de 1444 à 1562, par. de Cléden-Cap-Sizun, év. de Cornouailles.

D'or à trois fleurs de lys de gueules, une étoile de même en abyme.

<small>Michel, vivant en 1536, père d'Yves, marié en 1574 à Marie Rousseau; Nicolas, conseiller au parlement en 1645, puis prêtre missionnaire, était le dernier représentant de cette famille.</small>

SALUDOU, s^r de Rosampont, par. de Lannion.

Réf. 1535, par. de Lannion, év. de Tréguier.

D'azur au chevron d'or, accomp. de trois molettes de même.

<small>Olivier, vivant en 1500, épouse Catherine Geffroi.</small>

SALVIATI (orig. d'Italie).

D'argent à trois bandes bretessées de gueules.

<small>Jacques, épouse Lucrèce de Médicis, sœur du pape Léon X, dont : 1° Jean, cardinal, évêque de de Saint-Papoul et abbé de Redon en 1528, † 1553; 2° Bernard, grand-prieur de Malte et amiral de son ordre, puis cardinal, évêque de Saint-Papoul et abbé de Redon après son frère, † 1568.</small>

SAMSON, s^r de la Morandière, par. de Notre-Dame-de-Vitré.

Réf. 1427, dite par., év. de Rennes.

D'argent au lévrier rampant d'azur, à la bordure componnée d'argent et de gueules.

<small>Gillet, commis pour la réformation des feux en 1427, fit exempter sa métairie de la Haute-Morandière.</small>

SANÉ, montres de 1503 à 1534, par. de Plouzané, év. de Léon.

De sable au lion d'argent, accomp. de trois coquilles de même. (B. L.)

<small>Un ingénieur-constructeur de la marine, en 1774, du nom de Sané, né à Brest en 1740, baron de l'Empire en 1811, paraît avoir appartenu à la famille qui précède.</small>

SANGLIER (LE) (orig. du Poitou), d'or au sanglier de sable en furie. (G. le B.)

SANGUIN (orig. de Paris), s^r de Fonteny, — de Roquencourt, — de Fontenay-le-Bel, — marquis de Livry en 1688, — s^r de Végron, — de Château-Dérec, par. de Questembert, — du Cosquer, par. de Grandchamp.

Ext., réf. 1670, cinq gén., ress. de Vannes.

D'azur à la bande d'argent, accostée en chef de trois glands d'or et en pointe de deux pattes de griffon de même.

<small>Simon, gruyer de la forêt de Bondy en 1474; Claude, s^r de Fonteny, en Brie, échevin de Paris en 1523.</small>

La branche de Livry a produit : Nicolas et Denis, évêques de Senlis en 1623 et 1652; deux chevaliers de Malte en 1721 et 1765; un maréchal de camp en 1719; un lieutenant général en 1731; un chef d'escadre en 1760.

La branche de Végron établie en Bretagne depuis Louis, marié en 1628 à Bonne de Monti, a produit un président aux enquêtes en 1663 et un conseiller au parlement en 1683.

SANSAY (DE) (ramage des comtes de Poitou), s^r dudit lieu, — de l'Ile de Bouin, — de Saint-Marzault, — comte de Grois, — comte de la Maignane, en Anjou, — baron de Keribert, par. de Ploudalmézeau, — vicomte de Pratmeur, — baron de la Musse, par. de Baulon, — s^r du Beaudiez, par. de Landunvez.

Anc. ext. chev., réf. 1670, dix-sept gén., ress. de Saint-Renan.

D'or à trois bandes d'azur, à la bordure de gueules, *qui est Poitou*; à l'écusson en abyme échiqueté d'or et de gueules, *qui est Sanzay* (sceau 1555). Devise : *Sansay sans ayde*.

Cette ancienne maison, alliée à celles de Machecoul, Beaumont, Montmorency, Harpedanne, etc., possédait le titre héréditaire de vicomté de Poitou.

Elle a produit : Jean, tué à la bataille de Bouvines en 1214; Guillaume, croisé en 1248; René, gentilhomme de la chambre et chevalier de l'ordre du Roi en 1532, marié à Renée du Plantis, dont entre autres enfants : 1º René, chambellan d'Henri II et gouverneur de Nantes, père de René, marié à Renée Rannou, dame de Keribert, auteur de la branche établie en Bretagne, éteinte en 1770; 2º Claude, chevalier de l'ordre, marié en 1571 à Marguerite de la Motte-Fouqué ; 3º Anne, comte de la Maignane, chevalier de l'ordre, célèbre capitaine ligueur, abbé séculier de Lanténac, marié en 1588 à Marie de Tuomelin, dame du Bourouguel, veuve du baron de Penmarc'h, † sans postérité vers 1610.

SANTÉ (DE LA), d'azur à sept macles d'or, 3. 1 et 3 (arm. de l'Ars.).

SANTO-DOMINGO (DE) (orig. de Burgos) (par. de la Provostière, — de la Bouvrais, — de la Villeneuve, — du Bois, — de Saint-Lazare, — de la Petite-Rivière, par. de Varades.

Ext. réf. 1668, quatre gén., ress. de Nantes, et précédemment confirmé par lettres de 1655.

D'azur à la bande d'or, engoulée de deux têtes de dauphin de même.

François s'établit en Bretagne, où il épousa en 1533 Elisabeth de la Presse; Jean, échevin de Nantes en 1587, épouse Marie Marquès; deux trésoriers et receveurs généraux des finances en 1660.

SAOUT (LE), s^r du Ménec, ress. de Morlaix.

D'azur au lion d'or (arm. 1696).

SARANS (orig. de Guyenne), s^r de Soulains, — de Pontpiétin, par. de Blain.

Maint. à l'intend. en 1704 et par arrêt du parl. de 1770, neuf gén.

D'argent au lion de gueules, au chef de sable chargé de trois étoiles d'or.

Un conseiller au parlement en 1743.
Fondu dans Hue de Montaigu.

SARAZIN, *voyez* SÉRAZIN (LE).

SARIAC (orig. de Guyenne), d'argent à la corneille de sable, becquée et membrée de gueules.

Bernard, abbé de Paimpont en 1624, † 1656.

SARO (DE), sr d'Espinay, par. de Carquefou.
 Réf. 1429, dite par., év. de Nantes.
 Burelé de douze pièces d'argent et de gueules.
 Fondu dans Savonnières.

SARREBOURSE (orig. d'Orléans), sr de Mondouville, — d'Audeville, — de la Guillonière, — de Beaulieu, — de Pontleroy, — du Lary, — du Port-Lambert et du Tertre, par. de Saint-Donatien.
 D'azur à la croix ancrée d'or (arm. 1696).

Un maire d'Orléans en 1715; un sous-maire de Nantes en 1754, père d'un capitaine de dragons, puis général des finances en Bretagne en 1785; un maréchal de camp du génie en 1780, père d'un maréchal de camp d'artillerie en 1814.
 Le sr de la Bretache, de même nom et armes, maintenu à l'intendance d'Orléans en 1667, avait pour auteur : Girard, de la ville d'Aubigny, en Berry, père de Mathieu, maître des comptes du duc de Berry, anobli en 1410 par lettres confirmées en 1434 en faveur de Nicolas, son fils.

SARSFIELD (DE) (orig. d'Irlande), vicomte de Kilmallock, — sr de Brie, par. de ce nom, — marquis de Chambière et vicomte de la Motte, par. de Saint-Armel-des-Boschaux, — sr de Pouldouran, par. de Hengoat, — de Kerambastard, par. de Bothoa.
 Maint. par lettres patentes de 1711 et par arrêt du parl. de 1770, treize gén.
 Parti de gueules et d'argent à la fleur de lys de l'un en l'autre ; *aliàs* : chargé sur le haut d'une étoile d'azur, au canton d'argent chargé d'une main dextre de carnation, posée en pal. Devise : *Virtus non vestitur*.

Paul, s'établit à Nantes vers 1690, où il épousa Guyonne-Françoise de la Briandière, dont : Jacques, secrétaire du Roi en 1719, marié en 1716 à Marie-Jeanne Loz, dame de Pouldouran ; Jacques, fils des précédents, lieutenant général des armées en 1781, † 1787.
 Deux membres admis aux honneurs de la cour depuis 1752.

SARZEAU, ville et paroisse de la presqu'ile de Rhuys, év. de Vannes, avec droit de députer aux Etats, et juridiction royale. *Voyez* SUCINIO.

SASSIER, év. de Vannes.
 D'azur à trois quintefeuilles d'or. (G. le B.)

SATIN, sr de la Teillaye, par. de la Bouëxière.
 Réf. 1513, dite par., év. de Rennes.
 D'or au lion coupé de gueules et de sinople, *voyez* ESPINAY (D').

Jean et Perrine de Montbourcher, père et mère d'autre Jean, procureur du Roi à Rennes en 1520.

SAULAYE, SAULLAY ou SOUALLAYE (DE LA), sr dudit lieu, par. de Saint-Gravé, — du Plessis-Goullu, par. de Mauron, — de Cavaro, par. de Béganne, — du Bois-au-Voyer, par. de Maure.
 Anc. ext., réf. 1669, sept gén.; réf. et montres de 1426 à 1536, dites par., év. de Vannes et Saint-Malo.
 D'argent au rencontre de cerf de gueules, percé au mufle d'une flèche d'or.

Jean, écuyer dans une montre de 1419 pour la défense du pays de Touraine, était fils de Perronnelle Goullu, dame du Plessis, veuve en 1426; Olivier, vivant en 1456, épouse Marguerite de Lourme, dont : Jean, marié en 1486 à Jeanne de Belève.

Le sr de l'Aistre, de même nom et armes, a été élevé en 1834 au titre héréditaire de baron du Saint-Empire.

SAULDRAYE (DE LA), sr dudit lieu, par. de Saint-Grégoire de Rennes, — du Fournet et du Fail, par. de Saint-Judoce.

Réf. et montres de 1429 à 1480, dites par. et par. de Miniac-Morvan, év. de Rennes et Dol.

Guillaume, témoin en 1210 dans une donation de Jean de Dol au prieuré de Combourg.

Fondu dans du Tronchay, puis Louail.

SAULDRAYE (DE LA) (ramage de Guéméné-Guégant), sr dudit lieu, par. de Guidel, — d'Aguéneuc, par. d'Elven, — de Kerloys et de Kerjézéquel, par. de Berné, — de Keroman, — de Kergoniou, par. de Lennon, — de Kerizit, par. de Daoulas, — de Brigné, par. du Minihy-de-Léon.

Anc. ext. chev., réf. 1669, huit gén.; réf. et montres de 1426 à 1536, par. de Guidel, Elven et Berné, év. de Vannes.

D'argent au chef de sable, chargé d'un lambel d'or.

Jean, écuyer dans une montre de 1368, fait hommage au vicomte de Rohan en 1396; Jean, écuyer du duc dans son voyage en France en 1418, épouse Catherine, dame de Kerjézéquel, dont : Louis, échanson du duc François II, en 1460, marié : 1º à Madeleine de Mauny, 2º à Marguerite de Pestivien.

La branche aînée fondue en 1631 dans Jourdain, puis Jacquelot.

La branche de Kergoniou et de Brigné fondue en 1776 dans Huon de Kermadec.

Le sr de Kerandraon, ressort de Quimper, débouté à la réformation de 1668.

SAULDRAYE (DE LA), sr de Mésaubouin, par. de Billé, — du Moulin-Blot, par. de Vandel.

Ext. réf. 1668, trois gén. *A patre et avo*, ress. de Fougères.

De gueules à trois fasces d'or, la première chargée de deux et la seconde d'une hache d'armes de sable, posées en pal.

Trois présidents aux requêtes de 1586 à 1619.

SAULDRE (DE LA), *voyez* FER (LE).

SAULLAY, *voyez* SAULAYE (DE LA).

SAULNIER (LE), sr de Callibray, par. d'Hénan-Bihan, — de la Ville-Héliot, — de Mondevit.

Réf. et montres de 1469 à 1535, par. d'Hénan-Bihan, év. de Saint-Brieuc.

D'azur à trois poissons d'or, posés en fasce, l'un sur l'autre.

Etienne et Eustache son fils, se disent nobles et sont imposés, à la réformation de 1476; Barthélemy, épouse vers 1535 Isabeau de Bréhant de l'Isle; un commissaire de la marine à la Rochelle, anobli en 1772; un président aux comptes en 1782.

Les srs de Vauhello, de la Pinelaye et de Saint-Jouan, portent les mêmes armes.

SAULNIER (LE).

D'argent au chêne de sinople, accomp. de trois trèfles de même.

François, conseiller au parlement en 1610.

SAULNIER (LE), sr du Mesnil.
D'argent au chevron d'azur, accomp. de trois trèfles de sable (arm. 1696).
Un assesseur de la ville de Morlaix, consul en charge en 1696.

SAULNIER (LE), sr de la Ville-Haye, ress. de Morlaix.
De gueules à trois lions d'argent (arm. 1696).

SAULNIÈRES (DE), sr dudit lieu, par. de ce nom, — de la Clémencière, par. de Lalleu, — de la Villeoger, par. de la Couyère.
Réf. de 1427 à 1513, dites par., év. de Rennes.
Jean, maire de Vitré en 1427.

SAULT (DU) (orig. de Guyenne), sr de la Barde.
De sable à l'aigle à deux têtes d'argent, au vol abaissé, membrée et becquée d'or.
Un président à mortier au parlement de Bordeaux et un lieutenant général de la sénéchaussée des Landes. (G. G.)
Cette famille s'est alliée en Bretagne aux Freslon.

SAULX (LE), sr de Toulencoat et de Coëtmoric, par. de Rosnoën, — du Loc'h et de Kerloc'h, par. de Kerfeunteun, — de Kerhoant, — de Rosnévet.
Ext., réf. 1670, six gén.; réf. et montres de 1481 à 1562, par. de Quilbignon, Rosnoën et Hanvec, év. de Cornouailles.
D'azur à la croix dentelée d'or.
Hervé, de la paroisse de Quilbignon, anobli en 1467 avecq un sien hostel sis au bourg de Sainte-Catherine, près Brest; Guillaume, de la paroisse de Rosnoën, anobli en 1481, père de Jean, marié à Catherine le Sénéchal, dont Charles, époux en 1536 de Catherine de Tréouret.

SAUVAGE (LE), sr de la Thébaudière, par. de la Chevrollière, — du Pémion, par. de Chateau-Thébaud, — du Plessis-Guériff, par. de Monnières, — de la Bothinière, par. de Vallet.
Réf. 1430, par. de la Chevrollière, év. de Nantes.
De gueules à l'aigle éployée d'argent (G. le B.); *aliàs*: porte deux bœufs (sceau 1269).
Eonet, capitaine de Touffou, épouse en 1467 Jeanne Aménart.

SAUVAGE, sr de la Villeaubel, — de Beauséjour, ress. de Dinan.
D'azur au carquois garni de flèches d'argent, accosté de deux arcs cordés de même; au chef abaissé d'argent, chargé de trois mouchetures de sable (arm. 1696).

SAUVAGEAU (orig. d'Anjou), sr des Burons, — du Pavillon, par. de Moisdon, év. de Nantes.
D'argent à l'arbre de sinople (arm. 1696).
Mathurin, référendaire en 1622, père de Michel, aussi référendaire en 1648 et procureur du Roi au présidial de Vannes, l'un et l'autre auteurs de plusieurs ouvrages de jurisprudence.

SAUVAGET, châtelain des Clos en 1682, par. de Plénée-Jugon, — sr de la Vallée, — du Dresnay, par. de Saint-Brandan, — de la Touche, — des Courtillons, — de la Chapelle-Guillaume, — de la Hauteville, par. de Saint-Potan, — de Cargouët, par. de Meslin, — de la Villehingant, — de Maritaine, par. de Maroué.
Anc. ext. chev., réf. 1669, neuf gén.; réf. et montres de 1423 à 1535, par. de Plénée-Jugon, év. de Saint-Brieuc.

De gueules à la croix pattée d'argent. Devise : *Dieu ayde qui s'ayde.*

Guillaume, écuyer dans un montre d'Olivier de Mauny en 1386; Guillaume, vivant en 1423, épouse Olive de Bréhant; Jean, capitaine de cinquante hommes d'armes, guidon des gendarmes de la Reine en 1627, père de Charles, s^r des Clos, emprisonné par le duc de Chaulnes aux États de Vitré de 1673, pour ses protestations en faveur des libertés de la Bretagne; deux chevaliers de Malte en 1668 et 1672; un brigadier de cavalerie tué au siége de Turin en 1706.

Les s^{rs} de la Goulière, paroisse de Landéhen, de Villery, de la Gaudinière, paroisse de Mouzillon, et du Plessix, paroisse de Pont-Saint-Martin, dont deux échevins de Nantes depuis 1618, déboutés à la réformation de 1669.

SAUVEUR, s^r de Villeraye, — de la Chapelle-Boby, près Baud.

Tranché de gueules et d'azur à la bande d'or brochant sur le tout. (G. G.)

Joseph-Antoine, avocat en parlement en 1752, père de Jean-François, greffier en chef aux enquêtes en 1758, marié à N. Roussin; Luc-Ange, fils des précédents, greffier en chef aux enquêtes en 1783.

SAUX (LE), s^r de Pratanros, par. de Penhars, — de Coëtcanton, par. de Melguen, — de Kercaradec, par. de Pluguffan, — de Quistinic, par. de Kernével.

Réf. et montres de 1426 à 1481, dites par., év. de Cornouailles.

D'azur à sept macles d'argent. (*Mss. Gaignières*).

Henryot, auditeur des comptes en 1445; François, auditeur des comptes en 1492.

Fondu dans Kerloaguen, puis Carné.

SAVARY, baron de Montbazon, en Touraine, — s^r de Maumusson, par. de ce nom, — de la Ville-Savary, par. de Saint-André-des-Eaux, — de Livernière, par. de la Chapelle-Hullin.

Montre de 1543, par. de la Chapelle-Hullin, év. de Nantes.

D'argent à la tête de maure de sable, surmontée d'un lambel à cinq pendants de gueules (sceau 1276).

Pierre, arbitre entre Philippe-Auguste et Jean-sans-Terre en 1214.

La branche de Montbazon fondue dans Sainte-Maure, d'où la seigneurie de Montbazon a appartenu successivement aux Craon, la Rochefoucault, du Faou et Rohan, en faveur desquels elle a été érigée en duché en 1588.

Le s^r de la Grandonnière, paroisse de Vay, débouté à la réformation de 1668.

SAVIGNHAC (DE) (orig. d'Auvergne), s^r de la Villevoisin, par. d'Augan, — de la Roche, par. d'Allaire.

Ext., arrêt du parl. de 1777, sept gén. (États 1786).

D'argent au chevron brisé de gueules, accomp. de trois trèfles de sable.

Philippe, commissaire des guerres et contrôleur général des écuries du Roi, anobli en 1609; un page du Roi en 1787.

Cette famille s'est alliée en Bretagne aux Moulin du Brossay et aux Boisbaudry.

SAVONNIÈRES (DE) (orig. d'Anjou), s^r de la Bretesche, — de la Troche, — de l'Espinay, par. de Carquefou, — du Bois, par. de Machecoul, — du Genest-Jahan, par. de Saint-Mesme.

Anc. ext. chev., réf. 1670, huit gén., par. de Maumusson, év. de Nantes.

De gueules à la croix pattée d'or.

Jean, vivant en 1450, épouse Anne Rougebec, dont Félix, marié en 1479 à Anne de Brie, de la maison de Serrant; Jacques, abbé de Meillerai en 1556; Mathurin, évêque de Bayeux en 1583; cinq chevaliers de Malte depuis 1550; Charles, fils de Jean et de Guyonne de Beauvau, se fixa en Bretagne, où il épousa en 1597 Jeanne de Bréhand.

Plusieurs chevaliers de l'ordre et deux gentilshommes de la chambre depuis 1587; un conseiller au parlement en 1639; un lieutenant des gardes-du-corps en 1679, brigadier de cavalerie en 1691, tué la même année au combat de Leuze; un grand bailli de Malte, chef d'escadre et commandant des galères de France en 1750; un lieutenant des gardes-du-corps tué en défendant le Roi aux journées d'octobre 1789, à Versailles.

Un membre admis aux honneurs de la cour en 1781.

SAXE (DE), sr de la Cocherais, par. de Hédé, — de Bricquerault, par. de Bazouges.

Déb., réf. 1668, ress. de Hédé.

D'azur à la croix dentelée d'or (arm. 1696).

SCAFF (LE), sr de Dréor, par. de Priziac, — du Fresque, de Kerancaudren et de Kerléau, par. de Melguen, — du Désert, — du Pellineuc, par. de Canihuel.

Réf. et montres de 1426 à 1536, par. de Priziac, év. de Vannes, Melguen, Spézet et Canihuel, év. de Cornouailles.

D'argent à la croix engreslée de sable (arm. de l'Ars.), *comme Dréor*.

Alain, moine de Prières, témoin au testament d'Hervé de Léon en 1363.

SCAFF (LE), sr de Kerriel, par. de Plouguin, — de Kergoët, par. de Guiclan.

Réf. et montres de 1427 à 1538, par. de Plouguin, év. de Léon.

De gueules à la croix d'or frettée d'azur; *aliàs* : cantonnée à dextre d'une merlette d'or.

Jean, sénéchal de Léon en 1500, épouse Jeanne, dame de Kergoët.

Fondu dans Richard.

SCANF (LE), sr de Kervelguen, en Goëllo, — des Vaux, par. de Dingé.

Réf. et montres de 1427 à 1513, par. de Plougras, Squiffiec et Dingé, év. de Tréguier et Saint-Malo.

D'azur à trois glands d'or, aux coques d'argent (G. le B.)

SCEAUX (DE), sr de Frontigné, par. de Saint-Brice, — de la Rigaudière, — de la Bouverie, — de la Ville-Bermont.

Ext., réf. 1669, six gén.; réf. 1513, par. de Saint-Brice-en-Coglez, év. de Rennes.

D'or à trois bandes d'azur, un channe ou grand pot antique d'argent brochant sur le tout.

Jean, vivant en 1478, épouse Guillemette Tuffin, dont Merry, marié à Olive de la Fontaine; un volontaire au combat de Saint-Cast en 1758.

SCELLES (DE) (orig. de Normandie, y maint. en 1463, 1598 et 1666), sr de l'Estanville, — de Criqueville, — de Sceaux, — de Mallebrelle, — de Chamballan, par. de Meillac.

Anc. ext., réf. 1669, huit gén., ress. de Rennes.

D'argent au chevron de gueules, accomp. de trois lionceaux de sable, armés et lampassés de gueules.

Michel, vivant en 1450, épouse Michelle Le Breton.

SCELLES, s^r de la Villeblanche, ress. de Saint-Brieuc.

D'azur à la croix d'or, cantonnée en chef de deux étoiles et en pointe de deux coquilles, le tout d'or (arm. 1696).

SCÉPEAUX (DE) (orig. du Maine), s^r dudit lieu, — de Landévy, — baron de Saint-Brice, par. de ce nom, — s^r de la Chatière, — de la Vieilleville, — comte de Duretal, — baron de Mathefelon, — s^r de Gaubert, — de l'Espronnière, — de la Cherbonnerie, — du Chemin, — de Beauchesne, — de la Roche-Noyant, — du Boisguinot, — du Moulinvieux, — des Huguetières, par. de la Chevrollière, — des Montils, par. de Vallet, — comte de Chemillé, — duc de Beaupreau, — s^r de Mausson, — de Bain, par. de ce nom, — du Guildo, par. de Créhen, — de Bodister, par. de Plourin, — de Runfao, par. de Ploubezre, — vicomte de Miniac, par. de Miniac-Morvan, — baron du Chastel, par. de Plouarzel.

Maint. à l'intend. de Tours en 1667 et 1715; réf. de 1478 à 1513, par. de Saint-Brice-en-Coglez, év. de Rennes.

Vairé d'argent et de gueules.

Sylvestre et Robert son fils, font une fondation à l'abbaye de Clermont en 1222.

Cette famille, alliée en Bretagne aux Angier de Crapado, la Marzelière, Rieux, Espinay, la Jaille, Montbourcher et le Maistre de la Garrelaye, a produit:

Guy, président des États de Nantes en 1579; François, s^r de la Vieilleville, maréchal de France en 1562, † empoisonné en 1571; deux pages du Roi en 1728; deux lieutenants-généraux depuis 1748 et cinq maréchaux de camp depuis 1770.

La branche aînée fondue vers 1620 dans Gondy; la branche de la Vieilleville fondue en 1560 dans d'Espinay.

SCHOMBERG (orig. d'Allemagne), comte de Nanteuil et de Duretal, — marquis d'Espinay, par. de Champeaux, — châtelain de Trogoff, par. de Plouégat-Moysan, — baron de Sucinio, par. de Sarzeau, — duc d'Halwin et de Maignelais en 1620, pair de France.

Pour anciennes armes : de sable au rais d'escarboucle ou bâtons fleurdelisés d'or, passés en croix et en sautoir, *qui est Schomberg*; *aliàs* : d'argent au lion coupé de gueules et de sinople, *qui est Espinay*.

Gaspard, colonel de 1,500 reitres au service de Charles IX, naturalisé en 1570, épouse en 1573 Jeanne de Chasteigner, dame de la Rochepozay, dont : Henri, maréchal de France en 1625, marié à Françoise, marquise d'Espinay, père et mère de 1° Charles, maréchal de France en 1637 et colonel-général des Suisses; 2° Jeanne-Armande, mariée en 1653 à Charles de Rohan, duc de Montbazon.

Frédéric-Armand, chef d'une autre branche, comte de Mertola, en Portugal, maréchal de France en 1675, brisait les armes de Schomberg d'un écu d'argent en abyme, chargé d'un cavalier armé de sable, *qui est Mertola*.

SCHÖNENDALL (orig. d'Allemagne), sr d'Arimont, — de Vaux.

Écartelé aux 1 et 4 : d'azur à une anille d'argent, accomp. de quatre étoiles d'or, *qui est Arimont;* aux 2 et 3 : d'argent à deux bars adossés de sable. (G. G.)

Un conseiller secrétaire du Roi en 1779.

SCLIÇZON OU CLISSON, sr de Keranfao, par. de Servel, — de Keraziou, par. de Trébeurden, — de Guictaulé, par. de Taulé, — de Keralio, par. de Plouguiel, — de Penarstang, par. de Brélévénez, — de Kerrivault, par. de Penvénan, — de Clessérant, par. de Plougrescant, — du Méné, par. de Goulien, — de Crec'hbizien, — de Kermarquer, par. de Lanmodez, — de Largentaye, — de Lanserff, — de Kerémar, — de Coëtgonien, par. de Berhet, — du Plessis-Tourneufve, par. d'Orvault, — de la Gohardière, par. de Gorges.

Anc. ext. chev., réf. 1669, sept gén. ; réf. et montres de 1427 à 1562, par. de Plestan, év. de Saint-Brieuc, Taulé, év. de Léon, Servel, Trébeurden, Plouguiel, Brélévénez, Penvénan et Plougrescant, év. de Tréguier, et Goulien, év. de Cornouailles.

D'azur au croissant d'argent, accomp. de trois molettes de même (G. le B.); *aliàs* : de gueules au lion d'argent, armé, lampassé et couronné d'or, *comme Clisson.*

Olivier et Mahault de Kerhamon, sa mère, assignés au parlement général de 1384, sur envoi du sénéchal de Tréguier, de la barre de Lannion; Olivier, et Fraval, prêtent serment au duc entre les nobles de Tréguier en 1437; Jean, président universel de Bretagne en 1460, épouse Jeanne, dame de Keralio; Rolland, fils des précédents, sénéchal de Guingamp, maître d'hôtel et ambassadeur de la duchesse Anne en 1492, épouse Marguerite l'Épervier, dont : 1º Christophe, auteur de la branche de Kermarquer, éteinte en 1719; 2º Yvon, auteur de la branche du Méné qui a produit un capitaine aux gardes-françaises, tué à la bataille de Fontenoy en 1745.

SCOT (orig. d'Écosse), baron de Valbery, en Écosse, — baron de Surieu, — sr de Martinville, par. de Pluduno, — de Saint-Laurent, — de la Touche-à-la-Vache, par. de Créhen.

Ext., réf. 1671, cinq gén., ress. de Jugon.

D'or à trois têtes de lion, arrachées de gueules, lampassées d'azur.

Guillaume, vivant en 1480, épouse Isabelle Moncriff, dont : 1º Pierre, archer dans la compagnie des gardes écossaises de François Ier en 1518, bisaïeul de Claude, baron de Surieu, président à mortier au parlement de Grenoble en 1668; 2º Thomas, justicier-clerc d'Écosse, père de Martin qui passa en France en 1572, auteur des srs de Martinville; un gouverneur de Quillebœuf, major au régiment de Normandie en 1660; un volontaire blessé au combat de Saint-Cast en 1758.

SCOZOU (LE), par. de Loguivy-Plougras, év. de Tréguier.

D'or à neuf tourteaux de gueules. (G. le B.)

Moderne : Guicaznou.

SCULPTEUR (LE), d'azur à trois écus d'argent (G. le B.), *comme Basouges.*

SÉBAUT.

Alain, croisé en 1248; Colin dans une montre de du Guesclin en 1370.

SÉBOY, sr de Kervern.

Déb., réf. 1669, ress. de Nantes.

SEC (LE).

Écartelé en sautoir aux 1 et 4 : d'or à l'arbre de sinople; aux 2 et 3 : de gueules à deux têtes d'aigle, arrachées d'argent. (G. le B.)

SÉCARDAIS (DE LA), sʳ dudit lieu, par. de Mézières, év. de Rennes.

D'argent à cinq tourteaux de sable en sautoir, au chef d'hermines (arm. de l'Ars.), *comme la Marée.*

SÉCILLON (DE), sʳ de la Touche, par. de Tréal, — du Cosquer, de Villeneuve, du Blanc, de Kerfur, de Beaulieu et de Trouveray par. de Guérande, — de la Milacière, par. du Clion.

Anc. ext., réf. 1669, huit gén., ress. de Guérande; réf. 1426, par. de Tréal, év. de Vannes.

D'azur à trois fusées d'or, posées 2 et 1.

Guillaume, fils Raoul, épouse en 1389, Jeanne de la Bouère, veuve en 1426; Pierre, homme d'armes, armé pour le recouvrement de la personne du duc en 1420; Jean, connétable de Dinan en 1457; Pierre, épouse vers 1464, Mathurine Thébaut; deux chevaliers de Malte en 1626 et 1779; un page du Roi en 1742 et un page du comte d'Artois en 1777.

SECQUEVILLE (DE), *voyez* COEURET.

SÉGALER (LE), sʳ de la Villeneuve et du Mescouëz, par. de Plougaznou, — de Kergomar, — de Kerangarz, — de Kerfraval, par. de Ploujean, — de Montigné, par. des Touches.

Anc. ext., réf. 1671, six gén.; réf. et montres de 1447 à 1543, par. de Plougaznou, év. de Tréguier et Trefgondern, év. de Léon.

D'azur au sautoir d'argent, cantonné de trois (*aliàs* : de quatre) quintefeuilles d'or, *voyez* COËTQUIS.

Guillaume, vivant en 1463, épouse Marguerite de Guicaznou. Fondu dans Kerhoënt, puis Pastour.

SÉGALER (LE), év. de Tréguier.

D'azur au chevron d'argent, accomp. de trois têtes de léopard d'or, *comme Boiséon* et d'un huchet de même en pointe sous l'angle du chevron. (G. le B.)

Un chanoine de Tours en 1440, inhumé à Saint-Gatien.

SÉGALO, sʳ de Kerizouët, par. de Plescop, — de Coëtrégaroff, par. de Grandchamps.

Réf. et montres de 1448 à 1536, dites par., év. de Vannes.

D'hermines à la fasce de gueules, chargée de trois besants d'argent (arm. de l'Ars.).

SEGRÉTIEN (LE), sʳ des Ferrières, ress. de Rennes.

D'argent à un cœur de gueules, surmonté d'une étoile d'azur (arm. 1696).

Pierre, avocat en parlement en 1696.

SEILLONS (DES) (orig. d'Anjou), baron de Viré, — sʳ de Beaulieu, — de la Barre, — de l'Isle, par. de Plougaznou.

D'or fretté de gueules, au chef d'or, à la bordure engreslée de sable. (La Ch. des B.)

Charles-Paul, épouse vers 1615, N. Toupin, dame de l'Isle; une fille à Saint-Cyr en 1693.

SEIZPLOUË, ou COËT-SEIZPLOUË, par. de Plounévez-Lochrist, év. de Léon.

Seigneurie successivement possédée par les maisons de Lesquélen, Carman, Ploësquellec et Maillé, et érigée en comté sous le nom de Maillé en 1626, *voyez* MAILLÉ (DE).

SÉJOURNÉ, s^r de Launay, par. de Guichen, — des Pommerays, par. de Brutz, — de Brays, par. de Cesson, — de la Courgeonnière, par. de Torcé, — de la Forestrie, par. d'Izé.

Réf. de 1427 à 1513, dites par., év. de Rennes.

D'argent au lion rampant de sable, contre un pilier de même. (G. le B.)

Guillaume, alloué de Rennes en 1513, épouse Anne Brunart, dame de Brays, veuve de Jean le Moine, sénéchal de Vitré.

SEL (DU), *voyez* PINÇZON.

SELLE (DE LA), *voyez* CELLE (DE LA).

SÉNÉCHAL (LE) (ramage de Rohan), baron de Carcado en 1624, par. de Saint-Gonnéry, s^r du Bot, par. de Saint-Caradec, — de Gouëletréau, par. de Noyal-Pontivy, — de Bonnepart, — vicomte de Chateauneuf, en Goëllo, — vicomte de Saint-Maudan, par. de ce nom, — s^r de Brohais, — de la Rivière, — vicomte d'Appigné, par. du Rheu, — baron de Quélen, par. de Duault, — s^r du Gué-de-l'Isle, par. de Plumieux, — de la Feillée, par. de Goven, — de Belleisle, — baron de Molac, par. de ce nom, — baron de Sérent, par. de ce nom, — s^r de Kergournadec'h, par. de Cléder, — marquis de Pontcroix, par. de Beuzec-Cap-Sizun, en 1719, — s^r de Tréduday, — de Kerguizec, par. de Surzur, — de Cranhac, par. de Peillac, — de Cuhain, par. de Crossac, — de Crévy, par. de Pontchateau.

Anc. ext. chev., réf. 1670, douze gén.; réf. et montres de 1427 à 1536, par. de Saint-Gonnéry, Noyal-Pontivy et Saint-Caradec, év. de Vannes et Cornouailles.

D'azur à neuf (*aliàs* : sept) macles d'or, 3. 3. 3 (sceau 1262).

Daniel, sergent féodé héréditaire de Rohan, présent en 1184 à la fondation de l'abbaye de Bonrepos; Olivier, croisé en 1248, frère d'Eon, marié à Olive, dame de Carcado; Jean, tué à la bataille de Pavie en 1525, en couvrant de son corps le roi François Ier; Yves, abbé de Redon en 1440, † 1467; Jean, abbé de Saint-Gildas-des-Bois de 1462 à 1492; Michel, abbé de Paimpont en 1473, † 1504; Eustache, abbé de Geneston en 1674, évêque de Tréguier en 1686, † 1694; René, tué à la bataille de Sénef en 1674, marié à Marie-Anne de Rosmadec, dame de Molac; un chevalier de Malte en 1700; un page du Roi en 1731; un maréchal de camp, tué au siége de Turin en 1706; deux gouverneurs de Quimper depuis 1724; un colonel des grenadiers de France, tué au siége de Prague en 1751; quatre lieutenants-généraux des armées du Roi de 1708 à 1781.

Quatre membres admis aux honneurs de la cour de 1739 à 1782.

SÉNÉCHAL (LE), s^r de Lézérazien, par. de Guiclan, — de Rosnyvinen, par. de Loc-Eguiner, — de Coëtélant, par. de Plourin, — de Lestréméral, par. de Sizun, — de Bélizal, par. de Saint-Mathieu de Morlaix, — de Rozily, — de Penvern.

Anc. ext., réf. 1669, sept gén.; réf. et montres de 1427 à 1536, par. de Guiclan, Loc-Eguiner et Sizun, év. de Cornouailles, et Plourin, év. de Tréguier.

De sable à cinq fusées d'argent, accolées en bande, accostées de six besants de même, trois de chaque côté.

<small>Jean, vivant en 1481, épouse Catherine Riou. La branche de Lézérazien fondue dans Kerouartz.</small>

SÉNÉCHAL (LE), sr du Rocher, par. de Saint-Brice-en-Coglez, — de la Séneschaussière et de la Guépinière, par. de Vieuxvi-sur-Couësnon.

Réf. de 1440 à 1513, dites par., év. de Rennes.

D'argent à trois bandes de sable (arm. de l'Ars.).

SENECTERRE ou SAINT-NECTAIRE (DE) (orig. d'Auvergne), duc de la Ferté en 1665, pair de France.

D'azur à cinq fusées d'argent en fasce.

<small>Louis, connétable d'Auvergne en 1231; Antoine, évêque du Puy-en-Velay et Jacques, son frère, successivement abbés de Saint-Jean-des-Prés de 1545 à 1560; un maréchal de France en 1757.</small>

SÉRAZIN (LE), sr de Trémelin, par. de Camors, — de Palévarz, par. de Nostang, — du Plessis, — du Boterff.

Anc. ext., réf. 1669, neuf gén.; réf. et montres de 1426 à 1536, par. de Camors, Nostang et Baden, év. de Vannes.

De gueules à la croix ancrée d'argent.

<small>Jean, vivant en 1426, épouse Louise Lorveloux; un conseiller au parlement en 1681.
La branche de Trémelin fondue en 1668 dans Fournier de Pellan.</small>

SÉRÉ, sr de la Plessaye, par. de Longaulnay, — des Landes et des Vaux, par. de Plouër.

Maint., réf. 1669, 0 gén., par les priviléges de la chambre des comptes et à l'intend. en 1699; réf. 1513, par. de Longaulnay, év. de Saint-Malo.

De gueules à la sirène d'argent.

<small>Jean et Georgette de Saint-Aubin sa compagne, sr et dame de la Plessaye, exempts de fouages à la réformation de 1513; Jacques, maître des comptes en 1632; Luc, secrétaire du Roi en 1654, reçoit ses lettres d'honneur en 1674.
Les srs de la Pasquerie, de Lorvinière, du Tertre-Barré et de la Ville-Malterre, déboutés à la réformation de 1668.</small>

SÉRENT (DE), sr dudit lieu, du Tromeur, de la Rivière et de la Salle, par. de Sérent, — de la Ville-Louët, par. de Lantillac, — de Kerfily, comte de Trédion en 1666 et châtelain d'Aguéneuc en 1650, par. d'Elven, — sr de Branbec, — de la Villeraix, — de la Prévostaye, — baron de Malestroit, — sr de Comper, par. de Concoret, — de la Ville-Guériff, — de la Villéan, — de Kerlévénan, — de Boisbrassu, — de Guervazic, — de la Villeneuve, — de Bellon, — de la Touche-Hilary, par. de Moustoir-Radénac.

Anc. ext. chev., réf. 1669, douze gén.; réf. et montres de 1427 à 1536, par. de Sérent et Lantillac, év. de Vannes.

D'or à trois quintefeuilles de sable (sceau 1356).

<small>Menguy, fils Marquis, fait une fondation à Saint-Sauveur de Redon en 1110; Conan et Judicaël son fils, témoin d'une fondation du comte de Porhoët au prieuré de Josselin en 1118; Guillaume, croisé</small>

en 1248, mentionné dans un compte rendu au duc Jean le Roux en 1274; Alain, vivant en 1328 épouse Gillette de Malestroit, dont : Jean, l'un des écuyers du combat des Trente en 1350; marié à Jeanne de Saint-Gilles; trois chevaliers de Malte depuis 1663; un abbé de Prières en 1681, † 1727, un président de la noblesse aux États de 1774 et 1776; plusieurs membres admis aux honneurs de la cour depuis 1754.

La branche aînée fondue au XIVᵉ siècle dans la Chapelle, d'où la terre de Sérent, est passée par alliance aux Rosmadec, puis aux Sénéchal et par acquêt en 1787 aux Castel; la branche du Tromeur fondue dans Montauban, puis Avaugour; la branche de Kerfily qui a produit un conseiller au parlement en 1635 a fini à Armand-Louis de Sérent, duc de Sérent, grand d'Espagne, pair de France, lieutenant-général des armées du Roi, ancien gouverneur des ducs d'Angoulême et de Berry, marié en 1754 à Bonne-Marie de Montmorency-Luxembourg, † 1822, père des duchesses de Narbonne-Pelet et de Damas-Crux. (Famille éteinte.)

SÉRIZAY, *voyez* CÉRIZAY.

SERPAUDAYE (DE LA), sʳ de Roudun, par. de Poligné, — des Vergers, — de Pontpéan.

Déb., réf. 1670 et à l'intend. en 1699; réf. 1513, par. de Poligné, év. de Rennes.

D'or à l'aigle éployée de sable, accomp. de trois lionceaux de gueules (arm. de l'Ars.); *aliàs* : d'argent à la bande de gueules, chargée de cinq besants d'or (arm. 1696).

Robert, huissier de la chambre du duc en 1486; Louis procureur de Josselin en 1666.

SERRANT (DE), *voyez* WALSH.

SERRÉ (LE), sʳ de la Porte-Hammonet, par. de Gomménec'h, — de Pratalan, — du Run.

Anc. ext., réf. 1669, sept gén.; réf. et montres de 1427 à 1543, par. de Gomménec'h, év. de Tréguier.

D'azur à dix billettes d'argent, 2. 4. 4, au franc canton de gueules, chargé d'un croissant d'or.

Hervé, vivant en 1481, épouse Valence le Neveu.

SERVAUDE (DE), sʳ dudit lieu, par. de Mélesse, — des Blérons, par. de Chatillon-en-Vendelais, — de la Ville-Orée et du Rocher, par. de Parcé, — de la Ville-ès-Cerfs, par. de Plélan-le-Grand, — du Bois-Durand, — de la Pierre, — de la Costardière, par. de Parthenay, — de la Gidonnière.

Anc. ext., réf. 1668, huit gén.; réf. de 1449 à 1513, dites par., év. de Rennes.

De sable à quatre fusées d'or accolées en fasce.

Alain, sénéchal de Broërec en 1388; Pierre, vivant en 1449, épouse Jeanne Aubin; deux pages du Roi en 1729 et 1780.

SESMAISONS (DE), sʳ dudit lieu et de la Portechèze, par. de Saint-Sébastien, — de la Sauzinière, par. de Saint-Similien, — de Kermenguy, par. de Grandchamps, — de Trévaly, par. de Piriac, — châtelain de Tréambert en 1643 et sʳ de la Ville-au-Chapt, par. de Mesquer, — sʳ du Perray, par. de Saint-Herblain, — de Malleville, par. de ce nom, — de la Caillère et de la Sangle, par. de Bouguenais, — de Quifistre et de la Ville-James, par. de Saint-Molf, — de Trévécar, par. d'Escoublac, — d'Ust, par. de Saint-André-des-Eaux, — du Bois-Jollan, par. de Saint-Nazaire, — du Bois-Savary et de Lesnérac, par. de Guérande, — de Quindéniac, par. d'Assérac, — des Danets, — comte de Saint-Saire, en Normandie.

Anc. ext. chev., réf. 1669, treize gén. ; réf. et montres de 1428 à 1544, par. de Chantenay, Couëron et Orvault, év. de Nantes.

De gueules à trois tours de maison d'or.

<small>Jean, croisé en 1248, marié à Macée de Sesmaisons, reçoit en 1250 de Normand de Marquillé, le don de la terre de la Sauzinière; David, grand bailli d'Anjou et du Maine en 1293, épouse Marguerite de Champigny, dont : Olivier, marié à Agnès de Derval; Guillaume suivit du Guesclin en Castille en 1368; Jean, chambellan du duc Pierre en 1455; Jean, abbé de Redon en 1439; quatre chevaliers et un bailli de Malte depuis 1654; un abbé de Saint-Clément de Metz et de Ham, au diocèse de Noyon, évêque de Soissons en 1731, ci-devant chevalier de Malte et mousquetaire du Roi, † 1742; une abbesse de Bival, au diocèse de Rouen, en 1740; plusieurs pages du Roi depuis 1725; deux lieutenants-généraux des armées en 1767 et 1814; un maréchal de camp, nommé par le Roi, en 1797; deux pairs de France de nos jours.</small>

<small>Plusieurs membres ont été admis aux honneurs de la cour depuis 1767.</small>

<small>La branche de Tréambert fondue en 1677 dans Becdelièvre.</small>

SÈVE (DE), sr de Bolgan, év. de Vannes.

Porte une croix cantonnée de quatre croissants (sceau 1316).

<small>Guillaume, fils Jégou fait un échange avec le vicomte de Rohan en 1316.</small>

SÈVEDAVY (DE), sr dudit lieu, par. de Saints, — de Rimou, par. de Pleine-Fougères, — de Sèvegrand, par. de la Chapelle-des-Fougeretz, — du Mottay et de la Fontaine, par. de Trans.

Réf. et montres de 1427 à 1513, dites par., év. de Dol et Rennes.

D'argent à la bande de gueules, chargée de deux filets d'argent, accostée de six roses feuillées de gueules (sceau 1381).

<small>Pierre, ratifie le traité de Guérande en 1381; la branche aînée fondue dans Téxue; la branche de Sèvegrand fondue dans des Vaux.</small>

<small>Les srs de Lanclamais, paroisse de Bréteil et du Domaine, paroisse de Gévezé, déboutés à la réformation de 1669, ressort de Rennes.</small>

SÈVEGRAND (DE), sr dudit lieu, par. de la Chapelle-des-Fougeretz.

Réf. 1427, dite par., év. de Rennes.

De sinople à neuf billettes d'or, 1. 2. 3. 2 et 1 (arm. de l'Ars.).

<small>Fondu dans Sèvedavy puis des Vaux.</small>

SÉVERAC (DE), sr dudit lieu, par. de ce nom, év. de Nantes.

De gueules à trois grues d'argent, membrées de sable. (G. le B.)

<small>Un seigneur de Séverac, témoin dans une donation à Redon en 1127.</small>

<small>Fondu dans Brignac; moderne : Talhouët.</small>

SÉVESTRE, sr des Rochettes, par. de Tremblay.

Déb., réf. 1668, ress. de Fougères.

SÉVESTRE, *voyez* SYLVESTRE.

SÉVIGNÉ (DE), sr dudit lieu, par. de Cesson, — du Chastelet, par. de Balazé, — des Rochers, par. de Notre-Dame de Vitré, — de Bodégat, par. de Mohon, — de Tréal, par. de ce nom, — du Buron, par. de Vigneux, — de Mayneuf et de Tresmes, par. de Saint-Didier, — de Chemeray, — du Plessix-Olivet, par. de Noyal-sur-Vilaine, — comte de Montmoron en 1637, par. de Romazy, — sr de la Verrière et de la Boissière, par. de Saint-Donatien, — des Cléons, par. de Haute-Goulaine, — de Laudigère, par. de Vallet, — de la Bidière, par. de Maisdon, — de la Haye, par. de Torcé, — de Champiré, — de la Bernardière, par. de la Chapelle-Hullin, — de Lestrémeur, — de Lanros.

Anc. ext. chev., réf. 1670, treize gén.; réf. de 1427 à 1513, par. de Cesson, Notre-Dame de Vitré, Balazé, Saint-Didier, Noyal-sur-Vilaine, év. de Rennes et Tréal, év. de Vannes.

Écartelé de sable et d'argent (sceau 1417).

Gabillart, témoin d'une fondation de Geoffroi d'Acigné à l'abbaye de Savigné en 1190; Guillaume, croisé en 1248; Jean, vivant en 1330, épouse Jeanne de Bodégat; Guillaume, chambellan du duc Jean V en 1440, marié à Anne de Mathefelon, dame des Rochers; plusieurs conseillers au parlement depuis 1587; un chevalier de Malte en 1622; un abbé de Geneston en 1663; deux maréchaux de camp en 1646 et 1650, dont le second, Henri, tué en duel en 1651, avait épousé Marie de Rabutin de Chantal, dame de Bourbilly, si connue par ses inimitables lettres.

La branche aînée fondue dans Adhémar de Grignan; la branche de Montmoron fondue en 1717 dans du Hallay; la branche de Chemeray fondue en 1706 dans le Bihan de Pennelé. (Famille éteinte).

Sévin (orig. de Paris), sr de Quincy.

D'azur à la gerbe de blé liée d'or.

Charles, conseiller au parlement de Bretagne en 1619.

Shée (orig. d'Irlande), maint. au conseil et par lettres-patentes de 1731.

Tranché d'or et d'azur, à deux fleurs de lys de l'un en l'autre.

Sibiril, sr de Kermorvan, par. de Guiclan.

Jean, anobli en 1468.

Sigay, sr de la Goupillière, ress. de Vitré.

De gueules au chevron d'argent, accomp. de trois étoiles de même (arm. 1696).

Pierre, lieutenant de Vitré en 1696.

Silguy (de), sr de Coathirbescont, par. de Guiler, — de Poulesquen, par. de Plougoulm, — de Kerradennec, — de Penher, par. de Kerlouan, — de Kerbringal, par. de Dirinon.

Anc. ext., réf. 1669, dix gén.; réf. et montres de 1426 à 1534, par. de Guiler, Kerlouan et Plougoulm, év. de Léon.

D'argent à deux lévriers de sable, accolés d'argent, passants l'un sur l'autre. Devise : *Passe hardiment.*

Even, vivant en 1410, épouse Amice de Parscau, dont : Guillaume, vivant en 1448, marié à Aliette de Montfert; un avocat-général au parlement Maupeou en 1771.

Silz (de), voyez Haye (de la).

Simon, sr de la Villerabel, par. d'Iffiniac, — de la Villemoisan, par. de Ploufragan, — du Chesnay et du Tertre, par. de Planguénoual, — de Ruvezret, près Chatelaudren.

Ext., réf. 1669, six gén.; réf. et montres de 1423 à 1535, dites par., év. de Saint-Brieuc.

D'azur à trois cygnes d'argent.

Jean, de la paroisse d'Iffiniac, se dit noble et ne poie rien des fouages en 1423 et s'arme ès mandements de Monsieur ; Geoffroi son fils, anobli par le duc Pierre en 1454; Louis, marié vers 1503 à Bienvenue Le Moënne, de la maison de la Touche, père d'Étienne, époux en 1535 d'Anne de Kerprigent.

La branche de la Villerabel fondue dans Pappe, puis du Bois.

Le sr de la Villegicquel, débouté à la réformation de 1669, ressort de Saint-Brieuc.

SIMON, sr du Val-au-Houlle, par. de Guégon.

Déb., réf. 1669, ress. de Ploërmel.

D'argent à trois mouchetures d'hermines, au chef de gueules (arm. 1696).

SIMON, sr de Ligou, — d'Amoinville.

Déb., réf. 1668, ress. de Rennes.

De gueules au coq d'argent (arm. 1696).

SIMON, sr de Kergoulouarn, par. de Plouvorn, — de Tromenec, par. de Landéda, — de Bigodou, par. de Saint-Martin-des-Champs, — de Kerbringal, par. de Dirinon, — de Kerannot, par. de Saint-Thégonnec, — de Kergadiou, — de la Palue, par. de Plougoulm, — de Pensez, par. de Plouvien, — de Poulhalec, — de Keropartz, par. de Lanmeur, — de Kerénez, par. de Kerlouan, — de Kersalliou, par. du Minihy de Léon, — de Kerven, — de la Lande.

Anc. ext., réf. 1669, neuf gén. ; réf. et montres de 1426 à 1562, par. de Plouvorn, Plougoulm et Landéda, év. de Léon, Dirinon, év. de Cornouailles, et Plougaznou, év. de Tréguier.

De sable au lion d'argent, armé et lampassé de gueules. Devise : *C'est mon plaisir.*

Eudes, croisé en 1248; Yvon, archer dans une montre de 1378 reçue par Olivier Le Moine, capitaine de Lesneven, père de 1º Yvon, sr de Kergoulouarn, marié vers 1400 à Catherine de Kerouzéré, dont Guillaume, époux en 1437 d'Adelice Le Barbu, dame de Tromenec; 2º Hervé, sr de Kerbringal, dont la postérité s'est fondue dans Silguy.

Guillaume, sr de Tromenec, tua en duel en 1600 François de Kermavan, dernier du nom; un abbé de Lanténac en 1731, † 1786.

La branche de Kergoulouarn fondue en 1578 dans Le Rouge; la branche de Tromenec fondue en 1619 dans Kergorlay, d'où la terre de Tromenec est passée par alliance aux du Trévou, puis aux Bihannic.

Le sr de Kermarquer, paroisse de Rostrenen, débouté à la réformation de 1668.

SIMON, sr de Trénoust, par. de Jans, — de la Villeneuve, — de la Brétaignerie et du Souché, par. de Saint-Aignan, — du Plessix et de la Rouaudière, par. de Saint-Père-en-Retz, — de la Fleuriais, par. de Guémené-Penfao, — de Galisson, — de la Chambre, — de la Servaye, — de la Gaisne, par. de Saint-Mesme, — de la Grée, par. de Mesanger, — de la Maugère, — de la Carterie, par. de Saint-Similien, — des Challes, — de Créviac, de Rozabonnet, de la Goutière et du Fraiche, par. de Nozay.

Maint., réf. 1670, 0 gén., par les priviléges de l'échevinage et de la chambre des comptes, et par arrrêts de l'intend. en 1702 et du parl. en 1741, neuf gén.; montre de 1544, par. de Jans, év. de Nantes.

De sable au lion d'argent, armé et lampassé de gueules, *comme les précédents*.

Pierre, sʳ de Trénoust, vivant en 1468, père de Sylvestre, vivant en 1497; deux échevins de Nantes en 1575 et 1600; six auditeurs et maîtres des comptes depuis 1632.

Le sʳ de la Croiserie, paroisse de Rougé, lieutenant du prévôt des maréchaux à Châteaubriant, et les sʳˢ de la Gatelière, de la Rablaye, paroisse de la Chapelle-sur-Erdre, et du Pescher, paroisse de Saint-Herblain, déboutés à la réformation de 1669, paraissent issus de la même famille, ainsi que les sʳˢ de Launay et de Beauvais, paroisse d'Auverné, du nom de Simon.

Sioc'han, sʳ de Kerrivoal, de Kersaoulé, de Troguérot et de Tréguintin, par. du Minihy-de-Léon, — de la Palue, — de Pratérou, — de Saint-Jouan, par. de Saint-Jouan-des-Guérets, — de Kerradennec, — de Kerhuélin, — de Kersabiec, par. de Plounévez-Lochrist.

Maint. à l'intend. en 1716, et anc. ext., arrêt du parl. de 1773, dix gén.; réf. et montres de 1426 à 1481, par. de Kernilis, Plouvorn et Plounévézel, év. de Léon et Cornouailles.

De gueules à quatre pointes de dard ou d'ancre en sautoir, passées dans un anneau en abyme, le tout d'or, *voyez* Stangier; *aliàs* : de gueules à la croix ancrée d'argent. (G. le B.)

Hervé, croisé en 1248; Geoffroi, bailli et receveur de Léon, compris parmi les légataires du duc Jean II en 1305; Jean, écuyer dans la compagnie d'Olivier de Clisson en 1375; Jean, sʳ de Kerrivoal, marié à Jeanne Fliminc, fit son testament en 1521; un abbé de Vaast, au diocèse du Mans en 1777.

Cette famille, qui a pris une part glorieuse aux guerres de la Révolution, dans les armées de Condé, des princes et de la Vendée, de 1793 à 1832, a produit un chevalier de l'ordre de Marie-Thérèse en 1795, et deux frères, volontaires pontificaux, dont l'un blessé à Castelfidardo en 1860.

Sirier, sʳ de la Lande-Ronde.

Déb., réf. 1668, ress. de Rennes.

Sohier, sʳ de Vaucouleurs, par. de de Trélivan, év. de Saint-Malo.

D'or au chêne de sinople (arm. 1696); *aliàs* : d'or à deux épées de gueules en sautoir, les pointes en haut; au chef d'azur chargé de trois mouchetures d'hermines d'argent.

Guillaume-Louis-Malo, capitaine de brûlot, anobli en 1763 pour services signalés au combat de Saint-Cast en 1758, lieutenant de vaisseau en 1778.

Sol (orig. du Languedoc), sʳ de Grisolles.

Maint. par arrêt du parl. de 1764, ress. de Guérande.

D'azur à l'aigle d'argent, au chef d'or, chargé de trois étoiles d'azur. (G. G.)

Cette famille, alliée en Bretagne aux du Chesne et aux Sécillon, a produit un lieutenant de vaisseau en 1786, qui se signala dans les guerres de la chouannerie, créé maréchal de camp en 1815 et lieutenant-général en 1818, † 1836; une fille à Saint-Cyr en 1772.

Soligné ou Subligny (de) (orig. de Normandie), sʳ dudit lieu et de Montsorel, en Avranchin, — de Dol, — de Combourg.

Porte un oiseau, chargé au cou d'un écu écartelé d'argent et de gueules, *qui est Dol; aliàs* : de gueules fuselé d'hermines, *qui est Dinan* (sceau 1173); *aliàs* : écartelé *de Dol*, à la bordure semée de merlettes (sceaux de 1183 à 1210).

Jean, sénéchal de Dol en 1164, père d'Arsculphe, marié à Yseult, dame de Dol et de Combourg, dont il prit les armes, † 1197.

La branche aînée fondue au XIIIe siècle dans d'Argouges, d'où la seigneurie de Soligné a appartenu successivement aux le Marchant, aux Béthune et aux Boisgeslin.

La branche de Combourg fondue au XIVe siècle dans Tinténiac.

La branche de Montsorel fondue vers 1206 dans d'Aubigné. *Voyez* MONTSOREL (DE).

SOLMINIHAC (DE) (orig. du Périgord, maint. à l'intend. de Guyenne en 1699 et de Montauban en 1715), s^r de Chaune, — de Laborion.

D'argent à quatre pals d'azur, au chef d'argent chargé d'un cœur de gueules, soutenant une croisette de même.

SONGEUX (LE), s^r de Beauchesne, par. de Fercé.

Réf. 1513, dite par., év. de Rennes.

D'argent au corbeau de sable, membré et becqué de gueules.

Pierre, sergent du sire de Laval, et pour ce exempt en 1513.

Fondu vers 1560 dans Pioger.

SORAYE (DE LA), s^r dudit lieu, par. de Quinténic, — d'Uzel, par. de ce nom.

Réf. 1427, par. de Quinténic, év. de Saint-Brieuc.

D'hermines à deux haches d'armes de gueules, adossées en pal (sceau 1381).

Guillaume, croisé en 1248; Louis, porte-bannière de Sylvestre Budes, tué dans la guerre des Bretons en Italie, en 1375; Alain, ratifie le traité de Guérande en 1381.

La branche aînée fondue dans Malestroit, d'où la terre de la Soraye a appartenu aux Coëtquen, puis aux d'Andigné.

SORAYE (DE LA), s^r dudit lieu, par. de Campel, — de la Touche, par. de Néant.

Réf. 1459, par. de Néant, év. de Saint-Malo.

D'argent à une croix de sinople, chargée d'une quintefeuille d'argent. (G. le B.)

Fondu dans Lambilly.

SOREL, s^r de la Villenéan, du Teil et de la Barbotaye, par. de Comblessac, — de la Gélinais, par. de Carentoir, — de Cournon, par. de ce nom, — du Bois-de-la-Salle, par. de Peaule, — de Salarun, par. de Theix, — du Laz, — de Kergroas.

Anc. ext. chev., réf. 1669, neuf gén.; réf. et montres de 1427 à 1536, par. de Comblessac, Réminiac, Carentoir et Cournon, év. de Vannes.

Pour armes antiques : d'azur à la croix d'argent (sceau 1425); moderne : d'argent à l'aigle de sable, membrée et becquée de gueules.

Robert, après avoir pillé et brûlé deux fois la ville de Combourg en 1233, se croisa en 1248; Pierre, fils Guillaume, vivant en 1427, épouse Marie Morio, dont : Guillaume, marié en 1450 à Guillemette de Bellouan.

SOREL, s^r de la Hattais, par. de Guer, év. de Saint-Malo.

De gueules à deux léopards d'argent. (G. le B.)

Un capitaine de vaisseau retiré avec pension du Roi en 1728, marié à N. de Marnières, dame de la Hattais.

SORIN, s^r de Trénoust, par. de Jans, — de la Touche, par. de Nozay.

Réf. de 1427 à 1454, dites par., év. de Nantes.

D'hermines à la fasce de gueules, accomp. de trois trèfles d'azur.

<small>Robert, trésorier et receveur général du duc en 1404; Robin, homme d'armes de la compagnie du sire de Lescun en 1464.</small>

SORIN, s‍ʳ de la Ferrière, par. de Saint-Jean-de-Béré, — de la Hillière, par. de Thouaré, — de la Mennais, par. de Soudan.

Déb., réf. 1668, ress. de Nantes.

D'argent à quatre mouchetures d'hermines de sable.

<small>Jean, conseiller garde-scel au présidial de Nantes en 1669; François, maître des comptes en 1691.</small>

SOUALLAYE, *voyez* SAULAYE (DE LA).

SOUBISE (DE), *voyez* ROHAN (DE).

SOUEFF, s‍ʳ de la Gaudinaye, — du Temple, — de Montalembert, par. de Vénefles, — de la Clossetière.

Fascé d'azur et d'or, semé de vers à soie en fasces de l'un en l'autre (arm. 1696).

<small>Jean, procureur au parlement de Rennes en 1696.
On trouve Guillaume, de la paroisse de Cohazé-Pontivy, archer dans une montre de 1464.</small>

SOULANGE (DE), *voyez* PARIS.

SOULLES (DE), réf. de 1427, par. de Chasné, év. de Rennes.

D'azur à trois besants d'argent (sceau 1428).

<small>Jean, tient un hôtel noble en 1427 à Chasné, et n'y demeure que lui et son page.</small>

SOURDÉAC (DE), *voyez* RIEUX (DE).

SOURDEVAL (DE) (orig. de Normandie, y maint. en 1463), s‍ʳ dudit lieu et du Mesnil, près Mortain.

D'or fretté de sable, *qui est Verdun;* au franc canton de même (sceau 1563).

<small>Richard, croisé en 1249; André, gouverneur de Belle-Isle-en-Mer, repoussa les Anglais de cette île en 1548, et laissa deux fils : 1º André, gouverneur de Belle-Isle, gentilhomme ordinaire de la chambre et panetier ordinaire du Roi, † 1597; 2º Hervieu, dont les descendants fixés en Bretagne en 1687, alliés aux Aubin, du Parc-Locmaria et la Vallette, se sont fondus dans Mourain.
Cette famille, issue en ramage de celle de Verdun, portait jusqu'en 1550 le nom de le Moyne.</small>

SOURDRE (LE), par. de Saint-Donan, év. de Saint-Brieuc.

Parti d'azur et de gueules, à la bande d'or brochant.

<small>Barbe, épouse vers 1600 Philippe de Kernévénoy.</small>

SOUSSAY (DE) (orig. d'Anjou), s‍ʳ de la Guichardière, — du Buron, — de la Maillère, par. de Sucé.

Anc. ext., réf. 1669, dix gén., par. de Saint-Mars, év. de Nantes.

De gueules à trois coquilles d'or.

<small>Emery, varlet en 1353, épouse Orphane, dont : Guillaume, marié à Marie Audibart; Jean s'établit en Bretagne où il épousa en 1591 Gabrielle Charbonneau.
La terre de la Maillère a été constituée en majorat au titre de vicomte, en 1823.</small>

SOUVAING, s‍ʳ du Pallet, par. de ce nom, — de Langle, par. de Bourg-Sainte-Marie, — de Daen, en Anjou.

Réf. 1427, par. de Bourg-Sainte-Marie et Frossay, év. de Nantes.

D'hermines à la croix pattée de gueules (sceau 1315).

Pierre et Olivier, abbés de Pornit, de 1428 à 1463.

Fondu dans Aménart.

SOUVENEL (DE), *voyez* ANNEIX, au *Supplément*.

SPADINE, s^r de la Menguais et du Housseau, par. de Carquefou, — de l'Estang, par. de Saint-Donatien, — de Belestre, — de Beaulieu, par. de Mesquer, — de la Nicollière, par. de Saint-Philbert, — de la Bignonnais, par. de Bouée, — de Laubiais, par. de Cordemais.

Déb., réf. 1669 ; réf. et montres de 1429 à 1543, par. de Carquefou et Saint-Donatien, év. de Nantes.

Jean, au nombre des sujets de l'évêque de Nantes qui députent contre lui en 1471 ; plusieurs sénéchaux de Guérande depuis 1609.

SPARFEL (LE), s^r du Val, — de Kerdizien, par. de Cléder, év. de Léon.

D'azur au cerf d'or (arm. 1696).

SPARLER (LE), s^r de Coëtgaric, par. de Plestin, — de Kericuff, par. de Plougrescant, — de Roc'hmorvan, par. de Pleubihan, — de Kerozac'h, — du Verger, par. de Trédarzec, — de la Bouëxière, par. de Pleyben.

Anc. ext., réf. 1669, neuf gén.; réf. et montres de 1481 à 1543, par. de Plestin et Trédarzec, év. de Tréguier.

De gueules à l'épée d'argent en bande garnie d'or, la pointe en bas. Devise : *Aestus et frigoris expers,* et aussi : *Tout au naturel.*

Yves, vivant en 1459, épouse Marguerite de Bégaignon, dont : Guillaume, vivant en 1481, marié à Amice de la Forest.

SPINEFORT, *voyez* ESPINEFORT (DE L').

SPLAN (LE), s^r de Leslec'h et de Kerjean, par. de Plestin.

Réf. et montres de 1427 à 1481, dite par., év. de Tréguier.

D'azur à la colombe d'argent, membrée et becquée de gueules, *voyez* TRÉODAL. Devise : *Plaid me déplaist.*

Fondu dans du Dresnay, puis Kermoysan.

SQUIRIOU (DU), s^r dudit lieu, par. de Névez.

Déb., réf. 1668, ress. de Concarneau.

STANG (DU), en français ESTANG (DE L'), *voyez* ESTANG (DE L').

STANGIER (DU), s^r dudit lieu, par. de Plouguer-Carhaix, — de Liziliec, par. de Pestivien, — du Colen, par. de Plourac'h, — de Keruslain, — de Chef-du-Bois, — de Penanec'h.

Ext., réf. 1669, six gén. ; réf. et montres de 1481 à 1562, par. de Pestivien, Plourac'h, Cléden-Poher et Poullaouën, év. de Cornouailles.

D'argent à l'anneau de sable, touché par cinq fers de lance de même, *voyez* Sioc'han ; *aliàs* : accomp. de trois croisettes de gueules.

<small>Olivier, vivant en 1481, épouse Isabelle de Roc'hcaëzre ; une fille à Saint-Cyr en 1787.
La branche aînée paraît fondue dans Bothonn.</small>

Stapleton (orig. d'Irlande), comte de Terves, — s^r des Dervalières et de la Durandière, par. de Chantenay, — d'Aradon, par. de ce nom, — de Kercabin, par. de Plouëc, — de la Bouëxière et de Crec'hronvel, par. de Ploujean.

Maint. par lettres patentes en 1727 et par arrêt du conseil en 1744.

D'argent au lion de sable ; *aliàs* : écartelé aux 1 et 4, contre-écartelé aux 1 et 4 : d'argent au lion d'azur, cantonné à dextre d'un croissant de gueules ; aux 2 et 3 : de sable fretté d'or ; aux 2 et 3 des écartelures : *de Dreux-Bretagne*. (*Blancs-Manteaux*.)

<small>Richard, vivant en 1587, épouse Eléonore Butler ; leurs arrières petits-fils établis en Bretagne en 1700 se sont alliés aux Meneust et aux Lannion.</small>

Stéphan, en français Estienne, *voyez* Estienne.

Stéphanou, s^r de Kerbridou, par. de Tréglamus.

Montre de 1481, par. de Pommerit-Jaudy, év. de Tréguier.

D'or au pin de sinople fruitté d'or, aux branches duquel est suspendu un greslier accosté de deux merlettes, le tout de sable. (G. le B.)

Ster (du), en français Rivière (de la), s^r dudit lieu, par. d'Ambon.

Réf. et montres de 1427 à 1536, dite par., év. de Vannes.

<small>Jean, abbé de Carnoët, † 1543.</small>

Stoquer (le), par. du Minihy, év. de Tréguier.

<small>Hugues, évêque de Tréguier en 1403, transféré à Vannes en 1404, † 1408.</small>

Suasse (orig. d'Espagne), s^r du Colédo, par. de Vieux-Bourg-de-Quintin, — de Pohon, par. de Kergrist-Moëlou, — de Kerambellec, par. de Bérien, — de Kerguirédec, — de Kervégan et de Tannanguen, par. de Plésidy, — de Correc et de Saint-Igeau, par. de Laniscat, — de Kerdahel, — de Kerbrat, — de Kerléau.

Maint. par arrêts des aides en 1674 et du parl. de Bretagne en 1680 et 1720, huit gén.; réf. et montres de 1543 à 1562, par. de Vieux-Bourg, év. de Cornouailles.

D'argent au chevron brisé de gueules, chargé de cinq pommes de pin d'or, 3. 2 ; accomp. en pointe d'un arbre arraché de sinople, le tronc chargé d'un loup passant de sable.

<small>Diégo, l'un des capitaines espagnols, envoyés par Ferdinand et Isabelle au secours d'Anne de Bretagne en 1488, épouse Jeanne le Bigot ; Jean, sénéchal de Quintin en 1591.
La branche de Correc fondue en 1654 dans des Cognets.
La branche de Kervégan fondue dans Cavelier. (Famille éteinte.)</small>

Sucinio, par. de Sarzeau, év. de Vannes.

<small>Château ducal fondé en 1250 par Jean le Roux, assiégé en 1373 par du Guesclin, et seigneurie donnée en 1491 par Anne de Bretagne à Jean de Chalons, prince d'Orange; confisquée par François Ier,</small>

qui en laissa l'usufruit à la dame de Châteaubriant ; puis donnée par Henri IV à Gaspard de Schomberg; et successivement possédée ensuite par les Talhouët de Séverac, la princesse de Conti et le duc de la Vallière.

SUEUR (LE) (orig. de Normandie), s^r d'Ecquetot.

D'argent à trois fasces de gueules.

Payen, abbé de Saint-Melaine de Rennes en 1548, évêque de Coutances en 1550.

SUFFREN (DE) (orig. de Provence), marquis de Saint-Tropez en 1725, — s^r de Guermorvan et de Kerguézay, par. de Louargat, — de Coatquiziou, par. de Belle-Isle-en-Terre, év. de Tréguier.

D'azur au sautoir d'argent, cantonné de quatre têtes de léopard d'or. (La Ch. des B.)

Jean-Baptiste, marquis de Saint-Tropez, fils de Paul et de Jeanne Bruni d'Entrecasteaux, épouse en 1747 Louise de Goësbriand, dame de Guermorvan, et fut admis aux Etats de Bretagne de 1762; Paul-André, bailli de Malte, vice-amiral et chevalier des ordres en 1784, † 1788.

SUGARDE (LE), s^r de Bourdidel, du Carpont et de Moguérou, par. de Plougonven, — de Boisnat, — de Rozarfeunteun.

Ext., réf. 1670, sept gén. ; réf. et montres de 1481 à 1543, par. de Plougonven, év. de Tréguier.

D'argent à la fleur de lys de sable, surmontée d'une merlette de même, *voyez* COËTANLEM, JOSON et LE ROUGE.

Guyon, vivant en 1481, épouse Jeanne le Rouge, de la maison de Guerdavid, dont il prit les armes.

SUR (LE), s^r de la Bouëxière.

Déb., réf. 1668, ress. d'Hennebont.

François, commissaire de l'artillerie de France, lieutenant de la citadelle du Port-Louis en 1668.

SURCOUF, s^r de Saint-Aubin, — du Bois-Gris, év. de Saint-Malo.

D'argent au chevron de sable, chargé de trois coquilles d'or; au chef de sable, chargé d'un lion passant d'or.

Robert, capitaine de corsaire en 1709, bisaïeul d'autre Robert, capitaine de corsaire, baron de l'Empire, confirmé sous la Restauration, † 1827.

SURGÈRES (DE) (orig. du Poitou), s^r dudit lieu, de Ballon et de la Flocelière, en Poitou.

Réf. 1513, par. de Plouazne, év. de Saint-Malo.

De gueules fretté de vair de six pièces (sceau 1353).

Jacques, épouse en 1452, Renée de Maillé, dont : 1° Jean, s^r de Ballon, marié en 1475 à Jeanne de Blois, fille de Guillaume, frère juveigneur d'Olivier, dit *de Bretagne*, comte de Penthièvre; Hardouine, mariée en 1486 à Jean de Coëtquen, s^r du Vauruffier, paroisse de Plouasne.

Le nom ancien de cette famille est Maingot.

SUYROT (orig. du Poitou, y maint. en 1667 et 1699), s^r de Lauberaye, — de Champeaux, — de la Socquetière, — de la Coussaye, — des Champs, — du Mazeau, — d'Angles, — de Lautremont.

Gironné d'argent et de gueules de huit pièces, les girons d'argent chargés chacun de trois fasces de gueules.

Plusieurs chevaliers de Malte depuis 1529.

SUZLÉ (DE), sʳ dudit lieu, par. de Plésidy, év. de Tréguier.

De gueules à trois fleurs de lys d'or, à la fasce en divise d'azur, chargée de trois besants d'or. (G. le B.)

Moderne : Bégaignon.

SYBOUAULT, *voyez* CYBOUAULT.

SYLVESTRE ou SÉVESTRE (ramage de Coëtmeur), sʳ de Kerdidreux, — de Guicnévez, par. de Plounévez.

Réf. et montres de 1426 à 1534, par. de Lannilis et Plounévez-Lochrist, év. de Léon.

D'argent à l'orle de six croisettes recroisettées d'azur; à l'écu en abyme de gueules, *qui est Coëtmeur,* chargé d'un croissant d'argent.

Jean, trésorier de Bretagne en 1460, eut pour successeur Pierre Landais.

T

Tabareuc (le), sr de Kerfagon, par. d'Allineuc.
   Réf. et montres de 1469 à 1513, dite par., év. de Saint-Brieuc.
   Eon, anobli en 1439.

Tail (du), sr des Mottes, év. de Rennes.
   Porte un chevron (sceau 1416).
   Renée, épouse vers 1480 Jean Uguet, sr de la Vairie.

Taillard, sr du Restolles et de Kerdaniel, par. de Plouagat, — de la Grandville, par. de Bringolo, — de Lizandré, de Kerflec'h et de Kertanguy, par. de Plouha, — de la Sauldraye, — de Kergroumel, — de Landéonec, — de Coatévez, — de Kerguilly, — de la Villegoury, — de Kerhélo, — de Lannéguer, — de Kerigonan, — de Quiliguen, — de Kergoat, — de Kerizit, par. de Daoulas, — de Kerlan.
   Anc. ext., réf. 1669, six gén., et maint. à l'intend. en 1703 et 1710 ; réf. et montres de 1454 à 1543, par. de Plouagat-Chatelaudren et Plouha, év. de Tréguier et Saint-Brieuc.
   D'hermines à cinq fusées de gueules, accolées et rangées en bandes, *voyez* Perrien (de). Devise : *Ante que brar que doublar*. (Plutôt rompre que plier).
   Rolland, connétable de la Roche-Derrien et de Guingamp, prisonnier à la bataille de la Roche-Derrien en 1347 avec Charles de Blois, partagea la captivité de ce prince en Angleterre, et ratifia le traité de Guérande en 1381; Morice, époux de Jeanne Boschier, père d'Alain, page d'Olivier de Blois en 1418, qu'il accompagnait au voyage de Chateauceaux, lors de la trahison des Penthièvre en 1420; Rolland et Jean, prêtent serment au duc entre les nobles de Tréguier et Goëllo en 1437; Péan, auteur de la branche du Restolles, vivant en 1513, père de Vincent, marié à Isabeau Couffon; Jean, auteur de la branche de la Villegoury, vivant en 1513, épouse Jeanne Rouxel.
   Les srs de Kerunet et du Rody, ressort de Morlaix, déboutés à la réformation de 1670.

Taillecol, porte une fleur de lys accomp. de six étoiles (sceau 1371).

Taillefer (de), sr dudit lieu, par. de Créhen, — de la Mettaie, par. de Plélan-le-Petit, — de Belestre, par. de Saint-Coulomb, — de la Métairie, par. de Cherrueix, — de la Rivière-Téxue, par. de Noyal-sur-Vilaine, — de la Brunais, par. de Bréteil.
   Anc. ext., réf. 1668, quatre gén.; réf. et montres de 1427 à 1513, par. de Créhen, Plélan, Saint-Coulomb, Cherrueix et Montdol, év. de Saint-Malo et Dol.
   De gueules à deux léopards d'or; *aliàs* : trois fers de lance (sceau 1302). Devise : *Taille fer*.

Belot, écuyer, donne quittance de ses gages en 1302; Jean, abbé de la Chaume de 1351 à 1374; Jean, sénéchal de Dol en 1513, épouse Jeanne Troullon, dont Alain, marié à N. du Chastellier, de la maison de Préauvé.

Le sr de Belleisle, paroisse de Saint-Suliac, débouté à la réformation de 1670, ressort de Dinan.

TAILLEPIED (DE), sr dudit lieu et de Martigné, par. de Bazouges-la-Pérouze, év. de Rennes.

De gueules fretté d'or (arm. de l'Ars.)

Augier, témoin d'une donation à Saint-Florent en 1055; Thomas, croisé en 1248; Pierre, écuyer dans une montre de 1380.

TAILLEPIED (orig. de Paris), sr de Bondy, — de la Garenne.

D'azur à trois croissants d'or, au chef de même chargé de trois molettes de gueules.

Devise : *Aspera non terrent.*

Un receveur général des finances en la généralité d'Auch, l'un des fermiers généraux des domaines du Roi en 1787, depuis comte de l'empire; un pair de France de nos jours.

TAILLIS (DE), sr dudit lieu et de la Besnerie, par. de Taillis, — de la Dobiaye, par. de la Boëssière.

Réf. de 1427 à 1513, dites par., év. de Rennes.

Porte un lion, à la bordure endentée (sceau 1381).

Guillaume, ratifie le traité de Guérande en 1381.
Fondu dans le Veneur.

TALBOT (orig. de Normandie, puis d'Angleterre).

De gueules au lion d'or à la bordure engreslée de même. (G. le B.) Devise : *Près d'accomplir.*

Un maréchal de France, nommé par le Roi Henri VI d'Angleterre, en 1438.

TALEC, sr de Kerpleust et de Kergadégan, par. de Quemper-Guézennec.

Réf. et montres de 1427 à 1543, dite par., év. de Tréguier.

D'azur à trois trèfles d'argent.

TALEC (LE), sr du Stiffel, par. de Guiler, — de Kersaudy, — de la Tour, par. de Plourin.

Anc. ext., réf. 1669, sept gén.; réf. et montres de 1427 à 1534, dites par., év. de Léon.

Fascé ondé d'or et d'azur de six pièces, *comme Kerménou.*

Prigent, vivant en 1448, père d'Even, marié à Catherine le Héder.

TALEC (LE), par. de Saint-Nolff.

Montre de 1481, dite par., év. de Vannes.

Jean, anobli en 1469.

TALENSAC (DE), sr dudit lieu, par. de ce nom, — de la Turaye, par. de Goven, — de Loudrière, en Poitou.

Réf. et montres de 1427 à 1513, par. de Goven, év. de Saint-Malo.

De sable à trois fusées accolées d'argent, surmontées de trois étoiles d'or (arm. de l'Ars.)

Louise, épouse en 1596 René de Machecoul, sr de Vieillevigne.

TALGUERN (DE), *voyez* TALVERN (DE).

TALGUERN (DE), sʳ de Casso, par. de Pontchâteau.
Guillaume, de la paroisse d'Herbignac, anobli en 1486; Renée, épouse en 1616 François de Lesquen.

TALHOUËT (DE), *voyez* MOINE (LE).

TALHOUËT (DE), *voyez* LANTIVY (DE).

TALHOUËT (DE), sʳ dudit lieu, — de Kerservant, par. de Langouëlan, — de Keralbaud, — du Restlouët, — de Créménec et du Dréor, par. de Priziac, — de Pontsal, par. de Plougoumelen, — de Kerguélen, — de Pélinec, par. de Canihuël.
Réf. de 1513 à 1536, par. de Priziac, év. de Vannes.
D'or au chef de sable. (G. le B.)
Olivier, témoin à une transaction entre le vicomte de Rohan et Henri de Kergoët en 1296; Guyon, capitaine et porte-enseigne de Pierre de Foix, baron du Pont et de Rostrenen en 1513; Nicolas, épouse vers 1600 Marie de Launay, dame de Pontsal, dont : Hélène, mariée en 1626 à Henri de Volvire, maréchal de camp, commandant pour le Roi en Bretagne.

TALHOUËT (DE), sʳ dudit lieu, par. de Pluherlin, — de Kerdrein et de Kerbezun, par. de Questembert, — de Trévéran, — du Boishorhant, par. de Sixte, — de la Grationnaye, par. de Malensac, — de Sévérac, par. de ce nom, — de la Ville-Quéno, par. de Carentoir, — de Bonamour, par. de Trévé, — comte de Villayers, — marquis d'Acigné, par. de ce nom, — sʳ de Kerminihy, — de Marzen, par. de Caden, — de la Villeneuve et de la Coudraye, par. de Saint-Dolay, — de la Souchais, par. de la Plaine, — de Lourmoie, de la Jou, de Monthonnac, du Couëdic et de Trévécar, par. de Nivillac.
Anc. ext. chev., réf. 1671, huit gén.; réf. et montres de 1427 à 1536, par. de Pluherlin, Questembert et Sixte, év. de Vannes.
D'argent à trois pommes de pin versées de gueules.
Payen, croisé en 1248; mais nous ne savons à quelle famille de Talhouët il appartenait.
Guillaume, mort avant 1427, marié à Marie, dame de Kerdrein, dont : Jean, marié à Guillemette de Quistinit.
François, chevalier de l'ordre, gouverneur de Redon, épouse en 1577 Valence du Boishorhant; François, chevalier de Malte en 1608, commandeur de Saint-Jouan de l'Isle en 1637; trois autres chevaliers de Malte depuis 1710; un président aux requêtes en 1647; trois conseillers et un président à mortier, de 1708 à 1776; un colonel au service d'Espagne, capitaine des gardes walonnes, tué à la journée de Bitonte, au royaume de Naples en 1734; un abbé de Saint-Aubin-des-Bois, † 1753; un major au régiment du Roi, tué à Quibéron en 1795, à la tête du régiment du Dresnay, qu'il commandait; un maréchal de camp en 1816, pair de France en 1819, élevé sous la Restauration à la dignité de marquis.
La branche aînée fondue dans du Bot de la Ville-Pelotte.

TALHOUËT (DE), sʳ dudit lieu et de la Villeneuve, par. de Brec'h, — baron de Keravéon en 1636, par. d'Erdeven, — sʳ de Coëtrivas, par. de Kervignac, — de Keraliou, par. de Belz, — de Kerrio, par. de Mendon, — vicomte de Coëshy, par. de Guégon, — sʳ de Brignac, par. de Sérent, — de Kerdaniel, — de la Gourmillaye.

Anc. ext. chev., réf. 1669, dix gén.; réf. et montres de 1426 à 1536, par. de Brec'h, Erdeven, Belz et Mendon, év. de Vannes.

Losangé d'argent et de sable.

<small>Pierre, vivant en 1400, épouse Louise Guillemin, dont : Alain, marié à Henriette le Douarain; Jean, chevalier de Malte en 1575; cinq conseillers au parlement, de 1613 à 1779.</small>

TALON (orig. d'Irlande), marquis du Boulay.

D'azur au chevron accomp. de trois épis sortant chacun d'un croissant, le tout d'or.

<small>Omer, célèbre avocat général au parlement de Paris, † 1652; Charles, évêque nommé de Léon, en 1635.</small>

TALVERN (DE), sr dudit lieu, par. de Pluméliau, év. de Vannes.

D'hermines à trois chevrons d'azur.

<small>Un seigneur de ce nom, au nombre des dix bretons de l'armée de Sylvestre Budes, qui combattirent et vainquirent dix Allemands à Rome en 1377.</small>

TANGUY, sr de Kerarmet, par. de Saint-Michel-en-Grève, — de Guernaléguen, par. de Trézény.

Réf. et montres de 1463 à 1543, par. de Saint-Michel-en-Grève, év. de Tréguier.

D'or à trois pommes de pin de gueules, au chef de même.

TANGUY, sr de la Haye, ress. de Rennes.

D'azur au croissant d'or, accomp. de trois roses de même (arm. 1696).

TANGUY, sr de Kerobézan, — de la Villeblanche.

Déb., réf. 1668, ress. de Lesneven.

D'azur à l'aigle d'or, accomp. de trois étoiles de même (arm. 1696).

<small>Pierre et Jacques, abbés de Landévennec, de 1627 à 1695.</small>

TANION, sr d'Abrajouc, ress. de Quimperlé.

D'or à la mouche de sable (arm. 1696).

TANOUARN, sr de Kertanouarn, par. de Ploubazlanec, — de Kerdénoual, — de Lézérec, — de Piolaine, par. d'Amanlis, — de la Cigogne, — du Plessix-Bardoul, par. de Pléchatel.

Ext. réf. 1669, quatre gén.; réf. 1513, par. de Saint-Gilles, év. de Rennes.

D'azur à trois molettes d'or.

<small>Jean le Ménager, sr de Piolaine, paroisse d'Amanlis, anobli en 1581, épouse Jacquette du Puy, dont : Jean, chevalier de l'ordre en 1600, marié à Jeanne Tanouarn, dame de Kertanouarn, dont il prit le nom et les armes, par lettres de 1641; voyez MÉNAGER (LE). Un abbé de Montfort en 1613, † 1663.</small>

TANOUARN (ramage des précédents), sr de Couvran, par. de Plérin, — du Bourblanc, par. de Plourivo, — de Bellemare, — du Portzmeur, par. de Saint-Martin-des-Champs.

Anc. ext. chev., réf. 1671, neuf gén.; réf. de 1423 à 1543, par. de Ploubazlanec, év. de Saint-Brieuc.

D'azur à trois molettes d'éperon d'or, à la bordure de même chargée de huit macles d'azur.

Alain, vivant en 1423, père d'Alain, marié à Tiphaine de Villeneuve; Pierre, fils des précédents, vivant en 1469, père de Vincent, vivant en 1535, marié à Catherine de Boisgeslin, dont : 1° N. sʳ de Kertanouarn, dont la postérité s'est fondue en 1600 dans le Ménager; 2° Jean, puîné, marié à Marie Roquel, dame du Bourgblanc, auteur des sʳˢ du Bourgblanc, qui ont produit deux conseillers au parlement, depuis 1620, et un président aux enquêtes en 1656.

TANOUËT ou DANOUËT (DE), sʳ dudit lieu, par. d'Yvias, en Goëllo.

Réf. de 1441 à 1476, par. de Maroué, év. de Saint-Brieuc.

Porte trois bandes (sceau 1418).

TARDIVEL, sʳ des Murs, — du Vaupigneul et du Plessix, par. du Gouray, — du Vauhardy, par. de Trédaniel.

Déb., réf. 1670; réf. et montres de 1448 à 1469, par. du Gouray, év. de Saint-Brieuc.

D'argent à trois carreaux de sable, chacun chargé d'un trèfle d'or (arm. de l'Ars.).

Guillaume, de la paroisse du Gouray, anobli en 1440; Jean, député de Morlaix aux États de 1582; Mathurin, abbé de Boquen en 1591.

TASSIN, sʳ de Loisillais, par. d'Orvault.

Déb., réf. 1669, ress. de Nantes.

TAUPIN, sʳ de la Villegautier.

Déb., réf. 1668, ress. de Ploërmel.

TAUPIN, *voyez* TOUPIN.

TAVERNIER (LE), sʳ de la Motte, par. de Moustiers, év. de Rennes.

Étienne, juge criminel à Rennes, puis conseiller au parlement en 1628, marié à Julienne de la Bélinaye.

TAVIGNON, sʳ de Kertanguy, par. de Squiffiec, — de Kergoziguez, par. de Quemper-Guézennec, — de Kerrichard, — de Keraly.

Anc. ext., réf. 1670, neuf gén. et maint. à l'intend. en 1702; réf. et montres de 1427 à 1543, dites par., év. de Tréguier.

De sable à la croix pleine d'argent, cantonnée au premier quartier d'un trèfle de même. Devise : *In hoc signo vinces.*

Jean, vivant en 1427, aïeul de Jean, vivant en 1481, marié à Guillemette Milon. (Famille éteinte.)

TAYA (DU), *voyez* BARON.

TAYART, sʳ de la Touche-au-Roux, — de Camzon, par. de Plaudren.

Maint. réf. 1669, 0 gén., ress. de Ploërmel.

D'azur au lion d'argent.

François, alloué de Ploërmel, anobli en 1599.

TAYS (DE), sʳ de la Fouais, par. de Sion.

Réf. 1444, dite par., év. de Nantes.

D'argent à trois fasces d'azur. (G. le B.)

TÉHEL, sʳ de la Bouvais.

D'argent à la channe de sable, soutenue d'une fleur de lys de même (arm. de l'Ars.).

TÉHILLAC (DE), sr dudit lieu, par. de ce nom, — du Pordo, par. d'Avessac, — du Pordo, par. de Blain, — de la Lande, par. de Guichen, — du Bois-du-Liers, par. de Chélun, — de Griffet, par. de Pleugriffet, — de la Roche-Hervé, par. de Missillac, — de Beaumont, — du Crévy, par. de Saint-Lyphard, — de Maupas, — de la Roche-Servière, dans les Marches, — de Berso, par. de Saint-Gildas-des-Bois.

Anc. ext. chev., réf. 1669, dix gén.; réf. de 1427 à 1455, par. de Téhillac, Missillac et Nivillac, év. de Nantes.

De gueules à trois croissants d'argent.

Guillaume, vivant en 1370, épouse Jeanne de la Motte, dont Jeanne, dame de Téhillac, mariée vers 1415 à Tristan de la Lande, sr de Guignen, veuve de Marguerite de Bruc, et les enfants du second mariage prirent les noms et armes de Téhillac.

La branche aînée fondue en 1609 dans le Breton de la Ville-Andry; la dernière branche éteinte dans Guérin de la Grasserie.

TEILLAY (DE), sr dudit lieu, par. de Janzé, — de la Censie, par. de Brie, — de la Motte, par. de Moustiers.

Réf. de 1427 à 1513, dites par., év. de Rennes.

Porte deux fasces surmontées de quatre besants (sceau 1380).

Olivier, évêque de Léon en 1433, transféré à Saint-Brieuc en 1436, † 1438.

TEILLAYE (DE LA), sr dudit lieu, par. de la Boëssière, év. de Rennes.

De sable au sautoir d'argent, au chef de même (arm. de l'Ars.).

Fondu dans Satin.

TEILLEUL (DU), voyez PAYS (LE).

TELLIER (LE) (orig. de Paris), sr de Chaville, — marquis de Barbezieux, en Saintonge, de Louvois, en Champagne, de Courtenvaux et de Souvré, au Maine, — baron de Montmirail, en Brie.

D'azur à trois lézards d'argent en pal, au chef cousu de gueules, chargé de trois étoiles d'or.

Michel, commissaire au châtelet, puis maître des comptes de Paris en 1593, bisaïeul de Charles-Maurice, abbé de Daoulas en 1651, archevêque de Rheims en 1671, frère du secrétaire d'État et fils du chancelier de France.

TEMPLE (DU), sr de la Croix, — du Prest et de la Vigne, par. d'Erquy.

Déb., réf. 1670; réf. et montres de 1423 à 1513, par. d'Erquy, év. de Saint-Brieuc.

D'azur au mouton d'argent.

TEMPLIER (LE), sr de la Templerie, de Chevreuse et de la Rabastellière, par. de Saint-Columbin.

Déb., réf. 1669, ress. de Nantes.

TÉNO (DU), sr de la Ville-Pirault, par. du Fœil.

Réf. et montres de 1449 à 1535, dite par., év. de Saint-Brieuc.

Écartelé aux 1 et 4 : de sable plein; aux 2 et 3 : d'azur fretté d'or (sceau 1396).

Moderne : Ausprac, puis le Coniac.

TÉNO ou THÉNO (DU), sʳ du Pargo, par. de Plœren.
   Réf. et montres de 1426 à 1536, par. de Plœren et Saint-Patern, év. de Vannes.
   D'argent à l'aigle éployée de sable.
   Alain, argentier de Charles de Blois, entendu dans l'enquête pour la canonisation de ce prince en 1371. Moderne : Gibon.

TÉNOURS (LE), sʳ de Launay et de Plouan, par. de Ménéac, — de Poulfanc, — du Bois-Guyon.
   Ext., réf. 1670, neuf gén.; réf. et montres de 1479 à 1513, par. de Ménéac, év. de Saint-Malo.
   De sable à deux épées d'argent passées en sautoir, les pointes en haut.
   Eonet, valet de chambre du duc, reçoit lettres d'affranchissement en 1445 pour son hôtel de Launay; Denis, vivant en 1479, épouse André Bernard.

TERMELLIER (LE), év. de Nantes.
   D'azur à une colonne d'argent, accolée d'une guirlande de lierre de sinople et surmontée de trois étoiles d'or.
   Pierre-Mathieu, navigateur distingué de Nantes, anobli en 1785.

TERNANT (DE), sʳ dudit lieu et du Tromeur, par. de Plouvorn.
   Anc. ext., réf. 1670, six gén.; réf. et montres de 1426 à 1503, par. de Plouvorn, év. de Léon.
   De sable au chevron d'argent, accomp. en chef de trois besants de même.
   Salomon, vivant en 1503, épouse Jeanne le Coz.
   Fondu dans de May.

TERRIEN, sʳ du Stang, par. de Ploërdut, — de Kerrohel, — de la Lande, par. de Missiriac, év. de Vannes.
   D'argent à trois fasces de sinople (arm. 1696).
   Mathurin, sénéchal de Guémené en 1604; Gabriel, sénéchal de Malestroit en 1616.
   On trouve Jean, de la paroisse de Caudan, conseiller du duc, anobli en 1448.

TERRIEN, sʳ de la Ragotière, de la Chauvinière et de la Haye-Tessandeau, par. de Vallet, — de la Pinelais, par. de Saint-Père-en-Retz, — du Domaine, — de la Voirie, par. de Château-Thébaud, — de Lesnaudière, par. de Rezé.
   De gueules à la fasce d'argent chargée d'une merlette de sable, et accomp. de trois croissants d'argent (arm. 1696).
   Trois auditeurs des comptes de 1580 à 1741.

TERRIEN, év. de Nantes.
   De gueules au lion d'argent, tenant de la patte dextre une épée de même, montée d'or, et de la sénestre un cœur aussi d'or.
   Jean, dit *Cœur-de-Lion*, colonel en retraite et chevalier de Saint-Louis, anobli sous la Restauration, par lettres de 1821.

TÉRONNEAU, *voyez* THÉRONNEAU.

Tertre (du), en breton Roz (du), sʳ de Penvern, par. du Plouguiel, — de Kermen, — de Keravel, — de Kermez.
   Anc. ext., réf. 1670, huit gén.; réf. et montres de 1427 à 1535, par. de Plouguiel, év. de Tréguier.
   D'argent au rencontre de cerf de gueules, accomp. en chef de trois fleurs de lys de même.
   Gilles, vivant en 1481, épouse Catherine le Gualès.

Tertre (du), en breton Run (du), sʳ de Kernilien.
   Réf. 1535, par. de Plouaret, év. de Tréguier.
   De gueules au rencontre de bœuf d'argent. (G. le B.)
   Olivier, vivant en 1535, marié à Amice de Quélen.

Tertre (du), en breton Rozou (du), sʳ du Roc'hou, par. de Lanvézeac, — de Kervégan et de Crec'hgouriffen, par. de Servel, — du Hentguer, par. de Brélévénez, — de Pontguennec, par. de Perros-Guirec.
   Réf. et montres de 1427 à 1543, par. de Lanvézeac et Servel, év. de Tréguier.
   De gueules au lambel d'argent.
   Olivier, Pierre et Prigent, échansons du duc François II et de la reine Anne en 1488 et 1498, dont l'un, capitaine de Lesneven et commandant des francs-archers de Léon.

Tertre (du) (orig. du Maine, maint. à l'intend. de Tours en 1667), sʳ dudit lieu, — du Châtelier, — de Chérancé, — de Pomerieux, — de Chéripeau, — de Montalais, — de Lesven, par. de Plouguin, év. de Léon.
   D'argent au lion de sable couronné de gueules. (La Ch. des B.)
   René, capitaine au régiment du Roi, †1749, épouse 1º Geneviève de Razilly, 2º N. de Froulay.
   Cette famille, alliée en Bretagne aux le Ny de Lesven et Collin de la Biochaye, a produit un page du Roi en 1707 et une fille à Saint-Cyr en 1733.

Tertre (du), sʳ dudit lieu et de Kerbérennez, par. de Plœmeur, — de Rosgrand, par. de Rédéné.
   Réf. et montres de 1448 à 1536, dites par., év. de Vannes.
   D'hermines à trois annelets de gueules (arm. de l'Ars.); aliàs : d'argent au lion de gueules. (Mss. Gaignières).

Tertre (du), sʳ de Kergurunet, par. de Plougaznou, év. de Tréguier.
   De gueules à trois croix recroisettées, au pied fiché d'argent. (G. le B.)
   Noël, épouse en 1580 Marie Morice, dame de Kergurunet.

Tertre (du), sʳ du Bignon, par. d'Orvault, — de la Bouvetière, par. de Ligné, — du Perray, par. de Saint-Herblain, — de la Ménardière, par. de Bourgneuf-en-Retz.
   Déb., réf. 1671, ress. de Nantes.
   René, sʳ du Bignon, épouse vers 1588 Marguerite Dollo, dame de la Bouvetière.

Tertre (du), sʳ de la Villedroniou, par. de Saint-Aaron.
   Déb., réf. 1669, ress. de Saint-Brieuc.

TESTE (LA), en breton PEN, sr de Leziran, par. de Lanvénégan, — du Cleuziou et de Penanrun, par. de Scaër.

Déb., réf. 1669; réf. et montres de 1426 à 1562, dites par. et par. de Guiscriff, év. de Cornouailles.

De gueules au cygne d'argent tenant en son bec une croix dentelée de même.

TESTARD, sr du Cosquer, par. de Plougastel-Daoulas, év. de Cornouailles.

D'argent au lion de gueules (arm. 1696).

Un avocat au présidial de Quimper en 1696; un maire de Lesneven, député aux États de 1778; un légat apostolique à Haïti en 1862.

TESTU (orig. d'Anjou), sr de Pierrebasse, — marquis de Balincourt en 1719, — baron de Bouloire.

D'or à trois léopards l'un sur l'autre de sable, celui du milieu contourné.

Jean, secrétaire du Roi en 1556, puis maître-d'hôtel de Charles IX et secrétaire de ses finances en 1572, père de Claude, conseiller au parlement de Bretagne en 1570; un maréchal de France en 1746.

TÉTOU, sr du Margat, de la Ville-au-Voyer et de la Bouëxelays, par. de Caulnes, — du Breil, — de la Touche, — de la Guichardière, — du Chalonge.

Ext., réf. 1669, sept gén.; réf. et montres de 1479 à 1513, par. de Caulnes, év. de Saint-Malo.

D'argent à trois têtes de maure de sable, tortillées d'argent et couronnées d'or, *comme Dibart*.

Guillaume, vivant en 1479, épouse Jeanne Bérard, dont Jean, marié en 1504 à Guillemette Couplière.

TÉVEN, sr de Kerigonan, par. de Plouguin, — de Kergueltéman, par. de Plouvien, — de Gourannou, par. de Ploudalmézeau, — de Penanguer.

Ext., réf. 1669, six gén.; réf. et montres de 1443 à 1534, par. de Plouguin, Plouvien et Lambaul-Ploudalmézeau, év. de Léon.

D'azur à la fasce, accomp. de trois roses, le tout d'or.

Guyon, de la paroisse de Plouvien, anobli avant 1443; François, vivant en 1534, épouse Marie de Chateaumen. (Famille éteinte).

TÉXIER ou TESSIER (LE), sr de la Tesserie et de la Botardière, par. de Saint-Herblain, — de Nays, par. de Sucé, — de la Guérinière, par. de la Chapelle-Basse-Mer, — de la Garenne, — du Chastellier, — de la Malière, — des Places.

Anc. ext., réf. 1669, six gén.; réf. de 1429 à 1513, par. de Saint-Herblain, Sucé et Petit-Mars, év. de Nantes.

D'azur au lion léopardé d'or.

Etienne, vivant en 1436, épouse Guillemette du Perray; Jacques, vicaire apostolique à Siam en 1728.

TÉXIER (LE), sr de Bellebat, par. de Crossac, — de Troffiguet, par. de Guérande, — de la Salle-Branguen, par. de Saint-Molf, — de Queraly.

D'argent au sautoir engreslé de gueules, cantonné de quatre tiercefeuilles de sinople, au chef de même chargé de trois molettes d'argent (arm. 1696).

TÉXIER (LE) (orig. de Normandie), s^r du Talut.

Ext., réf. 1670, cinq gén., ress. de Rennes.

D'argent à la fasce de sable chargée d'une molette d'or, et accomp. de trois roses de gueules.

<small>Gabriel, vivant en 1520, épouse Gillette Vauquelin.
Le s^r de l'Isle, de Dol, débouté à la réformation de 1668.</small>

TÉXIER, s^r de la Lande, par. de Saint-Ygneuc.

Réf. 1535, dite par., év. de Saint-Brieuc.

De gueules au lévrier courant d'argent, accolé de gueules et bouclé d'or (G. le B.), *voyez* TRÉMAUDAN.

<small>Pierre, vivant en 1535, marié à Jeanne le Galléseac.</small>

TÉXIER ou TIXIER, *voyez* TIXIER.

TÉXUE (DE), s^r dudit lieu, par. de Pacé, — de la Rivière, par. de Noyal-sur-Vilaine, — de Launay-Milon et de la Gouzée, par. de Gévezé, — de Sèvedavy et de la Gérardière, par. de Saints, — de Clairefontaine, par. de Vignoc, — de Lesnen, — de Trénault.

Réf. et montres de 1427 à 1513, dites par., év. de Rennes et Dol.

D'argent au chef de sinople.

<small>Geoffroi, épouse vers 1417 Jeanne de Saint-Pern ; Gilles, capitaine de Brest en 1500.
La branche aînée fondue dans la Ferrière ; la branche de la Rivière fondue dans Brullon.</small>

THÉBAULT, s^r de Langle, par. de Missillac, — de la Grée-Harlet, par. de Carentoir, — de Penhoët, par. de Noyal, — des Longrais, par. de Lanfains, — du Boisgnorel.

Ext., réf. 1670, huit gén., et maint. au conseil en 1723, ress. de Vannes.

De sable au croissant d'or, accomp. de trois croix ancrées d'argent.

<small>Nicolas, vivant en 1479, épouse Jeanne du Parc, dont: Nicolas, marié à Perrine Mahé; une fille à Saint-Cyr en 1720; un chevalier de Saint-Lazare en 1719, écuyer du duc d'Orléans en 1723, père d'un maréchal-de-camp en 1784, commandeur de Saint-Lazare.
On trouve Jean, de la paroisse de Mauron, anobli en 1441, et Perrot, de la paroisse de Montauban, qui se présente à pied dans une montre de 1479, sa terre saisie et injonction d'être comme doit ; nous ignorons s'ils appartiennent à la même famille.</small>

THÉBAULT, s^r de Saint-Michel et de la Barre, par. de Saint-Jean-de-Béré, — du Plessix, par. de Joué, — de la Clergerie et de Saint-Philbert, par. de Ligné, — de la Motte, par. de Trans.

<small>Martin, secrétaire du duc, franchi de fouages en 1436; un auditeur des comptes en 1599; un secrétaire du Roi en 1601.</small>

THÉBAULT, s^r de la Faverie, — de la Villeneuve, — du Cerf.

Déb., réf. 1668, ress. de Rennes.

D'argent à trois fusées de sable posées en fasce (arm. 1696).

<small>Julien, sénéchal de la Chèze au duché de Rohan, pairie de France, en 1696.</small>

Théno (du), *voyez* Téno (du).

Thépault (ramage de Bilsic), sr de Leinquelvez et de Kervolongar, par. de Garlan, — de Treffalégan, par. de Lanhouarneau, — châtelain du Breignou, par. de Plouvien, — sr de Rumelin, — de Mesaudren, par. de Guimaëc, — de Kerozern, par. de Ploubezre, — de la Touche, par. de Plouguénast, — de Goazillac, par. de Plouigneau, — de Crec'haliou, — de Kerguéréon, — de Kerven.

Anc. ext., réf. 1669, huit gén., et maint. à l'intend. en 1698; réf. et montres de 1427 à 1543, par. de Plouaret, Garlan et Plougaznou, év. de Tréguier.

De gueules à la croix alésée d'or, *qui est Bilsic*, adextrée d'une macle de même (sceau 1381).

Olivier, écuyer de Charles de Blois en 1347, entendu dans l'enquête pour la canonisation de ce prince en 1371; Eon, ratifie le traité de Guérande à Guingamp en 1381; Alain, envoyé par le duc pour sommer le capitaine de la Roche-Derrien de rendre la place en 1389; Jean, vivant en 1400, épouse Jeanne de Kergorlay, de la maison du Cleuzdon; Alain, époux de Marguerite Polart, lieutenant de Tanguy du Chastel, à Montlhéry en 1465; un évêque de Saint-Brieuc en 1745, † 1766.

La branche de Treffalégan fondue dans Forsanz.

Thépault, sr de Kerynisan, par. de Guipavas, — de Kerellec, — du Lech, — de Kernargan.

Anc. ext., réf. 1670, six gén.; réf. et montres de 1444 à 1534, par. de Guipavas, év. de Léon.

D'azur au cerf passant d'argent.

Jean, vivant en 1503, épouse Catherine du Val.

Thébault, *voyez* Thibault.

Thérault, *voyez* Tireau.

Thérault, sr du Boisormant, par. de Malestroit, — du Bois-Marcel.

Déb., réf. 1668, ress. de Ploërmel.

D'azur au cerf passant d'argent (arm. 1696), *comme Thépault*.

Un syndic et miseur de Saint-Brieuc en 1686.

Thérézien, sr de Kermorvézen, par. de Pléhédel.

Réf. et montres de 1423 à 1513, dite par. et par. de Plounez, év. de Saint-Brieuc.

D'azur au chevron d'argent, accomp. de trois étoiles de même (arm. 1696).

Jeanne, dame de Kermorvézen, vivant en 1513, épouse : 1º Guillaume Couffon; 2º Guyomar Colliou.

Thérisse, déb. à l'intend. en 1699, ress. de Nantes.

D'argent à l'arbre de sinople, le fût chargé d'un croissant d'or; au chef de gueules, chargé de trois étoiles d'or (arm. 1696).

Joseph, receveur général des fermes du Roi à Nantes, en 1696.

Théronneau (orig. du Poitou, y maint. en 1667), sr de la Pépinière, — du Tillacq, — du Puyviault.

Maint. par les commissaires en 1704, ress. de Nantes.

D'argent à la fasce de gueules, accomp. de trois tourteaux de même (G. G.); *aliàs* : d'argent au sautoir de gueules, accomp. de trois aiglettes étêtées d'azur. (B. L.)

THÉVART, d'or à trois channes de sable (sceau 1362).

THÉVEN (orig. d'Anjou), sr de la Chétardière, — de la Marsolaye, — de la Cour-de-la-Bellière.

D'or à trois coquilles de sable, une étoile de même en abyme.

Robert, échevin d'Angers en 1508, père de Jacques, trésorier de Bretagne en 1561 ; trois conseillers au parlement, de 1568 à 1608.

THÉVENARD (orig. de Saint-Malo).

D'argent à l'ancre d'azur, surmontée d'un compas ouvert de même.

Un chef d'escadre en 1784, ministre de la marine en 1791, vice-amiral en 1792, comte de l'Empire, sénateur, puis pair de France en 1814, † 1815.

THÉZAN (DE) (orig. du Languedoc, y maint. en 1671), sr dudit lieu, — vicomte de Pujol, — baron de Saint-Geniès et de Luc, — sr de Vénasque, — marquis de Saint-Gervais en 1653.

Ecartelé d'or et de gueules. (La Ch. des B.) Devise : *Pro aris et focis*.

Bérenger testa en 1134 pour Pons son fils, qui prêta serment au Roi en 1226 ; Bertrand, croisé en 1248 ; un grand nombre de chevaliers de Saint-Jean-de-Jérusalem et de Malte ; un vice-amiral de France en 1625.

Deux membres admis aux honneurs de la cour en 1771 et 1784.

Les srs de Gaussan et de Laspeyriès, de même nom et armes, alliés en Bretagne aux Buet de Rozelin, Gardin de la Bourdonnaye et Nepvouët du Branday, reconnaissent pour auteur : Olivier, frère puîné de Claude, sr de Vénasque, tous deux enfants de Paul, chevalier de l'ordre du Roi, marié en 1566 à Agnès Geoffroy.

THIARD (orig. de Bourgogne), sr de Bissy.

D'or à trois écrevisses de gueules. (La Ch. des B.)

Josserand, écuyer d'écurie de Charles le Téméraire en 1470 ; quatre lieutenants généraux des armées, dont l'un commandant pour le Roi en Bretagne en 1788 ; des chevaliers des ordres, un grand-croix bailli de Malte ; un cardinal évêque de Meaux, † 1738 ; un maréchal de camp de nos jours.

THIBAUDEAU, sr de la Poëze, — des Rochettes.

D'azur au sautoir d'argent, accomp. en chef et en flancs de trois étoiles d'or, et d'un croissant d'argent en pointe (arm. 1696).

Un auditeur des comptes en 1688.

THIBAULT, sr de la Carté, — de la Marouzière, par. de Saint-Philbert-de-Grand-Lieu, év. de Nantes.

D'or à l'aigle éployée de sable. (B. L.)

Un échevin de Nantes en 1701.

THIERCELIN, sr de la Fardière, — de la Drouétière, par. de Mauves, — de la Planche-Miraud, par. de Saint-Aignan.

D'azur au chien d'argent, au chef d'or, chargé d'un tiercelet ou épervier au vol élevé de sable, accosté de deux clefs de même (arm. 1696).

<small>Un miseur de Nantes en 1685; trois auditeurs et maîtres des comptes de 1720 à 1775; Rolland, armateur à Nantes, anobli en 1777.</small>

THIERRY, s^r du Bois-Orcant, par. de Noyal-sur-Vilaine, — de la Prévalaye, par. de Toussaints, — de la Renaudière, par. de Chevaigné, — de Saint-Aubin, par. de Saint-Aubin-du-Pavail, — de Bertry, de la Dobiays et de la Teillaye, par. de la Bouëxière, — de la Roche-Montbourcher, par. de Cuguen, — de Vaugeau, — du Plessis-Casso, — de la Costardière, — de Langerais.

Ext., réf. 1668, cinq gén.; réf. de 1513, dites par., év. de Rennes et Dol.

D'azur à trois têtes de lévrier d'argent, coupées et accolées de gueules, bouclées et clouées d'or.

<small>Julien, s^r du Bois-Orcant, de la garde de Rennes en 1485, épouse en 1490, Raoulette l'àris, dont: 1° Pierre, s^r du Bois-Orcant, marié à Jacquette du Pontrouault, 2° Michel, receveur des fouages de Rennes et argentier d'Anne de Bretagne, anobli en 1500, marié à Marguerite Bonin ; Julien, chevalier de l'ordre et capitaine de Rennes, eut l'honneur de recevoir Henri IV à son château de la Prévalaye en 1598; deux conseillers au parlement en 1649 et 1674 ; un chef d'escadre en 1776 ; un maréchal de camp en 1814; un contre-amiral honoraire en 1814.
La branche du Bois-Orcant fondue dans d'Angennes; la branche de la Prévalaye fondue dans Espivent. (Famille éteinte.)</small>

THIERRY, s^r de l'Espinard, ress. de Rennes.

De gueules au cerf passant d'argent (arm. 1696).

<small>Jacques, avocat, intéressé aux fermes en 1696.
Nous ignorons si les s^{rs} du Fougerays, évêché de Saint-Malo, du nom de Thierry, dont un volontaire pontifical, tué à Castelfidardo en 1860, appartiennent à la même famille.</small>

THIROUX (orig. de Bourgogne), s^r de Crosne, — de Vaujour, — de Lailly, — comte de Médavy en 1769, — s^r de Saint-Cyr.

Maint. par arrêt du parl. de 1749, quatre gén.

D'argent à la fasce d'azur, chargée de trois bandes d'or, accomp. en chef d'une croix ancrée de gueules et en pointe de trois têtes de lion de même, 2. 1.

<small>Claude, avocat au parlement de Dijon, enquesteur au baillage et chancellerie d'Autun et Moncenis, conseil et vierg de la ville d'Autun, anobli en 1659, père de Lazare-Louis, l'un des fermiers généraux du Roi, dont un descendant a fait souche en Bretagne.</small>

THOMAS, s^r de la Caulnelaye, par. de Corseul, — de Saint-Georges, par. de Pléhérel, — de Launay, par. de Plouasne, — de la Bassardaine, — de la Chevaleraye, — de la Hautière, — de la Ribaudière, — de la Ville-Gratien, — de la Vallée, — de l'Abbaye, — de la Reigneraye, par. de Plébouile.

Anc. ext. chev., réf. 1668, huit gén.; réf. et montres de 1427 à 1513, par. de Corseul et Pléhérel, év. de Saint-Malo et Saint-Brieuc.

D'or à la bande engreslée d'azur; *aliàs* : d'or à la bande d'azur engreslée de sable, pour la *branche de Saint-Georges*.

Jean, vivant en 1427, épouse Perrine de la Goublaye, dont: Olivier, marié à Jeanne Gouyon; Jean, capitaine de Montafilant en 1480, épouse Marguerite de la Choué; Pierre, capitaine de Dinan, commandant les francs-archers et élus de l'évêché de Saint-Malo en 1534; plusieurs chevaliers de l'ordre, dont Georges, gentilhomme de la chambre, député aux Etats-Généraux de Blois en 1588; un maréchal de camp en 1704, † 1716; un abbé de la Vieuville en 1746.

THOMAS, sr de Kercadoret, par. de Taulé.

Anc. ext., réf. 1669, cinq gén.; réf. et montres de 1443 à 1534, par. de Taulé, év. de Léon.

D'azur à la tour d'or; *aliàs* : de sable à la tour d'argent. (G. le B.)

Yves, vivant en 1503, épouse Marie Person. (Famille éteinte.)

THOMAS, sr de Kertudio, — de Keranroux, par. de Ploubezre, — de la Villemeen, — de Mesguéau, par. de Plougaznou.

Réf. et montres de 1427 à 1543, dites par. et par. de Plouézoc'h, év. de Tréguier.

Vairé de gueules et d'argent, au franc canton d'or, chargé d'une croix de gueules. Mathurin, épouse en 1608, Catherine du Parc, dame de Mesguéau.

THOMAS, sr de Treuzvern, par. de Plougonver, év. de Tréguier.

D'azur à la bande d'or, accostée de deux besants de même. (G. le B.)

Moderne : Kergroaz.

Le sr de Kernormand, paroisse de Callac, débouté à la réformation de 1671, ressort de Carhaix.

THOMAS (orig. de Normandie, y maint. en 1598 et 1668), sr d'Erneville, — des Poteries, — de la Herclas, par. de Plénée-Jugon, — de Launay.

Maint. à l'intend. en 1703, six gén., ress. de Jugon.

De gueules à trois mains dextres d'argent, armées de badelaires de même.

Pierre, secrétaire du Roi et greffier au présidial de Vannes en 1618.

THOMAS, sr de Saint-Nudec, par. de Caudan, — de Coëtdihuel, par. de Sarzeau.

Déb., réf. 1669; réf. et montres de 1426 à 1536, par. de Caudan, év. de Vannes.

D'azur à la croix pattée et alésée d'or, accomp. de trois soleils de même, 2. 1 (arm. 1696).

Jean, procureur du Roi à Rhuis en 1668.

La branche de Saint-Nunec, fondue en 1540 dans des Portes.

THOMAS, sr de Kerincuff, — de Penanec'h, — de la Lande.

Déb., réf. 1668, ress. de Morlaix.

THOMAS, sr de la Plesse, près Vitré, baron de l'Empire en 1811, confirmé en 1821.

D'or à la bande de gueules, chargée d'une quintefeuille d'or.

THOMAS, sr d'Orson, — du Saz, par. de la Chapelle-sur-Erdre, — de la Chollière, par. d'Orvault, — de la Chénnère, par. de Sucé, — de la Roche, par. de Gétigné.

Jamet, fils Jean, général des monnaies de Bretagne, trésorier des chartres et épargnes dudit pays en 1457; François, maître des comptes en 1509.

Les srs du Bouchet et du Plessix, paroisse de Derval, déboutés à la réformation de 1668, ressort de Nantes.

THOMASSET (orig. du Poitou), s' de la Treuillière, — de la Boislivière, — du Fief-Jamon, — de Léraudière, — de la Giraudinière, — de la Gestière, par. de Saint-Colombin.

Ext., réf. 1670, neuf gén., ress. de Nantes.

D'argent à cinq hermines de sable, 3. 2; au chef d'azur soutenu de sable, chargé d'un griffon passant d'or, armé et lampassé de gueules.

<small>Émery, reconnu noble en 1464 et 1470 par ordonnances des commissaires départis pour le règlement des tailles, père d'Ambroise, marié à Jacquette de Bonnevue; Antoine, chevalier de Malte en 1629.</small>

THOMÉ, év. de Vannes.

D'argent au chevron de gueules, abaissé sous un chef d'azur, chargé de deux étoiles d'or, accomp. en pointe d'un cœur de gueules, surmonté d'une croix de même.

<small>Sébastien, abbé du Relec et de Saint-Pierre de Rillé, † 1569; François, abbé de la Vieuville en 1558, évêque de Saint-Malo en 1573, † 1590 et enterré à Saint-Pierre de Beignon.</small>

THOMÉ, s' de Saint-Luc, — de Keridec, par. de Lanmeur.

Déb., réf. 1670, ress. de Lannion.

De gueules à un héron d'argent, perché sur un rocher de même.

<small>Étienne, marié à Marie du Moustérou, veuve en 1670; Jacques, s' de Keridec, secrétaire du Roi en 1680, reçut ses lettres d'honneur en 1701.</small>

THOMELIN ou THUOMELIN (orig. d'Angleterre), s' de Bransquer, — du Bois, par. de Pleurtuit, — de la Caillibotière, par. de Maroué, — de Guernangastel, par. de Plufur.

Anc. ext. chev., réf. 1670, dix gén.; réf. et montres de 1440 à 1543, dites par., év. de Saint-Malo, Saint-Brieuc et Tréguier.

Ecartelé aux 1 et 4 : d'azur à cinq billettes d'argent en sautoir; aux 2 et 3 : de gueules plein (sceau 1379). Devise : *A droit aller, nul ne trébuche.*

<small>Olivier, chevalier d'Angleterre, lieutenant du château de Trogoff pour Jean de Montfort, défendit cette place contre du Guesclin en 1364 et ratifia le traité de Guérande en 1381; Olivier, s' de Bransquer, fils du précédent, tué à la journée des Bas-Courtils, près Pontorson, en 1427, laissa de son mariage avec Marguerite de Coëtmen : Olivier, vivant en 1440, marié à Jeanne de Châteaubriant, fille de Briand, s' de Beaufort, amiral de Bretagne.</small>

THOMINEC, s' de Chef-du-Bois et de Kervéguen, par. de Melguen, — de la Boixière, par. d'Édern.

Réf. et montres de 1444 à 1536, dites par., év. de Cornouailles.

D'azur à une croix d'argent, chargée de cinq pigeons d'azur, becqués et membrés de gueules.

THOMINO, s' du Boiscorbin, par. de Mouazé.

Déb. réf. 1668, ress. de Rennes.

THOREAU, s' de Molitar, en Beauce.

De gueules au taureau rampant d'or, la queue relevée en pal.

<small>Mathieu, évêque de Dol en 1660, † 1691.</small>

Thorel, sr de Roscustou, par. de Garlan, — de Launay, par. de Ploujean.
Réf. et montres de 1481 à 1543, dites par., év. de Tréguier.
D'azur au lévrier rampant d'argent, accolé de gueules, cloué d'or, *comme Lannorgant.*

Thou (de) (orig. de Paris), sr de Bonnœil, — comte de Meslay en 1651.
D'argent au chevron de sable, accomp. de trois taons ou abeilles de même.
Christophe, échevin de Paris en 1534, puis premier président au parlement de Paris, † 1582; Achille-Auguste, conseiller au parlement de Bretagne en 1633.
(Famille éteinte.)

Thouars (de) (orig. du Poitou), vicomte dudit lieu, — sr de Pouzauges, — de Talmont, — de Tiffauges.
D'or à huit merlettes d'azur, au franc canton de gueules (sceau 1214); *aliàs :* d'or semé de fleurs de lys d'azur, au franc canton de gueules, chargé d'une épée d'argent en pal (sceau 1418).
Aymeri, à la conquête d'Angleterre en 1066; Herbert, croisé en 1096; Guy, croisé en 1139; autre Guy, épouse en 1199 Constance de Bretagne, dont : Alix, héritière de Bretagne, mariée en 1213 à Pierre de Dreux.
La branche aînée fondue dans Amboise, puis la Trémoille.

Thurin (orig. de Paris), sr de Jarnosse, — de Villeré-Bonnœil, — baron de Comborn, — sr de Céton.
De gueules à trois étoiles d'or posées en chef.
Philibert, conseiller au parlement de Bretagne en 1610.

Tiac (le), sr de Penhoët, par. de Tréglamus.
Réf. de 1427 à 1463, dite par., év. de Tréguier.
Fondu dans Guillou, puis Dagorne.

Tiercent (du), sr dudit lieu et de la Gravelle, par. du Tiercent, — de la Rivière, de la Noë et de Noyal, par. de Goven, — de Monteval, par. de Saint-Thomas-de Baillé, — de la Vallée, par. de Saint-Marc-le-Blanc, — de Callac, par. de Plumelec.
Réf. et montres de 1427 à 1513, par. du Tiercent, Saint-Thomas et Saint-Marc, év. de Rennes, et Goven, év. de Saint-Malo.
D'or à quatre fusées accolées et rangées de sable (sceau 1402).
La terre du Tiercent a été érigée en baronnie l'an 1615, en faveur du sr Ruellan, *voyez* Ruellan.

Tillet (du) (orig. d'Angoulême), sr de la Salle, — baron de la Bussière, — sr de Gouaix, — de Montramé, — de Chalmaison.
D'azur au chevron d'or, accomp. de trois molettes de même; *aliàs :* écartelé *de Chabot* (sceau 1553); *aliàs :* sur le tout : d'or à une croix pattée et alésée de gueules. (La Ch. des B.)
Elie, secrétaire et contrôleur général des finances de Charles d'Orléans, comte d'Angoulême, puis vice-président aux comptes de Paris en 1514, laissa entre autres enfants : Jean, évêque de Saint-Brieuc en 1553, puis de Meaux, † 1570, auteur de la chronique des Rois de France.

TIN

TILLON (LE), réf. et montres de 1427 à 1513, par. de Ménéac, év. de Saint-Malo.
D'azur à la fasce d'argent, accomp. de trois besants de même. (G. le B.)

Guillaume, monnoyeur à Rennes en 1513.

TILLON, s^r de Bissin, par. de Guérande.
D'argent à la croix pattée de sable (arm. de l'Ars.).

Un conseiller au présidial de Vannes en 1617.

TILLY, s^r de Penanrun, ress. de Morlaix.
De gueules à la croix d'or, cantonnée de quatre macles de même (arm. 1696).

Un maire de Morlaix en 1763.

TIMADEUC (DE), s^r dudit lieu, par. de Bréhant-Loudéac.
Réf. et montres de 1423 à 1535, dite par., év. de Saint-Brieuc.
De gueules à trois molettes d'argent (arm. de l'Ars.).

TIMBRIEUC (DES), *voyez* ESTIMBRIEUC (D').

TIMEUR, par. de Poullaouën, év. de Cornouailles.

Seigneurie érigée en marquisat en 1616, en faveur du sieur de Plœuc, *voyez* PLŒUC (DE), et successivement possédée ensuite par les Percin de Montgaillard, Ferret, et depuis 1713 la Bourdonnaye-Montluc.

TINTÉNIAC (DE), s^r dudit lieu, par. de ce nom, — de Montmuran, par. des Iffs, — de la Roche-Moysan, par. d'Arzano, — de Bécherel, par. de ce nom, — de Romillé, par. de ce nom, — de Millac et de la Villescoz, par. de Bais, — de la Marre, du Bourg et des Freux, par. de Marcillé-Robert, — du Porcher, de la Coqueraye, du Plessis-Meslé, de Sénones et d'Entrehais, en Anjou, — baron de Quimerc'h, par. de Bannalec, — s^r de la Noë-Sèche, par. de Saint-Turiaff de Quintin, — de Combout, par. de Querrien, — de Tréanna, par. d'Elliant, — de Bodiliau, par. de Plougonver, — de Brézal, par. de Plounéventer.

Anc. ext. chev., réf. 1669, neuf gén.; réf. et montres de 1427 à 1562, par. de Bais, Marcillé-Robert, Bannalec et Saint-Turiaff de Quintin, év. de Rennes, Cornouailles et Saint-Brieuc.

Pour armes antiques : d'or à deux jumelles d'azur, au bâton de gueules brochant en bande sur le tout ; moderne : d'hermines au croissant de gueules, *qui est Quimerc'h*.

Donoal, mentionné dans un titre de Saint-Georges de Rennes en 1036; Etiennette, abbesse de Saint-Georges en 1184; Guillaume, abbé de Saint-Melaine en 1220; Alain, croisé en 1248, père d'Olivier, marié à Havoise d'Avaugour, dame de Bécherel, dont : Olivier, marié à Eustaisse de Châteaubriant. De ce mariage : 1º Jean, l'un des champions du combat des Trente en 1350, tué à la bataille de Mauron en 1352; 2º Alain, aussi combattant des Trente; 3º Olivier, marié en 1343 à Amice de Léon, père de Geoffroi, marié à Beatrix du Matz, dont la postérité s'établit au xve siècle en Anjou. Cette branche, qui existe encore, a produit : Simon, écuyer tranchant des rois de Sicile Jean et Charles d'Anjou, et capitaine en Provence, en 1480; deux abbés de Saint-Aubin d'Angers au xvie siècle; Pierre, s^r du Porcher, qui revint en Bretagne par son mariage en 1520 avec Françoise, dame de Quimerc'h, dont il prit les armes; un maréchal de camp en 1815.

Un membre admis aux honneurs de la cour en 1788.

La branche aînée fondue en 1404 dans Montfort-Laval, d'où la seigneurie de Tinténiac est passée aux Coligny. La branche possessionnée, paroisses de Bais et de Marcillé, fondue vers 1470 dans la Chapelle de Bœuvre.

TIRECOQ, s^r du Boishervier et du Boishue, par. de Landujan, — de Maubuisson.

Anc. ext., réf. 1669, huit gén.; réf. et montres de 1427 à 1513, par. de Landujan, év. de Saint-Malo.

D'argent à trois coqs de sable, becqués et barbelés de gueules, *comme Cleuz*.

Bertrand, vivant en 1440, épouse Gervaise de Lanvallay.
La branche du Boishue fondue en 1609 dans Guéhéneuc.

TIREAU, s^r de la Bauche, par. de Rezé, — du Bois-Jollan, par. de Fougeray, — du Cran, par. de Vay.

Déb., réf. 1668, ress. de Nantes.

TIREFORT, s^r de Lavau, — de la Fougère.

Déb. à l'intend. en 1708, ress. de Morlaix.

D'azur à deux fasces ondées d'or (arm. 1696); *alias* : de gueules à trois huchets d'or (arm. 1696).

Un procureur du Roi aux siéges de Morlaix et Lanmeur en 1696.

TIROT, s^r de Kerilien, ress. de Brest.

De gueules à une tour d'argent, surmontée de deux merlettes de même (arm. 1696).

TISSART, s^r des Dervalières, par. de Chantenay, — du Drouillay, par. de Vertou, — de Vair, par. d'Anetz.

Léon, abbé de Buzai de 1524 à 1543; François, secrétaire du Roi à la grande chancellerie en 1543, † 1552; Joachim, marié en 1540 à Anne de Cardonne, dont Claude, épouse de François d'Argy.

TITUAU, s^r de l'Estang, — du Drouillay, par. de Vertou, — de la Jaroussais, — de Pontpéan.

D'azur au chevron accomp. de trois coquilles et d'un croissant en cœur, le tout d'or.

Jean, maître des requêtes à la chancellerie de Bretagne, puis conseiller au parlement en 1554; Christophe et Julien, aussi conseillers en 1568.

TIVARLEN (DE), s^r dudit lieu et de Guilguiffin, par. de Landudec, — de Kerharo, par. de Beuzec-Cap-Sizun, — de Pennault, par. de Mahalon, — de Lesgoazien, par. de Meillars, — de Kerlaëzron, par. de Plozévet.

Réf. et montres de 1426 à 1536, dites par., év. de Cornouailles.

D'azur au château d'or. (G. le B.)

La branche aînée fondue au xve siècle dans Rosmadec; la branche de Guilguiffin et de Kerharo fondue en 1598 dans de Plœuc.

TIVIZIAU, par. de Braspartz.

Montre de 1481, dite par., év. de Cornouailles.

Yvon, ses hoirs mâles, o leurs terres et héritages, anoblis en 1427.

TIXIER ou TIXIER-DAMAS (orig. de Bourgogne), s^r d'Ornée, — de Saint-Prix, par. de ce nom.

D'azur à la fasce ondée d'argent. Devise : *Premi, potui, sed non depremi.*

Cette famille, alliée en Bourgogne aux Damas et en Bretagne aux du Plessis-du-Colombier, la Bouëxière-du-Rulazarou et la Jaille, a produit plusieurs viergs d'Autun depuis 1569; un secrétaire d'Anne d'Autriche en 1632; un mestre de camp de chevau-légers; un prieur de Saint-Germain-des-Prés, et plusieurs capitaines de vaisseaux, dont l'un était lieutenant sur *le Lys*, à la prise de Rio par du Guay-Trouin en 1711.

TIZÉ (DE), s^r dudit lieu, par. de Thorigné, — de la Motte, par. de Noyal-sur-Vilaine.

D'argent à la bande de sable chargée de quatre étoiles d'or (G. le B.); *alias*: d'argent coupé de sable, au lion de l'un en l'autre orné d'or.

Fondu dans Montbourcher, d'où la seigneurie de Tizé a appartenu successivement aux Chevigné, Chateaugiron, Saint-Amadour, Bouan et Hay.

TIZON, s^r de la Villedeneuc, par. de Corseul, — du Moulin, — de la Chesnaye, — de Launay.

Anc. ext., réf. 1670, six gén.; réf. et montres de 1441 à 1513, par. de Corseul et Planguénoual, év. de Saint-Malo et Saint-Brieuc.

D'argent fretté d'azur de six pièces, une fasce de même brochant.

Raoul, vivant en 1513, épouse Marguerite de la Feillée.
Le s^r de la Gatinais, paroisse de Plancoët, débouté à la réformation de 1669, ressort de Jugon.

TOBIN (orig. d'Irlande), établi à Nantes en 1750.

Naturalisé et maint. par lettres de 1774.

De sinople à trois feuilles d'ortie d'or.

Jacques, natif de Kilkenny, anobli par lettres de l'empereur Charles VI en 1722.

TOCQUENAYE (DE LA), *voyez* BOUGRENET.

TOLLENARE (orig. de Flandre), s^r de Gramez, — de la Guidoire, par. d'Aigrefeuille.

D'azur à la fasce d'argent, chargée de trois heaumes de sable.

Cette famille, établie en Bretagne, s'est alliée en 1762 aux du Fou.

TONNELIER (LE) (orig. de Picardie), s^r de Conti, — de Breteuil, — marquis de Fontenay en 1691, — s^r des Boissettes.

D'azur à l'épervier essorant d'or. Devise : *Nec spe nec metu.*

Claude, secrétaire du Roi en 1573; Louis, conseiller au parlement de Bretagne en 1632; un évêque de Rennes en 1723, † 1732, frère d'un ministre de la guerre en 1723.

TONQUÉDEC, par. de ce nom, év. de Tréguier.

Vicomté successivement possédée par les maisons de Coëtmen, Acigné, du Chastel, Gouyon, et par acquêt en 1640 Quengo, *voyez* QUENGO (DU).

TORCOL (LE), s^r de Queffros, par. de Plogonnec, — de Kerdour, par. de Plomelin.

Ext. réf. 1669, six gén.; réf. 1536, par. de Plogonnec, év. de Cornouailles.

De sable au chevron d'argent, accomp. de trois besants d'or.

Yvon, vivant en 1500, père de Jean, vivant en 1536, marié à Jeanne l'Honoré.

TOUBLANC, s^r de la Bouvardière, par. de Rezé, — du Ponceau, par. de Ligné, — de Montigné, par. des Touches, — de Belle-Touche.

Ext., réf. 1669, trois gén., ress. de Nantes. *A patre et avo.*

D'argent à trois larmes de sable.

<small>Yves, avocat-général en 1586, épouse Prudence Complude, dont Claude, conseiller au parlement en 1617, marié à Cécile Chapelain.</small>

TOUCHE (DE LA), châtelain dudit lieu en 1556, par. de la Limouzinière, — s^r de Seraine, par. de Saint-Luminé-de-Coutais, — de la Marousière, par. de Saint-Philbert, — de Grandbois, par. de Geneston, — du Poiret, par. de la Chapelle-Hullin, — de Kerimel, par. de Locmaria-Sular, — châtelain de Coëtfrec, par. de Ploubezre, — s^r de Lesnévez, par. de Lanvellec, — de Keronido, par. de Perros-Guirec, — du Plessis-Marie et de la Loherie, par. de Saint-Viaud, — de la Forestrie, par. d'Héric, — de Bougon, par. de Couëron, — de Mauny, par. de Saint-Père-en-Retz, — de la Simotière, — du Boismasson, — de la Masure, par. de Frossay, — des Grées, — de la Pinsonnière, — de la Souchays.

Anc. ext. chev., réf. 1668, dix gén., et maint. à l'intend. en 1699; réf. et montres de 1430 à 1543, par. de la Limouzinière, Geneston, la Chapelle-Hullin, év. de Nantes, Kermaria, Ploubezre, Lanvellec et Perros-Guirec, év. de Tréguier et Dol.

D'or à trois tourteaux de gueules.

<small>Robin, marié vers 1312 à Isabeau de l'Estang, père 1º de Robin, qui a continué la branche aînée, 2º de Guillot, partagé à viage par son aîné en 1367, marié à Marie Mainguy, auteur de la branche de Mauny, qui existe encore.</small>

<small>François, s^r de la Touche, épouse vers 1492 Jeanne de Penhoët, dame de Kerimel et de Coëtfrec; un conseiller au parlement en 1777.</small>

<small>La branche aînée fondue en 1560 dans Saint-Amadour, puis Bretagne-Vertus.</small>

TOUCHE (DE LA), s^r dudit lieu, — du Chastellier, par. de Saint-Léger, — de Kerrolland, par. de Guérande, — de Léhellec, par. de Béganne, — de Tréviguet, — de Camsquel, — de la Ville-Anger, — de Kerguen, par. de Camoël, — du Cosquer.

Anc. ext. chev., réf. 1669, onze gén.; réf. et montres de 1481 à 1536, par. de Béganne, év. de Vannes.

D'argent au lion de sable, armé, lampassé et couronné de gueules (sceau 1382).

<small>Hervé, vivant en 1382, bisaïeul de Raoul, marié vers 1480 à Eonne de Muzillac; Julien, gouverneur du Mont-Saint-Michel en 1596, épouse Tiphaine de Trémigon; deux conseillers au parlement depuis 1624.</small>

TOUCHE (DE LA), s^r de la Talvazière, par. de Dollo.

Anc. ext., réf. 1671, neuf gén.; réf. et montres de 1423 à 1535, par. de Dollo, év. de Saint-Brieuc.

D'azur à la bande dentelée d'argent, accostée vers le chef d'une molette d'or.

<small>Robert, père de Jean et aïeul de Christophe, vivant en 1469, marié à Marie Galesnel.</small>

TOUCHE (DE LA), s^r de Kerbernez, par. de Ploërmel, — de Portman, par. de Réguiny, — de Beaulieu, par. de Bignan.

Maint. au conseil en 1672 et à l'intend. en 1699, et admis aux États de 1768; réf. 1536, par. de Bignan, év. de Vannes.

D'azur à la bande d'argent, accomp. de trois mains dextres d'or.

Touche (de la), sr dudit lieu et de la Bretonnière, par. de Pacé.
  Réf. de 1427 à 1513, dite par., év. de Rennes.
  D'azur au croissant d'argent (arm. de l'Ars.)
  La branche aînée fondue dans Milon.

Touche (de la), *voyez* Vassor (le).

Touffou, par. du Bignon, év. de Nantes.
  Châtellenie successivement possédée par les maisons de Bretagne, de Châlons, et en 1545 par Charlotte de Pisseleu, baronne d'Avaugour.

Toulalan (de), sr dudit lieu, par. de Riantec, — de Kerfeunteunic, par. de Ploubalaznec.
  Réf. et montres de 1481 à 1562, par. de Ploubalaznec, év. de Cornouailles.
  D'azur au sautoir d'or, cantonné de quatre croisettes de même (arm. de l'Ars.).

Toulbodou (de), sr dudit lieu, par. de Locmalo, — de Guiffos, par. de Plouray, — de Coëtpelec et de Kerglazen, par. de Langonnet, — de Tromelin et de Kermilin, par. de Plougaznou, — de Kermoal, par. de Ploujean, — de Kernoter, par. de Plouézoc'h.
  Anc. ext., réf. 1669, huit gén.; réf. et montres de 1426 à 1536, par. de Locmalo, Plouray et Langonnet, év. de Vannes et de Cornouailles.
  D'or semé de feuilles de houx de sinople.
  Julien, vivant en 1448, père d'Olivier, marié à Catherine le Trancher; Vincent, épouse en 1540 Guyonne de Coëtanscours, dame de Tromelin.

Toulcoët (de), *voyez* Toulgoët (de).

Toulencoat (de), *voyez* Saulx (le).

Toulgoat (de), *voyez* Gogal (le).

Toulgoët (de), *voyez* Goazre (le), et au *Supplément*.

Toulgoët (de), sr dudit lieu, — de Kerroc'hiou et du Rest, par. de Ploujean, — de l'Estang, par. de Saint-Martin-des-Champs, — de Trévézec, — de Poulguen, — de Kervégan, par. de Plouigneau, — de Traonarvilin, — de Penalan et du Merdy, par. de Plougaznou, — de Rosgourel et de Lanzéon, par. de Plounévez-Lochrist.
  Anc. ext., réf. 1668, huit gén.; réf. et montres de 1481 à 1543, par. de Ploujean et Saint-Melaine de Morlaix, év. de Tréguier.
  D'or à la quintefeuille d'azur; *aliàs* : traversée d'une flèche de même, *pour la branche de Lanzéon.*
  Juhel, croisé en 1248; Alain, vivant en 1481, épouse Marie de Trégoret, dont : Jacques, marié à Marquise Forget; Alain, gouverneur du château du Taureau en 1570; Alexandre, aumônier du Roi, abbé de Saint-Maurice de Carnoët en 1660.
  La branche de Lanzéon fondue en 1695 dans le Gualès.

Toulguengat (de), sr de Treffilis, par. de Pouldergat.
  Déb., réf. 1670, ress. de Quimper.

Toullec (le), sr de Guiller-Saint-Germain, par. de Plougastel.
  Réf. 1536, par. de Plougastel-Saint-Germain, év. de Cornouailles.
  D'or à trois roses de gueules (arm. 1696).

TOULLIER, sr de la Villemarie.

 Déb., réf. 1668, ress. de Dinan.

 D'azur à une bande d'argent chargée de trois tourteaux de gueules et surmontée d'une molette d'argent (arm. 1696). Devise : *Plebeius moriar.*

 <small>Un avocat au parlement en 1776, doyen de la Faculté de Rennes, † 1835.</small>

TOULMEN (DE), sr dudit lieu, par. d'Allineuc, év. de Saint-Brieuc.

 D'argent au croissant de gueules, au chef d'azur chargé de trois macles d'or.

 Moderne : Laval, puis le Coniac.

TOUPIN ou TAUPIN, sr de Kervéniou et de Lanléya, par. de Plouigneau, — de l'Isle, par. de Plougaznou, — de Goazvennou, par. de Plounévézel, — de Kergoat, par. de Poullaouën.

 Réf. et montres de 1427 à 1543, dites par., év. de Tréguier et Cornouailles.

 Vairé d'argent et de sable, *comme Goazvennou et Pestivien.*

 <small>Henri, contribue au denier de la *croix* en 1270; Dirien, écuyer dans une montre de Jean de Beaumanoir en 1351; Bizien et Olivier, hommes d'armes armés pour le recouvrement de la personne du duc en 1420; Geoffroi, sergent féodé de Tréguier au parlement général tenu à Vannes en 1462; Jean, capitaine du château de Hédé en 1475; François, épouse en 1530 Béatrix de la Haye, dame de l'Isle.</small>

TOURAINE, sr de la Bernerie.

 Déb., réf. 1668, ress. de Nantes.

 D'azur à trois tours d'argent surmontées chacune d'une couronne d'or (arm. de l'Ars.).

 <small>François, sénéchal du chapitre et échevin de Nantes en 1604; Etienne, échevin de Nantes en 1643.</small>

TOUR (DE LA), sr dudit lieu, par. de Plourin.

 Réf. et montres de 1426 à 1534, dite par., év. de Léon.

 D'argent à trois tours couvertes d'azur.

TOUR (DE LA), sr dudit lieu, — de Penarstang, par. de Plougonven.

 Réf. et montres de 1463 à 1543, dite par., év. de Tréguier.

 D'azur à la tour donjonnée d'or, *comme Coëtromarc'h.*

 <small>François, abbé de Coëtmalouen, évêque de Cornouailles en 1573, transféré à Tréguier en 1583, † 1593 et enterré à Plougonven, était fils de Guillaume et de Jeanne de Goësbriand.</small>

TOUR (DE LA), *voyez* BORGNE (LE).

TOUR-D'AUVERGNE (orig. d'Auvergne), baron de la Tour, — comte d'Auvergne, — vicomte de Turenne, — duc de Bouillon, — prince de Sédan.

 D'azur semé de fleurs de lys d'or, à la tour d'argent maçonnée de sable, brochant.

 <small>Deux maréchaux de France, † 1623 et 1675; deux abbés de Redon de 1681 à 1747. Henri, duc de Bouillon, père du maréchal de Turenne, eut au XVIIe siècle, d'Adèle Corret, un fils naturel, duquel descendait le premier grenadier de France, tué en 1800, autorisé en 1779 à prendre les nom et armes de la Tour-d'Auvergne, *voyez* CORRET.</small>

TOUR-DU-PIN (DE LA) (orig. du Dauphiné, y maint. en 1641), baron dudit lieu, — sr de Vinay, — de Clelles, — de la Cluse, — de Gouvernet, — de Montauban, — marquis de la Charce en 1619, — baron de Cornillon, — sʳ de Paulin, — marquis de Soyans en 1717, — sʳ de Chambly, — de Verclause.

D'azur à la tour d'argent, au chef de gueules chargé de trois casques d'or, tarés de profil ; *aliàs* : écartelé *du Dauphiné* (arm. 1696). Devise : *Fortitudo mea*, et aussi : *Courage et loyauté.*

Berlion, fait une donation au prieuré d'Inimont, en Bresse, l'an 1107; Albert, croisé en 1190, aïeul d'Humbert, dauphin de Viennois en 1273, par son mariage avec Anne, fille du dauphin Guigues ; Berlion, frère puîné d'Albert qui précède, bisaïeul : 1° d'Hugues, auteurs des sʳˢ de Vinay, éteints ; 2° de Pierre, châtelain d'Oulx en 1341, auquel se rattachent les branches qui existent encore.

Cette maison a produit quatre lieutenants généraux, dont deux décapités en 1794 ; une héroïne célèbre en la personne de Philis, demoiselle de la Charce, qui, à la tête des vassaux de la Charce, battit le duc de Savoie qui avait envahi le Dauphiné en 1692 ; nombre de maréchaux de camp, six évêques, des commandeurs de Malte et un général des galères de la religion en 1788 ; un ministre de la guerre en 1789 et un pair de France en 1815. Plusieurs membres admis aux honneurs de la cour de 1755 à 1783.

La branche des Dauphins de Viennois a fini à Humbert, archevêque de Reims, † 1355, qui fit don de ses états à la France, à condition que les fils aînés des rois de France porteraient le titre de Dauphin et les armes du Dauphiné.

La branche de Chambly, alliée en Bretagne aux Sesmaisons, Pepin de Belleisle et Cornulier, porte écartelé : aux 1 et 4 : *de la Tour-du-Pin;* aux 2 et 3 : d'argent à la croix dentelée d'azur, chargée au premier canton d'un écu de gueules à trois coquilles d'or, *qui est Chambly*.

TOURNEGOËT, *voyez* TURNEGOËT.

TOURNEMINE (DE), *voyez* NOIR (LE).

TOURNEMINE (DE) (orig. d'Angleterre), sʳ dudit lieu et baron de la Hunaudaye en 1487, par. de Plédéliac, — sʳ de Botloy, par. de Pleudaniel, — de Lezardrieux, par. de ce nom, — du Plessix-Eon, par. de Plufur, — de Barac'h, par. de Louannec, — de Kerméno, par. de Plougonver, — de Coëtmeur et de Daoudour, par. de Plougourvest, — de Kermilin, par. de Trefflaouénan, — de Lescoat et de Trouzilit, par. de Plouguin, — de la Guerche-en-Retz, par. de Saint-Brévin, — de Saffré, par. de ce nom, — de Syon, par. de ce nom, — de Jasson, par. de Port-Saint-Père, — d'Orvault, par. de ce nom, — de Sainte-Pazanne, par. de ce nom, — de Trémar, par. de Plessé, — baron de Retz, — baron de Camsillon, par. de Mesquer.

Anc. ext. chev., dix-sept gén., mais n'ont pas produit à la dernière réf. ; réf. et montres de 1427 à 1534, par. de Plédéliac, Louannec, Plougonver, Plougourvest et Plouguin, év. de Saint-Brieuc, Tréguier et Léon.

Écartelé d'or et d'azur (sceau 1372). Devise : *Aultre n'auray.*

Guillaume, témoin à un échange de terres en Pléhérel entre les abbés de Saint-Jacut et de Saint-Aubin-des-Bois en 1160; Olivier, fils Geoffroi, épouse vers 1214, Edie, fille de Rivoalon, comte de Lamballe et de Penthièvre ; Geoffroi, évêque de Tréguier en 1286 ; Geoffroy, tué au siège de la Roche-Derrien en 1347 ; Olivier, tué à la bataille d'Auray en 1364 ; Jean, tué à Pontorson en 1427 ; Gilles, chevalier de l'Hermine en 1454 ; Jean, grand veneur de Bretagne, † 1477 ; François, capitaine pour le duc François II ès évêchés de Saint-Malo et Saint-Brieuc en 1470 ; Raoul combattit à Saint-Aubin-du-Cormier et au siège de Nantes en 1488 et fut créé chevalier par le roi Charles VIII à la bataille de

Fornoue en 1495; René, lieutenant pour le Roi en Bretagne, mort au siége de Rouen en 1591. La branche aînée fondue dans Annebaud, d'où la baronnie de la Hunaudaye a passé successivement aux la Motte-Vauclair, Rosmadec, Rieux, Talhouët et Guéhenneuc de Boishue.

La branche de Botloy retint ce dernier nom, *voyez* BOTLOY (DE).

La branche de Barac'h fondue dans Kernec'hriou puis Cosquer.

La branche de Coëtmeur fondue dans Vieux-Pont, d'où la seigneurie de Coëtmeur passa aux Rieux qui la vendirent en 1702 aux Danycan.

La branche de Trouzilit fondue dans Kerlec'h, d'où la seigneurie de Trouzilit a appartenu successivement aux Barbier, Carné et Kergorlay; cette branche brisait son écartelé d'une bordure de gueules.

La dernière branche qui possédait la baronnie de Camsillon, s'est éteinte en la personne d'un brigadier d'infanterie, tué à la bataille de Malplaquet en 1709.

TOURNEMOUCHE, s^r de Kergueff, par. de Plougaznou, — du Bodonn, par. de Lanmeur.

Ext., réf. 1671, quatre gén.; réf. de 1543, par. de Saint-Mathieu de Morlaix et Plougaznou, év. de Tréguier.

D'argent à une ruche de sable, accomp. de sept abeilles de même en orle. Devise : *Plus mellis quàm messis.*

Mathurin, vivant en 1543, père de Jacques, bailli de Morlaix en 1552, anobli vers 1600, ce dernier, père de Martin, maire de Morlaix en 1586, marié à Marie le Gac.

TOURNERAYE (DE LA) (ramage de la Lande-Guichen), s^r dudit lieu, de la Chèze et du Cahier, par. de Goven, — de la Billaudais, par. de Chavagne, — de la Pierre-Mélière, par. de Saint-Géréon.

Réf. et montres de 1479 à 1513, par. de Goven et Chavagne, év. de Saint-Malo et Rennes.

De gueules à trois écussons d'argent, *comme la Lande.*

TOURNEUFVE (DE LA), s^r de la Pageotière, par. de Saint-Jean-de-Boiseau, — du Plessis, par. de Sainte-Luce, — du Plessis, par. d'Orvault.

Déb., réf. 1669, ress. de Nantes.

D'argent à deux fasces d'azur, surmontées de trois tourteaux de gueules. (G. le B.)
Louis, sénéchal d'Anguignac en 1668.

TOURNEUR (LE), s^r de Plachard, par. de la Meilleraye.

Déb., réf. 1669, ress. de Nantes.

On trouve Jean, de la paroisse de la Chapelle-sur-Erdre, anobli en 1445.

TOURNEUX (LE), s^r de Belair, — de l'Esproniere, par. de Saint-Donatien, — de Sens, — d'Avrillé, — des Aulnays, — de Beaumont.

D'or à trois hures de sanglier de sable, défendues d'argent et allumées de gueules.
Six auditeurs des comptes de 1646 à 1764.

TOURONCE (DE) (ramage de Keraldanet), s^r dudit lieu, — de Kervéatoux, de Kerloaz et de Guicarzel, par. de Plouarzel, — de Mespérennez, — de Mesguen, — de Goazmérien, — de Penamprat, — de Gorréquer, par. de Lannilis, — de Kerélec, — de Kergoff, — de Kerstang, — de Kerscau, — de Coëtmanac'h, par. de Plouzané, — de Keramis, — du Leuré, — de Kergoniou, — de la Haye.

Anc. ext., réf. 1669, dix gén.; réf. et montres de 1427 à 1534, par. de Plouarzel et Plouzané, év. de Léon.

De gueules au chef endenché d'or, *qui est Keraldanet*, chargé de trois étoiles de sable. Devise : *A bien viendra par la grâce de Dieu.*

Guillaume, vivant en 1400, épouse l'héritière de Kervéatoux, dont : Hervé, vivant en 1431, marié à Marguerite le Borgne.

La branche de Kervéatoux fondue en 1688 dans Lesguern; la branche de Gorréquer, fondue dans Calloët.

TOURTEREAU, s^r de la Tourtelière, en Poitou, — de la Pillotière et de la Prémaignerie, par. de Vieillevigne, — de Chappes, par. de Saint-Hilaire-de-Chaléons, — du Bois, par. de Machecoul.

De gueules à trois tourterelles d'or.

Louis, chevalier de l'ordre du Roi en 1570, épouse Anne Hervé, dont: Jeanne, dame de la Pillotière mariée à Martin Charbonneau, s^r de l'Échasserie.

TOUSTAIN (orig. de Normandie, y maint. en 1667), s^r de Béthencourt, — de Houguemare, — de Fronteboscq, — de Limezy, — de Richebourg, — marquis de Carency en 1665, en Artois, — s^r d'Escrennes, en Orléanais, — de Viray, en Lorraine, — de Rambures, — du Roule.

Anc. ext. chev., arrêt du parl. de 1774, douze gén.

D'or à la bande échiquetée d'azur et d'or de deux tires. Devise : *Tous teints de sang.*

Toustain, surnommé *le Blanc*, à la conquête d'Angleterre en 1066; Guillaume, conseiller à l'échiquier de Normandie, épouse en 1483, Jacqueline Gouel, dame de Fronteboscq, dont : Guillaume, chambellan de Louis XII, marié en 1508 à Anne de Croismare, dame de Limezy; Christine, abbesse de Saint-Georges de Rennes en 1530; Adrien, chevalier de l'ordre, gentilhomme de la chambre du Roi, et colonel d'un régiment de mille hommes de pied, au siége de la Rochelle en 1627; quatre pages du Roi depuis 1695; deux lieutenants-généraux en 1784; deux maréchaux de camp en 1784 et 1823.

Plusieurs membres admis aux honneurs de la cour depuis 1769.

TOUTENOUTRE, s^r du Hellez, de Penanguern, de Kerborn, de Trémalheut et de Penhoat, par. de Guiscriff, — de Léhédec, — de Kernarc'han, — de Penanrun, par. de Dirinon.

Anc. ext., réf. 1669, neuf gén.; réf. et montres de 1426 à 1481, par. de Guiscriff, év. de Cornouailles.

D'argent à trois hures de saumon, coupées d'azur. Devise: *Tout en outre* et : *Tout passe.*

Jean, vivant en 1426, épouse Mahaud de Poher; Guillaume et Bertrand, lieutenants du château de Brest de 1488 à 1500; Jérôme, épouse en 1582, Gillette du Louët, dame de Penanrun.

Fondu dans du Bot de Loc'han.

TOUZ (LE), s^r de Leslic, par. de Rosnoën, — de Kerrio et du Vieux-Châtel, par. de Vieux-Bourg de Quintin.

Déb., réf. 1670, ress. de Chateaulin et Saint-Brieuc.

TOUZÉ, s^r de Botloré.

De sinople à trois têtes de lévrier d'or, colletées de gueules et bouclées d'argent. (B. L.)

Un auditeur des comptes en 1680.

Touzé, sr de Kerven, — de la Lande, — de Lassantière.

Déb., réf. 1668 et à l'intend. en 1702, ress. de Vannes et Ploërmel.

De gueules à la fasce d'or, accomp. de trois besants d'argent; au chef d'azur, chargé de trois fleurs de lys d'or (arm. 1696).

Guillaume, conseiller au présidial de Vannes en 1668.

Touzelin, sr de la Barre.

Déb., réf. 1668, ress. de Nantes.

Deux auditeurs des comptes en 1586 et 1601.

Tramain (du), *voyez* Poulain.

Tramain (du), *voyez* Jourand.

Traissan (de), *voyez* Gonidec (le).

Tranchant, sr de Pontjoly. par. de Plurien, — du Vau-Gouëllo, — de la Ville-Besnard, — du Treff, — des Tullais, — de la Crémeraye, par. de Saint-Potan.

Anc. ext., réf. 1669, neuf gén.; réf. et montres de 1423 à 1469, par. de Plurien et Saint-Germain-de-Matignon, év. de Saint-Brieuc.

D'argent au lion d'azur, armé, lampassé et couronné de gueules; à trois fasces d'azur brochant.

Jean, vivant en 1400, père de Jean, marié à Marguerite de Trémerreuc; une fille à Saint-Cyr en 1752; un capitaine garde-côtes au combat de Saint-Cast en 1758.

Les srs du Pré-Launay, de la Rouaudais et de la Fosse-aux-Lions, déboutés à la réformation de 1668, ressort de Rennes.

Trancher (le), sr de Langourlan, de Cozoalet, de Kerrannou, de Lezivy, de Kerambris et de Penquélen, par. de Gourin, — de Bodéno, par. de Glomel.

Anc. ext., réf. 1669, sept gén.; réf. et montres de 1426 à 1562, par. de Gourin, év. de Cornouailles.

D'or au croissant de gueules, accomp. de trois étoiles de même.

Gilles, vivant en 1481, épouse Jeanne le Scaff.

Trans, par. de ce nom, év. de Rennes.

Baronnie successivement possédée par les familles Chantegrue (voir au *Supplément*) Boisbaudry, et Saint-Gilles.

Traon ou Tuon (le), en français Val (du), *voyez* Val (du).

Traondoun (de), sr dudit lieu, év. de Tréguier.

D'azur à une fasce d'argent, accomp. de trois besants de même, 2. 1 (G. le B.), *comme le Baillif et du Ménez.*

Fondu en 1368 dans Kerguézay.

Traonfez (de), sr dudit lieu.

D'argent à deux fasces de gueules (G. le B.), *comme Kergadiou.*

Traonélorn (de), sr dudit lieu, par. de Saint-Houardon-de-Landerneau, — de Kerautret, par. de Plougoulm.

Réf. et montres de 1481 à 1534, par. de Plougoulm, év. de Léon.

Échiqueté d'or et de gueules de six tires, *comme Nuz et Kergournadec'h*. Devise : *Martézé*. (Peut-être.)

Christophe, chanoine de Léon, † 1500; Philippe, chanoine de Léon en 1505.

La branche aînée fondue dans Cosquer puis Lagadec.

TRAONNÉVEZ (DE), sʳ dudit lieu et de Triévin, par. de Plouézoc'h, év. de Tréguier.

De gueules semé de fleurs de lys d'argent. (G. le B.)

Fondu dans Ploësquellec.

TRAONRIVILLY (DE), sʳ dudit lieu, par. de Plouénan.

Réf. et montres de 1444 à 1534, dite par., év. de Léon.

Fascé d'argent et d'azur de six pièces, la première fasce chargée de cinq losanges de sable.

TRAVEL, sʳ de Tréhounin, par. de Pontivy.

Déb., réf. 1668, év. de Vannes.

TRÉAL (DE), sʳ dudit lieu et du Plessis, par. de Tréal, — du Plessis-Gautron, par. de Sévignac, — de Beaubois, par. de Bourseul, — de Bodégat, par. de Mohon, — du Buron, par. de Vigneux, — de Trélan, par. de Guérande, — des Cléons, par. de Haute-Goulaine, — de Laudigière, par. de Vallet, — de la Ragotière, par. de Saint-Herblon, — de Saint-Père-la-Varanne, par. de Mésanger.

Réf. et montres de 1426 à 1481, par. de Tréal et Mohon, év. de Vannes et Saint-Malo.

De gueules au croissant burelé d'argent et d'azur (sceau 1381).

Eon, dit *le Fier*, priseur dans un échange entre le Duc et Brient de Châteaugiron en 1316 et l'un des rédacteurs en 1330 de la très-ancienne coutume imprimée pour la première fois en 1484; Nicolas, abbé de Saint-Melaine en 1328; Raoul, évêque de Rennes en 1364, † 1383; Michel et Nicolas, abbés de la Chaume en 1328 et 1446.

La branche aînée fondue en 1500 dans Sévigné.

La branche de Beaubois fondue en 1610 dans Névet.

TRÉAMBERT, par. de Mesquer, év. de Nantes.

Seigneurie successivement possédée par les maisons de Muzillac, Sesmaisons et Becdelièvre, et érigée en marquisat sous le nom de Becdelièvre en 1717, *voyez* BECDELIÈVRE.

TRÉANNA (DE), sʳ dudit lieu et de Botbodern, par. d'Elliant, — de Lanvilliau, par. de Plomodiern, — de Moros, par. de Lanriec, — du Leuré, par. de Saint-Nic, — de Kervern, par. de Dirinon, — de Brignon, — de la Bouëxière, — de Penanec'h, — de Pensornou, par. de Carantec, — de Coëtlespel, par. de Plouédern.

Anc. ext. chev., réf. 1668, huit gén.; réf. et montres de 1426 à 1562, par. d'Elliant, Plomodiern, Lanriec, Dirinon et Plouédern, év. de Cornouailles et Léon.

D'argent à la macle d'azur.

Yves, vivant en 1400, épouse Amice de Kerbescat; Yves, combattit à la bataille de Formigny en 1450 et était capitaine de Concarneau en 1477; un page du Roi en 1741.

Fondu dans Kergariou.

TRÉBÉHEUC (DE), d'azur à la fasce engreslée d'or (arm. de l'Ars.).

TRÉBERT (DE), sr de Lannouan, par. de Carentoir.
Réf. et montres de 1481 à 1536, dite par., év. de Vannes.
Jean, prête serment au duc entre les nobles de Saint-Malo en 1437.

TRÉBEU (DE), porte une bande chargée de trois merlettes (sceau 1381).
Perrot, ratifie le traité de Guérande en 1381.

TRÉBIQUET (DE), d'argent à deux fasces de sable (sceau 1381).
Guillaume, abbé de Quimperlé en 1381, puis de Redon, † 1395.

TRÉBRIMEL (DE), sr dudit lieu et de Coëtniel, par. de Bignan, év. de Vannes.
Josselin, épouse en 1300 Jeanne le Sénéchal, dont : Marie, dame de Trébrimel, mariée en 1330 à Guy de Molac.

TRÉDUCHET, sr des Bries.

D'azur à la fasce d'or, chargée d'un pied humain de carnation et accomp. de deux lévriers, courant l'un en chef et l'autre en pointe (arm. 1696).
Abel, secrétaire du Roi en 1668, † 1683.

TRÉCESSON (DE), comte dudit lieu en 1681 et sr de Brénéant, du Cléyo et de la Touche, par. de Campénéac, — de Chateau-Merlet, par. de Cruguel, — de Boisbrun, par. de Tréal, — du Fau, par. de Gaël, — de Lezildry, par. de Plouguiel, — de Kergadiou, par. de Plourin, — de Dounant, — de Kernéguez, — de Kerdéval, — de Ranorgat, par. de Plouguerneau, — de Lestrémeur, par. de Ploudalmézeau, — marquis de Coëtlogon, par. de Plumieux, — vicomte de Méjusseaume, par. du Rheu, — baron de Pleugriffet, par. de ce nom, — sr de Launay-Guen, par. de Laurenan.

Anc. ext. chev., réf. 1669, quatorze gén., réf. et montres de 1426 à 1536, par. de Campénéac, Cruguel et Tréal, év. de Saint-Malo et Vannes.

De gueules à trois chevrons d'hermines.

Jean, vivant en 1256, père de Jean, marié en 1336 à Catherine de Montauban, dont : Jean, chambellan et connétable du duc Jean IV en 1368, époux d'Olive de Quélen ; Jeanne, dame de Trécesson, épouse en 1440, Eon, juveigneur de Carné, dont : François qui prit pour lui et ses descendants les nom et armes de Trécesson, par lettres du Roi de 1494. Un chevalier de Malte en 1668 ; un lieutenant-général des armées du Roi en 1734, † 1743 ; un chef de division des armées navales en 1786 ; Pierre-Hyacinthe, épouse en 1703, Thérèse de Lezildry, dame dudit lieu, père et mère de Gilles-Jacques-Pierre, marié en 1740 à Perrine, marquise de Coëtlogon, dont les descendants écartèlent : aux 1 et 4 : de *Trécesson;* aux 2 et 3 : de *Coëtlogon;* sur le tout : de *Carné.*

TRÉDAZO (DE), sr de Margozre, par. de Landévant, — de Keriscouët, — du Bot.

Anc. ext., réf. 1669, neuf gén. ; réf. et montres de 1448 à 1536, par. de Landévant, év. de Vannes.

De sable, au rencontre de cerf d'or.

Olivier, vivant en 1400, père de Jean et celui-ci d'Henri, vivant en 1448, marié à Jeanne Saulnier.

TRÉDERN (DE), sr dudit lieu et de Lézérec, par. de Plougoulm, — de Kerscao, — de Kericuff, — de Kermen, — de Kerbiriou, par. de Crozon, — de Gérac.

Ext., réf. 1668, sept gén. ; montres de 1503 à 1534, par. de Plougoulm, év. de Léon.

Echiqueté d'or et de gueules, *comme Kergournadec'h et Traonélorn*, au franc canton fascé d'argent et de gueules de six pièces. Devise : *Ha souez vé !* (Quelle surprise ce serait !)

Pierre, vivant en 1481, épouse Anne de Kerourfil, dame de Lezérec, dont Guillaume, archer en brigandine, dans une montre reçue à Saint-Pol en 1503.

Trédion, par. de Sérent, év. de Vannes.
Vicomté en 1666, en faveur du sr de Sérent, *voyez* Sérent (de).

Treff (du), sr dudit lieu, par. de Saint-Evarzec, — de Rozhellou, par. d'Elliant.
Réf. 1426, dites par., év. de Cornouailles.
D'argent au sanglier de sable, couronné de même *(mss. Gaignières).*
Eon, écuyer de l'hôtel du duc, ratifie le traité de Guérande en 1381.

Treffalégan (de), *voyez* Thépault.

Treffgarn (de), sr dudit lieu, par. de Plourin, év. de Léon.
D'or au lion de sable. (G. le B.)
Fondu en 1365 dans Kergadiou.

Treffilis (de), sr dudit lieu et de Guernlan, par. de Guiclan.
Réf. et montres de 1427 à 1534, dite par., év. de Léon.
D'argent au sautoir de gueules, accomp. de quatre merlettes de sable.

Treffilis (de), sr dudit lieu, par. de Lannilis.
Réf. et montres de 1443 à 1534, dite par., év. de Léon.
Echiqueté d'argent et de gueules, *comme Mendy*, au bâton d'argent brochant à dextre.

Treffily ou Trécévilly (de), vicomte dudit lieu et sr de Kerlédan, par de Cuzon.
Réf. 1536, par. de Cuzon, év. de Cornouailles.
D'or à une roue de gueules (G. le B.); *aliàs* : semé de feuilles de cormier ou poirier de sinople (sceau 1313).
Un seigneur de ce nom, croisé en 1248; Alain, au nombre des dix Bretons de l'armée de Sylvestre Budes qui combattirent et vainquirent dix Allemands à Rome en 1377.

Trefflec'h (de), sr dudit lieu, par. de Bourbriac, év. de Tréguier.
Losangé d'or et de sable en bande. (G. le B.)

Trégain (de), *voyez* Meslou.

Trégain (de), sr dudit lieu, par. de Briec, — de Traonlévénez, par. de Cast.
Réf. et montres de 1426 à 1536, dites par., év. de Cornouailles.
D'or à trois pommes de pin de gueules la pointe en haut, *comme Trésiguidy.*
Alain, abbé de Landévennec en 1524.
Fondu en 1644 dans Meslou.

Trégannez (de), sr de Tréguer et du Beuzit, par. de Pluguffan.
Réf. et montres de 1426 à 1481, dite par. et par. de Perguet-Benodet, év. de Cornouailles.
Ecartelé aux 1 et 4 : d'azur à cinq billettes d'or en sautoir; aux 2 et 3 : de gueules à la tour d'argent (arm. de l'Ars.).
Fondu dans Trémillec.

TRÉGARANTEC (DE), s' dudit lieu, par. de Mellionec, év. de Vannes.
D'azur à trois pals d'argent (sceau 1316).
Alain, sénéchal de Guéméné-Guégant en 1316.
Fondu dans la Forest, puis Kermavan. Moderne : Jégou.

TRÉGARAY (DE), s' dudit lieu, par. de Sixte, év. de Vannes.
D'azur à trois têtes de lion d'or (arm. de l'Ars.).
Fondu dans Cybouault, puis Porcaro.

TRÉGARET (DE), parti d'or et d'azur, au lion de l'un en l'autre, tenant une épée de gueules en pal (arm. de l'Ars.).

TRÉGASTEL (DE), s' dudit lieu, év. de Tréguier.
D'or à une clef de gueules en pal. (G. le B.)

TRÉGOAZEC (DE), s' dudit lieu, par. de Dineault, — de Garlan, par. de Saint-Ségal, — du Drénit, près Douarnenez.
Anc. ext., réf. 1670, sept gén.; réf. et montres de 1448 à 1562, par. de Dineault, év. de Cornouailles.
D'argent à la croix pattée de gueules, chargée en cœur d'une coquille d'or.
Guillaume, vivant en 1448, bisaïeul d'Hervé, vivant en 1536, marié à Béatrix de Hirgarz.

TRÉGOËZEL, s' dudit lieu, par. de Pleubihan.
Réf. et montres de 1463 à 1481, dite par., év. de Tréguier.
D'argent à trois trèfles de sable (G. le B.); *aliàs* : un léopard (sceau 1306).
Yves, étudia le droit à Orléans avec saint Yves en 1277, et fut entendu dans l'enquête pour sa canonisation en 1330.
Moderne : Kergaradan, puis Launay.

TRÉGOMAIN (DE), *voyez* AUBERT.

TRÉGOUËT (DE), s' de Kermahéas, par. de Saint-Servant, — de Kerasmont, par. de Radénac, — de l'Abbaye, par. de Corseul, — de Beaulieu, — de Saint-Saudien, — de Kermabon, — de Châteaumalon, — de la Hamelinière, par. de Saint-Similien.
Ext., réf. 1669, six gén.; réf. et montres de 1448 à 1536, par. de Saint-Servant et Radénac, év. de Vannes.
De gueules à trois croissants d'or, une étoile de même en abyme.
Jean, avocat non contribuant aux fouages en 1448, paya aide en 1446; Jean, son fils, épouse Isabelle Vivien; deux auditeurs des comptes en 1608 et 1646.

TRÉGUÉNÉ (DE), s' dudit lieu et de Francbois, par. de Saint-Thurial, — de Quémillac, par. de Guipry, — de Darun, par. de Nivillac.
Réf. de 1427 à 1451, dites par., év. de Saint-Malo et Nantes.
De gueules à la croix d'argent (sceau 1410).
Guillaume, conseiller au parlement en 1599.

TRÉGUIEL, par. de Loyat, év. de Saint-Malo.
Seigneurie successivement possédée par les familles le Veneur, Collobel et Buinart; érigée en vicomté en faveur de cette dernière en 1644, *voyez* BUINART, et passée ensuite aux Huchet.

TRÉGUIER ou LANTRÉGUIER, ville épiscopale et capitale du comté de Tréguier.

D'azur à trois fleurs de lys d'or, formées d'épis de blé de même (G. le B.); *aliàs :* d'azur au navire aux voiles éployées d'argent (arm. 1696).

TRÉHUÉLIN (DE), év. de Vannes.

D'or à une quintaine d'azur, accomp. de trois croissants de gueules (arm. 1696).

TRÉLAN (DE), sr dudit lieu, par. de Pléchatel, — de la Robetière, par. de Cintré, — de la Tourelle et de la Porte, par. de Derval, — de la Hargouillère, par. de Poligné, — des Meniez, par. de Guichen.

Réf. et montres de 1427 à 1544, par. de Cintré, Poligné, Guichen et Derval, év. de Saint-Malo, Rennes et Nantes.

D'argent au lion rampant de sable.

Jean, écuyer dans une montre d'Olivier de Clisson en 1375; Olivier, ratifie le traité de Guérande en 1381.

Les srs de la Sauldraye et de la Motte, paroisse de Pléchatel, et de Glaseul, paroisse de Carentoir, déboutés à la réformation de 1670, ressorts de Rennes et Ploërmel.

TRÉLÉON (DE), sr dudit lieu, par. de Milizac, — de Keribert.

Réf. et montres de 1448 à 1534, dite par., év. de Léon.

D'argent au griffon de sable.

TRÉLÉVER (DE) (ramage de la Roche-Jagu), sr dudit lieu, par. de Guimaëc, — de Penvern, par. de Plougaznou, — de la Bouëxière, par. de Plouégat-Guérand.

Bandé de six pièces d'hermines et de gueules (sceau 1385).

Marguerite épouse en 1420 Jean Péan, sr de la Roche-Jagu.

Moderne : Bégaignon, puis en 1596 des Nos.

TRÉLO (DE), *voyez* FOURNIER.

TRÉMAREC (DE), sr dudit lieu, par. de Briec, trève de Landudal.

Réf. et montres de 1426 à 1536, dite par., év. de Cornouailles.

D'azur à trois coqs d'argent, becqués et membrés de gueules.

Fondu en 1540 dans Kérgadalan.

TRÉMARGAT (DE), *voyez* GESLIN.

TRÉMAUDAN (DE), *voyez* PHILIPPES.

TRÉMAUDAN (DE), sr dudit lieu, par. de Plestan, — de Carbeaux, — de la Déviais et de la Chapelle, par. de Plénée-Jugon, — du Tertre, par. de la Maloure, — de la Saullaye.

Anc. ext., réf. 1670, six gén.; réf. et montres de 1423 à 1469, par. de Plénée-Jugon, la Maloure et Maroué, év. de Saint-Brieuc.

De gueules au lévrier passant d'argent, colleté de même, accomp. en pointe d'une molette aussi d'argent, *voyez* TÉXIER.

Pasquier, vivant en 1400, écuyer dans une montre reçue à Saint-Cloud en 1415, par Guillaume de la Goublaye ; Jean, écuyer dans une montre reçue à Bourges en 1418, père de Thomas, vivant en 1469, marié à Guyonne Geffrost, de la maison du Lorain, en Plénée ; Jean, fils des précédents, épouse en 1531, Mathurine de la Vigne.

La branche aînée fondue au XVe siècle dans Hingant.

TRÉMAUGON (DE), sr dudit lieu, par. de Plounévez-Lochrist.

Réf. et montres de 1426 à 1481, dite par., év. de Léon.

D'or au chef d'azur. (Blancs-Manteaux.)

Yvon, exempt de fouages à la réformation de 1426, père de Goulven, anobli en 1467.

TREMBLAY (DU), sr de la Jousselinais, par. de Chatillon-sur-Seiche, — des Fontenelles, par. de Saint-Grégoire.

Réf. 1513, dites par., év. de Rennes.

De gueules à la bande d'or, accomp. de six molettes de même posées en orle.

TRÉMÉBRIT (DE), sr dudit lieu, par. de Pouldergat.

Réf. et montres de 1481 à 1536, dite par., év. de Cornouailles.

D'argent à l'aigle éployée de sable, becquée et membrée d'or.

TRÉMÉDERN (DE), sr dudit lieu et de Kergrist, par. de Guimaëc, — du Plessis-Eon, par. de Plufur.

Bandé d'or et de sable de six pièces (sceau 1415), comme Marc'hec.

Alain, écuyer dans une montre passée à Goueznou en 1378.

Fondu dans Malestroit, puis Montalais, d'où la seigneurie de Trémédern a appartenu successivement aux Esmez, Kerérault, Bégasson et Grignart.

TRÉMEL (DE), sr dudit lieu et de Launay, par. de Plestin, trêve de Trémel.

Réf. et montres de 1427 à 1543, par. de Plestin, év. de Tréguier.

Écartelé aux 1 et 4 : d'azur au croissant d'or ; aux 2 et 3 : d'or à l'arbre d'azur.

TRÉMÉLAN ou TRÉMILLAN (DE), sr dudit lieu et de Kernévez, par. de Plouzané.

Réf. de 1427 à 1447, dite par., év. de Léon.

Échiqueté d'or et de gueules, au bâton d'hermines.

TRÉMEN (DE), sr dudit lieu, par. de Plouzané, — de Mesmen, — de Penanrue, par. de Loguivy-Lannion.

Ext., réf. 1671, huit gén.; réf. et montres de 1447 à 1534, par. de Plouzané, év. de Léon.

De gueules à trois ancolies (aliàs : primevères épanouies) d'argent.

Guyomarc'h, franchi de fouages en 1440, épouse Catherine de Kerédré.

Fondu dans Mesnoalet.

TRÉMÉNEC (DE), sr dudit lieu, de Traonrun et de Kerbiquet, par. de Plougaznou, — de la Salle, par. de Plouigneau, — de Trévien, par. de Plourin, — du Portzmeur.

Anc. ext., réf. 1669, dix gén.; réf. et montres de 1463 à 1543, par. de Plougaznou, év. de Tréguier.

D'argent fretté de gueules, au franc canton d'azur, chargé de trois bandes d'argent.

Jean, vivant en 1400, épouse Tiphaine Cadoret, dont Jean, marié à Anne Goallon.

TRÉMERREUC (DE), sr dudit lieu, par. de ce nom, — de Plumoyson, — de Brévery, — de la Chesnaye-Taniot, du Clos et de la Villerolland, par. de Matignon, — de la Bourdonnière, — de Lehen et de la Villechevalier, par. de Plurien, — de la Villerio, — du Meurtel, par. de Saint-Potan, — du Chastellier, par. de Saint-Samson, — de Vaumaby, — de la Villeneuve, par. d'Hénan-Bihan, — de Guitrel, par. de Saint-Cast, — de Kergomar, — de la Villegrohart, — de Pontbriand, par. de Pleurtuit, — des Salles, par. de Sévignac, — de la Motte, — du Bois-de-la-Roche, — de Lamber, — de la Touche, — de la Ville, — comte de Largouët, par. d'Elven.

Anc. ext. chev., réf. 1668, dix gén.; réf. et montres de 1440 à 1535, par. de Saint-Germain-la-Mer, Plurien, Maroué, Saint-Samson-Jouxte-Livet, Pleurtuit et Sévignac, év. de Saint-Brieuc, Dol et Saint-Malo.

Échiqueté d'argent et de gueules (sceau 1379); *aliàs* : échiqueté d'or et de sable, écartelé de *Tournemine*. (G. le B.)

Guillaume, témoin d'une fondation d'Olivier de Dinan à Saint-Aubin-des-Bois en 1187; Geoffroi, fils Henri, ratifie les propositions pour la délivrance de Charles de Blois en 1351; Rolland et Jean, ratifient le traité de Guérande en 1381; Henry, sr de Brévery, vivant en 1400, père de Rolland, auteur des srs de la Chesnaye-Taniot, marié en 1439 à Jeanne de la Motte; Pierre, chef d'une autre branche, vivant en 1400, épouse Jeanne de Launay, dont Bertrand, auteur des srs de Lehen, marié à Jeanne de Plœuc, compris parmi les nobles de Lamballe qui prêtaient serment au duc en 1437; un président aux enquêtes en 1673; une fille à Saint-Cyr en 1757; un page du Roi en 1778.

La branche aînée fondue au XVe siècle dans Beaumanoir, d'où la seigneurie de Trémerreuc a passé successivement aux Coëtquen, Bellouan, Avaugour, Montbourcher, Cahideuc et la Haye de Plouër; la branche de Largouët fondue en 1689 dans Cornulier.

TRÉMIC (DE), sr dudit lieu, par. de Combrit, — de Keranysan et de Lespervez, par. de Plonéour, — de Penanrun.

Anc. ext., réf. 1669, neuf gén.; réf. et montres de 1426 à 1536, dites par., év. de Cornouailles.

D'argent à la rose de gueules.

Alain, croisé en 1248; Henry, vivant en 1444, père d'Yvon, vivant en 1460, marié à Jeanne de Saint-Juzel; Henry, fils des précédents, époux d'Hélène le Gallou, père et mère de Christophe, marié à Louise le Coing, dame de Keranysan; Jean, chevalier de l'ordre, épouse en 1633 Renée l'Honoré; un contre-amiral honoraire en 1825.

Fondu dans Boisberthelot.

TRÉMIGON (DE), sr dudit lieu, par. de Combourg, — de la Brousse et de la Villehervé, par. d'Epiniac, — vicomte de Kerinan en 1598, par. de Langadias, — sr de Pargaz et du Plessix, par. de Plorec, — du Mottay, — de la Metterie, — de la Rivière, — de Langan, — du Dicq, par. de Pleurtuit, — de la Villerue, par. de Saint-Meloir, près Bourseul, — de la Touche, — de la Rochelle, par. de Roz-Landrieux.

Anc. ext. chev., réf. 1671, cinq gén.; réf. et montres de 1429 à 1513, par. de Combourg, év. de Saint-Malo, Epiniac et Roz-Landrieux, év. de Dol.

D'argent à l'écusson de gueules en abyme, accomp. de six fusées de même (sceau 1370); *aliàs* : d'argent à trois écussons de gueules, chargés chacun de trois fusées d'or rangées en fasce, *comme Listré*.

Hervé, fait une fondation au prieuré de Combourg en 1160; Juhel, croisé en 1190; Rolland, fait une fondation à la Vieuville en 1200; Yvon, au nombre des dix Bretons de l'armée de Sylvestre Budes, qui combattirent et vainquirent dix Allemands à Rome en 1377; Erard, évêque de Dol, † 1386; François, gentilhomme de la chambre du roi Charles IX, capitaine des francs-archers de Saint-Brieuc en 1573, épouse Mathurine de la Bouëxière, dame du Plessix; Jean, capitaine d'une compagnie de cinquante chevau-légers et de cent carabins en 1607; un conseiller au parlement en 1623; une fille à Saint-Cyr en 1746; un membre admis aux honneurs de la cour en 1771.

Fondu dans d'Ozouville, en Normandie.

Trémillec (de), sr dudit lieu, par. de Plomeur, — du Merdy, de Corniquel et de la Boëssière, par. de Pluguffan, — de Kerazan, par. de Loctudy, — de Kerbohic, par. de Plonéour.

Réf. et montres de 1426 à 1562, dites par., év. de Quimper.

De gueules à trois croissants d'argent.

Fondu dans Billouart.

Trémoille (de la) (orig. du Poitou), sr dudit lieu, — vicomte, puis duc de Thouars en 1577, — prince de Tarente et de Talmont, — comte de Laval, — baron de Vitré, — comte de Taillebourg, — marquis, puis duc de Noirmoutiers en 1650, — baron de Quintin, — baron de la Roche, par. de Nort, — sr de Coëtivy, par. de Plouvien.

D'or au chevron de gueules, accomp. de trois aiglettes d'azur, becquées et membrées de gueules. Devise : *Sans sortir de l'ornière*.

Thibault, croisé en 1248, tué à la bataille de la Massoure avec trois de ses fils; Guy, grand panetier de France, † 1350; Guy, porte-oriflamme de France, chambellan héréditaire de Bourgogne, † 1392; Georges, grand chambellan de France, † 1446; Charles, tué à la bataille de Marignan en 1515, marié en 1501 à Louise de Coëtivy, dame dudit lieu et comtesse de Taillebourg; Louis, amiral de Bretagne, tué à la bataille de Pavie en 1524.

La branche de Talmont, qui avait hérité collatéralement de la baronnie de Vitré en 1607, présidait en cette qualité les États de Bretagne, alternativement avec les barons de Léon; elle a produit depuis 1650 quatre lieutenants-généraux des armées, dont l'un, général de la cavalerie vendéenne, décapité à Laval en 1794.

Trémouart (de), d'argent à deux fasces de sable, à la bordure de gueules besantée d'or (arm. de l'Ars.), *comme du Val*.

Tréodal (de), par. de Saint-Martin-des-Champs, év. de Léon.

D'azur à un pigeon d'argent, *comme le Splan*, accomp. de trois besants de même.

Tréogan (de), porte trois coquilles (sceau 1356).

Nicolas, donne quittance de ses gages et de ceux des écuyers de sa compagnie en 1356.

Tréougat (de), porte un fretté (sceau 1418).

Lucas, écuyer, reçoit une montre à Bourges en 1418.

Tréouret (de), sr dudit lieu, par. de Cast, — de Penfoullic, de Coëtglaz et de Trohanat, par. de Briec, — de Penanouëz, — de Kerstrat, par. de Chateaulin.

Anc. ext., réf. 1669, neuf gén.; réf. et montres de 1426 à 1562, dites par., év. de Cornouailles.

D'argent au sanglier de sable en furie, ayant la lumière et les défenses d'argent. Devise : *Sævit, furit et ardet.*

Henry, écuyer dans une montre reçue à Concarneau en 1379; Pierre, vivant en 1426, épouse Adelice Rochas, dont Guillaume, marié à Marguerite Moysan; Yvon, vivant en 1426, de noble ancessorie; il y eut plaid pour son lieu, et fut accordé qu'il serait quitte, parce qu'il fournirait du bois à l'église; un page du Roi en 1764.

La branche aînée fondue en 1550 dans le Bihan de Pennélé.

TRÉPÉZEC (DE), s^r de Saint-Ouen, par. de Plumergat, — du Gaffre, par. de Crédin.

Ext., réf. 1670, sept gén., par. de Saint-Goustan d'Auray; réf. et montres de 1481 à 1536, par. de Plumergat, év. de Vannes.

D'argent au pin arraché de sinople, chargé de trois pommes d'or.

Charles, vivant en 1481, épouse Eonette le Quay, dont Jean, marié à Guillemette Lorveloux.

TRÉPOMPÉ (DE), s^r dudit lieu, de Lomogan et de Kerprigent, par. de Saint-Martin-des-Champs, év. de Léon.

De sable au cerf passant d'or (G. le B.), *comme la Cuisine et Noël.*

Fondu au XVe siècle dans Coëtnempren.

TRÉSÉOL (DE), s^r dudit lieu, par. de Plounévez-Porzay, év. de Cornouailles.

D'azur à trois soleils d'or. (G. le B.)

Guyon, tué à la bataille d'Auray en 1364.

Fondu dans du Bois-Dourduff; moderne : Farcy.

TRÉSIGUIDY (DE), s^r dudit lieu, de Saint-Delvont et du Guern, par. de Pleyben, — des Salles, par. de Plouisy.

Réf. et montres de 1426 à 1481, par. de Pleyben, év. de Cornouailles.

D'or à trois pommes de pin de gueules, les pointes en haut (sceau 1357).

Maurice, croisé en 1248; Maurice, évêque de Rennes en 1260, † 1282; Yves, capitaine d'Auray, d'Hennebont, puis de Quimper, rend hommage à la dame de Retz en 1382; Maurice, frère du précédent, marié à Jeanne de Ploësquellec, l'un des écuyers du combat des Trente en 1350, de l'expédition du duc de Bourbon en Guyenne en 1377, ambassadeur en Aragon en 1379, capitaine de la ville de Paris en 1380, portait la bannière du connétable aux obsèques qui lui furent faites à Saint-Denis en 1389; Guy, ratifie le traité de Guérande en 1381, et était garde de l'oriflamme dans l'expédition de Flandre contre Philippe d'Artevelle en 1382; Jean, ratifie en 1470 les traités de Caen et d'Ancenis.

Fondu dans la Palue, d'où la seigneurie de Trésiguidy a appartenu successivement aux Montdragon, Montmorency, Rosmadec, Kerlec'h, Kergrist et Kergariou.

TRESSAY (DU), s^r dudit lieu et de Trédiec, par. de Plaudren, — du Resto, par. de Moustoir-Radénac, — de la Sicaudais et de la Buinière, par. d'Arthon, — de Trédazec, — de la Foubertière, par. de la Haie-Fouassière, — de la Jarrie, par. du Clion.

Anc. ext., réf. 1671, huit gén.; réf. et montres de 1427 à 1536, par. de Plaudren, év. de Vannes.

D'argent à la fasce nouée de gueules, chargée de trois besants d'or.

Sylvestre, vivant en 1427, épouse Jeanne du Hellan, dont Jean, marié à Catherine de Lantivy.

TREUSVERN (DE), sr de Trédillac, par. de Botsorhel.
   Réf. et montres de 1481 à 1543, par. de Botsorhel, év. de Tréguier.
   D'azur à la croix fleurdelysée d'argent (arm. de l'Ars.), *comme Penanros*.
TREUT, en français MAIGRE (LE), sr de Kerjanuégan, — de Kerhuel, par. de Rospez.
   Réf. et montres de 1427 à 1513, dite par., év. de Tréguier.
   D'argent à trois merlettes de sable.
TRÉVALOT (DE), vicomte dudit lieu, par. de Scaër, év. de Cornouailles.
   D'argent à trois chevrons de gueules.
      Hervé, capitaine de Pont-l'Abbé en 1384.
      Cette terre a appartenu depuis le XVIe siècle aux de Bueil, Kernezne, Carné, le Borgne et Euzénou.
TRÉVÉCAR (DE), sr dudit lieu, par. d'Escoublac, — de Lourmoye, par. de Nivillac, — de Beaulieu, par. de Guérande, — vicomte de Rezé, par. de ce nom, — sr du Verger, par. de Saint-Philbert, — du Plessis, par. de Pont Saint-Martin, — de la Roche-Ballue, par. de Bouguenais.
   Réf. de 1426 à 1453, par. d'Escoublac, év. de Nantes.
   De sable à la croix engreslée d'argent (sceau 1380).
      Guillaume, ratifie le traité de Guérande en 1380.
      Fondu dans Guémadeuc.
TRÉVÉGAT (DE), sr dudit lieu, par. de Caro, — de Beaurepaire, par. d'Augan, — de Locmaria, par. de Plœmel, — de Kerbervet, par. de Grandchamps, — de Trégu, — de Limoges, — de Langobrien, par. de Mérillac.
   Anc. ext. chev., réf. 1668, huit gén.; réf. et montres de 1427 à 1536, dites par., év. de Saint-Malo et Vannes.
   D'argent à la bande de gueules, chargée de trois têtes de maure de sable, tortillées d'argent; *alias* : écartelé aux 1 et 4 : d'argent à la fasce ondée et haussée de gueules, accomp. en pointe de deux têtes de maure rangées de sable; aux 2 et 3 : d'argent à trois mouchetures de sable.
      Yvonet, écuyer dans une montre de 1370; Olivier, vivant en 1427, père de Jacques, marié à Jeanne de Lesnérac, dame de Locmaria; trois conseillers au parlement depuis 1657.
TRÉVÉLEC (DE), *voyez* DOUARAIN (LE).
TRÉVELLEC (DE), sr dudit lieu, par. d'Herbignac, — de Penhoët, par. d'Avessac, — de Kerolivier, de la Cour-Larmor et de Gourvinec, par. d'Assérac, — de Bréhet et de Kerbénet, par. de Guérande, — de Beaulieu, par. de Couëron, — du Leslé, par. de Pénestin, — de Bourgneuf, — de Chamburin, par. de Missillac, — de la Desnerie, par. de Saint-Donatien, — de la Sébinière, par. de Monnières.
   Anc. ext., réf. 1669, huit gén.; réf. de 1453, par. d'Herbignac, év. de Nantes.
   D'azur à trois croissants d'or, une fleur de lys de même en abyme.
      Jean, vivant en 1453, père de Thomas, marié à Marguerite le Gliff. Un conseiller au parlement en 1734; deux pages du Roi en 1753 et 1766.
      Un membre admis aux honneurs de la cour en 1784.

Tréveneuc (de), *voyez* Chrétien.
Trévern (de), *voyez* Pappe (le).
Tréverret (de), *voyez* Léon.
Tréveznou (de) (ramage de Kerouzy), sʳ dudit lieu, par. de Langoat, év. de Tréguier.

D'or au lion de sable, *qui est Kerouzy,* l'écu semé de tourteaux de gueules. (G. le B.)

Moderne : Larmor, puis Rosmar.

Trévien (de), sʳ dudit lieu, par. de Plouédern.

Réf. 1443, par. de Ploudaniel et Trégarantec, év. de Léon.

D'or à la fasce d'azur, chargée de trois macles d'argent, et accomp. de trois hures de sanglier de sable. (G. le B.)

Yvon, de la paroisse de Trégarantec, dit être noble en 1446, ains n'a pas faculté de servir en armes et est demeuré sans être allé en cet véage, combien que son fils y soit allé. Moderne : Rospiec.

Trévou (du), sʳ dudit lieu, par. de ce nom, — de Kersauzon, par. de Penvénan, — de Kerriec, — de Penanec'h, — de Bréfeillac, — de Goazven, par. de Brélévénez, — de Keranroux, par. de Ploubezre, — du Quistillic, — de Kerjean, — de Baloré, par. de Hengoat, — de la Ville-Ménéac, — de Trofeunteniou, par. de Ploujean.

Anc. ext., réf. 1668, huit gén.; réf. et montres de 1427 à 1543, par. du Trévou, Penvénan et Plougrescant, év. de Tréguier.

D'argent au léopard de sable; *aliàs* : accomp. de six merlettes de même en orle. (G. le B.)

Yves, accompagne le duc dans son voyage en France en 1418; Olivier, épouse en 1477, Guillemette de Quélen, dont : Louis, homme d'armes de la compagnie d'ordonnances du comte de Laval, marié à Marguerite de Belleisle, veuve en 1513.

Le Père du Trévou, jésuite, confesseur de Monsieur, frère de Louis XIV en 1670, appartenait à cette famille qui a encore produit un page du Roi en 1689, un lieutenant aux gardes françaises en 1753 et un capitaine garde-côtes au combat de Saint-Cast en 1758.

Trézel (de), sʳ dudit lieu, par. de Pleubihan, — de Trohubert, par. du Merzer.

Réf. 1463, par. de Pleubihan, év. de Tréguier.

La branche aînée fondue dans Kerroignant; la branche de Trohubert fondue dans Le Roux.

Tréziguidy, *voyez* Trésiguidy (de).

Trezle ou Tresle (le), sʳ de Kerrolland et de Kerhaude, par. d'Herbignac, — de Kerbernard et de Brénoguen, par. d'Assérac.

Anc. ext., réf. 1669, sept gén.; réf. de 1428 à 1453, dites par., év. de Nantes.

D'azur au cygne d'argent, membré et becqué de sable.

Pierre, époux en 1453 de Jeanne de Muzillac, eut son hébergement de Kerrolland franchi en 1486; Jean, fils des précédents, épouse 1° Jeanne Gouëzo, 2° Guillemette Sorel; un page du Roi en 1757. La branche aînée fondue dans la Bourdonnaye.

Triac (de), sʳ de la Villeneuve, par. de Pluricn, — de la Baudramière, par. de Saint-Trimoël, — de la Ville-Rault, — de la Ville-Billy, par. de Maroué, — du Boisgardon, par. de Ploubalay, — de Préby, — de la Demiville, par. de Plélo.

Anc. ext., réf. 1668, neuf gén.; réf. et montres de 1423 à 1535, par. de Plurien, Saint-Trimoël et Maroué, év. de Saint-Brieuc.

D'azur au lion d'argent, armé, lampassé et couronné d'or; *aliàs* : accomp. en chef de deux fleurs de lys d'argent (sceau 1305), *voyez* LE CORGNE et GUÉHÉNEUC.

<small>Phélippot, écuyer d'Olivier de Blois en 1418; Pierre, vivant en 1423, épouse Jeanne Gaudouin, dont : Pierre, marié à Denise Picart.</small>

TRIBARA, s^r de Coadigo, par. de Plumergat, — de Quenquizou, par. de Plougaznou.

Réf. de 1426 à 1448, par. de Plumergat, év. de Vannes.

De sable au chevron d'or, accomp. de trois besants de même.

<small>Henry, procureur de Broërec, commissaire de la réformation des fouages de Surzur en 1427; Jean, gouverneur du château du Taureau en 1578.</small>

<small>Les s^{rs} de Mesquernic, paroisse de Plounévez-Lochrist et de Penanraz, paroisse de Roscoff, déboutés à la réformation de 1670, ressort de Lesneven.</small>

TRIBOUILLE (DE LA), s^r dudit lieu, — des Bessons, de la Genlière, de Lorinière et de la Roullière, par. de Saint-Columbin, — de la Vairie, — du Préau, par. de Rezé, — de la Haye, — de Beauchesne, — de la Noë-Roquet.

Anc. ext. chev., réf. 1669, douze gén.; réf. de 1443 à 1513, par. de Saint-Columbin, év. de Nantes.

D'azur à trois roquets d'argent.

<small>Jean Roquet, vivant en 1299, épouse Désirée de Lauré, dont : Nicolas, marié en 1331, à Catherine Meschinot; Pierre, au nombre des gens de la retenue de Bertrand de Dinan, maréchal de Bretagne en 1419.</small>

<small>Le nom ancien de cette famille est Roquet, qu'elle a quitté au xve siècle en conservant ses armes parlantes.</small>

TRIMOLLERIE (DE LA) (orig. du Maine), s^r du Bignon.

D'azur au chevron d'or, accomp. de trois roses de même; *aliàs* : d'argent à la fasce d'or, chargée de trois lionceaux de sable.

<small>Jean, conseiller au parlement en 1577, épouse 1° Françoise de la Bintinaye, 2° Marguerite Ferron.</small>

TRIMOREL, s^r de la Trimollière, par. de Saint-Herblon.

Réf. de 1446 à 1513, dite par., év. de Nantes.

<small>Raoul, chevalier de Malte en 1562.</small>

TRINITÉ (DE LA), de gueules à sept besants d'or, au franc canton de même (arm. de l'Ars.).

TRISTAN, par. de Saint-Caradec, près Hennebont, év. de Vannes.

Porte une merlette accomp. de trois rustres (sceau 1334).

TROADEC (LE), s^r de Kerscao, par. de Treffgondern.

Déb., réf. 1671, ress. de Lesneven.

TROBODEC (DE), s^r dudit lieu, par. de Gurunhuel, év. de Tréguier.

D'azur à trois gerbes d'or, liées de même (G. le B.), *comme Colombier*.

<small>Fondu au xve siècle dans du Dresnay.</small>

TROBRIAND (DE), *voyez* DENIS.

TROCHART, sʳ de Montjardin, par. de Bédée.
    Réf. et montres de 1427 à 1479, dite par., év. de Saint-Malo.
    De gueules à deux épées d'argent en sautoir, la pointe en bas (sceau 1395).
    Fondu dans Bourgneuf.

TROCHARDAYS (DE LA), *voyez* ROI (LE).

TROËRIN (DE), sʳ dudit lieu, par. de Plouvorn, — de Kergounan, — de Kerjean, — de Kerrannou.
    Anc. ext., réf. 1669, sept gén.; réf. et montres de 1426 à 1534, par. de Plouvorn, év. de Léon.
    D'azur à la fasce ondée (*aliàs* : vivrée) d'argent, accomp. de six besants de même, 3. 3, rangés 2 et 1, *comme Coëtengarz et Kerpérénez*.
    Jean, vivant en 1481, épouse Marguerite de Guernisac, dont : Marc, marié à Isabeau de Kermellec; un page du Roi en 1744.
    Fondu dans la Tullaye, puis Boscal.

TROGOFF (DE), év. de Vannes.
    D'argent à dix merlettes de sable, 4. 3. 2 et 1 (arm. de l'Ars.).

TROGOFF (DE) (ramage de Lanvaux), châtelain dudit lieu, par. de Ploégat-Moysan, — sʳ de Kerellon, par. de Trémel, — de Roc'hmélen et de Kerdérogon, par. de Pommerit-Jaudy, — de Quenquizou, de Kerprigent, de Kergadiou, de Kerphélippes, de Kerlessy, de Kerbabu et de Tréhenvel, par. de Plougaznou, — de Coëtmenguy, par. de Ploujean, — de Kerelleau, de Coatalio et de Kergoff, par. de Kermaria-Sular, — de Kerloaz, par. de Ploulec'h, — de la Villeneuve, par. de Coatréven, — du Bois-Guézénec, par. de Louannec, — de Kergolléau, par. de Plouézec, — du Gueun, par. de Plourin, — de Kersalou, par. de Lanmodez, — de Penlan, par. de Quemper-Guézennec, — de Goazven, par. de Servel, — du Goffellic, — de Kergadeau, — de Limeur, — du Bois-Garin, par. de Spézet, — du Pont-Even, par. de Trégastel, — des Fontenelles, — du Pontglo, par. de Pleumeur-Gautier, — du Val-Campel, — de la Haye, — de Kerharan, — de Kerbiquet, — de Langle, — de Kergrec'h.
    Anc. ext. chev., réf. 1669, dix gén.; réf. et montres de 1427 à 1543, par. de Trémel, Pommerit-Jaudy, Plougaznou, Plouézoc'h, Ploujean, Plouézec et Lanmodez, év. de Tréguier, Saint-Brieuc et Dol.
    D'argent à trois fasces de gueules, *qui est Lanvaux*; *aliàs* : accomp. en chef d'un lambel d'azur (sceau 1409). Devise : *Tout du tout*.
    Alain, juveigneur de Lanvaux, fils de Geoffroi et de Tiphaine de Rohan, devait un demi chevalier à l'ost du duc en 1294, pour sa terre de Trogoff, dont il prit le nom. Pierre, tint le parti de Charles de Blois en 1356, et eut sa terre confisquée par Jean de Montfort qui l'engagea au roi d'Angleterre Édouard III.

Pierre rentra en possession de Trogoff, après la prise de cette place par du Guesclin en 1364 et laissa deux fils, 1° Jean, qui a continué la branche aînée; 2° Yves, marié vers 1399 à Marguerite Léon, de la maison de Kergarff dont deux fils : Alain, marié à Marguerite, dame de Roc'hmélen, et Pierre, marié à Alix, dame de Quenquizou, auteurs des branches qui existent encore.

René, conseiller au parlement en 1590, épouse Marguerite d'Avaugour; un lieutenant des maréchaux de France à Lannion en 1788; un capitaine de vaisseau en 1784, contre-amiral en 1793, † 1794; un sous-lieutenant au régiment de Viennois (infanterie) en 1782, maréchal de camp en 1814, aide de camp du Roi et gouverneur de Saint-Cloud, † 1840.

La branche aînée a fini à Jeanne, dame de Trogoff, l'une des filles de la duchesse Jeanne de France en 1420, mariée à Olivier de Ploësquellec, d'où la châtellenie de Trogoff a appartenu successivement aux Pont-l'Abbé, Tournemine, du Chastellier, Villeblanche, Espinay, Schomberg, Pensornou, Huon de Kermadec, Allain de la Marre, des Nos des Fossés et Kergorlay.

La branche de Kerprigent fondue dans Kermabon, puis Mol; la branche du Pontglo fondue dans Rosmadec en 1608.

TROGOFF (DE), s^r dudit lieu, par. de Plouescat, év. de Léon.

De gueules au lambel à trois pendants d'or. (G. le B.)

Fondu dans Kerouzéré.

TROGUINDY (DE), *voyez* ROBIOU.

TROGUINDY (DE), vicomte dudit lieu, par. de Penvénan, — de Kerhamon, par. de Servel, — châtelain de la Roche-Jagu, par. de Ploëzal, — s^r de Kergoniou et de Launay, par. de Camlez, — de Kerropartz et de Kerguémarc'hec, par. de Saint-Michel-en-Grève, — de Kernéguez, par. de Goudelin, — du Bignon, par. de Morieuc, — de Launay, par. de Bréhant-Moncontour, — de la Ville-Hélan, par. de Plurien.

Maint. au conseil en 1704, ress. de Jugon; réf. et montres de 1427 à 1543, par. de Penvénan, Camlez, Lannion et Saint-Michel-en-Grève, év. de Tréguier.

De gueules à neuf (*alias* : sept), besants d'or. (G. le B.)

Henri, épouse vers 1400 Jeanne de Keraliou, dont Henri, marié à Marie de Ménéhorre, entre les nobles de Tréguier qui prêtent serment au duc en 1437; Jean, fils Alain, épouse vers 1490 Marguerite le Long, dame de Kernéguez; Jacques, homme d'armes de la compagnie de Monsieur de Vendôme en 1598.

La branche de la Roche-Jagu fondue dans du Parc, puis Péan.

TROLONG (DE), s^r dudit lieu et du Rumain, par. de Hengoat, — de Kerhir, par. de Trédarzec, — de Ménéhorre, par. de Ploumagoër, — du Runiou, — de Trofeunteun, — du Rest, par. de Pommerit-Jaudy, — de Kergeffroi, par. de Penvénan, — du Halegoët, — de Kerfroter, — de Goazrus, par. de Lanvellec, — de Launay, par. de Langoat, — de Coadélay, — de Saint-Luc, — de Keralain, — de Kerhors, — de Saint-Jean, — de la Haye, — de la Rivière-Brochereul, par. de Rougé.

Anc. ext., réf. 1669, neuf gén.; réf. et montres de 1427 à 1543, par. de Hengoat, Trédarzec et Ploumagoër, év. de Tréguier.

Écartelé aux 1 et 4 : d'argent à cinq tourteaux de sable en sautoir; aux 2 et 3 : d'azur au château d'argent. Devise : *Ractal*. (Sur le champ).

Alain, écuyer, entendu dans l'enquête pour la canonisation de saint Yves en 1371; Jean, marié à Clémence de Kerguézec, homme d'armes armé pour le recouvrement de la personne du duc, prisonnier des Penthièvre en 1420; un capitaine de vaisseau en 1779, tué dans un combat, commandant la frégate *la Nymphe* en 1780; une fille à Saint-Cyr en 1782; un page du Roi, sous-lieutenant aux dragons (Dauphin) en 1787.

TROMANOIR (DE), *voyez* COËTAUDON (DE).

TROMELIN (DE), *voyez* BOUDIN.

TROMELIN (DE), *voyez* DALL (LE).

TROMELIN (DE), *voyez* GOARANT (LE).

TROMELIN (DE), s^r dudit lieu et du Cosquer, par. de Plougaznou, — de Bren et du Goazglaz, par. de Plouézoc'h.

Réf. et montres de 1427 à 1543, dites par., év. de Tréguier.

D'argent à la croix pattée d'azur, au croissant de gueules en pointe. (G. le B.)

La branche aînée fondue dans Coëtanscours, puis Toulbodou; moderne : Boudin.

TROMELIN (DE), s^r dudit lieu, par. de Kernouëz, — de Lanarnuz, par. de Trefflez, — de la Flèche, par. de Plouider, — de Kerliviry, par. de Cléder, — de Lancelin, par. de Languengar, — de Kerléver, — de Penlan, — du Bourouguel, par. de Plouigneau, — de Kerbourdon, par. de Plestin, — du Parc, par. de Pleudaniel, — de Kervégant, — de Lesquilly, — du Cosquer, — de Kerbiriou, par. de Coatréven, — du Clos, — du Merdy.

Anc. ext., réf. 1668, neuf gén.; réf. et montres de 1445 à 1534, par. de Kernouëz, Trefflez et Plouider, év. de Léon.

D'argent à deux fasces de sable, *comme Barbier*.

Tanguy, témoin à un traité entre les barons de Léon et de Pont-l'Abbé en 1328; Henry, auditeur des comptes en 1440; Yves, vivant en 1445, épouse Marie de Penmarc'h; Jean, auditeur des comptes en 1503; Gabriel, sénéchal de Lesneven, président aux comptes en 1632.

La branche de Kerliviry fondue dans Boiséon, puis Poulpiquet; la branche du Bourouguel fondue en 1563 dans Penmarc'h.

Famille éteinte qui paraît avoir eu une origine commune avec les Barbier.

TROMENEC (DE), *voyez* BIHANNIC (LE).

TRONCHAY (DU), s^r de la Sauldraye, par. de Saint-Grégoire.

Réf. de 1427 à 1513, dite par., év. de Rennes.

D'azur à trois channes ou marmites d'or.

Fondu en 1524 dans Louail.

TRONCHAYE (DE LA), s^r dudit lieu et de la Poulardière, par. de la Prénessaye, — du Moustoir, — de Kergestin.

Anc. ext., réf. 1670, neuf gén.; réf. et montres de 1441 à 1535, par. de la Prénessaye, év. de Saint-Brieuc.

D'azur à trois fleurs de lys d'argent.

Eon, vivant en 1441, épouse Mahaud du Houlle.
Le nom ancien de cette famille est Marie.
Fondu en 1664 dans Perret, qui ont pris les nom et armes de la Tronchaye.

TRONSON (DE), sr dudit lieu et de Kerfeunteniou, près Tréguier, — de Perros, — de Kermérien, par. de Plougonvelin, — de Kerduat.

Ext., réf. 1670, cinq gén.; montres de 1481 à 1534, par. de Saint-Mathieu de Morlaix et Plougonvelin, év. de Tréguier et Léon.

D'argent au chevron de gueules, accomp. de trois roses de même, tigées et pointées d'azur, *voyez* FLEURIOT.

Eonet, otage à la capitulation de la ville de Guingamp, assiégée par le vicomte de Rohan en 1419; Martin, vivant en 1534, épouse Azénor Poncelin.

TROTEREAU, sr des Rosais, ress. de Ploërmel.

D'or à huit tourteaux de sable (arm. 1696).

TROTEREAU, sr de la Hacherais, de la Rigaudière, du Palierne et de la Clérissais, par. de Moisdon, — de Launay-Hazard, par. d'Auverné, — du Boisvert, par. de Saint-Aubin-des-Châteaux.

Déb., réf. 1671, ress. de Nantes.

D'argent à la fasce écotée de sinople, soutenant une tourterelle perchée de sable (arm. 1696).

François, député de Chateaubriant aux États de 1570, maître des comptes en 1575.

TROUILLET, sr de la Bertière, — de l'Echasserie.

D'argent au rameau de chêne en pal, chargé de trois glands, le tout de sinople.

Quatre conseillers au parlement depuis 1704.

TROUIN, sr de la Barbinaye, — du Guay, év. de Saint-Malo.

D'argent à une ancre de sable, au chef d'azur chargé de deux fleurs de lys d'or. Devise : *Dedit hæc insignia virtus.*

Luc, capitaine armateur, et Marguerite Boscher, père et mère : 1º de Luc, sr de la Barbinaye, 2º de René, sr du Guay, lieutenant-général des armées navales en 1728, † 1736, anobli avec son frère en 1709. (Famille éteinte).

TROUSSART, sr du Clossuzain, par. d'Hénon, — du Tertre, — de la Villepain, par. de Quessoy, — de la Barre.

Maint. à l'intend. en 1700 ; réf. 1513, par. de Quessoy, év. de Saint-Brieuc.

De gueules à trois molettes d'argent, 2. 1, surmontées de trois macles rangées de même.

Les srs du Plessis et de la Brousse, déboutés à l'intendance en 1700.

TROUSSIER, vicomte de la Gabetière en 1657 et sr de Pontmesnard, par. de Saint-Brieuc-de-Mauron, — de Kerbrat, par. de Ménéac, — de Coësbo, — des Hayes, — de la Villeagan, — de la Villegleix, — de la Villegeffroy, — du Bois, — de Lourmaye, par. de Nivillac, — de Coëtsquiriou, — du Parc, par. de Rosnoën.

Anc. ext. chev., réf. 1670, dix gén.; réf. et montres de 1426 à 1513, par. de Saint-Brieuc-de-Mauron, év. de Saint-Malo.

D'hermines au lion de gueules.

Gautier et ses fils, de la paroisse de Meillac, font une fondation à l'abbaye de la Vieuville en 1147; Guillaume, vivant en 1426, épouse Florence Louail, dont : Gilles, marié à Aliénor de Coëtion; Jean, sénéchal de Lamballe, commissaire de la réformation des fouages de Saint-Brieuc en 1441; Jacques, sr de Pontmesnard ou Pommenars, marié à N. de Rosmadec du Plessis-Josso, illustré par les lettres de Mme de Sévigné; un volontaire au combat de Saint-Cast en 1758.

La branche du Parc fondue en 1581 dans Penmarc'h, puis le Veyer.

TRUBLET, sr de la Ville-Jégu, — de la Chesnays, — de la Fosse-Hingant, par. de Saint-Coulomb, — de Launay, — de la Guinouais, — de la Ville-le-Roux, — de la Flouerie, — de Nermont.

Maint. par les commissaires en 1700, ress. de Rennes.

D'azur au chevron d'argent, chargé de trois roses de gueules.

Bernard et Jean, bourgeois de Saint-Malo, ratifient le traité de l'évêque et des habitants de cette ville avec le duc en 1384; un gentilhomme de la maison de Monsieur, frère du Roi, en 1695; plusieurs secrétaires du Roi aux chancelleries de Rennes et Clermont-Ferrand, depuis 1712; un chanoine de Saint-Malo, membre de l'Académie française et de celle de Berlin, † 1770; un lieutenant de vaisseau en 1784, † contre-amiral honoraire en 1829.

TRUCHOT, sr des Forgettes, — de Bellegarde, — de la Chesnaye.

Déb., réf. 1668, év. de Saint-Malo.

Thomas, capitaine entretenu pour les armées navales du Roi, premier capitaine de l'amiral et port de Brest en 1668.

TUAULT (orig. de Picardie), sr de la Bouverie.

D'azur au lys d'or, surmonté d'un croissant d'argent.

Un sénéchal de Ploërmel en 1778, député aux Etats généraux de 1789, anobli en 1814.

TUDUAL, sr de Keraouël et de la Tour, par. de Plounévez-Lochrist, — de la Rive, par. du Minihy.

Réf. et montres de 1447 à 1534, par. de Plouénan et le Minihy, év. de Léon.

De gueules à trois trèfles d'or, une quintefeuille de même en abyme, *comme la Rive*.

Fondu dans le Borgne.

TUDUAL, sr de Kerpeulvan, par. de Penvénan, — de Trégouët, — de Kerillis.

Montre de 1481, par. de Penvénan, év. de Tréguier.

D'argent à l'aigle éployée de sable, becquée et membrée de gueules, *comme Davay*.

Devise : *Peu me suffit*.

Fondu dans du Halegoët.

TUFFIN, vicomte de la Rouërie en 1613 et sr du Breil, par. de Saint-Ouen, — des Portes, par. d'Antrain, — de Mesandré, — du Taillet, par. de Saint-Sauveur-des-Landes, — de Vaugarni, par. de Saint-Etienne, — de Sesmaisons, — de la Vigne, — de la Motte, — de Villiers et de Ducy, en Avranchin.

Anc. ext. chev., réf. 1669, sept gén.; réf. de 1478 à 1513, par. de Saint-Ouen de la Rouërie, Antrain et Saint-Etienne-en-Coglez, év. de Rennes.

D'argent à la bande de sable, chargée de trois croissants d'argent.

Robert, épouse en 1147 Berthe, dame de la Rouërie, fille de Roger et de Raenteline de Combourg; Raoul, prisonnier au siége de Dol en 1173; Jean, vivant en 1454, fils de Jean et d'Orfraise le Vayer, épouse Catherine Furgon, dont : Raoul, lieutenant de la cour d'Antrain, marié en 1484 à Louise le Sénéchal ; Guillaume, chevalier de l'ordre et gentilhomme de la chambre du Roi en 1572 ; quatre pages du Roi de 1704 à 1776 ; un enseigne aux gardes-françaises en 1770, brigadier des armées américaines dans la guerre de l'indépendance, puis l'un des chefs de la conspiration de l'Ouest contre la Convention, † 1793. (Famille éteinte.)

TUGDUAL, sʳ de la Villeneuve-Corbin, par. de Loguivy-Lannion, év. de Tréguier.

D'argent au château de gueules, donjonné de trois pièces. (G. le B.)

TULLAYE (DE LA), sʳ dudit lieu, par. de Saint-Germain-en-Coglez, — de la Haye-Dirée, par. de Saint-Rémy-du-Plain, — du Guépillon, par. de Saint-Ouen de la Rouërie, — du Mée, par. de Marcillé-Raoul, — de la Jaroussaye, par. de Janzé, — du Plessis-Tizon, de Belleisle et du Port-Durand, par. de Saint-Donatien, — du Breil, par. de Petit-Mars, — de Launay-Gohin, — de Varennes, — de Coëtquelfen, par. de Plougourvest, — de Troërin, par. de Plouvorn, — marquis de Maignanne, en Anjou.

Anc. ext., réf. 1669, sept gén. ; réf. et montres de 1427 à 1513, par. de Saint-Rémy-du-Plain, Saint-Ouen de la Rouërie, Marcillé-Raoul et Bazouges-la-Pérouse, év. de Dol et Rennes.

D'or au lion rampant de gueules ; *aliàs :* écartelé *de Racappé*, pour la branche *de Maignanne*.

Étienne, sʳ du Guépillon, prête serment à Jean, duc d'Alençon, baron de Fougères, en 1418 ; Guillaume, vivant en 1427, épouse Guillemette de Guitté, dont : Jacques, marié à Raoulette du Parc ; plusieurs auditeurs, maîtres et procureurs-généraux aux comptes de 1555 à 1782 ; un maire de Nantes en 1629 ; une fille à Saint-Cyr en 1711 ; un conseiller au parlement en 1770 ; un contre-amiral en 1816.

Un membre a fait ses preuves pour les honneurs de la cour en 1789.

TUOLLAYS (DE LA), sʳ de la Frazelière, — de Mébesnard, par. de Javené, év. de Rennes.

D'azur à une main dextre appaumée d'or en pal, au chef de même chargé d'une plante de fougère de sinople, *comme Mesnard.*

René, député de Fougères aux Etats de Rennes en 1567, père de Pierre, marié à Gillette Lerminier. Cette famille, alliée aux Pigeon, du Feu, Mesnard, Léziart, Kermarec, le Pays, Vittu, du Bouays et Rolland-du-Noday, a produit : un chevalier du Saint-Sépulcre en 1650, un capitaine de grenadiers au régiment provincial de Rennes, chevalier de Saint-Louis en 1760, et un officier au régiment de Beauvoisis en 1783.

TUOMELIN, *voyez* TROMELIN (DE).

TUOMELIN, *voyez* THOMELIN.

TURIN (orig. du Languedoc), sʳ de la Salle.

Déb. à l'intend. en 1703, ress. de Saint-Renan.

D'or à l'aigle de sable (arm. 1696).

Un échevin de Brest en 1696.

TURNEGOËT, sʳ de la Pommeraye, par. de Ploufragan, — de la Grange, de la Haquemorais et de la Ville-Ernault, par. de Saint-Michel de Saint-Brieuc, — de Lescho, par. de Pordic, — de la Ville-Raoul, par. de Cesson, — de la Ville-Rault, de la Villegohel et de la Villeneuve, par. de Plérin.

Réf. et montres de 1423 à 1543, dites par., év. de Saint-Brieuc.

D'argent au houx arraché de sinople.

Guillaume et son fils, de la paroisse de Ploufragan, s'arment en 1423 et sont puissants de corps et de biens; François, procureur de Lamballe en 1496, marié à Isabeau Dollo, dame de Lescoët; Jacques, procureur de Lamballe en 1536.

Fondu en 1611 dans la Lande de Calan.

TURMEL, s^r de Lestançon, par. de Langourla.

Déb., réf. 1668, ress. de Jugon.

TURGAN (orig. du Poitou), s^r d'Aubeterre.

De gueules à cinq billettes d'or en sautoir. (G. le B.)

Charles, maître des requêtes en 1585, père de Jean, conseiller au parlement de Bretagne en 1600, marié à Judith Martin, sœur de Guy, alloué de Rennes.

TURPIN (orig. du Poitou), comte de Crissé, — s^r de Sanzay, — de Vihiers, — de Vauvredon.

Losangé d'argent et de gueules.

Jean, général, garde et gouverneur de la finance du duc d'Anjou en 1371; Lancelot, chambellan de Charles VI en 1404; Isabeau, abbesse de Saint-Georges de Rennes en 1420; un conseiller au parlement en 1554; un auditeur des comptes en 1572; un évêque de Rennes en 1712, abbé de Quimperlé et de la Chaume, transféré à Nantes en 1723, † 1746.

TURQUAULT, d'argent au chevron de gueules, accomp. de trois têtes de maure de sable bandées d'or (arm. de l'Ars.).

Michau, archer, sous la charge du maréchal de Rieux, dans une montre de 1503.

TURQUET, s^r de Préneuf, par. de Pléguien, — de Beauregard.

Déb., réf. 1669, ress. de Saint-Brieuc.

TURQUETIL, s^r de la Blandinaye, par. de Saint-Etienne-de-Montluc, — de la Pajottière, par. de Saint-Jean-de-Boiseau.

Un sous-maire de Nantes, conseiller au présidial en 1780.

TUSSÉ (DE) (orig. d'Anjou).

De sable à trois jumelles d'argent (G. le B.); *aliàs* : écartelé d'un losangé chargé d'une barre (sceau 1380).

Guillaume, chevalier dans une montre de 1369; Jean, homme d'armes pour le recouvrement de la personne du duc en 1420.

TUVELIÈRE (DE LA), *voyez* BROC.

U

Ugues, sr de la Ville-Hus, par. de Guer, — de la Châteignerais, — du Parc, — des Landes, — du Chesnot.

    Anc. ext., réf. 1669, neuf gén.; réf. et montres de 1426 à 1513, par. de Guer, év. de Saint-Malo.

    D'azur au cerf passant d'argent, ramé et onglé d'or.

<small>Guillaume, vivant en 1426, père d'Alain, marié à Jeanne Ryais, dont : Guillaume, époux d'Olive Hudelor.</small>

Uguet, *voyez* Huguet.

Uguet, sr de Lupin et de la Ville-Galbrun, par. de Saint-Coulomb, — de Beauregard, — de Chanteloup, — de la Guerche.

    Ext., réf. 1669, huit gén.; réf. et montres de 1478 à 1513, par. de Saint-Coulomb, év. de Dol.

    D'argent à deux croissants rangés et adossés de gueules.

<small>Raoulet, vivant en 1478, père de Geoffroi, marié à Julienne le Chauff.</small>

Uguet, sr de la Vairie, — de Servigné et de la Fosse-aux-Loups, par. de Domagné, — de la Chapelle-Cobats et de Chatteville, par. de Carfantain, — de l'Aumosne, par. de Cherrueix, — du Bois-Botherel, — de Saint-Jean, — du Souchay.

    Anc. ext. chev., réf. 1669, neuf gén.; réf. et montres de 1454 à 1513, par. de Domagné et Carfantain, év. de Rennes et Dol.

    D'azur à trois têtes de léopard, arrachées et lampassées d'or.

<small>Jean, chevalier, maître du trait et de l'artillerie de Bretagne en 1454, père de Jean, marié à Renée du Tail, dont : Jean, époux de Renée Cobats, dame de la Chapelle.
Un volontaire au combat de Saint-Cast en 1758.</small>

Urgoët, sr de Kernaon, par. de Plounévez.

    Déb., réf. 1670, év. de Cornouailles.

    D'azur à trois aigles d'argent (arm. 1696).

Urvoit, sr de Saint-Mirel, par. de Plénée-Jugon, év. de Saint-Brieuc, anobli en 1816.

    D'azur à trois molettes d'or (*aliàs* : d'argent).

<small>Un député à l'assemblée législative en 1792.</small>

Urvoy, sr de la Villeoury, — des Fermes, par. de Maroué, — de la Cassouère, par. de Landéhen, — des Champscourt, — de Closmadeuc et du Tertre, par. de la Maloure, — de la Touche-Bréhant, — de Belorient, — du Duault, — de Saint-Glen,

— de Carboureux et de Saint-Bédan, par. de Saint-Brandan, — de Portzamparc, par. de Plounévez-Moëdec, — de Troudelin, par. de Saint-Thual, — des Rabines, — de la Roche, — de Kerstainguy, par. d'Allineuc, — de la Villegourio, — de Chaigné.

Anc. ext., réf. 1668, huit gén.; réf. et montres de 1440 à 1513, par. de Maroué, Landéhen et la Maloure, év. de Saint-Brieuc.

D'argent à trois chouettes de sable, becquées, membrées et allumées de gueules ; *aliàs* : un chevron chargé d'une barre (sceau 1418).

Etienne, croisé en 1248 ; Barthélemy, fait un accord avec le chapitre de Dol en 1277 ; Guillaume et Olive sa femme, font un échange de terres, sises paroisse de Plouguénast, avec Olivier de Rohan, en 1323 ; Jean, ratifie le traité de Guérande en 1381 ; Olivier, sr de la Villeoury, prête serment au duc en 1437 et épouse Marguerite Rosty, dont : 1º Olivier, marié à Catherine Bourdais ; 2º Pierre, marié à Anne de Couëspelle, auteurs des diverses branches de cette famille ; Gilles, chevalier de l'ordre et gentilhomme de la chambre du Roi en 1633 ; un page du Roi et une fille à Saint-Cyr en 1737 ; un abbé de Ménat, au diocèse de Clermont en 1765 ; un maréchal de camp en 1845.

Ust (d'), sr dudit lieu, par. de Saint-André-des-Eaux, — de Trévécar, par. de Nivillac, — du Molant, par. de Bréal.

Réf. de 1426 à 1513, dites par., év. de Nantes et Saint-Malo.

De sable, fretté d'argent de six pièces (sceau 1392).

Jean, capitaine de Saint-Nazaire en 1379.

La branche aînée fondue dans du Boberil ; moderne : Kerpoisson.

Uzel (d'), sr dudit lieu, par. de ce nom, év. de Saint-Brieuc.

D'azur à trois besants d'or (G. le B.) ; *aliàs* : d'or à la bande d'azur chargée de trois besants d'or.

Fondu au XIIIe siècle dans Budes, d'où la seigneurie d'Uzel est passée successivement aux du Marchaix, la Soraye, Malestroit et Coëtquen ; elle fut érigée en vicomté en faveur de ces derniers, en 1538, et tomba ensuite par alliance dans la maison de Durfort de Duras, qui la vendit aux Boschat en 1760.

Uzille, sr de Kervellers, — de Keraudren.

Maint. par arrêt des aides (Saint-Luc), et au conseil en 1698 ; sept gén., ress. de Carhaix.

D'argent à la fasce de gueules, chargée de trois croissants d'or et accomp. de trois trèfles de sinople (arm. 1696).

Jean, sénéchal de Quintin en 1650, épouse Esther Girard.

V

Vache (la), sr de la Touche, par. de Créhen, — du Miroir, par. de Plélan-le-Petit, — de Domenesche et de Lorme, par. de Sion, — d'Ossé, par. d'Availles, — du Tertre, par. de Saint-Aubin-des-Châteaux, — de la Touche, par. de Saint-Vincent-des-Landes.

Réf. et montres de 1427 à 1544, par. de Créhen, Plélan et Sion, év. de Saint-Malo et Nantes.

De gueules à une vache d'argent (G. le B.); *aliàs* : de gueules à trois rencontres de vaches d'argent (sceau 1413).

Guillaume, croisé en 1248; Geoffroi, sénéchal de Ploërmel en 1272.
La branche aînée fondue dans Plorec, puis Acigné.

Vacher (le), sr de Lohac, év. de Vannes.

De gueules à quatre fasces d'argent (arm. 1696).

Un syndic de Vannes en 1690.

Vahais (de) (orig. du Maine), sr dudit lieu, au Maine, — de la Bertrie, par. de Piré, — du Bois-Renaud et de Saint Ouen, par. de Riaillé, — de Mauny, par. de la Chapelle-Glain, — de Launay, par. de Saint-Aignan.

Ext., réf. 1669, cinq gén., ress. de Rennes.

D'azur au soleil de douze rayons d'or.

Julien, épouse en 1532, Louise de Fontenailles; un page du Roi en 1720.
La seigneurie de Vahais a appartenu postérieurement aux la Corbière, puis Picot.

Vaillant (le), sr du Paty, — de Chambonneau.

Déb., réf. 1668, ress. de Vitré.

D'argent à une aigle de sable. (G. le B.)

Ce nom est employé dans les réformations de 1427 à 1513, paroisse de Saint-Aubin-d'Aubigné.

Vaillant (le), sr de Penamprat, ress. de Lesneven.

D'argent au lion de gueules, à la fasce de même brochant (arm. 1696).

Vaillant (orig. d'Orléans).

D'argent à trois roses de gueules, un croissant de même en abyme.

Moïse, conseiller au parlement en 1588, épouse Isabelle de Champeaux.

Vaillant (orig. de Lorraine), sr de Guélis.

D'azur à l'ancre d'argent trabée de sable, surmontée de deux molettes d'or.

Germain, abbé de Paimpont en 1554, évêque d'Orléans en 1586.

Vair (de), sr dudit lieu et du Plessis, par. de Saint-Herblon.

Echiqueté d'argent et de gueules (sceau 1240).

Albéric, témoin d'une fondation de Conan II à Saint-Martin de Tours en 1058 ; Geoffroi fait une fondation aux moines de Pontron en 1240.

La seigneurie de Vair, possédée depuis le XVe siècle par les du Chaffault, Cardonne, Tissart, d'Argy, du Breil et la Noue, et érigée en comté en faveur de ces derniers en 1653, passa par acquêt aux Cornulier en 1664.

Val ou **Traon** (du), sr dudit lieu, par. de Saint-Martin de Morlaix.

D'argent à deux pigeons affrontés d'azur, becquetant un cœur de gueules. (G. le B.)

Fondu dans Kerret.

Val (du), sr du Petit-Val, par. de Saint-Mathieu de Morlaix, — de Ranlou.

Ext., réf. 1669, huit gén. ; montre de 1481, par. de Saint-Mathieu de Morlaix, év. de Tréguier.

D'azur au cerf passant d'or, *comme Floc'h et Kerléau.*

Jean, vivant en 1481, père d'Alain, marié à Catherine Bertrand.

La branche aînée fondue dans Kerloaguen, puis Pinart et le Marant.

Val ou **Traon** (du) sr du Traonmeur, par. de Boharz.

Réf. et montres de 1426 à 1534, par. de Boharz et Ploudalmézeau, év. de Léon.

D'argent à la tour couverte de sable, *comme Kerjean.*

Geoffroi, croisé en 1248 ; mais nous ne pouvons préciser à quelle famille du Val il appartenait.

Fondu en 1560 dans Lesguen, d'où la terre du Traonmeur a passé par alliance aux Huon de Kermadec en 1700.

Val (du), sr de la Croix, — des Noyers.

Maint. à l'intend. en 1704.

De sable à trois canettes d'argent, becquées d'or. (G. le B.)

Thomas, anobli en 1628.

Les srs de la Ville-Armel et de la Marre, déboutés à la réformation de 1668, ressort de Saint-Brieuc.

Val (du), sr de Keravéon, par. d'Erdeven, — de Coëshy, par. de Guégon.

Réf. et montres de 1481 à 1536, par. de Guégon, év. de Vannes.

D'argent à deux fasces de sable, à la bordure de gueules, besantée d'or (G. le B.), *comme Trémouart.*

Fondu en 1535 dans Talhouët.

Val (du), sr de Kergadiou, près Saint-Pol.

De gueules à cinq fusées rangées et accolées d'argent. (G. le B.)

Moderne : Kersaint-Gilly.

Val (du), sr de la Touche, par. d'Erbrée.

Réf. 1513, dite par., év. de Rennes.

De sable à trois channes ou marmites d'argent.

Jeanne, épouse en 1480 Jean Hay, sr des Nétumières.

Val (du) (orig. de Paris).

Jérôme et Nicolas son fils, conseillers aux parlements de Paris et de Bretagne en 1557 et 1563.

Val (du) (orig. du Poitou), sr de la Marinière, — de la Vergne, — de Chassenon, — de Curzay.

D'azur au sautoir accomp. en chef et en flancs de trois vannets ou coquilles et en pointe d'un huchet, le tout d'or.

Des trésoriers de France à Poitiers et deux présidents aux comptes de Nantes, depuis 1759.
Un membre élevé sous la Restauration à la dignité de vicomte.

Validire, sr de Saint-Léon, par. de Merléac, év. de Cornouailles.

D'argent au chef de gueules, chargé de trois quintefeuilles d'argent (sceau 1415). Devise : *Deum time*.

Jean, évêque de Léon en 1427, auquel on doit la reconstruction du chœur de la cathédrale de Saint-Pol en 1431, transféré à Vannes en 1433, † 1444.

Valleaux, sr des Touches, — du Boisrobin, par. de Marcillé-Robert, — de la Meunerie, par. de Drouges.

Anc. ext., réf. 1669, neuf gén.; réf. de 1479 à 1513, dites par., év. de Rennes.

D'or à trois bandes de gueules.

Jean, épouse en 1429 Marie Quatrebarbes, dont Jean, marié à Jeanne du Perray, dame des Touches, père et mère de Charles, marié en 1496 à Henriette Huguet, dame du Bois-Robin; une fille à Saint-Cyr en 1787.

Vallée (de la), sr dudit lieu et de la Chèze, par. de Plumaudan, — de la Haterie, par. de Plumaugat, — de la Pignonnaye, — du Val, — de la Burie, par. de Mégrit, — de la Forestrie, par. de Corseul, — de la Hingrais, — de la Coninaye, par. de la Chapelle-Chaussée, — de la Lande-Menguy, par. d'Évran.

Anc. ext., réf. 1668, huit gén.; réf. et montres de 1444 à 1513, dites par. et par. de Langadias, év. de Saint-Malo.

De gueules à trois fermaux d'argent; *aliàs* : un annelet de même en abyme.

Pierre, vivant en 1479, épouse Hélène de Chambellé, dont Raoul, marié à Raoulette de Cherrueix; Jacques, conseiller au parlement en 1598.

La branche aînée fondue dans la Motte.

Vallée (de la), sr dudit lieu, par. de Bréal, — de Saint-Jouan, par. de Saint-Jouan-de-l'Isle, — du Roz.

Réf. et montres de 1427 à 1513, par. de Bréal, év. de Saint-Malo.

De sable à trois poissons d'argent en fasces, l'un sur l'autre.

La branche de Saint-Jouan fondue dans Rosmadec puis le Ny.

Valleilles (orig. d'Auvergne).

D'azur à l'épée brisée d'argent, posée en chevron, emmanchée d'or, accomp. de trois étoiles d'argent.

François et Barthélémy père et fils, auditeurs des comptes en 1672 et 1688.

Valleton, sr de la Paille, — de la Garinerie, — du Désert, par. de Bouée, — de la Garde, par. de Doulon, — de la Barossière, par. d'Orvault, — du Douët-Garnier et des Croix, par. de Sautron.

Maint. réf. 1669, 0 gén. et à l'intend. en 1702, ress. de Nantes.

D'or à un cœur de gueules, accomp. en chef d'une rose de même et en pointe d'un croissant d'azur.

<small>Un échevin de Nantes en 1666 dont les descendants prirent lettres en 1742 pour partager noblement; un auditeur et deux maîtres des comptes depuis 1719; un lieutenant des maréchaux de France à Ingrande en 1788.</small>

VALLETTE (DE LA) (orig. de Normandie, y maint. en 1667).

Maint. par arrêt du parl. de Bretagne de 1767 et admis aux États de 1768.

D'argent à trois lions de gueules.

VALLETTE (DE LA), sr dudit lieu, par. de ce nom, — de la Landelle, par. de Moulins, — de la Rivière, par. de Piré, — du Bois-Mellet, — des Fougerais, — de la Villesco, par. de Bais, — des Forges.

Anc. ext., réf. 1669, huit gén.; réf. de 1427 à 1513, par. de la Vallette, Moulins-sur-Roche et Piré, év. de Rennes.

D'argent à trois hures de sanglier arrachées de sable.

<small>Jean, jure l'association de la noblesse de Rennes pour empêcher l'invasion étrangère en 1379; Raoul, vivant en 1505, épouse Jeanne Morel, dont Jean, marié à Perrine de Cornillé.</small>

VALLOT (orig. de Languedoc), sr de la Magnanne, — d'Auville.

D'azur au chevron accomp. en chef de deux étoiles et en pointe d'un rameau de chêne englanté, le tout d'or.

<small>Antoine, premier médecin de Louis XIV, père d'Édouard, abbé de Saint-Aubin-des-Bois en 1657, évêque de Nevers en 1666.</small>

VALOIS (LE), sr de Gallet, par. de Saint-Georges de Rennes, — de la Guinvrais, par. de Betton, — de Séréac, par. de Muzillac, — de Beaulieu, par. de Mesquer, — de la Motte-Aleman, par. de Saint-Nazaire.

Ext., réf. 1668, huit gén.; réf. 1513, par. de Saint-Georges et Betton, év. de Rennes.

D'azur à deux vautours affrontés d'argent, enchaînés d'or par le cou.

<small>Thomas, marié avant 1513 à Perrine de Lessart, père d'Yves, époux de Jeanne de Cornillé. Le sr de Beauregard, demeurant à Rosporden, débouté à la réformation de 1670.</small>

VALOIS (LE) (orig. de Normandie, y maint. en 1666), sr de Villiers, — de la Porte, — de Lauzerois, par. de Parcé.

Maint. à l'intend. en 1699, ress. de Fougères.

D'azur au chevron d'argent, accomp. de trois croissants de même.

<small>Louis, de la paroisse d'Écouville, élection de Caen, anobli en 1577.</small>

VALORY (orig. de Florence, puis d'Anjou), sr d'Estilly, — de Launay, — de la Pommeraye, — de la Motte.

Maint. à l'intend. en 1699.

D'or au laurier de sinople, au chef de gueules.

<small>Barthélémy, capitaine d'Angers en 1417; un panetier de Louis de France, duc d'Anjou et roi de Naples en 1426; un abbé de Quimperlé en 1566; un abbé de Saint-Gildas-des-Bois en 1763; plusieurs chevaliers de Malte et deux lieutenants-généraux des armées au dernier siècle.</small>

Trois membres admis aux honneurs de la cour depuis 1785.

Vandel (de), *voyez* Vendel (de).

Vandeur (le), sʳ de Creizker, par. de Saint-Avé, év. de Vannes.

De gueules à trois croissants d'or, une fleur de lys de même en abyme (arm. 1696).

Jean et Guillaume, anoblis par lettres de 1599; Jean, maître des eaux et forêts de Vannes en 1696.

Vannerie (de la), sʳ dudit lieu, par. de Rannée.

Réf. de 1440 à 1513, dite par., év. de Rennes.

Bandé d'argent et d'azur, l'azur chargé de trois étoiles d'or (arm. de l'Ars.).

Jamet et Brient, archers de la garde de la Guerche en 1380; Guillaume, archer de la garde de la même place en 1464.

Vannes, ville épiscopale et château, séjour ordinaire des derniers ducs de Bretagne.

De gueules à une hermine passante d'argent, mouchetée de sable et accolée de la jarretière flottante de Bretagne.

Vannes ou Vennes (de), sʳ de Scolpon, par. de Bignan, — de Cano, par. de Séné, — de la Bétulière, par. de Varades.

Porte deux vaches surmontées d'une moucheture d'hermines (sceau 1271).

Pierre, évêque de Saint-Brieuc en 1272, † 1290; Jean, procureur et contrôleur général du duc en 1439, président aux comptes en 1442, épouse Perrine Couldeboue.

Varades (de), sʳ dudit lieu, par. de ce nom, év. de Nantes.

Porte trois chevrons (sceau 1196).

Briand, fait une donation à Marmoutiers en 1120, confirmée par Olivier son fils en 1150; André, lègue trente sols à l'église de Varades en 1196. Fondu dans Ancenis.

Varennes (de), porte deux haches d'armes adossées (sceau 1351).

Varennes (de) (orig. d'Auvergne), sʳ de Périgourdaine, — des Vacans, — de Condat, — de Mouchaud, — de Chailloux, — de Kerronic.

Maint. à l'intend. en 1700.

D'azur à trois chardons d'or. Devise : *Non est mortale quod opto.*

Un audiencier à la chancellerie en 1682; deux fermiers généraux des devoirs, impôts et billots de l'évêché de Léon en 1683; un abbé de Landévennec en 1713; un receveur général des États en 1786.

Varin (orig. de Normandie), sʳ du Colombier, par. de Maroué, — de Beauval, — de Beaupré.

Déb., réf. 1670, ress. de Saint-Brieuc.

De gueules au chevron d'or, accomp. en chef de deux molettes et en pointe d'un fer de pique la pointe en haut, le tout d'argent (arm. 1696).

Un lieutenant civil et criminel de la cour de Rennes, anobli en 1775; un lieutenant au régiment de Penthièvre (dragons) en 1788.

Vars (de).

Parti d'or et d'azur, au lion coupé de gueules et d'argent (G. le B.), *voyez* Vaux (des).

Vars, d'argent au sautoir de sable, accomp. de quatre molettes de même. (G. le B.)

D'argent à l'aigle de sable, armée, membrée et becquée de gueules (sceau 1402).

Jean, abbé de Saint-Jacques de Montfort et archevêque de Dol, † 1190; Denis, écuyer dans une montre de 1392; Olivier, vivant en 1427, épouse Mathurine Gouyon.

VAUROUZÉ (DE), sʳ dudit lieu, par. de Betton, — du Vionnay, par. de Bourgbarré.

Réf. de 1427 à 1513, dites par., év. de Rennes.

VAURUFFIER, par. de Plouasne, év. de Saint-Malo.

Seigneurie érigée en baronnie en 1576 en faveur du sʳ de Coëtquen, *voyez* COËTQUEN (DE), et possédée depuis par les Caradeuc.

VAUVERT (DE), sʳ dudit lieu, par. de Plorec, év. de Saint-Malo.

D'argent au cerf de gueules, sommé et onglé d'or, chargé sur la poitrine d'une croix d'argent. (G. le B.)

Pierre, écuyer du duc Pierre, reçoit pour étrennes de ce prince en 1445 un hanap d'argent de deux marcs.

Cette famille paraît fondue dans la Motte-Broons.

VAUX ou VAULX (DES) (orig. du Maine), sʳ dudit lieu, par. de Champéon, au Maine, — des Boitelières et de la Couldre, par. d'Essé, — des Grées, par. de Corps-Nuds-les-Trois-Maries, — de la Cilardière, par. d'Amanlis, — de la Motte, par. d'Ercé-en-Lamée, — de Beauchesne, — de Marigny.

Anc. ext., réf. 1668, sept gén.; réf. de 1427 à 1513, dites par., év. de Rennes.

Coupé de sable et d'argent, au lion de l'un en l'autre.

Jean, épouse avant 1513 Jeanne Dalliez, dame de la Cilardière.

Cette famille paraît issue en juveigneurie des marquis de Lévaré, au Maine, de même nom et armes, alliés aux d'Avaugour, Vendôme et du Guesclin.

VAUX (DES), sʳ du Marais-Gautier, par. de Saint-Père-en-Retz, — de la Poupardière, par. de Gorges, — de la Durantais, par. de Touvois, — de la Guérivière et de la Berrière, par. de la Chapelle-Basse-Mer, — de Loisellière, par. de Donges.

Maint. à l'intend. en 1699, ress. de Nantes.

D'azur au chef d'or, au lion coupé de gueules et d'argent brochant sur le tout (G. le B.), *voyez* VARS (DE).

Adrien, marié en 1542 à Gillette Geffroy; René, épouse vers 1640 Isabelle Cornulier.

Cette famille paraît issue en ramage de la précédente.

VAUX (DES), châtelain dudit lieu, par. de Dingé.

Réf. 1441, dite par., év. de Saint-Malo.

D'or à trois merlettes de sable (G. le B.)

Fondu dans le Scanf.

VAUX (DES), sʳ du Boisgarnier, par. de Louvigné-du-Désert, — de la Bretonnière, par. de Saint-Jean-de-Coglez.

Réf. 1513, dites par., év. de Rennes.

De sable à la croix denchée d'or, cantonnée de douze losanges d'argent, trois dans chaque canton (arm. de l'Ars.); *aliàs* : de sable à quatre losanges d'argent rangés en fasce, accomp. de trois coquilles de même (sceau 1392).

Guyot, écuyer, reçoit une montre au Mans en 1392; Jean, épouse avant 1513 Marie de Couaisnon.

Vavasseur (le), sr du Tertre, par. de Saint-Donatien, — de la Billonnière, par. d'Orvault.

De gueules à la fasce d'or, accomp. en chef d'un soleil de même et en pointe de deux croissants d'argent.

Un huissier aux comptes en 1574; un échevin de Nantes en 1595.

Vavasseur (le).

Déb., réf. 1668, ress. de Rennes.

D'argent au chevron de gueules, accomp. en chef de deux quintefeuilles de sinople et en pointe d'un perroquet de même (arm. 1696).

Gilles, procureur du Roi au présidial de Rennes en 1668.

Vay (de), sr dudit lieu et du Brossay, par. de Vay, — de Tréveleuc et de la Johelaie, par. de Marzac, — du Pas-Nantais et de la Rigaudière, par. de Mésanger, — de la Fleuriais, de la Ragotière, de la Baudrée et de Montjonnet, par. de Treffieuc, — de la Ricardaye, — de la Perverie, par. de Saint-Donatien, — du Plessis, par. de Jans, — de la Rochefordière, par. de Ligné.

Anc. ext., réf. 1669, 0 gén.; réf. 1446, par. de Marzac, év. de Nantes.

De gueules au croissant d'hermines, surmonté d'une croisette d'or.

Jean, fils Guillaume, auditeur des comptes, eut son hébergement de Tréveleuc et de la Johelaie franchis en 1459; Pierre, procureur général aux comptes en 1477; Jean, sr de la Rochefordière, épouse en 1542 Claude de Montberon, dont: Claude, marié en 1581 à Suzanne de la Musse; deux conseillers au parlement en 1760 et 1770.

Le sr de Fontenelles, débouté à l'intendance en 1702.

Vayer, **Voyer** ou **Véyer** (le), sr de Clayes, par. de ce nom, — de la Morandaye, par. de Boisgervilly, — de la Clarté, par. de Cornillé, — de la Hussonnière, par. de Moulins-sur-Roche, — de Coësmes, par. de ce nom, — du Plessis-Raffray, par. de Domagné, — de la Mariais, de la Lande, de la Cour, du Boisgerbaud, de la Villeaugier, de la Garenne, de la Rivière et de Saint-Patern, par. de Soudan, — de Rigné, par. de Rougé, — de Laumondière, par. de Saint-Père-en-Retz.

Réf. et montres de 1427 à 1544, par. de Clayes, Boisgervilly, Moulins-sur-Roche, Soudan, Rougé et Saint-Père-en-Retz, év. de Saint-Malo, Rennes et Nantes.

Losangé d'or et de gueules (sceau 1402).

Jean, conseiller du duc Jean V en 1404; Auffroy et Auffroy son neveu, abbés de Saint-Aubin-des-Bois de 1509 à 1532; un panetier ordinaire de la reine Anne en 1513; Bertrand, vivant en 1586, épouse: 1º Vincente de Clairefontaine, dont Pierre, auteur des srs de la Morandaye, qui suivent; 2º Marie Malenfant, mère de Jean, président aux enquêtes en 1619, qui, de Claude le Marchant, laissa une fille unique Louise, dame de Clayes, mariée à Jean Nicolas, sr de Champgérault, autorisé par lettres de 1626 à prendre les nom et armes de sa femme. *Voyez* Nicolas.

La branche de Coësmes fondue en 1377 dans Maillé.

Vayer (le) (ramage des précédents), sr de la Hérissaye, — de Montorel, — de Chevigné, — de Quédillac, par. de ce nom, — de la Morandaye, par. de Boisgervilly, — de la Giraudais, — de Baulac.

Anc. ext., réf. 1668, 0 gén.; réf. 1513, par. de Boisgervilly, év. de Saint-Malo. De gueules à neuf losanges d'or.

<small>Bertrand, vivant en 1586, marié à Vincente de Clairefontaine, père de Pierre, et ce dernier de Jean, marié : 1º à Suzanne le Bouteiller, 2º à Marguerite de Penhoët; un héraut des États de Bretagne en 1728.</small>

VAYER ou VÉYER (LE), sr de Ranguendy, de Névent et de Trémeïdic, par. de Plouzané, — de Poulconq, par. de Plougonvelin, — du Rest, — de Kervézennec, — de Poulfos, — de Kernoter, — de Traonroué, — de Coëtsalou, — de la Porte-Neuve.

Anc. ext. chev., réf. 1669, dix gén.; réf. et montres de 1427 à 1534, par. de Plouzané et Plougonvelin, év. de Léon.

De gueules au lion d'or. Devise : *Cognoscat ex ungue leonem.*

<small>Hamon et Agaisse, vivant en 1380, père et mère de Bernard, vivant en 1427, marié à Marguerite de Lesquélen. (Famille éteinte).</small>

VAYER (LE), sr de Treffalégan, par. de Lanhouarneau, — de Bréhonic, par. de Plounévez-Lochrist, — de la Flèche, par. de Plouider, — de Runéven, — de Botiguéry, par. de Saint-Thonan.

Réf. et montres de 1426 à 1534, par. de Lanhouarneau, Plounévez et Plouider, év. de Léon.

D'hermines à la quintefeuille de gueules, *comme Le Bihan et Lagadec.*

<small>La terre de Treffalégan a passé au XVIIe siècle aux Thépault.</small>

VAYER (LE), sr de Kerandantec et de Coëténez, par. de Plouzané, — de Kerstrat, par. de Lanildut, — de Keranmérien, — du Ster, par. de Cléden-Poher, — du Parc, par. de Rosnoën.

Anc. ext., réf. 1669, onze gén.; réf. et montres de 1427 à 1534, par. de Plouzané, év. de Léon.

D'or à trois merlettes de sable.

<small>Laurent, vivant en 1380, épouse Marguerite de Kernéau.
La branche de Coëténez et du Parc fondue au dernier siècle dans de Guer-Pontcallec.</small>

VAYER (LE), sr de la Ville-Daniel, par. de Plaine-Haute.

Réf. et montres de 1423 à 1569, dite par., év. de Saint-Brieuc.

De gueules à trois coquilles d'or (sceau 1276); *aliàs* : d'argent au chef de gueules, chargé de trois coquilles d'or.

VAYER ou VOYER (LE), sr des Aulnays, par. de Goméné, — de la Vallée, par. de Merdrignac, — de Trégat, — de Penhoët.

Anc. ext., réf. 1668, dix gén. et maint. à l'intend. en 1701; réf. et montres de 1427 à 1513, dites par., év. de Saint-Malo.

D'argent à la fleur de lys de sable.

<small>Jean, vivant en 1400, épouse Jeanne de Couëshy, dont : Jean, marié à Guillemette Bino.</small>

VAYER (LE), de gueules à la fasce d'argent, chargée de trois macles de sable. (G. le B.)

VAYER ou **VOYER** (LE), baron de Trégomar, s^r de Pont-Busson, de la Bussonnais, des Fosses et de la Villéon, par. de Trégomar, — de la Haie-Paynel, en Normandie, — de Launay-Bertrand, par. de Plouasne.

Anc. ext. chev., réf. 1669, onze gén.; réf. et montres de 1423 à 1535, par. de Trégomar, év. de Saint-Brieuc.

D'argent à trois haches d'armes de sable, 2. 1 (sceau 1223).

Geoffroi, voyer de Ménébriac, témoin dans une fondation à Saint-Aubin-des-Bois en 1223; Geoffroi, épouse en 1346, Renée de Guémadeuc; Olivier, chambellan du duc en 1451, épouse Alix de Mauny; Auffroy, épouse en 1540, Marguerite du Vieux-Pont, dame de la Haye-Paynel; Jacques, frère du précédent, chevalier de l'ordre, gentilhomme de la chambre du Roi, capitaine de cent lances sous le seigneur de Longueville, marié à Françoise Bertrand, dame de Launay-Bertrand, assista comme député de la noblesse de Saint-Brieuc à la réformation de la coutume en 1580.

La baronnie de Trégomar appartenait au dernier siècle aux Calloët; la branche de la Haie-Paynel s'est fondue en 1690 dans de Guer-Pontcallec.

VAYER (LE), s^r de Feunteunspeur, par. de Taulé, — du Carpont et de Kerbic, par. de Plouénan, — de Kerisnel, par. du Minihy, — du Beuzidou, par. de Dirinon, — de Kerandraon, par. de Launeufret, — de Kerriou, — de Penc'harvan, — de Belair.

Anc. ext. chev., réf. 1669, douze gén. et arrêt du parl. de 1780, quatorze gén.; réf. et montres de 1443 à 1534, par. de Taulé et Plouénan, év. de Léon.

D'argent à deux haches d'armes de gueules, adossées en pal; *voyez* **MAHÉ** et **KERASQUER**.

Rolland, épouse vers 1330, Catherine de Rosmadec, dont: Yvon, marié à Odierne de Penhoët; Jean, vivant en 1500, épouse Jeanne Courtois, dame du Beuzidou et de Kerandraon.

La branche aînée fondue dans Poulpiquet-Coëtlez; la branche du Beuzidou fondue dans de Flotte puis du Beaudiez; la branche de Kerandraon fondue dans Kerléan puis Rodellec.

VAYER (LE), s^r de la Voyerie et du Couëdic, par. de Missiriac, — de la Cornillière, par. de Quessoy, — de la Vairie, par. de Saint-Marc-le-Blanc, — de Beauregard, — de Montferrand, par. de Bonnemain, — du Vaugarni, par. de Saint-Étienne-en-Coglez, — du Gripel, par. de Carfantain.

Anc. ext., réf. 1670, cinq gén.; réf. et montres de 1426 à 1536, dites par., év. de Vannes, Saint-Brieuc, Rennes et Dol.

De gueules à la bande accostée en chef de deux étoiles et en pointe d'un croissant, le tout d'or.

Olivier, vivant en 1400, père 1º de Jacques, marié à Marguerite, dame de la Cornillière, 2º de Guillaume, auteur des s^{rs} de Montferrand, aïeul de Christophe, vivant en 1500, marié à Jeanne Boutier.

La branche aînée fondue en 1507 dans Budes.

VAYER (LE), s^r de Ruillé, par. de Notre-Dame de Vitré.

Réf. 1427, dite par., év. de Rennes.

D'azur à la colombe d'argent, portant en son bec un rameau de sinople (sceau 1277).

VAYER (LE), sr de Barac'h, par. de Ploërdut, — de la Gras, par. de Peillac.
Réf. et montres de 1448 à 1536, dites par., év. de Vannes.
D'argent à une quintefeuille de sinople.

VAYER (LE), *voyez* VOYER (LE).

VEAU, porte une fasce accomp. de trois rencontres de veau (sceau 1420).
Salomon, fils de Judicaël, vend une dîme située à Jugon, à l'abbaye de Saint-Aubin-des-Bois en 1208; Robinet, écuyer, reçoit une montre à Avignon en 1420.

VÉDIER, sr de la Ville-Olivier.
D'or au sautoir de sinople, chargé de cinq besants d'or.
Un maire de Nantes, général des finances en 1732, † sans postérité.

VÉER (LE), sr de Maulouarn, de Kerléau et de Kerguischoux, par. du Merzer, — de Kergroas, par. de Quemper-Guézennec, — du Traon.
Ext., réf. 1670, cinq gén.; réf. et montres de 1481 à 1543, dites par., év. de Tréguier.
D'azur à trois têtes de renard, arrachées d'or.
Jean, vivant en 1500, épouse 1º Marie de Kernévénoy, 2º Françoise Conen.

VEILLON, sr du Fresne, de Belle-Coste et de la Brousse, par. du Gouray.
Réf. et montres de 1423 à 1535, par. du Gouray et trève de Lanorguen, en Maroué, év. de Saint-Brieuc.
Porte sept macles, 3. 3. 1 (sceau 1423).

VÉLAËR (orig. d'Irlande).
Maint. par lettres de 1733, ress. de Saint-Malo.
Parti émanché d'or et de gueules.

VELLER (orig. d'Allemagne), sr de Gouarimont, — de Kerdigent, — de Croasmen, — de Kersalaun, par. de Carnoët.
Déb., réf. 1670, ress. de Carhaix.
D'argent à trois croix tréflées de sable (arm. 1696).
Tillemand, maître peintre-verrier flamand, établi à Carhaix, naturalisé en 1618; un procureur du Roi et un lieutenant de la juridiction royale de Carhaix en 1696.

VELLURE, d'or à cinq fusées de gueules, posées en fasce. (G. le B.)

VENDEL ou VANDEL (DE), sr dudit lieu, par. de ce nom, — de Launay, par. de Dompierre-du-Chemin, — de l'Estang, par. de Bazouges-sous-Hédé, — du Chasteigner, par. de Trémébeuc, — de la Fosse, par. de Plouasne.
Réf. et montres de 1445 à 1513, dites par., év. de Rennes, Dol et Saint-Malo.
De gueules à trois gantelets (*aliàs* : mains dextres) d'argent, en pal. (G. le B.)
Tristan, abbé du Tronchet en 1508, † 1533.
Une famille de même nom et armes a été maintenue en Poitou en 1667 et 1699.

VENDOMOIS (orig. de Guyenne), sr de Saint-Aubin.
Coupé au 1 : d'or à trois fasces de gueules; au 2 : d'hermines plein.
Un chanoine de Rennes, abbé de Saint-Aubin-des-Bois en 1753 et de Saint-Méen en 1765.

Veneur ou Venneur (le), s^r du Vaumilon et du Bois-Jean, par. de Plessala, — du Vieux-Quilly, — de la Villèsveneur, par. de Pordic, — du Sieurne.

Anc. ext., réf. 1670, huit gén.; réf. et montres de 1423 à 1535, par. de Plessala, év. de Saint-Brieuc.

D'argent au cerf passant de gueules, ramé et onglé d'or, *comme Chohant et Bois-Hamon.*

_{Olivier, vivant en 1420, épouse Havizette Rolland.}

Veneur (le), s^r de la Hazais, par. de Plœuc, — de la Ville-Chaperon, par. de Hénon, — de Bringolo, — du Bouillon, — des Salles, — de Kerambartz, — de Portmartin, — des Fermes, — de la Bonneffetière, — de Ravilly, — de Launay.

Ext., réf. 1669, six gén.; réf. de 1513 à 1535, par. de Plœuc, év. de Saint-Brieuc.

D'argent au greslier de sable, accomp. de trois roses de gueules.

_{François, vivant en 1500, épouse Jeanne le Veneur, dont Charles, marié à Julienne Alain; une fille à Saint-Cyr en 1722.}

_{Les s^{rs} de la Haye et de la Chesnaye, paroisse de Plœuc, déboutés à la réformation de 1671.}

_{Ce nom est aussi employé dans les réformations de 1423 à 1513, paroisses de Plouguénast, Cesson et Trévé, évêché de Saint-Brieuc; mais nous ne savons à quelle famille le Veneur l'appliquer.}

Veneur (le), s^r de Tréguiel, par. de Loyat.

Réf. 1426, dite par., év. de Saint-Malo.

D'hermines à la croix de gueules, chargée de cinq coqs d'argent. (*Mss. Gaignières.*)

_{Fondu dans Collobel, puis Buinart.}

Veneur (le), s^r de Taillis, par. de ce nom, — de la Jaille et de la Maillère, par. de Sucé.

Réf. 1513, par. de Taillis, év. de Rennes.

De sable au chef d'or, chargé de trois huchets d'azur, enguischés d'argent. (G. le B.)

Venier ou Veniero (orig. d'Italie), s^r de la Guerche, par. de Saint-Brévin, — de la Rablière, — de la Noë et de la Salle, par. de Fresnay, — de l'Etang-Jouan, par. du Clion.

Burelé d'argent et de gueules.

_{François, gouverneur de Langeais, Belleisle et Machecoul, épouse vers 1590, Françoise de la Touche-Limousinière, dont Marie, dame de la Guerche, mariée en 1625 à Jean de Bruc.}

Venier (le), s^r de Bréhéguais, ress. de Rennes.

D'argent à une fasce de gueules, accomp. de trois têtes de loup arrachées de sable (arm. 1696).

Venier (le), d'azur à trois étoiles d'or (arm. 1696).

_{Un procureur du Roi à Quimperlé en 1696.}

Vennes ou Vannes (de), *voyez* Vannes (de).

Vennerie (de la), *voyez* Vannerie (de la).

VERDIER (orig. du Quercy, puis d'Anjou), sʳ de Mouceirou, — de Montpeiran, — de Feugua, — de Peirauge, — de Congerie, — de Genouillac, — de Chanat, — de Saint-Bonet, — de la Grüe, — de Cellières, — de la Touchardière.

D'or à un arbre de sinople; *aliàs* : écartelé aux 1 et 4 : d'or à trois bandes d'argent, celle du milieu chargée de trois charbons et chacune des autres de deux charbons de sable, allumés de gueules, *qui est Carbonnières;* aux 2 et 3 : de gueules au lion d'or, *qui est Genouillac;* sur le tout : d'or à un arbre de sinople, *qui est Verdier.*

Jean, docteur ès lois en 1462, devait pour ses terres, hommage aux sires de Biron d'une paire d'éperons d'argent; Pierre, fils de Gautier, épouse vers 1570, Léonarde, dame de Genouillac, dont : Gautier, marié à Jeanne de Carbonnières; un conseiller au parlement de Bordeaux en 1625; un secrétaire du Roi à la chancellerie de Bordeaux en 1704; un commandeur de Saint-Lazare et du Mont-Carmel en 1700; et depuis 1705 trois conseillers au parlement de Bretagne, où cette famille s'est alliée aux Boislève, le Chat, Lantivy, Bégasson, Bizien, le Bel et Jacquelot.

VERGE (orig. d'Anjou), sʳ de Rosseau.

René, grand prévôt d'Angers et président aux comptes de Nantes en 1575, père de 1º René, maître des comptes en 1626; 2º Renée, mariée à Bernard de Monti.

VERGER (DU), sʳ dudit lieu, — de la Bourgeardais, par. de Saint-Aubin-d'Aubigné, — de la Pilletière, — des Cayettes, — de la Febvrie, — de la Noë-Raoulet, — du Gué.

Anc. ext., réf. 1669, six gén.; réf. de 1427 à 1513, par. de Saint-Aubin-d'Aubigné, év. de Rennes.

D'argent au lion de sable, armé, lampassé et couronné d'or.

Pierre, vivant en 1427, épouse Claude de Baulon. (Famille éteinte de nos jours.)
Louis, abbé de Boquen en 1449; mais nous ne savons à quelle famille du Verger il appartenait.

VERGER (DU) (orig. du Maine, maint. à l'intend. de Tours en 1667), sʳ de la Morandière, — de Marbré, par. de Saint-Jean-de-Coglez.

Maint. à l'intend. en 1701, ress. de Fougères.

D'argent à la bande de gueules.

Un secrétaire du Roi en 1702.

VERGER (DU), en breton BERGEZ (DU), sʳ dudit lieu, de Coatpéan, de Saudin et de Cardinal, par. de Guérande, — de Saint-Denac, par. de Saint-Molf, — de Trégrain, par. de Férel, — de Tréguel, par. d'Herbignac, — de Clis, par. d'Assérac, — de Chateaulou, par. de Saint-André-des-Eaux.

Réf. de 1428 à 1453, par. de Guérande, Herbignac et Assérac, év. de Nantes.

D'or à deux quintefeuilles de gueules, au franc canton de même, chargé d'un lion d'argent (G. le B.); *aliàs* : d'argent à trois têtes de maure de sable, tortillées d'argent (arm. de l'Ars.).

VERGER (DU) (orig. de l'Orléanais), sʳ de Chambors.

De gueules à la comète à huit rais d'argent (G. le B.). Devise : *Invito fulmine, fulget.*

VERGER (DU), sʳ de Boislebaud, — de la Gravelle.

Déb., réf. 1668, ress. de Vitré.

D'argent à trois roses de gueules, parti d'azur à une croix ancrée d'argent (arm. 1696).

Étienne, maire perpétuel et héréditaire de Vitré en 1696.

VERGER (DU) (orig. de Nantes), baron des Barreaux en 1809.

Un général de brigade en 1809.

VERGER (DU) (orig. de Champagne), s^r de Cuy.

D'argent à trois arbres de sinople; *aliàs* : écartelé *de Poulmic.*

Pierre, gendarme de la garde du Roi en 1650, épouse Jacqueline de la Valle; un lieutenant-colonel au régiment d'Angoumois en 1770, chevalier de Saint-Louis; un capitaine au régiment de Champagne en 1766, chevalier de Saint-Louis, père 1º d'un sous-lieutenant au régiment d'Angoumois, mort de ses blessures à l'affaire de Quibéron en 1795; 2º d'un cadet-gentilhomme au régiment de Champagne en 1789, marié en Bretagne à la dernière héritière du nom de Poulmic.

VERGIER (DU) (orig. du Poitou, y maint. en 1716), s^r dudit lieu, — de Ridejeu, — de la Rochejacquelein.

De sinople à la croix d'argent, chargée en cœur d'une coquille de gueules et cantonnée de quatre coquilles d'argent. Devise : *Si j'avance, suivez-moi, si je recule, tuez-moi, si je meurs, vengez-moi.*

Aymeric, croisé en 1248; Guy, sénéchal de Cirières, épouse en 1505, Renée le Mastin, dame de la Rochejacquelein; Louis, petit-fils des précédents, blessé d'un coup de mousquetade au combat d'Arques en 1589; quatre chevaliers de Malte de 1540 à 1790; plusieurs lieutenants de Roi en Bas-Poitou depuis 1692; un page du Roi en 1708; un maréchal de camp en 1788, admis aux honneurs de la cour en 1771, père 1º d'Henri, sous-lieutenant au régiment de Royal-Pologne, puis général en chef de l'armée vendéenne, tué en 1794 au combat de Nouaillé, près Cholet, 2º de Louis qui a continué la filiation, maréchal de camp en 1814, tué au combat des Mathes en 1815, marié à Marie-Louise-Victoire de Donnissan, veuve de Louis-Marie Salgues de Lescure, général de l'armée vendéenne; 3º d'Auguste, maréchal de camp en 1818, marié en 1819 à Claire-Louise de Durfort, veuve du prince de Talmont et fille du duc de Duras et de Claire-Louise de Coëtnempren de Kersaint.

VERGIER (DU), s^r dudit lieu et de Penfrat, par. de Lesbin-Pontscorff, — de Locoziern et de Ménéguen, par. de Caudan, — de Kerhorlay, par. de Guidel, — du Moustoir, — de la Villeneuve, — du Pou, par. de Plouay, — de Kervénozaël, par. de Guiscriff.

Anc. ext. chev., réf. 1669, dix gén.; réf. et montres de 1426 à 1536, par. de Lesbin-Pontscorff, Caudan et Saint-Gilles d'Hennebont, év. de Vannes.

De gueules à deux bandes de vair.

Henri, témoin dans un accord entre l'abbesse de la Joie et Hervé de Léon, en 1281; Pierre, rend hommage au vicomte de Rohan en 1396; Henri, fils du précédent, vivant en 1426, épouse Thomine du Boterff, dont : Henri, marié à Anne de Leslay; un page du Roi en 1727; un lieutenant des maréchaux de France à Quimperlé en 1775; un chef d'escadre en 1781.

VERGNE (DE LA) (orig. du Languedoc, y maint. en 1668), s^r de Tressan.

D'argent au chef de gueules, chargé de trois coquilles d'argent.

Un aumônier du régent, évêque nommé de Vannes en 1716, transféré à Nantes en 1717, archevêque de Rouen en 1723, † 1731; un lieutenant-général des armées en 1760.

VERNAY (DU), s^r dudit lieu et du Meix, par. des Touches, — de l'Isle, par. de Haute-Goulaine.

Réf. de 1425 à 1447, dites par., év. de Nantes.

VÉRON, sr de Lesnaudières.

Maint. à l'intend. en 1698, trois gén., ress. de Vannes.

D'azur à trois poissons d'argent nommés vérons, miraillés de gueules. (La Ch. des B.)

VERRIER (LE), sr de Layeul, — de la Danvolière, év. de Rennes.

Ecartelé aux 1 et 4 : de gueules au croissant d'or ; aux 2 et 3 : échiqueté d'argent et de gueules de six tires, au chef de sable, chargé d'un lion issant d'or. (G. le B.)

Jean, abbé de Meilleray, puis de Prières, † 1498 ; Claude, épouse en 1522 Jean Hay, sr des Nétumières.

VESSEL ou VEXEL (LE) (orig. du Maine), sr de Rochières, — du Tertre, — de Rouessé.

D'argent à la croix fleurdelysée de sable.

Julien, épouse vers 1518 Guyonne Chaudemanche, dont : François, gentilhomme servant du roi François Ier, marié en 1545 à Louise du Bellay, aïeul de René, chevalier de Malte en 1610.

Les srs de Roscumunec, paroisse de Plouarzel, de même nom et armes, sont établis en Bretagne depuis Pierre, marié en 1658 à Marie Guimarc'h, dame de Kerambellec, de la paroisse du Conquet-Lochrist.

VESTE (LE), sr du Guern et de Lannuic, par. de Ploërdut, — de Poulguinan, par. d'Ergué-Armel, — de Keranguelven, par. de Bannalec.

Réf. et montres de 1426 à 1536, par. de Ploërdut, Bannalec et Saint-Michel de Quimperlé, év. de Vannes et de Cornouailles.

De sable au huchet accomp. de trois étoiles, le tout d'argent.

VÉTUS (orig. de Bourgogne), sr de Villefallier, près Orléans.

D'or à la rose de gueules, au chef d'azur chargé de trois pals d'or.

Jean, conseiller au parlement de Dijon, puis président à mortier au parlement de Bretagne, anobli en 1581, l'un des membres du conseil général de la Sainte-Union, sous le duc de Mayenne, à Paris, en 1589.

VÉYER (LE), voyez VAYER (LE).

VIARMES (DE), voyez CAMUS.

VIART (orig. de Blois, maint. au conseil en 1671), sr de Villebazin, — de Courtauzay, — de Candé, — de Vilette, — de la Coudraye, — des Essarts, — de Pimelle.

D'or au phénix de sable sur un bûcher de gueules, au chef d'azur chargé de trois coquilles d'argent. (La Ch. des B.)

Jean, écuyer de Charles d'Orléans en 1413, bisaïeul de Jacques, maîtres des comptes de Nantes en 1527, ce dernier, père d'autre Jacques, conseiller au parlement en 1554 ; Guillaume, gendarme de la compagnie d'ordonnance du marquis de Mirebeau, défendit la place de Mirebeau, contre les Impériaux en 1636 ; une fille à Saint-Cyr en 1718.

VIART, sr de Jussé, — de Mouillemuse, par. de Vern, év. de Rennes.

D'azur à deux arcs d'or passés en sautoir, cantonnés de quatre fers de flèches appointés d'argent (arm. 1696).

Deux généraux de finances depuis 1752 ; un secrétaire du Roi en 1737, † doyen en 1765 ; un président aux comptes en 1766.

VIC 481

Viau, sr du Dissais, — de la Noë, — du Grand-Essart, — du Cléray, par. de Vallet, — de la Civellière, du Chesne-Cottereau et de la Savarière, par. de Saint-Sébastien, — de la Chalandière, — de la Bauche, par. de Rezé, — du Bois-Jounin, par. d'Ancenis.

Maint. réf. 1669, trois gén., par les priviléges de la mairie de Nantes.

D'argent au pin de sinople chargé de trois pommes d'or, au chef d'azur chargé de deux croissants d'argent.

<small>Guillaume, abbé de Blanchecouronne en 1538; Martin, épouse en 1597 Anne de la Rivière, dont : Sébastien, sous-maire de Nantes en 1626, marié à Barbe le Meneust, père et mère de : 1º Jacques, maître des comptes en 1616; 2º Sébastien, garde-scel au présidial de Nantes.

Les srs du Pé et de la Rivière, paroisse du Loroux-Bottereau, déboutés à la réformation de 1668, ressort de Nantes.</small>

Viau, sr du Puy-Marchand, — de Longrais.

D'azur à deux croissants contournés d'argent, au chef cousu de gueules, chargé de trois étoiles d'or (arm. 1696); aliàs : d'argent au chevron de gueules, accomp. de trois coquilles de sable. (B. L.)

<small>Antoine, lieutenant de l'amirauté de Saint-Malo en 1696.</small>

Vic (de), d'argent à deux chevrons de gueules, accomp. de trois trèfles de sinople. (G. le B.)

Vicomte (le) (ramage de la Roche-Suhart), sr du Rumen, par. de Cohiniac, — de la Ville-Volette, par. d'Yffiniac, — de Keruzannou, par. de Plouagat-Chatelaudren, — de la Ville-Chaperon, par. de Plédran, — de la Ville-Haveix, — de la Longrais, — de la Ville-Moysan, — de la Ville-Gourio, — du Rosy, — de Beaulieu, — de la Vieuville, par. de Quessoy, — de Kergroas, — de Kermabon, — de la Ville-Aubaud, — de la Houssaye, — de Coëtenfao, par. de Séglien, — de Penhoët, par. de Saint-Thégonnec, — de Coëtcaudu, par. de Langouëlan.

Anc. ext. chev., réf. 1669, quatorze gén.; réf. et montres de 1423 à 1543, par. de Cohiniac, Yffiniac, Plédran et Plouagat-Chatelaudren, év. de Saint-Brieuc et Tréguier.

D'azur au croissant d'or.

<small>Suhart, juveigneur de la Roche, vivant en 1240, père de Geoffroi, priseur au traité de mariage d'Agnès d'Avaugour en 1288; Macé, croisé en 1248; Guillaume, fils de Geoffroi qui précède, panetier de Philippe de Valois en 1338, épouse Olive Visdelou, dont : Eon, marié à Jeanne de Plestan, qui ratifie le traité de Guérande en 1381; un conseiller au parlement en 1731; un maréchal-de-camp en 1748; un président à mortier en 1775; deux filles à Saint-Cyr en 1780; un aide-major garde-côtes au combat de Saint-Cast en 1758.</small>

Vicomte (le), sr de Saint-Ouen, de la Cornillère et de Maugeron, par. de Riaillé, — de Roses, par. du Cellier, — de la Blanchère, par. de Saint-Herblon, — de Caléons.

Réf. de 1427 à 1513, dites par., év. de Nantes.

TOME II. 61

Porte un chevron accomp. de trois étoiles (sceau 1370).

Alain, croisé en 1270; Thomas, fait alliance avec le duc en 1370; Jean, ratifie le traité de Guérande à Pouancé en 1381; Guillaume, vivant en 1427, épouse Perrine des Burons.

VICREUX, s^r du Tertre, — de la Vouvardière.

Déb. à l'intend. en 1710.

VIDEL, s^r de Saint-Martin, ress. de Morlaix.

D'argent au bœuf de gueules, surmonté de trois étoiles rangées de même (arm. 1696).

VIEL (LE), s^r de la Porte, ress. de Morlaix.

D'or à la fasce d'azur, surmontée d'un massacre de cerf de sable (arm. 1696).

VIEL (LE), réf. de 1423 à 1440, par. de Saint-Michel de Saint-Brieuc.

D'azur au chevron d'or, accomp. en pointe d'une étoile de même. (G. le B.)

Eon, de la ville de Saint-Brieuc, sert et s'arme en bon appareil, et a impétré en 1440 des lettres de franchise et rabat d'un feu.

VIESQUES (DE), s^r dudit lieu, par. de Saint-Philbert, — du Boisraguenet, des Perrines et de Chamballan, par. de Doulon, — de la Verrie et de la Chasseloire, par. de Château-Thébaud, — de Champcartier, par. du Bignon, — du Chesne-Cottereau, par. de Saint-Sébastien, — du Fayau, par. de Nort, — de Quistillic, par. de Plougonven.

Anc. ext., réf. 1669, huit gén.; réf. et montres de 1444 à 1544, par. de Saint-Philbert-de-Grand-Lieu et Nort, év. de Nantes.

D'azur à trois fleurs de lys d'argent.

François, vivant en 1444, épouse Gillette Barbe, dont Rolland, père de Jean, marié à Françoise de Montalembert.

La branche aînée fondue dans Coëtlogon.

VIÈTE ou VIETTE (orig. du Poitou), s^r de la Motte, par. de Mouzeil, — de la Rivagerie.

D'argent à une bande d'azur, accostée de trois tourteaux de gueules. (G. le B.)

Étienne, bachelier ès lois, procureur à Fontenay, père : 1° de François, maître de l'hôtel de la reine Marguerite de Valois, conseiller au parlement de Bretagne en 1574 et célèbre mathématicien, inventeur de l'algèbre, † 1603; 2° de Nicolas, s^r de la Motte, dont la postérité existe encore à la Rochelle.

VIEUVILLE (DE LA), en breton COSQUER (DU), s^r dudit lieu, par. de Combrit, — de Farbus, — marquis de Saint-Chamond, — comte d'Ablois, — s^r de Vienne, — de Confolent, — baron de Nogent-l'Artaut, érigé en duché en 1651 sous le nom de la Vieuville, pair de France.

Écartelé aux 1 et 4 : fascé d'or et d'azur de huit pièces, les deux premières fasces chargées de trois annelets de gueules, *qui est la Vieuville*, en Artois; aux 2 et 3 : d'hermines au chef endenté de gueules, *qui est d'O;* sur le tout : d'argent à sept feuilles de houx d'azur, *qui est Cosquer; voyez* COSQUER (DU).

Jean, juveigneur du Cosquer, épouse vers 1470 Catherine de Kernicher; Sébastien, fils des précédents, homme d'armes des ordonnances du Roi dans des montres de 1489 à 1505, reçues à Arras et à Saint-Quentin, s'établit en Artois, où il francisa son nom et épousa en 1510 Perrine de Saint-Waast.

Cette famille a produit deux grands fauconniers de France, des lieutenants-généraux, gouverneurs de provinces, un surintendant des finances, et un évêque de Rennes en 1664, † 1676.

VIEUVILLE (DE LA), *voyez* GUILLAUME.

VIEUVILLE (DE LA), *voyez* MAGON.

VIEUVILLE (DE LA), *voyez* PATARD.

VIEUVILLE (DE LA), par. de Chateauneuf, év. de Saint-Malo.

Seigneurie érigée en marquisat en 1746 en faveur du sieur Baude, *voyez* BAUDE.

VIEUVILLE (DE LA), s^r dudit lieu, par. du Chastellier, — de la Morisaye, par. de Saint-Ouen-de-la-Rouërie, — de la Beccanière, par. de Javené.

Anc. ext., réf. 1669, sept gén. ; réf. 1513, dites par. et par. d'Antrain, év. de Rennes.

D'argent à la fasce d'azur.

Thomas, écuyer dans une montre de 1380; Jacques, épouse vers 1447 Perrine de Gayne, dont: Harcourt, marié à Jeanne de Malenoë, père et mère de René, époux en 1513 de Jeanne du Pouëz.

VIEUX-CHATEL ou COS-CASTEL (DU), baron dudit lieu, par. de Plounévez-Porzay, év. de Cornouailles.

D'azur au château d'or, sommé de trois tourillons de même. (G. le B.)

Guy, évêque de Cornouailles, † 1266; Guillaume, marié à Plézou de Quintin, tué au siège de Bécherel en 1363, père d'Alliette, baronne du Vieux-Chatel, mariée à Éon, sire de Quélen.

De la maison de Quélen, le Vieux-Chatel a appartenu successivement aux Lannion, Sénéchal, Moëlien et Halna.

VIEUX-CHATEL (DU), s^r dudit lieu, — de Brunault, par. de Trébrivant.

Réf. et montres de 1481 à 1536, dite par., év. de Cornouailles.

Porte trois fasces, accomp. de dix hermines, 4. 3. 2 et 1, *voyez* ROSTRENEN.

Jean, abbé de Landévennec, † 1522.

La terre de Brunault a appartenu depuis le XVIe siècle aux Botigneau, Kerhoënt, Rosmadec, Sénéchal, et par acquêt Brancas-Forcalquier.

VIEUX-CHATEL (DU), s^r de Penanvern, de Lesvern et de Kersalaun, par. de Carnoët, — de Kervern, par. de Plévin, — de Bodilio, — de Lesquidic, de Penlahez et du Cranhuel, par. de Spézet, — de Belair, — de Kersal, par. de Locmalo.

Maint. à l'intend. en 1699, huit gén., et admis aux États de 1768; réf. et montres de 1428 à 1562, par. de Carnoët, Plévin et Spézet, év. de Cornouailles.

D'argent à six billettes de gueules; écartelé : d'argent à deux fasces de gueules, surmontées de trois tours de sable. (B. L.)

Charles, vivant en 1530, épouse Marie de Trégain; Pierre, abbé de Saint-Maurice de Carnoët, tué au sac de Roscanou en 1590.

VIEUX-CHATEL (DU), baron dudit lieu et s^r de Kergrist, par. de Plounez, — de Kerléoret, — de Tronjoly, — du Bois-Alain, — de Crec'harz, par. de Plouha.

Anc. ext., réf. 1669, sept gén.; réf. et montres de 1441 à 1543, par. de Plounez et Paimpol, év. de Tréguier.

D'azur au château d'argent, girouetté d'or.

<small>Jean, vivant en 1441, épouse Jeanne Poulard, dont Jean, marié à Gillette de l'Isle.</small>

VIEUX-CHATEL (DU), sr dudit lieu, par. du Minihy, — du Verger, par. de Trédarzec.

Montre de 1481, par. du Minihy, év. de Tréguier.

De gueules à la fasce abaissée d'or, surmontée de dix billettes de même, 4. 3. 3.

Moderne : du Dresnay.

VIEUXPONT (DE) (orig. de Normandie), sr dudit lieu, — de la Haie-Paynel, — marquis de Neufbourg, — sr de Coëtmeur, de Daoudour et de Landiviziau, par. de Plougourvest, — de Kermilin, par. de Trefflaouënan.

D'argent à dix annelets de gueules, 3. 3. 3. et 1.

<small>Alexandre, vice-amiral de Bretagne en 1593, épouse Renée de Tournemine, dame de Coëtmeur, dont : Louise, mariée à Guy de Rieux, marquis de Sourdéac; un lieutenant-général en 1710.
La branche de la Haie-Paynel fondue dans le Vayer de Trégomar.</small>

VIGNE (DE LA), sr dudit lieu, par. de Saint-Germain de Matignon, — de la Ville-Mouësson et de la Hautière, par. d'Hénansal, — de la Chesnays, par. d'Evran, — de la Haute-Morays, — de la Grandville, — du Closneuf, — de la Ville-Tual, — de Dampierre, — de la Ville-Huet.

Anc. ext., réf. 1669, huit gén.; réf. et montres de 1423 à 1535, dites par., év. de Saint-Brieuc et Saint-Malo.

D'argent au cep de vigne serpentant de sinople, mis en fasce, chargé de trois grappes de raisin de pourpre.

<small>Jean, croisé en 1248; Geoffroi, archer dans une montre de 1356; Rolland, vivant en 1441, père de Rolland, marié à Marie de Bodégat; un volontaire au combat de Saint-Cast en 1758.</small>

VIGNEROT (orig. du Poitou), sr du Pont, par. de Courlay, — de Glénay.

D'or à trois hures de sanglier de sable; *alias* : écartelé *du Plessis-Richelieu*.

<small>Jean, écuyer, vivant en 1461, épouse Huguette de la Roche, dame du Pont ; René, gentilhomme de la chambre, frère utérin du seigneur de la Roche-Jacquelein, eut son cheval tué sous lui au combat d'Arques en 1589. Il épousa en 1603 Françoise du Plessis, veuve du seigneur de Beauvau et sœur du cardinal de Richelieu, et leurs enfants furent substitués aux nom et armes du Plessis-Richelieu.</small>

Voyez DU PLESSIS-RICHELIEU.

VIGRÉ (DE) (orig. d'Anjou), sr de la Devançais, — de la Magdeleine, — d'Ardennes, de la Briais et de la Herbetière, par. de Saint-Julien-de-Vouvantes.

Ext. réf. 1669, cinq gén., ress. de Nantes.

D'argent au pin de sinople, chargé de trois pommes au naturel, accomp. de trois merlettes de sable.

<small>Robert, vivant en 1530, épouse Jeanne le Comte.
La branche aînée fondue dans Bois-Béranger. (Famille éteinte en 1760.)</small>

VIJAC (DU), *voyez* KERSAUZON (DE).

VILAINES (DE), sr dudit lieu, év. de Rennes.

D'argent à trois lions de sable, au franc canton *de Castille et de Léon;* aliàs : gironné d'argent et de sable de huit pièces, au franc canton *de Castille et de Léon.*

Pierre, grand-écuyer de France, surnommé *le Bègue*, compagnon d'armes de du Guesclin, père de Jeanne, dame de Vilaines, mariée à Raoul Busson, auquel elle porta la terre de Vilaines, tombée par alliance dans la maison de Beaumanoir.

VILAINE, sr de la Bassetière, par. de Vertou.

Maint., réf. 1669, 0 gén., par les priviléges de la mairie de Nantes.

De gueules à la croix pattée d'argent.

Bonaventure, maître particulier des eaux et forêts et échevin de Nantes en 1661 ; un maréchal de camp en 1788.

Le sr du Pinier, débouté à la réformation de 1668, et les srs de la Péraudière, paroisse de Belligné, dont un auditeur des comptes en 1650, et du Pé, paroisse de Saint-Père-en-Retz, déboutés à l'intendance en 1704.

VILAZEL (DE) (orig. du Languedoc).

D'or à une corneille de sable, tenant en son bec une branche d'olivier de sinople, au chef d'azur chargé de trois étoiles d'argent.

Etienne, prédicateur ordinaire du roi Louis XIII, évêque de Saint-Brieuc en 1631, † 1641.

VILLARMOIS (DE LA), sr dudit lieu, par. de Trans, — de Beaulieu, par. de Saint-Cast.

Réf. et montres de 1427 à 1535, dites par., év. de Rennes et Saint-Brieuc.

D'argent au lion de gueules, accomp. de cinq tourteaux de sable en orle.

Fondu en 1595 dans Trémerreuc.

VILLARCEAUX (DE), *voyez* BOUVIER.

VILLASSE (DE LA), *voyez* AUDIBERT, au *Supplément.*

VILLAYERS, év. de Rennes.

Seigneurie érigée en comté en 1681, en faveur du sr Regnouard, *voyez* REGNOUARD.

VILLE (DE LA) (orig. du Poitou, y maint. en 1667 et 1699), sr de Férolles, — de la Charouillière, — de Champbrétaud, — de la Paronnière, — des Dorides, — de Baugé, — de la Tourrière, — de Chambardet, — de Brie, — du Port-Hubert, par. de Sucé.

D'argent à la bande de gueules. Devise : *Tiens ta foy.*

Nicolas, dit le capitaine Férolles, gendarme de la compagnie d'ordonnance du Roi en 1585, capitaine des carabins en 1590, anobli en 1595; Pierre, chevalier de l'ordre en 1640 ; un maréchal de camp en 1702 ; deux pages du Roi en 1712 et 1752 ; un auditeur des comptes en 1737 ; un maire de Nantes en 1772 ; un volontaire pontifical en 1860.

VILLEAUBOIS (DE LA), de gueules à trois chouettes d'or (arm. de l'Ars).

VILLEAUDREN (DE), sr dudit lieu, par. de Cadelac, — du Guerno, par. d'Assérac.

Réf. 1428, par. d'Assérac, év. de Nantes.

Porte sept rustres, un croissant en abyme et une bordure (sceau 1418).

Fondu dans Kerguézangor, puis la Villéon.

VILLEBIOT (DE LA), *voyez* GUILLEMOT.

VILLEBLANCHE (DE), sʳ dudit lieu, — du Plessis-Balisson, par. de ce nom, — de la Porte et de la Motte, par. de Maumusson, — de Broons, par. de ce nom, — de Bagatz, par. de Guichen, — du Mesnil, — de Martigné-Ferchaud, par. de ce nom, — de Brancien, — de Ploësquellec, par. de ce nom, — de Trogoff, par. de Plouégat-Moysan, — de Callac, par. de ce nom, — du Pontblanc, par. de Plouaret.

Réf. et montres de 1454 à 1543, par. de Maumusson, Broons, Ploësquellec, Plouégat et Plouaret, év. de Nantes, Saint-Malo, Cornouailles et Tréguier.

Pierre, capitaine de Rennes en 1440; Henry, grand-maître de Bretagne en 1451; Guillaume, abbé de Sainte-Croix de Quimperlé en 1453, † 1483; Claude, chevalier de l'ordre, panetier de la reine Claude de France en 1522. Fondu dans Espinay.

VILLEBOUQUAYS (DE LA), voyez BONIN.

VILLEBOURY (DE LA), de gueules à trois étoiles d'or. (G. le B.)

VILLECANIO (DE LA), sʳ du Fresche, par. de Saint-Maudan.

Réf. 1535, dite par., év. de Saint-Brieuc.

D'argent au léopard de sable, armé et lampassé de gueules (G. le B.), *comme Chertier*.

VILLECHAPERON (DE LA), voyez VENEUR (LE).

VILLEDENACHE (DE LA), d'azur au lion d'hermines, armé et lampassé de gueules. (G. le B.)

VILLEGAL (DE LA), de gueules à neuf fers de cheval d'argent, 3. 3. 3. (G. le B.)

VILLEGAST (DE LA), év. de Vannes.

Losangé d'argent et d'azur (arm. de l'Ars.) ; *aliàs* : de gueules au croissant d'argent accomp. de six coquilles de même (arm. de l'Ars.), *comme Gualès*.

Perrot, rend hommage au vicomte de Rohan en 1396.

VILLEGILLES (DE LA), voyez NOUAIL.

VILLEGILLOUART (DE LA), de sable au sautoir d'argent (G. le B.), *comme Boisorhant et Riaud*.

VILLEGONTIER (DE LA), voyez FRAIN.

VILLEGONTIER (DE LA), sʳ dudit lieu, par. de Parigné, — de la Lande, par. de la Chapelle-Janson, — de la Chapelle, par. de Saint-Georges-de-Reintembault, — des Orières, — de la Coustelière, par. de Saint-Léonard, — du Mesnil, — de Leffinière, — de la Jalesne.

Ext. réf., 1669, huit gén.; réf. 1513, par. de la Chapelle-Janson et Saint-Georges-de-Reintembault, év. de Rennes.

D'argent au chevron d'azur, au chef de même chargé d'une fleur de lys d'or.

On trouve Guillaume, croisé en 1248 ; Marc, receveur des fouages à Fougères en 1500, s'est plégé et opposé par la cour de Rennes, à l'encontre des collecteurs et épouse : 1º Guillemette de Saint-Germain, 2º Ambroise le Porc ; un page du Roi en 1755.

La branche aînée fondue dans Morel. Moderne : Frain.

VILLEGUÉRIN (DE LA), d'argent à la bande vivrée de gueules, accomp. de six molettes de même (arm. de l'Ars.), *comme l'Argentaye et Hus.*

VILLEIROUËT (DE LA), *voyez* MOUËSAN.

VILLE-JUHEL (DE LA), sr dudit lieu, par. de Plumieux, — de la Touche-Quéno, par. de Sixte, — de la Touche, par. de Carentoir.

Réf. et montres de 1469 à 1536, dites par., év. de Saint-Brieuc et Vannes.

D'argent à trois cœurs de gueules, un tourteau de même en abyme.

VILLELOUAYS (DE LA), sr dudit lieu, par. de Campénéac, — de la Villéan, par. de Ménéac, — du Boisboyer, — de Bélestre, — de Meslé.

Ext., réf. 1670, six gén.; réf. 1513, par. de Campénéac, év. de Saint-Malo.

D'azur à la licorne saillante d'argent.

Guillaume, vivant en 1479, épouse Perrine Forfaict, dont : Julien, vivant en 1513, marié à Renée Travers.

VILLE-MARIE (DE LA), sr dudit lieu, par. d'Andel.

Réf. et montres de 1423 à 1469, par. d'Andel et Saint-Cast, év. de Saint-Brieuc.

D'azur au lion d'argent (sceau 1405).

Rolland ratifie le traité de Guérande en 1381.

La branche aînée fondue au xvᵉ siècle dans Lescoët de la Moquelays.

VILLEMARQUÉ (DE LA), *voyez* HERSART.

VILLEMARRE (DE LA), de gueules à cinq billettes d'argent. (G. le B.)

VILLEMAUDY (DE LA), sr de la Rivière, par. de Combourg.

Déb., réf. 1668, ress. de Hédé.

VILLEMOREL (DE LA) (orig. de Normandie), par. de Trébrivant.

Déb., réf. 1671, ress. de Carhaix.

VILLENEUVE (DE), en breton KERNÉVEZ (DE), sr dudit lieu, de Pellinec et de Calouer, par. de Louannec, — de Ponthallec, — de Coscabel, — de Kervégant, — de Goascaradec.

Anc. ext., réf. 1669, cinq gén.; réf. et montres de 1427 à 1543, par. de Louannec, év. de Tréguier.

D'argent au lion de sable.

Jean, vivant en 1543 épouse Marguerite Castel, dont Jean, marié à Catherine le Meur.

VILLENEUVE (DE), sr dudit lieu et du Bignon, par. de Peillac.

Réf. et montres de 1427 à 1436, dite par., év. de Vannes.

De gueules au chevron d'hermines (G. le B.), *comme Rhuys et Rivière.*

VILLENEUVE (DE), sr dudit lieu, par. de Plouvien, — de Rosunan, — de Guicabennec, par. de Plabennec.

Réf. 1426, par. de Plabennec, év. de Léon.

D'azur à la fasce d'or, accomp. de trois quintefeuilles de même.

VILLENEUVE, près Ploërmel, év. de Saint-Malo.

Seigneurie érigée en comté en 1640, en faveur du s^r Rogier, *voyez* ROGIER.

VILLÉON (DE LA), s^r dudit lieu, par. de Saint-Alban, — du Boisfeillet, par. de Pluduno, — de la Villegourio et de la Villemain, par. de Planguénoual, — de Launay-Meur, — de la Villeaudren, par. de Cadélac, — du Roscouët, — de Kerjon.

Anc. ext. chev., réf. 1669, dix gén.; réf. et montres de 1423 à 1535, par. de Saint-Aaron, Saint-Alban, Planguénoual et Pluduno, év. de Saint-Brieuc.

D'argent au houx arraché de sinople, au franc canton de sable fretté d'or.

Rolland, marié à Jeanne de Lesquen, ratifie le traité de Guérande en 1381; Mathurin, fils des précédents, épouse Marguerite Maubier, dont : 1º Jacques, sénéchal de Rennes en 1479, chancelier de Bretagne et l'un des commissaires qui instruisirent le procès du trésorier Landais, en 1485, qui a continué la filiation; 2º Rolland, sénéchal d'Hennebont et ambassadeur en Angleterre en 1486; deux chevaliers de l'ordre en 1600 et 1644; une fille à Saint-Cyr en 1787.

VILLÉON (DE LA) (ramage des précédents), s^r des Marais, du Bourgneuf, de la Ville-Pierre et des Vergiers, par. d'Hillion, — de la Ville-Tanet, — de la Ville-Meneuf, — de la Motte, — de la Ville-Vallio, — du Fresche-Clos, par. de Pommeret.

Anc. ext., réf. 1668, neuf gén.; réf. et montres de 1459 à 1535, par. d'Hillion et Trémuzon, év. de Saint-Brieuc.

D'argent au houx arraché de sinople, au chef de sable fretté d'or.

Jean et Olivier, ratifient le traité de Guérande en 1381; Olivier, épouse vers 1400 Gillette de Hillion, dont : Olivier, vivant en 1459, marié à Jeanne Visdelou; un garde du pavillon, volontaire au combat de Saint-Cast en 1758, contre-amiral en 1792.

Les deux familles de la Villéon paraissent avoir pour auteur commun : Mathieu, croisé en 1248.

VILLÉON (DE), *voyez* MACÉ.

VILLEORION (DE LA), de gueules à dix fers de dard d'argent. (G. le B.)

VILLEOUTRIS (DE).

Nicolas, conseiller au parlement en 1620, épouse Anne de Moutins, dont : Anne, mariée en 1623 à Benjamin de la Rochefoucault, baron d'Estissac.

VILLERABEL (DE LA), *voyez* BOIS (DU).

VILLESBRET (DE LA), *voyez* GARNIER.

VILLESBRUNNE (DE LA), *voyez* SAIGE (LE).

VILLESOLON (DE LA), s^r dudit lieu, par. de Plérin, év. de Saint-Brieuc.

D'azur à cinq billettes d'argent en sautoir. (G. le B.)

Moderne : Collet.

VILLESTIENNE (DE LA), s^r du Roslan et du Bois-Renault.

Déb. à l'intend. en 1712.

VILLETHASSETZ (DE LA), *voyez* COURT (LE).

VILLETHÉART (DE LA), *voyez* VISDELOU.

Villethébaud (de la), sʳ dudit lieu et de la Porte, par. de Laillé, — du Feu-Lambert, par. de Saint-Jean-de-Coglez, — de la Rivière, par. de Bourg-des-Comptes, — de la Chesnaye.

Anc. ext., réf. 1668, sept gén.; réf. de 1446 à 1513, dites par., év. de Rennes.

Écartelé aux 1 et 4 : d'argent à la tour couverte de sable, maçonnée d'argent ; aux 2 et 3 : d'argent à la tête de loup de sable, arrachée et lampassée de gueules.

Alain, panetier et argentier du duc Jean V en 1414, père de Jean, maître de l'hôtel du duc François Iᵉʳ, envoyé vers le roi Charles VII, au siége de Fougères en 1449; Pierre, petit-fils du précédent, époux en 1513 de Gillette Lorion.

Villette (de la), sʳ dudit lieu, de la Bouveraye et de la Dinivière, par. de Saint-Brice-en-Coglez, — de Tanet.

Anc. ext., réf. 1669, huit gén.; réf. de 1478 à 1513, par. de Saint-Brice et Vandel, év. de Rennes.

D'azur à la croix d'argent, bordée d'or.

Thomas, archer dans un compte du trésorier des guerres en 1464; Olivier, époux de Seraine du Pan, veuve en 1478; Bertrand, vivant en 1486, père de Jean, vivant en 1513, marié à Guillemette Bourgon.

Villiers (de) (orig. de l'Isle de France), sʳ dudit lieu, — de l'Isle-Adam, — de Livry, — de Chailly.

D'or au chef d'azur, chargé d'un dextrochère vêtu d'un fanon d'hermines. Devise : *Va oultre* et aussi : *La main à l'œuvre.*

Pierre, grand maître et porte oriflamme de France en 1364; Jean, maréchal de France, † 1437; Philippe, grand maître de Saint-Jean de Jérusalem, célèbre par sa défense de Rhodes contre Soliman en 1521; François, grand louvetier de France en 1550.

Une famille de même nom et armes, alliée en Bretagne depuis 1765 aux Kersauzon, Nepveu, Hingant et Trolong, a produit un lieutenant des vaisseaux du Roi en 1770 et un volontaire pontifical à Castelfidardo en 1860.

Villiers (de), sʳ de Boterhan, par. de Mendon, — de Kerdrain, par. de Noyal-Pontivy.

Déb., réf. 1669; réf. 1536, par. de Mendon et Plunéret, év. de Vannes.

Échiqueté d'argent et de gueules, au chef d'argent chargé de deux coquilles de sable (arm. 1696).

Vincendière (de la), *voyez* Poulain.

Vincent, sʳ de Bassablons, — des Guimerais, — de Guébriant, par. de Pluduno, — de la Bouëxière, par. de Corseul, — du Rocher.

Deux secrétaires du Roi à Rennes en 1707; un secrétaire du Roi à la chancellerie de Rouen en 1729.

Vincettre, écartelé aux 1 et 4 : d'or à la croix de sable; aux 2 et 3 : de gueules à la croix d'argent. (G. le B.)

Virel (de), sʳ dudit lieu, par. de Rénac, év. de Vannes.

D'argent à trois jumelles de gueules. (G. le B.)

Cette terre a été possédée depuis le xvᵉ siècle par la famille du Fresne, *voyez* Fresne (du).

VISDELOU, sʳ du Pont-à-l'Asne, par. de Plœuc, — du Colombier, par. d'Hénon, — de la Goublaye, par. de Saint-Alban, — de l'Hôtellerie et de Sainte-Guen, par. de Ploufragan, — de Bienassis, par. d'Erquy, — du Hilguy, par. de Plougastel-Saint-Germain, — de Pratanroux, par. de Penhars, — du Rible, par. de Plomodiern, — de Kerlaouënan, — de Trégunan, — de Toulgoët, par. d'Elliant, — de Saint-Guéreuc, — des Aubiers, — de la Lande, par. de Plestan, — des Mésues, — de Saint-Laurent, — de Beauregard, — des Salles, — de Bonamour, par. de Trévé, — de la Villelouail, — de la Ville-Tréhen, — de la Ville-Théart, par. de la Bouillie, — de Beaumanoir, — des Liens, — du Liscoët, par. de Boquého, — de Kermarquer, — de la Pinelaye, du Coudray et de la Marche, par. de Bédée, — du Gage, par. de Pleuguéneuc, — du Bois-Baudry, par. de Rimou, — de la Grimaudais, par. de Mélesse.

Anc. ext. chev., réf. 1668, huit gén.; réf. et montres de 1423 à 1535, par. de Plœuc, Hénon, Saint-Alban et Plestan, év. de Saint-Brieuc.

D'argent à trois têtes de loup de sable, arrachées et lampassées de gueules (sceau 1276).

Guillaume, sʳ du Pont-à-l'Asne, croisé en 1248, épouse Thomine le Rebours, dont : Geoffroi, signataire en 1276 des lettres du duc portant changement de bail en rachat, marié à Alliette du Pou; Perrot, écuyer dans une montre de Jean de Beaumanoir en 1369; Perrin, vivant en 1423, épouse Jeanne Chastel, de la maison de la Rouvraye; Jean, capitaine de Montcontour en 1513, épouse Marguerite Abraham, dame de l'Hotellerie; Gilles, chevalier de l'ordre en 1550, marié à Françoise du Quélennec, dame de Bienassis; deux présidents aux enquêtes en 1637 et 1707; un gouverneur de Quimper en 1650; un évêque de Cornouailles en 1651, transféré à Léon en 1665, † 1671 et enterré dans sa cathédrale; trois pages du Roi et une fille à Saint-Cyr de 1694 à 1729; un chevalier de Malte en 1777.

La branche de Bienassis et du Hilguy fondue en 1727 dans la Marck puis de Ligne, prince d'Aremberg.

VISÉ (orig. de Liège).

Maint. au conseil en 1670 et par arrêt du parl. de 1770, ext., cinq gén.

VISTE (LE) (orig. de Lyon), sʳ de Fresne.

D'azur à la bande cousue de gueules, chargée de trois croissants d'argent.

Aubert, contrôleur à la grande chancellerie, épouse Jeanne Baillet, dont : Antoine, président aux Grands-Jours de Bretagne, marié à Charlotte Briçonnet, † 1534.

VITRÉ (DE) (ramage des comtes de Rennes), baron dudit lieu, év. de Rennes.

De gueules au lion contourné et couronné d'argent.

Robert, fonde le prieuré de Sainte-Croix de Vitré en 1064 et épouse Berthe de Craon; André, croisé en 1248, tué à la bataille de la Massoure en 1250, épouse Catherine de Thouars, dont Philippette, dame de Vitré, mariée à Guy de Laval, auquel elle porta la baronnie de Vitré, possédée depuis par les maisons de Montfort qui prit le nom de Laval, de Coligny et de la Trémoille.

VITTU (orig. d'Artois), sʳ de Kersaint, — de Kerraoul, par. de Paimpol, — de la Roussière.

D'argent à deux massues de sable, posées en sautoir, accomp. en chef d'un croissant de gueules, en flancs et en pointe de trois quintefeuilles de même.

André-Charles, époux en 1692 de Françoise Œil-de-Bout, père de Jean-Louis, secrétaire du Roi en 1743, † en charge, marié à Françoise le Goff.

Vivet (orig. du Languedoc), marquis de Montclus en 1683, — sr de Fresques.

Écartelé au 1 : d'azur au cygne d'argent, nageant sur une mer de même, au chef de gueules, chargé de trois molettes d'or; au 4 : d'argent à trois pals de gueules; au 2 : d'azur au lion d'argent; au 3 : d'azur à la tour donjonnée d'or; à l'écu d'argent chargé d'un sautoir cantonné de quatre croisettes, le tout de gueules, brochant sur le tout.

Jacques, président en la cour des comptes de Montpellier, † 1715, père de Louis-François, abbé de Beauport, évêque de Saint-Brieuc en 1728, transféré à Alais en 1744, † 1755.

Vivien, sr du Clérigo, par. de Theix.

Déb., réf. 1670 et à l'intend. en 1708; montre 1481, par. de Plœmeur, év. de Vannes.

D'argent à trois escarboucles de sable (arm. de l'Ars.).

Vivien (orig. de Normandie), sr de la Ville-Davy, par. de Saint-Hélen, — des Buffards, par. de Saint-Léonard, — de la Dauphinais, — de la Harée, par. de Saint-Pierre de Rillé, — des Renaudières, par. de Landéan.

Déb., réf. 1668; réf. de 1478 à 1513, par. de Saint-Hélen, év. de Dol.

D'azur à deux fasces d'or, accomp. de neuf merlettes de même, 3.3.3 (arm. 1696).

Guillaume, fermier des devoirs à Fougères en 1472; Olivier, vivant en 1513, épouse Charlotte Flaud.

Vivien, sr de l'Espinay, ress. de Fougères.

D'or au lévrier rampant et contourné d'azur, à la bande de sable brochant, chargée de trois étoiles d'argent (arm. 1696).

Vivien, sr de la Vicomté, ress. de Dinan.

D'argent au pin de sinople, accomp. d'un croissant à dextre, d'une étoile à sénestre et d'un coq en pointe, le tout de gueules (arm. 1696).

Vivien, sr de la Biardais, par. de Caro.

Réf. et montres de 1479 à 1513, dite par., év. de Saint-Malo.

Pierre, anobli et franchi en 1470, apporta rabat d'un feu à la paroisse de Caro.

Vivien, sr de la Galopinière, par. de Carquefou, — du Bois-Raguénet, par. d'Orvault, — de Launay, par. de Couffé, — du Pezle, par. de Brains, — de la Touche, par. de Nozay.

Perrot, franchi en 1442; Perrine, dame de la Touche et du Bois-Raguénet, épouse Toussaint de Comaille, dont Claude, femme en 1563 de Pierre Cornulier.

Vivier (du), sr dudit lieu, par. de Cherrueix, év. de Dol.

D'azur à l'aigle d'or. (G. le B.)

Vivier (du) (orig. du Languedoc), sr de Lansac.

De gueules plein. (La Ch. des B.)

Un chanoine, comte de Lyon en 1726, abbé du Relec en 1740, † 1784.

Voisin, sr de la Villevoisin et de Gergouy, par. d'Augan.

Réf. 1513, dite par., év. de Saint-Malo.

D'argent à la fasce de gueules, accomp. de trois feuilles de houx de sinople (arm. de l'Ars.)

La branche de la Villevoisin fondue dans Boisguéhenneuc, puis Buinart.

VOLANCE, sr de la Coste, par. de Maroué.

Maint. réf. 1669, 0 gén., ress. de Saint-Brieuc.

D'argent à sept molettes de sable, 3. 3. 1.

René, anobli en 1610, épouse Jeanne Rosty.

VOLANCE, sr du Tertre-Volance et de Saint-Mirel, par. de Plénée-Jugon.

Réf. et montres de 1423 à 1569, dite par., év. de Saint-Brieuc.

Porte une molette (sceau 1298).

Olivier, mentionné dans un partage de Geoffroi de Bréhand en 1298; Lorens, écuyer dans une montre de du Guesclin en 1371, ratifie le traité de Guérande en 1381; Thomas, prête serment au duc entre les nobles de Jugon en 1437.

Fondu dans le Berruyer.

VOLAND (DE) (orig. de Provence), sr d'Aubenas, — de la Riais, par. de Ménéac.

Ext., réf. 1668, six gén., ress. de Ploërmel.

D'azur au cerf-volant d'or.

Georges, vivant en 1500, épouse Claire Baudou.

VOLLAIGE, sr de Vaugiraud, — de Verdigny, — de Chavagnes, par. de Sucé, — de Rouillon.

Cinq officiers aux comptes de Nantes depuis 1732.

VOLTAIS (DE LA), *voyez* PRÉVOST (LE).

VOLVIRE (DE) (orig. du Poitou), sr de Nieuil-sur-l'Autise, — de la Rocheservière, dans les Marches, — du Fresnay, par. de Plessé, — de la Motte-Aleman, par. de Saint-Nazaire, — de la Roche-Hervé, par. de Missillac, — du Goust, par. de Malville, — de Laujardière, par. de Vallet, — des Ponts-de-Pirmil, — marquis de Ruffec en 1588, en Angoumois, — comte du Bois-de-la-Roche en 1607, par. de Néant, — vicomte de Loyat, par. de ce nom, — marquis de Saint-Brice en 1650, par. de ce nom, — baron de Sens, par. de ce nom, — sr de Grenonville et de Queneville, en Normandie, — de Pontsal, par. de Plougoumelin, — du Dréor, par de Priziac.

Anc. ext. chev., réf. 1671, onze gén.; réf. 1426, par. de Saint-Nazaire et Missillac, év. de Nantes.

Burelé de dix pièces d'or et de gueules; *alias*: au franc canton de vair (sceau 1389), *qui est du Fresnay*.

Hugues, croisé en 1248; Hervé, épouse vers 1250 Anastase, dame du Fresnay, dont Maurice, marié : 1º à Marie Chabot, 2º à Isabeau de Rochefort; du premier lit : Hervé, marié en 1336 à Aliénor, dame de Ruffec; François, prisonnier devant Pavie en 1511 et chambellan ordinaire de Louis XII, épouse : 1º en 1503 Françoise d'Amboise, 2º en 1516 Jeanne du Chastellier; du premier lit : René, marié à Catherine de Montauban, dame du Bois-de-la-Roche et de Saint-Brice, père et mère de Philippe, chevalier des ordres du Roi en 1582, lieutenant-général aux gouvernements d'Angoumois, Saintonge et Aunis, † 1586; deux maréchaux de camp en 1627 et 1719; un abbé de

Lanvaux en 1713; un lieutenant-général des armées du Roi en 1746, commandant en Bretagne, † 1751.

La branche de Ruffec fondue dans l'Aubespine; la branche du Bois-de-la-Roche fondue dans l'Olivier de Saint-Maur; la branche de Saint-Brice fondue dans Guérin de la Grasserie. (Famille éteinte).

VOSSEY ou VAUSSÉ (DE) (orig. de Champagne, maint. dans la généralité de Paris en 1717).

D'azur à la bande d'argent, chargée de deux hures de sanglier de sable. (La Ch. des B.)

Cette famille, alliée en Bretagne aux la Bourdonnaye et aux Coëtgoureden, a produit une fille à Saint-Cyr en 1727; un lieutenant-colonel au régiment de Chabrillant (cavalerie) en 1761; un lieutenant de vaisseau en 1789, puis contre-amiral honoraire, † 1859, à l'âge de 93 ans.

VOUE (DE LA) (orig. du Maine), baron de la Pierre, — s^r de Peillac, — de Coëthuau, par. de Bréhant-Loudéac.

De sable à six besants d'argent. (G. le B.)

Cette famille, qui a produit un gentilhomme de la chambre en 1603, s'est alliée aux Kergorlay, Maillé, Talhouët, Goulaine, Haydurand et la Fresnaye.

La branche aînée fondue en 1571 dans Langan.

VOYER (LE), voyez VAYER (LE).

VOYER (LE) (orig. de Touraine), s^r de Paulmy, — marquis d'Argenson en 1700.

D'azur à deux lions léopardés d'or, passant l'un sur l'autre, couronnés de même; écartelé d'argent à la fasce de sable, *qui est Gueffault*. Devise : *Vis et prudentia vincunt.*

Jean, chevalier de l'ordre à la journée de Pavie en 1525 et à la bataille de Cérisolles en 1544, épouse Jeanne Gueffault, dame d'Argenson; un chancelier de France en 1718, frère d'un évêque de Dol et abbé du Relec de 1702 à 1715, et successivement archevêque d'Embrun, puis de Bordeaux, † 1728.

La branche aînée fondue en 1689 dans la Rivière de Plœuc.

VOYNEAU (orig. du Poitou), s^r du Plessix-Mauclerc.

Maint. par lettres de relief de dérogeance en 1771.

D'azur au rencontre de cerf d'or, surmonté d'une étoile de même.

Deux auditeurs des comptes depuis 1719.

Y

YACENOU.
D'argent à deux fasces nouées de gueules, accomp. de huit merlettes de même, 3. 2. 2. 1. (G. le B.), *comme Gamepin, Kerangréon et Matignon.*

YANES (orig. d'Espagne), s^r de Kerversault, év. de Tréguier. (G. le B.)

YAR (LE), *voyez* JAR (LE).

YLIO, d'argent à une feuille de lierre de sinople (sceau 1273).

YNISAN, s^r de Kerbinou, près Pontrieux, — de Kerynisan, par. de Plougaznou, — de Rucréguen, par. de Lanmeur, — de Kermorvan, par. de Taulé.
Réf. et montres de 1426 à 1503, par. de Taulé, év. de Léon.
D'or à la fasce de gueules, accomp. de trois annelets de même.
La branche de Kerynisan fondue au xve siècle dans la Forest.

YNISAN, s^r de Kerouriou et de Loc'hant, par. de Plouider.
Réf. de 1426 à 1448, dite par., év. de Léon.

YRODOUER (D'), s^r dudit lieu, de la Ville-au-Sénéchal et de la Passerais, par. d'Yrodouer, — de la Roche et de la Pelletrie, par. de la Rouxière, — de la Pervenchère, par. de Casson, — de la Série, par. de Saint-Herblon, — du Plessix et de la Martinière, par. de Ligné, — de la Quétraye, par. de Mésanger, — de la Sionnière, par. de Teillé.
Anc. ext., réf. 1668, sept gén., et maint. à l'intend. en 1702; réf. et montres de 1479 à 1513, par. d'Yrodouer, év. de Saint-Malo, et la Rouxière, év. de Nantes.
D'argent à la bande de gueules, chargée de trois macles d'argent.
Guillaume, écuyer et officier de la duchesse Marguerite de Foix en 1475; Pierre, vivant en 1500, épouse Madeleine le Vicomte.

YVELIN (orig. de Normandie, y maint. en 1599 et 1666), s^r de Valdecis, — de la Prairie.
De gueules à trois roses d'argent, au chef d'or, chargé d'un lion léopardé de sable. (G. le B.)
Henri et ses frères, de la paroisse de Savigny, sergenterie de Maufras, élection de Coutances, anoblis en 1544.

YVER (orig. de Normandie, maint. par arrêt des aides de Paris en 1660), s^r de Clairfeuilles, — de Saint-Aubin.

D'azur à la fasce en divise d'or, accomp. de trois étoiles de même. (G. le B.)

Jacques, obtient un relief de noblesse en 1637.

YVICQUEL, sʳ de Saint-Goustan, par. du Croisic, — de la Villesavary, de Bauvran et du Gros-Chesne, par. de Saint-André-des-Eaux, — de la Cherbaudière, par. de Casson, — de Coiscaret, par. d'Herbignac, — de Trohudal, par. de Pénestin, — de la Porte-Mezle et de Lescly, par. d'Assérac.

Ext., arrêt du parl. de 1740, huit gén., ress. de Guérande, et admis aux États de 1786.

Jacques, au nombre des otages fournis à Henri IV par les habitants du Croisic, à la reddition de leur ville en 1597.

YVIGNAC (D'), sʳ dudit lieu et de Launay, par. d'Yvignac, — de Boutron et de Langevinais, par. de Calorguen.

Anc. ext., réf. 1668, sept gén.; réf. et montres de 1428 à 1513, par. d'Yvignac, év. de Saint-Malo.

D'argent à deux fasces de sable (sceau 1381). Devise : *Selon le temps.*

Olivier, croisé en 1248 ; Guillaume, écuyer dans une montre de 1356 ; Olivier, ratifie le traité de Guérande, en 1381 ; Louis, de l'ordonnance du capitaine Charles du Parc en 1479 ; Raoul, vivant en 1513, épouse Guillemette Gautron.

Z

ZERNIGUEN, sʳ des Marais, issu d'échevin de Nantes, maint. à l'intend. en 1704.

ZOUCHE (DE LA) (ramage de Porhoët), sʳ dudit lieu, — de Haringworth, de Pitton et de Codnore, en Angleterre.

Alain, fils puîné de Geoffroy, comte de Porhoët, s'établit en Angleterre à la fin du XIIᵉ siècle ; Roger, fait en 1200 un échange de terre en Plumieux avec Alain de Rohan ; Guillaume, ratifie le traité d'alliance entre Richard d'Angleterre et le duc de Bretagne en 1379, et ses descendants existaient encore en 1623.

W

Walsh (orig. d'Irlande), comte de Serrant en 1755, baron d'Ingrande et châtelain de Chantocé, en Anjou.

Maint. par arrêt du conseil et lettres patentes de 1753.

D'argent au chevron de gueules, accomp. de trois phéons ou fers de dard de sable.

Devise : *Semper et ubique fidelis.*

<small>Cette famille, alliée aux Fourché, l'Espinay et le Rouge de Guerdavid, a produit : Antoine-Vincent, secrétaire du Roi à la chancellerie de Rennes en 1740, et deux maréchaux de camp depuis 1784. Neuf membres admis aux honneurs de la cour depuis 1751.</small>

Whitte (orig. d'Irlande), s^r d'Albyville.

Maint. par lettres patentes de 1718, év. de Saint-Malo.

D'argent au chevron d'azur, accomp. de trois roses de gueules feuillées de sinople et boutonnées d'or.

<small>Un contrôleur à la chancellerie en 1754; un chevalier de Malte en 1774.</small>

Willaumez (orig. de Bellisle-en-Mer), év. de Vannes.

De gueules au vaisseau d'argent équipé d'or, entouré d'un cercle de réflexion divisé de même.

<small>Un capitaine d'artillerie, chevalier de Saint-Louis en 1763, père d'un enseigne de vaisseau auxiliaire dans l'expédition d'Entrecasteaux en 1791, vice-amiral en 1819, comte et pair de France, †1845, sans postérité.</small>

Wismes (de), *voyez* **Blocquel**.

Wolbock (orig. du duché de Gueldres, maint par arrêt des aides en 1609 et à l'intend. de Soissons en 1667), s^r du Loo, — de Wormes, — de Courcelles, — d'Applincourt, — de Loupeigne, — vicomte de Limé.

De gueules à la fasce d'or.

<small>Nicolas, marié à Charlotte de Chastillon, de la maison d'Harzillemont, passa en France avec un corps de reitres et fut naturalisé en 1573; Antoine son fils; exempt des gardes du corps du Roi et gentilhomme servant de la Reine, appelé à l'arrière-ban de Soissons en 1635.

Cette famille est aujourd'hui établie en Bretagne, où elle s'est alliée aux la Grandière.</small>

FIN DU DEUXIÈME VOLUME.

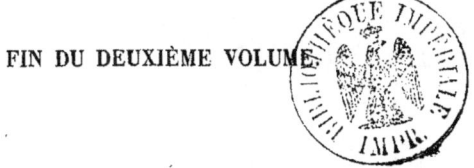

Nantes, imprimerie de VINCENT FOREST et ÉMILE GRIMAUD, place du Commerce, 1.

www.ingramcontent.com/pod-product-compliance
Lightning Source LLC
Chambersburg PA
CBHW071721230426
43670CB00008B/1086